파스테르나크의 작품 세계와 닥터 지바고

파스테르나크의 작품 세계와 닥터 지바고

임혜영

KOREA
UNIVERSITY
PRESS
고려대학교
출판문화원

추천사

임혜영 박사의 파스테르나크에 대한 전문서가 나온다는 소식을 듣고 그간 그의 연구의 결산이 나온다는 사실을 축하할 뿐만 아니라 우리 독자에게 처음으로 파스테르나크 작품 세계 전체를 조명하는 친절한 소개서가 나온다는 사실에 기뻤다. 우리나라에는 파스테르나크가 노벨상 수상자로 지명되면서 그 여파로 소설 '닥터 지바고'만이 널리 알려져 왔다. 하지만 파스테르나크의 생애를 결산하는 이 대작으로만 그가 노벨상에 지명되었던 것은 아니다. 노벨상 지명은 그의 시를 비롯한 모든 작품들에 대한 경의에 바탕을 둔 것이었다. 소설 '닥터 지바고' 가 처음에 중역으로 알려진지도 몇십 년(?)이 지났건만 작가 파스테르나크에 대한 심도있는 연구가 부재해서 안타까운 일이었는데 이제 파스테르나크 전문가에 의한 전문서가 그것도 널리 읽힐 수 있는 언어로 나왔다는 것은 참 고마운 일이다. 석사 때부터 20여 년간 이 책의 저자는 우리나라에서도 러시아 유학시절에도 오로지 파스테르나크 연구에 모든 것을 바쳤다. 제대로 된 번역도 별로 없는 파스테르나크의 작품들을 초기부터 후기까지 러시아 문학 전통의 맥락 속에서 또 유럽 문학과의 연계 속에서 들여다보고 하면서 임혜영은 국내에 번역되지 않은 그의 작품들을 번역하기도 했다.

이제 이번 책에 이어 저자의 파스테르나크에 대한 계속적인 연구 작업의 출판을 기대해마지 않는다.

2018년 6월
고려대학교 명예교수 최 선

보리스 파스테르나크, 1958년 10월 23일, 노벨상 수상자로 지명된 순간

들어가며 러시아 혁명 100년과 보리스 파스테르나크

지난해는 러시아 혁명 백주년을 맞는 해였다. 따라서 국내외에서는 적지 않은 그 기념행사가 개최되었다. 러시아어문학 학술 분야에서는 혁명에 관한 러시아-소비에트 문학들이 재조명되었는데, 그 중심에는 보리스 파스테르나크의 《닥터 지바고》도 포함돼 있었다. 학술 행사와 더불어 지난해는 소설 《닥터 지바고》의 러브 콜이 쇄도한 해이기도 했다. 작품에 대한 연구물이 쏟아져 나왔을 뿐 아니라 방송에서까지 소설이 재음미되었던 것이다(국내에서는 지난해 이 소설의 독서량이 근래 최대치를 기록하지 않았을까 싶다). 그렇다보니 《닥터 지바고》와 파스테르나크의 작품 세계를 연구해온 필자에게도 지난해는 적지 않은 의미를 갖게 되었다.

우연이라면 우연이랄까. 필자는 아주 오랜만에 지난해 2월에 모스크바를 방문하게 되어 근교 페레델키노의 파스테르나크 박물관을 찾았는데 그곳 2층에서 1917년 혁명의 이미지를 당시 신문과 상징적 장식, 시구 등을 몽타주하여 효과음과 함께 전시하는 것을 볼 수 있었다. 탑승한 모스크바행 비행기가 공교롭게도 '파스테르나크'라 불리어서(최근에 각 비행기에 러시아 작가의 이름을 따서 작가를 기념한다고 한다)

모스크바 시내 중심에 있는 구세주성당(Храм Христа Спасителя)에서 내려다 본 2017년 2월의 풍경. 혁명 백주년의 해를 기억하는 듯 영하 30도에 가까운 혹한이었다.

신기해했던 터라 모든 것이 더더욱 특별하게 다가온 순간이었다. 그래서 그랬던 걸까. 지난해 초 러시아는 영하 30도 이하가 지속되는 역대 최고의 혹한을 기록했다. 마치 자연도 유난히 추운 겨울을 맞았던 백년 전 러시아 혁명과 내전을 기억하는 듯 말이다.

사실 필자는 파스테르나크의 《스펙토르스키/이야기》(2013)를 번역 출간하면서 작가의 혁명관을 규명하는 논문을 써야할 필요를 느꼈다. 그러다가 도스토엡스키의 후기작을 다시 읽게 되었고 그의 사회주의 개념을 통해 《닥터 지바고》의 혁명 테마를 다뤄야겠다는 생각이 들었다. 그리고 이러한 생각을 발전시켜 연구 재단에 연구 제안서를 제출해 선정되었다(〈파스테르나크의 묵시록 모티프 연구〉). 제안서를 작성하던 즈음 학회로부터 파스테르나크의 혁명 테마에 관한 논문을 발표해달라는 의뢰를 받게 됐다. 흔쾌히 수락했는데 알고 보니 재단에 연구물을 제출해야 하는 시기와 학회지에 논문을 발표할 시기가 맞지 않았다. 따라서 다시 새로운 주제를 잡게 됐는데, 혁명을 맨 처음, 초기작부터 고찰한다는 것이 바로 그것이다(〈파스테르나크와 1917년 혁명〉). 결국 지난해 혁명에 관한 파스테르나크의 두 글이 탄생하게 됐다.

그런데 두 번째 글을 완성하던 중 문득 이 글을 좀 더 많은 사람들에게 알리면 좋겠다는 생각이 들었다. 마침 두 번째 글이 《닥터 지바고》의 연구를 마무리하는 성격이 짙어, 결국 그간 미뤄왔던 파스테르나크의 전문서를 이 글과 함께 내는 것으로 정하게 되었다. 바로 이 소설에 대한 관심이 쇄도한 지난해, 혁명 백주년에 말이다. (하지만 출간은 지연되어 올해에 이루어졌다!) 음악이나 문학을 하는 데는 하늘이 원해야 한다는, 즉 주변 세계와의 교감이 있어야 한다는 파스테르나크의 미신적인 믿음이 내게도 작용한 것일지도 모르겠다.

본서는 18년에 걸쳐 세 학술지(노어노문학, 러시아어문학연구논집, 슬라브학보)에 실린 14편의 글을 수정해 엮은 것이다.[1] 본서의 상당 부분은 《닥터 지바고》에 관한 글이 차지한다. 그만큼 《닥터 지바고》가 작가의 작품 세계에 중요한 위치를 차지한다. 작가는 창작 초기인 1910년대부터 대작의 산문을 쓰길 갈망했다. 그러나 성취되지 않아 2, 30년대를 지나 4, 50년대에야 실현되기에 이른다. 말하자면 온 생애동안 장편을 기획한 것으로, 바로 《닥터 지바고》에서 그 결실을 맺은 것이다.

주지하다시피 이 소설은 출간과 함께 세계적인 스캔들이 된 작품이다. 노벨상을 수상한 동시에, 혁명을 비판했다고 해서 매국노 취급을 받아 조국에서 추방될 위협에 처한 작가는 결국 수상을 거절했기 때문이다. 바로 여기에 혁명 백주년을 기념하며 이 작품을 다시 음미해야 하는 이유와 더불어 본서의 출간 의미가 있다.

정말로 작가는 혁명을 비판하기 위해 이 소설을 썼는가. 바로 전 생애에 걸쳐 구상해온 최후의 작품에 말이다. 사촌에게 밝힌 작가의 다음과 같은 창작의도에서 엿보이듯 그렇지 않은 것으로 드러난다: "최근 45년간의 러시아 역사의 이미지를 이곳에 그리고 싶어. 그와 동시에

1_그 중 9장과 10장의 원문들(〈파스테르나크와 그루지야〉, 〈파스테르나크와 1917년 혁명〉)은 약간의 수정과 함께 두 단행본 《카프카스와 중앙아시아 문화연구》(2017, 민속원), 《예술이 꿈꾼 러시아혁명》(2017, 한길사) 각각에도 게재되었음을 밝혀둔다.

디킨스나 도스토옙스키에게서 그 이상(理想)을 찾을 수 있는 무겁고 슬프며 상세히 다듬어진 플롯이란 전 측면에서, 이는 예술, 복음서, 역사에서 인간의 삶, 그리고 여타 다른 많은 것에 관한 내 견해를 피력한 글이 될 것이야. […] 작품의 분위기는 나의 기독교의 모습을 띠고 있어. 그것은 넓이에 있어 퀘이커교도 및 톨스토이의 것과는 좀 다르고 도덕적인 것들에 대한 첨가, 보충으로서 복음서의 다른 측면과 관계있어."[2] 출간 직후 국가들 간 정치적 스캔들과 그것의 대중 매체에 오르내림과는 상관없이, 의견이 주목받지 않았을 뿐 1950년대 후반에 즉시 작가의 창작의도를 올바로 파악한 이들도 있었다. 세계적인 러시아 종교철학자 L. 잔더도 간파했듯 작가는 소설에서 해당 시기의 러시아 사회와 역사를 객관적으로 묘사하고자 했을 뿐[3] 혁명을 비판하려는 정치적 의도가 있었던 건 아니었다. 이는 소설 탈고 직후, 자전적 에세이(1957)에서 밝힌 혁명에 대한 작가의 입장에서도 확인된다("그 세계(혁명의 세계—인용자 주)에 대해선 심장이 멎고 머리칼이 곤두서도록 써야 한다. […] 우리는 그런 이상을 성취하기에는 아직 갈 길이 멀다"[4]).

혁명을 다루고 비판하기엔 시기상조라 느낀 작가와 달리 실제로 혁명을 비판한 것은, 미하일 숄로호프에 이어 1970년에 러시아의 네 번째 노벨상 수상자가 됐고 그로 인해 추방을 당한 알렉산드르 솔제니친이라 하겠다. 혁명이 가져온 사회주의 사회와 그 소산인 수용소 생활을 비판함으로써 말이다. 그에 반해 파스테르나크는 국외로 추방은 고사하고, 러시아에 대한 자신만의 남다른 사랑을 지녀 망명은 생각조차 할 수 없었다. 그가 격변의 러시아 역사를 통해 정작 구현하려 했던 건 '삶(생명)의 찬미'였다. 그것은 역사 속의 한 인간(지바고)의 삶과 운명을 통해, 그리고 작가 자신의 '기독교'의 색채 속에서 구현되었다.

그러니까 볼셰비키 혁명에서 작가가 주목한 것은 그것이 삶을 파괴

2_Пастернак, Б. Собр. соч. В 5 т. Т.5. М., 1992, 453–4.

3_Зандер, Л. А. "Философские темы в романе Пастернака «Доктор Живаго»." ВРСХД. 1959. No. 1(52), 36–7.

4_파스테르나크, 《안전 통행증·사람들과 상황》, 임혜영 역, 을유문화사, 2015, 248–9.

하는 모습들이다. 자전적 주인공 지바고의 온 관심은 생명과 삶을 보호하고 유지하는 데 있는 바, 전쟁과 혁명의 소용돌이 속에서 혼란에 빠진 극히 비극적인 주인공을 그린 여타 소설(대표적인 예로 《고요한 돈강》(1928–40))과 달리, 그는 어떤 사회주의 이념에도 흔들림 없이 자신의 신념에 따라 꿋꿋이 사는 인물이다[5]. 삶에 대한 이해에 기초한 그만의 혁명관이 있는 것이다. 작가와 동일하게 지바고는 혁명을 영원히 생성, 발전하는 삶의 한 일시적 현상이자 뇌우와 같은 일종의 대기의 '화학적' 현상으로 여겼다. 혁명은 지나가고 다시 정상적인 삶의 흐름이 이어질 것이라 본 것이다.

이렇게 지바고에게 가장 중요한 일이란 끊임없이 삶을 살아가는 것이었던 바 삶의 기반을 파괴한 볼셰비키 혁명은 그에게 아무 의미도 고려할 가치도 없는 것이었다. 그는 온통 주변 삶과 그 현상에 마음을 두었고 그가 소중히 여기며 관심을 가진 것은 노동과 가족이 중심이 된 일상의 삶이었다. 파괴와 혼란의 시기에 그것은 더더욱 큰 의미를 획득하기에 이른다. 삶과 생명이 파괴되는 전쟁과 혁명기야말로 이러한 일상의 삶과 생명의 소중함을 최대치로 제시할 수 있는 배경이었던 셈이다.

따라서 《닥터 지바고》를 온전히 파악하기 위해서는 삶에 대한 그의 이해와, 삶의 개념이 어떻게 진화했는지에 대한 이해가 수반돼야 한다. 또한 그것은 이전 작품들에 대한 고찰과 함께 이뤄져야 한다. 그럴 때 시와 산문, 창작 세계 전체를 종합하는 이 작품의 의미가 비로소 드러날 것이다. 작가가 노벨상을 수상한 이유가 '현대 서정시 분야와 위대한 러시아 산문 계승 부분에서 눈부신 업적'을 이루어서라는 것도, 또(러시아의 첫 번째 노벨상 수상자 이반 부닌의 경우처럼) 이 최후의 장편이 창작되기 전에 이미 노벨상 후보로 거론됐다는 점도(1946&1954) 이 점을 입증해 준다.

5_박혜경, "혁명의 서사시: 《고요한 돈강》과 《의사 지바고》의 장르 비교," 《러시아연구》(2017), Vol.27 No.1, 155–7 참조.

분명히 지적할 수 있는 것은 작가의 모든 작품의 핵심엔 그가 모범으로 삼은 문학 전통이 자리한다는 점이다. 그리고 전통에 기반하고 회귀하는 그런 경향은, I. 수히흐 교수도 지적했듯[6] 이 소설을 창작하면서 더 강해졌다는 점이다. 그것은 대체로 푸시킨, 괴테, 도스토옙스키와 디킨즈, 그리고 릴케의 전통이라고 할 수 있다. 아무쪼록 본서를 통해, 초기 작품에서 《닥터 지바고》에 이르기까지 각 작품에 대한 작가의 의도가 왜곡되지 않고 올바르게 전달되길 바라는 마음이다.

책이 나오는 데 많은 분들의 도움이 있었다. 먼저 파스테르나크의 연구로 힘들 때마다 격려해주시고 이 책을 내는 데 용기를 주신 최선 교수님께 감사를 드린다. 그 은혜는 평생 가슴에 남을 것이다. 러시아 문학 개론과 대학원 수업을 통해 파스테르나크를 알고 연구할 길을 놓아주신 고려대학교의 은사님이신 고일 교수님과 석영중 교수님께도 감사드린다. 아울러 파스테르나크를 대중들에게 소개할 수 있게 해주신 고려대학교출판문화원 원장님과 편집장님께도 심심한 감사를 표한다. 푸시킨이 《예브게니 오네긴》의 끝에서 오네긴과 작별했듯 필자도 이 책의 주인공 보리스 파스테르나크와 작별하고 싶다, 새로운 만남을 기약하며. 파스테르나크여 안녕!

6_Сухих, И. “Живаго жизнь: стихи и стихии.” Пастернак Б.Л. Доктор Живаго. СПб: Азбука-классика, 2005, 44 참조.

차례

III. 스탈린기의 시와 《닥터 지바고》의 세계 – 1930-50년대

서장 파스테르나크와 삶, 신비, 그리고 연민

한 인간이자 작가 파스테르나크의 모습은 '삶, 신비, 연민'을 키워드로 이해할 수 있다. 자전적 산문 《안전 통행증》에 제시되듯, 무엇보다 음악과 철학에 몰두했던 그가 뒤늦게 문학을 택한 까닭은 주변 삶의 현상들을 작품에 담기 위해서였다. 생애 첫 실연으로 고통스러웠던 순간 그는 주변의 일상적인 것들(인간과 동식물, 대기 현상과 사물들, 나아가 추상적인 것들까지)이 자신에게 다정한 손짓을 내미는 것을 느꼈다. 주위의 것들이 살아있고 자신은 주변 세계의 일부임을 깨닫게 된 것이다. 이러한 인식은 지속되어 진화한 채 작품들에서 끊임없이 표현됐다. 주변의 삶은 그의 예술 세계를 이루는 가장 중요한 것이 되고 만물은 인간과 동등하게 살아있는 '영혼'을 부여받는다.

사실 시인은 어려서부터 삶을 신비한 것으로 여겼다. 일찍이 미신적인 믿음을 가진 것도 그 때문이었다. 삶을 신비이자 절대자의 섭리로 봄은 인간의 의지와 이성 중심적인 음악이나 철학에 종사하는 일을 그만두게도 했다.

삶을 신비로 봄으로써 결국 작가의 삶과 창작에는 자연스레 신화적, 동화적인 세계관이 자리 잡았다. 만물이 하나의 근원에서 나온 한 혈육이자 가족적 공동체라는 것이 그러한데, 이는 신화의 세계에서처럼 우주 만물에 대한 일원론적 입장이었다. 따라서 주변 만물과 동등한 세계의 구성성분으로서 시인은 자신의 사명을, 만물의 모습을 표현하는 일, 특히 만물의 근원인 '고차원의 힘'(이른바 절대자의 섭리)이 관통하는 단일한 세계의 모습을 표현해 전하는 일로 본다.

그런데 흥미로운 점은 작가가 태생적으로 강한 '연민'을 지녔다는 사실이다. 도스토옙스키와 그의 주인공들처럼 말이다. 집 없는 떠돌이나 가난뱅이 같은 소외 계층뿐 아니라 특히 부모님과 여성에게 일찍부터 커다란 연민을 느꼈다. 도시 뒷골목의 소위 '루저'의 삶을 사는 이들에게는 억제할 수 없는 통증을 느낄 정도였으며 모든 여성은 그의 내면 깊이 고통의 결정체이자 심벌로 새겨진다. 이는 그 스스로 고백했듯, 어린 시절에 공연차 온 아프리카 부족의 여성들에게서 느낀 '노예'적인 인상(즉 여성의 희생적인 삶과 운명)에서 비롯됐기도 했지만 그의 내부에서 느낀 강한 여성성과, 보다 근본적으로는 유대인 가족으로서 러시아에서 겪은 차별감과 고립성도 적잖은 역할을 한 것으로 사료된다. 결국 작가의 남다른 연민은 기독교적 박애와 인류애, 그리고 여성성에 대한 신화적 인식과 교차하게 됐다.

삶, 신비, 연민은 파스테르나크의 기질과 예술을 이루는 핵심 인자로, 그의 인생 및 예술과 함께 진화하며 발현됐다. 그의 예술이 사실주의로 자리매김 되는데도 분명 큰 양분이 됐을 터이다. 특히 그의 신화적, 동화적인 동시에 기독교적인 세계관이 형성되는 데 더욱 그러했다. 그의 내면에 불변의 정신적 창작적 지주로 남은 릴케의 두 시를 독창적으로 번역한 그의 두 시—〈책을 읽는 중에〉, 〈관망〉(원제는 '책 읽는 사람', '바라보는 사람')—가 단적으로 입증해주듯 말이다:

> 시선을 창밖으로 향한다면, / 모든 것이 얼마나 친근해지고, 얼마나 내 곁 가까이 있게 되고, / 또 내 마음과 같아지며 내 마음과 조화를 이루게 될까 […] / 보게 되리 […] / […] 땅이 자신의 경계를 / 뛰어넘고 자라

창공보다 커진 걸, / […] 하늘가의 별 하나는 / […] 맨 끝 집의 불빛과 같다는 걸;
우리가 삶과 벌이는 다툼은 얼마나 하찮은 것인가, / 우리와 맞서고 있는 존재는 얼마나 거대한가 // […] 그런 씨름(구약의 야곱과 하나님의 씨름—인용자 주)에서 자만하지 않는 / 의로운 자로 태어난다 […] / 그는 기다릴 뿐이다, 고차원의 근원적 존재가 / 그를 더욱더 자주 정복해 주기를, / 그 보답으로 자신이 성장하게 되기를.[1]

1_파스테르나크, 《안전 통행증·사람들과 상황》, 임혜영 역, 을유문화사, 2015, 198–200.

I. 혁명 전후의 서정시 세계
1910년대

보리스 파스테르나크(1908)

파스테르나크는 다른 작가들에 비해 늦게 데뷔한 작가다. 문학에 발을 들였을 때는 삶과 예술에 대한 그만의 견해가 이미 확립된 상태였다. 그는 문학을 포함해 문화란 전통의 바탕 위에 당대의 새로운 요소가 첨가된 것이라고 보았다. 제2세대 러시아 상징주의자인 블로크와 안드레이 벨리의 영향하에 학창시절을 보낸 그와 그 또래의 문인들(일례로 마야콥스키, 예세닌 등)에게 20세기 초 러시아 문단의 모더니즘의 선두로서 블로크와 벨리의 창작은 그들이 읽고 자란 교과서 같은 것이었다. 대학 졸업 즈음에 쓴 그의 처녀 시집('먹구름 속의 쌍둥이'(1913))의 제목도, 상징주의 출판사 '전갈자리(Scorpion, 1900~1916)' 및 잡지 《천칭자리(Vesy, 1904~1909)》처럼 상징주의자들의 우주 철학적인 면모를 모방해 얻어진 것이었다. 선임자-상징주의자들의 영향은 당대 문학가들에게 각기 다르게 변주됐는데, 파스테르나크에게는 블로크의 바람 이미지가 그 대표적인 것이었다.

그러나 정작 파스테르나크가 문학에 데뷔한 10년대 초는 상징주의가 쇠퇴하고 미래주의가 문단의 중심을 차지한 때였다. 그는 미래주의자들의 틈 속에서 활동할 수밖에 없었는데, 그들과의 실제적인 교류는 제1차 세계대전 발발로 우랄로 떠나게 된 1915년을 기점으로 사실상 끝난다. 본서 1장에서 제시되듯, 첫 번째 시집 이후 결국 두 번째, 네 번째 시집—'장벽을 넘어서'(1916) & '테마와 변주'(1918-21)—의 서정시(1915, 1919)에서 바탕으로 삼은 주 전통은 두 고전, 푸시킨과 괴테였다. 푸시킨은 블로크의 바람 이미지와 대비되게 물의 이미지로써, 괴테는 《파우스트》에 구현된 '영원한 여성성'의 이미지로써 영향을 주며 '변주'된다. 네바강과 흑해의 물 이미지, 자연과 하나 된 그레트헨의 여성성 이미지가 그것으로 이들은 우주를 하나로 연결한 만물의 근원, 위대한 어머니의 신화가 구현되는데 바탕이 된다. 특히 '리얼리즘이 생성'된 성숙기 푸시킨은 내전의 혼란기에 시인과 권력 문제로 작가가 정체성을 확립하는데 본보기가 된다.

한편, 본서 2장에서처럼 1917년 2월 혁명 전후 창작된 작가의 세 번째 시집('삶은 나의 누이'(1917))은 레르몬토프의 전통을 바탕으로 했다. 그것은 주변과의 분리라는 레르몬토프의 낭만주의적 전통이 아니라 레르몬토프 자신의 생에 대한 강렬한 욕구와 역동적인 자연 및 삶의 이미지였다. 2월 혁명 직전, 다가올 새로운 사회와 삶에 대한 열망과 기대로 부푼 민중과 시대 분위기에 전염돼 작가도 생의 욕구와 활기가 일었던 것이다. 또한 당시 새로이 찾아온 사랑도 생의 욕구와 활기가 이는 계기를 주었던바, 이러한 역사적이고 개인적인 활기가 만연된 가운데 작가는 마침내 '삶을 누이'로 선포하기에 이른다. 주변의 모든 것은 '나'의 혈육이자 가족이라는 신화적 세계관이 확립된 것이다. 아울러 3장에서 드러나듯 시집 속의 이런 신화적 세계관은 20세기 초 아방가르드 예술의 선두주자인 큐비즘 회화의 원리와도 교차돼 발현된다.

제1장 괴테, 푸시킨

〈페테르부르크〉, 〈변주 있는 한 테마〉와 '파우스트' 연작시 속의 여성 신화

1. 러시아 문학과 여성 신화

이제까지 러시아 문학과 여성 신화의 본격적인 연구는, 러시아 문화에서 여성 신화적 요소의 의미심장함, 나아가 예술, 문학, 여타 인접 학문 분야에서 그 적용 양상의 추적이 불가피함에 대한 오랜 지적(윤우섭 1998: 89)에도 불구하고 거의 이루어지지 않았다. 해당 주제는 문화사가 홉즈(J. Hubbs 1993)에 의해 대략적으로나마 푸시킨, 고리키, 솔제니친의 경우를 통해 조명됐고, 국내 문학연구가에 의해서는 21세기에 논의되기 시작했다(박혜경 2008; 이기주 2005; 이형구 2007). 위의 연구들은 문학 분야에서 여성 신화 연구의 당면성을 부각시키거나 여성상이 구비문학적 요소를 비롯한 고대 여신 형상을 지님을 언급하지만 러시아 여신의 '신화소'의 원형적 구조 및 그 변이형적인 여성 형상들은 본격적으로 다루지 않았다. 상징주의 작품 속에 구현되는 영원한 여성상의 경우 슬라브 이교의 문화에서 기원한 것임이 지적됐으나 그것과 고대 여성 신화와의 연관성 문제는 분석의 초점에 오지 않았다. 상징주의 미학관이 이원론을 본질로 한다는 점에서 물질의 중시와 현세지향성을 담지하는 여성 신화적 세계의 문학적 구현은 제시되지 못한 셈이

다. 후기 상징주의자 파스테르나크의 창작의 경우 신화시학적 요소가 근간을 이룸이 지적됨으로써 위 주제연구의 필요성이 간접적으로나마 제기됐다.[1] 그러나 여성상과 신화 문제는 다른 중심 주제를 논하는 가운데 부차적으로 다뤄졌다고 할 수 있다.

여성 신화적 현상은 다양한 차원에서 논의될 수 있다. 모성신 계통의 창조신화,[2] 모계사회설의 인류학, 양성적 존재로서의 인간과 에로스에 관한 고대 그리스 철학, 여성성의 원형 '위대한 어머니 여신'에 관한 분석 심리학(노이만 2009), 독일 자연철학 특히 셸링의 동일성 철학을 근간으로 한 낭만주의가 그러하다. 본 장에서는 슬라브 지역 종족이 모계 사회에서 연원한다는 인류학적 관점(Hubbs 1993; 윤우섭 1998; 이철 1994&1997)에 근거해 이 차원들의 공통분모인 우주, 자연의 모태로서의 여성성과 그 여성성의 분신으로서의 인간 남성 형상에 주목하고자 한다. 바로 자연, 어머니-여성과 그 자녀 남성 간의 선험적 결합과 분리 문제[3]가 논의의 중심에 올 것이다.

19세기 푸시킨에서부터 20세기 파스테르나크에 이르기까지, 자연과 그 힘에 대한 작가의 관념에는 슬라브 문화의 모계사회적인 바탕과 신비주의적인 종교철학 전통이 자리하는 것으로 보인다. 여성 형상은 이러한 전통의 중심에 있다. 본 장은, 푸시킨에서 상징주의자들에 이르기까지 러시아 문학 전통을 흡수한 파스테르나크의 여성 신화 현상 고찰을 통해, 해당 주제의 본격적인 연구를 위한 발판을 마련하고자 한다. 러시아의 고대 여신 형상이 19세기에 이어 현대 문학 속에서도 활발히 구현됨에 주의를 돌림으로써 러시아 작가들 의식에 면면히 이어옴을 제시하되, 이때 20세기 전후 종교철학에서 언급되는 '영원한 여성성' 개념을 부각시키고자 한다. 구체적으로 푸시킨의 물의 자연력

1_Баевский 1980; Сиротенко 1990; Фарыно 1993; Абашев 2004.

2_여신 신화의 바탕에는, 만물이 일자의 편재적 부분이란 모성신 계통 우주 창조론의 세계관-일원론적 범신론(이경재 2002: 228)이 자리한다.

3_여신 형상의 자연 이미지 vs 남성의 대립은 자신의 뿌리 깊은 이원론적 사고를 반성하려는 서구의 입장이기도 하다(송정화 2004: 154-7).

관념, 푸시킨에 의해 "우리의 스승"이라 칭송된 괴테의 영원한 여성성 관념 등과의 상관성에서, 파스테르나크의 여신 형상의 자연 이미지와 그 자녀 남성 형상 간의 결합 및 분리 문제를 살펴보고자 한다. 물의 자연력과 여성성은 여신 신화의 원초적 단계로 그 기원이 거슬러 올라가므로 본 장의 통일된 대상이 된다.

예를 들면 신, 구석기 신화에서 자웅동체적인 어머니 여신은 물과 대지의 여신, 하늘의 여왕-'영 어머니'로 존재했다. 구석기를 지나며 그녀의 기능은 아들과 딸로 분화되고 청동기 시대에는 근동의 아들과 아버지 신화에 의해 축소, 박탈된다(장영란 2003: 23–4). 그럴 때 물의 자연력은 여성의 양수와 비교되며 결합과 풍요를 상징했는바, 근동지역과 북유럽 켈트 최초의 여신은 물론, 고대 슬라브 최초의 강, 호수와 숲의 요정 베레기나, 그리고 이후의 여신들—어머니 대지와 모코시, 정령 빌라(Вила) 혹은 루살카, 바바 야가, 성모 마리아와 성녀 파라스케바까지—이 물과 관련된다(장영란 2003; 나루미 2002; Hubbs 1993). 분석 심리학에서는 어머니 여신의 모습을 기초적 성격에서 변환적 성격으로의 변천을 통해, 그리고 여성성의 네 발달단계인 이브(혹은 그레트헨), 헬레나, 성모, 소피아를 통해 제시하기도 한다(노이만 2009; 이부영 2001).

무엇보다 한 작가에게서 반복적으로 도출되는 이미지와 테마는 그의 내적 체험과 관련 있다. 파스테르나크는 자전적 에세이 《사람들과 상황》에서 어린 시절에 얼마나 소녀가 되고 싶었는지를 언급한다(Парамонов 1991: 25; Фатеева 2003: 326). 이는 온전한 존재, "전체상"이 되고 싶은 바람과 관련된다고 할 수 있는데, 이때 필요한 것이 남성성과 여성성의 융합이다(이부영 2001: 310). 작가는, "감정적 체험과 연관"되고 "비합리적 요소들을 지향하는" "여성적 부분"인 아니마가 자신의 무의식적 측면에 있음을 의식했던 것으로 보인다(Парамонов 1991: 25). 그는 일찍 여성에게서 고통스런 운명과 강한 연민을 느꼈음을 위의 에세이에서 고백하고 1917년에는 여성성의 이중성에 대해 언급했다[4]. 여성을 자연 형상을 통해 인식한 그에게 자연은, 아흐마토바의 말처럼("대지 전체는 그의 유산였다", "자연은 생애 내내 그의 유일한 전권의 뮤즈, 그의 비밀의 여대담자였다." Тронкина 1990: 64, 66) 창조적 힘, 생명력을 수여하는 연인이자 어머니 대지인 셈으로, 그의 성 'Pasternak'자체는 식물을 의미한다. 이렇듯 여성성에 대한 그의 내적 체험의식은 융의 정신분석영역, 특히 영혼을 점령하고 있는 여성 콤플렉스와 관련된다고 할 수 있다. 꿈의 세계와 신화, 전설, 동화의 연관성은 프란츠(Franz 2007) 및 심리학 연구자들이 논의해온바 여성 신화는 정신, 심리 분석 방법론에 근원적 시발점, 핵이기 때문이다.

파스테르나크에 있어 여성 이미지는 자연에서 점차 인간으로 형상화되는 양상을 보인다. 시 장르에서 산문으로 개척해 나간 점, 창작적 관심이 미학적 차원에서 현실 문제로 확대된 점과 동시에, "자기(самость)" 실현방향으로 나간 점 등(Парамонов 1991: 24)이 그 원인이 되었다. 작품 고찰은 창작적 변천에 따라 이루어질 것인 바, 분석대상은 푸시킨과 괴테의 창작을 모티프로 한 초기 연작시로 한정하기로 한다. 이 연작시는 작가의 여성 신화 형성에 밑바탕이 됐다고 할 수 있다. 이후 서사적 장르 《류베르스의 어린 시절》, 《스펙토르스키》, 《이야기》, 《닥터 지바고》에서는 여성 신화가 바탕이 된 복잡한 역사·사회적 주제 속에서 구체적인 여성상이 구현되기 때문이다.

2. 파스테르나크와 푸시킨: '아버지–황제' vs '어머니–러시아'의 러시아사

푸시킨의 물 자연력 전통은 파스테르나크의 연작시 〈페테르부르크〉(1915. 시집 《장벽을 넘어서》)와 그 후속 연작시 〈변주 있는 한 테마

4_Пастренак Б. Собр. соч.: В 5т. Т.4, М., 1991. С.150 이후 이 판본의 인용은 권수와 면수를 괄호 안에 표기한다; Быков 2007: 136–7.

〈Тема с вариациями)〉(1918. 시집《테마와 변주》)에서 본격적으로 드러나기 시작한다.[5] 〈페테르부르크〉는 푸시킨의《청동기마상》을 기저 텍스트로 한다.《청동기마상》의 테마—무자비한 권력과 인간적 민중, 국가와 개인 등의 대립[6]—는 여성 신화적 측면에서 아버지(혹은 아들)-황제(Батюшка Царь) vs 어머니-러시아(Матушка Русь)의 대립 구도로도 접근될 수 있다. 여성 신화의 견지에서 표트르는 러시아사에서 어머니-러시아에 대항해 등장한 아들이자 아버지로서의 강력한 황제 중 하나이기 때문이다. 즉 이반 뇌제 시대에서 표트르 대제기에 이르는 러시아의 역사적 전환기에 지배자와 민중 간의 분리는 절정에 달했고 이는 여성적 근원의 질서를 숭배하는 여성들 vs 남성화된 질서를 강요하는 지배자들의 충돌로 발전했다. 표트르는 구교도의 전통과 구비문학에서 이단자 흡혈귀, 괴물, 적그리스도로 재현되며, 여성적 민중, 성자의 표상인 바바야가와 싸우는 존재로 묘사되었다.《청동기마상》에서는 악마적 의지로써 모국에 맞서는 형상으로 그려진다(Hubbs 1993: 201-2, 206, 223-224). 사실 표트르에 대해 상반된 두 신화(공식적, 송가적 vs 민중적, 비판적)가 존재해왔는데,《청동기마상》의 서두에서는 전자의 입장이, 1부와 2부에서는 후자의 입장이 각각 전개되어 두 신화가 서로 보완되고 표트르와 도시의 합성적 이미지가 창조된다(Красовский В. и др. 2003: 569–70). 반면 표트르의 상대 격인 죽음의 여마법사 루살카는 네바강으로 묘사되는바 네바강은 자연일 뿐 아니라 모국의 상징이며 민중으로, 주인공 예브게니는 강으로부터 분노를 배운다(Hubbs 1993: 224–5). 따라서《청동기마상》과 〈페테르부르크〉에는 다음과 같은 구조가 내재되었다고 할 수 있다:

이성과 철의 의지를 가진 아버지-황제가, 세계를 지배하는 "위대한 어

5_초기 네 시집 대부분에 푸시킨의 대립테마가 구현되는데,《청동기마상》은 파스테르나크의 "시적 신화" 구축에 첫 본보기 중 하나인 셈이다(Кузина 1998: 101–3).
6_임혜영 2005: 333; Красовский В. и др. 2003: 573–5.

머니 여신"–네바강의 질서와 합일된 세계를 파괴;
이에 분노한 어머니 네바강은 자신이 부여한 생명을 인간세계로부터 거둬들여 본래의 질서를 유지하려 함.

이러한 구도에서 푸시킨의 "역사에서 대립하는 세 힘"의 이미지들(임혜영 2005: 332)인 '자연력, 조상(彫像), 민중' 가운데 〈페테르부르크〉의 중심에 오는 것은 자연력이다. 그러므로 자연력 vs 권력–조상의 "신화적" 대립현상에 주목할 필요가 있다. 〈페테르부르크〉의 구조는 자연의 힘 vs 표트르의 결투로 이뤄진다. 그것은, 인간은 전면에서 감춰지고 사물이 주체로 등장하는 작가의 시학에 따라 주로 자연력과 정적인 것들의 대립이 되는데, 대립된 두 축 각각에는 인간적 요소가 침투된다(Кузина 1998: 101).

〈페테르부르크〉는 푸시킨의 페테르부르크 테마에 대한 네 변주로 이뤄져있다. 창작 당시 1915년에는 상징주의자들과 아크메이스트들의 페테르부르크 텍스트가 존재했으므로 이 시는 푸시킨뿐 아니라 20세기 시인들의 "페테르부르크 텍스트"와도 논쟁을 한다고 할 수 있다. 첫째 변주의 2–4연에서는 핀란드 만을 지나는 중 계시를 받고 도시 건설을 결심하는 표트르 신화가, 4연에서는 "꿈"에 관한 그의 독백("늪, / 땅인가, 아님 바다, 아님 웅덩이인가, / 여기 내게 꿈이 보였네. 그러니 난 / 이 자리에서 당장 그 꿈에 결말을 지으리." 1, 68)에서 "위대한 상념"에 잠긴 표트르의 형상이 각각 재현되어 《청동기마상》을 충실히 재현한 듯 보인다. 그런데 주목해야할 것은 표트르가 살아있는 한 인간–작업자로 등장한다는 점이다. 그는 푸시킨의 표트르–"우상(кумир)"처럼 "철"의 의지만 지닌 존재가 아니다. 자연 핀란드 만을 보며 눈물 흘리고 깊은 망각에 빠질 정도로 고민하는가 하면, 도시 건설의 부정적 측면을 예견하는 듯 동요하는 인간성도 지녔다(1, 68). 거친 자연에 대한 그의 애정에서 우리는 "남성화된 사회적 질서"뿐 아니라 "여성적 근원의 우주·자연 질서"도 지키려는 모습을 엿볼 수 있다. 그의 노고의 결실로 페테르부르크 "강변과 거리"의 합일(Бельская 1990: 17)이 이뤄졌음을 제시하는 1연은 이 점을 확증해준다: "강변과 거리의 이 떠들썩한 소리는 / 표트르에 의해 불발 없이 점화됐네."(1, 68)

살아 있는 인간으로서의 표트르의 모습과, 그의 설계의 과학성에 대한 강조("제도기 세트 백 개의" "곤두선 붓털", "평삭기와 화승총", "표트르의 설계도 하부테두리" 1, 68)는 페테르부르크가 현실적인 모습으로 구현되는 데 한 몫을 한다. 푸시킨, 나아가 만델슈탐과 리브시츠의 묘사대상인 궁전, 성당, 해군성 등 웅장한 건축물의 퍼레이드를 대신해 둘째 변주 전체에서 묘사된 항구의 일상적 풍경("횡단용 다리", "부표", "소형배들", "삭구", "부두", "선대", "조약돌", "젖은 모래")은, 화려하고 일상과 격리된 "신기루"가 아니라 "설계로 도달"된 "현실"적 도시가 구현되는데 기여한다(Бельская 1990: 18–19). 2, 3연의 어머니 자연–비바람(1, 69)은, 기존에 생기 없이 정적인 것으로 묘사된 페테르부르크를 소생하게 하고 자연과 문화가 서로에게 이끌리며 "합일"되게 촉진한다:

> "도보용 다리들"로 어슬렁거리는 "파도"; "바람의 쌩쌩 소리"와 "가루 흑연"을 섞는 "하늘"; "역청과 부두 냄새를 풍기"는 "악천후"; "오이냄새를 풍기"는 "소증기선들", "먹구름 하나 위에서부터" "떠가"는 "돛단배들"; (높은 암벽에 고정된 푸시킨의 청동 숫말과 달리) "조약돌"과 "젖은 모래"와 접촉하며 "내달리"는 "암말" 등.

이렇듯 물의 자연력은 파괴적 속성만 지니지 않는다. 위에서 언급했듯 합일에 참여하는 강변은 파스테르나크가 선호하는 공간으로 두 영역이 교차하는 장소들—관문, 창가, 해안가 등—중 하나다. 시의 배경이 강변인 점도 합일을 강조하기 위한 의도임을 알 수 있는데, 이때 둘째 변주에서 인간 형상이 부재한다는 점은 특히 주목된다. 바로 문화를 주도하는 인간의 의지를 넘어 모든 것을 결합하는 자연력, 그로 인해 합일된 세계의 모습이 부각되고 있다.

그러나 도시와 대립되는 물의 자연력 이미지도 묘사되는데, 악천후("잿빛 먹구름")가 강화된(1, 69) 셋째 변주의 첫 두 연의 경우가 그러하다. 《청동기마상》의 경우와 달리 가을 ("11월")의 홍수와 강 주변의 이미지만 그려지지 않는 바, 4-7연에서 드러나듯 "3월"의 "눈보라"와 그 저항에 부딪친 현대 도시의 "전차들", 그리고 강풍의 공격을 받는 거리 "건물들"(1, 70) 등 새로운 시공간 이미지가 도입된다. 새로운 시공간의 도입으로 자연력과 도시의 대립 테마는 표트르와 푸시킨의 시대를 넘어 20세기 현대에 이르고 영원성을 획득하게 된다.

이렇듯 자연력과 도시의 대립 이미지는 넷째 변주에서 마침내 자연력을 중심으로 결합되는 것으로 결말이 난다. 인위적·문화적 요소들이 다시 자연적 요소의 힘에 이끌리며 종속되고("거리들은 […] 항구로 가길 갈망하네. / 선언문들을 공표한 흑백인조처럼." 1, 70), 도시 문명("거리들")은 첫째와 둘째 변주에서처럼 어머니 자연("파도")의 힘을 "제압하지 못해"그 지배를 받는다(1, 70). 어머니 러시아에 맞서 등장한 아버지 황제의 역사는 어머니 자연의 힘에 의해 파멸되고 사라질 운명인 바, 시 창작 당시인 니콜라이 시대의 극우 단체 '흑백인조(Черносецы)'에 관한 구절이 암시하듯 이는 현대의 표트르인 니콜라이의 시대의 페테르부르크 운명이기도 하다. 그런데 주목해야 할 것은 인위적 힘에 "제압" 당하지 않는 "파도"의 분노와 동요("눈먼 산파")는 아들 표트르에게 고스란히 전달돼 그를 "방황"하게 한다는 점이다(1, 80). 이는 어머니 자연이 인위적인 힘과 대립돼 조화와 균형을 되찾지 않는 한 그녀의 땅에서 표트르 역시 영원히 안식하지 못한다는 것을 의미한다("무덤에서도 수의(壽衣)에서도 / 그대는 안식할 곳을 발견하지 못했다오." 1, 80). 황제는 어머니 자연의 힘에 종속돼 그것과 결합되고, 자연력은 태곳적처럼 도시 문명을 포함한 만물을 통합하는 힘임이 강조된다.

이상과 같이 남성적 힘과 여성적 힘의 통합에 초점이 맞춰진 것은, 두 힘의 대립의 심연에는 신화의 원초적 통합이 놓여있음을 저자가 주목하고 있었기 때문이다.

〈페테르부르크〉가 표트르에 관한 연작시라면 〈변주 있는 한 테마〉는 푸시킨에 관한 연작시(1, 672)로, 하나의 테마와 6개의 변주로 이루어져 있다. 기저 텍스트로 원용된 푸시킨 작품은 〈바다를 향해(К морю)〉, 《청동기마상》, 〈예언자〉, 《집시들》이며(〈바다를 향해〉는 테마 하나와 첫 변주에, 《청동기마상》은 둘째, 〈예언자〉는 셋째 변주, 《집시들》은 나머지 세 변주에 지배적이다) 이는 오데사에서의 남부유형이 끝나는 1824년 이후의 "성숙하고 서사적 시기의 푸시킨"형상이 주목되는 작품들이다.[7] 이 점은 첫 시 〈테마 하나(Тема)〉의 1, 2행에서부터 드러난다("암벽과 폭풍. 암벽과 비옷과 남성 실크모자. / 암벽 그리고 푸시킨."1, 183). 레핀과 아이바조프스키의 그림 〈바다 근처의 푸시킨. 자유로운 자연력이여 안녕〉과 비교되는(1, 673) 이 부분은 〈바다를 향해〉에서 바닷가를 거니는 푸시킨의 모습과도 연관된다.

그런데 3행에서 드러나듯 푸시킨의 속성은 새로 도입된 스핑크스 이미지와의 "연관" 속에서 제시된다[8]. 스핑크스는 고향 아프리카의 자연, 바다와 모래를 그리워하고 이곳의 파도는 그것들을 대신해 스핑크스에게 "밀려오기"도 한다(1, 183). 석조 조상(статуя) 스핑크스는 표트르의 동상-청동기마상처럼 권력의 상징물 중 하나로, 표트르("국가의 우상")의 변이형인 셈이다(이덕형 2002: 94; Быков 2007: 180). 〈페테르부르크〉에서 황제가 어머니 자연의 힘에 종속된 자녀이자 일부였듯 "스핑크스는 자연의 일부"로 자연과 합일되는 존재로 드러난다(Быков 2007: 180). 자연과 결합된 스핑크스-권력은 시인-푸시킨과 긴밀한 관계를 갖는 바[9], 시인의 혈육이 되기까지 한다("푸시킨. […] 그가 / […] 스핑크스 속에서 보는 건 […] / 선조 […] 아프리카인이라네." 1, 183).

이 같은 혈육관계가 형성될 수 있는 것은, 시인에게 자연과 분리

7_《테마와 변주》에 성숙기의 푸시킨이 우세한 건 1918-21년의 추위와 혼란 때문이다(Быков 2007: 180).

8_http://www.litera.ru/stixiya/authors/grigorev/net-net-nash.html 참조.

9_1918-21년에서 30년대까지 시인과 권력은 작가에게 대립적이면서 균형 관계에 있다(Быков 2007: 180).

된 서구의 이성적 속성이 아니라 자연과 긴밀히 연관된 아프리카-동양의 속성이 내재돼 그 역시 자연과 결합된 존재이기 때문이다. 이는 동일한 기저 텍스트 〈바다를 향해〉를 지닌 첫째 변주 〈원본 있는(Оригинальная) 변주〉에서 제시된다. 아프리카 혈통을 지녀 동양적 열정의 자연력을 담지한 시인은(Кузина 1998: 118) 자유와 해방을 추구한 남아프리카 코사족들의 유산과, 자유로운 희망으로 가득 찬 리체이 시절의 유산도 계승한 것으로 묘사된다("남아프리카 코사족들의 유산은 무엇이었나? / 황제마을의 리체이 기숙학교는 무엇을 주었는가?" 1, 184). 코사족들과 리체이 시절이 자연력과 문명화의 대립 차원에서 조망되기도 하지만(Кузина 1998: 116–118) 여기서 양자는 상호작용하므로 리체이 시절은 자유 및 아프리카 혈통과 관련시킬 수 있는 것이다. 또한 시인의 창조 행위는 물의 "자연력" 작용과 같음이 환기된다: "두 신은 작별인사를 했네, / 두 바다의 얼굴이 바뀌었네. / 즉 자유로운 자연력의 자연력은 / 시의 자유로운 자연력과 함께 있네."(1, 184)

그런데 푸시킨 경우와 달리 시인과 하나 되는 바다는 러시아 남부의 것만이 아니다. 바다 건너 터키("트라페준드"), 체코("필젠")(1, 184), 나아가 앞의 남아프리카의 바다도 포함된다. 시인과 자연력이 마주칠 때 러시아와 주변 세계도 서로 만나며 "공간적"으로 "상관"되는데, 이에 기여하는 게 시인의 아프리카계 혈통이다. 시인을 매개로 아프리카 지역과 러시아는 긴밀해지고 하나가 되기 때문이다. 나아가 여성 신화의 견지에서 모계사회 풍습이 강하게 남았던 흑해 연안의 고대 문명(즉 스키타이인과 여전사족 사르마티아인의 문명)이 원(原) 슬라브인 문명의 기원이 된다.[10] 이른바 흑해 주변과 러시아는 문화적 연관을 가진 "두 세계"인 셈이다: "두 세계의 두 날, 두 풍경, / 두 장면에서 드러나는 두 고대 드라마"(1, 184). 세계 공간의 상관 관념 기저에는, 물의 자연력을

10_이후 흑해 거주인에게 영향을 행사한 페르시아 제국에 남은 습기의 여왕 아나히타 숭배도 슬라브인들의 여성 신화와 닮아있는바(Hubbs 1993: 9–11), 모코시는 그리스와 게르만의 여신뿐 아니라 아나히타와도 유사하다(Токарев 1980: 169).

동일하게 숭배한 문명들 간의 연관성에 대한 파스테르나크의 의식이 놓여 있음을 알 수 있다. 그러한 의식에서 바다는 공간을 잇는 힘일 뿐 아니라, 푸시킨도 체험했듯(치글러 1999: 74-5) 인간을 주변 만물과 결합시켜주는 태고의 원초적 힘이 된다.

시인 푸시킨의 모습은 둘째 변주 〈모방의(Подражательная) 변주〉에서 표트르 모습과 동일시 된다: "해안에 / 그는 서 있었네, 위대한 상념에 잠긴 채. / 질풍이 노호했네 […] / 바로 그러한 분노가 그를 / 멍하게 했네. 그래서 뭔가에 격앙된 / 그는 자신 위의 악의를 뜯었네. // 그의 입에서 "내일"라는 말이 울렸네."(1, 185) 1-2행은 《청동기마상》의 표트르에 관한 구절이 그대로 인용된 것인데, 여기서는 푸시킨을 묘사하기 위해 사용됐다(1, 673). 표트르가 네바강을 내다보며 도시 창조를 생각하였듯, 시인은 자연과 하나가 된 채 창작을 생각한다(Бельская 1990: 17-8 참조). 시인에게 창작 의지를 불러일으키는 것은 고통에 찬 현실과 그로 인한 분노로[11], 그는 고통에 찬 모든 현상을 창작에 반향(이는 푸시킨의 원칙이자 〈바다를 향해〉 속 시인의 형상이다. 치글러 1999: 80)하리라 생각한다(1, 185).

동시에 시인은 거친 자연 속에서 조화를 추구하는 것처럼 보인다. 그가 반향하려는 현상은 《청동기마상》 속의 파괴적 자연력-"파도"도, 〈바다를 향해〉 속의 "영광"과 "자유"에 찬 나폴레옹과 바이런[12]의 반란적 자연력도 아니다. 그것은 "대립적 힘들(사회적 혹은 우주개벽적)의 충돌로 이루어진" "세계적 하모니"라 할 수 있다(Радионова 2004: 165-6)[13]. 이 점은, 시인이 포착한 "거칠"고 "가혹한" 자연의 "광경"(1, 185-6)과 역사적 현실이 마침내 창작 대상으로서 기록되는 셋째 변주에서 확증된다(1, 186). 촛불 아래서 시("예언자")를 쓰는 시인이 생각

11_http://www.litera.ru/stixiya/authors/grigorev/net-net-nash.html 참조.

12_http://www.stihi-xix-xx-vekov.ru/pushkin271.html. 참조.

13_〈바다를 향해〉 속 바다는 "임의의 자연력", "인간적 자연력" 그리고 "인간 정신의 강력함"을 상징하는데(Красовский В. и др. 2003: 557), 시인은 자연의 자연력보다 더 강력하다(Быков 2007: 181).

하는 것은 아라비아 사막만이 아니다. 그것 이외에도 러시아의 가장 북쪽과 멀리 인도 등, 전 세계를 생각하고 그 자연과 교류한다("바다는 모로코로부터 부는 미풍에 닿았네. / 아라비아 사막의 모래폭풍이 불었네. 설원의 아르항겔스크는 증기를 내뿜었네. / […] "예언자"의 초고가 / 말라붙었네. 그래서 갠지스강 위의 낯이 희미하게 빛났네." 1, 187). 시인은 통제되지 않는 거친 자연력적인 존재 스핑크스와 "거인"적 존재(1, 186)로만 남지 않고 신적 원리로부터 소명을 받는 예언자가 되기도 한다. 그는 바이런과 나폴레옹과 달리 자기중심적인 "제멋대로의" 자유를 지닌 자가 아니라 신의 힘의 반영인 "지상의 운명"을 수용하는 자로[14], 신의 섭리에 "길들여진" 자유를 지녔다. 즉 자연력적 요소와 문화적 요소를 결합하는 존재이며 그의 속성의 일부만이 자연의 분신인 것이다(Кузина 1998: 118).

넷째 변주에서는 알레코의 자유가 현실에 부딪히는 모순을 다룬다. 자연력처럼 자유로운 열정을 보여준 시인("그 한 방울 꿈의 고통은 쓰라리다네 / […] 우묵한 곳들로부터 / 칼날로도 불러낼 수 없네 / 사랑의 고통이 신선하도록 해주는 그것을" 1, 186)[15]과 달리 알레코는 자기중심적인 소유욕에 시달린다. 그의 자유는 자연 법칙이 아니라 자신만의 의지에 따르는 악마적 오만의 소산으로(Кузина 1998: 118), 제멋대로이고 파괴적인 것이다. 주변과 괴리된 그는, 하늘과 합일된 젬피라 및 집시 무리와 대조된다(1, 187. 본래 넷째 변주의 명칭은 "드라마틱한"이었다. 1, 674):

> "하늘빛"의 "젬피라 눈"과 집시의 "이마", 별빛처럼 "열렬히 타는" 젬피라 눈의 "흰자위", "지붕에 있는" 듯 하늘에 가까워진 집시 vs "측면" "도로"에 동떨어진 "알레코", "거세파 교도-점성술가처럼 매정"하고 "시리아 사람을 닮"은 그.

14_Красовский В. и др. 557; Кузина 1998: 115-6; 치글러 1999: 75-6, 78-80 참조.
15_푸시킨의 남부 시절 서정시들은 늘 개인적인 생각과 느낌을 수반하는 달, 바다, 사랑의 동경, 이별 같은 모티프들을 택한다(치글러 1999: 79).

알레코는 미개 사회의 질서("분노한 자들의 법")를 파괴하는데, 이때 그의 속성의 단면—"질투", "복수", "자살", "도주"—이 부각된다: "피가 차가워지네. / 질투인가? 그러나 질투는 허용되지 않는다네! // […] 살인에 대한 생각이 뚜렷해졌네. / 복수인가? […] // […] 독인가? 그러나 분노한 자들의 법에 따르면 / 자살은 허용되지 않는다네! // […] 도주인가? 그러나 도주는 허용되지 않는다네!"(1, 187). 자연과 민중의 삶을 파괴한 《청동기마상》의 우상 표트르처럼 무자비한 알레코의 형상은 여신 신화적 관점(장영란 1998: 92–3)에서 볼 때 점차 "의식의 발달"로 "지배와 정복의 개념이 개입되면서" 의식이 "스스로에게 족쇄를 채"우고 "고착화"됨에서 파생됐다. 그 "인식 구조"의 기원은 "위대한 아버지 신화"의 "인간 중심주의적 세계관에서" 찾을 수 있는 바, 죽은 조상(彫像)과도 같은 존재로서의 그들은 메두사처럼 "모든 대상들을" "죽어 있는 돌로 만든"다. 주변 세계와의 결합 단절로 생명력을 잃은 그들 자신과 그들의 세계를 이러한 위협으로부터 회복시키는 방법은, 대상들에게 "생명을 불어넣어 주고 신성한 힘을 회복"시키는 일이며, "우주의 근원적인 생명인 자연과의 합일성"을 되찾는 일이다. 그럴 때 집시 세계의 조화를 깨는 도시인 알레코의 결말이란 자살이나 도주가 아니라 추방일 수밖에 없다.

다섯째 변주에서는 알레코가 추방된 후에 상호 교류하는 인간과 자연("말도둑", "포도", "참새", "허수아비")의 모습을 통해 베사라비아 초원의 조화로운 삶이 묘사된다. 그런데 이곳 몰다비아 지역("카굴")은 앞 변주들에서 묘사된 우크라이나 공간("오차코프")과 상관되는 것으로 드러난다. 이는 세계 지역과 상관됐던 오데사 바닷가의 자연력이 확장돼("질풍이 사보(오데사 시골 – 인용자 주) 너머로 사납게 날뛰었네.") 이곳 지역과도 결합하기 때문이다(1, 188). 세계적 규모의 장려한 결합이 성취된 것이다(본래 다섯 째 변주의 명칭은 "장려한"이었다. 1, 674). 조화를 깨는 도시인의 부재와 장려한 우주적 합일 속에서 인간과 자연은 완전히 일치되는데, 초원의 목가적 풍경이 재개되는 여섯째 변주에서는 온통 자연이 인간을 대체한다. 이는 자연 형상에 생물체 동사가 의도적으로 사용됨으로써 이뤄진다: "차가와지고 있는"(1945년 본에는 동물에게 쓰는 동사 "얼어 죽었네(околевал)"가 쓰였다. 1, 674) "석양"; "귀를 기울이고 있는" "몽상에 젖은 귀뚜라미"; "말고삐를 운반하듯" "운반하는" "졸린 바람"; "잠시 쉬려고" "두 눈을 굴리"는 "남부지방"(1, 188). 모든 것은 태곳적처럼 완전히 조화된 상태이기에 이때 남부 지방이 취하려는 "잠시"의 휴식은 "영원"에 이르게 된다.

이상과 같이 우크라이나 남부(연작시에 "1918. 키예프-보로네시 행 철도의 오차코프 플랫폼"라는 표시가 있었다. 1, 672)는 물의 자연력을 매개로 인간과 자연이 합일된 공간이자 세계 지역들과의 합일이 이루어진 공간으로 드러났다. 동, 서양의 합일 성취는 솔로비요프식 모든 것의 단일성(всеединство)의 한 예이기도 하다[16]. 고대 신화의 합일된 세계상에 대한 저자의 내면 의식이 이에 바탕이 되었는바, 동양과 서양의 혈통을 지녔을 뿐 아니라 물의 자연력처럼 거친 역동성과 길들여진 정태(靜態)가 결합된 시인상을 구현한 푸시킨은 분명 그의 본보기였다.

3. 파스테르나크와 괴테: 구원의 '영원한 여성성'을 향하여

파스테르나크는 창작적 정체성을 방향 지을 때 푸시킨의 시적 신화를 모델로 했지만 그의 창조적 사유는 "범은유주의(панметафоризм)", 즉 범세계적인 것이었다(Фатеева 2003: 232–33). 그는 세계의 여타 작가도 모델로 삼았는데, 그들 중 하나가 괴테다(괴테는 여성상에 있어 셰익스피어의 세계를 모델로 했다). 괴테 전통은 활기찬 삶의 지향 문제와 관련해 여성성(안진태 1999) 이미지를 구현하는데 하나의 시발점이 됐다고 할 수 있다.

파우스트의 사랑이 지향하는 영원한 여성성(Жирмунский 1982: 462)

16_작가의 초기 시집 속 솔로비요프적 정신에 대해서는 Кузина 1998: 100–121 참조.

은, 괴테가 구현한 사랑의 우주적 근원들, "영혼들의 동일성"에 관한 신비주의적 자연철학을 규명하는 데 열쇠라 할 수 있다. 삶을 적극적으로 추구한 자들에게 사랑과 관용의 은혜를 베풀고 구원하는 성모 형상으로 구현되는 영원한 여성성은, 마리아에 근원을 둔 영원히 여성적인 것, 완전히 정화되고 현세의 욕망에서 벗어난 사랑이며 그 완성과 구원은 그레트헨의 경우처럼 순수하고 헌신적인 사랑에 의해 실증된다(안진태 1999: 113). 이 개념에는, 악마도 (여)신성의 일부이며, 인간이 만족하지 않고 움직이는 생성의 힘을 지속하도록 자극함으로써 우주 조화의 신의 세계가 유지되도록 하는 요소라는 범우주적 포용력(안진태 1999: 73–4)이 내포돼 있다. 이러한 괴테 전통이 드러난 파우스트 연작시로는《삶은 나의 누이(이하 '누이'로 약칭)》(1917)의 연작시 〈옐레나에게〉, 저자 사후 출판된 두 시 〈파우스트의 사랑〉(1917?)과 〈삶〉(1919),《테마와 변주》의 시들 〈마르가리타〉(1919), 〈메피스토펠레스〉(1919)(초판에서 두 시의 제목은 "파우스트 연작시의 두 시"였다. 1, 671), 〈그렇게들 시작한다네. 약 이년 동안(Так начинают. Года в два)……〉(1921)을 들 수 있다.

여성 형태를 창조하는 과정에 있는 시인의 모습이 제시된《누이》에서 괴테의 여성성 이미지는 포우, 레나우, 레르몬토프 등의 여성 이미지와의 관계 속에서 그려진다. 그렇다고 괴테의 영향이 미미해지는 것은 아니다. 괴테의 영향은 미묘하고 의미심장하다(O'connor 1989: 214). 여성상의 근본 틀이 괴테의 여성성 이미지에 기초한 것으로 보이기 때문이다.《누이》필사본의 네 개의 제사—레나우, 마야콥스키, 아세예프, 포우의 시—중 하나가 〈헬렌에게〉였고 레나우가《파우스트》번역자였다는 점, 레르몬토프의《악마》가《파우스트》와 연관된 점에서 그러하며,《누이》자체가 신화적인 여성 형상들로 가득 차있다. 시집의 제사 중 하나였던 포우의 시 〈헬렌에게〉를 보자: "헬렌, 그대의 아름다움은 […] / […] 니케아의 돛단배 같다오. / […] 방랑자를 태우고 […] / 그의 고향 해변으로 실어다 주던. // […] 나이아드 요정 같은 자태는 / […] / 그리스의 영광으로 [⋯] 데려간다오. // [⋯] 마노의 향불 들고 / 그대가 얼마나 조각상처럼 서 있는지를 나는 본다오! [⋯] / 프시케와 같다오!"(포 2010: 27–8).

"배", 샘의 요정 "나이아드", 향그릇("마노")을 들고 있는 "조각상", "프시케" 등과 비교되는 여주인공(모델이 된 여성은 포의 영혼의 첫사랑이었다. 포 2010: 27–8)은 배로 상징되는 결합의 두 여신–달과 태양의 여신(프란츠 2009: 60)과, 무한한 생명의 원천인 물의 여신(장영란 2003: 20)의 속성을 담지한다. 뿐만 아니라 영혼의 인도자–아니마로서의 최고의 여성성이자 영적 변환에 개입하는 소피아의 속성도 갖는다고 할 수 있다.[17] 헬렌은 구체적인 신화의 한 여성성이 아니라 그 기원으로서의 원형적 여성성, 하늘의 "여성적 영"이자 지상 생명의 모태였던 위대한 어머니 여신의 반영인 셈이다.[18] 이는 시집의 첫 시의 제사인 레나우의 시 〈이미지〉에 나타난 소녀 형상에서도 엿볼 수 있다. 하늘의 "폭풍우"와 "먹구름" 속에서 재현되는 "소녀"[19]는 우주와 상호작용하는 천상적·선험적 존재(O'connor 1989: 213)로, 시집의 여주인공을 어머니 여신의 여성성과 연관되게 해준다.

여주인공에게는 지고지순하고 희생적 사랑을 하는 소녀의 속성도 내재된 것으로 암시된다. 이는 마르가리타, 오필리야 형상과의 비교를 통해서다(두 시 〈사랑한다는 건 천둥치는 가운데 산책하는 것⋯⋯〉과 〈한 영국작가의 교훈들〉의 경우). 그러나 이들의 긍정적인 여성성이 여주인공에게 온전히 발현되는 것은 아니다. 서정적 화자에게 여주인공의 긍정적 속성보다는 부정적 속성이 더 우세한 것으로 드러나기 때문이며 (세 시 〈그대는 이 역할을 그리도 능숙하게 했소⋯⋯〉, 〈손님맞이는 거칠었

17_이부영 2001: 107; 노이만 2009: 525–40 참조.

18_《누이》의 헬레나에는 헬레나에 관한 모든 해석이 투영됐다. 매우 오래된 식물의 신성이란 점(Кузина 1998: 110–1), 스파르타가 모권제였다는 점(노이만 2009: 482), 트로이 전쟁이 그녀와 관계없다는 설(이부영 2001: 328)이 고려할 만하다.

19_파스테르나크, 보리스, 《삶은 나의 누이》, 임혜영 역, 지만지, 2010, 31쪽. 이후 《누이》의 인용은 이 책을 따르되 괄호 안에 면수를 표기할 것이다.

고 도착도 무모한 것이었네……〉, 〈사랑하는 이여, 그대에게 뭐가 더 필요하단 말이오?〉가 대표적 예다), 마르가리타와 오필리야 형상은 이상적 여성상의 "교훈들"로 남게 된다(임혜영 2010: 368–9).

여주인공의 양면성은 연작시 〈옐레나에게〉의 동명의 첫 시 〈옐레나에게〉에서 종합적으로 규정된다: "그녀의 당당하고 석고같이 딱딱한 / 눈꺼풀 […] // 사랑스러우나 죽은 듯 꼼짝 않는 그녀의 앞치마 […] / 스파르타의 왕비여 주무시오"(153); "의로운 여인이여 […] / 그대 영혼의 평정은 […] / 백합처럼 흔들리며!"(149). 여주인공의 이 같은 대립적 속성은, "파우스트 상상력의 이상적 투사"인 헬레나[20], 그리스 신화 속의 스파르타 여제 헬레나의 "여성적 전체성"—"희생물"인 젊고 순결한 여성 vs "희생시키는 여자"로서 감각적 차가움을 지닌 성숙하고 교활한 여자(O'connor 1989: 216)—에서 기원한 셈이다. "석고 같은" 그녀의 부동성은 주변 세계와의 합일을 파괴하는 고착화된 의식에서 비롯된 것으로, 《청동기마상》의 차가운 조각상-표트르 형상과도 상통한다(Кузина 1998: 109). 시집에서 영원한 사랑이나 주변과의 합일에 도달하는 이는 여주인공이 아니라, 삶을 누이로 체험하는 남주인공이다(시 〈그들의 경우처럼〉(156)을 보라). 아버지-황제 vs 어머니-자연의 대립구도는 헬레나-여제 vs 남주인공-자연의 구도로 대체 된 것이다. 여기에는 여신의 속성이 그 분신 남성형상에게로 분화되는 러시아 여성 신화가 바탕이 됐다고 할 수 있다.

서정적 주인공의 이상적 여인상은, 악마적 마법적 관념론에 지향된 괴테와 그의 주인공[21]의 이상향인 미적이고 낭만적 여성 헬레나보다도 한 단계 발전된 형상이라 할 수 있다. 그것은 희생과 자비의 성스러운 모성성을 가진 성모상, 심리학적으로 2단계의 헬레나 상에서 3단계의 성모상의 아니마(이부영 2001: 98)로 발달된 형상이다: "운명이 결정하

20_O'connor 1989: 216. 마르가리타의 상대역으로서의 헬레나의 상징성에 대해서는 Кузина 1998: 109; 나루미 2002: 43; 이부영 2001: 95 참조.

21_김수용 2004: 69–70; 안진태 1999: 62–4, 77–8 참조.

게 합시다, 그녀가 자비로운 어머니가 될지 악한 계모가 될지는"(154).

성모상의 투영은 마르가리타를 통해 시도되는바, 마르가리타는 파우스트 연작시에서 중심적인 여성상으로 등극된다. 이는 영원한 여성성의 완성과 구원이 순수하고 헌신적인 사랑에 의해 실증된다는 괴테 전통과도 무관하지 않지만 그보다는 현실 삶에 큰 의미를 부여하는 연작시 전체 원칙과 일치하기 때문이라 할 수 있다[22]. 그러한 원칙은 1917년 판 《장벽을 넘어서》의 견본에 포함되었던(1, 734) 〈파우스트의 사랑〉에서 곧바로 드러난다. 주요 모티프—어린 시절의 동화(童話)—를 통해 이 시와 긴밀하게 연관된 두 시 〈삶〉, 〈그렇게들 시작한다네. 약 2년 동안……〉도 함께 조명될 필요가 있다. 〈파우스트의 사랑〉에서 열정으로 인해 열린 활기찬 삶의 모티프는 파우스트의 지각(1–2연)과, 파우스트의 눈과 중첩돼 작품 《파우스트》를 바라보는 화자의 지각(3–5연)을 통해 제시된다. 첫 세 연에서 드러나듯 지각대상은 파우스트가 낡은 서재에서 나와 거리에서 접하는 삶이다(1, 529):

> "가로등"으로 타오르는 거리, "식당", 낡은 학문을 했던 파우스트의 밀폐된 서재, 마르가리타의 오빠와 "군인"들의 "숙소", "개"로 변신한 메피스토펠레스와 마주치는 파우스트 "박사", 그의 열정의 희생물이 될 "불행한" 마르가리타 등.

이것들은 환유를 통해 구현된 《파우스트》 초반부의 세계다. 시는 단 하나의 동사만을 지닐 뿐 명사로 포화돼 지각대상과 개념들 간의 연관은 헐거워진다. 그런데 동시에 대상들은 세계의 "모든(всех)" 것("모두(все, весь)")인 것으로 드러난다. 연관 없는 듯 보이던 대상들은 형용어구 "모든"의 두운효과로 연결되고 하나로 결합돼 단일화된 파우스트의 세계가 창출된다. 파스테르나크에 있어 이러한 단일성 세계는 신화

22_작가는 《파우스트》번역에서 조야한 산문주의를 시화하고 멜로디적으로 고상화하길 지향했다(Kopelev 1979: 508–9).

와 동화 세계를 그 원천으로 하는 바(Сиротенко 1990: 54), 여기 파우스트의 세계도 "동화적 독창성"과 "태고의 의미"를 부여받는 듯하다[23]. 이는, 두 시 〈삶〉, 〈그렇게들 시작한다네. 약 2년 동안……〉에서 각각 파우스트가 동화 속 인물(1, 530)로 드러나고 어린 아이의 지각과 비교되는(1, 202) 데서도 확증된다. 전 세계가 하나로 결합돼 포착되는 것은 파우스트에게 "얼마 전부터" 시작된 사랑의 열정 때문이기도(Livingstone 1990: 170), 아이의 세계 감지를 지닌 시인의 지각 때문이기도 하다.

시에는 파우스트 세계의 마법적 요소도 등장한다(1, 529). 발푸르기스의 밤이 펼쳐지는 마녀의 연회, 할렌, 파우스트와 악마의 대화와 마법. 여기서 악마와 그의 마법은 지령과 화합되지 못했던 파우스트를 세계로부터 고립되게 하는 게 아니라 오히려 세계만물과의 결합, 조화에 이르게 하는 힘으로 드러난다. 그것은 3연에 이어("박사들과 사나운 개들") 마지막 5연에서 반복되듯("시인들" "그리고 괴짜들")(1, 529) 대상들이 형용어구 "모든"을 통해 결합돼, 복수명사로 표현된 파우스트의 사랑이 한 개인이 아니라 모든 사람의 사랑을 대표할 수 있게 되기 때문이다. 파우스트와 시적 화자는 "시인"으로 동일시된다고 할 수 있는데, 그것은 태곳적 인간의 경우처럼 새롭게 열린 그들의 지각에는 신화와 전설, 동화적 세계의 모습이 드러나기 때문이다. 또한 파우스트, 아이 등과 동일한 지각을 하는 화자는 시 지각이 우세한 것으로 드러나며, 모든 장면을 "유화"에 그려 넣은 "화가"와도 동일시된다.[24]

파우스트의 사랑의 속성은 러시아 현실을 통해서도 제시된다: "모든 7월의 송진, 모든 무릎에 놓인 푸른 풀, / 이마들을 덮은 윤활유; 치료의 장소 천상에서 기어 내려오는 붕대"(1, 529). 7월의 무더위는 열렬하게 타오르기 시작한 열정을 드러낸다고 할 수 있다. 앞 연들에서의 "저녁" 시간, 주변의 갖가지 "향", 떠들썩한 소리 등도 열정을 부추기면서 활

23_파스테르나크 창작의 원천으로 동화 같은 색채, 세계 발생론과의 연관에 대해선 Фатеева 2003: 115–7; Хазан 1990: 84, 90 참조.

24_아이와 시인의 지각적 유사에 대해서는 윤종범 1985; 임혜영 2007 참조.

력 있는 삶을 형상화한다.

〈파우스트의 사랑〉의 묘사 중심에 온 것은 파우스트의 열정 자체보다는 그로 인해 열린 주변 세계의 모습이었는데(Livingstone 1990: 171), 시 〈삶〉에서는 그러한 삶이 묘사 주체로 등장한다. 〈파우스트의 사랑〉에서 암시된 어린 시절의 동화 속 세계가 본격적으로 묘사된다. 전체 1–3연을 통해 성탄절 분위기와 주변 사물들, 종이 위 물감과 신비로운 세계, 그리고 사랑이 감동 있게 읽혀지는 동화 속의 연인들 모습 등이 생생히 그려진다: "솔잎", "밀랍", "쪽마루", "들러리 소녀들", "장식 술", "물감 냄새", "램프", "안개", "온 세상 파우스트들의 카프탄(Фаустов кафтан)", "마르가리타 코르셋의 비단 리본"(1, 530). 러시아 가정의 성탄절 저녁을 배경으로 한 이 장면은, 러시아 동화책 속의 파우스트처럼 사랑에 빠진 이-화자가 되돌아간 어린 시절 삶의 한 모습이기도 하다. 파우스트와 마르가리타의 사랑의 마법과 환상세계[25]는 성탄절의 세계와 동일 선상에 있다. 왜냐하면 양 세계에서 사랑과 기쁨의 파토스로 인해 삶의 모든 영역과 꿈이 소생하고, 주변 모든 것과의 결합의 감동("윤활유")과 삶의 "영광"이 충만하기 때문이다: "삶, 그대는 정당하게 영광 속에 자리 잡았소"; "비테파쥐(방직공장 창설자—인용자 주)의 천진난만한 눈에 맺힌 물기에 / 동화 분위기를 풍기는 윤활유라네"(1, 530).

〈파우스트의 사랑〉과 〈삶〉에 나타난, 사랑이 시작된 파우스트의 삶의 소생과 어린 시절로의 회귀 등의 문제는, 시 〈그렇게들 시작한다네. 약 2년 동안……〉에서 어린아이처럼 세계 감지를 하는 시인을 통해 재등장한다. 로고스 습득 전의 아이는 생생한 소리로 가득 찬 세계에서 현상의 본질을 본다: "약 2년 동안 / 엄마로부터 멜로디의 어둠 속으로 가길 갈망들 하고 / 재잘재잘 지껄이며 '삐'하고 소릴 낸다네. 말은 / 3년째 되는 해에 나타난다네 // […] 여겨진다네, 어머니는 어머니가 아

25_마르가리타의 의상은 오페라와 연관되나(Livingstone 1990: 173) 그것은 브루벨 그림에서도 엿보이므로(Надольская 2001: 37, 60) 동화책 장면으로 봐도 무방할 것이다.

닌 것으로, / 그대는 그대가 아닌 것으로, 집은 낯선 곳으로”(1, 202). 의식 생성이전의 “무의식”세계에 대한 기억 체험은, 한 인간이 태아기, 나아가 “조상이 겪은 경험” 등에 대한 기억 체험과 중첩된다.[26] 그것은 본질상 자신의 “원천”과 집단 무의식 속으로 여행이 제시되는 예술가의 “초개인적” 기억이라 볼 수 있다.[27] 시에서 아이의 지각을 통해 제시되는 우주 발생기적 세계는 동화 속의 세계와도 다를 바 없는바, 그곳에서 식물은 인간과 교류하고 행동한다: “라일락의 / 소름끼치는 아름다움은 무엇을 해야 할까? / 정말로 아이들을 몰래 데려가서는 안 될 때에”(1, 202)

파우스트가 마법의 힘을 빌어 “별”에 “도달”하는 것도 환상의 세계에서다. 그러나 사랑의 유아기 단계에 있는 낭만적 “공상가”인 그는 현실 삶과의 온전한 합일에도, 온 우주와의 교류에도 이르지 못한다. 그러한 교류는 자연과 합일된 삶을 사는 “집시 그룹들”에 의해 이뤄진다(1, 202). 자연인 집시들을 비롯해 태고의 원시인들에게 그러했듯 아이-시인에게 세계는 바나처럼 역동적이며 열린 공간으로 지각된다.[28] “그렇게들 열린다네, 집들이 / 있을 터인 나무 울타리 너머에서 솟아 오른 채 / 한숨 소리처럼 갑자기 출몰하는 파도들이 […]”(1, 202). 밤하늘은 지상과 교류하고, 밤과 아침도 서로 교류, 결합한다: “그렇게 여름밤들은 […] / 납작 엎드려져 귀리 속으로 떨어지고서 […] / 그대의 눈동자로 아침 노을을 위협하네. / 태양과 말다툼을 시작한다네.”(1, 202)

문화에 의해 가려졌다가 아이에 의해 지각된 세상의 원형적 모습은 시인의 텍스트에 반영되는데(“그렇게 얌브(ямбы)가 시작되리”), 그것은 부분적이나마 서재의 로고스 세계로부터 나간 파우스트[29]도, 자연인 집시 무리나 아이-시인도 살기 시작하는 세계(“그렇게들 시로 살기 시작

26_Топоров 1993: 585–6; 박미령 2009: 25–6 참조.

27_Топоров 1993: 576–7 참조.

28_Топоров 1993: 581, 582, 578–9 참조.

29_파스테르나크에게 《파우스트》 세계는 결합돼 있고 가장 고차원인 힘과 가장 저차원의 힘, 과학과 시 등을 엮는 삶 자체이기도 하다(Kopelev 1979: 498).

한다네.")다. 결국 저자의 관심을 끄는 괴테 파우스트의 측면은 세계에서의 인간 능력의 위대함을 보여주는 초인 측면이 아니라 삶을 체험하고 주변과의 결합을 향해 나아가는 측면이다.[30] 이러한 측면에서 파우스트는 변주된 표트르처럼 시인, 어린아이와 동일시될 수 있었다.

마르가리타 형상도 변주된다. 외적 특성만 유사할 뿐 전설 및 괴테 드라마의 경우와 다른 그녀는 온 세계와 완전히 합일에 이르는 것으로 그려진다(Kopelev 1979: 492). 파우스트 연작시 중 가장 잘 짜인 것으로 지적되는 〈마르가리타〉에서도(Livingstone 1990: 173) 묘사의 주체는 파우스트의 사랑의 대상 마르가리타(〈파우스트의 사랑〉에서 "불행한 블라우스"로 환유된) 자신이다. 이는 파우스트가 묘사의 주체인 상징주의자들의 경우와 다른 점이다(Жирмунский 1982: 448–72). 마르가리타는 시 전체에 걸쳐 자연과 자연 현상—"꾀꼬리"의 노래, "숲", "관목들", "풀", "비"—과 긴밀히 연관된 것으로 드러난다. 1연의 목메어 우는 꾀꼬리는 열렬히 구애하는 남성 형상을 암시하는데, 시 제목과 연관해 그것은 파우스트가 된다. 꾀꼬리의 "뜨거"운 열정의 노래에 마르가리타의 눈은 〈변주 있는 한 테마〉의 젬피라의 눈처럼 열정으로 타오르기 시작하지만("눈 흰자위") 그녀는 이를 악물고 자제한다("연보라 빛", "입술"). 그런데 온 삼라만상을 적신 비로 세상이 활기("향기")로 넘치자[31] 꾀꼬리는 그녀에게 "사랑의 불길을 불어 넣"을 수 있게 된다: "꾀꼬리는 풀에서 향기가 넘쳐나게 했네 […] / 빗방울의 수은처럼 벚나무들 사이에 걸려있었네. / […] 나무 껍질을 취하게 했네. […] 마르가리타의 입으로 / 다가갔네."(1, 179). 꾀꼬리가 연출하는 "신성한 여름의 광채"-비의 영향력은 괴테의 드라마에서 파우스트가 마르가리타 방에 갖다 놓은 보석함의 그것과 일치한다: "놀란 한 손으로 두 눈 비비며 / 마르가리타가 은빛에 이끌렸을 때"(1, 179).

30_《파우스트》 번역에서 주인공에게 보인 이런 태도에 대해선 Kopelev 1979: 501–2, 506, 508; Искржицкая 1993: 59 참조.

31_"생기 되찾아 / […] 향기를 내기 시작했소"(55); "신성한 여름의 광채를 받으며/그대 얼굴에 사랑의 불길을 불어 넣으리!"(99).

두 연인은 3연에서 풍요로운 자연의 공간-"소나무 숲"에서 자연과 하나가 될 때 사랑의 절정에 이른다: "나뭇가지들과 비의 투구(보호-인용자 주) 쓴 한 여전사가 / 소나무 숲에서 힘없이 엎드러진 것처럼 여겨졌네. / 그리고 그의 손과 포갠 손에 목덜미를 맡긴 채, / 다른 손을 뒤틀었네."(1, 179) "여전사" 아마존 형상은 남성으로부터의 독립성과 동시에, 저자가 여성에 대해 최초로 감지한 다음과 같은 여성의 고통스런 운명을 암시한다고 할 수 있다: "1901년, 동물원에서 아프리카 다호미국 아마존 군대를 보여줬다. [···] 여성에 대한 나의 최초의 감지는 벌거벗은 대오, 밀집된 고통의 감지와 연관됐다"(4, 150). 신화적으로 아마존 형상은 "투구 쓴" 여신 아테나와도 연관시킬 수 있다. 아테나는 전쟁의 여신이기 전에 식물(올리브나무)의 풍요와 수호의 여신으로, 그녀에게 전쟁은 남신과 달리 권력을 위해서가 아니라 인간의 수호를 위한 것이다(나루미 2002: 33, 35). 그녀의 지혜는 심리학에서 말하는 가장 높은 단계의 여성성, 조화와 구원의 소피아의 그것과 동일하다(이명현 2011: 159 참조). 그럴 때 《누이》의 헬레나처럼 마르가리타에게는, "나뭇가지들과 비"를 관장하고 그것들을 수행자로 거느린 여신의 원형적 여성성이 내재하는 셈이다. 그러나 앞 시에서 석조처럼 굳은 헬레나와 달리 여기서 마르가리타는 열정의 자연력에 자신을 맡기고 희생을 감수한다. 요컨대 마르가리타에게 헬레나의 창조적 속성이 부여됨으로써 괴테의 이원적 여성관—신앙심 두터운 가난한 그레트헨 vs 남성 편력과 함께 창조의 생명 및 생기발랄을 지닌 헬레나(안진태 1999: 90–100)—은 변형된 셈이다.

주목해야 할 것은 마르가리타가 자연과 하나될 뿐 아니라 사랑의 행위를 통해 연인-꾀꼬리와도 하나가 된다는 점이다. 이는 1연에서 꾀꼬리가 행한 행위("자신 위의 관목들을 올가미 벗기듯 뜯으며")가 마지막 4연에서 그녀에 의해 행해짐으로써 암시된다: "그는 누워있었고 / 탕탕 총 쏘는 듯 울었네. 그림자 드리운 그녀의 머리 씌우개는 걸려 있었네, / 자신 위의 관목들을 올가미 벗기듯 뜯으며"(1, 179). 연인, 주변 모든 세계 등과 동일시에 이른 마르가리타의 열정은 세계를 채우는 결합적 힘의 일부가 된다.[32] 그녀의 모습에는 모든 만물이 결합된 태고의 상태를 발현하는 위대한 어머니 여신의 원초적 에로스의 원리가 반영된다. 동시에 그녀는 소녀의 순수성, (자연과 동일한) 자연스런 열정 등을 지님으로써 삶을 육화한 젬피라, 오필리야[33]의 발전이다. 이러한 속성은 괴테 드라마의 파우스트와 메피스토펠레스의 남성성과는 대립된다: 자연스러움 vs 파우스트의 낡아빠진 책 속의 현명함, 악마적·인위적인 젊음(Kopelev 1979: 492). 심리학적으로 그녀는 남성 주인공이 결핍된 아니마적 요소[34]로서, 괴테의 "남성 영웅이 접촉하는 민중적 원초적 자연의 총체성의 경지"(윤세훈 1986: 46)는 변주된 그녀의 형상을 통해 강화된 셈이다. 괴테가 마지막 행들에서 천사들의 목소리로 영원한 여성성을 찬양한 것과 달리 파스테르나크는 명료하게 볼 수 있는 지상적·대상적 이미지들을 결합시켜 영원한 여성성-삶 자체로서의 마르가리타를 노래했기 때문이다(Kopelev, 492, 511). 저자의 변치 않는 관심과 매혹 대상은 영원한 여성성의 세계, 즉 영원히 축복받은 "삶의 화신"임이 확인되는바(Kopelev 1979: 502), 여기서 지상의 삶과 그 원천 여성성에 큰 의미를 부여하는 그의 세계관이 드러난다.[35]

한편 파우스트의 분신 메피스토펠레스도 일상 삶, 자연과의 결합 측면에서 주목을 받는다. 원작에 근거해 〈메피스토펠레스〉의 전체에서는 메피스토펠레스가 활보하며 존재하는 삶 도처, 도시 등이 묘사된다. 그런데 일상 삶은 러시아적인 것으로 대체됐을 뿐만 아니라 저자가 선호하는 시공간—"관문" 근처, 비오는 날—을 배경으로 한다(1, 180). 악

32_"정원들도, 연못들도, 채소밭들도 [···] / 세계도 [···] / [···] 정열이 방전된 것 뿐이라네"(96).

33_"두 여주인공은 [···] / [···] 전 세계의 저수지 속으로 / [···] 들어간 것"(85).

34_"신성한 소녀"로서의 마르가리타는 남성의 무의식 속의 아니마다(이부영 2001: 66).

35_이런 세계관은 천상적 본질을 담지 한 여성성을 "인간적 관점에서 바라보고" 구체화시키는 경향이 강한 러시아인의 민족성과 연관된다(이명현 2011: 155 참조).

마("그림자")는 전면적으로 묘사된 활기찬 삶의 현장에 참여하는 한 형상일 뿐으로, 그의 "반란적·회의적 아이러니"는 독자적 힘을 잃게 된다: "그곳에선 저녁마다 그림자가 사람들의 숫말들을 / 놀라게 하고서 활기를 띠었네. // […] 노을이 쏟아 부어진 도로에서는 / 악마의 두 발이, 가죽 띠들이 북에서 / 떨어지듯 떨어지고서 먼지를 일으켰네."(1, 180)

주위 대중에 관심을 두며 그들과 어울린 채 "호호거리"는 방랑자 메피스토펠레스는 가끔 비밀스런 사상들을 발설한 괴테 드라마 속의 현자 모습과 거리가 멀다(Kopelev 1979: 493). 그의 형상은 변형된 것이 아니라 한 측면이 우스꽝스럽게 풍자됐다고 할 수 있는데, 주목해야 할 것은 그를 대신해 달("천체 원반")이 묘사의 주체로 등극한다는 점이다. 원시 신화에서 달은, 여성의 순환적 주기와 관련해 우주의 생산자이며 보존자로 인식된 위대한 어머니 여신과 결부됐는데(장영란 2003: 15–18), 여기서도 달은 어머니 여신처럼 자신이 생명을 부여한 전 세계를 당당하게 내다보고 있다: "낮게 놓인 나뭇잎에서 풍기는 도도한 분위기로 / 목을 일궈내고서, 당당한 천체 원반은 / 전 세계도 끌어당길 터이고"(1, 180). 안과 밖 세계의 만물은 천상의 빛으로 지상을 결합하는 달("전 세계도 끌어당길 터이고")의 섭리인양 서로 결합, 교류하는 것으로 드러나는 바, 사람들과 악마뿐 아니라 집안 사물도 밖을 향해 질주한다: "그러는 사이 […] / 두껍지 않은 그 커튼들을 밀어댄 건 / 연못들, 자연 그리고 광활한 공간들이라네. // 대형 유람 마차들의 아주 긴 행렬처럼 / 커튼들이 그 다음에 파도를 향해 끌어당겨 졌네."(1, 180) 창과 집 울타리 너머의 바닷가로 모든 만물이 역동적으로 움직이는 것은 태고의 경계 없는 우주 공간으로의 회귀를 재현하는데, 이때 안팎을 결합시킨 것은 여름비와 바람("회오리")이다(1, 180).

이같이 파우스트 연작시에는 주변 세계와 온전히 결합된 삶 자체를 형상화하는 마르가리타와 자연-달이 묘사중심에 왔다. 그런데 파스테르나크의 초기 연작시들에서 여성 형상은 삶 이미지를 형상화하는 기본 특성이 암시됨에도 불구하고 미발달된 단계에 그치고 추상적으로 남는 것 또한 사실이다(Harris 1974: 395–6). 남주인공의 구원을 위한, 헬레나 다음 단계의 성모상은 마르가리타의 사랑을 통해 암시될 뿐이었다. 러시아 현실의 구체적인 여성상으로 구현되는 것은 이후 서사적 장르에서다.

4. 괴테와 푸시킨을 넘어서

파스테르나크는 시적 신화 세계를 구축하는 데 푸시킨의 물의 자연력과 괴테의 영원한 여성성 전통을 본보기로 삼았다. 《청동기마상》에서 독재자의 권력과 물의 자연력의 대립이 강조된 반면, 〈페테르부르크〉에서는 두 힘의 결합 측면이 부각된다. 아들로서 어머니–네바강의 의지에 종속된 표트르는, 문화와 자연력의 결합을 지향하며 현실에 기반한 도시를 계획한다. 〈변주 있는 한 테마〉에서 자유로운 자연력을 지님으로써 바다와 동일시되는 시인–푸시킨은 물의 자연력과 결합된 권력–스핑크스 조각상과도 친밀한 것으로 묘사된다. 그와 표트르는 물의 자연력의 의인화인 어머니–러시아에 뿌리를 둔 혈육임이 강조되는 바, 표트르가 현실적인 도시 건설을 추구했듯 시인은 길들여진 자유를 가지고 현실 삶을 반영하는 창작을 추구한다.

원초적 결합력이 강조된 물 이미지는 점차 여성의 형상을 획득하게 되는데, 이때 원용되는 게 괴테 《파우스트》의 영원한 여성성 개념이다. 파우스트 연작시에서 중심 형상은 헬레나가 아니라 마르가리타다. 서정적 주인공에게 하모니에 이르게 하는 여성성은 이중적 본성을 지닌 그리스의 고전적 미가 아니라 주변 자연과 결합하고 우주 조화의 신적인 원리에 순종하는 희생적 여성성이기 때문이다. 마르가리타는 젬피라, 오필리야처럼 삶을 육화한 여성상들의 발전으로, 결합과 풍요의 어머니 여신부터 가장 높은 단계의 '여성적 영' 소피아의 속성에 이르는 원형적 여성성을 지닌다. 천사들의 목소리로 영원한 여성성을 찬양한 괴테와 달리, 파스테르나크는 지상적·대상적 이미지들을 결합시켜 영원한 여성성-삶 자체로서의 마르가리타를 노래했다. 파우스트 형상에는 낭만주의적 초인 측면이 제거됐는바, 묘사의 초점은 그가 주변과 결합되는 순간에 맞춰진다. 그의 사랑은 동화적 독창성과 태고의 의미를 획득하며 전 세계적 현상으로 묘사됐다.

이처럼 파스테르나크의 시적 신화 세계에는 그의 무의식에 자리한 여성 신화가 반영됐다. 그것은 이원론에 바탕을 둔 아버지 신화로 나아간 서구 문명과 달리 모계적 풍습과 신비주의적 종교 전통을 간직한 슬라브주의적 특성과도 연관된다. 푸시킨과 그의 전통을 이은 파스테르나크의 창작 세계를 통해, 러시아 작가의 내면 의식에 집단적 무의식이자 "잠재적 믿음"으로서 자리 잡힌 슬라브주의적 여성 신화가 면면히 이어져 옴이 확인된다.

제2장 레르몬토프 전통

시집《삶은 나의 누이》의 구성과 테마

1. 파스테르나크와 레르몬토프

파스테르나크의 예술 체계는, 러시아 문학에서 푸시킨을 비롯하여 레르몬토프, 고골, 도스토옙스키, 톨스토이, 그리고 20세기의 블로크, 마야콥스키 등의 전통을 따른 것으로 알려져 있다. 사실 파스테르나크는 《안전 통행증》에서 혁신은 전통을 바탕으로 이루어짐을 피력[36]함으로써 자신의 창작 세계가 전통을 바탕으로 하고 그것을 극복한 가운데 탄생되었음을 시사했다. 따라서 그의 예술 체계에 대한 올바른 이해를 위해서는 그것이 어떠한 전통을 기초로 하였고 전통과 어떤 논쟁을 벌였는지 고찰할 필요가 있다. 그럴 때《삶은 나의 누이(Сестра моя — жизнь, 이하 '누이'로 약칭)》에 나타난 레르몬토프의 전통은 특별히 주목할 가치가 있다. 기존 전통을 실험해오던 그가 마침내 독자적인 예술 세계에 도달한 이 시집[37]을 레르몬토프에게 헌정했기 때문이다. 시집에 나타난 레르몬토프 전통에 대한 연구는 시집의 이해는 물론, 파스테르나크

36_Пастернак Б. Собр. соч.: В 5 т. Т.4, М., 1991. С.170, 208. 이하 이 판본의 인용은 권수와 면수를 괄호 안에 표기한다.

37_《장벽을 넘어서Поверх барьеров》(1916)의 "비낭만주의" 시학은 1929년 개정판에서 온전히 이룩된다(Фроловская 1992: 140).

가 계승한 여타 전통의 공통분모를 추출하는 데에도 일정 몫을 할 것으로 사료된다. 이 시집에서 성취된 미학 및 예술관이 이후 전(全) 작품의 토대가 된다는 사실을 염두에 둘 때 이러한 공통분모 추출의 의의는 더욱 뚜렷해진다.

본 장에서는 파스테르나크의 《누이》에서 레르몬토프 전통이 어떻게 수용되고 극복되었는지를 고찰하려고 한다. 파스테르나크 창작에서 레르몬토프 전통이 갖는 의의는 기존 연구에서도 적지 않게 지적됐다 (O'connor 1989: 212–23; Парамонов 1991: 11–25; Фроловская 1992: 136–42; Эткинд 1995: 470–83; Кацис 1999: 76–7). 그러나 그 전통이 나타난 양상을 파스테르나크 작품에 대한 면밀한 분석을 통해 온전히 규명한 연구는 없었다고 할 수 있다. 기존 연구는 파스테르나크 창작에 존재하는 다양한 전통을 폭넓게 규명하는 데 집중하였다. 러시아를 비롯하여 서구 전통이 어떻게 반영되었는지가 중심에 올 뿐, 다양한 전통이 어떻게 하나의 미학과 세계관으로 모아지는지는 본격적으로 규명되지 않았다. 기존 연구가 문제 제기의 성격을 띠는 것도 이러한 개별적인 논의 경향과 무관치 않은 것으로 보인다. 파스테르나크가 《누이》를 레르몬토프에게 헌정한 것은 당시 그에게 영향을 준 낭만주의 작가들 가운데 레르몬토프의 세계관[38]—지상의 삶, 현세적 가치에 의미를 둔 슬라브주의적 요소[39]—이 시집의 기초가 됐음을 공표한 것이라 볼 수 있다. 파스테르나크 시학에 자리 잡은 슬라브주의적 요소는 대개 푸시킨, 블로크과 관련하여 지적돼 왔다. 일례로 파스테르나크의 혁명 테마는, 혁명 모티프를 자연으로의 회귀라 말한 블로크의 루소주의, "슬라브주

38_참조: "악마의 불신은 작가가 생각하는 삶, 사람들 모습과 대립을 이뤘다. […] 작가는 인간의 삶은 최고의 선물이자 축복이라 여긴다 […] 영원한 자연의 생명력에 대한 묘사는 풀리지 않는 질문(악마의 질문—인용자 주)에 대한 레르몬토프의 답변이 되었다"(Красовский и др. 2003: 404).

39_"바이런적 요소와 러시아적 요소를" "조화시키고자 노력한" 시인의 문학 세계(고일 1996: 35), "낭만주의 의식의 위기"로 인해 "구비문학의 창작 방식들로 움직"인 그의 추구(Роднянская 2002: 790)가 관련된다.

의"와 상응하는데(Парамонов 1991: 20), 무엇보다 넷째 시집《테마와 변주》 이후에 그의 의식에 자리 잡은 물과 바람(공기)의 자연력이 푸시킨과 블로크, 각각에게서 계승됐다는 것이다(Фатеева 2003: 225). 그에 반해《누이》에서 레르몬토프로부터 계승된 것은 레르몬토프의 개인성(личность)과 그 개인성의 힘(сила)이라 할 수 있다. 좀 더 정확히 말해 역동적 "삶"에 대한 '열정(страсть)'을 핵으로 하는 레르몬토프의 창작적 "정신(дух)"이 그것이다: "난《누이》를 레르몬토프의 기억이 아니라 우리 가운데 살아 있을 시인 자신에, 문학에서 여전히 영향을 주는 그의 정신에 헌정했소. 1917년 여름 그는 내게 […] 창작적 용기와 계시의 화신이자, 일상적이고 자유로운 시를 통해 삶을 주장하는 데 하나의 기반이 된 존재였소"(1958.8.22. 편지); "레르몬토프가 내게 끼친 영향은 복음서와 같소."(1945.6.23. 편지)(1, 652–53).

주목해야 할 것은 이 같은 개인성이 레르몬토프 창작에서 자유롭고 활기찬 자연 이미지로 구현된다는 점, 즉 역동적인 자연과 동일시돼 구현된다는 점이다. 세계관적 측면과 더불어 파스테르나크가 레르몬토프로부터 직접 계승한 것은 그러한 자연력 이미지인 셈으로, 자연력 이미지야말로 시집의 독창성과 파스테르나크의 예술 체계에 바탕이 된 전통을 규명하는 데 열쇠가 된다. 레르몬토프 전통을 프리즘으로 한 시집 분석은, 시집의 구성적 특징을 고려해 서문과 본문 부분으로 나누어 이루어질 것이다.

2.《삶은 나의 누이》 서문에 제시된 레르몬토프의 텍스트

시집에서 레르몬토프 전통이 갖는 의미는 먼저 구성 측면에서 고찰될 수 있다. 레르몬토프의 텍스트를 포함하여 레르몬토프적 요소가 직접 시집에 드러나는 경우는 총 네 차례다. 헌정의 말, 첫 시 〈악마를 기억하며(Памяти Демона)〉, 둘째 시 〈이 시들에 관해(Про эти стихи)〉, 일곱째 시 〈소녀(Девочка)〉의 경우가 그러하다. 앞부분에 배치된 이 시들이 시집에서 양적으로 차지하는 비중은 크지 않다. 그러나 시집 구성의 원리를 염두에 둔다면 사정은 달라진다. "개별 시들로가 아닌 앙상블들로(연작시들과 시집들로) 사유"하는 파스테르나크에 있어 시집의 구성은 "개별 시들과 연작시들의 복잡한 상호작용의 결과로 발생"한다(Фоменко 1990: 79; Суматохина 1998: 13, 17; 임혜영 2004: 248). 그러므로 개별 시의 의미는 하나의 유기체인 시집에서의 위치에서 드러나고, 시집의 의미는 개별 시와의 관계에서 드러난다.

시집의 유기체적 모습은 1922년의 첫 발행본 구성에 더욱 강조돼 있다(Пастернак 1965: 630–1 참조). 현대 발행본의 구성은 1927년에 한 번 수정된 연작시 구성을 따른 것으로[40], 49개의 시가 10개의 연작시에 속해 있는 점을 제외하고는 여느 서정시집과 다를 바 없다. 그에 반해 첫 발행본은 한 편의 소설 형태를 띠는바 첫 발행본을 바탕으로 시를 번호로 표시하고 시집의 구성을 도식화하면 다음과 같다:

1
〈새들이 노래할 때가 아닌지(Не время ль птицам петь)〉: 2–9
〈《초원의 서(Книга степи)》의 제1장(Первая глава)〉: 10–16
사랑하는 여인의 여가(Развлеченья любимой): 17–22
  〈철학에 몰두(Занятье философией)〉: 23–27
28
〈그녀가 지루하지 않도록 편지로 쓴 노래(Песни в письмах, чтобы не скучала)〉: 29–31
〈로마노프카(Романовка)〉: 32–34
〈내 영혼을 분리하려는 시도(Попытка душу разлучить)〉: 35–38
〈귀로(Возвращение)〉: 39–40
〈헬레나에게(Елене)〉: 41–44

40_시집은 몇 번 출판됐으나 이전 시집들과 달리 근본적으로 수정되지 않았다(Пастернак 1965: 631). 1927년에 연작시 구성 및 제목이 한 번 수정됐을 뿐이다.

〈후기(Послесловье)〉: 45–49
50

서술 장르인 소설과 유사한 구성[41]을 지닌 첫 발행본은 사랑의 플롯(헬레나 비노그라드(Елена Виноград)(1897–1987)와의 만남 · 이별 사건: 1917년 봄 모스크바에서 만남, 6월에 그녀가 떠남, 7월과 9월에 그녀가 있는 로마노프카와 발라쇼프로 파스테르나크가 두 번 여행함. 1, 651)이 시집 기저에 놓여 있음을 제시해준다. 우리는 본래 의도된 이러한 구성에서 레르몬토프적 요소가 본문 《초원의 서》가 시작되기 전인 서문 부분에 집중돼 있음을 알 수 있다. 헌정의 말과 첫 시 〈악마를 기억하며〉는 시집에서 또 하나의 제사(題詞) 역할을, 둘째와 일곱 째 시는 중심 사건 발생 전의 도입과 같은 역할을 하게 된다. 그런데 시집의 구성에는 독특한 반복적 메커니즘이 존재한다(O'connor 1978). 반복적 메커니즘과 관련하여 이 부분은 일종의 "등장인물들"이 제시되는 부분이 된다. 동시에 핵심 이미지와 모티프, 테마가 제시되는 부분이기도 하다. 주요 구성 성분이 제시되는 서문에 레르몬토프 요소의 네 차례 등장은, 그의 전통이 시집의 바탕이 됐음을 강조하는 장치라 하겠다.

시집에서 레르몬토프 전통에 대한 저자의 태도는 양면성을 보인다. 자기중심적 · 낭만주의적 주인공 형상은 거부하나 활기찬 삶에 대한 그의 열정은 수용하는 태도를 보인다[42]. 이러한 태도는 첫 시 〈악마를

41_소설적 시간성, 내러티브에 의한 통일성에 대해서는 Platt 1999: 140–142, O'connor 1978: 399–411 참조.

42_Флейшман Л. "Фрагменты футуристич. биографии Пастернака". Slavica Hierosolymitana, vol. VI. Jerusalem, 1979: 109. (1, 653)에서 재인용; "…나의 '악마'와 시시덕거리는 시기는 지나갔다네"(1917.1.27. 편지)(1, 653). 악마의 비극적 세계 인식에서 드러난 레르몬토프 자신과 그의 주인공들의 생에 대한 강렬한 욕구에 대해서는 문석우 2000: 51–78 참조. 강렬한 생의 욕구는, 삶의 의욕을 상실한 푸시킨의 오네긴과 다른 레르몬토프의 창작적 "정신" 그 자체다(홍대화 2004). 시집 속 레르몬토프 모티프는 "자연과 깊은 연관"을 가진 레르몬토프의 개인성이 염두에 두어진 것이다(Эткинд 1995: 472).

기억하며〉에서부터 고스란히 반영된다. 레르몬토프의 악마 형상과 이별을 기념하는 이 시는 악마에 대한 '조사(弔詞)'(Фроловская 1992: 136) 형태를 띤다. 그러나 동시에 서사시《악마(Демон)》의 이미지와 모티프를 취해 새로 창조된 '변주'이기도 하다.

5개 연으로 이루어진 시의 주 내용은 타마라 사후의 뒷이야기다. 묘사 대상과 거대한 자연 이미지는 원작의 것을 비교적 충실히 재현했다: "푸르스름한 빙하가 있는 산꼭대기", "그루지야 성전 담장 너머" "묘의 판석(плита)", "창살 있는 창문", "주르나", "성화용 램프", "머리가 희게 세는" "카프카스". 하지만 타마라 사후 냉담해진 악마, 자연이외 아무도 찾지 않는 그녀의 묘, 그럼으로써 잊혀져간 그녀의 존재 등이 언급되는 원작과 달리 그녀를 상실한 악마의 "폭풍우처럼 날뛰는 슬픔"(1연), 그녀에 대한 그의 회상이 이야기된다. 또한 그러한 슬픔에도 불구하고 악마는 "통곡하지도" "날개를 움츠려" "절망하지도 않는" 모습(2연)을 보인다. 이는 파스테르나크의 '변주'된 악마에게는 타마라에 대한 사랑이 이별 후에도 영원히 존재하기 때문이다. 사랑은 오로지 그의 구원을 위한 이기적 수단이 아니라 그의 맹세대상인 자연("그는 산꼭대기의 얼음을 두고 맹세 했네 / […] 잠을 청하시오, 나 눈사태처럼 속히 돌아오리다." 1, 109)처럼 영원한 생명력을 가진 진정한 것이다[43]. 그리하여 악마는 타마라의 묘가 아니라(2연) 사랑의 기억이 남아있는 수도원 창가를 "밤마다" 방문한다[44].

파스테르나크는 우주적 규모의 거대하고 영원한 사랑을 간직한 악마의 모습을 통해 레르몬토프의 악마가 상실한 삶에 대한 열정, 특히 "잃어버린 조화"[45]를 회복시켜주고 있다. 그럼으로써 "또 다시 오만하

43_"모든 것", 모호한 미래를 두고 맹세하는 레르몬토프의 악마의 경우는 "회피적"이고 "과장적인" 언변이 드러나는 진정치 못한 것이 된다(Роднянская 2002: 781).

44_비교: "너의 부드러운 속눈썹에/황금빛 꿈을 가져다주기 위해 / 나는 동트기 전에 찾아가리라…"(레르몬또프, 문석우 옮김,《우리 시대의 영웅》, 조선대 출판부, 2001: 242-3).《악마》를 비롯해《견습 수도사》,《우리 시대의 영웅》은 이 역서를 참조했다. 이후 이 역서에서의 인용은 면수를 괄호 안에 제시한다.

45_타마라 공주에 대한 악마의 사랑은 악마에게 잃어버린 조화에 대한 그리움을 더

게 / 희망도 사랑도 없이 / 이전처럼 홀로 우주 속에 남"(276)은 레르몬토프의 악마와 작별하고 있는 것이다.

사랑을 통한 활기찬 삶의 회복, 나아가 역동적 행위를 추구하는 레르몬토프 주인공의 내면 상태[46]는 시적 화자의 내면 상태임이, 이어지는 시 〈이 시들에 관해〉에서 언급되기도 한다: "베르무트주(酒)에 입술 적시듯 레르몬토프의 / 격정적 전율 같은 내 삶을 적시고 있는 사이"(1, 110). 저자의 현실 도피적 · 낭만주의적 성향을 드러내 주는 시("얘들아 우리 뜰은 / 지금 몇 세기지?" 1, 110)로 종종 언급되기도 하는 이 시는, 제목에서 드러나듯 시집 전체의 시에 관한 메타시다. 창작 당시 저자는 레르몬토프를 비롯하여 바이런, 포 등 낭만주의 작가의 작품에 흠뻑 빠졌음이 암시된다: "내가 바이런과 담배를 피우고 / 에드거 앨런 포와 술 마시고 있는 사이 [···] / [···] 레르몬토프의 지옥과 병기고로 / 맞아들여지듯, 카프카스의 다리얄 계곡에서 환영받으며 맞아들여지고 "(1, 110). 하지만 우리는 이 시 이후부터 활기 찬 자연 이미지가 다루어진다는 사실에 더 주의를 기울일 필요가 있다.

다리얄 계곡은 "낭만주의적 장소"로서 레르몬토프의 대표적인 예술 공간이다(Павловец 2000). 뿐만 아니라 주요 '등장인물' 가운데 하나이기도 하다(고일 1996: 68; Максимов 2002: 674). 서사시 《악마》와 관련지을 때 타마라의 성이 있는 곳이다(Миллер 1989: 225. 《우리 시대의 영웅》의 경우 1부 2장에서(57, 58) 테레크 계곡, 테레크강과 함께 묘사된다). 그 위로는 카즈벡 봉우리가 솟아있고 밑으로는 테레크강이 흐르는 등 역동적인 자연현상이 이곳을 매개로 펼쳐진다[47]. 따라서 다리얄 계곡은 "투

욱 강하게 했다(Красовский и др. 2003: 403).

46_악마의 철학적 "분신", "지상의 악마" 페초린의 고백을 상기하라: "나는 내 영혼 속에서 무한한 힘을 느끼고 [···] 고결한 갈망의 불길 [···] 마음의 이상스런 욕구를 충족시키고자 하였으나, 결코 만족할 줄 몰랐던 것이다"(183–4, 188, 208). 악마의 고백과 비교: "항상 바라지 않으면서 아쉬워하며/모든 것을 알고, 느끼고, 목격하려 하며 [···]"(257).

47_《악마》는 카즈벡 봉우리 묘사로 시작해 이 봉우리의 묘사로 끝난다. 악마가 나는 곳도 다리알 계곡 위의 이 봉우리(228, 231)이고 그녀의 묘가 놓이는 성전도 이 봉우

쟁과 자유사랑"을 상징하는 테레크강과, "신적 세계"와 같은 "카프카스의" 태곳적 "자유로움"을 상징하는 최고봉 카즈벡(Миллер 1989: 221, 225–6) 이미지를 동시에 내포한다고 할 수 있다. 즉 자유롭고 조화로운 거대한 자연 세계 그 자체를 의미하게 된다.

낭만주의 작가들의 작품을 통해 파스테르나크가 계승하는 것은 주변 현실과 대립으로서의 낭만주의 미학–염세주의적 주인공, "악마적 세계관"[48]–이 아니라 자연스럽고 합일된 원초적 자연력이라 할 수 있다. 그러한 자연력을 바탕으로 한 강렬한 표현 수단이야말로 파스테르나크가 그들에게서 취한 창작적 무기("지옥과 병기고")요(Павловец 2000), 파토스다. 레르몬토프의 주요 '등장인물'이 된 자연력은, 첫 시의 제사로 취해진 레나우의 시와 필사본에서 시집 전체의 제사로 취해졌던 포의 시 〈헬렌에게〉의 자연력–뇌우와 폭풍우, 바다와 물–과도 각각 상통한다: "숲이 사납게 날뛰고, 뇌우를 동반한 먹구름이 / 하늘을 둥실 떠간다. / 소녀여, 이러한 때 움직이는 폭풍우 속에서 / 그대 모습이 내게 보인다오."(1, 109); "헬렌이여, 그대 아름다움은 마치 / 그 옛날 니케아의 돛단배 같아라. // […] 물의 여신 같은 […]"(포우 1993: 20). 이러한 자연 이미지를 시집에 구현하는 것이 파스테르나크의 목표다. 바로 다음 시 〈그리움(Тоска)〉은 이 점을 확증해 주고 있다. 파스테르나크는 원초적이고 무성한 정글의 자연을 그린 키플링의 예술 세계가 주요 등장인물 차원에서 시집과 상통하는 것으로 본다. 그리하여 키플링의 등장인물("황무지들", "사자들", "호랑이들")에게 "에피그라프"의 자격을 부여한다(1, 111).

다른 한편 우리는 낭만주의 작가들의 역동적인 자연력, 폭풍우 이미지 속에서 파스테르나크가 특히 여성 형상("소녀", "헬렌")에 주목하고 있음을 알 수 있다. 이러한 여성 형상은 시집에 사랑의 테마를 도입하기도 한다. 그러나 그보다 더 중요하고 근본적인 구현 목적이 있음

리의 경사면(276, 279)에 있다.

48_Красовский и др. 2003: 403.

이 구성에서 유추될 수 있다. 레르몬토프의 또 다른 주인공의 경우처럼 (《견습 수도사》가 그러하다. Максимов 2002: 686) 서정적 주인공에게 계시된 '활력 있고 충만한 세계와 삶'이란 이념의 전달이 그것이다. 이를 입증하듯 넷째 시(〈삶은 나의 누이이고 오늘 넘쳐흘러……〉)는 사랑의 테마를 다루기에 앞서 소생하는 활기찬 삶의 테마를 먼저 다룬다. 봄과 함께 찾아온 삶의 이미지 속에서 연인 형상도 비로소 제시되기 시작한다("내 사랑하는 여인은 신기루 같은 모습으로 자고 있으리." 1, 112)

넷째 시에 이어지는 세 시 〈우는 정원(Плачущий сад)〉, 〈거울(Зеркало)〉, 〈소녀〉역시 서정적 주인공을 둘러싼 역동적인 자연과 삶을 그의 제 2의 자아로서 다룬다. 세 시에 공히 묘사된 정원은 시적 화자와 동일시됐는데(1, 113-6), 정원의 일부가 바로 나뭇가지-"소녀"다: "정원에서 온 거대하고 나의 혈육인 나뭇가지는 특성상 / 나의 누이네! 나의 제 2의 트류모(벽에 있는 전신거울—인용자 주)네!"(1, 116). 동일한 배경으로 긴밀히 연결된 이 시들 가운데 시 〈소녀〉는 레르몬토프의 시 〈절벽(Утёс)〉(1941)의 일부를 제사로 취한다: "황금빛 먹구름은 거인 절벽의 / 품속에서 하룻밤을 보냈네"(1, 116). "소녀"로 의인화된 나뭇가지는 폭풍우 치는 날 정원을 휘저으며 벗어나려는 역동적 이미지(1, 116)로 구현되고 있다. 이는 레르몬토프의 고정된 절벽 vs 떠나가는 먹구름의 대립 구도와 상응한다: "먹구름은 [...] 떠났네, / [...] 유쾌하게 장난치며 [...] / [...] 절벽은 / 외로이 서있네 / [...] 황무지에서 조용히 눈물을 흘리네."(Лермонтов 1988: 214) 나뭇가지는 남성 절벽을 자유롭게 떠나며 떠도는 레르몬토프의 '방랑자', 뇌우 때 폭풍 속을 떠가는 레나우의 소녀-먹구름 이미지 등과 별반 다름없다. 즉 역동적인 행동을 갈망하는 자유로운 영혼을 상징한다.

그런데 시 끝에서 나뭇가지의 역동적인 움직임은 갑자기 좌절된다: "허나 사람들은 바로 이 나뭇가지를 술잔에 넣어 가지고 들어와 / 트류모 틀 가까이에 놓네. / 이 사람은 누구지? [...] / 수인(囚人)처럼 생기 없게 만드는 이 사람은"(1, 116). 이 같은 비약적 결말의 의미는 레르몬토프 작품을 컨텍스트로 할 때 뚜렷해진다. 주지하다시피 레르몬토프는 이상 혹은 자유의지가 좌절돼 방황하는 내면을 악마와 돛단배와 먹구름의 이미지를 통해 제시하였다(《악마》제 2부 10장(258)과 두 시〈돛단배(Парус)〉(1932), 〈먹구름(Тучи)〉(1940) 참조). 뿐만 아니라 절벽, 시들어가는 나뭇잎, 나아가 도주하는 견습 수도사의 이미지를 통해서도 제시하였다(〈나뭇잎(листок)〉(1941), 《견습 수도사(Мцыри)》(1941)). 자유로이 움직였던 나뭇가지가 누군가에 의해 꺾여 거울 앞에 놓이게 된 상황은 방랑자적 형상보다는 포로상태에 처한 형상—"자연인(естественный человек)" 견습 수도사, 왕자에 의해 낚인 루살카(〈바다 여왕(Морская царевна)〉(1941)), 활력 잃은 절벽—을 더 상기시킨다[49]. 나뭇가지 이미지에는, "감옥 연작시(тюремный цикл)"을 비롯한 레르몬토프 시 속의 자유를 박탈하는 역사적 · 사회적 테마[50]가 암시된다.

이처럼 자연 이미지가 주로 여성으로 구현된 것은 레르몬토프 전통의 극복 가운데 가장 근본적 측면이라 할 수 있다. 이를 드러내기 위해서는 《악마》보다는, 자연과 교류하는 주인공이 등장하는 《견습 수도사》와의 비교가 효과적이다[51]. 여름의 자연을 묘사하는 이 서사시 역시 시집에 원형[52]이 됐다고 할 수 있다. '활력 있는 삶의 계시'라는 문제를 다룰 뿐 아니라, 주인공이 "자기중심적" 형상인 악마의 극복이고 레르몬토프의 "이상"적 형상이기 때문이다(Максимов 2002: 683). 그는 자연을 질투, 경멸하는 악마와 달리 그 목소리를 듣는("그들의 생각을 알아보았지요 / 그런 능력은 내게 선천적인 것이죠!"; "나는 그 대화를 알아들었지요 / 고집 센 돌들과의 쉴 새 없는 중얼거림과 / 끊임없는 말다툼을 말이에요."

49_레르몬토프의 포로 vs 방랑자 형상에 대해서는 Красовский и др. 2003: 402 참조.
50_Максимов 2002: 678–9.
51_프롤로프스카야(Фроловская 1992: 138) 역시 시집 속 자연과 주인공의 합일이란 낭만주의 개념 이해에 열쇠를 주는 것은《악마》가 아니라《견습 수도사》라고 말한다.
52_레르몬토프 작품들의 이미지와 모티프가 상통한다는 점(Фохт 2002: 508)을 차치하고서라도,《견습 수도사》는 파스테르나크에게 적잖은 관심을 끈 것으로 보인다. 일례로 시〈프레스냐 봉기 십 주년〉(1918)의 운율에 영향을 줬다(Фроловская 1992: 137).

288, 293) 등, 자연과 하나("형제처럼" 291)가 된다. 특히 포로의 신분과 삼일 간의 자유라는 극한적 상황 설정으로 역동적 삶에 대한 욕구 및 열정 문제가 강렬하고 뚜렷이 드러난다. 문제는 자연과 융합의 기쁨에서 존재 의미를 찾음에도 불구하고 견습 수도사의 궁극적 목적지는 자연이 아니라는 데에 있다. 그에게 자연은 인간에게 적대적인 힘(일례로 "표범(барс)")도 동시에 지닌다. 그러한 자연을 떠나 조국, 아버지의 집으로 가는 것이 그의 목표다(Максимов 2002: 674–5, 682, 687, 689–90). 비록 그의 조국이 자연 상태에 가까운 '미개사회'라 할지라도 이는 다시 인간 세계로의 회귀를 의미한다고 할 수 있다[53]. 조국의 인간 사회에 대한 갈망은 레르몬토프의 주인공이 자연과 완전한 합일, 나아가 완전히 자유로운 내면 상태에 도달하지 못했음을 반증해주는데, 문명에서 포로생활로 인해 체득된 노예적 속성–나약함, 소심함–이 자연과의 완전한 일치에 이르는 데 방해가 됐다고 하겠다. 특히 자연의 일부인 표범과의 결투와 승리 장면은 영웅적 파토스의 절정으로서 주인공은 전사로 선언되는 등, 레르몬토프의 인간은 자연과 일치할 뿐 아니라 극복("투쟁")할 줄도 안다(Максимов 2002: 687, 689). 결국 자연 세계, 그리고 그것과 주인공의 일치가 중심적인 묘사 대상임에도 서사시 제목이 《견습 수도사》인 것도, 굽힐 줄 모르는 의지로써 주변 세계와의 거리감을 여전히 간직한 남성 인간이 작품 중심에 있음을 보여 준다[54].

이에 반해 시집에서 여성 이미지가 지배적인 것은, 강한 남성 영웅–주인공이 아니라 서정적 주인공의 누이인 삶–자연[55]이 작품 중심에 놓

53_푸시킨의 말(《집시들》)을 상기하라: "허나 그대들 사이에도 행복은 없구려, / 자연의 가엾은 아들들이여! [...] / 숙명적인 정열은 모든 곳에 있어/운명을 막을 수 없구려"(Пушкин 1963: 235–6). 방황 후 다시 수도원에 이른 것도 본질적으로 이 같은 회귀를 암시한다.

54_레르몬토프는 낭만적 주인공의 대명사인 마야콥스키적 거인, 강한 남성성에 비해 자연과 친밀한 증거인 여성적 · 감상적 측면을 지닌 견습 수도사(Парамонов 1991: 17, 19; Максимов 2002: 671–2)를 창조함으로써 진일보한 건 사실이나 인간과 자연의 완전한 상호 침투를 이루지는 못한 셈이다.

55_시집 중심에 놓인 여성성은 자연력의 여성적 근원을 암시하고, 여성 이미지로 의

임을 가리키는 지표다. 파스테르나크는 레르몬토프의 주인공 형상을 피하려는 듯 자신의 주인공과 다른 성(性)인 여성 자연을 시집 전면에 내세웠다. 그리고 주인공으로 하여금 여성 자연에서 존재 의미를 추구토록 하였다. 포로 상태의 주체가 남성으로 구현된 시 〈절벽〉을 여성 중심으로 변주한 위 시 〈소녀〉도 그러한 한 예다. 첫 시의 제사인 레나우 시에서부터 이후 시에 제시된 어휘 "소녀"와 "누이", 마침내 시집 제목 "삶은 나의 누이" 등 여러 단계를 거쳐 시인은, 존재의 터전인 삶 자체가 작품 중심에 있음을 강령적으로 드러내는 것이다.

3. 《삶은 나의 누이》 본문에 응용된 레르몬토프의 전통

시집의 본문 부분(《초원의 서》이하)에서는 사랑의 플롯과 사랑 테마가 본격적으로 전개된다. 아울러 서문에서 시작된 연인과 자연의 동일시나(여덟째 시에서 "라일락 가지"가 연인("그대의 옷자락")으로 제시됨) '연애love affair'에 자연이 배경이 아닌 동참자로 등장(서문의 마지막 시 〈비(Дождь)〉에서)하는 경향 역시 본격적으로 전개된다(시 〈비〉의 부제가 "《초원의 서》의 표제"임을 상기). 레르몬토프 전통이 본문에 반영된 사실도 무엇보다 사랑 테마가 자연 테마와 긴밀하게 겹쳐진 현상에서 찾아질 수 있는바, 사랑 테마는 《악마》와 《견습 수도사》에서처럼 시집에서도 주요 테마 중 하나다. 레르몬토프 주인공의 경우처럼 사랑은 시적 화자에게 감정의 소생과 삶의 활기를, 그리고 주변 세계에 대한 새로운 감각을 계시해준다. 사랑하는 여인을 만나기 전("적막한 영혼의 사막" 234) · 후의 내면 변화가 상세히 묘사되는 악마의 경우와 달리, 사랑으로 인한 화자의 내면 변화는 간결하지만 의도적일 정도로 분명하게 지적된다: "그대는 선반에서 책 꺼내듯 나의 삶을 꺼내 들었고 / 먼지를 불어 냈으니"(1, 121).

인화된 혁명적 분위기를 드러내기도 한다(Парамонов 1991: 18–19).

견습 수도사가 늙은 사제의 삶을 생기 있는 자연에 대비시켰듯이 ("나의 인생은 이 행복한 사흘이 없었더라면, / 당신의 무력한 노년기처럼 / 슬프고 우울했을 거예요." 290) 감정과 삶의 활기는 여름 및 청년기 이미지를 통해 제시된다. 젊음은 자유롭고 생기 있는 것으로 찬미되고 "늙는다는 것"은 역동적 자연력의 종말, 부동의 이미지로 그려지는 것이다. 뿐만 아니라 열정적인 감정은 삶의 활기를 유지시키는 힘이므로 시적 화자는 악마처럼 연인의 영혼을 흥분시키려 애쓴다: "가슴을 세면대 물밑에 대듯, 키스의 물결에 대시오! / 여름은 샘처럼 한 세기 동안 계속 솟아오르는 게 아니니 […] // 난 늙는다는 것에 대해 들었소 […] / 그땐 별에게 손을 밀어 올리는 부딪치는 파도는 하나도 없으리 […] // 영혼을 흥분케 하시오! […] / 이것은 세계적인 한낮이라오."(〈참새 언덕(Воробьевы горы)〉 1, 142). 끓어오르는 전 세계적 역동성 속에서 그는 견습 수도사처럼 자연의 소리를 듣고 이해하게 된다: "나무 울타리 옆 / 젖은 나뭇가지와 창백한 바람 사이엔 / 논쟁이 붙었네. […] 나에 관한 것이었네!"(〈무더운 밤(Душная ночь)〉 1, 148) 자연 세계와 합일에 이른 것이다.

그런데 레르몬토프의 경우와 달리 파스테르나크 작품에서 사랑의 열정은 개인 차원에서 끝나지 않는다. 악마의 사랑이 일회적 · 비극적으로 끝난 데는 악마의 세계관이 그 원인으로 자리 잡았다고 할 수 있다. "세계는 완벽하지 않고 무의미함으로 가득 찼다"는 악마의 회의주의적 세계관은(Красовский и др. 2003: 403) 타마라에게 맹세하는 순간에도 사라지지 않았다. 세계에 대한 부정적인 태도는 지상 세계에 속한 타마라에게 "독"이 돼, 둘의 결합을 불가능하게 한 셈이다[56]. 주지하다시피 주변 모든 것의 가치를 부정하는 태도는 "개인주의"를 지닌 낭만적 주인공의 한 특성인 바(Красовский и др. 2003: 403), 주인공의 자기중심성 때문에 사랑은 이기적인 것으로 종결될 수밖에 없었다.

그에 반해 시집의 시적 화자의 사랑은 개인적 목적 보다는 감정을 지

56_"악마주의"의 파멸적 속성에 대해서는 Роднянская 2002: 781–2 참조.

배하는 고차원의 힘의 의지를 따른 것이다("《누이》가 나타났을 때 이 시집을 준 힘이 무엇이라 불리든 내겐 전혀 상관이 없게 됐다. 왜냐하면 그 힘은 나와 나를 둘러싼 시 개념들보다 무한히 큰 것이었기 때문이다." 4, 228). 파스테르나크에 따르면 삶과 자연력만 세계를 움직이는 "힘"의 지배를 받는 게 아니다. 사랑의 "강한 열정"도 그 지배를 받는다.(4, 187)[57] 자신을 세계의 중심이 아니라 타자와 동등한 하나의 세계 구성성분으로 보는(자연-삶은 "나의 혈육") 시적 화자는 연애에서도 동일한 태도를 보인다. 본질적으로 그의 사랑의 열정은 그를 구원하는 수단이 아니라 세계를 통합하는 힘의 한 발현일 뿐이다(Nilsson 1979: 276). 그리하여 우주적 규모로 확장된 열정—일례로 트리스탄과 이졸데의 경우—은 물리적 이별 이후에도, 순환하는 모든 만물처럼 영원할 수 있음이 환기된다: "차갑게 굳은 트리스탄이 이졸데의 무덤위에 난 / 포도덩굴 위의 꾀꼬리처럼 그리움에 목이 메는 것. // 정원들도 [...] 세계도, 인간의 마음에 / 축적된 정열이 방전된 것뿐이네"(〈창작이란(Определение творчества)〉 1, 137).

우주 만물의 합일 법칙을 벗어나 상호 교류가 중단된 열정은 연인—데스데모나와 오필리야의 경우—에 의해 "벗겨"질 수 있다. 그리고 그 연인은 합일 상태에 있는 우주 만물로의 회귀를 꿈꾸게 된다: "오펠리야가 노래하게 됐을 때, / 그녀는 괴로운 사랑의 몽상에 진저리가 났는데, / 어떠한 전리품을 가지고 물에 가라앉았나? / 버들가지와 애기똥풀한 아름을 가지고서. // 두 여주인공은 정열이 어깨에서 누더기처럼 벗겨지도록 두고서, / 자연 세계를 걸치길 [...] / 좋아하는 전 세계의 저수지 속으로 / 가슴 두근거리며 들어간 것"(〈한 영국작가의 교훈들(Уроки английского)〉 1, 133). 사랑의 열정에 희생양이 된 서구 문학 여주인공의 차용은 사랑에 수동적 태도를 보인 시집의 여주인공 형상을 부각시키는 작용을 한다[58]. 제약된 사랑[59]은, 여주인공의 사랑 관념이 만물을 통합하는 힘에 연결되지 못해 파생된 것이라 볼 수 있다. 그녀는 삶, 자

57_임혜영 2009: 67-72 참조.

연현상과 완전한 합일에 이르지 못한 것이다: "심장에 금지령을 내려 닫았다면 […] / 광대한 세계 전부에 자물쇠를 채우시오 […] // 내가 그대로 인해 자물쇠 채워진 태양에서 그을음을, / 금지령 내려 닫힌 봄에서 곰팡이를 / 멀리 길에서 발견하고서 / 지상과 교제하는 것을 피할 수 있도록"(1, 154). 사랑에 수동적인 여주인공 형상은 시집을 포괄하는 테마가 사랑이 아니라 자연이 되도록 하는 데 분명 한 몫 한다. 서구의 여주인공은 이러한 연인을 보완해주는 형상으로, 시적 화자와 저자의 이상적 여성상의 한 측면을 보여준다.

사랑의 테마가 레르몬토프 경우처럼(《악마》에 이어 사랑의 비중이 플롯에서 더 축소된 《견습 수도사》의 경우) 제 2측면으로 물러나는 점은 (Nilsson 1979: 276) 구성에도 반영돼 있다. 본문의 첫 시 〈이 모든 일 이전에 겨울이 있었네(До всего этого была зима)〉는 연애가 아니라 일상의 자연현상을 다룬다. 그런가 하면 마지막 시 〈끝(Конец)〉도 가을날의 자연과 일상을 주로 다룬다. 양 시는 겨울과 가을의 시간적 배경을 통해 본문의 틀을 형성한다. 그리고 자연 테마가 시집을 형성하는 가장 중심 테마임을 드러내준다.

이 같이 시집에 전면화된 자연테마는, 《악마》, 《견습 수도사》와 동일한 플롯 구조인[60] 연인과 이별 내지는 결실 맺지 못한 사랑의 플롯이 독

58_기존 연구에서 오필리야와 데스데모나는 시집 여주인공이 연애에서 자신이 희생됐음을 강조하기 위해 언급하는 형상으로 지적됐다(O'connor 1989: 215–6). 허나 여주인공이 시적 화자의 시각을 통해 구현되는 점을 감안하면 그녀에 대한 화자의 불만에 더 초점이 맞춰줘야 할 것이다.

59_제약된 사랑을 하는 타마라와 비노그라드는, 파스테르나크 의도와 별도로 주인공과 연애 직전에 약혼자를 잃은 점(비노그라드의 경우 1차 세계대전 때), 사랑의 파국 후 상대를 버린 점(비노그라드는 1918년 초에 다른 사람과 결혼함)에서 분명 공통된다. 전자의 경우 악마의 회의주의에 기인한 것이지만 양자의 결합이 이루어지지 않았다는 점(또한 그녀에 대한 묘사가 "다소 수사학적이고 관례적"인 점), 나아가 견습 수도사가 만난 그루지야 아가씨의 경우 사랑의 플롯 자체가 전개되지 않고 "미발달"상태로 그친 점(Максимов 2002: 685–6) 등은 그들이 이상적 여주인공 상이 될 수 없는 이유가 된다. 타마라는 악마에 매혹된 직후 "신의 세계"의 조화 및 윤리를 상실하기도 한다(Роднянская 2002: 776–7).

특한 구성으로 전개됨으로써 더 구체적으로 드러난다. 이미 지적했듯 레르몬토프의 경우 사랑의 종말과 함께 사랑 테마는 구성에서 사라진다. 자연만이 영원한 것으로 묘사되며 종결된다. 반면 시집의 경우, 연인과의 첫 물리적 이별(연작시 〈그녀가 지루하지 않도록 편지로 쓴 노래〉)을 거쳐 마침내 정신적인 완전한 이별(〈내 영혼을 분리하려는 시도〉, 〈귀로〉)에 이른 후 등장하는 자연 테마와 나란히, 연애 장면(〈헬레나에게〉, 〈후기〉)이 다시 묘사된다. 이러한 구성은, 사랑이 "기억"에 의해 자연처럼 영원히 존재한다는 이념을 반영한다. 일례로 마지막 시 〈끝〉은 첫 시 〈악마를 기억하며〉와 기억의 모티프 측면에서 상응하는 구조를 보인다: "다시 거리. 다시 레이스 휘장. / 다시 밤 속의 초원, 건초더미, 신음 소리가 / 지금도 앞으로도 떠오르리 // […] 나뭇잎들은 / […] 초원으로 가길 갈망하네 // […] 문은 돌쩌귀에서 초원으로 가길 갈망하네 […] / 그녀의 팔꿈치에 키스했던 것을 기억하고서"(1, 174). 시적 화자의 연애 장소 회상, 연애에 주변 자연("나뭇잎들", "문", "밤" 등)의 동참 모티프는 〈악마를 기억하며〉의 경우를 발전시키고 있다. 사랑은 그 영원성으로 인해 자연과 유기적이 되는 것이다.

한편 시집의 구성을 통해, 사랑 및 자연 테마의 상호작용으로 창작 테마가 탄생함이 제시된다:

〈초원의 서〉 + 〈사랑하는 여인의 여가〉 => 〈철학에 몰두〉[61]
《누이》 => 〈후기〉[62].

연작시 〈철학에 몰두〉는 '창작' 모티브가 지배적인 유일한 연작시이

60_레르몬토프의 주요 플롯은 《누이》의 주요 플롯이 되기도 한다(Кацис 1999: 85).
61_〈시란(Определение поэзии)〉, 〈영혼이란(Определение души)〉, 〈땅의 질병들(Болезни земли)〉, 〈창작이란〉, 〈우리의 뇌우(Наша гроза)〉, 〈여대리인(Заместительница)〉.
62_특히 첫 두 시. 〈사랑하는 이여, 난 무섭소! 시인은 사랑할 때……〉, 〈단어들을 떨어뜨리자……〉.

다. 이 연작시를 맺는 시 〈여대리인〉은 시집 구성에서 중요한 두 가지 의미를 갖는다. 첫째, 모스크바를 떠난 사랑하는 여인을 묘사함으로써 본문의 전반부를 맺는 역할을 한다. 1922년 첫 발행본에 이 시가 연작시에서 분리돼 있는 것은 이 점을 확고히 해준다. 둘째, 카프카스와 관련된 "어휘"들(그대의 "회오리(вихрь)", "광신적 회교도(мюрид)", "경주마(скакун)", "산", "편자의 발굽 소리(топ подков)")을 등장시켜 레르몬토프 전통과 시집의 "유대"(O'connor 1989: 220)를 다시 환기시킨다. 특히 역동적인 자연 이미지로 구현된 연인 형상과 그녀의 활기찬 '춤'의 모티프는 그녀를 타마라와 연관시킨다. 이로써 1922년 본에서 연작시에 속하지 않던 세 시 〈악마를 기억하며〉, 〈여대리인〉, 〈끝〉은 시집과 레르몬토프 전통의 연관성을 환기시키기 위해 부각된 것이었음이 드러난다. 아울러 〈철학에 몰두〉와, 시집 전체를 맺는 연작시 〈후기〉, 양 경우를 통해 파스테르나크는 자신의 예술 세계가 생명력 있는 자연, 삶을 구현하는 것임(〈시란〉 (1, 134), 〈우리의 뇌우〉 (1, 139))을, 그리고 우주를 결속하는 힘의 지배를 받는 사랑을 구현하는 것임(〈사랑하는 이여, 난 무섭소! 시인은 사랑할 때……〉(1, 166), 〈단어들을 떨어뜨리자……〉(1, 168))을 메타시적으로 밝힌다. 그것은, 시대의 격랑 속에서 주변과 분리돼 방황하는 거인 "나"와 그 분신이 중심이 되는 다음과 같은 레르몬토프식 낭만주의 작품이 아니다: "참나무 잎 하나가 혈육인 나뭇가지에서 뜯겨져 / 매서운 폭풍에 쫓긴 채 [···] 굴러 갔네 // [···] 플라타너스의 뿌리에 바싹 붙었네 [···] / "난 때가 이르기 전 무르익어 가혹한 조국에서 자랐네. // [···] 그대의 에메랄드빛 잎들 사이에 외부인을 맞이해주오 [···]" // "그대, 내 갓 자란 아이들에게 안 어울려요 // [···] 난 그대를 몰라요!"(〈나뭇잎〉. Лермонтов 1988: 221-22). 그러한 격랑에 아랑곳 않고서 만물을 결속하는 힘의 뜻에 따라 만물의 구성성분들—잎, 새—과 "접붙인" "나", 그리고 그 "영혼"을 구현하는 "진정한" 낭만주의[63] 작품인 것

63_비교: "파스테르나크 역시 시를 정의하기 위해 "산문"만을 말했다. 그는 그것을 리얼리즘이라 부르길 선호했으나 이것은 바로 가장 진정한—"예나의(иенский)"—낭만

이다: "영혼이란 폭풍 불 때 익은 배(梨)처럼 / 분리되지 않은 잎 하나를 지닌 채 떨어지는 것. / 잎은 배에게 얼마나 충직한가, 큰 가지와도 헤어졌으니! [···] // 폭풍은 우리의 모국을 불태워 재로 만들었네. / 어린 새야 네 둥지를 알아보겠느뇨? / 오, 나의 잎이여, 그대는 방울새보다 더 겁이 많구려! [···] / 아, 필멸(必滅)을 뜻하는 지상의 장소 "여기"는, / 떨고는 있지만 하나로 접붙인 우리에겐 낯신 것"(1, 135).

"모국"에 닥친 격랑("폭풍") 속에서도 시적 화자와 주변이 합일될 수 있는 것은, 시적 화자의 목표와 이상이 견습 수도사의 경우와 달리 조국의 틀, 인간 사회에 국한되지 않고 자연 세계, 삶 그 자체에 있기 때문이다[64]. 아울러 그의 낙원은, 악마와 달리 잃어버린 낙원인 먼 천상이 아니라 천상과 연결된 활력 있는 지상[65]과 그곳의 삶에 존재하기 때문이다. 그러므로 레르몬토프의 주인공에게 비극을 초래한 역사적 · 사회적 현실과 그 모순[66]은 시적 화자에게 결정적 영향력을 행사하지 않는다. 바로 이 점은 사회적 테마, 혁명이 구현된 방식을 이해하는 데도 열쇠가 된다.

주의다 [···]. 이점에서 파스테르나크는 진정하게 낭만주의적이다"(Парамонов 1991: 17–18). 파스테르나크 창작의 진정한 낭만주의란 측면 (또 그로 인한 "기쁨의 존재론(онтология)")은 레르몬토프의 연장선에서 릴케와의 파스테르나크의 차이점을 설명해주는 열쇠라 여겨진다. 릴케의 주인공은 주변사물과 융화감보다는 오히려 공포감을 느끼는 실존주의적 "페시미즘" 측면을 보이기 때문이다(Livingstone 1979: 431, 449).

64_이후 《닥터 지바고》의 주인공이 고아인 것도, 자연 속에서 죽은 모친을 찾고 존재의 근원을 추구하는 것도 자연과의 합일 이상을 반영한다.

65_"누구의 시이기에 이토록 많은 소동을 일으켰나? / 천둥마저 그 탄생의 고통에 놀랄 정도로. / 질병을 앓는 땅이 되는데 동의하려면 / 적어도 인사불성의 고통을 겪어야 하네"〈땅의 질병들〉(1, 136).

66_레르몬토프는 견습 수도사를 통해 인간과 자연 세계 간 경계제거를 보여줌으로써, 각 세계가 폐쇄되는 낭만주의 구조(Nilsson 1979: 275)에서 분명 한 걸음 나아갔지만 그러한 제거는 일부 자연 세계와의 관계에 국한된 탓에 합일의 이상에 대한 암시로 그친 셈이다. 종국에는 저자에 의해 견습 수도사는 "죽음의 운명"을 받고 "동시대 현실"에서 "이탈"된다. 또한 그 이탈된 '사회 질서'와 현실은 무심한 자연 이미지를 통해(일례로 〈나뭇잎〉, 〈바다여왕〉) 암울하게 묘사되며 "징벌"을 받는다(Фроловская 1992: 142).

파스테르나크에게 혁명 역시 세계를 지배하는 힘의 한 발현일 뿐이라 할 수 있다. 그것은 "대기 변형", "화학적 재탄생"과 같은 순간적 자연현상으로 인식돼(Пастернак 1989: 430-1), 삶과 역사에서 특별히 분리된 거대한 사건이 아니라 일상 삶의 한 현상으로 묘사된다. 그리하여 역사에서 중요한 것으로 간주된 사건—수상 케렌스키의 연설, 민중 봉기 등—과 민중 '의식'이 각성되는 역사적 순간은 연인과의 데이트 장면이나(〈봄비(Весенний дождь)〉, 〈경찰들의 호루라기(Свистки милиционеров)〉) 연인을 생각하며 자연을 관찰하는 장면(〈사랑의 한 본보기(Образец)〉, 〈라스파트(Распад)〉, 〈영원할 순식간의 뇌우(Гроза, моментальная навек)〉)에서 삽화처럼 묘사된다. 혁명은 사랑의 플롯에 영향을 끼치지 않은 채[67] 그 배경구실을 하거나, 플롯과 연관 없는 추상적 사상 전달에 실마리 구실을 할 뿐이다(1, 126, 145).

그러나 동시에 혁명의 힘과 그것이 분출되는 순간은 시집에서 특별한 의미를 부여받는다. 1917년 여름에 계시된 삶의 활기, 사랑의 열정과 동일한 강렬성을 지닌 혁명의 힘은 인간사회와 전 우주에 해방의 가능성을 열어주는 것으로, 찬미할 가치가 있다(1, 130, 165). 즉 혁명 발발 순간은, 인간 사회가 "재탄생"되어 폐쇄적 계급구조에서 벗어날 가능성의 순간, 공동성을 획득하는 순간이다[68]. 결국 역동적인 자연과 사랑의 열정, 나아가 민중의 자연력적인 힘-혁명은 하나의 힘이 되어, 전 세계적 해방감과 단일감각을 형성한다. 그리하여 인간과 자연뿐 아니라 인간과 인간 간의 경계(귀족 vs 민중계급의)도 제거되는데, 수동적 · 반(反)역동적인("진부한") 혁명 활동은 "계시"된 전 세계적인 해방감에 반하는 것으로서 비판받는다(〈여름(Лето)〉1, 164).

자연, 사랑, 혁명의 힘에 의해 각 세계가 열리는 구조는, 이후 작가의 고백처럼[69] "선사시대"의 열린 상태로 회귀함에 다름 아니다(일례로 고

67_파스테르나크는 1917년 혁명을 로맨스의 내러티브 표현이란 관점에서 봤다(Platt 1999: 140).

68_혁명 테마에 대해서는 Platt 1999: 144 참조. 혁명적 사건이 객관적이고 폭넓게 의미 부여되는 것은 이후 서사시 장르를 통해서다.

골의 《무서운 복수》에서 취한 〈라스파트〉의 제사를 보라: "갑자기 세상의 모든 끝이 보이기 시작했다" 1, 145). 역사, 우주의 영원하고 순환적인 본질을 부각시키고자 파스테르나크는 레르몬토프와 달리, 자연, 사랑, 창작의 테마 반복과 겨울, 봄, 여름, 가을의 순환적인 시간 구성을 구현하였다. 반복과 순환의 구조는 시집의 전 구성 요소—등장인물, 세부적 구성 성분—에 걸쳐 드러나는바(Nilsson 1979: 274–78), 이러한 구성이야말로 시집이 활기찬 에너지로 넘치고 소설적인 단일한 구조를 갖게 한 근원적 요인이며, "운명"의 힘으로 작용한 현실 '사회 질서' 및 그로 인한 비극으로써 폐쇄된 세계를 구현한 레르몬토프 전통(지상과 합일하지 못한 악마와, 문명사회에서의 도주를 꿈꾼 견습 수도사의 경우)[70]으로부터도 한 걸음 나아간 것이다.

4. 레르몬토프를 넘어서

파스테르나크는 《누이》의 구성과 테마를 통해, 자신과 레르몬토프의 연관성 문제를 제기하였다. 그가 레르몬토프에게서 공감하는 것은, 레르몬토프와 그의 주인공의 비극적 · 절망적인 현실인식 이면에 감춰진 강렬한 생의 욕구, 열정적인 개인성 그 자체다. 레르몬토프는 자연과 융합하고 여성스런 감수성을 지닌 견습 수도사를 창조하여, 자기중심적 · 낭만주의적 주인공 악마를 극복하기도 하였다. 그러나 《악마》, 《견습 수도사》를 비롯한 레르몬토프 작품에서 주인공과 자연의 온전한 합일은 "염원"에 그친다. 반면 《누이》에서는 "실현된 행위"(Фроловская 1992: 138)가 된다. 시인은 레르몬토프의 전통 가운데 현실과의 단절, 시인-서정적 주인공의 영웅주의와 "초인" 사상 등의

69_"…계시 때처럼 알아볼 수 없을 만큼 자연스럽고 선사시대적인 여름을 난 지상에서 봤소"(1, 651).

70_특히 악마 형상에 투영된, 사회변혁을 맞아 반란하는 30년대 귀족의 모습에 대해서는 Фохт 2002: 506–30 참조.

낭만주의적 특성을 극복한 것이다. 그는 자연을 주요 등장인물로 형상화했을 뿐 아니라 그것을 끊임없이 여성 이미지로 형상화하였다. 시적 화자는 여성적인 자연과 동일시되고, 인간 사회에서가 아닌 자연과 삶 그 자체에서 존재의미를 찾을 수 있게 된다. 이제 자연과 삶은 시적 화자의 투쟁대상이 아니라 존재의 근원으로서 작품 중심에 놓인 것이다. 결국 여성적인 자연과 삶의 형상을 통해 파스테르나크는 존재의 전일성(целостность бытия)이란 새로운 세계관을 제시하였다. 그것은 인간의 자연과의 하나 됨을 넘어, 인간 사회를 포함한 전 세계와의 하나 됨으로, 본질적으로 독일 낭만주의의 자연 철학—무엇보다 셸링의 동일성 철학[71]—과 상통한다.

한편, 시인은 여주인공 형상을 창조하는 데 레르몬토프 이외 셰익스피어, 괴테의 창작을 또 하나의 모델로 취했음이 드러났다. 시집이 레르몬토프에게 헌정됐듯, 서구의 전통들은 레르몬토프와 분리되지 않고 그의 연장선상에 있다(타마라 형상에 괴테의 영원한 여성상이 투영되고 악마 형상은 괴테의 주인공과 연관성이 있는바(고일 1996: 65) 괴테의 인물은 《우리 시대의 영웅》(85)에서도 연상된다). 이점은 이 시집을 이해하는데 좀 더 폭넓은 지평을 열어 주는 것으로서, 레르몬토프의 기독교적 선악 개념 속에서 완전히 전개되지 못한 시집의 구원적 사랑의 문제(일례로 간접 묘사로 그친 시집의 여주인공 모습에 레르몬토프의 두 형상, 타마라와 '어느 그루지야 여인'이 반영된 것으로 보인다)와 관련된다 할 수 있다. 요컨대 이념의 한계를 초월해 폭넓게 여성상을 다룬 셰익스피어와 괴테의 "교훈"은, 파스테르나크 작품의 수수께끼적 측면인 결코 정의할 수도 분류할 수도 없는 이교도적 · 마법적 메타포(Фроловская 1992: 140)를 푸는데 결정적 역할을 할 것이다. 이러한 여타 전통에 대한 논의는 차후 연구 주제로 남겨두기로 한다.

71_Парамонов 1991: 11–25 참조.

제3장 큐비즘

시집 《삶은 나의 누이》 속의 아방가르드적 현상

현대 조류는 예술을 분수로 상상한다,
그것은 스펀지인데도 말이다.
현대 조류는 예술이 분출해야 한다고 결정했다,
그것은 빨아들이고 흡수해야 하는데도.
현대 조류는 예술이 표현 수단으로
분해되어야 한다고 여겼다,
그것은 지각 기관들로 이뤄져 있는데도.
– 파스테르나크 (《몇몇 원칙들》(1918))

1. 러시아 문학과 회화

주지하다시피 러시아 문학과 회화, 특히 큐비즘과의 연관성 문제는 이미 마야콥스키를 중심으로 미래주의자들의 창작과 관련하여 제기되어 왔고 그에 관한 상당한 연구결과물이 있는 게 사실이다. 입체-미래주의자 마야콥스키 창작과 큐비즘 회화의 연관성을 다룬, 1940년의 초판 후 몇몇 판본 형태로 발행된 하르드쥐에프의 논문과 이후 등장한 것들이 그러하다: Харджиев 1976; Альфонсов 1966; Stapanian 1986; 석영중 1990; 조주관 2001. 그에 비해 파스테르나크의 창작과 회화, 큐비즘의 연관성 문제는 그리 전면적으로 제기되지 않았고 연구들도 다소 늦게 시작되었다고 할 수 있다. 바로 1990년대를 전후하여 그와 회화(큐비즘을 중심으로)의 연관성에 관한 논문이 등장했다: Симпличио 1989; Левина 1990; Malmstad 1992. 그러나 "파스테르나크와 회화"란 문제 자체는 이미 1935년에 야콥슨에 의해 작가의 시학에 관한 글에서 언급되었고 기타 플레이시만의 작가의 연구들에서 종종 언급되었다. 작가는 큐비즘에 대한 관심을 표했던 걸로 알려졌는데, 후에 조야 마슬레니코바와의 대화중에 시집 《장벽을 넘어서Поверх барьеров》(1917)의

시를 썼던 1914-1916년 시기에 "큐비즘에 매우 사로잡혀있었다"고 이야기했다.[72]

그런데 위의 연구들은 대개 큐비즘을 중심으로 한 회화의 형식적 기법 적용에 관심의 초점을 둔 것들이다. 적극적으로 큐보 미래주의 그룹 활동을 한 마야콥스키의 경우, 기법적 차원에서 해당 문제를 접근하는 것은 당위성을 띠지만 파스테르나크의 경우는 다르다. 파스테르나크에 대한 연구의 대부분은 회화적 요소를 특정한 러시아 미래주의 화가의 그림과 관련해 논하거나 큐보 미래주의 이외에 1920년대 말 1940년대 초 러시아 회화까지 포함시켜 논의함으로써 일부 작품의 특성 규명에만 국한되었거나 연구자의 주관적인 접근이 바탕이 되었다는 인상을 떨치기 어렵다(Malmstad 1992; Левина 1990). 일례로 맘스타드는 큐비즘을 작가의 특정시기-《장벽을 넘어서》 창작시기-에 마음을 끈 회화 양식으로 보며 작가의 큐비즘적인 요소는 프랑스적인 것이 아니라 러시아 큐보 미래주의의 것이었다고 단정하기까지 한다(Malmstad 1992: 301). 따라서 기존 연구는 창작 전체를 조명하는 전반적인 시학 차원으로까지 나아가지 못하였다. 이는 파스테르나크의 회화성에 대한 연구가 해당 문제를 주로 직접적인 접촉이나 영향관계 차원에서 접근하였기 때문이기도 하다(레비나도 지적했듯, 심플리치오처럼 파스테르나크의 창작 세계를 그의 아버지의 회화 및 예술에 대한 견해와 상응 속에서 살펴보는 것은 해당 주제를 애매하게 할 우려가 있다[73]). 하지만 근본적으로는 작가의 창작 세계 및 예술관의 특수성에 대한 본격적인 논의 없이 이루어졌기 때문이라 할 수 있다.

본 장에서는 파스테르나크의 작품을 큐비즘 회화의 원리를 통해 조명하려고 한다. 사실 파스테르나크도 마야콥스키처럼 큐비즘 회화의 요소를 나름대로 창작에 도입하였다. 마야콥스키가 주로 기법적(형식

72_Масленикова З. "Портрет поэта". Литературная Грузия, 1979, №2. С.150. Malmstad 1992: 301에서 재인용.

73_Левина 1990: 84 참조.

적) 차원에서 적용했다면 그는 그것을 넘어 철학적 세계관적 차원에까지 나아갔다고 할 수 있다. 이러한 차이점은 (큐비즘의 원리들에 관통하는) 환유의 원칙의 적용 시 양자 간에 드러나는 차이점과 상응한다고 여겨진다. 두 시인이 공히 환유적 경향을 창작에 적용할 때 마야콥스키가 주로 미학적, 기교적 차원에서 추구했다면 파스테르나크는 그것을 넘어 우주적 질서로까지 보는 철학적, 세계관적 차원에서까지 추구했던 것이다[74]. 본 장은 이 같은 파스테르나크의 예술적 시각의 독특성을 고려하여 큐비즘 회화를 기법적 차원을 넘어 철학적 세계관적 차원에서까지 조명하려고 한다. 이를 위해 본 장에서 큐비즘에 대한 관심의 초점은 20세기 초 아방가르드 문화 현상을 반영하는 그것의 폭넓은 측면—아방가르드적—에 맞춰질 것이다. 즉 아방가르드 및 아방가르드적 문화 현상이란 개념은, 기존의 것과 전혀 다른 새로운 것을 탄생시킴과 관련된 일련의 문화 현상들을 지칭하는 폭넓은 의미로 사용한다. 바로 어떤 것을 시작하는 예술의 특징을 비롯하여, 이미 구축된 규칙들을 위반 및 청중의 지각 과정에 도전하는 (혁신적) 특성을 지닌 현상들과 관련된 의미로 말이다[75].

새로운 예술, 새로운 형식 실험을 추구한 당시 유럽을 비롯해 러시아의 예술의 전반적인 흐름에서 회화는 주도적 역할을 했다. 러시아의 경우, 1890년대 이후로 문학요소가 회화에 반영되어 왔는데 이러한 경향은 1907년경에 '순수 회화'의 새로운 가치에 자리를 내주기 시작했다 (그레이 2001: 95). 그 가운데 큐비즘은 여타의 혁신적인 회화와 더불어 과학 및 철학의 새로운 사상과 이론을 수용했다. 따라서 큐비즘은 새로운 경향의 혁신적인 회화들(후기 인상주의부터 미래주의를 거쳐 추상미술로)의 연결 고리일 뿐 아니라 새로운 학문과 인접 예술들의 흐름의 집

74_Pomorska 1975: 28. 한 양식에 대한 이해에서 파스테르나크의 독특하고 폭넓은 세계관적인 접근 태도는 '진정한' 미래주의의 역동성에 대한 그만의 이해에서도 엿보인다. 그에게 미래주의의 역동성은 현대 삶의 외적이고 표면적인 다이나미즘이 아닌 자기 재생적인 영원한 삶의 내적 리듬에 동일시됐다(Хан 1988: 120–124).

75_코스텔라네츠 1997: 13–16 참조.

결지라고 할 수 있다. 이러한 큐비즘의 측면은 파스테르나크의 창작 세계를 관통하는 20세기 초의 철학(후설 현상학, 베르그송의 사상) 및 과학(상대성이론)과 여타 예술(인상주의, 큐비즘, 미래주의, 프루스트 소설) 등의 요소를 규명하는데 하나의 축이 될 것이다. 큐비즘에 대한 바로 이러한 접근은, 파스테르나크의 큐비즘에 직접적인 접촉 및 그로 인한 영향에 초점을 둠으로써 발생한 기존 연구의 한계를 극복하게 하고, 다른 한편으론 동일한 세계 인식방법과 사유 구조가 서로 다른 공간에서 종종 발견되는 인류 문화 현상의 한 특징을 확인할 수 있는 계기를 준다[76]. 요컨대 본 장에서 파스테르나크의 큐비즘적 요소는 직접적인 접촉 여부 보다는 (여타 주변 것에 대한 그의 이해에서 대개 드러나듯이) '직관'을 통해 파악하고 있었다는 가정에 초점을 맞추고 살펴본다[77]. 아울러 "회화의 기법이 그 자체로 지각의 방식, 사유의 방식을 대변"해준다는 점에서(배미자 2001: 2) 본 장에서 회화 장르가 한 문학가의 창작 세계를 조명하는 데 선택됨은 그 당위성을 획득한다.

따라서 본 장에서는 큐비즘의 '현실 인식 방식' 및 '사고 구조'를 반영하는 근본 원리를 지칭하는 개념들을 밝히고 파스테르나크의 작품을 분석하는 틀로 삼을 것이다. '복수 시점의 원리', '평면적 공간의 원리', '동시성의 원리'가 바로 그것이다. 분석 대상은 작가로 하여금 온전히 독자적인 시인으로 탄생할 수 있게 하였고 큐비즘 화가들의 활동

76_큐비즘 원칙은 시뿐 아니라 산문에서도 적용됐고 그 회화 및 화가를 직접 접하지 않은 작가에게서도 발생했다. 파스테르나크의 산문도 그 같은 맥락에서 이해할 수 있으며 다른 예로 안드레이 벨리(1880–1934)의 산문을 들 수 있다. 《페테르부르크》는 큐비즘 회화의 방법이 예술적 산문에 적용된 경우다. 이 작품은 큐비즘에 대해 잘 알고 있지 않았음에도 불구하고 당시 전환시대에 특징적인 세계, 우주에 대한 개인적이고 자율적인 인식이 벨리에게도 있었음을 드러내주고, 어떤 점에선 "진정한 미래주의자"의 한사람인 그가 동시대 현상인 큐비즘과 미래주의와 맞닿는 부분을 지녔음을 말해준다(Бердяев 1994: 443 참조).

77_"난 현대 정밀과학들에 문외한이오. 그러나 단순한 직관으로 삶과, 주변과 시간에서 발생하는 것에 대한 제 관념이 현대 논리, 물리, 수학의 입장과 경향에 상응함을 난 느끼오."(Proyart에게 쓴 1959.5.20. 편지. Jacqueline de Proyart, Pasternak, Paris, 1964, 236f. Aroutunova 1979: 196에서 재인용).

시기와 그리 멀지 않은 시기에 창조된 시집 《삶은 나의 누이》(1917)로 한다.

2. 큐비즘 미학의 원리

(1) 복수 시점의 원리

주지하다시피 큐비즘이 아방가르드 회화로 탄생하게 된 것은 근대회화를 지배해온 일점 원근법을 탈피하고 복수 시점을 사용한 데서부터다. 복수 시점의 사용은 현실 인식에 있어 인간 중심의 시각에서 사물 중심의 시각으로 전이를 의미한다: "우주의 형태를 축소한 것으로 간주되었던 원근화법적 입방체를 결정적으로 파괴한 이후 인간이나 그의 주위 환경을 척도로 하는 개념이 사라지는 것을 본다. 인간은 인간의 행위와 사유에 편리한 법칙을 받아들이지 않는 자연의 한 가운데에서 이 자연의 지배를 받는 요소로 간주된다. 인간과 세계의 관계는 전복된다"(프랑카르텔 1998: 361). 인간의 하나의 고정된 시각을 중심으로 사물과 대상을 묘사하는 일점 원근법과는 달리 복수 시점은 각 대상의 여러 측면을 고려하여 대상이 있는 그대로 드러나게 함으로써 사물이 중심이 되도록 하기 때문이다. 이러한 사물 중심의 현실 인식은 역원근법을 사용한 동양화의 가치관 및 세계관과도 상통하는바[78], 요컨대 복수시점의 원리를 통해 큐비즘이 "현상학적 환원"처럼 대상의 본질적 측면을 제시하는데 관심을 두었음을 알 수 있다. 예를 들면 큐비즘과 후설 현상학의 상응성을 엿볼 수 있는데, 무엇보다 큐비즘의 선구자인

78_"서양의 원근법은 기본적으로 인간 (개인) 혹은 나와 세계를 일대일의 대립 구도로 보는 시각에 바탕을 두고 있다. […]. 그런 까닭에 화면에 나를 기준으로 세계의 질서를 재구성한다. […] 역원근법은 […] 우리의 시각적 경험을 따르지 않고 '사물의 진실'을 따르려는 경향을 보인다. […] 역원근법에 담긴 세계는 나를 포섭하고 품어주는 존재이다. 역원근법을 비롯하여 […] 비투시도법적 공간에서 인간은 세계의 부분집합일 뿐이다. […] 이러한 가치관은 동양의 산수화에서 한 화면에 여러 시점이 존재하는 양태로 나타난다. […] 자연 혹은 세계는 […] 화면의 진정한 주체가 된다"(이주헌1. 2003: 164-167).

세잔과 후설의 현상학을 계승하는 메를로 퐁티의 연관성이 지적되는 지점에서 이를 확인할 수 있다: "사물에 대한 현상학적인 인식과 세잔의 예술관 사이의 [⋯] 유사성은 20세기 초, 러시아 모더니즘 예술의 흐름 속에서도 지적되고 있다."[79] 사실 사물 자체에 대한 관심과 함께 그 본질을 제시하려는 태도는 결국 새로운 예술을 추구한 예술가들이 만나는 지점이자 20세기 초의 공통적인 문화 현상이었다: ""사물 자체에로" 이러한 전환은 "대상 자체에로" 향함이란 파토스를 철학적 언어로 표현한 것이었다. 또한 그러한 파토스는 회화에서 세잔과 큐비스트들의 추구들에서 구현되었고 [⋯] 시에서 – 릴케의 포스트 상징주의적 경향들의 "사물의 세계"에서 구현되었다"(Флейшман 1977: 11).

사물중심주의적 성격을 띠는 복수시점의 구체적인 특징은 대표적으로 역원근법의 경우를 통해 살펴볼 수 있다[80]. 물론 큐비즘의 복수시점의 원리는 중세예술의 역원근법을 그대로 재현한 것은 아니다. "피카소의 그림은 원시인의 그림과 같은 다각적인 시선을 가지되, 그것은 이미 근대인의 시각을 거친 것"이며 "근대회화의 기법인 원근법을 넘어서 가능하게 된 것"이기 때문이다(배미자 2001: 14). 그러나 양자에는 동일한 예술정신–세계를 주관적으로 바라보기–이 흐르는 것 또한 사실이므로 우리는 중세의 역원근법의 원리를 통해 아방가르드 시대의 큐비즘 원리를 드러낼 수 있다. 역원근법은 묘사 대상들이 관찰자로부터 멀어져 있는 원근법과는 반대로 그 대상들이 관찰자에게로 향해있는 양식이 된다. 대상들은 일렬로 배열이 안되고 각자 여러 각도에서 배열되는데, 그것은 인간의 하나의 관점이 아니라 그의 관점을 포함한 대상들의 관점을 수용하기 때문이다. 따라서 역원근법적 구도 속에서 인간은 그림 속에 감추어져 있고 대신 사물이 중심 형상이 되는 일이 발생한다. 인간은 대상들의 편에서 그림 내부에 존재하는 것으로 드러나는바[81] 이는 재현된 사물들이 각자 자신의 고유의 의미와 가치를 지

79_이덕형 1995: 44. 그 밖에 이주헌2. 2003: 376–377 참조.

80_우스펜스키 1992: 22–23 참조.

닐 수 있는 여지를 마련해준다.

이와 같이 복수 시점의 원리에서 우리는 인간과 사물의 '결합'을 엿볼 수 있다. 이는 나 이외의 '타자'의 인정, 양자의 '상호주관성'이라는 현상학적 세계 인식과도 상응한다[82]. 큐비즘을 비롯한 현대 회화의 사물중심주의가 현상학적 세계 인식과 상응함은, 일례로 현상학적 사상과 이론을 작품에 접목시킨 현대 미술가 이우환의 경우를 통해 확인할 수 있다: "그는 […] 주체와 대상 구조의 근본적 변형을 꾀하는 것이다. […] 세상과 나의 존재, 객관과 주관 사이의 관계를 다룬 현상학적 접근은 이 관계 사이의 근원적 접촉점을 찾아내고자 한다. […] 이때의 세계는 '나'의 주위에 있는 것이지, '나'의 앞에 대립적으로 있는 것이 아니므로 자신을 무로 하여 보는 일체감의 자각을 그는 '만남'이라고 하고 있으며, 인간이 '있는 그대로의 세계', 가장 구체적인 '직접 세계'를 만날 수 있는 것은 이 '무가 된 장소'에서 인 것이다"(장원 2000: 51–52). 즉 복수 시점의 원리는 객체의 '타자성'을 인정함으로써, 기존의 '서구의 근대수의'의 인식주제와 객체의 분리가 아닌 양자의 결합을 인정하는 일원론 세계관을 내포하고 있다: "그는 (이우환—인용자 주) 이에 대해 현대 미술에 있어서 타자성의 회복은 절실하고도 희망적인 이슈라고 제안한다. […] 주지하듯이 근대 인식론에 의한 주관과 객관의 이원화는 주관과 객관의 철저한 분리로 말미암아 '대상화'적 병폐를 낳는다. […] 이것은 분명 나와 타자와의 대립 관계이다. 이런 상태를 바꾸어 나와 대상이 하나가 되는 것이 작품에서는 표현을 철저히 자기 한정하자는 것으로 드러난다."(장원 2000: 16, 39–40. 결국 복수 시점의 원리는 이렇듯 20세기 초, 새로운 가치관 및 세계관 '전이'의 반영에 다름 아닌 것이다.)

(2) 평면적 공간의 원리

큐비스트 화가들의 사물자체에 대한 관심과 사물의 본질적, 내적 구조

81_이덕형 2002: 173; 우스펜스키 1992: 233–234 참조.

82_"다각적 시선의 원리인 부정은 하나의 시선으로서의 '나'와 또 다른 시선으로서의 타자, 즉 '남'이 공존하는 방식이다"(배미자 2001: 3).

에 대한 추구는 예술 "공간의 재편성" 또한 가져왔다. 주지하다시피 큐비즘의 공간은 기존 회화의 공간 개념과 달리 캔버스 화면의 거리감이나 깊이감의 형성으로부터 멀어지는 이른바 평면성을 띤다. 큐비즘에서 대상의 형태의 단순화는 (파사주 기법과 함께) 대상의 윤곽선의 제거 및 대상들 영역 간 혹은 대상과 배경의 영역 간 결합, 침투를 가져왔고, 결국 이러한 대상들 간의 거리감의 제거로써 예술 공간의 평면화가 창출되는 것이다: "파사주 기법이란 [···] 화면에서 얕은 공간으로부터 깊은 공간으로 부드럽게 넘어가게 하거나 [···] 대상과 공간, 인물과 배경 사이의 경계선을 부드럽게 처리하는 효과를 내기 위해 쓰였다. 피카소는 조형 수단으로서의 파사주 기법 자체에 주목했다" (코팅턴 2003: 20–21); "입체파 작가는 재래의 시각상의 거리 공간과 상황 공간을 없애고 대상 물체 자체만의 기본형을 탐구하여 대상의 모든 것을 나타내려 하였다. [···] 모든 물체는 [···] 해체되고 기하학적인 형태로 환원되어 [···] 일종의 전개도처럼 펼쳐진다"(임영방 2003: 214). 여기서 공간의 평면화란 입체적인 모든 공간 감각이 제거된 문자 그대로의 2차원적인 평면성을 의미하지는 않는다. 큐비즘의 공간에는 대상의 결합 양식에 따라 자체 내에 또 다른 공간감, 깊이감 및 원근감이 창출되기 때문이다. 즉 공간의 평면화란 거리감 내지는 경계 없이 공간적으로 이웃해 있는 대상들 간 관계의 측면과 관련 있는바, 한마디로 그들의 영역 간 '공간적 인접'과 결합이 핵심적 의미를 갖는다.

그런데 공간의 평면화가 본격화되고 심화되는 것은 대상의 해체와 결합에 의해서다. 해체와 함께 각 대상은 자신의 고정된 위치를 떠나 자유롭게 이동하는 모습 또한 보이는데, 이는 바로 예술 공간에서 모든 대상의 자유로운 배치를 의미하고 '서로 다른 영역'에 속한 대상들 (혹은 부분들)은 나란히 결합할 수 있게 된다. 이렇듯 서로 연관 없는 대상들 간 '공간적 인접' 및 결합은 예술 공간을 이른바 '카오스'적인 평면적 공간으로 만든다. 그것은 공간 내 모든 것이 구분 없이 하나로 혼합됨으로써 나타나는 공간의 열림, 무한한 확장에 다름 아니다. 무엇보다 이런 화면의 "무질서"는 (원근법과 조명을 제거함과 함께) "화면의 어떤 부분도 부차적인 위치로 전락시키는 일이 없"도록 하려는 큐비스트 입장의 반영이라 할 수 있다(아뽈리네르 1991: 151). 결국 평면적 공간의 원리에 드러나는 이같은 모든 대상의 공간적 인접 현상에서 우리는 예술 공간의 위계질서의 부재를 발견하게 된다.

한편, 우리는 평면적인 공간에서 '서로 다른 영역'의 대상들 결합의 경우 그 바탕에는 비 논리성, 우연성의 법칙이 존재함을 인식하게 되는데, 그것은 베르그송 철학에서 지성적 측면보다는 감정 및 직관적 추론에 대한 중시와 상응함을 알 수 있다[83]. 우연적이고 임의적 모습을 띠는 결합의 양상은 종합적 큐비즘에서 활발히 드러난다고 할 수 있으나 더욱 단적으로 드러나는 예는 큐비즘의 원리를 적용, 발전시킨 미래주의 회화에서 볼 수 있다. 비논리성의 측면에서 주로 지적되는 작품인 말레비치의 "암소와 바이올린"[84]이 그러한 한 예인데, 서로 연관이 없는 '서로 다른 영역'–자연의 동물 vs 실내의 악기; 물질적 존재 vs 추상적 존재–의 두 대상의 결합은 갑작스럽고 우연적인 인상을 준다. 그러나 양 대상이 평면적 공간에서 서로 인접하여 결합됨으로써 그것들 사이에는 새로운 (연관)관계가 창출된다. 양자의 공존은 우리에게 새로운 지각의 계기를 줌으로써 양자 간에 존재 가능한 연관성을 인식하도록 만들기 때문이다. 요컨대 평면적 공간의 원리는 사물들 고유의 영역 및 경계선의 제거, 아울러 그들 간에 존재하는 연관성 문제를 제기한다.

(3) 동시성의 원리

큐비즘의 평면적인 공간에는 4차원적인 측면 또한 내포되어 있다. 그것은 20세기 초 아방가르드 회화의 경향 중 하나인 시간 차원의 도입과 관련이 있는바 회화가 당시 과학 및 철학의 새로운 사상 및 이론과 접목됨과도 관련이 있다[85]. 큐비스트들의 관심은 인간이 아니라 우주

83_모루아 1996: 53–61 참조.

84_자세한 논의는 다음을 참조: 그레이 2001: 151–153, 277, 291.

85_큐비스트들을 비롯한 혁신적인 현대 화가들이 최신 과학 이론에 어떻게 접촉할

에 있음을 알 수 있는데, 아폴리네르도 이점을 지적했다: "사차원은 작품 속의 물체들에 적합한 비례들을 부여한다. 그리스 미술은 미에 대해 순전히 인간적인 개념을 가지고 있었다. 그것은 인간을 완벽함의 척도로 삼았다. 신진 화가들의 미술은 무한한 우주를 이상으로 삼았는데, 바로 이러한 이상 덕택에 예술가-화가가 얻으려고 하는 조형성의 정도에 적합한 비례들을 대상물에 부여할 수 있게 만드는 완성의 새로운 척도가 가능한 것이다"(아뽈리네르 1991: 142). 우주에 대한 관심은 아방가르드적 문화 흐름에 공통된 특징이라 하겠다. 일례로 이탈리아 미래주의의 선언문에도 이점이 명시돼있다[86]. 결국 우주에 대한 관심과 관련하여 큐비스트의 4차원적인 '동시적 시각'의 원리는 물리학에서 불확정성 원리나 상대성 원리, 철학에서의 비결정론 등과 같은 20세기 초의 지적 분위기의 회화적 표현이라 할 수 있다[87]. 4차원적 측면이 엿보이는 기본적인 큐비즘적 결합의 경우는 한 대상의 이미지에 그것의 여러 측면이 결합된 경우다. 이는 화가가 여러 시간 동안 몸소 움직임으로써 관찰한 대상의 모습을 투영한 것으로, 한 공간에 여러 시간대가 공존함을 의미한다. 4차원적인 '동시성의 착상'[88]의 또 다른 예는 시, 공간 상 크게 떨어진 여러 오브제들의 동시 묘사의 경우다.

큐비즘 회화의 양 경우에서 드러나는 "'동시성'은 베르그송이 1917년 자신의 저서 《창조력의 진화》를 통해 설파한 인간 기억의 축적적 특성이라는 개념으로부터 연유한다"(프라이 1992: 198). 여러 측면이 결합된 큐비스트의 그림은 기억에 의한 경험의 지속을 통해 사물을 재현함과 연관이 있기 때문이다. 큐비스트의 그림은 공간적 동시성과 더불어 시간의 "불연속성", 여러 시간대의 상호연관 및 결합이란 특성을 내

수 있었는지에 대해서는 콕스 2003; 밀러 2002 참조.

86_Apollonio 2001: 27–30 참조

87_골딩 1993: 93("역자 후기") 참조.

88_20세기 초의 한 경향인 동시성의 착상은 회화와 문학 모두에 적용시켜졌는바, 이 개념에 대한 양 영역의 논쟁은 1912년부터 일어났다. 이탈리아 미래주의 화가들이 지적했듯 동시성은 당대 예술가들의 "여러 가지 정신 상태의 동시성"에 대한 추구, 나아가 예술에서 자유에 도취라는 경향과 관련 있다(프라이 1992: 32, 196–198).

포하고 있는 것이다. 무엇보다 베르그송의 시간 개념을 현대미술(입체주의, 미래파를 비롯한 표현주의, 초현실주의 등)과 연관시킬 수 있는 것은 이미 지적했듯 회화의 움직임에 일관돼있는 이른바 '심정 상태의 동시성'이란 기본체험 때문이다. 그것은, 정신활동과정이 내면적 상호연관을 지닌 음악의 대위법적 구조와 같은 것임을 발견한 베르그송의 입장과 관련 있는 것으로, 양자—베르그송과 화가—는 공히 지난 시간과 현재 시간의 경험이 내면적으로 상호 연관된다고 보고 그것들을 동시에 결합시켰다고 할 수 있다[89]. 결국 화면 안에 시간과 공간의 "종합"('시공간의 연관성')의 양상을 보이는 큐비즘의 회화에서는 공간의 이동, 운동과 더불어 시간의 흐름을 읽을 수 있는바 서로 다른 영역의 시간의 결합 문제는 나아가 시간의 비단절성, 영원성 문제 또한 드러낸다.

그런데 환기돼야 할 것은 이렇듯 "화면 안에 시간과 공간을 협조"시키고 "종합"함에도 불구하고 큐비스트 화가들에게 시간의 요소는 주관심의 대상이 되지 않았다는 점이다. 시간의 요소가 화면에 전면화되고 주 관심 대상이 된 것은 미래주의자들에 의해서다. 큐비즘에서 시간의 흐름은 "더 큰 관심"인 "화면 속의 질서", "정교한 공간 구성"을 위한 "부차적 수단"이었을 뿐임에 반해, 미래주의자들은 시간의 흐름을 역동성을 나타내는데 주요 수단으로 취했기 때문이다[90]. 미래파에 대한 벤투리의 지적은 이점을 단적으로 드러내준다: "동시성의 개념은 종합의 개념이 되는 대신 너무나 재빨리 속도의 개념으로 타락해 버렸다."(벤투리 1991: 355) 요컨대 미래주의의 동시성에는 공간, 시간, 운동이 함께 융합되어있는데 반해 큐비즘의 동시성에는 상대적으로 공간적 동시성이 부각돼 있다[91].

이와 같은 큐비즘의 원리들의 바탕에는 환유적 특성 및 세계관이 일관되고 있다. 환유적 특성에는 "개개 사물의 성격들을 통해 전체적 성

89_하우저 1999: 309 참조.

90_아뽈리네르 1991: 142-149 참조.

91_밀러 2002: 290-294 참조.

격을 유추하는 귀납적인 세계관"이 반영된다. 그것은 환유적 특성이 "실제 현실세계에 나타나고 있는 세세함과 다양한 관점을 통해서, 그것이 인과적으로 관계를 맺는 새로운 현실의 지평을 제시하고자 하는" 사실주의적 측면과 관련이 있기 때문인데[92], 여기서 우리는 모더니즘이 은유적 특성이 강한 반면 리얼리즘을 비롯한 반모더니즘은 환유적 특성이 강하다는 야콥슨과 롯지를 비롯한 이론가들의 지적을 상기할 수 있다[93]. 그러나 큐비즘 회화의 환유적 특성에 관한 기존 연구에서는(서구에서 80년대 이후 기호학과 미술사, 그리고 미술 비평의 접목이란 노력들) 형식적 기법차원에서 고찰이 이루어졌을 뿐(일례로 야콥슨적 '인접적 관계'를 바탕으로 한 환유와 제유 구현의 예 연구. Harrison et al. 1993: 141–146), 철학적 차원에서의 고찰은 이루어지지 않았다[94]. 사실 복수시점의 원리는 구체적인 사물에 의미를 부여함으로써 부분과 전체 간에 "유기성이 있다는 인식"을 드러내는바, 사물과 세계에 대한 "제유적 이해"를 내포한다. 평면적 공간의 원리는 여러 영역의 사물들이 자유롭게 인접하고 결합할 수 있는 가능성 및 상호 연관성의 문제를 가져오므로 공간 차원에서 "인접성의 현상들"의 변이형이라 할 수 있다. 동시성의 원리는 공간과 시간의 교차, 상이한 시간대의 결합을 가져오므로, 결국 공간 차원과 함께 시간 차원에서 "인접성의 현상들"을 드러내는 것이다.

이렇듯 환유적 세계관이 큐비즘의 작품에서 드러날 수 있는 것은 대

92_이덕형 2002: 312; 김욱동 2000: 266 참조: "은유는 보편성이나 일반성을 중시한다[…]. 환유에서는 […] 특수한 것이나 개별적인 것을 강조한다."

93_김욱동 2000: 260–262 참조.

94_은유와 환유에 관한 환유의 특성을 도식화하면 다음과 같다(김욱동 2000: 262–268 참조):

은유	환유
시간적 특성	공간적 특성("지리적 인접성")
유추 과정	연상 작용
언어적 개념적 성격(유사성 강조)	실재를 지칭하는 성격(인접성 강조)
기호와 그 의미 자체에 관심	기호가 쓰이는 맥락에 관심

상을 해체하고 결합하는 방법에서 비롯된다[95]. 하지만 큐비즘을 틀로 문학을 비롯한 여타의 문화 현상을 분석할 때는 (그러한 세계관적 측면의 고려에 앞서) 서로 다른 두 문화영역에 공통적으로 적용할 수 있는 용어, (표현방법을 지칭하는) 중심 개념이 필요하다. 우리는 그러한 개념을 러시아 미래주의와 큐비즘의 연관성에 관한 기존 연구의 성과물에서 빌려올 수 있다. "스드비그сдвиг"라는 단어가 바로 그러한바, 그것은 당시 미래주의자들에 의해 대상의 형태의 왜곡, 변형деформация이라는 큐비즘 기법을 지칭하는 가장 일반적인 명칭으로서 사용됐다. 미래주의자 리브시츠는 회상기에서 자신의 형식적 실험에서 주요한 것은 대상의 변형이라는 회화적 기법을 언어적 재료로 옮겨온 점이라고 강조한다(Гаспаров 1997: 223). 그러나 가스파로프도 지적했듯 미래주의자들 스스로 "스드비그"란 단어를 무질서하고 매우 폭넓게 사용했으므로 연구자들은 이 개념에 대한 셈슈린(А. Шемшурин)의 몇몇 구체적 묘사를 참조하고 응용해온 게 사실이다(Гаспаров 1997: 223). 일례로 석영중은 전위сдвиг와 분할이란 개념을, 양 영역을 비교하는 중심 개념으로 하고 있다(석영중 1990). 대개 "сдвиг"란 단어는 한 대상을 다른 대상(의 모습)으로 바꿔 대체한다는 의미를 갖는바 '전환, 변형, 교체, 전위' 등으로 번역 가능하다.

셈슈린은 피카소와 브라크의 초기 큐비즘에서 스드비그가 서로 복잡하게 얽혀 구현된 네 가지 양상을 지적하고 각각에 상응하는 미래주의자들의 경우를 예로 들었다[96]. 그곳에서 스드비그는 자신 속에 전치, 전위와 교차, 상호 침투를 동종 개념 및 구체적인 양상으로서 지니고 있고, 해체를 자신의 전제 조건으로 지님을 알 수 있다. 비록 셈슈린은 스드비그의 개념을 주로 언어적 측면에 국한시켜 고찰하였으나 주지

95_이덕형은 러시아 아방가르드들(시인과 화가)의 세계관에 환유적 세계관이 나타난다고 하며 그것은 그들이 "해체한 조각난 현실의 부분들이 전체로서의 현실이라는 세계-이미지를 반영하는 거울이 되"기 때문이라고 한다(이덕형 2002: 409). 러시아 영화의 몽타주 원리 및 클로즈업 기법을 포함한 아방가르드들의 작품과 환유적 세계관, 양식의 연관성에 대해서는 이덕형 2002: 407–415; 하우저 1999: 317–319 참조.

하다시피 "창조적 이그러뜨림의 원칙"으로서 스드비그는 미래주의 시인들의 작품에서는 언어의 하층 구조뿐만 아니라 이미저리와 플롯의 차원에까지도 확장되어 적용되었다[97]. 그럼에도 불구하고 그러한 적용은 본질적으로 미학적 측면에 초점이 맞춰졌다고 할 수 있는바 본 장에서는 스드비그를, 그러한 측면을 넘는 좀 더 폭넓은 측면에서 사용할 것이다. 대상의 형태의 왜곡과 변형을 넘어, "현실의 측면들의 변형сдвиг"이 바로 그것이다.

파스테르나크는 그러한 '변형'의 작용이 자신의 예술 세계에 관통하는 근본이자 모든 진정한 현대 예술의 요건임을, 그리고 자신 작품의 주요한 메타포인 "인접성에 의한 메타포"—환유—가 그러한 변형에 바탕을 두고 있음을 논문 〈바세르만 반응Вассерманова реакция〉(1914)에서 직접 밝힌다[98]. 〈바세르만 반응〉과 이후의 그의 미학적 논문들(〈안전 통행증〉)에 나타난 (은유적 특성과 대조되는 것으로서의) 환유적 특성에 대한 그의 이해는 그 본질에 있어 야콥슨의 경우와 상통한다. 하지만 주로 시학적 차원에서 해당 문제를 논의한 야콥슨과 달리 철학적 세계관적 차원으로까지 나아간 작가의 경우, 환유에 대한 논의가 좀 더 폭넓은 측면에서 이루어진다. 〈바세르만 반응〉에 나타났듯 그는 자신만의 표현과 개념의 사용과 함께 그 대조의 측면을 폭넓은 문제들—"도덕적-철학적, 인식론적 그리고 일반-미학적"—로 확장한다. 그는 "인접성상에 구축된 메타포" 만이 진정한 예술적 인식과 관련 있다고 함으로써 (야콥슨과는 달리) 메타포에 가치 차원을 도입하는 것이다. 그는 인식에서 (은유의) 등가성 및 유사성 요소는 평범한 학문의 분야(일

96_ Гаспаров 1997: 223 참조.

97_어얼리치 1983: 61 참조.

98_Пастренак Б. Собр. соч.: В 5т. Т.4. М., 1991, С.349-54(이후 이 판본 인용은 권수와 쪽수를 괄호 안에 표기한다); "우연치 않게 파스테르나크가 인접성에 따른 메타포라 명명한 환유와 메타포에 대한 그 같은 이해는 현실 측면들의 변형сдвиг에, 즉 부분에서 전체로 그리고 전체에서 부분으로 매우 갑작스런 진행에 이른다"(Aroutunova 1979: 195).

례로 셰르셰네비치의 시의 경우, 경제학)에 속하는 것으로 보는 그가 결국 환유에 가치를 두는 까닭은 환유가 바탕을 둔 인접성의 원리, 즉 '변형'의 원리가 "세계를 생성된 상태에 등록시키지 않고 영원히 생성되는 세계 너머로 나아갈 수 있게 해주기 때문이다"[99].

이상과 같이 환유적 특성 및 세계관과 함께 (폭넓은 의미의) 스드비그라는 개념은, 큐비즘의 원리를 통해 파스테르나크의 창작 세계를 조명하는 데 중심 개념이자 기본 전제가 된다[100]. (큐비즘의 경우처럼) 기존에 파스테르나크의 환유 원리에 대한 연구가 야콥슨 이론이 바탕이 된 미학 차원에서 주로 이루어짐에 반해, 현대시의 환유적 특성에 대한 최근 국내 연구는(김준오 1997) 철학 차원에서까지 환유를 논한다. 파스테르나크가 적용한 환유의 성격을 그러한 국내 연구 성과에 의지하여 음미해보면, 그가 시에서 관심을 환유에 집중시킨 것 자체는 "은유 중심의 시 전통에 대한 반성이자 도전이다". 또한 상대적으로 소외되어온 "환유의 재발견"이며 환유를 은유와 등가의 지위로 끌어올린 것이다.[101]

3. 《삶은 나의 누이》[102]에 나타난 복수 시점의 원리

(1) 플롯 구조: 부분과 전체의 결합

파스테르나크의 예술 공간은 사물들과 현상의 디테일로 가득 차 있고, 그것들의 독자적인 의미와 움직임으로 구성되어 있다. 이는 파스테르나크가 세계를 부분들로 분리하는, 즉 디테일들로 채우는 방법을 사용

99_Хан 1988: 101–102 참조.

100_작가의 운문에서 철학적 세계관적 차원에서 구현된 환유적 특성에 대해서는 임혜영 2001a: 257–65, 또는 본서 5장 참조.

101_환유가 우세한 시의 특징에 대해선 김준오 1997: 200–206 참조.

102_시집의 개별 시의 의미는 유기체로서의 시집의 맥락에서 고찰될 때 온전히 드러난다(Суматохина 1998: 13, 17). 작가는 개별 시들이 아닌 앙상블들로 사유했기 때문이다(Фоменко 1990: 79). 시집의 구조, 시들의 상호작용에 대해서는 본서의 2장과 O'connor 1978: 399–411 참조.

하였기 때문인바, 그것은 큐비스트 화가들의 대상의 파편화 기법과 상응한다고 할 수 있다.[103] 그런데 파스테르나크의 예술 공간에서 드러나는 구체적인 사물과 세계의 모습을 이해하는 데 관건이 되는 것은 서정적 "나я"의 형상이다. 그것은 시의 구조를 형성하는 근본 요소들 중의 하나로서 그의 영혼은 "자신 속으로 자연 현상들과 과정들을 흡수하고 사회적 격변들은 반복되지 않는 개인의 운명 속에 반영되면서 그의 고갱이를 관통해 지나간다"[104]. 그러나 파스테르나크의 서정적 주인공은 낭만주의적 서정적 주인공과는 달리 새롭게 창조된 형상이다. 부르지나는 파스테르나크의 서정적 주체는 세계와 대립이 아닌, 세계와 하나이고 그것에 가까움을 인식한다고 지적하면서 그러한 세계인식을 고대 신화적 차원과 비교한다: "그 관계들(서정시의 주체와 자연, 세계의 관계—인용자 주) 은 낭만적인 것 [⋯], 신비적인 것 위에서가 [⋯] 아니라 주변 세계에 대한 사실적 인식에 바탕을 두었다. 낭만주의자들의 자연의 영혼 속으로 놀라운 깊이의 침투에 [⋯] 사물들의 천지창조 이전의 연관을 감지하려는 지향이 부가된다."(Бурдина 1990: 24). 파스테르나크의 서정적 주인공 형상에는 "자아 중심적인 주체의 해체와 이의 대안으로 '이타성'이 고려되"고 있다고 할 수 있는바 그것은 바로 현상학적인 "비개성적 주관성безличная субьективность"에 다름 아니다. 파스테르나크의 시적 사유를 관통하는 ""주관성의" "무개성", 주체 없는 주관성은 사실 후설의 철학 체계와 연관된 학설로, 후설의 철학적 문제론의 측면에 통째로 자리 잡고 있기" 때문이다(Флейшман 1977: 8)[105]. 다시 말해 파스테르나크의 예술 세계에는 "나 중심의 절대가 아니라, 너를 통한 나의 인식, 즉 이타적 상대성의 세계를 전제로 하며 대상과 대상, 관

103_큐비스트들이 물체들을 개별 부분들로 분해시킴은 물체자체보다 그 개별부분들에 주의의 중심을 옮긴 것으로서, 부분들이 더 중요한 것이 되었음을 의미한다. 이러한 현상은 사물에 대한 제유적 이해를 뜻하는바 파스테르나크의 시학에도 특징적이다(Симпличио 1989: 205).

104_Суматохина 1998: 7, 18–19 참조.

105_현상학적 측면에서 이 개념의 자세한 논의, 구체적 구현은 Флейшман 1977: 4–61; Zsolt 1991: 186–195 참조.

점과 관점이 서로 호환할 수 있는 환유적 서술 체계"가 구현되고 있는 것이다[106]. 여기서 우리는 큐비즘의 사물 중심주의의 한 변형을, 나아가 "타자"의 관점을 "포용하는 글쓰기의 방식"을 발견하게 된다.

구체적으로 서정적 주인공은 바로 큐비스트 화가들의 관점–"내부 시점"–처럼 사물이나 현상을 그것들의 '위치'에서 다각도로 바라보며 해체하고 동시에 결합한다. 서정적 주인공은 부분들이 단일한 전체로 형성되도록 "구심적인 관찰 지점"에 위치해 있는바 파편화된 세계 및 세계질서를 엮는 연결지점으로 등장한다(Симпличио 1989: 207). 그러나 그는 주변의 객체–"타자"의 존재와 공존 속에서 그것과 동등한 가치를 지닌 세계의 한 구성성분으로 자신의 개인성을 드러낸다. 따라서 그는 (드로즈다M. Дрозда의 표현을 빌면) "방랑하는 관찰자"(Симпличио 1989: 208)로, 주변 세계의 객체의 이미지 속에는 그의 감정과 심리가 반영되어 나온다. 요컨대 서정적 주인공은 사물들과 세계의 본질을 그 부분들의 상호작용의 결과로 보며 각 부분의 디테일에 주목하고('해체'), 부분들의 상호 침투와 결합을 묘사함으로써 세계의 본질을 표현하는 것이다('결합'). 사실 회화 예술에서 재현의 구조화에 있어 중요성을 획득한 내, 외적 관찰자의 대립 문제는 위와 같이 문학의 내, 외적 시점의 대립을 통해 동일하게 고찰할 수 있다(우스펜스키 1992: 233). 문학에서 작가는 서술이 진행되는 동안, 재현된 사건들에 외적인 위치–방관자의 위치–를 취하기도, 서술에 대해 스스로 내적인 어떤 위치를 두기도 한다. 후자의 경우는 작가의 인물들(묘사 대상)과의 관계에 따라 다시 외적인 경우와 내적인 경우로 나뉠 수 있다. 작가가 인물들 가운데 한 사람의 시점을 채택, 그 인물이 내부로부터 묘사될 경우와, 작가가 스스로를 행위의 가담자 위치에 두지 않고서 행위 장면에서 보고하는 (인물들에 대해 외적인 시점을 가진) 관찰자가 되는 경우가 그러하다. 후자의 경우, 작가는 사건 장면에 현존하고 있지만 가담하지는 않는, 보이지 않는 관찰자 시점을 취하는 것이다(우스펜스키 1992: 227).

106_이덕형 2002: 60–61 참조.

무엇보다 시집에서 대부분 시들의 플롯은, "환유적 디테일들"의 묘사라는 '부분'과 마지막 연에서 그 디테일들을 총괄하여 묘사하는 '전체', 이 양자의 결합으로 구축되어있다[107]. 특히 11개의 연으로 이루어진 열여섯 번째[108] 시 〈본보기〉는 그 대부분이 서정적 주인공 주변의 자연-대상들 ("나무울타리", "바람", "해바라기", "우엉", "아욱", "웅덩이", "버드나무 숲", "우물", "건초더미", "포플라") 의 묘사에 바쳐졌다. 마지막 11연은 시의 사상 ("자연과의 연관들")을 전달하는 부분으로, 앞에 묘사된 사물들에 대한 포괄적 서술이 이루어진다. 앞 연들은, (대상들의 내부에는 들어가지 않지만) 묘사되는 사건에 참여하는 "보이지 않는 관찰자"로서의 서정적 주인공의 위치에서 서술이 이루어졌다면, 마지막 연은 좀 더 먼 거리에서, 사건들에 참여하지 않는 외적 방관자의 위치에서 서술이 이루어졌다고 하겠다:

> 자연과의 연관들이 삶 때문에 망쳐지도록 하라,
> 도도함이 지(智)에 해를 주도록 하라,
> 하지만 우리는 마음속의
> 수많은 심문들로 죽어 버릴 것이다. (1, 127)

요컨대 자연과 인간의 연관에 대한 시인의 사상 ('전체')이 개별 사물들의 구체적인 모습 ('부분')을 통해 전달되고 있는바, 바로 여기서 각 사물들에 부여된 의미가 드러나고 '부분'과 '전체'의 동등성 (및 유기성) 이 드러난다.

위와 같은 플롯 구조를 지닌 시를 연작시 별로 열거하면 다음과 같

107_포모르스카야는 《제2의 탄생》의 시 한편을 분석하면서 같은 의견을 제시한다 (Pomorska 1975: 48). 이런 플롯 구조는 〈유리 지바고의 시들〉에서도 발견된다(Им 2000: 126–29; 131–34). 차이점이라면 "전체"부분에서 《삶은 나의 누이》의 경우 일반 어조에서 사상이 전달됨에 비해 지바고의 시들에서는 기독교적 어조와 함께 기독교적 사상이 발설된다는 점이다.

108_시와 연작시의 순번은 괄호 안에 각각 아라비아 숫자와 로마자 대문자로 표시하기로 한다.

다: 〈봄비〉(19), 〈영국인의 교훈〉(22); 〈땅의 질병〉(25); 〈참새언덕〉(29); 〈초원〉(32), 〈무더운 밤〉(33); 〈무치카프〉(35), 〈무치카프 찻집의 파리들〉(36); 〈삶은 얼마나 잠 오게 하는 것이냐!……〉(39), 〈자신의 집에서〉(40); 〈여름〉(43); 〈말을 떨어뜨리자……〉(46). 이 가운데 두 시 〈무치카프 찻집의 파리들〉(36)과 〈말을 떨어뜨리자……〉(46)의 마지막 연—각각 11연, 9연—의 진술은 시 한 편에 대해서 뿐 아니라 시집의 대부분의 시들, 나아가 시집 전체의 특성을 각각 총괄해준다:

> 이 모든 것은 어디서? 어떠한 장소에서? 아무렇게나
> 사유되는 어떤 지역에서 일어나는 것인지?
> 난 다음만을 알 뿐이다: 즉 가뭄 때에, 우레 소리 울릴 때
> 뇌우 직전에, 7월에 일어나는 것임을. (1, 153);
>
> 베일에 쌓인 내세의 수수께끼가
> 풀렸는지 나는 모르지만
> 삶은 가을의 정적
> 처럼 — 상세하다. (1, 168)

시의 모든 연을 포괄하고 설명해주는 이러한 전체 층위의 진술은 시의 뒷부분에서뿐 아니라 간혹 앞부분에서 동시에 나타나기도 한다. 시 〈삶은 얼마나 잠 오게 하는 것이냐!……〉(39)가 그러한 한 예다. 첫 연과 마지막 연—26연—은 다음과 같다:

> 삶은 얼마나 잠 오게 하는 것이냐!
> 계시는 얼마나 잠 못 이루게 하는 것이냐!
> 애수를 자갈도로 잠수통에
> 분쇄할 수 있을까 없을까?;

왜 자잘한 것들을
고르면서 애수를 단호하게 해야하나?
기억은 우리를 배반하고
전철수는 그 기억을 레일로부터 몰아낸다.
(〈삶은 얼마나 잠 오게 하는 것이냐!……〉 (1, 156–59))

위의 시는 시집에 자주 등장하는 모티프들 중의 하나인 "기억"과 "애수"를 구성의 핵심요소로 지니고 있다. 서정적 주인공의 기억의 과정을 통해 디테일의 '부분'(2–25연)과 '전체'(1연과 26연)의 결합 구조가 이루어지고 있는 것이다. 그는 먼저 과거에 대한 회상을 통해 여러 사물들의 모습을 상세히 제시하면서 마지막으로 삶에 대한 자신의 일반적인 사상과 느낌을 짧게 진술하는 방식을 취한다.

한편, 시 한 편의 마지막 부분의 진술은 한 연작시를 총괄하고 마무리하는 역할을 하기도 한다. 위에 인용된 시의 바로 다음 시이자 동일한 연작시–〈되돌아옴〉–에 포함된 시 〈자신의 집에서〉(40)가 그러하다:

산다는 것은 — 얼마나 졸음 오게 하는 것인가!
키스한다는 것은 — 얼마나 잠이 오지 않는 것인가!
더럽고 쩌렁쩌렁 울리는 도시는
여행에서 돌아와 침대로 떨어진다.
그것은 오랜 초원 여행 후 오늘 처음으로
건강으로 배여 있다.
끝없이 많은 이름들을
다 묘사할 수 없다.
별들, 기차의 선반들, 다리들이여
잘 시간이다! (〈자신의 집에서〉(40). 1, 160).

여기서 초원 여행의 모티프는 물론, 압축적으로 제시되는 "별", "기차", "다리" 등의 이미지는 앞 시 〈삶은 얼마나 잠 오게 하는 것이냐!……〉(39)의 그러한 이미지에 대한 반복이자 총괄이다.

이상과 같이 시집 《삶은 나의 누이》의 대부분의 시들은 삶, 세계에 대한 시인의 사상이 세세한 사물들과 현상의 디테일을 통해 전달되는 플롯 구조로 이루어졌다. 여기에는 "거울 반영" 원리로서 디테일들에는 전체의 본질, 모습이 있다는 파스테르나크의 "일반 철학적" 입장이 녹아 있는바[109], 결국 그것은 복수 시점의 원리와 상응한다.

(2) 시간의 인식 구조: 순간과 영원의 결합

복수 시점의 원리는 순간과 영원의 결합이라는 시간 인식 구조에서도 논의될 수 있다. 파스테르나크의 시에서 순간과 영원의 결합 문제는 삶의 순간적 현상 속에서 영원성이 인식되고 구현되는 모습을 통해 드러난다. 〈영원히 지속될 순간의 뇌우〉(44)는 이러한 경우를 보여주는 대표적인 시다. 제목에 명시된 것처럼 순간 속에서 영원성의 인식은 또다시 자연현상("뇌우")의 이미지 속에서 구현되고 있다. 뇌우 때에 갑자기 번개가 번쩍이고 소나기가 쏟아지듯 인간의 의식은 갑자기 "붕괴"되고 사상이 "분명"해지는 것이다. 순간 밝아진 사상은 "고정"되어 "영원히 지속될" 것임이 시에서 암시되고 있다:

그림 그리는 목탄처럼
소나기는 모든 나무울타리를 따라 갑자기 쏟아졌다.

의식의 붕괴가 이루어지기 시작하였다:
바로 여기, 이제는 대낮처럼 밝은 곳에서
그 의식의 생각들마저 분명해지고
있는 것처럼 여겨졌다! (1, 165)

109_Хан 1988: 114, 124 참조.

순간에 명료해져 영원히 지속될 사상이 고정됨은 자연을 테마로 하는 시에서뿐 아니라 사랑을 테마로 하는 시에서도 나타난다. 사랑을 테마로 하는 시에서 인식의 순간은 역시 자연현상("갑자기 비추어진 곶", "신음소리")과 비교되고 있지만 그것이 발생하고 고정되는 것은 사랑의 행위 속에서다:

> 애무 속에서 사상은 얼마나 분명해졌던가!
> 흠없이. 신음소리처럼.
> 자정 때 세 방향으로부터 온
> 거품으로 갑자기 비추어진 곶처럼.
> (〈영혼을 분리하려는 시도……〉(38). 1, 155)

한 순간에 의식이 각성되고 사상이 명료해짐이 이 같이 빛의 이미지와 비교됨은 한 순간에 전 세계를 통째로 비출 수 있는 한 줄기 빛의 속성과 관련 있는 바, 순간이 영원성을 획득함은 시간의 한 조각이 단지 그 고립된 개체, 영역으로서만 닫힌 채 존재하는 게 아니라 공동의 전 세계적, 전체의 영역으로까지 침투하기 때문이다. 마치 한 순간에 포착된 자연현상, 더 나아가 삶의 현상은 앞으로 "영원히" 그러한 현상을 지속하듯이 말이다. 작가가 순간의 영원성이란 자신의 "창작 철학"을 자연 속에서 가장 효과적으로 발견할 수 있었던 까닭도 바로 영원한 흐름을 지속하는 삶, 자연현상의 특성에 있다.

> 졸리운 가슴 속에서 보트가 부딪히고 있다,
> 버들이 드리워져 있어 쇄골(鎖骨)에,
> 발꿈치에, 노대(櫓臺)에 키스한다, 오, 잠깐만,
> 정말 이러한 일은 모든 것에게도 일어날 수 있는 것이다!
>
> […]

정말 이러한 일은 — 수 세기를 계속하여
꾀꼬리부류의 작은 새가 지저귀는 가운데 밤들을 지새움인 것이다.
(〈노를 접으면서〉(18). 1, 129)

다음은 순간의 영원성이란 "창작 철학"이 자연의 시각적 현상에서가 아니라 청각적 현상에서 발현되는 경우다:

나뭇가지로 엮은 울타리 옆
젖은 나뭇가지와 창백한 바람사이에
논쟁이 붙었다. 난 아찔했다. 나에 관한 논쟁이었던 것이다!

난 그 말하는 끔찍한 정원이
영원히 존재할 것임을 느꼈다.
[…]

그것들은 영원히, 영원히 말하기 시작할 것이다.
(〈무더운 밤〉(33). 1, 148)

이상과 같이 시간의 인식 구조에서 순간이 영원으로 나아감은 부분과 전체의 침투, 결합 현상의 한 측면임을 알 수 있다. 파스테르나크에 있어 순간은 "물리적 시간의 절단, 단편резки"으로, 영원성의 일부분이자 영원성의 가치를 반영하고 있는 하나의 모델이고[110] 반면 영원성의 범주는 부동성의 영역이 아니라 순간의 범주와 상호침투한다[111]. 다시 말해 "물리적 시간", "일시적 시간"으로서 순간은 영원성과 동등한 가치를 지니며 양자는 대체가 가능하다. 시간 인식 구조에서의 결합의 경

110_이를 벨리의 말로 표현하면 "더 이상 일시적인 것 속에서 영원한 것을 인식하는 일이 불가능한 걸로 여겨지지 않는" 것이다(Хан 1988: 122).
111_Хан 1988: 121 참조.

우 플롯 구조의 경우와는 달리 서정적 주인공은 대개 행위의 가담자의 위치에서 묘사 대상들의 내부로부터 묘사되는 모습을 보인다. 순간적인 삶, 자연현상에서 서정적 주인공이 갖는 영원성의 인식은 찰나에 대상들—정원의 "나뭇가지"와 "바람"; "보트"와 "버들"; "곶"; "뇌우"—과 느끼는 긴밀한 유대감 속에서 가능하기 때문이다.

4. 《삶은 나의 누이》에 나타난 평면적 공간의 원리

(1) 예술적 공간: 원초적 상태와 우주의 열린 공간

큐비즘의 평면적 공간의 원리는 파스테르나크의 예술 공간에서도 나타난다. 그러나 그의 공간의 평면화는 큐비즘의 경우처럼 각 대상의 직접적인 결합을 통해서가 아니라 주로 이미지와 감지 차원에서의 결합을 통해 드러난다. 이러한 차이는 시각 예술로서의 회화와 언어 예술로서의 문학이라는 근본적인 장르의 차이점에서 비롯된다. 시의 경우 다른 영역에 있는 대상들이 마치 서로 근접해 있는 듯한 이미지를 통해 묘사되고, 이를 통해 독자는 그러한 대상들 영역의 경계선이 제거되어 평면화된 예술 공간을 감지하게 되는 것이다. 즉 여기서 파스테르나크의 공간의 평면화는 공간을 이루는 대상들 간의 거리감 및 깊이감의 제거라는 큐비즘적 공간의 평면화의 의미를, 이미지 및 감지 차원에까지 확장하여 적용한 것이다. 따라서 그의 예술 공간 전체를 논의하거나(Хан 1988) 거울 공간을 중심으로 논의한 경우(Zsolt 1991)를 포함해 일반적으로 논의되는 그의 공간의 원운동과, 하나의 축을 중심으로 한 상-하, 좌-우 등 모든 방향에서의 추 운동(혹은 그네운동)의 현상은 여기서 관심의 초점에 있지 않다. 그러한 운동은 앞에서 살펴보았듯 서정적 주인공의 형상을 논할 때만 고려된다.

무엇보다 파스테르나크의 예술 공간은 선사시대의 원초적 상태와 상응한다. 이는 그가 삶과 세계를 고대의 원초적 상태로 지각함과 관련

있는바, 그러한 지각 과정은 시집에서 주로 사랑의 테마와 관련하여 나타난다:

> 사랑하는 이여, 난 무섭소! 시인은 사랑할 때
> 어찌할 지 모르는 신의 모습으로 사랑에 빠지기 때문이오.
> 그리고 고대의 화석 시대처럼 카오스가
> 다시 세상 위로 기어 나오기 때문이오.
>
> [...]
> 그리고 매트리스에서 일어나는 전염성 강한 나의 그리움 때문에
> 밤이 수 세기 동안 협곡이 암시한 모든 원시 자연과
> 식물학 성물실(聖物室)에 간직된 모든 까마득한 과거의 냄새를 풍기고,
> 복잡하게 얽힌 카오스로 끼얹어질 그때에.
> (〈사랑하는 이여, 난 무섭소! 시인이 사랑할 때……〉(45). 1, 166)

사랑은 시인으로 하여금 지각이 신선하게 열리고 심지어 삶을 "원초적" 상태에서까지 지각하도록 한다. 삶에 대한 새로운 지각으로 그는 고대와 같이 살아있는 자연과, 자연의 무성함으로 가득찬 세계의 모습을 그리게 된다.

자연의 무성함으로 가득 찬 파스테르나크의 예술 공간은 천지창조 직후 모든 자연이 하나가 된 "태초"의 상태와 상응하기도 한다:

> 초원이 우릴 판단하게 하고 밤이 해결하도록 합시다.
> 어찌 태초에
> 모기의 윙윙거리는 소리가 끊임없이 나고, 작은 개미들이 바스락거리며
> 엉겅퀴가 긴 양말사이로 삐죽이 나오지 않을 수 있었겠소?
>
> 그 긴 양말을 덮으시오, 그대여! 먼지가 끼일 것이오!

초원 전체가 인간이 타락하기 전 시기와 같소:
전체가 평화로 둘러싸여 있고, 전체가 낙하산처럼 활짝 열려있으며,
전체가 높이 솟아올라 위가 다 올려다 보이오! (〈초원〉 (32). 1, 147)

서정적 주인공이 세계를 태초의 상태로 인식함과 함께 예술 공간의 모든 것들은 분리되지 않고 하나로 연결돼 결국 공간은 "활짝 열"린 것으로 드러난다. 지상의 존재는 천상의 존재와 직접 이어져 있거나 ("건초 더미들이 구름들과 고리를 이루었고") 서로가 동일한 모습을 가짐으로써 가까워져있음이 암시되고 있다 ("나리새는 은하수 전체처럼 사방에 흩어져 있다"). 또한 천상과 지상, 양 영역의 가까워짐은 때로는 천상의 존재가 지상으로까지 내려옴으로써 이루어지기도 한다 ("은하수는 슬며시 이른다 / 항구도시 께르치 위 도로를 씌우듯 가축을 뒤집어 씌운다"; "별들이 도로 위로 많이 떨어졌으니" / "아직 별들이 그리도 낮게 자라고 있었고"). 이처럼 주변으로 끝없이 트인 공간에서 모든 대상과 현상은 서로 인접하고 그럼으로써 세계는 단일한 것이 된다. 각 개별 공간은 전 세계의 무한한 공간으로 침투되고 연결되는바, 여기서 우리는 각 공간 영역의 제거 및 전 예술 공간의 평면화를 발견하게 되는 것이다.

한편, 이러한 열린 공간 속에서 인간과 자연이 결합되는 양상이 《삶은 나의 누이》에서 여러 가지 모습으로 나타나는데, 시 〈우는 정원〉(5)의 경우는 단순한 결합을 넘어 자연과 인간이 동일시되기까지 한다. 우선 제목 자체에서부터 단어의 해체와 결합을 통해, 자연으로 대체된 서정적 주인공의 모습이 압축적으로 제시된다: '물 방울져 떨어지는 정원капнущий сад'과 '우는 나плачущий я' → "우는 정원плачущий сад". 즉 시에서는 고독과 슬픔으로 울고 있는 서정적 주인공을 대신해, 밤의 황량함 속에서 빗방울이 떨어지고 있는 정원이 묘사되고 있다.

총 5개 연으로 이루어진 시에서 자연(정원)과 인간("나")의 상태가 나란히 병치되고(1연–3연; 4–5연) 동일한 구조와 구문 속에서 묘사됨으로써 양자는 서로를 비추고 있다:

자연	나
"귀기울여 듣고 있다" (1연-1행)	"귀기울여 듣는다" (4연-2행)
"세상에서 늘 그 혼자만이" (3연-2행)	"세상에서 늘 나 혼자만이" (5연-2행)
"그렇지 않으면 이걸 보고 있는 자가 있는 걸까" (1연-4행)	"그렇지 않으면 이걸 보고 있는 걸까" (4연-4행)
"아무 소리가 나지 않는다, 몰래 할 것이다, 지켜보는 자도 없다" (3연-2행)	"그러나 정적. 잎사귀는 꼼짝도 안 할 것이다, 아무 것도 보이지 않는다" (5연, 1-2행)

이같이 서로를 반사하는 동일한 연, 행 구조와 구문 구조는 특히 "그"(정원)의 자리에 "나"(서정적 자아)를 바꿔놓은 양상을 띠는 것으로, 양자의 대체를 용이하게 한다. 요컨대 양자는 구문 구조 상으로나 의미상으로 서로 상응하고 교환이 가능한바, 이는 양자의 고유 영역의 경계가 허물어지고 상호 침투돼 있음을 의미하는 것이다. 자연(정원)은 인간("나")의 상태에 대한 거울이자 제2의 자아인 셈이다.

두 대상 및 영역의 대립이 아닌 서로 다른 영역으로 상호 침투 및 대체 현상은 다음 시 〈거울〉(6)에서 거울 공간의 도움을 통해 직접적으로 구현된다. 그것은 2차원적 평면의 거울 속에서는 회화의 공간처럼 '시각적으로' 여러 대상과 현상들이 거리감과 경계 없이 나란히 인접하고 섞이는 모습이 관찰되기 때문이다. 거울 공간은 시인의 창작 세계, 예술의 공간을 의미하는바 큐비즘적인 '카오스'적 공간들에 대한 한 변이형으로 볼 수 있다[112]. 위의 시의 거울 공간에서 모든 대상들의 결합과 함께 "카오스"의 세계, 무한한 공간의 이미지가 드러나는데, 안과 밖의 공간의 결합과 공존은 특히 우리의 주목을 끈다.

> 창 사이 벽 큰 거울 속으로 카카오 찻잔이 증발하고,
> 견 레이스가 흔들거리자, — 창 사이 벽 큰 거울은
> 정원으로, 풍해(風害)를 입은 나무와 카오스로 곧장 이르는 길을 따라

112_'카오스'란 개념은 분석적 큐비즘의 경우처럼 '결합'과 동시에 각 대상들이 서로 해체되고 공존한 상태에 초점이 맞춰진바, 결합 이전 상태의 혼돈과는 그 강조점이 다르다.

그네들 쪽으로 달려간다. (〈거울〉(6). 1, 114)

안("카카오 찻잔")과 밖("정원", "나무", "길", "그네")의 공간이 결합하고 공존할 수 있는 것은 각자가 거울의 표면에 반영되어 이웃하기 때문이다. 바로 거울의 공간에서는 안과 밖의 전 세계가 결합돼 하나가 될 수 있는 것이다. 다시 말해 두 세계의 접촉은(거울이 깨지는 것과 같이) 충돌적이거나 대립적인 게 아니라 서로에 침투하여 공존하는 양상을 띠는 것이다("거대한 정원이 창 사이 벽 큰 거울 속을 통해 홀 여러 곳에서 / 움직이고 있어 — 유리를 깨지 않는다!"). 위의 시에서는 그러한 거울의 침투 상태가 (약간의 변화된 구조로) 3개의 연에서 반복되어 제시된다. 거울 속에 비친 안("장롱")과 밖("나뭇가지")의 두 세계의 단일화된 세계 속에서 거울을 보고 있는 서정적 "나"의 "영혼"도 그 두 세계에 침투되어 있으므로("영혼을 폭파시킬 수 없다") 그는 그들과 분리되지 않는다("그것을 캐낼 수 없다").

단일화된 평면적(즉 '거리감'이 제거된) 공간에는 자연과 인간 중심의 결합 이외에도 "다양화된variegated 영역들의 요소들"—구체적인 대상과 추상적 개념, 사물들 간 등—의 "혼합"이 이루어지기도 한다. 시 〈여대리인〉(28)은 사랑하는 여인과 지낸 날들에 대한 회상에 바쳐졌다. 지난날에 있었던 파티(무도회)에 대한 묘사에서 요란한 소리를 내며 질주했던 것으로 그려지고 있는 것에는 자연현상과 인간의 의상 같은 구체적인 사물들뿐 아니라 추상적인 존재도 있다.

> 견레이스와 부인모자,
> 영혼, 벨트와, 맹렬한 회오리 바람
> 의 박자 속으로 질주해 간 양말 등이
> 영원 속에서 소음을 내며 질주하는 단지 그것일 뿐.
> (〈여대리인〉(28). 1, 141)

구체적 요소에, 추상적 요소 ("영혼")가 열거 방식을 통해 (이미지 상에서) '결합'되어 있다. 이는 소란과 질주에는 단지 외형적인 것들만 참여한 게 아니라 인간의 마음도 함께 했음을 의미한다고 하겠다.

한편, 파스테르나크의 창작 세계에서 인간과 자연 및 사물의 접촉, 결합은 가까이 있는 것들 사이에서뿐 아니라 천상과 지상의 상이한 영역의 존재들 사이에서도 일어나는데, 그것은 특히 바람, 눈, 비의 연결을 통해 이루어 진다[113]. 시집에서 특히 비의 이미지는 온통 세계를 하나된 모습–비로 덮인–으로 단일화 시킨다[114].

> 봄비는 벚꽃을 조롱했고 흐느껴 울었으며 적셨다,
> 자동차의 광택을, 나무들의 전율을.
> [...]
>
> 돌 위의 웅덩이들. 눈물로 가득 찬
> 목구멍처럼 — 타는 듯한 축축한 금강석 (물방울—인용자 주) 속에 있는
> 깊은 장미들(붉은 입술들—인용자 주). 젖은 행복의
> 매질(媒質) (봄비—인용자 주)은 — 그 금강석, 눈썹, 먹구름 위에 있다.
> (〈봄비〉(19). 1, 130)

이상과 같이 자연과 사물과 인간의(이미지의) 결합, 지상계와 천상계의 상호 침투와 결합 등은 각 영역 간 '거리감'의 제거를 의미하는바, 파스테르나크의 예술 공간은 바로 그러한 거리감이 제거된, 평면화되고 단일화된 세계인 것이다.

113_이들의 연결 역할에 대해서는 Ким 2001: 13–15에도 지적된다. 눈보라, 태양, 달의 경우도 지적되고 있으나 《삶은 나의 누이》의 경우, 비와 바람이 중심적 역할을 한다.

114_시집에서 가장 강조되는 연결 역할은 바람의 역할이다. 상하좌우로의 자유로운 이동이 가능한 바람의 속성과 관련 있다: "헤아릴 수 없이 많은 세계는 동물의 자기성(磁氣性)의 지배를 받은 채 움직이고 있다/그리고 바람만이 연결시켜야 한다."(〈거울〉(6). 1, 144)

(2) 인과 구조: 난센스와 우연성의 세계

파스테르나크의 열린 공간에서 발견되는 결합의 양상은 인과 구조에서도 살펴볼 수 있다. 여기서 주의해야할 것은 파스테르나크에 있어 인과관계는 허구적이라는 점이다[115]. 왜냐하면 논리, '이성', "이성적 추론" 등은 그의 세계와 관련이 없는 생소한 영역이기 때문이다. 시에서 직접 서술되고 있듯이 원인, 해명("변명") 은 논리적이지 않고 "우습고" "난센스бред"이다:

삶은 나의 누이고 오늘도 넘쳐흘러
봄비처럼 모든 사람들에게 부딪쳐 타박상을 입었다,
그러나 장신구를 단 사람들은 매우 투덜거리고
귀리 속의 뱀들처럼 정중히 비꼰다.

나이든 이들에겐 이에 대한 자신의 변명이 있다.
말할 것도 없이, 뇌우 때에 양 눈(眼)과 잔디가 연보라 빛이고
지평선이 축축한 목서초 냄새를 풍기기 때문이라는
너의 변명은 분명히 우습다.
(〈삶은 나의 누이고 오늘도 넘쳐흘러……〉(4). 1, 112)

이와 같이 어떠한 사건 및 현상, 행동에 대한 이유는 우연적이라는 인상을 주는바, 비논리성, 우스움, 난센스 등의 요소는 파스테르나크의 창작 세계를 지배하는 바로 우연성의 법칙의 결과라 할 수 있다. 그러한 우연적인 이유, 변명에는 (사건의) '주체'로서 자연이 늘 개입되어 있다:

아니오, 당신을 슬프게 한 것은 내가 아니오.
난 고향을 잊어버릴 수 없었소.

115_파스테르나크의 인과관계는 형식적일 뿐이다(Якобсон 1987: 332).

이는 먼지로 덮힌 구즈베리 송이 위에서처럼
잉크방울 위에서 태양이 타오르고 있었기 때문이오.

[…]
이는 그림자가 당신의 맥을 짚어봤기 때문이오. 이는 당신이 나무울타리 너머로 나오고서 들판에 얼굴을 내밀었기 때문이고 […]

아니오, 내가 아니라 이는 — 당신 때문이오, 이는 당신의 광채 때문이오. (〈결어〉(49). 1, 173)

"나"-인간은 발생한 일—사랑하는 이의 슬픔—이 자신의 탓이 아니라고 함으로써 물러나고 자연이 또다시 시의 전면에 등장하게 된다.[116] 즉 자연이 사건의 원인 및 주체가 되고 인간은 객체가 되는 가운데 시는 비논리적이고 우연적인 구조를 갖게 된다. 서로 아무런 관련이 없는 인간의 감정—분노, 슬픔—과 자연의 현상—뇌우, 바람, 태양, 그림자—이 인과 관계로서 결합됨으로써 마치 양자는 서로 동등한 가치를 지닌 것으로 되며, 결국 대체할 가능성까지도 획득한다.

따라서 서정적 주인공의 논리에 따르면 그가 사랑하는 여인과 다툴 때 그녀를 위로할 수 있는 것도 (그 자신이나 그의 행동이 아니라) 자연 및 자연현상인 것이다:

우레 소리라곤 돌발하지 않았는데, 왜 성호를 그어야 하는가?

번개 치는 일이 발생할 수도 있다, —
그러면 별장은 젖은 작은 사무실처럼 활활 타오를 것이다. […]

116_알폰소프는, 위의 시에서 서정적 주인공이 사건의 모든 탓을 자연에게 돌림으로써 또 다시 인간은 자신의 개인성을 드러내지 않고 자연에 속해 있을 뿐임이 제시된다고 한다(Альфонсов 1990: 91–92).

애수의 강한 회오리가 우물 쪽으로
질주할 때, 폭풍우는
지나가는 길에 가사(家事)일을 칭찬할 거다.
그대에게 무엇이 아직도 필요하단 말이오?
(〈사랑하는 이여, 그대에게 무엇이 아직도 필요하단 말이오?〉(30). 1, 143)

또한 자연은 인간 ("나")의 제 2의 자아로서 서로는 대체 가능하므로, 거꾸로 자연의 고통을 위로할 수 있고 자연의 불안과 슬픔의 원인을 제공하는 이는 인간이 되기도 한다:

이 낡아진 것을 어떻게 위로할 수 있나?
오, 한번도 농담을 하지 않은 이여,
황폐한 여름의 거칠어진 우울을
무엇으로 가라앉게 할 것이오?

[…]
왜 우엉은 울고 있는 걸까, 나이든 바보이기에?
아니면 더 행복한 어떤 이들을 보아서인가? […] (1, 143-144).

5. 《삶은 나의 누이》에 나타난 동시성의 원리

몇몇 연구에서도 드러났듯 근본적으로 파스테르나크는 '상대성이론'을 비롯한 동시대 과학의 새로운 사상과 이론을 '직관'으로 파악하고 있었다고 할 수 있다 (본장 주 6을 보라). 그는 "상대성이론과 철학의 연관성 문제, 사차원을 연결시켜주는 결합 개념에 관한 것으로서의 시-공간 문제 등을 제기한 후설, 카시러, 베르그송 등의 저작과 알게 되었다"(Aroutunova 1979: 196)[117]. 파스테르나크의 세계인식과 시의 세계는 공간적 차원을 지닌 것으로 알려져 있다(Пьяных 1979: 19). 시간보다는 공간 차원이 부각된 그의 창작과 큐비즘 간 또 하나의 상응점을 엿볼 수 있는 것이다. 양자는 공히 주로 공간 차원에서 '인접한' 대상들의 결합을 구현하고 있는바 파스테르나크 예술 공간의 4차원 측면온 대개 창작 테마가 지배적인 시들에서 드러난다. 사랑 테마가 지배적인 시들에서 전혀 안 보이는 것은 아니지만 그 경우, 기의 드러나지 않은 채 표면적 수준–기억과 회상 모티프, 시간의 흐름에 대한 서정적 주인공의 주관적, 감정적 감지–에서만 보인다고 하겠다[118]. 《삶은 나의 누이》의 경우도 예외가 아니어서 4차원적인 동시성의 착상의 면모는 작가가 자신의 창작에 관해 언급하는(마치 시집 전체의 제사 역할을 하는) 앞부분의 시들(〈이 시에 관하여〉(2), 〈애수〉(3))에서 드러난다. 시 〈이 시에 관하여〉(2)에서 그는 자신의 창작 과정의 모습을 보여주고 있는바 시 전체 내에 동시성의 원리가 침투돼 있다. 묘사 대상으로서의 창작과정에 있는 시인-저자가 시공간 감각에서 체험하는 동시성의 양상이 부각돼 있어 주목을 끈다.

구체적으로 3연에서 자신의 창작 세계에 깊이 몰두한 시인에게 "시간은 멈춰 진다"(Pomorska 1975: 20)("큰 눈보라는 한 달만 복수하는 것이 아닐 것이고 / 끝과 시작이란 것을 아예 쓸어 모아 버릴 것이다"). 다시 말해 주변 공간의 시간이 많이 흐르는 것과는 달리 시인의 창작 세계에서 그것은 거의 정지할 정도로, 그 자체가 아예 소멸될 정도로 느리게 간다. 그것은 창작 세계의 몰두에서 빠져나와 주변을 바라볼 때 시인은 많은 시간이 흘렀음을, 세상이 변하였음을 비로소 인식하게 되는 것이다:

117_파스테르나크가 아인슈타인의 상대성이론 개념을 알게 된 경로에 대해서는 Aroutunova 1979: 196; Флейшман 1977: 37 참조.

118_알폰소프의 입장도 4차원적 측면이 대개 부각되지 않는 경우를 염두에 뒀다: "《삶은 나의 누이》에서 공간은 동적이고 다차원적이다. [⋯] "아인슈타인적" 공간은 늘 있었다. 감정과 혼합된 이 공간 [⋯] 은 특별한 이론을 지니지 않는다."(Альфонсов 1990: 75–6)

난 갑자기 다음을 기억할 것이다: 태양이 있다는 것을;
다음을 발견할 것이다: 세상은 이미 예전의 것이 아님을.
[…]

내가 바이런과 담배를 피우고
에드거 앨런 포와 술 마시고 있는 사이
누가 껍질 벗긴 곡물이 흩어져 있는 벽촌과
문으로 이어진 오솔길을 밟아 다졌지? (〈이 시에 관하여〉(2). 1, 110)

이러한 "시간 척도의 상대성과 모순성"은 시인으로 하여금 밖의 시간에 대해 물어보게 한다:

얘들아 우리 마당은
지금 어느 때이지? (1, 110)

이와 같이 시는 서로 다른 시간적 흐름의 동시적 존재를 포함하고 있음을 알 수 있는데, 여기에는 멀리 떨어져 있는 공간의 동시적 묘사 또한 존재한다:

내가 친구에게 가듯 편안하게 까프까즈의 다리얄 계곡을,
지옥과 병기창 그리고 병기고를 자유롭게 출입하고
[…] (1, 110)

다양한 공간으로의 시인의 자유로운 이동은, 물론 공간의 동시적 묘사를 비롯하여 그의 (창작적 삶 및) 창작 세계의 역동성을 보여준다. 이 점은 바로 그 다음 두 행에서 제시되는 생동감 있고 혁신적인 레르몬토프의 "정신дух"(창작적 삶과 "개인성личность"에 있어서)과 비교(1, 652–53 참조)를 통해 효과적으로 암시되고 있다:

삶을 레르몬토프의 전율처럼
입술을 베르무트주(酒)에 잠기듯, 잠기고 있는 사이. (1, 110)

파스테르나크의 창작 세계에 존재하는 다양한 시공간대의 결합 및 공존은 그 다음 시 〈애수〉(3)에서 구조적 차원에서 명료하고 직접적으로 드러난다. 총 4연으로 이루어진 시는 내용적으로 크게 두 부분—1, 2 vs 3, 4연—으로 나뉘는 대칭적 구조를 가지고 있다. 1, 2연에는 황무지, 정글의 동물들의 모습이 그려져 있다. 그것은 시의 제목—(과거, 원시시대에 대한) 〈애수〉—과 이후 3연—"꿈"의 내용—을 통해 추론해볼 때 인간이 지상을 점령하기 이전, 옛 고대의 시기임을 알 수 있다. 그 시기는 온통 자연과 동물로 가득 찬 원초적 상태의 시기이다. 이러한 원초적 상태는 파스테르나크의 현재의 창작, 시에 그대로 "계속"된다:

이제 다른 영역인 시에서
그것들은 계속 흔들면서
산림 속 조그만 초지들의 이슬 맺힌 안개 속으로 어슬렁 어슬렁 걸어가고
인도의 갠지즈강의 꿈에 나타난다. (〈애수〉(3). 1, 111)

즉 파스테르나크의 창작 세계는 원초적 상태—황무지, (인도의) 정글—를 구현하고 있는바, 바로 이 시 자체가 그러한 창작품의 하나가 되는 것이다. 요컨대 이 시는 '과거' 원초적 시대의 모습(1, 2연)과 그에 대한 '현재'의 회상, 애수(3, 4연)라는 두 상황의 설정을 통해 두 시간대를 동시적으로 보여주고 있으며, 아울러 해당 시대의 두 공간의 모습 또한 동시적으로 보여주고 있는 것이다.

6. 파스테르나크 창작의 아방가르드성

파스테르나크의 시집 《삶은 나의 누이》의 아방가르드적 측면은 큐비즘 회화의 원리를 통해 살펴볼 수 있었다. 큐비스트와 파스테르나크는 각각의 작품 속에서 공히 사물 그 자체에로의 관심과 함께 그 본질을 제시하려는 태도를 보여준다. 이러한 태도는 나 이외의 '타자'를 인정하는 현상학적 세계 인식과도 상응하는 것으로, 바로 러시아를 포함한 유럽의 당시 혁신적인 예술가들의 공통적인 특징이자 공통적인 문화 현상의 일부를 이루는 것이었다. 또한 큐비즘과 파스테르나크의 창작 세계에서 드러난 구체적인 사물에 대한 주목은 개별 사물을 통한 전체 세계의 인식이라는 환유적 세계관 및 환유적 특성과도 관련 있다. 이는 양자의 예술 체계에는 (현실 인식 방식 및 사고 구조로서) 보편적이고 일반적인 것을 중시하는 은유보다는 특수한 것이나 개별적인 것을 강조하는 환유가 자리 잡고 있음을 뜻한다. 다시 말해 큐비스트와 파스테르나크의 창작 세계는 모더니즘보다는 반모더니즘, 정확히 말해 리얼리즘의 경향을 띠는 것이다.

그러나 다른 공간에 살고 있던 두 혁신가가 이와 같이 공통적인 세계관 및 상응하는 예술 경향을 지닐 수 있었던 가장 근원적인 이유는 기존의 전통과는 다르게 세계를 새롭고 신선하게 지각하고 인식하려는 했던 양자의 지향과 관련된다고 할 수 있다. 그러한 인식은 현실의 모든 측면(이웃한 사물들, 공간과 시간, 부분과 전체 등)에 대한 '변형'된 인식을 뜻하는 것으로 이러한 '변형'은 20세기 초의 예술과 철학과 과학 등 모든 분야를 하나로 엮어주는 출발점의 역할도 하였다. 다시 말해 당시에는 예술분야처럼 철학 및 과학 분야에서도 그러한 인식의 '변형'을 바탕으로 새로운 사상과 이론이 등장하였는바 그것은 큐비즘 및 파스테르나크의 창작에도 적용, 반영되어 각각의 혁신적 특성에 공통적 토양이 되었던 것이다.

결국 본 장에서 큐비즘을 통해 조명된 파스테르나크의 창작에서의 아방가르드적 측면(환유적 특성, '현상주의', 베르그송의 기억의 축적, 더 나아가 이들 모두를 포함하는 회화적 요소 등)은 이후 파스테르나크의 작품을 구체적이고 면밀히 연구하는데 중요한 틀이 될 것으로 사료된다.

II. 혁명기의 서사시와 산문 세계
1910-20년대

보리스 파스테르나크 가족. 부친과 외할머니, 모친, 동생 리디야와 알렉산드르(1922)

서사시와 산문. 푸시킨, 도스토옙스키의 전통

작가는 서정시와 더불어 일찍이 대작의 산문을 쓰길 갈망했다. 10년대부터 산문을 쓰길 시도했는데 그 대부분은 미완의 습작으로 남는다. 따라서 그러한 글쓰기는 2, 30년대로 이어진다. 하지만 10년대에 유일하게 한 산문 작품('류베르스의 어린 시절')(1918)이 완성되기도 한다. 이 산문은 그의 미래의 긴 산문의 일부(라라의 원형인 여주인공의 등장으로)를 이루기도 하지만 자체로서도 커다란 예술적 가치를 지닌다. 4장에서 다뤄지듯 모더니즘의 한 현상인 '문학적 인상주의'를 구현했다는 점에서 그러하다. 그것은 체호프를 비롯해 유럽의 인상주의 작가들(콘래드, 프루스트 등)의 세계와 상통한 것이었다. 아울러 작가의 기독교적 사상과 파토스—미학 중심의 관심을 넘어 주변 이웃에 대한 관심과 사랑—을 처음으로 본격적으로 드러냈다는 의미를 지닌다.

20년대 중반에 들어 작가는 개인적인 서정시의 세계를 벗어나 역사적, 사회적 테마를 다룬 서사시('1905', '시미트 중위', '스펙토르스키') 작업에 본격적으로 돌입한다. 첫 두 작품은 1905년 혁명을, 나머지 한 작품은 1차 세계대전과 내전을 묘사한바 가치가 부여된 혁명은 고리키의 경우처럼 1917년 혁명보다는 오히려 1차 혁명인 1905년 혁명으로 드러난다. 실제로 서사시 〈1905〉는 고리키의 인정까지 받는다. 어쨌든 첫 두 서사시는 서정시인인 작가가 당대 역사에 무관심하지 않음을 보여주는 효과를 일으켜 공식적인 인정을 받게 해준다. 작가 동맹 1차 대회(1934)에서 마야콥스키 이후 소비에트의 가장 위대한 시인 중 하나로 거론된 것은 그 단적인 예다. 하지만 이 서사시들 역시 서정시에서 확립된 삶과 미학적 신조가 역사 테마에서 발현된 것들이었다.

사실 당대 러시아에서의 평가와 달리 세 서사시 중 예술적인 완성도가 높은 것은 〈스펙토르스키〉였다. 본서 6장에서 보이듯 작가는 이 작품에서 다시 푸시킨의 전통을 바탕으로 한다. 개인과 국가의 대립 문제에 관한 푸시킨의 역사주의가 그것이다.

작가는 〈스펙토르스키〉에서 사회적 역사적 테마를 구현하던 중 장르의 한계를 느낀다. 따라서 산문을 써서 1차 세계 대전과 내전에 관한 부분을 보충하려 한다. 〈이야기〉가 바로 그것이다. 하지만 산문에 착수하면서 삶이 파괴되는 혁명과 전쟁을 그릴 의미를 더 이상 못 찾게 되어 구상을 바꾸어 사회적으로 '학대받는' 여성 문제를 그린다. 주인공 세르게이 스펙토르스키는 이제 역사의 관찰자에서 혁명을 필요로 하는 사회 문제의 한 가운데로 뛰어든 신참 작가가 된 것이다. 학대받는 여성들, 예술과 현실 등의 문제가 다뤄지면서 도스토옙스키와 푸시킨 전통이 수용된다. 또한 앞서 10년대 산문에 이어 기독교적 파토스—그리스도적 연민과 희생—가 좀 더 발전돼 나타난다.

〈이야기〉와 〈스펙토르스키〉를 끝으로 전반기 창작도 마무리 된다. 그런데 20년대 말은 스탈린 정권의 이데올로기 강요가 본격화된 시기였다. 작가는 이데올로기적 압박과 위선적 상황을 더 이상 견딜 수 없어, 그의 예술의 본질을 밝히는 자전적 작품(〈안전 통행증〉)(1930)을 마지막으로 절필을 생각한다.

다른 한편, 창작 전반기에서 위의 세 서사시만이 혁명 테마와 관련해 오랫동안 주목받았을 뿐 그 외의 작품은 논의되지 않았었다. 그러나 작가는 자신의 혁명관을 이미 10월 혁명 직후의 서정시를 통해 밝힌 것으로 드러났다. 두 시(〈러시아 혁명〉, 〈아찔해 진다……〉)(1918)가 바로 그것으로, 이것들은 볼셰비키 혁명의 본질을 노골적으로 폭로한 탓에 1989년에 처음 출간될 수 있었다. 이 시들의 출간으로 그간 본격적으로 다뤄지지 않은 여타 장르(산문과 서사시, 서정시에 이르는)의 1917년 이후 혁명기의 작품들도 혁명 테마로써 조명될 수 있게 됐다. 특히 볼셰비즘의 주범이자 볼셰비키 혁명의 환유인 레닌 형상을 직간접적으로 그렸다는 점에서 더욱 그러하다.

제4장 문학적 인상주의

중편 《류베르스의 어린 시절》 연구

1. 모더니즘 산문과 인상주의

모더니즘 산문과 인상주의, 특히 '문학적 인상주의'의 연관성 문제는 서구 문학—불문학, 영문학, 독문학—의 경우에는 이미 오래 전부터 활발히 연구되어왔다. 인상주의에 특히 많은 주의가 기울어진 때는 1930년대이다[1](Beach, J. *The Twentieth Century Novel: Studies in Technique*, N.Y.: The Century Co., 1932; Ford, F. "Techniques", *Southern Review 1* (July, 1935); Muller, H. "Impressionism in Fiction: Prism vs. Mirror." *American Scholar* 7 (1938)). 이어 인상주의가 비평적 용어로 자리 잡게 된 것은 50년대에 하우저 저작이 출현하면서이며(Hauser 1958), 이를 필두로 체호프의 인상주의의 중요성이 인식되기 시작한다(Chizhevsky, D. "Chekhov in the Development of Russian Literature." *Chekhov: A Collection of Critical Essays*, ed. by R. Jackson. Englewood Cliffs, New Jersey: Prentice-Hall, 1967). 이후에는 서구의 '새로운 산문' 원천으로서의 인상주의(주로 "문학적 운동"

1_이하 인상주의 연구사는 Kronegger 1973; Stowell 1980 참조.

으로서)에 대한 많은 연구 성과물들이 각 국에서 제시되어 '문학적 인상주의' 개념에 대한 본격적 논의가 진행된다(Brown, C., "Symposium in Literary Impressionism," *Yearbook of Comparative and General Literature, no.17* (1968)). 그러나 인상주의를 문화 현상의 측면에서, 역사적 철학적, 나아가 세계관적 차원에서 논의한 것은 크로니거의 저작에서부터라 할 수 있다[2].

이렇듯 해당 문제가 서구 문학을 중심으로 연구된 데는, 인상주의 경향의 시초인 인상주의 회화가 프랑스를 포함하여 서구 유럽을 중심으로 전개되었고 서구 문학가들과의 직접적인 활발한 교류 및 영향이 있었던 점과 무관하지 않다(Stowell 1980: 6). 일반적으로 인상주의와 관련된 대표 서구 작가로 지적되는 이는 불문학의 경우(문학적 인상주의 기법의 창시자인 플로베르를 비롯하여) 지드, 프루스트, 사르트르와 베를렌, 영문학의 경우 크레인을 비롯하여 헨리 제임스, 콘라드, 포드, 울프, 독문학의 경우 릴케 등이 있다[3]. 이들 대부분은 자신의 평론이나 작품에서 인상주의 미학에 대한 언급을 하고 있고 나아가 창작에 그것을 수용한 사실을 밝히고 있다는 점에서 인상주의와의 연관성은 기정사실로 받아들여졌다[4]. 다른 한편으로 이들이 인상주의와 연관성 속에서 논의되어온 이유는 기존의 문학 전통과는 다른 새로운 실험을 하였기 때문인바, 바로 19세기 말 20세기 초 리얼리즘에서 모더니즘으로의 전환기에 모더니즘의 새로운 지평을 열었다는 공통점을 지니기 때문이다(Stowell 1980: 4, 9).

그러나 모더니즘의 새로운 지평을 여는데 이들이 기초로 한 것은 인상주의 회화의 미학적 표현 기법에 국한되지 않았다. 그것은 바로 세계에 대한 새로운 인식태도, 즉 철학적, 세계관적 측면에서의 변형shift이었던 것이다. "'인식주체가 지각하는 바'가 실재로서 중요성을 획득"하

2_Kronegger 1973; Stowell 1980; Armstrong 1987 참조.

3_Kronegger 1973: 13–33; Stowell 1980: 5; 이정열 1992: 3 참조.

4_이정열 1992; 민수정 1992; 반영미 1996; 이태동 1996; 이은희 1997; 이시내 2001; 유정훈 2002; 박신자 1997&2002.

게 되는 인식론적 관점의 대전환이 그러한바(반영미 1996: 395) 18, 19세기의 "말하기" 관념이 20세기의 "보여주기"에 대한 믿음으로 변형됨이야말로 그러한 변형의 한 문학적 구현이었다(Stowell 1980: 24). 모더니즘의 창건자로서 이들 작가들은 회화 양식으로서의 인상주의를 넘어 그것을 포함한 문화적, 역사적인 새로운 현상으로서의 인상주의[5]와 연관성을 지니는 것이다. 요컨대 '문학적 인상주의'는(낭만주의, 상징주의, 이미지즘 등과 같이) 하나의 문학 운동에 국한되지 않는 개념이며 문화적 현상으로서의 인상주의가 철학적 세계관적 측면에서 문학에 폭넓게 적용된 개념이라 하겠다.

본 장에서는 파스테르나크의 산문을 이러한 문화적 현상으로서의 '문학적 인상주의' 차원에서 조명하려 한다. 무엇보다 물리학자이자 철학자 어른스트 마흐Mach와 현상학자 메를로 퐁티는 확산된 인상주의의 문화적 현상을 진단하였다(Kronegger 1973: 13). 따라서 메를로 퐁티의 작품은 그러한 인상주의 측면을 이해하는데 열쇠가 되는 구체적인 현상학 작품으로("Le doute de Cezanne," *Sens et Non-Sens*, Paris(1948); *L'Oeil et l'Esprit*, Paris(1964); *Phenomenology of Perception*, Trans. by Colin Smith, N.Y.(1962) 등), 사물에 대한 현상학적 인식과 관련된 개념('감각', '지각', '만남', '타자') 또한 20세기 초 모더니즘 예술의 흐름(세잔과 큐비스트들, 이우환, 릴케 등)에서 종종 지적되는(임혜영 2004: 239–241 또는 본서 3장 참조) 퐁티의 작품들과 직결된다. 하지만 문학적 인상주의와 공유된 현상학이 구체적으로 어느 철학자의 현상학인지 근본적으로 밝히는 것은 본 장의 범위를 넘는다. 그것은 이미 철학의 전문적 분야에 해당하고 일반적으로 후설 이후 현상학자들이 후설의 영향을 받았고 후설의 유고가 계속 출판됨으로써 현상학자들 간 유사성이 강조되고 있다는 점에서 더욱 그러하다[6]. 아울러 문학적 인상주의를 통해 작품

5_Venturi, Lionello. "The Aesthetic Idea of Impressionism", *The Journal of Aesthetics and Art Criticism, №.1* (Spring, 1941), p.34. Kronegger 1973: 25에서 재인용.

6_이남인 2004: 3–18, 441–43; 김영필 1998: 22–25 참조.

을 다룬 기존 연구에서도 현상학은 논의 중심에 오지 않았는바 모더니즘 산문과 현상학의 연관성 문제는 또 다른 연구 주제를 제기한다.

그런데 분명히 지적해야 할 것은 인상주의란 개념은 간단하게 정의되어 온 개념이 아니라는 점이다. 그것은, 모네의 회화가 출현한 1870년대부터 인상주의 회화 양식이 다른 유럽 및 미국으로 확산되어 그곳의 인상주의 회화 및 여타 예술 양식으로 발전된 1920년대까지의 기간을 중심으로 논의되어 왔는가 하면, 그 이후에는 혁신적인 예술을 추구하는 예술가들의 보편적인 대표적 현상으로 보며 일정 기간 동안 풍미했던 회화 운동이 아닌 중세 르네상스로부터 20세기까지 어느 시대에나 존재해왔던 것으로 보기도 했다(Stowell 1980: 13–14.; Kronegger 1973: 30–33). 본 장에서 논의할 문학적 인상주의는 모더니즘의 "가장 중요한 특징들"을 예견한 인상주의의 측면에 초점을 맞춘 것이며 회화적 표현 기법을 넘어, 특히 문학적 구성 요소로 변형적으로 수용된 19세기 마지막 10년대부터 20세기 초반의 시기에 초점을 맞춘 것이다. 즉 좀 더 성숙기의 문학적 인상주의에 초점을 두는 것이다(민수정 1992: 1–2).

사실 러시아 문학의 경우, 인상주의 미학을 통한 모더니즘 산문 조명은 활발히 이루어지지 않은 게 사실이다. 모더니즘 산문이 본격적으로 전개된 1920년대 전후의 산문은, 격변의 역사–사회적 사건을 거친 소비에트의 형성 및 정착이란 전환기 시대의 특성과 관련하여 대개 공동의 테마 및 장르—""새로운 인간"의 문제", "인텔리와 혁명", "풍자와 안티유토피아" 등—을 중심으로 논의되어 왔다(Мусатов 2001). 또한 '장식주의'란 공통 개념으로 논의되며 고찰되기도 했지만 사실 그것은 개별 작가들의 기법적 형식적 특성의 측면—장식주의 산문의 구성 및 문체론, 스카즈의 화자와 서술 기법, 유토피아 장르와 문체 등—을 중심으로 논의된 것이었다. 따라서 모더니즘 전 산문에 관통하는 단일한 근본 특성에서의 논의는 소홀해왔다고 할 수 있다. 인상주의 회화 및 미학이 러시아에는 상대적으로 덜 알려졌던 점도 이에 한몫 했다고 하겠다. 체호프가 인상주의 작가로 먼저 주목을 받은 것도 서구에서였던 것이다.

현 시점에서 체호프와 자이체프의 경우, 인상주의적 요소가 드러남이 널리 공인되어있는 것과 달리[7], 1920년대 전후에 '새로운 산문'을 쓴 파스테르나크나 올레샤의 경우는 특정 연구자들에 의해 부분적으로 논의됐을 뿐이며 여타 작가 벨리를 비롯한 필냐크, 만델슈탐 등의 인상주의적 특성은 소련 해체 이후의 저작에서 리얼리즘의 대안인 모더니즘(인상주의, 표현주의)의 한줄기로 대략적으로 언급되었다(Голубков 1992). 무엇보다 파스테르나크의 인상주의 경향은 주로 시 분야에서 지적되어 왔다(Hughes 1974: 7-41). 가장 대표적인 시는 〈영원히 지속될 한 순간의 뇌우〉로(최행규 1994), 이때 러시아 미래주의 운동의 인상주의 및 큐비즘에 대한 관심, 모스크바에서 양 회화의 전시가 개최된 사회적 전기적 측면, 그리고 부친의 인상주의 회화가 작가에게 준 영향 등이 지적된다. 그러나 이는 미래주의 운동과 관련하여 해당 주제가 개괄적으로 다뤄진 것으로서 문제 제기 단계에 그쳤다. 다만 파스테르나크 산문을 '새로운 산문' 측면에서 논의한 필리포프의 논문은 작가의 인상주의 경향의 일반 양상을 가늠하게 해주고(Филиппов 1981: 154-61) 작가의 초기 강령적 산문을 언급한 연구에서는 그의 인상주의적 요소들이 환기된 바 있다(Livingstone 1985: 21-27). 하지만 작가에게 인상주의 경향이 존재한다는 점은 이미 그의 창작 전체에 관통하는 환유적 특성을 인상주의적 특성과 연관시킨 1935년의 야콥슨 글에서 간접적으로나마 언급되었고 작가의 초기작 세계를 현상학과 연관시킨 플레이시만도 그 점을 언급하였다[8].

이와 같이 러시아 문학에서 모더니즘 산문을 하나의 단일한 체계로서의 인상주의 미학으로 조망하는 일은 지연되었고 본 장에서 살펴볼 파스테르나크 작품을 위시한 1920년대 전후 작품의 인상주의 경향 연구는 본격적 분석이 수반되지 않은 채 문제 제기에 그쳤다고 할 수 있

7_Соколов 1999: 372-407; Кузнецова 1994: 14..

8_임혜영 2004: 236-37, 244-50, 또는 본서 3장 참조.

다. 파스테르나크 산문과 문학적 인상주의의 연관성은 그의 "시적인" 산문, 새로운 산문의 혁신성 차원에서부터 논의될 수 있다. 그가 초기 산문들에서 보인 입장은 이른바 "새로운 리얼리즘"(보론스키), "새로운 산문"(필리포프), "객관적 서정주의"(Секе К.)로 표현이 가능하며(Секе 1988: 29–37), 이는 보론스키가 적절하게 지적했듯 20세기 초 세계 및 현실에 대한 예술가의 새로운 태도 문제와도 관련된다(Воронский 1987: 538–561). 바로 새로운 세계관적 인식은, 결국 자본주의와 기계화, 그리고 그로 인한 인간의 소외 등으로 새로운 인식의 패러다임이나 예술가적 믿음의 구현이 요구된 당시 역사적 사회적 맥락에서 등장한 인상주의 문화 현상과 동일한 출발점을 갖는 것이다. 특히 파스테르나크가 예술 산문을 창작하기 전, 강령적 산문들에서 모더니즘 현상에 대한 자신만의 이해(도덕적, 철학적 인식론적 차원)에서 인상주의를 언급한 점[9]이나 《스펙토르스키》에서는 서구잡지들을 통해 콘라드와 프루스트를 알고 있었음을 밝힌 점[10], 나아가 베를렌과 릴케의 창작에 관심을 가졌고 현상학과도 관련된 사실 등은 문학적 인상주의를 논하는데 당위성을 확증해준다.

본 장에서는 파스테르나크의 산문 가운데에서도 상대적으로 그 혁신성이 주목받고 (먼저 서구에서) 인상주의적 요소가 부분적으로나마 지적되기 시작한 《류베르스의 어린 시절》(1918)을 분석한다[11]. 그의 '최초의 의미심장한 산문'이라 간주되는(4, 807–8; Dyck 1972: 170) 이 작

9_임혜영 2004: 237, 또는 본서 6장 참조. 〈검은 술잔〉에서 미래주의의 스승으로서 논의하는바(Хан 1988: 116–26) 인상주의 시학은 그의 "미학적 시각"과 가깝다(Хан 1988: 118).

10_Пастернак Б. *Собр соч.: в 5 т. Т.1.* М., 1989. С.338. 이 판본의 인용은 권수와 쪽수를 괄호 안에 표기한다. 《스펙토르스키》 자체가 인상주의 경향을 보이고 《이야기》는 사회–역사적 테마에서 그러하다(임혜영 2005: 339, 342, 346–49, 또는 본서 6장 참조).

11_Björling 1982: 130–55; Лучанова 1990: 41–47; Kopper 1991: 123–46; Воронский 1987: 538–61. 올레샤도 어린 아이 혹은 아이를 닮은 주인공에 관심을 둔 점에서 주목을 끈다(임혜영 2008a 참조)

품의 분석은 그의 다른 산문들의 혁신적 특성을 가늠하는데도 일조를 할 것으로 사료되는바 논의에 필요시 여타 작품—《이야기》—도 지적할 것이다. 그리고 본문에서는 본격적인 작품 분석에 앞서 '문학적 인상주의'의 전반적인 특성을 밝혀 분석의 틀로 삼기로 한다.

2. 문학적 인상주의

(1) 인상, 지각 행위, 리얼리티의 파편화

문학적 인상주의자들은 세계를 파악하는데 순간적인 지각이 중요함을 강조하였다. 이는 세계 및 진리는 고정된 것(being)이 아니라 생성(becoming)의 과정에 있다고 보기 때문이다(민수정 1992: 1). 그들은 생성의 세계, 끊임없이 변화하는 세계에서 각 순간순간마다 파악된 진리와 리얼리티가 가장 생생하고 진정한 것이라 보고, 개인의 지각을 통해 감각기관에 포착된 세계 및 대상의 순간적 인상을 제시하려하였다. 다른 한편으로 리얼리티의 "진리", 본질 포착이 순간적 인상의 지각을 통해 가능한 것은 바로 인상 이면에 그 본질이 감춰져 있다고 보았기 때문인바(Kronegger 1973: 36; 유정훈 2002: 46) 순간적 지각, 혹은 현상학적 지각[12]으로써 재현된 리얼리티 모습은 인상주의 회화의 경우처럼 파편화되고 해체된 모습을 띤다. 다시 말해 그것은 인상주의 문학에서는 사건 구조의 모호성, 인과성의 부재 및 플롯의 해체, 결국 암시적 이미지와 상징을 골간으로 하는 이른바 '분위기 문학'으로 나타난다(Stowell 1980: 15, 18, 20–21). 이는 연구자들이 지적해오듯이 문학적 인상주의 작가들이 순간적 인상들을 리얼리티 재현의 한 수단으로서가 아니라 리얼리티 그 자체로 보았기 때문이다(Stowell 1980: 24;

12_문학적 인상주의와 현상학의 연관은 비평가들이 인정한바(Kronegger 1973: 25) '인상주의적인' 것과 '현상학적인' 것은 동의어로 통용됐다(Albérès René. *Metamorphoses du roman.* Paris: Albin Michel, 1966, pp.77–78. Kronegger 1973: 26에서 재인용).

Kronegger 1973: 14, 36).

감각적 인상 제시들을 근간으로 하는 문학적 인상주의의 표현 기법은 회화의 경우와 직결되지만 문학적 인상주의자들은 시각적 측면 제시에만 머무르지 않았다. '지각하는 의식'의 보이는 현실, 현상에 대한 시각적 경험뿐만 아니라 정신적, 심리적 경험의 재현 문제까지 나아갔다(민수정 1992: 73, 58). 순간적 인상은 주인공의 의식 과정을 통해 세계에 대한 인식을 넘어 주인공 자신에 대한 깨달음에 이르게 되는 것이다(유정훈 2002: 56). 그런데 지적해야 할 것은 감춰진 "진리"의 포착을 위해서는 인물들에게 특정한 자질이 요구된다는 점이다. "본 것으로부터 감춰진 것을 추측하는 힘, 상황의 암시를 추적하는 힘, 모든 조각을 패턴으로 판단하는 힘" 등을 바탕으로 "카오스들에 민감한 지각"이 바로 그것이다[13]. 이러한 자질을 소유한 인물은 "시간은 변화다"라는 인상주의자들 인식의 구현결과로서, 가속화되는 리얼리티의 혼란을 꼭 붙잡으려는 모습으로 구현되며 작품의 '중심 의식'이다. 그는 관찰에 근거하는 '귀납적 지각의 힘'이 확장된 자로서 추측하고 직관을 통해 알며 함축과 암시에 의존해야하는 것이다(Stowell 1980: 31-32).

(2) 반영자로서의 인물과 개인성의 해체

이상과 같이 지각 순간의 의미의 중요성을 창출시킨 세계에 대한 새로운 인식 태도—세계의 '비결정성', '다양성'—는 다른 한편으로 "가속화되고 모호한 감각적 자극들"의 세계에서 당황해하고 혼란스러워하는 인물들을 창조하게 하였다. 한 순간적 인상을 지각하는 과정에서 주체는 그 순간 대상의 본질과 리얼리티에 대한 진리를 곧바로 명확하게 파악하지 못하기도 한다. 오히려 모호하고 희미한 인상을 받으며 상당한 시간 동안의 인식의 "지연" 상태를 지니게 된다. 지각자의 눈에 세계와 대상은 혼돈으로 가득 차는 바, 아울러 그 대상에 대한 저자의 분

13_James, Henry., "The Art of Fiction," in *Theory of Fiction: Henry James*, ed. James E. Miller, Jr. Lincoln, Nebraska: Univ. of Nebraska Press, 1972, p.35. Stowell 1980: 20에서 재인용.

명한 풀이도 주어지지 않는다. 세계를 혼돈된 리얼리티 그 자체로 인식하는 태도는 작가로 하여금 전지적이지 않은 화자의 형상, 나아가 수동적으로 세계를 관찰하는 "반영자"로서의 주인공을 창조하게 한다(Kronegger 1973: 14-15)[14]. 다시 말해 세계 및 지각 대상이 지각자의 순간순간의 주관적 인상을 통해서 뿐 아니라[15] 지각자의 눈-거울을 통해 있는 그대로의 객관적 모습으로 다양하게 반영되게 한다.

'당황하고 혼란스러워 하는' 인물들의 형상과 관련하여 우리는 주인공들의 개인성 역시 세계와 마찬가지로 "생성의 끊임없는 과정"에 있음—"개인성의 해체"—을 보게 된다. 즉 "그들 마음의 끊임없는 변화flux는" "파도의 중단 없음, 자연의 다양한 컬러들, 강의 흐름 등과 하모니"를 이루는 것이다(Kronegger 1973: 56-57). 결국 지각 주체는 세계와 함께 해체된바 그의 삶도 파편들로 부숴졌으며 거대한 우주 속에 일부로서, 대상과 함께 녹아있게 된다. 그러므로 모든 세계의 구성 요소가 하나로 융합된 (프루스트식의) '컬러와 소리' 등의 감각적 인상의 세계, "새로운 리얼리티"의 인상주의 세계가 탄생하게 된다.

(3) 주체와 객체의 융합

한편, 세계의 반영자로서의 중심 의식 형상을 외부 세계와의 관계 측면에 초점을 둘 때 문학적 인상주의 고유의 주체와 객체의 관계 양상 또한 드러난다. 세계, 리얼리티에 대한 관계에 있어서 낭만주의의 초월적 주관성과 리얼리즘의 전지적 객관성은 문학적 인상주의에서 주관적 객관주의라는 새로운 관계로 변형된다. 위에서 언급했듯이 인상주의 비전에서 객체에 대한 주체, "외부 세계에 대한 내적 자아"의 의식

14_작가에 따라서는 많은 반영자—"다층 시점"이 존재하기도 한다. 특히 제임스의 '다층의 반영자'들(Stowell 1980: 22; 민수정 1992: 73), 콘라드의 다양한 관점 제시(유정훈 2002: 47-48, 27-32; 이태동 1996: 170; 반영미 1996: 393)등을 예로 들 수 있다.

15_의식의 주관성이 개입되는 건 "리얼리티의 한 순간은 감각이 의식에 의해 조절되고 일정한 시간적 경과의 제약을 받고서 이해되기" 때문이다(Ilie, Paul., "Symposium in Literary Impressionism," in *Yearbook of Comparative and General Literature, no.17*, p.77. Stowell 1980: 22에서 재인용).

의 관계—주관적 인상—가 중요하지만 이에 그치지 않고 인상주의자들은 현상학자들과 일치하여 "의식은 어떤 것에 대한 의식이어야 한다"는 (쉽게 말해 의식은 모호하고 끊임없이 변하는 대상, 외부 세계의 사건들에 관련해서만 현존한다는) 점을, 그리고 주체와 객체 양자는 지각의 시공간적 세계에 병치돼 실재한다는 점을 감각했던 것이다(Stowell 1980: 4, 17–18; Kronegger 1973: 14, 41–42). 요컨대 문학적 인상주의에 있어 주체와 객체의 관계는 내적 자아를 외적 세계와 융해시킴에 바탕을 두는 바 이는 지각 대상에 대한 주체의 "주관적 객관성"의 관계이며, 현상학적인 주체와 객체의 상호주관성(융합)에 다름 아닌 것이다.

그런데 주체와 객체의 관계가, 지각자의 내면이 주변 세계와의 연관된 모습 속에서 묘사될 때에, 즉 주변 세계에 "반영"될 때에 주로 구현된다 할 때(Stowell 1980: 32–33) 그러한 연관은 주체와 동등한 리얼리티의 한 구성 성분으로서의 객체의 존재 가치를 인정함에서 비롯된다. 따라서 이는 주체의 '필요'에 의해 "변형"되는 표현주의적 연관과 구별되기도 한다. 그러나 동시에 우리는, 인상주의의 다양한 진화로 인해 모든 인상주의자는 어느 정도 표현주의자라는 점을 상기할 필요가 있다[16]. 크로니거의 지적처럼 인상주의 문학에서 주인공이 자신의 내적 세계의 진실을 전달하기 위해 "사물들을 사용"함은 물론이거니와 더 나아가 그의 내면의 요구와 일치하는 감정들을 표현하기 위해 "자연의 외관"을 자유롭게 "변형"시켜 세계를 더 이상 현상으로서만 지각하지 않았다면, 이는 표현주의적 지각에 가깝기 때문이다(Kronegger 1973: 28–29). 인상주의에서 표현주의로의 변이(變異)가 인상주의 예술가들의 한 작품 내에서 종종 발생하는 경우는 이 점을 뒷받침해준다(릴케

16_자연주의–인상주의–표현주의로 발전됐는바(Øverland, Orm., "The Impressionism of Stephen Crane: A Study in Style and Technique," in *Americana-Norvengica*, ed. by S. Skard and H. Wasser, Philadelphia: Univ. of Pennsylvania, 1966, p.240. Stowell 1980: 32에서 재인용) 인상주의의 외부 세계와 내적 자아의 동등("만남")은 가장 이상적 형태다. 이후 진화로써 의식이 인상주의 작품을 가득 채우고 그것에 모든 요소가 종속된다(Stowell 1980: 33–34).

(《말테의 수기》), 반 고흐, 플로베르 등이 그러하다[17]).

(4) 주체의 소외, 정체성 상실

주인공들의 "개인성의 해체", 즉 확고한 개인성의 결여는 주체의 소외, 주변 사회에서 자아의 정체성 상실의 문제를 제기하기도 한다. 주인공-지각자가 지각활동을 통해 접하는 모호하고 혼돈스러우며 다양한 리얼리티는 그로 하여금 나중에 깨달음과 각성에 이르게도, 더욱이 우주로부터 고립되지 않음을 경험하게도 한다. 그러나 인상주의 작가들—플로베르, 조이스, 울프, 릴케, 지드—의 몇몇 주인공의 경우와 같이 날카로운 지각이 주어질 때 그들은 타인들과 접촉하는 일은 드물고 고립된 채 남아있게 된다. 게다가 강조컨대 "인상들에 탐닉"하는 주인공들은 개인성의 거부에 이르기도 한다. 모든 것 사이에서 "표류"로 귀착되는 이러한 자아의 거부는 주변인들과 연관의 상실을 의미하며 사회적으로 해체됨인 것이다(Kronegger 1973: 46–47, 62, 64; 박신자 2002: 214–15). 다시 말해 끊임없이 변하는 세계에 대한 비결정적 인식 및 수동적 태도는 주인공으로 하여금 주변의 비인간화되고 물질화된 사회적 현실과는 조화되지 못하고 오히려 고립되게 하는바[18] 결국 주인공은 자아의 정체성을 찾지 못하게 된다.

인상들에 탐닉, 몰두와 함께 인상주의 주인공들의 사회적 소외는 도덕적 특징과도 연결된다. 그들의 본성은 논리적 지적인 차가움과는 거리가 멀다. 대신 매우 비합리적이고 감정적이다. 특히 "고양된 감각성"을 지녔다는 점에서 일견 예술가적인 면모가 엿보이기도 한다. 이는, 미를 추구하며 "감각을 넘어 물리적 도덕적 이상에 도달하고자 시도하지 않고 단지 감각의 테두리에서" 주인공의 주관적 인상들을 전달하는 인상주의 작가들[19](이른바 "수동적인 유미주의", "단순한 인상주의자"로 비판되는 초기 인상주의 예술가들[20])의 입장에 의해서도 뒷받침되는 듯하

17_Kronegger 1973: 29.

18_이런 모습은 체호프의 《주교》에서 잘 구현된다(Stowell 1980: 135–44).

19_Kronegger 1973: 35–36.

다. 그러나 이들 주인공의 모습은 반드시 미 그 자체를 위해서나, 예술가적 창조 행위를 위한 것도 아니다. 반복건대 '개인성'이 없는 그들의 감각성은 단지 주변의 분위기를 '반영'하는 거울의 그것과 같은 것이라 할 수 있다. 그들은 도덕적 판단을 거치지 않고 모든 인상들에 탐닉하는바 그들에게 선과 악은 모두 유효한 경험일 뿐이다. 결국 가치 체계에서도 수동적인 그들은 바로 비도덕적인 존재인바 사회성의 결여는 도덕성의 결여로 이어지는 셈이다(Kronegger 1973: 67, 61–63).

(5) 상태의 형용사 및 명사의 우세, 언어에 대한 회의주의

수동적이고 행동이 부재하는 관찰자–주인공의 모습과 관련하여 특히 지적될 수 있는 것이 바로 언어적 문체적 측면에서의 문학적 인상주의 특징이다. 일반적으로 각 문학적 인상주의 작가의 언어적 특징—주제, 리듬, 문장의 길이, 단어 선택 등—은 다른 측면의 특징과는 달리 거의 공통점을 지니지 않는 것으로 지적되어 왔다(Stowell 1980: 26). 그럼에도 불구하고 가장 기본적으로 드러나는 공통적 특성은 행동동사보다는 상태의 형용사 및 명사가 우세하다는 점이다(Stowell 1980: 27; 이정열 1992: 55). 비록 동사가 오더라도 그것은 지각동사(see, look)이거나, 능동이 아닌 수동, 행동이 아닌 상태를 의미하는 동사(seem, appear, it was as if)인 것이다(Stowell 1980: 27–28; 유정훈 2002: 49). 이와 같은 형용사 동사 어휘의 선택은 주로 모호성의 표현과 함께 암시성을, 불분명하고 수동적이나 "발견의 이미지"를 위한 것으로서 모두 모호한 분위기 효과를 강조하기 위한 것들이라 할 수 있다. 다시 말해 인상주의 작가들은 이러한 언어 선택을 통해 "경험의 본질과 그 전달의 불분명한 형태를 강조"하는 바(유정훈 2002: 48–49) 그 바탕에는 '언어에 대한 회의주의'가 자리 잡고 있음을 알 수 있다. 결국 이러한 언어적 특징은 수동적 관찰자로서 세계를 있는 그대로 반영하는 반영자–거울 이미지로서의 주인공의 형상과 직결되며 "알 수 없는 표면들", "외관appearances의

20_박신자 2002: 214; 이태동 1996: 169.

세계"로서의 인상주의 세계, '현상'의 세계를 반영하는 것이라 하겠다.

(6) 베르그송의 지속과 현상학적 시간 병합의 시간 구조

마지막으로 문학적 인상주의의 특징으로 독특한 시간 구조를 들 수 있다. 대개 다양한 문학적 인상주의의 모습은 개별 작가들의 시간 구현의 문제와도 연관된다[21]고 할 수 있다. 프루스트는 현재의 순간과 과거의 경험을 융합하여 주인공의 심리적 내면적 의식 흐름에 주목한다면, 상대적으로 제임스는 현재 시간의 순간("현재순간의 즉시성")[22]에 더 초점을 맞춘다[23]. 이러한 차이점은 프루스트에 비해 제임스가 좀 더 사회적 테마, 인간관계를 둘러싼 사회성 문제를 다룬다는 점과 관련 있다고 여겨진다. 전자에서는 현 의식이 "이전 의식 행위"와 분리될 수 없기에 "무의지적" 기억에 의한 과거가 자세히 고찰되는바 "이전의 그 감각 자체 만이 아니라 그것을 둘러싸고 있던 장면 전체로 문을 열"며 "과거의 온전한 한 순간을 누리"는 한 개인의 내면적 각성이 중심이 된다(이시내 2001: 120). 반면 후자의 경우, 현재의 (타인과의 구체적인 관계를 포함한) "사회학적" "상호작용" 및 접촉 속의 개인의 인상("관점의 변화")이 주로 다뤄지며 현재의 순간들이 구체화되는 것이다(민수정 1992: 43-44, 46, 74).

한편, 기억 행위가 지각 행위와 동질로서 간주되고 과거가 작품에서 특별한 자리를 차지하는 프루스트의 시간적 특성은(Kronegger 1973: 41) 콘라드의 경우와 유사점을 보인다[24]. "기억의 작용"에 의한 과거 시간의 중요성은 이제까지 연구자들에 의해 프루스트를 (현재는 과거의

21_Hauser 1958: 170, 224. Stowell 1980: 18, 19에서 재인용.

22_Armstrong 1987: 94. 민수정 1992: 47에서 재인용.

23_민수정 1992: 47; Poulet, George, *Studies in Human Time*, Trans. by Elliott Coleman. Baltimore: Johns Hopkins Press, 1956, p.350; Mendilow, A.A. *Time and the Novel*. London: Peter Nevill, 1952, p.95. Stowell 1980: 42에서 재인용.

24_콘라드의 기억작용이 "수의(隨意)적"이라는 점에서는 프루스트와 차이난다(이태동 1996: 166). 양자의 기억행위에 대해서는 이시내 2001: 113, 119&이형식 1979: 41–42, 그리고 이태동 1996 각각을 참조.

결과라는) 베르그송의 시간에 대한 지속 개념, 시간의 불연속성 문제[25]와 연결 짓게 하였던바 이는 "시간전도time-shift" 기법 활용이 강조되는 콘라드의 경우(반영미 1996: 403–4; 유정훈 2002: 54–5)도 마찬가지이기 때문이다.

그러나 특히 제임스의 경우에서 나타나듯이 문학적 인상주의를 단지 베르그송의 지속durée 철학만으로 규명하는 것은 한계를 갖는다. "인상주의자들은 베르그송의 human time의 주관적 흐름은 공간화 된 현재성의 특권의 순간들을 무시했다는 것을 직관적으로 느꼈다." 따라서 "미세하게 프레임 지어지고 공간적으로 지각되"는 "사건들의 "순간들"", 즉 "공간화된 시간의 확장된 고정 순간들"을 강조하는 "현상학적 시간"(Stowell 1980: 18–9, 40–1)을 보충하게 된다. 사실 현상학적 시간은 "변화하는 세계" 및 순간, 즉 "사라진 파동과 막 생성되려는 파동 간의 시간을 '빈' 순간이 아니라" "의식의 특별 대상"으로 하는바[26], 결국 문학적 인상주의의 시간은 베르그송의 지속적인 흐름과 이렇게 (후설의) "현상학적 시간의 양자와 같은 순간들quanta-like moments"("파동wave과 입자particle 이론들")의 결합인 것이다. 이른바 불연속성, 시간전도('duration')일 뿐 아니라 각 순간이 중요성을 갖는 연속적 시간을('succession') 특징으로 한다.

3. 《류베르스의 어린 시절》

(1) 구조와 구성: 플롯의 해체와 에피소드적 구성, 인상주의적 시간 구조

《류베르스의 어린 시절》은 어린 시절에서 소녀 시절로 전환기에 있는

25_Stowell 1980: 19. 시간의 불연속성과 현대미술의 연관에 대해서는 임혜영 2004: 243–4 참조.

26_Berger, G., "Phenomenological Approach to the Problem of Time." in *Readings in Existential Phenomenology*, ed. by N. Lawrence and D. O'Connor. Englewood Cliffs, New Jersey: Prentice–Hall, 1967, p.187. Stowell 1980: 19에서 재인용. 현상학적 시간론의 "전범"인 후설의 시간의식과 베르그송 시간관의 비교는 김영민 1994 참조.

한 아이의 지각 행위를 통해 드러나는 세계의 "발견открытия" 및 "바라봄видения"을 그 중심 내용으로 하고 있다. 다시 말해 작품에서 중심이 되는 것은 온통 강렬한 "인상과 감지"의 "공간화된" 순간들이다(예를 들면 어린 시절은 페름 집의 "털 많은 곰가죽" 공간과 강가의 "모토빌리하" 공간으로, 소녀시절의 예카테린부르크의 시간은 각 "공간화 된 순간들"로 각각 압축됐다). 그리고 순차적인 시간 흐름 중심의 서술은 이루어지지 않는 바 작품에는 전통적인 사건 중심의 플롯이 아니라 비논리적 연관 관계, 파편적 플롯 및 구성이 존재한다[27].

위 작품의 구조는 형식상 크게 두 부분으로 나뉘어져 있다. 그러나 줄거리를 보면 제목이나 형식적 분류는 내용에 그리 부합하지 않는다. 우선 몇몇 연구자들도 지적했다시피 제목과 달리 작품은 어린 시절을 주로 다루고 있지 않다(Björling 1982: 141). 전체 I, II부 중 I부의 맨 첫 장 일부에서만 어린 시절이 잠시 묘사될 뿐이다. 전체는 어린 시절을 지난 소녀 시절에 대해 이야기 하고 있는 것이다. 둘째, 각 부의 제목들–"긴 나날들", "외부인"–에도 불구하고 사실상 각 부는 뚜렷하게 두 부분으로 나뉘지 않는다. I부의 경우, 전체 다섯 장 중 첫 두 장에서(역시 그 일부에서)만 강렬한 인상을 남긴 과거의 "긴 나날"들–몇 년 전 어린 시절과 몇 달 전 소녀 시절–에 대한 기억이 삽입됐을 뿐, 나머지 장들은 시공간과 사건 전개상 II부의 장들과 직결된다. I부의 2장 끝에서 II부 마지막 9장까지는 파편적인 에피소드로나마 4월 봄에서 그 해 말 겨울까지, 사계절의 변화를 배경으로 한 현재의 이야기를 주 내용으로 한다.[28] 또한 공간적 배경도 II부에서가 아닌 I부의 일부(4장)에서 페름에서 예카테린부르크로 바뀌므로, I, II부라는 형식적 분류와 상응점이 없다.

27_Björling 1982: 137–42; Dyck 1972: 170 참조.

28_즉 작품은 온통 "살아있는 삶"과 깊은 내면세계를 제시하는바(Лучанова 1990: 46), "현재 순간의 즉시성"이 여러 인물들과의 접촉으로 이뤄진 제임스의 경우와 달리 여기서는 화자와 "공시적 동일성"을 지닌 주인공이 표면화한 현재 순간을 통해 이뤄졌다(Björling 1982: 151).

표면상의 형식적 분류에도 불구하고 이야기의 전개상 뚜렷한 분리를 지니지 않는 이 작품은 파스테르나크의 독특한 구조 및 구성법–'경계'제거의 구조–을 따르는데, 이는 바로 '윤곽'의 해체란 인상주의의 미학적 구조와 상응한다고 할 수 있다. 이러한 형식적 분류는 일례로 필냐크의《헐벗은 해》속 "구성의 관례를 패러디"한 외형적 구조[29]와 동일선상에서 볼 수 있으며 본질적으로는 "대칭", "전면성frontality"의 결여나 "중심이 벗어난" 구성의 원류를 드가 작품에서처럼 ("지각 행위"가 중심이 돼) "일정한 틀"이 파괴된 인상주의 미학에서 찾을 수 있기 때문이다[30].

한편, 내용을 좀 더 면밀히 살펴보면 작품은 어린 시절과 소녀 시절 사이의 뚜렷한 경계가 없는바 불연속적 시간, 베르그송적 지속이 구현되고 있다고 할 수 있다. 비록 육체적으로는 전환 시기를 맞았으나 실제 여주인공의 의식 및 정신적 성숙 상태는 어린 시절의 그것과 중첩돼 있기 때문이다. 어린 시절의 감각 및 행동은 반복적으로 지속되는가 하면 현재의 의식은 빈번히 과거의 의식과 연관 속에서 이루어진다. 또한 소녀시절 내에서도 변화 및 발전된 모습이 아니라 늘 그 이전의 "어리석은" 행동을 되풀이하는 것으로 그려진다.

양 시기의 중첩은 먼저 공간을 중심으로 살펴볼 수 있다. 어린 시절의 공간 페름은 여주인공의 의식 속에는 소녀 시절의 예카테린부르크 공간과 분리돼 있지 않다. II부 5장에서 디키흐와 함께 있는 "절름발이 남자"를 보았을 때 "어린 시절 페름"(이후 모든 강조는 원저자의 것)에서 본 사람이라고 생각한다. 또한 II부 8장에서 처음으로 남의 집에서 숙박하며 모친에 대해 생각하다가 '여인'으로서 모친과 공통성을 "감지"했을 때 페름에서 첫 생리 시 흥분했던 모친의 모습을 세세하고 생생하게 떠올린다(IV, 80). 다른 한편으로 어린 시절의 상징인 페름이 현재 거주지 예카테린부르크와 이렇듯 계속 연결될 수 있었던 것은 의사를

29_이명현 1995: 13.

30_Hauser 1958: 209. Stowell 1980: 23–24에서 재인용.

통해서이기도 하다. 9장에서 페름에서 자신을 검진했었고 이곳으로 호출돼 온 의사에게 제냐는 그 곳의 "집에, 모든 거리들에도, 카마강에도 안부 전해달라고 부탁"한다(IV, 83–84). 이렇듯 페름과 예카테린부르크 두 공간이 소녀의 의식에서 분리되지 않음은 페름의 공간이 ("정지된 시간"의 "파편들로 압축"돼) 기억 속에 늘 생생히 남아있기 때문인바 이는 현상학적 시간, 양자와 같은 순간들의 생생한 구현을 통해 이루어진다. 즉 어린 시절을 매개로 한 과거와 현재 소녀 시절 간 중첩이란 작품 구조는 베르그송적 지속뿐만 아니라 현상학적 시간의 양자와 같은 순간들로 축조–'지속'과 '연속'의 융합–되었다고 할 수 있다.

한편 위의 예들에서 일부 드러났듯이, 현재 소녀 시절과 중첩될 수 있도록 생생하게 묘사된 과거의 강렬한 인상 및 감지의 순간들, "특권화된 순간"들은 두 "긴 나날들"–"모토빌리하"와 '생리'의 에피소드–이다. 그런데 특히 두 번째 "긴 나날"은 페름 자연의 이미지 및 인상의 내용, 할애된 지면의 길이상 의미심장한 에피소드라 할 수 있다. 생리 첫 경험의 "그 날" 의 순간은 "인상주의의 현저한 특징"을 지닌바 과거 전체 차원에서 볼 때 시간상 극히 짧은 시간임에도 불구하고 그 인상의 강렬성으로 인해 상대적으로 '길게' 연장되었다: "제냐는 잠자리에 들기 시작했고 날이 긴 것은 역시 그 첫 날 때문임을 알게 되었고 [...]"(IV, 40). "모토빌리하" 에피소드의 경우와는 달리 이 경험은 무의식적이고 어렴풋한 "감각"을 통해 묘사되는바(IV, 40) 첫 생리에 대한 어렴풋한 미지의 경험은 인상주의 작품의 주인공의 경우처럼(Kronegger 1973: 15–16) 여주인공을 휩싼 공포와 전율이 화자의 직접적 설명이 아니라 객체로서의 외적 자연을 통해 전달됨으로써 강조된다. 주인공의 마음 상태를 표현하는 자는 화자–"파트너"로, 이때 주인공 마음의 가능한 인상만이 제시된다. 제냐와 제냐를 "공감"하는 화자는 인상주의적 모습을 띠는 것이다[31]:

31_Björling 1982: 150–53 참조.

> 제냐는 울었던 눈을 창 쪽으로 던져 흐느껴 울었다 [⋯]. 단련되고 한랭하나 광택 없이, 그리고 거칠게 황량한 밤이 검어졌다. [⋯] 다시 별과 카마강을 쳐다보았다. 그녀는 결심했다. 춥거나 빙괴에도 불구하고 그러니까 — 뛰어내리라하고. (IV, 41)

"거칠게 황량한 밤"과 추운 강은, 첫 생리의 현상이 규명되지 않고 해명되지 않아 억울한 제냐의 막막한 심경과 그 경험에 대한 "무지" 상태와 상응한다. 카마강을 계속 주시하며 몸을 던질 것을 생각한 것도 오히려 외부의 자연의 상태와 동질감을, 인상주의적으로 말해 '융합'을 느끼기 때문이라 할 수 있다.

오해의 상황이 해명됐을 때의 분위기와 그녀의 심경은 이제 사물—"뜨겁고, 진정어리며 충실한" 램프들—의 이미지를 통해 전달되고(IV, 42), 다음 날 모친으로부터 생리에 대한 지식을 얻고 모든 게 최종 처리되었을 때 그 상황과 심경은 역시 자연의 이미지를 통해 생생하게 전달되고 "반영"된다:

> 제냐가 있는 현관에는 생각보다 더 오래 발걸음 울리는 소리와 울려 퍼지는 돌 소리가 있었다. 그녀의 기억에 그녀의 최초의 여성적 성징이 그렇게 새겨지기도 하였다: 계단 위에서 서서히 움직이다가 집안으로 신선하게 침투하는, 시끄럽게 재잘대는 아침 거리의 가득 찬 메아리; 빛, 선선함 그리고 비비는 낮은 토지의 소리 등으로 그 주위가 씻기고 소독된 채. (IV, 42–43)

"무지" 상태를 상징하는 밤의 이미지와 대조적으로 "빛"에 의한 밝은 아침의 이미지, 신선함과 깨끗함으로 가득 찬 "거리"의 이미지 등은 경험에 대한 무지몽매함을 벗어난 아이의 마음과 상태를 "반영"한다 하겠다. 위와 같은 구체적인 외부 자연 및 사물의 강렬한 시청각적 감각 인상을 통한 제냐의 심경 "투사"는 바로 "현상학적 관계"에 입각한 인상주의적 주체와 객체의 융합, 상호주관성의 구현에 다름 아닌 것이다[32]. 밖의 공간(아침 거리)과 안의 공간(집안)의 침투, 모든 주위가 하나로 융해된 현상은, 무지로부터 자유로워진 제냐의 "증가된 의식"에서 현상 속에 숨겨진 본질—세계의 단일화—이 열린 결과라고 할 수 있다. 다시 말해 "증가된 의식"은 파편화된 경험을 전체 덩어리에 이르게 하고 그것의 "직관적 통일적 행위"가 정점에 이르는 것은 "자아와 세계가 무아지경적 동일시", 곧 주체와 객체의 융합 및 온 세계적 요소가 하나가 될 때인바, 이때 사물들이나 사물들에 포함된 삶 그 자체의 본질을 의식이 드러내는 것이다[33].

이렇게 우리는 제냐에 의해 현재 생생하게 기억되고, 지각되는 자연의 이미지—카마강, 집, 거리—와 사람들의 인상—프랑스 여가정교사와 의사—을 통해 '연장'된 과거의 둘 째 "긴 날"의 순간들에서 현상학적 시간의 양자와 같은 순간들의 구현을 보게 된다. 그런데 화자는 길게 연장된 과거의 이 경험을, 현재(I부)를 건너뛴 채 갑자기 "반년 후"의 미래(II부)와 접목시키기도 한다(IV, 42). 이는 스토웰의 표현을 빌면 "정말 존재하는 과거"—페름 시절—와 "미래"—반년 후 예카테린부르크—"의 요소들이, 현재 안에 완전히 포함될 뿐 아닌 사실상 현재'이도록' 하기 위해서는 현상학적 순간들이 언제라도 생겨날 수 있음"(Stowell 1980: 41)을 뜻하는바, 여기서 우리는 과거와 현재의 '지속'을 지나 미래로까지 이어지는 베르그송적 지속의 구현을 확인하게 된다. 생생하게 기억된 과거의 "긴 날들"은 본 작품이 베르그송 지속과 현상학적 시간으로서의 양자와 같은 순간들의 병합, 이른바 문학적 인상주의의 시간 구조를 통해 구축되도록 마련된 특권화된 순간들인 것이다.

한편 구성과 관련하여 두 공간의 중첩 이외에도 좀 더 본질적인 차원

32_표현주의로 전향해 간 인상주의자들에 비해 파스테르나크의 경우, 인상주의 본래의 주, 객체의 상호주관성이 구현되고 있다(임혜영 2004: 249–50 참조).

33_Jephcott, E.F.N., *Proust and Rilke*, London: Chatto and Windus, 1972, pp.30, 28. Stowell 1980: 38에서 재인용.

에서 내적 통일성 문제가 논의 가능하다. 그것은 두 가지 측면에서 생각해 볼 수 있는바 임신과 명명의 모티프가 바로 그것이다. 먼저 작품의 전 플롯이 제냐가 모친의 임신을 이해하는 과정 위에 구축됨을 알 수 있는바(Björling 1982: 144) 그럴 때 I부 첫 부분(2장)에서 II부의 마지막 9장까지 소녀의 첫 여성적 성징(생리) 및 모친의 변화(임신)와 유산 등의 에피소드를 통해 작품은 여주인공이 여인으로서 자신의 정체성을 깨닫는 하나의 전(全)과정이 된다.

그러나 플롯이 해체된 구조 자체에서의 유기적 단일성 문제는 테마적 독특성에서 생각해 볼 수 있다. 언어 인식 및 획득 테마의 일부로서 명명, 혹은 대상에게 이름주기 모티프가 이와 관련된다. 어린 시절 테마와 관련하여 19세기 전통과는 다르고, 여타 20세기 모더니스트 예술과는 동일하게[34] 본 작품에 나타난 아이에 대한 관심은 아이의 "순수한" "지각적, 인지적" 측면인바 작품 대부분은 근본적으로 첫 지각 대상에게 자신만의 이름을 주는 다양한 경험들에 바쳐져있다. 첫 장이 "모토빌리하"에 대한 자신만의 "언어적 묘사"가 아직 불가능한 단계의 아이의 울음으로 시작돼, 차츰 "미지의" 대상들의 발견 및 자신만의 이름 주기 과정들이 전개되고 끝장은 처음으로 "외부인"에 대한 인지와 자신만의 이름 주기로 맺어지는 셈이다. 그런데 작품에서 제냐의 언어 인식 과정은 모친의 임신을 이해하려는 시도와 연속적으로 연관된다(Björling 1982: 148). 이러한 연관은 심층적으로 작품의 내적 통일성을 더욱 공고히 하는바 양자 모두 한편으로는 아이에게 새로운 '현상'으로서, 아이의 공통적인 지각 및 본질의 감지 대상이 되기 때문이다.

이상과 같이 실질적인 내용, 본질적 차원에서 구조의 내적 통일성을 고려할 때 작품 중심은 소녀 시절에 놓여있는바 제목의 의미는(프루스트의 《잃어버린 시간을 찾아서》의 한 변이형으로서) '소녀 시절 속의 어린 시절', 혹은 '어린 시절과의 작별'이 될 수 있을 것이다.

34_양 세기의 차이점은 인간적 도덕성을 비추는 표지로서의 아이에 대한 관심 vs 아이의 마음 자체의 작용에 대한 관심의 차이에 있다(Björling 1982: 132).

(2) 명명 행위와 발화, 언어체계: 창조적 상상력과 언어의 불신

일반적으로 언어, 특히 명명 행위를 통해 아이가 주변 세계 및 대상의 의미를 결합하고 알게 된다고 할 때(Kopper 1991: 125) 이 작품은 이러한 일반 전제를 새롭게 조명한다고 할 수 있다. 바로 이점에서 어린 시절의 지각 문제를 다루는 파스테르나크와 벨리의 차이점도 드러나는데(Kopper 1991: 143) 이 작품에서 이름은 그 대상, 리얼리티의 "본질에 관여할 수 없는" 것, 다만 "현상들 세계의 진부한 자질들 중 하나"라는 의미만 지닌다(Секе 1988: 34). 작품의 초점은 아이가 고정된 대상의 이름을 듣고 대상을 명료하게 이해하는 모습 제시에 있는 게 아니라, 이름을 모르는 대상에 "지각의 느린 과정을 통해" "의미를 점진적으로 펼치"는[35], 이른바 처음으로 자신만의 모호하나 "순수한" 이름을 주는 순간 묘사에 있다. 각성의 순간에 다름 아닌 이 순간은 본질에 이르는 직관의 순간이자 "본질의 돌연한 현현들", "환상의 순간들"로서 외부 세계에 대한 아이의 "감각적 충격이 기록되"는[36] 때이며, 역설적이게도 작품에서 종종 주인공의 침묵, 즉 "언어의 불신"(Stowell 1980: 30)이 나타나는 때이다. 그것은 인상주의적 "비결정적인 다원적 우주"에서 "진리"는 언어로 전달이 거의 불가능하며 단지 생생한 감각적 인상에 의한 함축과 암시에만 의존할 수 있기 때문이다. 아이의 명명 행위에서 강조되는 것은, (대상의) 이름 배우기를 통한 언어 획득 과정이란 성장소설적 측면이 아니라 미지의 대상에 대한 첫 직접적 경험 및 인식 순간 발휘되는 생생한 상상력, "시적 연상력"을 통한 창조성 및 창조적 잠재력의 측면[37]이다.

제냐의 창조적인 명명 행위 대상으로 드러나는 것은 '모토빌리하', '우랄', '아시아', '임신' 등 크게 네 현상이다. 첫 장에서 카마강가에서

35_Stowell 1980: 31 참조.

36_유정훈 2002: 20. 이는 콘라드의 경우와 같다고 할 수 있다. 여기서 "개념이나 이성적 범주가 주어지기 전의 가장 초기 감각으로 되돌아간"다는 인상주의 목표 및 묘사의 전제가 반영되기 때문이다(유정훈 2002: 21-22 참조).

37_Björling 1982: 146, 148.

밤에 우연히 깬 아이의 감각기관에 처음 포착된 대상은 순간적 인상으로 제시되는바 파편화되고 해체된 모습을 띤다:

> 그 대신 멀고 먼 그 강가에서 창조되는 그것을 결코 정의할 수 없었다. 그것에겐 명칭이 없었고 분명한 색과 정확한 윤곽이 없었다; 그리고 동요하면서 그것은 사랑스럽고 친근하였는바, 회랑의 붉은 통나무위로 신선하고 바람 이는 그림자들을 던지면서 담배 연기 무리 속에서 중얼거리고 이리저리 움직인 그것과는 달리 비몽사몽 상태бред는 아니었다. (IV, 35)

미지의 대상 앞에 공포와 전율로 울음을 터뜨리는 아이에게 부친은 그 대상을 이름—"모토빌리하"—을 통해 정의해 준다("모토빌리하는 – 공장, 국영 공장이며 그곳에서 주철을 만들며 주철로 […]." IV, 36). 비록 이름은 아이를 진정시켜 주었으나 아이는 이름에 더 이상 관심이 없다. 왜냐하면 이름은 이성에 의한 정의, 즉 이미 사회적 관례에 의해 일반화, 추상화된 제한적 개념에 불과하기 때문이다. 이 점은 인상주의 화가 엘스티르에 관한 사유 중, 프루스트가 전하는 이름에 대한 견해와 상통한다("우리가 사물들을 의미 짓기 위해 사용하는 이름은 늘 어느 정도 이성적 개념에 응하는바, 그 개념은 우리의 진정한 살아있는 인상들에 낯선 것이고 마치 우리로 하여금 이 개념 속으로 들어오지 않는 모든 것을 멀리하도록 강요하는 듯하다.")[38] 관례화된 개념인 이름으로 대상을 인지하려는 어른은 일종의 "자동화된 인식"만을 할 뿐, 고정되지 않고 늘 시시각각으로 변하는 대상 그 자체의 본질, 심연에 도달하려는 노력은 하지 않는 것이다.

제냐의 관심사는 예술가가 그러하듯이, 늘 표면적 모습만 드러내는 현상 이면에 감춰진 "본질"에 이르는 것이다[39]:

38_Воронский 1987: 545.

39_Горелик 2000: 121; Воронский 1987: 543 참조.

그녀는 자신의 생애에서 처음으로 현상에 대해 다음과 같은 의혹을 품었다. 즉 현상이란 때로는 혼자만 남아 있든지, 때로는 누군가에게 오픈되기도 한다면 그것은 소리 지를 줄 알고 벌벌 떨 줄 알며 담배 피우고 문고리에 문을 잠그는 사람들에게만이라고. 그녀는 처음으로 이 새로운 모토빌리하의 경우와 같이 잠시 생각한 것의 모든 것을 말하지 않았으며 가장 본질적이고 필요하며 불안하게 하는 것을 혼자서 감추었다. (IV, 36)

여기서 우리는, 보이는 현상에 대한 "지각하는 의식"의 시각적 경험뿐만 아니라 정신적 심리적 경험의 재현 문제까지 나아갔던 문학적 인상주의자들의 입장과 상응을 엿볼 수 있다. 밤의 어른들 세계 및 모토빌리하의 불빛에 대한 첫 지각을 통해 제냐는 "처음으로 현상에 대"한 깨달음도 얻었던 것이다. 현상의 본질은 모두에게 드러나는 게 아니라는 것, 또한 어른 및 타인들이 전해주는 이미 고정된 이름을 통해 도달되는 것이 아니라는 것이 그러하다. 이제부터 아이는 주변 현상의 인식을, 질문을 통한 남의 정의를 통해서가 아닌 '스스로' 직접 경험에 의해 하리라 마음먹는 것이다.

"모토빌리하"의 에피소드에 이어 유럽과 아시아의 경계로서 우랄 및 경계 말뚝 에피소드는 직접 경험 끝에 대상의 본질에 도달하고 "우랄"(나아가 "아시아")의 언어를 창조적으로 이해한 첫 사례를 보여준다:

그런데 그 쪽으로 무너진 채 그곳에서 우뚝 솟았던 것은 그 어떤 엄청나고 전체가 곱슬거림과 고리모양의 초록-담황색 뇌우를 몰고 오는 먹구름을 닮았는데 그 먹구름은 잠시 생각에 잠겨 그 자리에 서서 꼼짝 못했다. 제냐는 [...] 정말 곧장 이 끝없고 잊혀진 대기의 빠름을 감지했으며 정말 곧장 뇌우를 몰고 오는 이 먹구름이 그 어떤 지역이고, 그 어떤 지방임을 이해했다. 그리고 그 먹구름에게는 커다란 산의 명

> 칭이 있음을 이해했는데 그 이름은 그 주변으로 굴러 흩어졌고 돌과 모래와 함께 아래 계곡으로 던져진 것이었다; [⋯] — 이게 우랄인가요? — 몸을 내밀면서 그녀는 전(全)쿠페에 물었다. (IV, 46–47)

인지 경험이 없는 우랄에 대한 첫 지각 순간 그 실체를 파악하고 나름대로 신선하게 그 대상을 정의–이름 주기–해보려는 아이의 모습은, 아직 명명되지 않은 현실 및 사물에 이름을 주려고 애쓰는 예술가, 시인과 동일하다. 사물에 대한 독창적 인지 과정에서 엿보이는 창조성은 양자에게 공통이기 때문이다. 이러한 창조적 측면은 감수성이 없는 양친(IV, 37)뿐만 아니라 처음 접하는 대상을 이성적 "체계성" 및 남을 통해 알고 있는 개념을 통해 인식하는 세료쟈와 대조 속에서도 강조된다(IV, 45). 사실 아이들을 고독("무료", "우울")한 상황으로 내모는 양육을 하게 한 주범인 양친의 감수성 결여는 삶, 세계 그 자체를 이해하려는 그들의 노력이 적은 데서 기인한다(IV, 38). 브론스키의 표현을 빌면 그들이 온통 "자잘한 염려들"에 빠졌기 때문이다(Воронский 1987: 540).

이미 타인이 규정해놓은 이름을 알고 있는 세료쟈는 우랄에서 아시아와 유럽의 경계 말뚝을 처음 경험하는 순간에도 창조적 인지의 노력이 없다. 그렇기에 대상을 감각하기–보기–전에 이미 그 이름을 "단번에" 부를 수 있는 것이다: " – 아시다시피 그러니까 사람들이 말하는 아시아와 유럽의 경계위에 말뚝이 있습니다. 다음과 같이 써있지요: "아시아", – 소파에서 내려오며 세료쟈가 단번에 말 꺼냈다. 그리고 복도로 달려갔다"(IV, 48). 제냐는 대상에 대한 설명을 하려 할 때조차 설명에는 관심이 없고 그것을 "직접 보"고 스스로 이해하려 한다. 그녀는 풍부한 상상력에 의해 대상–"말뚝"–을 "환상적" 모습으로, 혹은 구체적인 비유를 통해("철 각재 같은") 그려보는 등 대상 그 자체에로 독창적 접근을 하려 한다(IV, 48). 상상 및 공상에 이어 직접 지각되는 "아시아의 경계", 말뚝은 단순히 일반 지리적 추상 개념이 아니라 풍부한

"동화적 이름"으로 제냐에 의해 새롭게 창조적으로 명명될 수 있게 된다: "뭔가 무덤 기념비 같은 것이 창 옆을 지나 명멸거리고 그들 쪽으로 비스듬해졌다가 멀리 질주해 버릴 때 정말 얼마나 그녀는 망연자실했는지! 그 무덤 기념비 같은 것은 자신의 뒤를 쫓는 오리나무로부터 오래 기다렸던 동화적 이름을 자신 위에 지닌 채 오리나무 속으로 가지고 갔던 것이다"(IV, 48).

그 밖에도 아시아의 도시 예카테린부르크에 도착했을 때 아시아의 정체가 무엇인가라는 의문을 제냐가 제기할 때 세료쟈는 자신의 말로 대답을 못한다. 정작 그는 아시아의 본질을 이해하고 있지 않음이 드러나는 것이다(IV, 50). 세료쟈는 타인으로부터 대상에 대한 정의—"자연 경계선"—를 "물려 받았"을 뿐 대상의 리얼리티와 그것을 지칭하는 말('아시아')의 연결 관계를 스스로 경험을 통해 인지하지 못했던 것이다. 그와 달리 제냐는 이사한 날부터 "예카테린부르크"의 모든 것의 새로운 "인상"과 변화들 지각에 "녹초"가 될 때까지 직접 "참가"한다(IV, 50). 아시아의 "평일적 삶"에 대한 인상들을 지각함으로써 아이의 영혼은 아시아의 본질에 도달한바("개시된 영혼") 아시아란 대상("실제적이고 경화되고 차가운 상태로 그 영혼 밑바닥 위로 내려갔던")에 아이는 창조적으로 이름을 줄 수 있게 되는 것이다(IV, 51–52). 따라서 아시아적 본질을 감지한 제냐는 다음 날 아침 "아시아에서" 깨어났고 세료쟈는 단지 지리적 이름('정의')인 "예카테린부르크"에서 깨어날 수 있었던 것이다(IV, 51).

위에서 드러났듯이 대상을 정의하는데 있어 제냐의 창조적 잠재력 문제와 동시에 작가가 창조성 문제를 제시하고 있는 영역이 바로 발화체계이다. 본 작품이 아이의 지각 행위 자체에 초점이 맞춰져 있다고 할 때 아이의 발화 체계는 상대적으로 중심 구현 대상에 있지 않는 게 사실이다. 여느 인상주의 작품처럼 지각 경험에 대해 즉시 판단을 내리지 못하는 지각하는 의식의 모호한 태도가 중심 구현 대상이 된다. 지각 주체-주인공과 관련된 언어는 (지각동사이외에) 판단 보류 동사, 비결정성 등의 형용어구 등이 우세할 뿐이다. 따라서 작가는 발화 체계에 있어 창조성 문제를 지각 주체 대신 주로 주변 등장인물의 (비창조적) 발화 모습을 통해 제기하는 경향을 보이고 있는 것이다. 세료자의 모습을 통해 일부 드러났듯이 특히 발화에서 등장인물들의 "언어적 불모"와 주인공의 예술가적 창조성의 대조 체계는 파스테르나크 작품에 나타나는 한 독특성이라 할 수 있다. 즉 제냐와 세료자(나아가 리자)의 대조는 《이야기》의 세료자와 나타샤, 《닥터 지바고》의 지바고와 미샤, 고르돈 등의 대조(III, 474–75)와 상응한다고 할 수 있다.

그런데 본 작품은 이러한 대조 체계 이외에 창조적인 발화에 근접한 한 예로서 한 어른의 발화 모습을 특별히 제시하는 독특성을 보인다. 그 대상 자체의 개별적 상세한 부분들을 "설명"하는 네가라트의 경우(II부 4장)가 이에 해당한다. 개념화된 언어의 한계성을 극복하고 대상의 본질적 측면을 다루는, '감각적 인상' 제시를 통한 대상 자체의 있는 그대로의 모습을 보여주는 그의 설명은 제냐의 양친에게 생소("불필요")하다: "네가라트 "자신의 조부들의" 이주사를 들려주기 시작했는데 그리도 열심히 해서 마치 그의 후손이 아닌 듯했고, 그리고 그리도 친절하게 들려줘서 타인들에 관한 서적 내용을 말하는 듯 했다. […] 류베르스 부부는 한가하게 앉아 있다가 벨기에인이 불필요한 상세한 것들로 아이의 머리를 학대하는 걸 보고서 양해를 구하는 몇 마디를 느릿느릿하게 덧붙였다."(IV, 62).

"설명은 발견되는 게 아니라 창조되는 것이므로 결코 사실과 함께 주어지는 게 아니라 늘 단지 그럴법한 풀이"라 할 때[40] 네가라트의 설명은 풀이라기보다는 '보여주기'로서의 '묘사'에 가깝다. 제냐의 양친은 이런 네가라트의 설명에 주의해 듣지 않고 시선과 마음을 다른 곳으로 돌린다. 대상에 대한 관례화된 전형적 틀–'분명한 전통적 개념이나 이성들'–내에서 인지하고 정의내리는 양친은 구체적 발화 체계

40_Merleau–Ponty, Maurice, *Phenomenology of Perception*, Trans. by C. Smith, N.Y.: The Humanities Press, 1962, p.115. Stowell 1980: 31에서 재인용.

에서 창조적이지 못한 모습을 보인다. 일례로 제냐의 부친은 네가라트가 떠나는 다음 날 약속을 위해 적당한 표현을 찾는데 애를 먹는데(IV, 63), 이는 독창적 발상이나 상상력, 감수성의 부재를 반증해준다고 하겠다. 그에 반해 네가라트의 대상 자체—"병역 의무"—에 대한 판에 박히지 않은 세세한 설명, 말하자면 '인상주의적 서사'와 상통하는 사물 "묘사"는 아이가 그 대상을 "뚜렷이" 상상할 수 있게 해주고 결국 순간, 대상의 본질에 "무의식적" 직관적으로 도달하게 해준다(IV, 62). 제냐가 도달한 그 본질이란 모든 존재의 "만유"적 "연관"으로(Горелик 2000: 119–20), 네가라트의 설명 및 그와 제냐의 관계는 인상주의 작가(특히 콘라드)의 서사 기법의 경우(유정훈 2002: 55 참조)와 상통한다고 할 수 있다.

한편 제냐의 대상 및 현상에게 독창적인 이름 주기 과정이 I부에서 즉각적으로 이루어졌다면 '임신'현상은 II부 전체를 관통하는, 상대적으로 지난(至難)한 과정—"지각의 실수"—을 겪는다 할 수 있다. 이는 '임신'이 여느 현상과 다르게 완료된 게 아니라 과정에 있는 현상, 즉 "생성"중인 "현상학적 리얼리티들" 중 하나라는 점과 관련 있다. 무엇보다 "지각의 실수"는 체홉과 제임스의 초기 인상주의 작품 속 "천연의 눈"을 지닌 아이 및 청소년의 경우처럼 제냐가 ("구별되는 형태들을 믿는 사람들보다") "생성"의 리얼리티를 더 잘 지각할 수 있게 해주는 장치라 할 수 있다(Stowell 1980: 53). 집으로 가는 도중(II부 1장) 제냐의 머리에 "갑자기" 모친과 문지기 여자 악시니야 간 "유사성"이 있다는 점이 떠오른다. '임신' 현상을 지각하는 과정에 있는 그녀는 그 유사성의 실체("임신의 증거")는 악시니야가 지닌 "민중성", 즉 "언어적 저속함"(Björling 1982: 144)일 것이라고 상상한다. 그녀는 배가 부른 물리적 현상을 "거침дикое"과 연상시키며 민중들의 저속한 말투와 닮게 될 모친의 말투를 상상해본다.

결국 이러한 연상은 (시인이 사물에게 이름 주는 과정에서 경험하듯이) 임신 현상을 '창조'적으로 이해하는 과정에서 겪는 '시행착오'적 인지 과정이라 하겠다. 이는 인상주의자들의 인물이 "파편들 간의 연관을 지각하는 능력이 확장됨에 따라서만 성장한다"는 점과 일치하는바 (Stowell 1980: 17) 파편적 현상을 이해하기 전 제냐의 지각 행위는 인상주의적 "지각자"의 "진보적 창조"[41]라 할 수 있다.

임신의 실체에 도달하지 못했던 제냐는 6장에서 임신에 관한 "어리석은 질문"을 하기에 이른다. 두 주 전 출산한 악시니야의 재임신 여부를 묻는 질문이 바로 그것이다(IV, 70). 7장에서는 악시니야와의 유사성이라 상상한 거친 민중식 발음이 모친에게 존재하는지 실제로 확인하려 든다. 제냐의 (연상적) 상상력에 의해 비롯된 이러한 독특한 비교법 및 행동은 "꿈결에서 인 듯", "동화적이고 있을 법하지 않은 일"이다(IV, 71). 신선한 공상 및 동화적 비현실에 바탕을 둔 이와 같은 아이의 연상, 비교법은 본질적으로 시인의 새로운 연상 및 두 대상의 비교법에 다름 아닌 것이다.

임신 현상에 대한 명명하기와 관련하여 주목되는 또 하나의 현상이 모친의 유산이다. 이 지각 경험은 매우 강렬한 인상과 함께 가장 많은 장면이 할애되었으나(7, 8장) 제냐가 이 현상의 인지를 비로소 막연하게나마 시작할 수 있게 된 것은 붉은 피의 강렬한 시각적 인상들("매끄럽게 된 나무딸기 같은 것", "무성하고 뭉친 피", "불타고 빛나고 있는" "타올들")을 통해서이다(IV, 77–78). 임신의 일부로서 유산의 의미를 완전히 이해하게 된 계기는 여타 지각 경험들의 경우와는 달리 전 존재를 흔드는 커다란 각성의 순간('통곡')을 통해서인바, (모친의 존재 가치 인식 과정을 거쳐) 여인으로서 정체성을 감지한 순간에 이르렀을 때이다:

> 어머니가 그녀의 회상 속에 나온 바로 그 순간 눈물이 흐르도록 내버려두자 그녀 내부에서 뭔가 뒤집혔다 [...] 그러나 정말로 참을 수 없

41_Mouton, J., "L'Optique de Proust, du regard a la vision," in *Entretiens sur Marcel Proust*, ed. by G. Cattaui and P. Kolb, The Hague: Mouton, 1966, p.50–51. Stowell 1980: 17에서 재인용.

> 었던 것은 어제 공부방에서 류베르스 부인이 그녀 내부에 고정시킨 그 파고드는 시선이었다. 그 시선은 기억에 새겨졌고 기억에서 나오지 않았다. 그 시선과 제냐가 지금 체험했던 모든 것은 하나가 되었다. (IV, 80)

기억에 단단히 "고정"된 한 "순간"—모친의 "시선"—은 현상학적 시간, 양자와 같은 순간들로서 현재 격한 감정 상태에 있는 제냐에게 그리도 의미심장하게 다가오는 강렬하고 생생한 시간이다. 과거("어제")의 이 짧은 한 순간은 남의 집에서 모친을 그리워하는 바로 현재("지금") 제냐의 "체험"과 경계 없이 "하나가 됨"으로써 시간의 불연속성, 베르그송의 지속 또한 실현됨을 알 수 있다. 이러한 현상학적 시간과 베르그송 지속의 병합으로서의 문학적 인상주의적 시간 경험 속에서 체험하는 "슬픔과 출구 없음"의 격한 통곡의 상태는 바로 정신을 잃을 정도의 광기어린 상태이다. 광기어림 속에서 '순간' 자신이 모친과 같이 여인이라는 각성("감지")이 "내부" 깊은 곳에서 일어난다:

> 그녀는 갑자기 자신이 **무섭게도** 엄마를 닮았다는 점을 감각하기 시작했던 것이다. 이 감각은 추측을 사실로 만들 힘이었고, 비록 아직 목전에 있지 않더라도 전율할 만큼 달콤한 상태의 하나의 힘으로서, 그녀를 어머니와 유사하게 할 강력하고 생생한 확실성의 감지와 하나가 됐다. 이 감각은 신음할 정도로 날카롭게 파고드는 것이었다. **이것은 자신의 외모와 매력을, 내부로부터 혹은 내부에서 보는 여인의 감지였던 것이다.** (IV, 80) (이후 모든 강조는 원저자의 것)

자신의 여성적 본질—희생으로서의 여인의 운명—을 아련하게나마 깊고 분명히 전 존재로 깨달은[42] 다음 제냐는 여타 주변의 파편적인

42_이런 깨달음은 모친의 유산 시 피의 시각적 '인상' 및 고통의 "시선"을 통해서였는데, 임신 중인 모친은 미래의 '생명', 구원자의 전조이자 희생물("자기부인")인 세례요

모든 현상—첫 생리, 유산, 임신—의 본질 또한 깨닫게 된다. 과거의 현상—첫 생리, 그 날 모친의 태도(IV, 80)—은 현재의 체험—"여인의 감지"—과 하나가 됨으로써 파악된다. 임신 현상에 대해서도 예전의 표면적, 상상적인 것에 그쳤던 인식은, 여인으로서의 각성과 함께 "의식이 명료해"짐으로써 감춰진 심연에 대한 인식—임신에 대한 '스스로'의 "감각"—으로 바뀐다. 여인의 본질에 대한 관심으로 인해 과거 첫 생리 및 모친의 반응 그리고 모친의 임신 등에 대한 콘라드식 '의식적' 기억은, 이들 현상에 대한 '지각' 및 '재해석'을 유도할 뿐만 아니라 궁극적으로 현재 여인으로서의 감지라는 '사건'을 이해하는 데 '촉매 역할'을 하는 것이다. 의지적 기억 작용으로 시작돼 사건의 이해에 이른 이 인식과정은 지각-전인식-인식-신념이라는 '인식의 사 단계'[43]의 한 변이형이라 하겠다.

반면 제냐와 달리 내부로부터 느끼지 못하고 이미 "남의 말을 통해" 임신에 대해 많이 알고 있는 리자는 이성("머리")적 틀을 통해 임신을 이해하고 있음으로써 대상에 이름 주기(나아가 발화)에서 창조적이지 못한 모습을 보인다:

> 그녀는 남의 말을 통해 이것을 알게 되면서, 모든 것을 아이들이 알고 있듯이 알고 있었다. 그러한 경우들에 창조주가 골라내준 천성들은 반란을 일으키고 격앙하며 광포해진다. 그 천성들은 병적 상태를 겪지 않고는 이 체험을 할 수 없다. 그 반대의 경우는 비정상적인 상태일 텐데, 이 때에 아이들의 광란은 극히 정상 상태임을 보여줄 뿐이니까. [...] 그녀의 몸은 달아오르지 않았고 가슴은 불안에 떨지 않았으며 영혼은 그녀 자신의 입에서, 그녀의 영혼에서 묻지 않고 그녀를 지나쳐, 감히 한 쪽에서 뭔가를 알아냈다고 뇌를 구타하지도 않았다. (IV, 81)

한과 암시적으로 연관된 것이다(Горелик 2000: 118–19).

43_Chatman, Seymour, *The Later Style of Henry James*, N.Y.: Barnes And Noble, 1972, pp.13–20. 이정렬 1992: 53에서 재인용.

임신 실체의 파악과 동시에 다음 날 집으로 돌아온 제냐는 의사가 모친의 병명을 유산이란 '이름'으로가 아니라 "신경장애"라 밝힘에도 불구하고 "남동생이 죽어있었다"고 그에게 말함으로써(IV, 84), 연이어 유산의 실체 또한 스스로 깨달았음을 보여준다.

(3) 이미지와 상징: 츠베트코프, 악마, 눈보라, 환상 세계와 현실 세계의 융합

I부에 이어 II부에도 각 장은 앞 뒤 긴밀한 논리적 연관 없이 파편직 에피소드 식으로 전개된다. 하지만 I부에 비해 II부에서는 비교적 플롯의 맥이 헐겁게나마 이어져 나간다고 할 수 있는데 그러한 연결 고리, 혹은 "라이트 모티프"가 반복해서 등장하는 "절름발이 남자", 츠베트코프의 형상이다. 아울러 그의 이미지는 밀접하게 연관된 두 이미지-악마와 눈보라-와 함께 "예술 작품의 다른 모든 요소들과 응집력을 가지고 같이 존재"[44]하는바, 콘라드의 경우처럼 "구조와 주제에 유기적인 관련을 맺으며" "모호성을 극복하는 데 크게 기여"한다[45]고 할 수 있다.

II부의 총 9개 장에서 츠베트코프가 언급되는 부분은 모두 7개 장이다. 그러나 제냐와 직간접적인 접촉을 통해 작품에서 구현되는 것은 4개 장(1, 5, 6, 8)에서 다섯 차례에 걸쳐서이다. 제냐가 처음 츠베트코프를 발견하게 된 것은 마당 가장자리에 "인접"한 "낯선 정원"을 통해서이다. 이 정원이 《악마》를 독서 중이던 제냐의 마음을 갑자기 끈 이유는 예전에는 그 너머에 있으리라고는 생각지 않던 것을 순간적으로 "알아챘"기 때문이다(IV, 55). 그녀는 처음 지각된 정원의 나무들, 정원에서 난 인적 없는 소로 등에 매혹됐는데 그 가운데 가장 넋 잃고 바라본 것은 더 먼 곳, 그녀 '스스로' 찾아낸 새로운 발견-정원 울타리 너머 거리에 있는 벤치와 미지의 사람들-이었다. 이전까지 타인들에게도 노출된 새로운 것들을 보아 왔다면 이제 잘 알려지지 않은 새로운 영역 및 미지의 존재를 "스스로 찾아내"는 데로 나아가는 것이다(IV, 55). 새

44_Dowden, Wilfred S., *Joseph Conrad: The Imaged Style*, Nashville: Vanderbilt UP, 1970, p.4. 유정훈 2002: 37-38면에서 재인용.
45_유정훈 2002: 38 참조.

로운 발견물의 지각 과정에서 제냐의 상상력은 더욱 깊게 발휘된다. 발견물 모두 "미지의" 것으로 이루어졌기 때문인데 "낯선 정원"의 이미지 및 그곳의 존재들은 작품에 모호하고 환상적 요소를 도입한다. 떨어진 거리감과 함께 흥분과 공상으로 제냐는 미지의 장소의 낯선 사람들을 정확히 관찰하는 것이 어렵게 되지만, 동시에 잘못 관찰—"지각의 실수"—했음 또한 즉시 깨닫는다. 이러한 실수는 인상주의의 한 특징인 대상 및 세계의 "모호"성, "즉시 접근불가능"함의 강조라 할 수 있다(Stowel 1980: 26, 52 참조).

집으로 돌아온 그녀는 무심결에 절름발이 남자에 대해 생각하고 곧이어 '나란히' 모친에 대해 생각한다(IV, 57). 양자의 육체적으로 불완전하고 나약한 상태—불구와 임신—가 제냐의 생각을 통해 어렴풋이 제시됨으로써 '연관'되는 것이다.

II부 첫 장에서 츠베트코프의 이미지는 이와 같이 책《악마》의 테마, 정원의 이미지 그리고 모친의 임신 상황 등과 어렴풋이 연관돼 제시되는바 이후 장들에서 잊히다가 4장에서는 벨기에인 네가라트에 의해 이름이 처음 제시된다. 그러나 자신의 친구가 절름발이임을 밝히지 않았기에 결과적으로 이름은 아직 '절름발이 남자'와 연결 관계를 가지지 않는다. 이름은 제냐가 첫 지각한 남자의 '실체'를 드러내지 못하는 것이다. 한편 5장에서는 절름발이 남자가 '실제로' 디키흐와 함께 우연히 그녀 앞에 등장한다.

그에 대한 모호한 인상을 떠올리며 기억을 더듬으려 애쓰는 제냐는 과거 속의 '꿈결' 같고 무의식적인 상태에 빠진다. 그리고 책 판매원의 입에서 나오는 츠베트코프란 이름을 무의식 너머 아련히 들은 채 서점에서 나온다. 그런데 절름발이 남자는 텍스트 전체에 걸쳐 강조되듯이 본질적으로 그녀의 관심 밖에 있는 "의미" 없는 대상이다. 그렇기에 그녀는 그에 대한 생각은 어느새 접고 서점에서 나오자마자 즉시 다른 관심사로 옮겨 간다. 정원 너머 거리("소로")로 가는 길을 알려달라고 세료자에게 부탁하는 것이다. 그러나 문득 모든 것을 '무의지적'으로 "기억"하고 "이해"하게 되는데, 바로 (프루스트의 주인공처럼) 하나의 감각적 인상—"따스하고 지방제의 탄내"—을 통해서이다:

> 그들은 건물의 바로 그 문 곁을 지나갔고, 여기서 구리 손잡이와 촛대를 소제할 때 생기곤 하는 따스하고 지방제의 탄내를 호흡하고서 제냐는 순간적으로 어디서 절름발이 남자와 세 명의 미지의 여인들을 보았는지를, 그들이 무엇을 했는지를 기억했다. 그리고 바로 그 다음 순간 책 판매원이 말한 그 사람이 츠베트코프이며 바로 그 절름발이 남자임을 이해했다. (IV, 66–67).

그녀가 깨닫게 된 내용을 정리하면 다음처럼 도식화된다:

> 낯선 정원 너머 미지의 세 여인과 있던 절름발이 남자(1장) = (모든 종류의 담배를 장사한) 책 판매원의 지도자 츠베트코프(5장) = 디키흐와 동행한 절름발이(5장) = 네가라트의 친구 츠베트코프(4장) = 아흐메지야노프 형제 집에서의 밤 모임 주관자이자 미래의 거주자(4, 5장).

강렬한 후각적 인상에 의해 제냐에게 떠오른 무심결의 기억과 상황 파악을 통해, 우리는 이전까지 ('절름발이 남자'의 반복을 통해) 파편처럼 각 장들에 흩어져있던 츠베트코프 형상과 관련된 장면들이 헐겁게나마 연결됨을 본다. II부 제목에서도 제시되듯이 츠베트코프의 구조 및 구성적 의미—주변인들과의 관계를 통한 파편들의 조합 및 의미 생성에 라이트 모티프—가 부분적으로나마 드러나는 것이다.

1, 5 장에서 제냐의 츠베트코프와의 접촉이 직접적인 만남의 형태를 띤다면 이후 6, 8장에서는 "간접적" 양상을 띤다고 할 수 있는바 비현실 세계—상상, 무의식, 환상—에서 이루어지기 때문이다. 앞 두 만남을 통해 플롯을 헐겁게 잇는 연결 고리로서 츠베트코프의 표면적 의미만 제시되었다면 비현실 세계에서 세 번의 접촉을 통해서는 그의 실체

적 의미가 드러나고 그의 상징적 의미들(예를 들면 그리스도와 최후의 만찬을 상징)[46]이 부각되는바 작품의 분위기 또한 모호하고 환상적이 된다. 6장에서 츠베트코프와 비현실적인 두 접촉은 제냐의 상상력 및 무의식–혼수상태–의 힘을 빌린다. 길을 걷는 도중 눈에 띈, 잘 포장되지 않은 이사 짐수레를 보고 제냐는 미지의 그 주인은 "필시 방종하거나 규칙이 없는 자"라는 상상을 한다. 짐수레의 불안한 상태와, 주변 날씨에서 느껴지는 뭔가 앞으로의 "불길한 예언"의 '분위기' 및 '대기'의 우연한 감각적 인상의 포착–"젖은 납빛"의 "도시"–은 제냐로 하여금 순간적으로 짐 주인의 실체에 대한 깨달음–감기에 걸릴 것, "산만한 걸음걸이" 및 절뚝거림–에 이르게 한다:

> 그런데 불길한 예언을 하는 모든 조각 위에서 소녀의 머리에 다수의 상상을 일으키면서 질주하고 있었던 것은 젖은 납빛의 단어: 도시이다. 그러한 상상들은 거리를 따라 날았고 물속에 빠졌던 10월의 차가운 광채처럼 찰나적이었다. "그는 물건들을 배치하자마자 감기에 걸릴 거야" […]. 그리고 그녀는 사람을 — 넘어지는 듯 걸을 때 산만한 걸음걸이로 자신의 가재도구를 구석에 따라 배치하는 한 보통 사람을 — 상상해보았다. 그녀는 […] 특히 그가 걸레를 잡고 큰 목제 통 주변을 절뚝거리며 […] 무화과나무 잎들을 문지르기 시작하는 모습 등을 생생하게 상상했다. (IV, 67–68)

물론 제냐는 짐 주인이 츠베트코프임을 아직 알지 못한다. 그는 미지의 비밀스런 존재로 비춰지는 것이다. 짐 주인이 츠베트코프임이 미리 '정의'되지 않음은 또 다시 지각자–제냐가 이름을 통하지 않고 그의 '현상'을 직접 겪고 실체에 다가갈 수 있게 해준다. 동시에 작품 전체의 구조 원리 중 하나인 이웃함(예를 들면 서사시 《악마》와 츠베트코프와 모친의 이웃함)–"인접성"–에 의한 연관(Горелик 2000: 121 참조)[47]이 여기

46_Kopper 1991: 142–43.

길가에 이웃한 제냐와 츠베트코프 간에도 발생한다. 비 오는 날 이삿짐과 나란히 길을 걷던 그녀는 감기에 걸릴 것이라고 예상했던 짐 주인과 '연관'돼, 도리어 자신이 고열 속에 홍역을 앓게 되는 것이다. 다른 한편으로 세 차례에 반복되는 이미지—'담배 파는 책 판매원'—와, 작은 에피소드—임신한 모친(육체적 나약성으로 츠베트코프와 공통인)과 '유사성'을 지닌 악시니야의 출산—를 통해 양자의 연관성은 계속 암시된다:

> 벽지 위 태양 광선의 띠들이 흔들거렸다. 그 띠들은 터키인이 담배를 피우고 있는 모습이 그려진 커튼 너머 작은 가게들의 시럽 통처럼 기둥 모양으로 흔들거렸던 것이다. 터키인이…담배를…피우고 있는 모습이 그려진. 담배를…피우고 있는. […] 제냐는 네가라트가 떠난 다음 날 병석에 누웠다; 밤에 악시니야가 사내아이를 낳았음을 산보 후 알게 된 바로 그 날 […] (IV, 68)

결국 양자의 연관성 암시로 인해 6장의 분위기는 몽롱하고 모호하게 된다: "그녀는 무엇에 대해 누구에게 자신이 질문을 퍼붓고 있는지 거의 알아채지 못한 채였다. […] 그녀는 누구로부터 어떤 대답들이 나오고 있는지 거의 알아채지 못한 채였다."(IV, 69–70) 몽롱한 제냐의 의식 상태는 이 두 구문처럼 동일한 이미지를 포함한 구문들이("이것은 누군가의 발걸음들 때문에 발생한 일이었다.") 파도의 잔상처럼 여러 번 반복됨으로써 효과적으로 구현된다.

비록 츠베트코프의 형상이 무의식의 영역에까지 출몰하나, 제냐는 여전히 그의 존재에 관심이 없을 뿐 아니라 다음 장에서는 극장 갈 준비를 하는 양친에게 "네가라트의 지인"을 봤었다고 말하는 세료자에 뒤이어 그는 '모르는 사람'이라고 애써 부인까지 한다(IV, 73). 츠베트코프는 8장에서 죽은 후에까지 제냐에게 나타난다. 그런데 이때에도

47_"인접성"에 의한 구성 요소들의 연관에 대해서는 임혜영 2004: 246–47 참조.

정작 그녀의 관심을 끈 것은 그가 아니라 그의 주변 현상들—램프, 그림자, 창의 빛 등—이었다(IV, 84). 이미 고인이 된 츠베트코프의 등장은 명백히 환상적인 면모를 가짐에도 불구하고 어조 및 상황 묘사는 마치 현실 속에 일어나는 듯, 예전의 등장과 별반 다름없이 이뤄지고 있다.

텍스트에 나타난 현실 세계 속에 비현실의 세계—꿈, 환상 등—의 공존은 인상주의 미학으로 볼 때 자연스런 현상으로 여겨진다. 그것은 인상주의 예술 작품에서 비현실 세계와 현실 세계의 구분 및 경계 짓기는 의미 없다고 할 수 있기 때문이다. 환상이든, 꿈결 및 혼수상태에서든 인상주의 작품에서 중요한 것은 보이는 것에 대한 지각 자체이다("그(체호프-인용자 주)는 인상주의 화가처럼, 외관 등은 현실'이며' 지각들은 주체와 객체 양자의 변덕 같은 것에 현상학적으로 종속된다는 믿음에 의해 환영과 현실 등의 문제를 피한다." Stowell 1980: 136). 무엇을 지각했느냐가 의미 있을 뿐 지각 행위가 비현실에서 이루어졌다는 사실은 그리 의미가 없는 것이다. 일차적으로 이러한 두 세계의 공존은 인상주의 화가의 그림에서처럼 하늘(및 땅)과 바다가 분명히 윤곽지어지지 않은 상태에서 하나로 융합됨과 상응하거나 프루스트가 자신의 주인공의 눈을 통해 묘사한 황혼녘에 하늘과 바다의 "경계" "제거" 및 세계의 "단일성"의 모습(Воронский 1987: 545-549 참조) 등과 동일선상에 있다고 할 수 있다. 경계 지어진 모든 영역은 인상주의자의 시선에 단일한 것으로 포착된다는 점에서 그러하다. 파스테르나크에 있어 현실과 비현실의 경계의 모호함은, 체호프 작품(《개를 데리고 다니는 부인》, 《주교》)에 나타난 공존할 수 없는 두 영역—꿈같은 과거와 무의미한 현실—에 대한 주인공 의식 및 태도의 애매성[48]과 연관시킬 수 있다. 그럴 때 츠베트코프 형상을 매개로 현실과 환상, 두 영역 사이에서 모호하게 나타나는 제냐의 의식의 모습은 궁극적으로 일견 체호프처럼 비결정성, 다양성의 세계를 제시하기 위함인 듯하다. 그러나 마지막 9장에서 드러나듯이 파스테르나크의 경우 그 결과는 다르다.

48_Stowell 1980: 120–44 참조.

제냐는 가정교사가 친구의 죽음을 알리는 순간 자기도 모르게 그가 절름발이 남자와 담배 가게 근처에 있었던 것을 상기한다. 극장에서 죽은 자가 츠베트코프임을 간파한 그녀는 깨달음의 "병적 상태"이자 "광기"의 상태에서 '통곡'을 한다(IV, 85). 깨달음은 소녀의 "삶에 다른 사람, 제 삼자가 처음으로 들어왔다"는 "삶에 있어 중요하고 의미심장"한 삶의 실체에 관한 것이었다(IV, 86). 삶의 실체를 깨달은 제냐는 가정교사에게 학습실에서 기다려달라고 이제 단호하고 확고한 태도로 말할 수 있게 된다. 반면 현상의 표면 너머 감춰진 실체를 볼 줄 모르는 디키흐는 츠베트코프란 현상이 제냐에게 지니는 이러한 실체를 모른 채 단지 고인이 그녀에게 특별히 생각되었고 강한 인상을 준 것이라고 여긴다. 그리고 판에 박힌 표면적 "이름"—이른바 동정심—으로 제한시켜 "잘못" 정의하려한다: ""이 넘치는 감수성을 어떻게 해명할 수 있을까?" […] 분명 고인은 언젠가 이 어린 숙녀에게 특히 깊고 지울 수 없는 인상을 남겼으리라. 이러한 부류의 인상에는 이름이 있다. […] 그녀는 지독히 고귀하다. 그래서 그녀는 매우 가엾다 […]". 그는 잘못 알고 있었다. 그가 전제한 그 인상이란 여기에 직접 관계가 없다. […] 그 인상은 그가 생각한 크기와 깊이 […] 등과 차이가 났다(IV, 85–86)." 이렇게 주인공의 관점과 분리되지 않는 화자의 모습은 모더니스트들의 다층적 관점과는 거리가 멀지만 주인공과의 관계에 '허구'적 바탕을 둔 까닭에 톨스토이에 대해서는 혁신이다(Björling 1982: 138–39).

9장에서 츠베트코프의 '실체'를 깨달았을 때는 이미 제냐가 '정체성'—여인임—을 형성하고 확고한 '신념faith'을 가진 때이다. 모친과의 관계를 통해 형성된 정체성이 주로 제냐의 육체적 측면과 관련된다 할 때 츠베트코프와의 관계를 통해 깨달은 정체성은 ('나'와 '타인'의 관계라는 사회적 측면을 넘어) 도덕적 측면과 관련되는 것으로 드러난다. 자신의 삶에서 타인과의 연관을 깨달은 제냐는 이전 일의 모든 의미 또한 깨닫게 된다. 낯선 정원 너머 츠베트코프를 관찰함, 그에 대한 생각 및 이후 직간접적 접촉 등은 바로 자신을 매개로 가족과 그의 접촉을 일으켰으며 '이상한 힘에 의'한 양자의 파멸적 결과 또한 초래했다는 것이다. 그런데 책임을 느끼며 제냐가 통곡한 보다 깊은 이유는 파멸을 초래한 호기심 때문만은 아니다. 우연히 만난 사람, 이른바 "이웃"에게 관심을 가지지 않았다는, 이웃에 대한 기독교적 의무(사랑)를 실천하지 않았다는 데에 있는 것이다. 그녀는 자신의 도덕적 "죄책감"[49]의 근원이며 동시에 타인의 파멸을 초래한 '무관심'이 《악마》의 테마와 본질적으로 상통한 것임을 깨닫는다: "그녀는 디키흐가 책꽂이에서 어떤 책을 집는지 보았을 때 얼굴을 찌푸리고 자신의 바람을 말했다: 아뇨. 오늘 전 이 책에 대해 대답하지 않을 거예요. 제자리에 놓으세요. 제 잘못이에요 [···]. 레르몬토프의 작품이 기울어진 일련의 고전 작가들 칸 속에 그 꺼내진 손으로 도로 밀어 넣어졌다"(IV, 86).

여기서 제냐는 처음 츠베트코프를 발견했을 때 《악마》를 읽고 있었던 사실을 기억했음이 분명하다. 이 기억 행위는 과거의 사건을 재해석하기 위한 수의적인 것인바 그녀는 자신의 "강한" 호기심이 초래한 타인의 파멸이 악마의 경우와 상통하다고 느꼈고 동시에 《악마》의 독서 자체가 악마의 파멸적 힘을 현실 세계로 불러들여왔다고 느꼈다고 추정할 수 있다. 그녀의 의식 속에서는 책 속의 리얼리티와 현실 세계는 경계 지워지지 않고 서로 넘나드는데, 문제는 《악마》에 타마라를 죽음에 이르게 한 "지나치게 강하고, 비인간적인 악마의 열정"이 그려져 있었던 것이다(Горелик 2000: 111). 요컨대 츠베트코프를 주목하기 직전(그리고 모친에 대해 생각하기 직전), 《악마》를 독서 중인 제냐를 II부 1장에서 저자가 묘사한 까닭은 다음과 같이 파멸로 치달은 츠베트코프 및 모친의 악마와의 연관성을, 즉 책의 세계와 현실 세계의 상호 작용에 대한 암시를 주려 함이라고 할 수 있다:

49_도덕성의 실체 인식에 미숙한 그녀가 자기 식대로 느낀 죄책감의 도덕적 측면은 "기독교주의христианизм"라 정의된다(IV, 36–37).

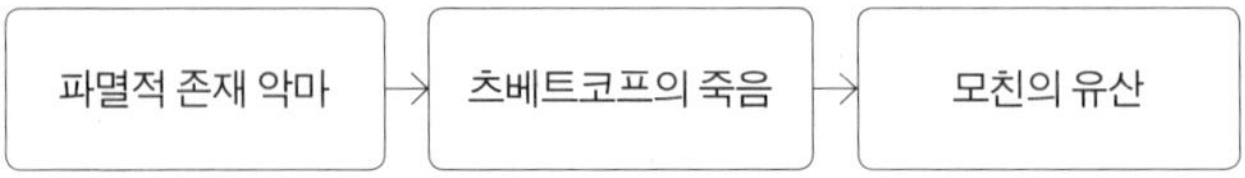

II부 전체를 걸쳐 나타난 핵심 단어 "절름발이 남자" 혹은 "츠베트코프"의 반복 및 이미지는 주 모티프로 변형돼 구조 차원에서 죽음의 "컬러화", 분위기를 반영하고, 그와의 연관 속에서 악마의 이미지는 주인공의 (복잡한) 도덕적 의식세계를 "극적으로 제시"하기 위해 사용됐다고 하겠다. 즉 파스테르나크의 이미지는 인상의 구체적 구현을 위해 , 나아가 콘라드의 경우처럼 인물의 "심리 상태" 및 "자의식"을 "객관적"으로 표현하고 작가 "자신의 도덕적 신념을 전개"시키기 위해 사용된 것이다[50].

동시에 텍스트를 좀 더 면밀히 고찰할 때 츠베트코프 이미지의 죽음의 "컬러화"는 또 다른 상징적 이미지와 연관 속에서 이루어짐을 알 수 있다. 눈보라의 이미지가 바로 그러하다. 데몬의 이미지가 실질적으로 구현되지 않고 단지 레르몬토프 창작 세계의 컨텍스트 속에서 츠베트코프의 죽음 이미지(나아가 제냐의 도덕적 의식)와 연관된다면 눈보라의 경우는 구체적 시각화를 통해 연관된다. 츠베트코프의 파멸은 바로 눈보라가 휘몰아치는 날 이루어졌다. 양친이 극장에 가는 당일 제냐는 눈보라의 사탄적 매력에 감탄하였다:

> 이미 눈이 휘몰아치고 있었다. […] 그것들은 무수히 많았고 비밀스러웠으며 끔찍했다. […] 이 낙하한 나라들은 삶과 지상에 대해 결코 들어본 적이 없음이 분명했다. 그리고 한밤중의 눈먼 상태인 채 그 지상을 보지도 알지도 못하면서 메우고 있었던 것이다. […]; 완전 사탄처럼 매혹적이다. 제냐는 그 왕국들을 주시하며 감동으로 목이 멨다. 그런데 대기는 닥치는 대로 움켜쥐며 흔들거렸고 […] 밤은 자신을 때려눕히고 눈멀게 한, 낮게 떨어뜨려진 흰 머리칼 때문에 흉폭하게 된 상태

50_이정렬 1992: 18; 유정훈 2002: 38–39, 33 참조.

였다. (IV, 72)

미지의 눈보라는 "비밀스럽"고 "매혹적"이지만 "사탄"적이고 "끔찍"하다. 기존의 문학 전통(푸시킨과 블로크)의 눈보라처럼 그것은 대기를 닥치는 대로 흔드는바 그로 인해 지상의 세계는 흉폭하게 되고 모든 것이 섞여 버린다. 눈보라는 지상의 세계, 존재를 파괴하는 힘의 상징이 되는 것이다[51]. 다시 말해 그것은 '실체'를 상징하고 암시하기 위해 면밀히 "통제"되고 사용된 "특정한 이미지"[52]이며 '불가시적인 것'—죽음의 힘, 주인공의 도덕의식—을 가시적인 것으로 만드는 하나의 인상주의적 "광경"(이태동 1996: 169–70)에 다름 아닌바, 제냐가 도덕적 죄책감을 느끼고서 거부한 사탄 '악마'의 파멸적 본질을 구현한 것인 셈이다. 그러므로 우리는 제냐가 《악마》를 독서한 사실에서뿐 아니라 사고 당일 또 다른 사탄적 매력인 눈보라를 지각하고 탐미했다는 점에서도 죄책감을 느꼈음을 알 수 있다. 그럴 때 그녀가 깨달은 도덕적 각성에는 이웃에 대한 사랑만 있는 게 아니라, 그것을 포함해 근본적으로 세계 자체의 미에 대한 지각적 "열정"("인상들에 탐미")은 레르몬토프식의 비도덕적인 "악마적"인 것[53]이 아닌 도덕적 바탕("정당성")이 전제가 되어야 한다는 것도 있다.

결국 라이트 모티프 '츠베트코프'는 《류베르스의 어린 시절》의 구조와 이미지들 층위에서 죽음의 분위기 반영을 넘어 궁극적으로 여주인공의 두 정체성 형성 또한 완성시키고 있다고 할 수 있다. 왜냐하면 그의 형상은 '여인의 운명'과 지각 행위의 도덕적 의무라는 두 실체를 구조적으로 연결시킴으로써 양자가 내포하고 있는 공통적인 희생적 본질을 부각시켰기 때문이다. 이로써 그를 통해 양자 및 양자의 기독교적 희생은 작품의 주제이자 본질임이 뚜렷이 제시됐는바 이때 파스테르

51_Горелик 2000: 107–11; Маслова 2001: 108–12 참조.

52_Palmer, John A., *Joseph Conrad's Fiction: A Study in Literary Growth*, N.Y.: Cornell UP, 1968, pp.39–40. 유정훈 2002: 16에서 재인용.

53_Горелик 2000: 109–11 참조.

나크의 예술 세계의 본질 또한 제시되는 것이다. 요컨대 츠베트코프의 형상과 관련된 여러 모호한 요소들은 체호프와는 달리 다양하고 비결정적인 세계를 제시하기 위함이 아니라, (도덕적 신념을 전개한 콘라드와 같이) 파스테르나크 자신의 확고한 미학적 철학적 신념을 제시하기 위한 것이라 하겠다.[54]

4. '단순한 인상주의'를 넘어서

파스테르나크의 《류베르스의 어린 시절》은 세 층위-구성, 언어 인식의 테마, 그리고 이미지와 상징-에서 문학적 인상주의와 연관성을 드러냈다. 강렬한 인상 및 감지의 순간들을 중심 내용으로 한 작품의 플롯은 해체되고 에피소드적 구성을 지녔는바 바로 인상주의적 시간 구조인 베르그송적 지속과 현상학적 시간의 병합이 그 토대가 되었다. 특히 언어 인식 과정이란 중심 테마와 관련하여, 미지의 대상을 지각할 때 아이에게 드러난 생생한 상상력, 창조적 잠재력의 강조는 여타 서구 문학에 비해 러시아 모더니즘 산문에 두드러지는 한 경향이라 할 수 있다. 즉 어린 아이의 형상은 예술가 시인의 모습을 지니는바 일반 인상주의적 인물들과 같이 인상의 지각을 통해 직관적 귀납적 추론을 하고 감춰진 세계의 본질에 다가간다.

그런데 표면적으로는 일반 인상주의적 인물과 동일하게 어린 소녀 제냐에게 나타나는 언어의 불신 및 지각과 인지의 시행착오 등은 그 궁극적인 목적이 다름이 드러났다. 그것은 모호하고 비결정적인 세계 제시를 넘어 예술의 본질을 제시하기 위함인 것이다. 이러한 점은 작품에서 죽음의 분위기 반영이자 라이트 모티프인 츠베트코프의 형상을 통해 구조화 됐다. 작품 전체의 상황 및 관계들의 파편들은 츠베트코프를 중심축으로 제냐에 의해 결합되고 "재장비"되는바 결국 그의 실체 인

54_예술가의 도덕성, 윤리적 의무에 대해서는 임혜영 2005: 333, 349 참조.

식을 끝으로 그녀는 두 정체성—여인의 운명과 도덕적 의무—을 확립하게 되기 때문이다. 일차적으로 정체성의 확립으로 인한 주인공의 확고한 태도는 모호한 여느 인상주의적 인물들과 다른 모습을 보여주지만 더욱 심층적인 차이점은 그녀의 도덕적 각성에서 제시된다. 그것은 인상 및 미의 탐닉의 열정, 곧 미적 창조에는 이웃에 대한 사랑, 바로 희생적 도덕적 의무가 전제가 되어야 한다는 것이다. 이는 결국 여인의 희생적 운명 앞에 의무까지 포괄하는 예술가의 도덕적 책임에 바탕을 둔 파스테르나크 자신의 미학적 철학적 신념의 피력에 다름 아니다.

이렇게 주인공의 창조적 잠재력 속에 동반된 기독교적 윤리 및 파토스는, 이후의 산문《이야기》,《닥터 지바고》의 주인공의 형상을 통해 지속, 발전되며 작품의 '핵ядро'을 이룬다. 달리 말해 "기독교적 메타포", 상징은 "파스테르나크 산문의 '라이트 모티프'"가 되곤 하지만《류베르스의 어린 시절》에서는 다만 "무의식적" 영역에서 다루어지며 "화자의 주목 밖에 있"어 차후 산문들과 달리 본격적으로 전개되지는 않았다.[55]

지각 과정에서 주인공이 깨닫는 도덕적 측면까지 중시한 파스테르나크의 독특성은 특히 어린 시절 테마 및 아이의 형상화를 구현한 여타 20세기 초 모더니스트들—일례로 올레샤—과 비교시 좀 더 뚜렷하게 드러난다고 할 수 있다. 아이의 지각적 인지적 순수성에 초점을 둔 파스테르나크의《류베르스의 어린 시절》은 20세기 여타 모더니스트들과 같이 19세기 어린 시절 초상 전통에 대한 새로운 혁신이다. 그러나 옛 가치 체계를 극복하고 "단순한 인상주의"를 전개한 모더니스트들과 달리 그의 혁신은 옛 것—특히 톨스토이의 (도덕적 측면에서) 전통—의 수용[56]을 통한 혁신이었으며 콘라드와 같이 "허무적인 쾌락주의의 늪에 빠지지 않고" "도덕적이고 윤리적인 비전과 진실을 찾으려는 노력을"(이태동 1996: 169–70) 보였던 것이다.

55_Kopper 1991: 126 참조.

56_Пастернак Е. 1992: 154–63 참조.

제5장 '계열체 시학'

세 서사시 《1905》, 《시미트 중위》, 《스펙토르스키》 연구

1. 파스테르나크의 시와 산문

파스테르나크의 창작 전체는 신중하게 연구되어 왔고 그에 관한 많은 책과 글들이 써졌다. 그러나 대부분의 작업들이 회상록의 성격이나 철학 전반을 살피는 성격을 지닌 게 사실이다. 그의 창작 연구에 중요한, 구체적 방법론으로서 일련의 이론적 성격의 문제와 그의 시학의 기반이나 근본 요소들에 대한 연구는 미흡하다고 할 수 있다. 예를 들면 그의 전 창작 기간 동안 뿐 아니라 한 작품—소설 《닥터 지바고》—내에서의 시 텍스트와 산문 텍스트의 상관성 문제가 이에 해당하는 바, 이를 위한 장르 차원에서의 이론적 문제라든지 그의 창작을 관통하는 시학의 근본 요소가 연구되지 않았다.

따라서 본격적인 시와 산문 텍스트의 상관성을 논하기에 앞서, 시와 산문의 두 요소를 지닌 서사시를 살펴보는 것은 의미 있는 작업이 될 것이다. 본 장에서는 파스테르나크의 서사시를 그의 창작적 세계관의 원칙에 비추어 살펴보려 한다. 이를 위해 그의 철학적, 미학적 견해를, 무엇보다 자전적 이야기повесть인 《안전 통행증》Охранная грамота(제1부는 1929에, 제2, 3부는 1931년에 발행. 이하 '통행증'으로 약칭)에 나타난 사상들을 체계화하고 규정지음으로써 그의 시학의 한 특수성을 밝힐 것이다. 이는 첫째, 《통행증》은 그 실제 내용으로 어떤 의미에서는 작가의 예술론이라 규정할 수 있고 둘째, 그것이 출판된 당시 1920년대에서 1930년대로의 전환기에 작가의 일반 철학적, 미학적 견해가 결정적으로 형성되었기 때문이다. 예술에 관한 그의 사유들은 그 이전, 그의 1910–20년대 산문들과 "이론적, 강령적인 논문들"에도 담겨있었는바 이후 《통행증》 속에도 지속, 발전되었다고 할 수 있다(Хан 1988: 39–127). 작가 스스로가 영국 번역가 조지 리브Джордж Риви에게 쓴 편지들에서 《통행증》을 특징짓고 있다: "이것은 일련의 회상이오. 만일 그 회상의 도움으로 [···] 문화란 무엇인가, 예술이란 무엇인가를 이해하려는 솔직하고 직접적인 노력이 없었더라면 이 회상은 아무런 흥미를 주지 않았을 것이오"; "난 이 책을 많은 것 중의 하나로 쓴 것이 아니라 유일한 책으로 쓴 것이오. 그 속에서 일련의 문제에 관한 내 고유의 몇몇 사상을 피력하고 싶었소. [···] 내가 보기에 책에 있는 것도 충분히 내 자신이 이제까지 한 것 중 가장 중요한 것이 될 만하오."[57] 《통행증》 직후 1930년대 초에는 "단순성", 푸시킨의 "간결성"을 지향하는 시집 《제 2의 탄생》이 출현하지만 문체 변화를 제외하고는 작가의 창작적 세계관의 근본 원칙은 변하지 않고 남는다.

파스테르나크의 창조적인 몰두 과정에는 세 번의 "커다란 전환метаморфоза"—음악, 철학, 문학—이 있었다. 《통행증》에서 작가는 바로 음악, 철학, 문학의 영역을 중심으로 자신의 지나간 삶의 모습을 독자에게 제시하고 있다. 다시 말해, 스크랴빈(음악), 코헨(철학), 릴케, 마야콥스키(문학)와의 만남에 관한 회상, 사건을 통해 자신에 대해 이야기하고 있다. 그럼으로써 그는 어떻게 음악과 철학을 거치고 또 그것들과의 관련 속에서 마침내 전문적으로 문학에 종사하게 되었는지 보여준다. 구체적으로 작품 앞부분에서 그는, 1900년에 역에서 릴케를 본 일

57_Пастернак Б. Л. Собр. Соч.: В 5 т. Т.4. М., 1991. С.811–12. 이후 이 판본의 인용은 권수와 쪽수를 괄호 안에 표기한다.

부터 시작하여 이후 스크랴빈과의 만남이나 대학 시절에 예술 동인회에 다닌 일 등, (그 시작도 끝도 없고) 앞 뒤 연관 없이 인상 깊은 만남과 사건 중심으로 지나온 삶을 이야기하고, 동시에 어떻게 자신의 삶에서 시가 탄생했는지 상세히 묘사한다.

그에 따르면 무엇보다 시는 "삶의 계열체의жизненных рядов 반복되는 중단, 즉 앞으로 달려가고 있는 현상, 감정과 뒤에 남겨진 그것들의 상호작용에서" 탄생한다(Альфонсов 1990: 14): "시는 이러한 계열체들(《통행증》 앞부분에서 파스테르나크 자신이 제시한 삶에서 일어난 일, 현상과 감정 등등—인용자 주)의 반복되는 중단, 즉 느린 것은 뒤쳐지고 뒤쪽, 깊은 회상의 지평선에 정체되는 그런 다양한 그것들의 움직임 속에서 탄생하였다." (4, 160) 무엇보다 그에게 음악, 철학, 문학 각각은 삶의 계열체를 형성한다고 할 수 있다. (《통행증》 전체에서 보이듯) 이 세 영역은 때로는 서로 얽히고 때로는 서로 물러나며 연관성을 가진바, 결국 음악과 철학을 거쳐 작가의 시가 탄생한 것이다.[58]

《통행증》에서 직집 작가는 태양(빛의 현상), 사랑(감정의 현상), "애수의 소리свист тоски"(과거의 현상), 혹은 사람, 자연(날씨), 정열 그리고 음악, 시, 산문, 일상적인 것 등, 구체적인 삶의 계열체들을 제시하고 있다(4, 160–161). 이러한 삶의 계열체들ряды은 이원론적인 상징주의 세계관의 천상계와 지상계의 대립 속에 비춰볼 때 그 예들이 분명히 드러난다. 대립되는 계열체들의 쌍으로는 천상계와 지상계가 있고 각각에는 다시 하늘, 별, 달, 구름(천상계)과 대지, 꽃, 암소, 인간(지상계)등이 있다. 그 밖에 신과 인간, 일상과 존재, 인간과 자연, 일부와 전체, 개인과 역사, 주체와 객체, 삶과 죽음, 그리고 시와 산문, 모두 계열체를 이룬다. 이때 파스테르나크의 세계 인식과 그의 시 세계는 공간적 차원을 지님(Пьяных 1979: 19)을 알 수 있는데, 무엇보다 그는 대부분의 시인들의 시 대상으로서 차지하는 그 비중에 따라 계열체들의 모습을 (그

58_작가의 미학적 바탕과 관련해 이 영역들의 "상호 연관"에 대해서는 Лихачёв 1982: 3–9; Альфонсов 1990: 18 참조.

위치와 운동 속도로써) 공간상에 설정하고 있기 때문이다. 말하자면 현재의 개인적인 감정이나 체험(사랑), 또는 이와 밀접하게 관련된 주위의 자연 현상(태양, 날씨)은 대개 시의 주요한 대상이 된다. 따라서 이 계열체들은 늘 삶의 공간의 앞자리로 빠르게 튀어 나온다. 반면 시의 주요한 대상이 되는 일이 드문 계열체는 뒷자리에서 느릿느릿 움직이고 있다. 마찬가지로 현재보다는 과거 상태와 연관된 계열체들 (회상과 관련된 애수) 또한 뒷자리에 있다. 비록 시에 등장하는 빈도의 차가 있으나, 이같이 공간의 앞뒤에 놓여있는 계열체들은 시의 대상이 된다는 점에서 삶의 창조적 부분들творческие части существования이며 이들이 위치한 곳은 "살아있는 우주"라고 작가는 말한다. 이와 달리 예를 들면, 물리와 같은 자연과학 분야의 연구 대상인 아주 작은 단위, 원자 류атомные основания의 계열체는 삶의 비창조적 부분들이 된다. 이렇게 삶의 두 부분 간에는 경계가 존재하는데, 정물화 대상이 되는 물체가 그곳에 위치한다.

이와 같은 계열체의 움직임과 함께 그것들이 점유한 위치로 드러난 삶의 창조적 부분과 비창조적 부분 간의 경계는, 모든 세계를 두 개의 적대적인 반쪽으로 나누는("일상быт과 존재бытие", "하찮은 것малое과 위대한 것большое" 등) 결렬разрыв과 대립의 바탕 위에 구축된 낭만주의적 신념이 시인들에게 존재하고 있음을 반영하고 있다(Альфонсов 1990: 13). 그런데 파스테르나크는 각 계열체의 상호작용으로써 자신의 시가 탄생함을 말하여 그의 창작 세계에는 대립된 두 영역의 연관과 결합이 이뤄지고 있음을 시사한다.

다른 한편, 파스테르나크는 구체적으로 자신의 창작의 목표를 모든 계열체의 전치(轉置)와 전위смещение, 곧 존재의 비창조적 부분들을 창조적 부분들로 전환помещение하고 뒤에 있는 계열체를 앞쪽의 계열체로 옮기는 것에 둔다고 밝힌다. 따라서 그의 시에서는 창조적 부분과 비창조적 부분 간 경계가 제거된다. 계열체 간에 경계가 없는 것이다. 그런데 그에 따르면 창작의 공간은 삶의 공간 외에 따로 존재하는 제 2

의 세계가 아니라 삶의 공간과 하나를 이루는 평면적인 세계이어서 이러한 전위는 인접смежность, 대체와 교체의 성격을 지닌다. 창조적 부분 앞쪽으로 옮겨진 계열체들은 그 부분 곁에 나란히 이웃하게 된다. 말하자면 파스테르나크가 추구하는 시는 상이한 계열체들이 서로 인접하고 공존함 속에서 탄생한다고 할 수 있다:

> 그러나 머리를 잡듯 현실의 윗부분을 잡고 제 1우주первая вселенная의 그 현실을 들어 올려놓을 수 있는 (현실의 계열체들을 재배열할 수 있는—인용자 주) 제 2우주는 없다. 따라서 현실이 직접 호소하는 조작을 위해서는 그 현실은 (매 상황, 다양하게 펼쳐진 계열체로 구성된 현실은—인용자 주), 대수(代數)에서 모든 것을 한 평면상에 놓고 크기만을 가리듯 제 1우주의 한 평면상에서만 그 모습을 묘사해야했다. […] 난 늘 창작의 목표를 묘사대상을 차가운 축оси에서 뜨거운 축으로 옮겨놓고 пересадка 생기 없이 뒤처진 것은 앞으로 내놓아 생명을 끼워 넣는 것으로 보았다. 지금 생각하는 것과 특별한 차이 없이 난 당시 이렇게 생각하고 판단했다. (4, 161)

하지만 주의해야 할 것은 계열체의 전위로 창조적 부분들(감정, 자연, 회상)이 비창조적 부분으로 옮겨가거나 앞에 있는 계열체가 뒤로 옮겨가는 것은 아니라는 점이다. '인접', '공존' 개념의 강조에서 드러나듯 그것들은 전위된 계열체와 나란히 시의 대상이 되는 것이다. 알폰소프도 이 점에 대해 말한다: "이는 그가(파스테르나크—인용자 주) 예술가로 하여금 침체된 사물들과 일상을 위해 단순히 자신을 거부하라고 호소하는 것이라고 결론지어선 안 된다. 사물들, 일상은 전체 세계와 동등하게 정열의 궤도와 분위기 속으로 유입되는 것이다."(Альфонсов 1990: 15). 그렇기에 파스테르나크는 "사람들 위에 날씨를", "자연 위에 열정страсть을" "걸쳐 놓는다накидывать." 즉 그것들을 이웃시키고 나란히 배치한다: 우리는 사람들을 묘사할 때 그들 위에 날씨를 걸쳐놓는다. 날씨, 또는 그와 동일한 것인 자연을 묘사할 때는 그 것 위에 우리의 정열을 걸쳐 놓는다. 우리는 시를 얻기 위해 산문 속에 일상의 것вседневность을 도입한다. 음악을 얻기 위해 시 속에 산문проза 을 도입한다."(4, 161).

결국 《통행증》에 나타난 파스테르나크의 예술에 관한 사유를 바탕으로, 이 같은 "계열체"의 인접, 공존에 관한 사상을 우리는 "계열체 시학поэтика ряда"이라고 조건적으로 명명할 수 있다. 파스테르나크의 시는 삶의 계열체의 인접과 공존 속에서 탄생하는바, 시, 예술은 고차원의 진리высшая истина, 신의 의지인 "힘сила"에 의해 조종된다: "만일 내게 지식과 능력, 여유가 좀 더 있다면 창작 미학 쓰기를 구상해 볼 텐데. 난 이를 두 개념, 힘과 상징의 개념으로 구축할 것이다. 빛기둥 절단면 속의 자연을 취하는 과학과는 달리 예술은 힘의 빛луч силовой이 삶을 지나갈 때의 그 삶에 흥미를 가진다는 점을 난 보여줄 것이다. 난 힘이란 개념을 이론 물리학이 취하는 것과 같은 매우 폭넓은 의미로 취할 것이다. 힘의 원칙에 관한 것이 아닌 힘의 목소리, 힘의 실재에 관한 것이라는 점만 과학과 다르다. 자의식의 테두리에서는 힘이 감정чувство으로 불린다는 점을 난 밝혀낼 텐데"(4, 187).

"힘"은 예술가를 포함해 삶의 움직임을 지배하는바 예술가는 이 "힘"의 목소리를 듣고 느끼면서 작품을 창조하는 것이다. 그의 작품은 감정("힘")의 조종으로 각 계열체가 전위되는 현실의 모습을 반영한다 ("예술은 생각보다 더 단일 방향으로 향해 있다. 망원경을 조종하듯 함부로 조종할 수 없다. 감정에 의해 전위되는смещаемую 현실을 지향한направленное 예술은 이런 전위된 모습을 기록한 것이다. 예술은 그러한 전위를 자연에서 베껴온다." 4, 187)

이렇게 예술가는 자신의 의지가 아닌 고차원의 진리, 절대자의 의지를 따르는데, 그 결과 인간에게 논리적으로나 "실제적으로" 바로 설명되지 않는(그러나 "힘"에 의해 이미 규정되고 예정되었다고 할 수 있는) 현상들이 예술 작품 속에 나타난다. 파스테르나크 예술 세계에 구현된 우연성이 그러한바, 우연성은 하나의 지배적 법칙으로 등장하게 된다. 그의 시에 삶의 계열체들이 인접해 있는 양상도 "힘"의 목소리를 청종한 결과인 것이다.

티냐노프는 이처럼 파스테르나크의 시에 주된 경향으로 드러나는 우연한 사물들 간의 연관에 대해 다음과 같이 설명한다: "우연성은 가장 논리적인 긴밀한 연관보다도 더 강한 연관으로 드러난다."(Тынянов 1977: 185) 즉, 나란히 놓인 사물들의 연관은 우연적인 것이지만, 티냐노프의 표현을 빌면 인접에 따른 그러한 연관связь по смежности은 우리에게 "어딘가 이미 존재하고 있었던 것처럼 왠지 상기되므로, 나란히 놓인 대상의 이미지는 필수적인 게 된다."(Тынянов 1977: 186) 이러한 연관의 우연성에 대한 이해를 돕기 위해 일례로 파스테르나크의 시 〈여름날의 별들〉(시집 《삶은 나의 누이》 중에서)을 살펴보자:

> 바람은 입술, 머리카락과
> 신발, 옷지락과 별명 등의
> 요청에 따라 장미를
> 한 번 조금 들어 올려본다. (1, 132)

추상적인 "별명"이 갑자기 구체적인 사물들인 "입술", "머리칼", "신발", "옷자락" 등과 결합되어 있다. 이들의 연관은 우연적이나, 인접성에 의해 그 연관은 마치 이미 존재하고 있었던 듯 필수적인 것으로 여겨지는 것이다. 사실 파스테르나크 역시 《통행증》을 쓰던 1929년, 초기 시 〈2월. 잉크를 가져다가 소리 내어 울어야 한다!……〉(1913년 초판)를 개정하면서 다음과 같은 마지막 두 행을 의식적으로 삽입하여 예술에서의 우연성의 의미를 환기시켰다: "우연적이면 우연적일수록 그만큼 더 진정한 / 시가 발작적으로 큰소리를 내며 지어지는 법이다.(1, 47)" 이렇듯 "힘"의 목소리를 듣고 그것의 의지에 따라 탄생된 시는 삶을 반영하는 진정한 예술품이 되는 것이다.

"힘"에 의해 지배되는 현실의 모습을 반영한 예술에 관한 이 같은 파스테르나크의 미학적 견해는 "일상быт과 존재бытие"의 동등이라는 그의 일반 철학적 관념과도 연관된다: "도대체 어떻게 자연이 전위되는가? 세부적인 것, 디테일은 자신이 지닌 독자적인 의미로는 잘 드러나지 않지만, 겉모습으로는 눈에 잘 띈다. 각 세부적인 것을 다른 세부적인 것으로 대체할 수 있다. 그 어느 것도 값진 것이기에, 그 전체가 전위된 현실의 상태를 증명하기에 어느 것도 선택될 자격이 있다"(4, 187–188).

파스테르나크에 따르면 삶의 물체와 현상은 소중하고 독자적인 가치를 지닌다. 그들 각자 속에 본질이 있는 것이다. 따라서 어느 물체도 다른 것으로 대체될 수 있다. 즉 "현실의 부분들은 서로 평등하다"(4, 188). 이러한 일반 철학적 견해는 "계열체 시학"과 연관된다. 삶의 정신적인 본질인 시를 일상적인 산문으로 대체할 수 있는 것이다(위의 인용문(4, 161)을 보라). 현상과 정신적인 본질, 즉 "일상과 존재"는 동등하다. 여기서 파스테르나크에 있어서의 시의 산문화прозаизация, 산문의 시화가 발생하고, 예술의 수단이자 일부인 이미지의 상호 대체성 또한 발생한다(4, 188).

이와 같이 "계열체 시학"은 파스테르나크의 미학적 견해뿐만 아니라 그의 철학적 견해의 기반이 되는 개념인 것이다.

"계열체 시학"은 이미 티냐노프에 의해 그 본질이 간파되었다. 그는 논문 〈간격Промежуток〉(1924)에서 "파스테르나크에 있어 사물들은 인접성에 의해 연관되어 있고", "이미지의 엮임 속에서 자신의 상대적인 자유와 객관성을 보전하고 있음"을 지적하였다. 그리고 "이후에 이 사상을 야콥슨, 시냡스키, 파페르니, 긴즈부르크가 발전시켰다. 이들 모두, 이러 저러한 상이한 강조점을 두고서 파스테르나크의 체계에서 마야콥스키의 과장성과의 깊은 내적 차이를 보는 것이다."(Альфонсов 1990: 357–358).

무엇보다도, 창작의 특수성으로서 "계열체 시학"은 야콥슨적인 의미에서 "환유적 특성метонимичность"에 상응한다: "산문에서든 시에서든 간에 파스테르나크의 서정성лиризм에는 인접성에 따른 연상ассоциация по смежности을 그 중심으로 하는 환유적 원칙이 관통하고 있다"(Якобсон 1987: 329). 다시 말해 파스테르나크 창작의 철학적, 미학적 특수성을 규정해주는 핵심 개념으로서의 "계열체 시학"은 야콥슨의 1930년대 저작에 그 시초를 둔다. 하지만 그곳에서 저자는 좀 더 국소적인 과제를 해결하고자 한다.

사실 알폰소프 역시, 오랫동안 러시아 시에서 메타포는 표현 기법으로서의 비유법임을 넘어 세계 전체의 모델로서 인식주체(시인)의 일정한 입장과 그 주체의 세계관을 반영하는 깊은 철학적 의미를 지님을 언급하면서, 야콥슨의 이 책에서 파스테르나크의 환유 문제가 유사성이 아닌 인접성에 의한 (사물들의) 가까워짐이란 Быков의 그것과 유사한 공식으로써 간접적으로 다루어졌다고 말한다(Альфонсов 1996: 8–9). 즉, 야콥슨은 비록 환유의 표현수단(수사법의 하나)으로서의 기능뿐 아니라 시의 테마를 규정하는 내용적 기능까지 지적하나, 주로 전자의 차원에서의 환유 체계를 보여준다(그가 분류한, 파스테르나크 창작—주로 산문—에 드러나는 5가지 환유적 측면은 다음과 같다: "가까이 있는 물체를 장악, 흡수", "전체로부터 부분으로 그리고 그 반대로, 원인에서 결과로 그리고 결과에서 원인으로, 공간적 측면에서 시간적 측면으로 그리고 그 반대로", "이미지의 상호 대체성." Якобсон 1987: 329). 후자의 차원에서 드러날 수 있는 작가의 사상, 세계관 측면에서의 환유적 특성은 다루지 않은 셈이며 분석 대상도 (《통행증》까지의) 산문에 국한시켰다. 야콥슨의 이러한 제한적인 입장은, 파스테르나크의 시적 체계를 밝히는 데 그가 적용한 유사성에 의한 메타포와 인접성에 의한 환유의 대립이 그의 언어 및 다른 기호체계의 양극(兩極), 대립 구조bipolar structure 이론에서 나온 것이란 사실에서 더 분명해진다. 자신의 이론을 문학에 적용하면서 메타포(적 방식) / 환유(적 방식)의 이분법이 문학사에서 장르와 기간을 분리하는 데 편리하고 이해하는 데 도움이 되는 수단임을 발견한 그는, 파스테르나크와 마야콥스키를 대조하는 차원에도 적용한 것이다[59].

결국, 인접성에 의한 연관에 관한 사상으로서 "계열체 시학"은 사물들 서로 간, 전체와 부분, 인간과 자연, 넓게 말하면 주변 세계 간의 상호 연관, 단일성이라는 파스테르나크의 세계관을 반영하는 것이다.[60] 시냡스키의 지적처럼 이때 메타포는 "유사성에 의해서"가 아니라 바로 "인접성에 의해서" 연결해주는 역할을 한다(Синявский 1965: 17). 따라서 본 장에서 "계열체 시학"은, 야콥슨이 제시한 환유적 특성을 넘어 작가의 세계관을 반영하는 폭넓은 개념으로서의 환유적 특성이 논의될 수 있다.

이와 같이 연구자들이 주목해온 이미지들 간의 연관, 인간과 자연의 연관, 즉 "계열체 시학"은 파스테르나크의 창작 전체를 관통하고 있다. 《통행증》이 탈고되고 작가의 전환기적 시집 《제 2의 탄생》이 창작된 1930년대 초 이전에 그의 고유한 창작 경향이 확립된 것이다. 그리고 그 이후에는 근본 경향이 다소 변형되고 진화되었을 뿐인데 시집 《삶은 나의 누이》는 그의 근본적인 창작 경향이 형성되어 전개되기 시작한 작품이라 할 수 있다. 이 시집에서 작가는 "온전히 독자적인 한 시인"으로서 출발하기 때문이다. 시냡스키에 따르면 작가의 1917–1960년대 창작에 "내적인 단일성"이 흐르고 《삶은 나의 누이》이후로 작가는 "자신의 서정시의 기반은 파괴하지 않은 채 변화했다"(Синявский 1965: 12, 14, 60–61). 리하초프의 말처럼 작가의 미학적 신념과 문체는 생의 말기까지 단일했던 것이다(Лихачев 1985: 9).

1930년대 초 이전의 창작 세계 가운데 《삶은 나의 누이》에서 작가의 "자연철학натурфилософия"이 결정적으로 형성되었다면, 세 서사시 《1905년》(1925–26), 《시미트 중위》(1926–27), 《스펙토르스키》(1924–30)에서는 그의 "역사철학историософия"이 결정적으로 형성되었다고 할

59_야콥슨의 이분법의 기원, 후기 모더니스트들이 메타포와 환유를 대립이 아닌 혼효로 이용하려는 경향에 관해서는 McLean 1999: 725–732 참조.

60_긴즈부르크도 상징주의자들과 다른 이런 세계의 단일성을 "파스테르나크의 유기적인 특성"이라 언급했다(Гинзбург 1997: 329).

수 있다. 작가의 서정시의 바탕을 이루는 "삶과 미학적 신조"가 제시된 《삶은 나의 누이》부터[61] "계열체 시학"의 구현 또한 여러 측면에서 구체적이고 분명한 모습을 드러내지만(예를 들면, 인간과 자연의 유사, 그리고 이로써 드러난 시인 형상; 삶과 예술의 동일화, 그리고 시, 예술의 일상성, "산문주의прозаизмы"; 우연성 등), 그러한 구체적인 모습들은 본격적으로 역사 테마를 다룬 서사시들 속에서도 지속되고 있는 게 사실이다. 따라서 여기서는 "계열체 시학"의 구현을 위 세 서사시에서 살피되, 첫 두 작품에서는 전체적으로 간략히 살피고 주요 분석대상으로 《스펙토르스키》를 다루기로 한다.

2. 《1905년》, 《시미트 중위》: '역사'와 '개인'의 병치와 동등성

서정시인 파스테르나크가 처음으로 (역사적인) 서사시로 향한 것은 서사시 《고상한 질병Высокая болезнь》(1923)에서다(Паперный 1968: 362). 그러나 그 스스로 직접 선언했듯, 1905년에 관한 서사시 《1905년》과 《시미트 중위》에서 의식적으로 "서정적 사유에서 서사시로" 옮겨간다: "난 서사시가 시대의 정신에 의해 불어넣어졌다고 보고 책 《1905년》에서 서정적인 사유에서 서사시로 옮겨가고 있소. 비록 아주 힘들지만 말이오."[62] 이처럼 1920년대 중반에 분명하게 나타난 서사시로의 이동은 전반적으로 시가 혁명에 관한 서사시를 지향하는 당시 시대정신에 따른 것이었다(Паперный 1968: 367).[63] 서정적 서사적 요소가 드러난 유명한 1920년대 작품들로는 예세닌의 《안나 스네기나》(1925), 마야콥스키의 《좋아!》(1927), 파스테르나크의 《고상한 질병》과 《1905년》이 지적된다(Наумов 1969). 파스테르나크는 서사시에 대한 이러한 "선호"

61_Синявский 1965: 14.

62_《На литературном посту》. 1927, N.4, C.75. Паперный 1968: 364에서 재인용.

63_혁명에 관한 서사시로 향한 여타시인들의 경향에 대해서는 Наумов 1969: 332–42, 347–49; Михайлов 1990: 255–56, 345–51 참조.

로 1930년에 운문소설 《스펙토르스키》를 완성한다.

당시 1927년에 쓴 파스테르나크의 편지들(시인 아브라도비치C. Обрадович와 고리키M. Горький에게 보낸)을 보면 역사에 대한 그의 태도가 체계적으로 드러나 있음을 알 수 있다. 그에게 있어 10월 혁명은 역사에서 예외적인 "인물이나 대상"이 아니라 하나의 자연현상이다(5, 212). 또한 그에게 있어 역사를 형성하는 것은 일상적인 것, "평범한" 삶이다(5, 227-228). 바꿔 말해 역사, 혁명은 자연의 한 요소이자 삶의 "평범한" 현상인 것이다. 따라서 그것들은 갑자기 터져 나오지 않고 삶의 흐름처럼 영원한 것으로서, 반복되며 흘러간다. 바로 여기서 삶과 역사의 연관과 단일성 사상이 드러난다. 파스테르나크에게 역사는 역시 삶, 자연을 통해 제시되는 것이다.

《1905년》과 《시미트 중위》에서 인접성에 의한 연관 사상인 "계열체 시학"은 무엇보다 플롯 층위에서 구현된다. 《1905년》에는 "하나의 단일한 플롯의 두 측면"인 '시대', '역사'와 시인 자신인 '나'(그의 어린 시절)가 있다. 전체적으로 볼 때 도입부인 제 1장과 혁명 이전의 역사에 관한 서술인 제 2장을 제외한 나머지 제 4-7장에서 역사적인 사건들, 여러 계층의 사람들의 혁명에 대한 반응과 제 3장에서 시인 개인의 체험을 병치함 외에도, 시인은 자신과 시대를 끊임없는 병행 속에서 회상한다:

> 이것은 겨울의 밀림이다.
> 12월부터 램프가 깃들고 있다.
> 여순항은 이미 점령됐으나,
> 순양함들은 대양으로 가고 있고,
> 군대는 포를 쏘며,
> 분함대를 기다리고 있고,
> 중앙우체국의 옛 건물을
> 황혼녘의 땅거미,

물감,
팔레트,
교수들이 바라보고 있다. (1, 286)

눈이 3일째 오고 있다.
아직 저녁 경에도 오고 있다.
하룻밤 사이에
밝혀진다.
아침에
크렘린 궁에서 우레 소리가 들린다:
…학교의 후원자인
대공 세르게이 알렉산드르이치가
치명상을…
난 2월의 이 첫날에
뇌우를 좋아하게 되었다. (1, 289)

역사적 테마에 바쳐진 작품에 저자 자신의 서정적인 회상 (주관적인 요소)—저자가 어린 시절에 살던, 예술 학교에 부속한 교수 사택에서 보이는 "중앙 우체국의 옛 건물", "물감", "팔레트", "교수들", "나", "뇌우"—과 실제의 역사적 사건(객관적인 요소)—"여순 항"(러일전쟁), "순양함", "분함대"(1905년 혁명), 1905년 2월 사회혁명당원에 의해 살해된 대공 "세르게이 알렉산드르이치" 로마노프—이 공존하고 있는 것이다. (당시 1920년대의 지배적 경향으로서) 역사에서 독자적인 개인성을 인정하지 않고 모든 개인적 체험을 계급의식, 계급의 체험과 연관시키는 마야콥스키와는 달리(서사시 《블라지미르 일리치 레닌》, 《좋아!》를 보라), 파스테르나크는 자유롭고 독자적인 의미를 지닌 것으로서의 개인적인 체험(소년들의 감정, 세계관)을 보여주고 있다.

이러한 측면은 서사시 《1905년》의 테마를 지속하고 있는 서사시

《시미트 중위》에서 주인공 시미트 중위의 편지, 일기와 그 자신의 발언 등, 직접적인 개인적 체험의 표현 형식이 도입됨으로써, 더욱 본격적으로 제시되며 강조된다. "저자의 묘사", 시간, 시대의 장면은 때때로 "중단되면서" 시미트의 편지, 일기(제1부의 2, 3, 8장; 제3부의 1장과 재판에서의 그의 발언인 8장)와 공존하고 있다. 개인적인 체험, 사랑의 감정과 시대, 역사적인 사건이 하나의 열(列), 대오로 구축되어 있어 서로를 분리시키기란 불가능하다.

한편, 서사시에서 고차원의 의지인 자연력, 힘의 실재에 대한 표현으로서의 우연성의 법칙은 역사에서 개인성, 즉 개별적인 인간의 운명에 대한 파스테르나크의 이해에서 구현되고 있다. 시미트는, 그가 직접 편지와 재판에서 고백했다시피, "자연력 자체의самой стихии 파도에 의해 하나의 대오에서 분리되어 나와" "영웅으로 예정되어 있었다":

> 새벽 노을, 물 속의 나무 그루터기,
> 파도와 멀리 떨어진 곳에게는
> 누군가를 분리해내어
> 구원하고 그것을 고수해야한다.
> 다행히도 이른 아침에
> 일층의 곁채에서
> 서신 교환을 하느라 자지 않는
> 한 미지의 수병이 있었다. (1, 308)

자연—"새벽 노을", "물 속의 나무 그루터기", "파도", "멀리 떨어진 곳"—이 직접 사랑에 빠진 한 인간—"한 미지의 수병"—을 발견하고 "분리해낸다". "세계 개조"와 계급의 의지, 인간의 의지의 이름으로 혁명을 주장하고 있는 마야콥스키와는 달리, 파스테르나크는 선택된 시미트의 운명과 자연력에 순종하는 모습을 보여주며, 역사를 지배하는 자연력에 대해 말하고 있다(1, 334). 시미트는 자신의 희생과 운명을 애석해하지 않는다. 그는 "온 힘으로" 자신이 자연력, 역사의 의지를 실행하였음을, 역사 앞에 자신의 영혼의 자유를 느끼는 것이다

온 조국과 함께 봉기하지 않았다면
내겐 더욱 힘들었을 겁니다.
나의 지나온 길에 대해서도
전 지금 후회하지 않습니다 [···]

난 내가 선 기둥이(교수대—인용자 주)
역사의 다른 두 시대의
경계가 될 것임을 알고 있기에,
선택된 것에 기쁠 따름입니다." (1, 335)

이렇듯 역사, 혁명의 테마를 다루는 서사시 《시미트 중위》에서 그 중심에 있는 것은 역사에 순종하는 한 개인, "개별 인간의 삶"과 유명이다. "개별 인간의 개인성이 지닌 소명"은 높은 역사적인 의미를 획득한다. 즉, 역사에서 개인성은 독자적이고 자기 가치적인 의미를 지닌다[64]. 또다시 "부분"으로서의 개인성과 "전체"로서의 역사의 평등이 드러나는 것이다.

두 서사시에서 "일상과 존재"의 동등성으로서 "계열체 시학"은 플롯 자체에서뿐만 아니라, 역사적 장면에 대한 구체적인 묘사 방법에서도 구현되고 있다. 자연이 그러하듯, 역사는 바로 각 부분들의 상호작용 속에서, 전체적으로целиком 한꺼번에 그려지고 있다. 예를 들면 《1905년》에서 다양한 대상과 개념들은 일렬로 세워져 공존하고 있다:

64_《시미트 중위》에 나타난 개별 인간의 개인성이 지닌 높은 역사적 의의는 작가의 30년대 및 전쟁 시기의 시에서 발전되었으며, 셰익스피어의 《햄릿》에 대한 작가의 이해에서도 드러난다(Синявский 1965: 50). 아울러 소설《닥터 지바고》의 지바고 형상을 통해서 구현되는바 개인성의 의미가 규정되기도 한다("로마, 수의 지배가 [···] 끝났던 것이에요. [···] 개인성, 자유의 설교가 [···] 나타났어요." 3, 406–7).

눈은 나뭇가지 위에,
전선 위에,
부대의 분기점 위에,
싸우는 자의 제모(制帽)의 모표(帽標) 위에
그리고 철도의 침목(枕木) 위에 있었다. (1, 290)

나란히 배치된 사물들—"나뭇가지"(자연), "부대의 분기점", "싸우는 자의 제모의 모표"(인간) 등등—은 서로 긴밀하게 연관되어 있고, 총체적인целостная 역사적 장면, 상황—러시아 도처에서의 1905년 봉기 및 혁명—을 형성한다. 또한 "국가의 운명"이라는 "전반적인 상황"("황제의 위신"의 추락과 왕조의 몰락)은 "사적인 일화"("포병"이 쏘는 대포에 맞고 "포수"가 쓰러지고 "곁말의 마구"가 떨어짐)를 통해 다음과 같이 규정되고 있다:

포병의 수레가 굴러갈 때
포수(砲手)중
그 누구라도 떨어졌고,
그리고 각
곁말의 마구(馬具)와 더불어
황제의 위신도 떨어졌다. (1, 292)

이처럼 부분, 세부적인 것을 통해 '존재бытие', 본질이라는 총체성целостность에 도달한다는 것에는, 각 사물이 소중하다는 사상이 반영되어 있다.

3. 《스펙토르스키》: 주변 세계의 융해와 단일성

양 서사시에서 "부분", 세부적인 것을 통해 "전체", 역사의 '존재'가 묘사되었다면, 운문소설 《스펙토르스키》에서는 행위, 사건이 전개되는 "배경" 자체(총체적이고 전반적인 상황)가 극단적으로 활성화되고 온통 전면으로 드러나기에 이른다.

만일 서사시 《시미트 중위》에서 자연력에 의한 "우연한" 한 인간의 "선택", 자연력에 순종하는 그의 모습과 희생적 운명을 통해 역사에서 자유롭고 독자적인 개인성이 제시되고 있다면, 《스펙토르스키》에서 그러한 개인성은 한 인간의 우연한 세 여인과의 만남과 그들과의 관계를 통해서 제시되고 있다.

소설은 도입부와 아홉 개의 장으로 이루어져 있다. 소설의 내용은 이 만남들을 바탕으로 다음과 같이 기술될 수 있다:

도입부: 잡지에서 서사는 마리야 일리나의 "명성"과, 그리고 그녀를 통해 스펙토르스키와 우연히 알게 됨;
1장: 저자는 봄весна과 그 소음을 감지함;
2장: 별장의 "모인 일행들"이 있는 가운데 주인공은 올가 부흐테에바와 함께 새해(1913)를 맞이함;
3장–4장: 누이 나타샤의 도착;
5장: 발츠의 집 모임에서 스펙토르스키는 두 ("레모흐") 형제와 일리나와 알게 됨;
6장: 스펙토르스키가 일리나의 집을 방문함(두 번째 만남);
7장: 일리나와 우연한 이별(그들 관계의 종말);
8장: (6년 후) 내전의 발발;
9장: "의복장의 옷 선별"시 스펙토르스키는 마리야의 "발자취лабринт"를 발견함, 발츠의 이전 집으로 저자와 스펙토르스키의 귀환, 두 형제와 발츠에 관한 이야기 그리고 마침내 스펙토르스키와 부흐테에바의 우연한 만남(재회).

이 소설에는 특히 우연성의 법칙이 지배적이다. 극단적으로 빈번히 드러나는 이 법칙과 더불어 스펙토르스키에게서 드러나는 "주인공답지 못한 모습"과 "수동적인 모습"은 더욱더 강조되는 것이다.

그 당시 난 일에서 해방된 틈을 타서,
위에서 말한 모스크바 여인과 사귄
별 볼일 없는 한 남자를 그 어느 작가와는 달리
소재로 삼고 나서, 스펙토르스키를 쓰기 시작했다.

세상에는 수많은 과거가 있는 법,
더군다나 뛰어날 것이라곤 아무 것도 없는 그런 과거가.
[…]

난 주인공다운 것은 아무 것도 제시하지 않고
그에 대한 이야기를 바로 시작하지도 않을 텐데 […]. (1, 338-339)

앞 두 서사시의 경우처럼, 소설의 플롯은 "두 영역"—"커다란 공적인 삶"과 "사적인 삶"—의 대비 위에 구축되어 있다. 전자의 영역은 올가 부흐테예바의 삶, 나타샤의 삶 등과 관련되고, 후자의 영역은 세르게이 스펙토르스키의 삶과 관련된다. 올가의 삶에는 혁명, 역사적인 과거 быль, 혁명적인 공적과 희생 등의 영웅적인 서사시эпос가 반영되어 있고 세르게이의 삶에는 "개별 인물의 과거"가 반영되어 있을 뿐이다[65].

그러나 도입부에서 제시되고 있듯, 소설에서 작가의 관심은 역사적인 과거와 "개별 인물의 과거"라는 두 영역의 병치와 객관적인 대비에 있지 않고 주인공을 둘러싸고 있는 모든 삶의 현상에 대한 묘사와

65_Паперный 1968: 368.

그 이야기에 있다.[66] 다시 말해, 소설에서 파스테르나크에게 중요한 것은 "스펙토르스키가 아니라, 기억의 빛에 의해 과거에서 분리되어 나온 역사의 한 기간과 스펙토르스키가 놓여있는 스펙트럼이며, 전반적인 퍼스펙티브인 것이다"(Синявский 1965: 41)("그러나 난, 그가 멀리 내 앞에서 보였던 그 배경인 / 빛의 다발에 대해 썼다." 1, 339). 따라서 소설의 플롯은 약화되고(내용은 빈약해지며) 묘사가 중심이 된다.[67]

그러므로《스펙토르스키》에서 "계열체 시학" 역시 묘사 차원에서 드러나게 된다. 그것은, 특히 세부적이고 일상적인 삶의 모습이 묘사되는 가운데서 효과적으로 드러난다고 할 수 있는데 ("시여, 넓게 움직이지 마라 / 생생한 정확성을 보존하라, 신비스런 정확성을" 1, 365), 이는 폭넓은 "스펙트럼"을 통해서라기보다는 "세르게이의 시적인 시각", 그의 "사적인 삶"을 통해서 제시될 때이다.

스펙토르스키를 사로잡고 있는 것은 꿈속에서나 있을 법한 "무의미, 어이없는 일", 불합리한 생각들이다.

창밖에는 어두운 황금빛 가죽이 박힌
놀라운 광경이 펼쳐졌다.
소파 역시 가죽으로 박아 있었다.
"얼마나 어이없는 일인가", 세료자는 생각했다. (1, 354)

[…]
그림, 청동주상 — 모든 것을 삼키고 싶어졌다,
마치 빵 가게의 모든 것이 식욕을 돋우듯이.

66_이는 1928년, 이 작품의 작업에 대한 작가의 언급에도 드러난다: "최근 십 년간 […] 의 사건들과 의미 […] 가 그려지고 있으나,《1905년》에서처럼 객관적, 서사적인 구축에서가 아니라 개인적, "주관적인" 묘사 가운데서 제시되고 있소."(1, 715–16)
67_이는 환유적 원칙이 지배적인, 서술체 산문에서 플롯이 약화되고 내용이 빈약해진다는 야콥슨의 지적과 상응한다(Якобсон 1987: 331).

그리고 갑자기 뇌리에 스쳐 지나갔다: "그리고 먹고들 있다.
집만 먹고 있을 뿐만 아니라, 전에건 이후에건 상관없이
이날 밤도, 여기 앉아 있는 사람들까지도.
얼마나 어이없는 일인가", 세료자는 생각했다. (1, 356)

이와 같이 안과 밖의 공간에서뿐만 아니라, 그는 "관문 근처에서" 사물들이 "하나로 용해된 모습 가운데" 있음을, 즉 세계의 단일성을 보게 된다.

이 모든 것은 튀어나온 배(胚)에 비친 가로등과 함께
기차가 건물에 부딪치고
나무가 레일을 잉태하고 있는
관문 근처에서 마주칠 수 있다.

그곳에는 이유나 급격한 전환이라는 것은 없으나
갑(岬)에서 증기기관차가
식욕을 돋우며 기통을 내밀고 나서
초원의 안개를, 질산 칼륨 섞인 우유처럼 끓이고 있다.

이 모든 것은 사물들이 용해된 모습가운데
이리저리 뛰놀고 있는 관문 근처에서 마주칠 수 있다.
나의 주인공도 역의 어둠 속에서 나오면서
그러한 인체의 방사선 속에 용해된 그들의 성분을 만났던 것이다.

[…]
그는 실눈을 뜨고 이마에서
영양피(羚羊皮)와 인조 가죽의 유희를 느꼈는데,
하늘 또한 그 유희로 군중과 매우 들뜬 포장도로의

혼잡을 두르고 있었던 것이다. (1, 352)

스펙토르스키의 시각을 통해 사물들 간—"배"와 "가로등", "기차"와 "건물", "나무"와 "레일", "증기기관차"와 "초원"—, 인간과 자연 간—"이마"와 "하늘"—결합, 연관 들이 묘사되고 있는 바, 바로 여기서 세계의 단일성에 관한 사상인 "계열체 시학"이 드러나는 것이다.

세르게이와 마리야의 데이트 동안에 이와 동일한 것이 표현된다:

맞이할 때 거절이란 있을 수 없었다.
데이트 장소로는 새들이 울고 있는 곳,
빗줄기의 가장자리, 벚꽃 속과 우레 소리 등, 삶이 있고
두 사람이 분리되지 않는 장소라면 어느 곳에서도 정해졌다. (1, 359)

그들의 만남은 그들, 인간의 "공존совместность"과 결합뿐만 아니라, 인간과 자연, 삶—"새", "벚꽃", "빗줄기", "우레 소리"; "대지", "묘지", "계곡", "들판"—의 만남, 하나 됨을 의미하는 것이다. 결국 그들의 만남과 사랑은 세계의 단일성에의 참가와, 삶의 자연력, 고차원의 의지에 순응의 성격을 지닌다 하겠다. '감정'에 점령된, 다시 말해 "힘"의 지배에 순종하는 세르게이와 마리야의, "의지가 결여"된 삶이 일리나의 시에서 다음과 같이 제시되고 있다.

우리는 일찍, 추적할 수 없는 선과 악의 의미에
몰두하고 있는지 모르겠다.
그러나 본질은 여기에 있지 않다. 삶에는 성공하는 자들이 있는 법이다.
우리는 그들에 속하지 않는 것 같다 [...]

출구는 없다. 내가 성숙하면 성숙할수록 그만큼 더
대지는 나의 일상 속으로 파고들어

의지를 쫓아내고 의지의 결여를
묘지, 계곡, 들판 밑에 놓는다. (1, 361-362)

다시 주인공들은 그들의 의지와는 상관없이, 마치 우연히 헤어지는 듯하다. 위에서 언급했듯이, 소설 《스펙토르스키》는 우연성으로 가득 차 있고 "개별적인 장면들, 만남들로 산재해 있다". 그 안에서 스토리 라인들은 연관되어 있지 않고 심지어 진정한 주인공마저 없다. 만일 이 점을 전통적인 소설의 견지에서 본다면, 《스펙토르스키》는 분명 성공작이라고 할 수 없다. 그러나 "계열체 시학"의 측면에서 본다면, 이러한 우연성들은 《시미트 중위》의 경우처럼 파스테르나크의 특수한 의도에 따른 것이라고 할 수 있다. 즉, 이는 역사에서 인간의 의지의 주장이 아닌, 일종의 인간의 자연력에 순응과, 삶 자체에 대한 신뢰 등을 보여주려는 바람인 것이다.

바로 이러한 자연력에 의해 인간이 지배됨, 더 나아가 그에 대한 인간의 순응과 관련하여, 파스테르나크는 프레이덴베르크O. Фрейденберг에게 보내는 편지(1930.10.20.)에서 자신의 소설을 푸시킨의 《청동기마상》과 비교한다: "난 소박하고 음울한 그러나 온전하고 진정하다고까지 여겨지는 나의 청동기마상을 썼어."(5, 312)

역사에 대한 자신의 입장을 설명하면서, 스펙토르스키는 직접 혁명가 부흐테예바의 질문에 다음과 같이 대답한다:

그녀의 얼굴은 치욕의 빛으로 일그러진 채
질문이 울려 퍼졌다. 전 인민의지파의 딸이에요.
당신은 당시 이 점을 이해하지 못했나요?"

그는 대답했다… "하지만 조국의 변절자가 되지 않으려면",
곧바로 대답이 뒤따랐다, "과연, 도대체 뭔가가 되어야만 하오?"
또한 이 말에 뒤따라서: "전 애국자의 혈통을 이어받았어요.

이밖에 또 어떤 무기로 당신의 기를 꺾을 수 있을까요?" (1, 372-373)

4. 시와 산문의 단일성을 향하여

파스테르나크는 서사시 《1905년》과 《시미트 중위》에서 역사의 테마를 구현하는 데에 있어, 무엇보다도 플롯 차원에서 시대라는 "전체"와 그 "부분"인 개인을 나란히 동등하게 배치하는 방법을 사용하였다. 이러한 "전체"와 "일부"의 동등성은 역사적인 장면을 묘사하는 데에서도 드러난다. 하나의 커다란 역사적인 상황은 서로 다른 구체적인 사물들과 개념들을 통해 제시되고, 여기서 각 구체적인 것은 대체될 수 있다는 계열체의 평등성, 그들 연관의 우연성, 그리고 "일상"(세부적인 것)과 "존재"(역사)의 동등성 또한 드러나는 것이다. 이러한 시대와 개인성의 동등성은 《스펙토르스키》에서 주인공을 둘러싸고 있는 배경이 전면으로 드러남으로써, 플롯 차원에서보다는 주로 묘사 차원에서 간접적으로 드러난다. "전체"와 "부분"의 동등성을 포함하여, "계열체 시학"은 세부적인 삶의 모습 가운데서 특히 효과적으로 구현되는데, 이는 주인공 스펙토르스키의 시각과 사적인 삶을 통해 제시될 때이다. 스펙토르스키의 눈을 통해 제시되는, 용해되어 있는 주변 세계의 모습은 바로 시인 파스테르나크가 보는 단일한 세계의 모습인 것이다. 또한 그의 비활동성, 의지가 결여된 모습 등은 역사와 삶을 지배하는 자연력, "힘"에 그의 순응하는 모습을 보여준다. 바로 여기서, 이 작품에 우연성이 극도로 남발하는 이유를 발견할 수 있는 것이다.

이렇듯 "계열체 시학"을 파스테르나크 창작의 근본 특수성들 중 하나를 반영하는 것으로 볼 때 시집 《삶은 나의 누이》를 포함하여, 이후 기타 그의 창작은 사물들, 인간과 자연, 전체와 부분, 더 나아가 시와 산문 등 계열체의 인접성에 따른 연관과 단일성이라는 이론적이고 좀 더 구체화된 측면에서 조명될 수 있을 것이다.

예를 들면, 시와 산문의 연관성의 측면에서 본다면, 파스테르나크가 《스펙토르스키》를 작업하는 동안 산문 장르로 다시 향하고 《이야기Повесть》(1929)를 창작한 사실을 염두에 둘 필요가 있다. 소설과 《이야기》의 연관성에 대한 파스테르나크 자신의 이야기에서 알 수 있듯이(1, 715), 그는 역사적, 사회적 그리고 실제적인 문제들을 "특징묘사"하고 논의하는 데에 시의 부족을 느끼고, 이를 산문을 통해서 보완, 동시에 그 자체로 "독자적"이고 완전한 산문을 창작하기를 원했던 것이다. 그러나 정작 《이야기》가 탈고됐을 때 그곳에는 소설의 세계대전과 시민전쟁에 관한 파불라가 실현되지 못한 채, 플롯은 1914년 여름의 사건까지로 제한되었을 뿐이었다(4, 810). 결국 《스펙토르스키》는 실험적인 작품이라고 할 수 있다. 완전한 산문에 대한, 그리고 서사적 · 서정적 요소를 결합하고 있는 소설에 대한 그의 지향은 앞으로 두 개의 요소가 하나의 작품 속에 결합되어 있는 "산문소설роман в прозе" 《닥터 지바고》 창작에 이른다. 이와 동시에 "계열체 시학"과 관련하여, "힘"의 실재라는 문제는 '파스테르나크와 상징주의'라는 또 하나의 연구 테마를 제기하고 안넨스키와의 비교는 파스테르나크의 시학에 대한 좀 더 정확하고 깊은 이해를 위해 필요하리라 생각된다.[68]

68_고차원의 진리, "힘"에 대한 파스테르나크의 태도는 상징주의의 세계관적 입장을 상기시킨다. 알폰소프도 이러한 고차원의 진리에 대해 말한다: "어떤 면에서 파스테르나크는 전 창작 노선 동안, 상징주의 이후 시대의 다른 시인들보다 대체로 상징주의에 더 가까웠다. 그에게 본질적인, 드높고 하나의 믿음으로 취한 존재론적 시초의 파토스, 즉 생동한 우주에 대한 감각을 난 염두에 둔 것이다"(Альфонсов 1990: 18).

제6장 푸시킨의 역사주의

운문소설 《스펙토르스키》 속 개인과 국가의 대립 테마

1. 파스테르나크와 푸시킨 전통

이 파스테르나크의 예술 세계에 나타난 푸시킨 전통의 문제는 파스테르나크의 창작 세계 규명과 관련하여 연구가들에게 적지 않은 흥미를 끌어온 게 사실이다. 푸시킨 전통의 수용 문제를 개괄적으로나마 파스테르나크 창작 전반에 걸쳐 살펴본 것으로 바옙스키의 저작이 있다(Баевский 1993: 171-88). 그것에는 러시아뿐 아니라 서구에서 행해진 연구들도 소개됐는데, 해당 문제에 대한 러시아에서의 이후 연구들도(주로 서정시와 산문의 경우) 바로 이 저작의 논점에서 시작된다(Баевский 1998: 222-43; Кузина 1998: 100-21; Горелик 2000a & 2000b: 101-12).

특히 파스테르나크의 20년대의 역사-혁명적 서사시를 비롯하여 여타의 역사 테마를 다루고 있는 시들의 경우는 푸시킨의 "역사법칙에 대한 흥미", 즉 '역사주의'와 관련하여 개괄적으로 논의 및 고찰되기도 하였다.[69] 그 가운데 《스펙토르스키》는, 저자 자신이 《청동기마상》과의

69_Чумаков 1977: 106-18; Альфонсов 1988: 32-59 & 1990: 179-242; Мусатов 1990: 403-12 & 1998: 391-443; Баевский 1993: 171-88.

연관성을 드러냄으로써, 그리고 공공연하게 '운문소설'이란 장르의 형태를 취함으로써 연구자들의 특별한 관심을 끌어왔다. 무엇보다 파스테르나크는 프레이덴베르크O. Фрейденберг에게 쓴 한 편지(1930.10.20.)에서 《스펙토르스키》를 다음처럼 규정하였다: "난 소박하고 음울한, 그러나 온전하고 진정하다고까지 여겨지는 나의 청동기마상을 썼어."[70] 또한 《스펙토르스키》 초판본에는 《청동기마상》의 구절("여기에 대문이 있었다Были здесь ворота…")이 제사로 존재하여 《청동기마상》과의 연관성은 더욱 직접적으로 알 수 있다.[71] 이렇게 푸시킨의 《예브게니 오네긴》과 《청동기마상》 등은 몇몇 연구자들에 의해 《스펙토르스키》와 연관된 주요한 작품들로 간주되며, 개괄적인 비교를 통해 역사주의를 비롯한 여타 여러 차원의 문제들이 제기돼왔다.

본 장은 운문소설 《스펙토르스키》를 푸시킨의 《청동기마상》에 나타난 '역사주의историзм'에 비추어 조망하고자 한다. 바로 《청동기마상》에 제기되는 개인과 국가의 대립 테마[72]에 초점을 맞추어 《스펙토르스키》의 역사 테마를 살펴본다. 푸시킨의 역사주의는 어떠한 모습을 갖는가. 사실 푸시킨의 역사주의, 곧 역사에 대한 그의 "안목"이 구현된 작품은 《청동기마상》외에 《보리스 고두노프》, 《표트르의 총신》, 《폴타바》, 《두브롭스키》, 《대위의 딸》, 《푸가초프의 역사》, 《표트르 대제의 역사》등이 있다(김철균 1995: 227–28). 그러므로 여러 작품들에 나타나는 푸시킨의 역사주의 자체를 여기서 제시하는 것은 본 장의 논의 범위를 넘는 일이다. 하지만 《청동기마상》의 대립 테마가 푸시킨의 역사주의의 진화 도상에 있으므로 이 개념에 대한 인지는 요구되는바 그 개념의 진화 양상을 제시한 로트만의 저작(Лотман 1995: 197–205)을 중심으로 개념의 아우트라인을 제시하면 다음과 같다.

푸시킨의 창작에서 점차 증대된 객관성 지향과 함께, 구체적인 역

70_Б.Пастернак. *Собр. соч.: в 5 т.* Т.5. М., 1992. С.312. 이후 이 판본의 인용은 권수와 쪽수를 괄호 안에 표기한다.

71_Чумаков 1977: 107; Альфонсов 1988: 35; Мусатов 1998: 419.

72_김철균 1995: 227–38; 석영중 1999: 1711–16; 최행규 2001: 157–72 참조.

사적 사건을 바탕으로 한 역사에 대한 그의 사색이 나타난 것은, "역사와 전제군주의 권력에서 민중의 역할"이란 문제를 다룬 1820년대 중반의 《보리스 고두노프》에서부터다. 하지만 그에게 "역사 법칙에 대한 흥미"를 촉발시킨 것은, 데카브리스트들의 봉기 전후와 관련해 그에게 나타난 (낭만적 주관성 입장에서가 아닌) 역사의 객관적인 합법칙성 측면에서 역사적 사건을 평가하려는 지향이라 할 수 있다. 말하자면 《보리스 고두노프》는 민중 없는 데카브리스트들의 혁명성과 "평화로운 민중들의" 비극적 운명 등에 관한 작가의 고심이 완결지어진 것이 된다. 이후 푸시킨에게는, 러시아의 미래의 길을 꿰뚫어 보기 위해 러시아의 과거를 연구하고자 하는 갈망이 나타난다. 바로 니콜라이 I세에게서 새로운 표트르 대제를 찾아보려는 바람과 함께, 표트르의 테마는 이후 그의 창작 세계를 차지하게 된 것이다. 《폴타바》(1829)는 그러한 측면에서 푸시킨 역사주의의 첫 단계의 결실이었다. 여러 연구자들의 지적처럼 《폴타바》에는 이후의 《청동기마상》에 이르는 길이 이미 잠재적으로 포함돼있다. (에고이즘적인) 개인과 역사석 합법칙성 간 충돌을 상징하는 플롯의 구축이 바로 그것이다.

1830년대에 푸시킨의 역사에 대한 사색은 당시 전 유럽에서의 반동의 승리와 러시아에서의 거대한 민중적 혼란이란 사회 상황과 관련해 특히 긴장된 모습을 보인다. 그는 러시아의 미래에 결정적 역할을 할 것으로 보는 역사적 힘들을 과거에서 살펴보기를 갈망하며 신비스런 세 형상을 취한다. 전제 권력(그 고차원적인 가능성의 구현은 표트르 대제), 계몽된 귀족 그리고 민중(무엇보다 푸가초프의 특성을 취함)이 그것이다. 1830년대 창작의 근본 테마는 바로 이 세 힘의 요소로 전개된다. 《두브롭스키》, 《대위의 딸》, 《청동기마상》 등이 그 대표작들이다. 또한 1830년대 창작에는 푸시킨의 예술적 추구를 조형적으로 뚜렷하게 제시하는 도구로서 (상징적 특성을 지닌) 확고한 이미지들의 체계—'자연력', '조상статуя', '도망가는бегущий 민중'—가 등장한다. 이들은 역사에서 대립하는 앞선 세 힘과도 긴밀하게 연관되는바 1830년대 창작의 플롯은 이들 이미지의 충돌과 상호 관계 속에서 이루어진다.

주목해야 할 것은, 역사에서 대립하는 위의 힘들(전제 권력, 귀족, 민중)에 기초한 푸시킨의 개인과 국가의 대립 문제는 파스테르나크 창작에서 단지 대립 테마 그 자체로 그치지 않는다는 점이다. 거기에는 이 테마를 바탕으로, 개인 및 창작의 문제, 도덕성의 문제, 나아가 자연과 삶, 세계 전체에 대한 인식의 문제 등, 미학적 세계관적 측면에서 푸시킨 전통의 수용이란 (폭넓고 깊은) 문제가 스며있는 것이다. 일례로 파스테르나크는 한 앙케이트(10월 혁명 10주년 기념)에서 푸시킨의 미학에 대해 다음처럼 피력하였다: "제가 이해하는 고전 작가는 그의 창작품에서 하나의 전일의 세계관을 조형물처럼 뚜렷하게 제시하는 작가입니다 [···]. 푸시킨의 미학은 매우 폭넓고 유연한 것으로 [···]. 지금 예술가(푸시킨—인용자 주)의 미학에 대한 나의 이해는 넓어졌습니다. 도덕적 성격의 요소가 들어갔죠 [···]. 예술의 본성, 역사에서 예술의 역할과 그 고유의 책임 등에 관한 예술가의 관념이 그것입니다"[73]. 추마코프 또한 《스펙토르스키》와 《예브게니 오네긴》이 비교 가능한 것은 "파스테르나크에게 푸시킨 창작과 미학이 미친 폭넓은 영향"에 있다고 봄으로써 푸시킨 전통에 대한 파스테르나크의 폭넓은 수용을 암시했다(Чумаков 1977: 107). 이렇게 푸시킨의 개인과 국가의 대립 테마 전통을 통한 《스펙토르스키》의 조망은 결국 파스테르나크의 예술 세계를 분명하게 이해하는 것은 물론, 좀 더 폭넓고 근본적인 차원, 곧 푸시킨을 중심으로 한 러시아 문학 전통과 파스테르나크 창작의 연관성을 규명하는데 이를 수 있다. 푸시킨 전통을 계승한 시인들—튜체프, 페트, 나아가 안넨스키 등—이 그러한 러시아 문학 전통이다(Некрасова 1991; Павловец 1997).

본 장은 파스테르나크의 창작 속, 푸시킨의 개인과 국가의 대립 문제에 대한 기존 연구가 개괄적이거나 문제 제기 단계에 그쳤다는 점을 감안해 《스펙토르스키》를 구체적이고 철저히 분석한다. 그럼으로써 푸

73_*На литературном посту*. 1927. №5–6. С.62–3. Баевский 1993: 175–6에서 재인용.

시킨 전통의 수용 문제를 본격적이고 체계적으로 고찰한다. 그러나 다음 절에서는 《스펙토르스키》 분석에 앞서 기존 연구자들이 제기한, 파스테르나크를 비롯하여 20세기 초 시인들의 창작 속 개인과 국가의 대립 문제를 근간으로 하는 푸시킨의 역사주의의 의미를 간략하게 조망한다. 그리고 이어 파스테르나크에 한정시켜 《스펙토르스키》이전의 그의 예술 체계에 나타난 역사 테마의 발생 및 구현 과정을 개괄적으로 살펴본다.

2. 파스테르나크의 창작에서 '서정시와 역사'의 문제

파스테르나크를 비롯하여 "전복"의 역사를 체험한 20세기 초의 시인들—만델슈탐, 아흐마토바—과 관련해 연구자들은 이들의 창작에 지속, 발전된 푸시킨의 역사주의 문제를 지적해왔다. 왜냐하면 연구자들이 푸시킨이 《청동기마상》에서 표트르와 예브게니의 "이율배반"을 통해 제시한 것으로 본 '개인적인 것'과 '초개인적인(역사적인) 것', '개인의 자유'와 '초개인적인 것의 비합리적인(불가피한) 운명', 그리고 개인과 전체 운명 등의 연관 및 "상관성" 문제가[74], 이 시인들의 창작에서 역사에서 인간의 삶 문제, 그리고 역사와 개인의 상호 관계 문제 등과 맞닿아 있기 때문이다.

연구자들의 주목을 끈 이러한 이율배반적, 대립적 두 요소가, 서로 다른 역사를 체험한 19세기 시인과 20세기 시인들 각각의 창작에서 실제로 어느 정도 유사하게 상관성을 갖는 것으로 드러나는지는 구체적인 연구를 통해 알 수 있겠지만 (본 장도 그러한 연구의 일환이지만) 그러

74_В. Гиппиус. "Проблема Пушкина." *Временник Пушкинской комиссии*. М.; Л., 1936. Т.1. С. 255; Г. Фёдотов. "Певец империи и свободы." *Пушкин в русской философской критике. Конец XIX - первая половина XX вв.* / Сост., вступ. ст., библиогр. справки Р.Гальцевой. М., 1990. С.375; Б.Энгельгардт. "Историзм Пушкина." *Пушкинист. II. Историко-летературный сб.* / Под ред. С.Венгерова. Пг., 1916. С.72, 104. Мусатов 1998: 438-40에서 재인용.

한 상관성에 대해 연구자들이 도달한 몇몇 결론은 타당한 것으로 보인다. 첫째, 그러한 대립적인 두 요소의 연관 및 "통일"은 푸시킨의 역사주의의 핵, 본질이라는 점, 둘째, 위의 20세기 초 시인들이 역사에 대한 태도에서 보여준 반낭만주의적 모습은, (장식적 특성을 지닌 낭만주의자들의 "역사주의"와 달리) 객관성을 보여준 푸시킨의 역사주의와 상통한다는 점이 그것이다. 따라서 우리는 무사토프도 간파하였듯, 20세기 초의 시인들이 역사에서 개인의 문제를 다룰 때 드러내는 개인적인 것과 초개인적인 것의 상관성의 근원을, "과거와 현재에 대한 객관적 명상"과 더불어 미래에 대한 객관적 명상을 하고 현실을 낭만적이지 않은 역사적 객관적 가치 있는 과정으로 명상을 한 푸시킨의 모습[75]에서 찾을 수 있다고 가정할 수 있다.

또한 앞서 지적했듯 파스테르나크를 비롯한 20세기 초 시인들의 창작에 나타난 푸시킨의 개인과 국가의 대립 테마 수용이 단지 테마 자체나 미학적 차원에 국한된 게 아닌 그것들을 넘어 철학적 세계관적 차원까지 이른 것임을 알 수 있다. 다시 말해 그들 창작 속의 현실 및 역사에 대한 객관적인 태도는 "역사의 섭리에 대한 믿음"을 주축으로 한 것으로, 바로 푸시킨의 삶에의 의지나 "역사적 염세주의"에서의 탈피 같은, "세계에 대한 푸시킨의 인식" 양상을 드러낸다.

파스테르나크에 있어 본격적인 역사 테마의 탄생은 그가 1920년대 중반에 서정시에서 내러티브가 있는 서사시로 전환한 것과 관련있다.[76] 이 전환은 개인의 주관적인 감정과 사상이란 소규모의 관심에서 주변 세계, 전체 사회와 역사라는 객관적이고 대규모의 영역으로 관심을 옮긴 것을 의미한다. 그러나 그에게 역사 테마에 대한 인식과 논의 자체는 좀 더 일찍, 1916년 그의 강령적 논문 〈검은 술잔〉에 이미 나타났다. 논문에서 그는 '역사'를 '서정시'에 대립되는 절대적 존재로, '서정시'와 함께 현실을 이루는 또 하나의 동등한 영역으로 언급한다:

75_Мусатов 1998: 442–43 참조.

76_임혜영 2001a: 266–67 또는 본서 5장 참조.

> 현실은 분해된다. 분해되면서 두 개의 대립적 지대들: '서정시Лирика와 역사История'의 곁에 모인다. 양자는 동등하게 선험적이고 절대적이다. (4, 358)

동등한 두 지대로서의 '서정시와 역사', 즉 주관적 요소와 객관적 요소에 대한 파스테르나크의 인식은 엥겔가르트가 "전체 운명과 분리되지 않는 연관 속에서 자신의 개인 운명의 체험"이라고 말한 푸시킨의 창작 공식과 상통한다(Мусатов 1998: 440). 파스테르나크는 《스펙토르스키》 이전의 창작들에서 이러한 두 대립 요소의 상관성 구현을 시도하게 된다.

파스테르나크에 있어 역사 테마는 무엇보다 시집 《삶은 나의 누이》, 《테마와 변주》 등과 같은 서정시 장르에서 나타났다. 그러나 주지하다시피 전자의 경우 중점적으로 다뤄졌던 것은 자연과 사랑의 테마였던 바 시인의 목소리를 통해 주로 말해졌던 것은 매우 값진 의미를 지닌 것으로서의 삶이었다. 그에 비해 역사는 부차적인 대상으로서, 독자적인 구현보다는 사랑의 테마와 교차 속에서 언급되었다고 할 수 있다. 일례로 플랫 캐빈은 《삶은 나의 누이》에서 1917년의 역사적 사건은 때로는 수수께끼 같이 지평선에 출몰한다고 하면서 뇌우의 이미지에 일련의 메타포가 연결되어 혁명과 사랑의 열정이 동일시되고 있다고 한다(Platt 1999: 134). 《테마와 변주》 역시 푸시킨의 예술가와 역사란 문제의식을 구현했음에도 불구하고 관련 시에서 본질적으로 주장된 것은 '역사'라기 보다는 "서정시의 절대성"이었다(Мусатов 1998: 394).

파스테르나크가 서정시와 역사를 만나게 하고 양자의 선험성을 화해시킬 수 있었던 것은 결국 에포스эпос를 통해서였다. 그 첫 시도인 서사시 《1905년》에서 그는 앞 두 시집들과는 달리 역사의 선험성에서부터 시작한다(《1905년》의 구성은 다음과 같다: 1장-도입부; 2장-혁명 이전의 역사에 대한 서술; 3장-시인 개인의 체험 제시; 4-7장-역사적 사건들, 여러 계층 사람들의 혁명에 대한 반응의 제시[77]). 그러나 시대의 비극적 상황

(1905년 혁명)에서 특히 한 어린아이의 시야(저자 자신의 서정적인 회상)로 역사적인 사건(저자 부친이 몸담은 "학교의 후원자", 대공 "세르게이 알렉산드르이치"가 2월에 사회혁명당원에 의해 살해됨)이 "감정적"으로 서술되어 객관적인 태도가 견지되지 않아 저자에게 불만스런 작품으로 남는다.[78]

이에 일종의 보완으로 파스테르나크는 《시미트 중위》에서는 고난을 주인공이 "주체적"으로 선택하는 상황으로 작품을 시작하여 서정적 요소의 선험성으로써 역사의 선험성을 향해 나아가는 식으로 시대를 기록하려 한다(Мусатов 1998: 400). 그러나 이는 개인의 "심리주의"가 지배적이 되게 하여 결국 묘사의 포커스는 사적 운명의 "드라마티즘"으로 회귀한다. 즉 시미트의 심리는 그의 편지와 일기, 그의 발언(제1부 2, 3, 8장; 제3부 1장&재판 장면 8장)과 같이 개인적 체험의 표현 양식을 통해 묘사되었고 특히 그의 자발적 희생이 갖는 기독교적 도덕성 측면은 그의 운명에 극적인 요소를 가져온 것이다(임혜영 2001a: 269–72)[79]. 이른바 서사시의 중심에는 높은 역사적 의미를 획득한 한 혁명 "영웅"의 삶과 운명이 자리했다. 이로써 역사, 구체적으로 "국가의 우상"과 (개인적) 삶의 공존이란 문제에 대한 해답을 주지 못하였는바 그것을 위해 파스테르나크에게 필요한 것은 다른 주인공이었다.

이러한 과정을 거쳐 《스펙토르스키》에 와서 파스테르나크는 다시 '서정시와 역사'의 동등한 공존, 나아가 양자의 조화를 구현하려는 시도를 한다. 그는 이전의 두 서사시에서와 달리 《스펙토르스키》에서는 객관적인 요소로서의 역사적 사건과 주관적인 요소로서의 개인의 모습, 양자를 뚜렷이 병치하고 객관적으로 대비하는 플롯보다는, 주인공을 둘러싸고 있는 모든 삶의 현상에 대한 묘사와 그 이야기에 관심

77_자세히는 임혜영 2001a: 267–69 또는 본서 5장 참조.

78_화자 "나"의 주관성 개입에 대해서는 임혜영 2001a: 267–69 참조.

79_시대의 에포스를 창조해야 한다는 부담감을 느낀 작가는 츠베타예바의 영향 아래, 역사에서 자유로운 개인성을 지닌 시미트 중위를 창조하여 부담에서 벗어난다 (Альфонсов 1990: 179–242; Мусатов 1998: 401–5, 413–14 참조).

을 둔다. 물론 표면적으로는 《스펙토르스키》 역시 그러한 병치와 대비 위에 구축되어 있지만(Паперный 1968: 368) 본질적으로 그것은 약화되고 묘사가 중심이 되어 있다(임혜영 2001a: 275-76). 요컨대 소설에서 두 대립적 요소는 형식적으로만 병치되어 있을 뿐, 사실상 삶을 이루는 구성 성분, 다양한 삶의 현상의 일부로만 제시된다. 다른 한편, 소설에서 파스테르나크는 역사에 대한 인식과 묘사에서는 "객관성" 유지에, 주인공의 형상화에서는 특별한 개인성의 창조, 바로 "평범성"(обыкновенность)에 심혈을 기울이게 된다. 이는 바로 푸시킨이 1820년대 중반이후 리얼리즘 시기의 작품들에서 구현한 "예술적 역사주의"와 "객관성", 주인공의 "평범성" 등의 요소와 무관하지 않다[80].

3. 《스펙토르스키》

(1) 폭넓은 "스펙트럼"과 객관성: 자연과 역사의 조화로운 합성

파스테르나크는 이미 《스펙토르스키》의 도입에서 자신이 묘사 대상에 대해 객관성을 유지하고 있음을 반복적으로 강조한다. 그는 먼저 저자의 목소리를 빌어 이 소설이 탄생하게 된 배경을 말한다. 그것은 서정적인 작품 창조에서 시대적인 문제로 자신의 관심이 이동하면서부터라는 것이다: "달콤한 흰 빵 같은 삶 속에서 건포도 같은 / 아름다운 음조를 찾아내는데 익숙해지고 나서 / 압운들을 많이 먹은 만물박사의 / 길을 한번은 나는 남겨둬야 했었다. // 난 가난해졌다. 아들이 태어났다. / 어린애 같은 짓은 잠시 그만둬야 했다. / [...] // 지체 없이 곧바로 난 / 레닌에 관한 외국 문헌 시리즈를 수집하는 작업에 합류했다."(1, 337) 푸시킨의 경우처럼 가족 부양이라는 경제적 곤란 때문에 서고를 드나드

80_푸시킨 전통이 나타난 파스테르나크의 서정시는 모두 푸시킨의 중기(1824-30) 작품과 관련된다(Баевский 1993: 179-80). 이는 그의 서사시의 경우에도 적용할 수 있는데 다만 그 경우, 역사 테마를 비롯한 주인공의 평범성 측면에서 관련된 작품은 푸시킨의 1830년대 산문까지이다.

는 일을 했던 그는 그곳에서 한 인물의 과거("옛이야기")에 대한 "기사"들을 접했고 그 자료들은 그의 창작에 하나의 모티브를 제공해준 것이다. 시인은 그러한 기사가 바탕이 된 자신의 작품에서 묘사 대상에 대해 객관적인 태도를 추구하려는 것이다.

> 기삿거리들은 모두 과거에 관한 것이었고
> 그러한 과거의 일부분을 놀랍게 비추었다.
> 난 현미경의 대물렌즈를 통해 바라보듯, 있는 그대로
> 스펙토르스키를 쓰기 시작했다. (1, 339)

이같이 작품에서 철저한 "객관성"의 추구로 파스테르나크는 주인공 비중의 축소를 선택한다. 그는 주인공에게 "주인공답지 못한 모습"을 부여하는바 바로 《청동기마상》의 예브게니에 상응하는 또 하나의 "작은 인간маленький человек"을 창조한다. 아울러 그는 자신의 관심의 초점을 여러 삶의 현상 묘사에 둠으로써, 주인공을 그런 현상 중 하나에 지나지 않는 객관적인 존재로 구현한다. 이후에 드러나겠지만 이 점은 다른 묘사 대상인 역사적 사건의 경우에도 해당된다. 요컨대 파스테르나크는 묘사 대상인 주인공과 역사적 사건, 각각을 삶의 한 현상에 속하는 객관적인 존재로 구현함으로써 양자에 대해 철저한 객관성을 유지할 수 있게 된다.

> 난 주인공다운 것은 아무 것도 제시하지 않고
> 그에 대한 이야기를 바로 시작하지도 않을 텐데.
> 난 그것보다는 빛의 다발에 대해 썼는 바,
> 바로 그 안에서 그가 멀리서 내 앞에 보였던 것이다. (1, 339);

> 새해를 맞이하러 간 그들은 다수였다.
> 우리는 계획, 준비, 이동 등에 관한 얘기는 생략할 거다.

개인에 관한 언급은 있을 수 없다.
그것에 대해서 여기서는 X표를 하는 게 낫다. (1, 343)

《스펙토르스키》에 나타난 개인과 국가의 대립이란 푸시킨의 테마는 다른 역사적 상황—혁명—을 비롯하여 다른 자연 및 자연력의 형상화를 통해 발전되고 변형된다. 《청동기마상》의 도입부에서 송시의 어조가 사용됐듯, 《스펙토르스키》에서 역사적 사건-혁명의 발생동기와 그것이 이룩한 위업이 고양된 어조("영웅적인 서사시"의 형태)로 묘사된다. 이는 혁명의 도덕적 측면에 대한 긍정에 다름 아닌바, 혁명은 (파스테르나크의 여타 작품에서도 드러났듯이) 모욕받고 학대받은 여인들이 "반란"하는 모습[81]으로 구현된다.

압박 받은 어떤 소녀의 갑작스런 외침.
산산조각난 문, 움직임, 눈물, 초인종 소리,
마당 등이 짓눌린 욕망의 연기 가운데에,
질주하는 깃발들의 벌거벗은 계단 가운데에 있다.

괴로워하면서 앞치마 속으로 쌓인 치욕을
파묻곤 한 그녀는 이제 흉폭해지고서
그 우월함이 공공연하게 인정받은 채
최정상에서 날고 있다. (1, 366)

학대받은 소녀의 반란 성공 및 그녀의 "우월함"에 대한 공공연한 "인정"이란 역사적 "뒤집힘"의 모습은 위의 8장에서 자연의 형상을 통해 전달된다. 자연은 학대받는 인간을 동정, 동조하고 혁명적 역사에 동참하는 것으로 그려진다("노을"과 "어린나무 숲"; "눈보라"). 그럼으로써 혁

81_억압받는 여성에 대한 작가의 태도와 여성 테마에 대해서는 Иванов 1992: 43–54; Парамонов 1991: 18–25; Fleishman 1990: 155–66 참조.

명적 자연력의 의인화인 "소녀"와 하나가 되고 결국 혁명적 역사 그 자체가 된다. 요컨대 자연의 이미지를 통해, 혁명의 필연적인 발발이란 당시 러시아 전체의 역사적 상황—혁명과 시민전쟁의 발발—이 구현되는 것이다.

바로 여기 노을은 딸의 치욕을 없애준다.
구두 뒤축으로 쳐서 창을 부수고서
노을은 대중의 손으로 날아 옮겨간다,
구름 너머 대중의 손아귀 속에서.
[…]

그곳(우랄—인용자 주)엔 막사를 따라 어린 나무 숲이 무성해졌고
조금 총에 맞았으며 욕하고 모조리 태웠으며
담장에서 이 넓은 곳을 둘러본
체르케스인 옷을 입은 여자에게로 가까이 달려갔다.
[…]

땅 전체를 따라 음울이 씩씩거리는 바다처럼
피어오르며 열흘간 땅을 동요시킨
고요한 러시아 벽지의 마루샤,
그녀에 대한 소문이 퍼졌다.

눈보라는 우는 게 아니라 노래했다.
사기꾼들이 큰 눈보라 속으로 들어갔다.
끔찍한 행위, 부정행위,
물에 빠진 동반자들의 발걸음 등을 감췄다. (1, 366-367)

그런데 주목할 것은, 소녀의 이미지를 통해 전 러시아의 혁명-역사

적 "전복" 상황을 묘사하는데 자연 이외에도 그것과 긴밀히 연관되어 있는 "세상"의 여러 디테일들이 그려지고 있다는 점이다. 이는 이른바 "인상주의적 디테일"을 이루는바, 이들이 서로 연관된 모습은 바로 역사적 "뒤집힘"의 현실을 제시하고 결국 전 세계, 우주의 규모에서 혁명을 조명하는 역할을 한다고 할 수 있다("날들, 순간들, 날들, 갑자기 단일한 뒤집힘сдвиг으로 인해 / 사건은 벽 뒤에서 사라진다. / 사건은 그대에게 그곳의 압제로서, / 얼음의 죽은 껍질 속의 거짓으로서 여겨진다. // 동시에 다음이 밝혀진다: 세상에서 / 혈육 관계의 오점이 없는 유골은 없다는 것이: / 풍토에 익숙해진 아이들은 삶과 공존한다는 것이 — / 마당들과 아낙네들, 갈까마귀들과 장작 등이 공존한다는 것이." 1, 366).

"러시아 벽지"에서 봉기에 앞장선 한 소녀의 이미지를 통해 묘사된 혁명적 역사적 상황은 5장에서는 좀 더 제한된 공간인 도시를 통해 제시된다. 위의 8장에서 혁명의 당위성 및 그 긍정적 측면에서의 조망과는 달리, 여기 도시 공간에서는 파괴와 잔혹, 혼란의 1차 세계 대전기의 부정적 측면들이 제시된다. 그것은 바로 짐승의 이미지를 통해서다("현실은 충분히 잔 짐승처럼 / 기지개를 펴면서 잠에 취한 채 일어났다 […] // 이 화학제품의 잡화를 냄새로 감지하고서 / 굶주린 도시는 자신의 소굴에서 나왔다. / 꼬리를 흔들었고 하품을 했으며 […] // 살인, 폭력, 린치의 애수가 / 모래처럼 행운의 입을 때렸다. / […] 여자의 / 입술에서 나오는 짧은 외침을 죄었다." 1, 353). 짐승의 이미지로 구현된 도시는 살인과 폭력이 행해졌던 곳으로, 인간의 행복을 파괴한 공간으로 제시된다. 이는 (인위적인) 도시공간에 대한 파스테르나크의 일반적인 부정적 인식과 관련 있는바 그러한 인식이 여기에 반영되었다고 할 수 있다. 즉 도시는 4장에서 제시되듯이 혁명 발발 이전의 자유의 억압과 착취("자본", "강제노동")의 공간, 과거 부자연스런 인간 삶의 모습이 존재하는 공간으로 인식되었다("혐오감을 자아내는 미소를 이겨내며 / 그들은 역에서 힘겹게 돌아온다. / 오 가엾은 수전노, 도시여 / 그대는 아마亞麻와 케로신 기름에서 뭘 보았느냐? // 그대는 이전의 주인 나리들에게서 뭘 가로챘느냐? / 자본이 그대에게 모아졌느냐? […] // 그대는 강제 노동으로 자신의 안락함을 샀고 / 그대의 계산에 혼동하고 있구나. / 사람들은 도시의 이러한 점을 의식하고 / 근교에서 뭔가를 영원히 기다리고 있다." 1, 351). 5장에서 봄의 계절을 통해 파멸과 전복의 전쟁 흔적이 묘사되었다면, 8장에서는 6년 후로 훌쩍 넘어 혹한의 시민전쟁기가 첫눈의 이미지와 더불어 묘사된다.

모스크바는 맹렬한 기세로 지면 위로 뒤집혀 딴 것이 될 거다,
키예프산 계란 밑의 상자가 뒤집히듯. […]

먼 곳의 구멍을 뚫으며 여기 포탄이 날아다녔다,
모국의 대지가 서약하고서
국토의 반은 — 간부 요원들,
거래 없이 죽는 건 — 그들의 방식이다. […]

그 하늘은 유리 관문처럼 자라고 있었고
규칙에 따라서가 아닌 영감에 따라
운명 지워진 양 눈眼에서 내려오지 않았다.
이는 계급이 개별 단위를 이기는 것이다. (1, 364–365)

혁명 후 옛 질서가 "뒤집힘", 프롤레타리아 계급의 부상 등, 역사적 상황이 모스크바, "먼 곳", "모국의 대지" 전체, 하늘의 폭넓은 공간 이미지를 통해 묘사된다. 이처럼 자연은 혁명적 역사 그 자체를 대표하고 의미하기도 하지만 때론 인간의 의지와는 별개로 내적 세계를 지닌 독자적 존재로서 인간의 역사적 행동을 관찰하기도 한다. 그런데 파스테르나크의 자연은 푸시킨처럼 일상적인 삶과 동떨어지지 않은 존재이기에[82] 일상적인 삶 속에서 자신의 세계를 드러낸다("하늘은 성이 났고 저녁마다 / 정식 관직의 정비가 잊혀진 다음에 / 비록 전쟁 속에서라도 전쟁

82_푸시킨의 자연 형상에 대해서는 최정운 2002: 113–49 참조.

의 형식을 / 지니지 않았던 일상이 붉어져야만 한다. // 이젠 여기서도 겨울의 식탁보가 적절하지 않게 / 광채를 발한다; 여기 파괴된 난로를 / 경비행기탄 관찰자처럼 / 기울어진 태양이 공복 상태에서 바라본다." 1, 365).

이와 동시에 《청동기마상》의 자연력 이미지처럼, 《스펙토르스키》에서 자연 역시 인간이 자신의 의지를 파괴할 때 세계를 지배하는 힘, 운명의 상징으로 나타난다.[83] 그러나 운명의 힘인 "홍수"가 인간 의지의 산물, 도시—페테르부르크의 삶을 파멸시키는 전자의 경우와는 달리, 여기서는 인간 의지의 발현인 혁명가—적위군의 한 사람—발츠의 집에서 스펙토르스키가 만난 "두 형제" 중 동생—의 파멸을 그리고 있다. 그의 파멸을 초래한 것은 《스펙토르스키》의 상징적 존재인 발츠인데, 그는 "운명"의 힘의 의인화다.

당시는 마침 그러한 충돌들의 나날이었다.
형제 중 한 사람은 헌법 제정 위원이었고 또 한 사람은—
사레프타와 우파 부근에서 싸웠던
최초의 사단의 적위군였다.

후자는 누군가의 작업에 의해 파멸됐다.
여기에 누군가의 전횡이 개입됐던 것이다.
운명 같기도 하고 친구 같기도 한 누군가가
그를 체코군 탄알 밑으로 데려갔다… (1, 371)

그런데 《청동기마상》의 경우 예브게니가 이러한 힘에 파멸되는 존재이었던 것과 달리 《스펙토르스키》의 주인공은 그런 파멸의 운명을 겪지 않는다. 이점은 우리로 하여금 다시 파스테르나크 버전의 《청동

83_로트만은 푸시킨의 1830년대 창작에서 인간에게 죽음의 위협을 지닌, 초인적 의지의 "자연력" 이미지들을 언급했고(Лотман 1995: 206–7) 추마코프는 《스펙토르스키》에 《청동기마상》 테마의 삼부작인 인간, 자연력, 도시가 발현돼 있다고 한다(Чумаков 1977: 112).

기마상》, 다시 말해 개인과 국가의 대립 테마 구현에서 그의 변형을 생각하게 한다. 주인공 세르게이 스펙토르스키 형상의 독특성이 바로 그것으로, 다음 장에서는 이에 논의의 초점을 맞춰보자.

(2) "사적인 삶"과 평범성: 삶의 신뢰와 예술의 탄생

추마코프는 스펙토르스키의 잉여 인간적인 모습, 여성과의 사랑에서 소극적인 모습과 관련하여 그를 《예브게니 오네긴》의 오네긴과 비교하였다. 그러나 그 역시 《스펙토르스키》와 긴밀히 연관된 작품으로 《예브게니 오네긴》이외 《청동기마상》도 있다고 지적하였는데(Чумаков 1977: 107), (천사의 모습과 함께) 오네긴이 지닌 냉소적이고 악마적인 모습은 스펙토르스키와 근본적으로 다르다(Мусатов 1998: 407). 명성에 무관심하고 일상 삶에 흥미를 지닌 스펙토르스키의 소박한 이미지는 오히려 《청동기마상》의 예브게니의 모습과 가깝다. 예를 들면 다음과 같은 스펙토르스키의 모습에서 명성과 출세에 관심이 없는 예브게니를 묘사한 푸시킨의 말이 상기된다:

> 우린 일찍 선과 악의 자취 없는
> 의미에 몰두하는 것인지 모르겠다.
> 그러나 본질은 거기에 있지 않다. 삶에는 삶의 성공자들이 있다.
> 내 생각에는 우리는 그러한 자들이 아닌 듯하다. (1, 361);
>
> [···]
> 그녀의 얼굴은 치욕의 빛으로 일그러진 채
> 물음이 울렸다. — "전 인민주의자들의 딸이에요.
> 당신은 이점을 당시 이해하지 못했나요?"
>
> 그는 대답했다······"그러나 변절자가 되지 않으려면, —
> 대답이 곧 뒤따랐다, — 정말 꼭 뭔가가 되어야 하오?" (1, 372-73)

이와 같이 푸시킨의 주인공 형상에 바탕을 둔 자신의 주인공에게 파스테르나크는 다른 또 하나의 모습을 부여한다. 그것은 바로 "시적인 시각зрение"을 지닌 시인 형상이다. 파스테르나크는 스펙토르스키에게 자신의 모습을 부여하고 있는바, 주인공의 모습을 통해 저자의 관점도 전달된다. 《청동기마상》의 경우 "작은 인간" 예브게니가 "미친 상태"에서 "국가 이성과 개인 간의 영원한 투쟁이란 본질을 꿰뚫어" 보고 분노하는 것에서 그의 존재론적 의미는 격상되고, (그와 맞선) "국가의 우상" 표트르 대제는 도리어 격하된다[84]. 그렇지만 파멸로 치닫는 예브게니의 존재 의의는 심오하게 구현되지 않았다. 그에 반해 시인의 모습을 부여받은 스펙토르스키는 특별히 "시각"이 발달되어 주변을 관찰한다: "이 모든 걸 관문 옆에서 마주친다. / 그곳에서 사물들이 용해된 모습 속에서 이리저리 뛰어다닌다. / 인체에서 나오는 방사선에서 사물들의 그러한 구성 성분을 만났던 것이다, / [···] 주인공도 [···] // 창으로부터 놀라운 광경이 펼쳐졌다, / 어두운 황금빛 가죽으로 붙박아진 광경이. / 인파 역시 가죽으로 붙박아져 있었다."(1, 352–4)

스펙토르스키는 주변 관찰을 통해 모든 것이 하나 됨을 이룬 자연과 세계의 모습을 포착한다. 그는 단순한 관찰자의 시각뿐 아니라 세계를 지배하는 절대적 힘의 현존을 포착할 만큼 "직관적인" 통찰력도 지닌다.

> 그림들, 청동 — 모든 걸 삼키고съесть 싶어졌다.
> 빵집에서처럼 마치 모든 게 입으로 들어가길 부탁하는 것 같았다.
>
> 갑자기 뇌리를 스쳤다: "그들이 삼킨다.
> 집뿐만 아니라 이전이든 이후든 상관없이
> 이 밤도, 여기 앉아있는 사람들도.
> 얼마나 어이없는 일인가!" — 라는 생각이 세료쟈에게 떠올랐다.

84_치제프스끼 1984: 169; 석영중 1999: 1714–15.

그러나 애수에 어려 이중주를 연주하고서
다음과 같은 생각이 남았다. 즉 심히 시인들을 괴롭히고
미지가 식인종처럼
눈으로 이 장면을 둘러봤다는 생각이. (1, 356)

인간 세계와 삶 전체를 지배하는 거대한 힘이 《청동기마상》에서 모든 것을 삼키는 홍수 이미지로 제시되었다면 여기서는 모든 것을 삼키는 "식인종" 이미지로 의인화되었다.[85] 그런데 숙명과도 같은 "미지"의 힘은 인간의 이성을 넘는 것이기에 스펙토르스키에게 난센스("어이없는 일")로 여겨질 수밖에 없다. 결국 비록 플롯 측면에서는 주인공답지 못한 수동적 인물인 스펙토르스키는 주변 세계 및 세계를 지배하는 "미지"의 힘에 대한 묘사 측면에서는 시인이며 주인공으로서, 올레샤의 《질투》의 카발레로프와 같이 "예술의 본질 규명을 고집하는 작가의 대변인"임을 알 수 있다.[86]

한편 주인공의 예술가적인 모습은 그 다음 6장에서 남녀 주인공의 연애 에피소드와 더불어 더욱 구체적으로 제시된다. 이 두 연인의 사랑은 하나 됨을 이룬 자연과 삶 속에서 맺어지는데, 여기서 우리는 자연 테마와 사랑 테마가 교차하는 것을 본다("밀회는 다음과 같은 곳에서 지정됐다 [...] 벚꽃 속에서와 천둥소리 속에서; / 도처에서, 삶이 있는 곳에서와 둘이 헤어지지 않는 곳에서 [...] // 이때 두 사람은 현실에서 진짜 키스를 했다. / 여기 마치 연기와 소나기, 짙은 안개와 왁자지껄 소리 등이 / 미소에 미소, 갈기에 갈기, / 진주에 진주알이 서로 붙어 있듯." 1, 359-360). 사랑 테마의 전개에서 저자의 말을 통해 강조되는 것은 양자가 난센스("무의미한 것")인 삶의 힘에 의해 지배되고 있다는 점이다. 특히 사랑에 빠진 양자를 지배하는 것은 삶의 힘의 구체적인 발현인 "감정"("난 자의식의

85_Мусатов 1998: 412 참조.

86_작가가 《질투》에 준 영향이나 두 작품의 유사에 대해서는 최선 1997: 62; Чудакова 1972: 76; Альфонсов 1988: 51을, 제한적으로 주인공 모습을 지닌 카발레로프에 대해서는 석영중 1992: 66-68을 참조.

테두리에서는 힘이 감정으로 불린다는 점을 밝혀낼 텐데." 4, 187)이다.

결국 무의미한 것에 지배되고서
그는 조각들과 넝마의 이 창고 속으로
집에 있는 자신의 물건들을 옮기기 시작했다.
[…]

날이 갈수록 강해지는 그 커다란 소리(감정—인용자 주)는
마침내 그들을 점령했고
논리적 관념을 뒤엎었다.

그 커다란 소리는 완고하게 혼란 중의
혼란을 지배했고
호우처럼 집중적이고 짧은 기한의 코스로
그들에게 뭔가를 재교육했다. (1, 359-360)

이와 동시에 사랑 테마의 전개에서 강조되는 또 다른 점은 삶의 힘 및 "감정"에 지배받는 예술가 자신의 모습과 세계를 그린 게 바로 예술이라는 사실이다. 이 점은 일리나의 시에서 직접 확인된다. 여기서 우리는 사랑 테마가 다시 창작 테마와 교차됨을 알 수 있다 (""지금 우리에게는 즉흥연주의 절정기가 있다. / 도대체 언제 우리는 […] 진지하게 말하기 시작할까? / 언제 우리는 고갈되어 잊혀진 / 공상 세계에서 활동하게 될 것인가? // […] 난 성숙하면 성숙할수록 그만큼 더 / 내 일상 속으로 땅이 돌진해오고 / 의지를 쫓아내며 묘지, 계곡과 / 들판의 밑으로 무의지를 취한다."" 361-2). 파스테르나크는 삶의 힘에 순종하고 그러한 힘의 존재를 예술로 구현한 주인공의 형상을 통해, 창작적 열정을 지닌 개인이 역사에서 갖는 존재 의의를 제시한다고 할 수 있다. 사실 개인의 모습을 드러내는 기록인 시가 스펙토르스키의 것이 아니라 일리나의 것인 점은 그를

철저히 관찰자로 구현하려 한 작가의 의도에서라 할 수 있는바[87], 주인공은 창작하기 위해 전복의 역사 및 삶을 견디고 삶에 대한 신뢰와 함께 삶의 운명의 힘에 순종하며 살았던 셈이 된다.

결국 푸시킨이 국가와 개인의 대립 테마를 구현하는데 예브게니의 파멸을 보여주며 단지 그러한 대립의 양상 자체를 제시한 것으로 끝났다면, 그와 달리 파스테르나크는 파멸되지 않는 스펙토르스키의 삶의 모습을 통해 예술의 탄생 과정과 예술의 역사적 의의를 보여주었다[88]. 그럼으로써 국가와 개인 간 힘의 균형, 즉 양자의 "하모니적 합성"을 구현한 셈이다. 《스펙토르스키》에서 파스테르나크는 오히려 동시대 작가 올레샤의 주인공의 개인성에 근접하는, (전복의 역사 속의) 독특한 개인을 창조함으로써 자신의 새로운 《청동기마상》을 창조할 수 있었다.

4. 푸시킨의 전통을 넘어서

파스테르나크의 운문소설 《스펙토르스키》를 푸시킨의 《청동기마상》에 나타난 역사주의 전통에 비추어 고찰할 수 있었다. 파스테르나크는 《스펙토르스키》에서 역사, 구체적으로는 국가와 개인의 대립이란 푸시킨의 《청동기마상》의 테마를 구현함에 있어, 서사시 《1905년》과 《시미트 중위》의 경우와 달리 삶 그 자체를 전면에 내세운다. 따라서 역사적 사건은 삶의 한 객관적 현상으로 그 비중이 축소되었는바, 그러한 축소를 위해 작가는 역사를 자연과의 융해나 일상적 삶과의 연관 속에서 묘사하는 방법을 택하였다.

주인공을 형상화하는 데 있어서도 작가는 "전복"의 역사 속의 영웅이나 혁명가가 아닌, "아무런 공적도 없는" 평범한 인물을 택한다. 바

87_자세히는 Альфонсов 1988: 51, 48 참조.

88_예술의 역사적 의의는, 스펙토르스키를 비롯한 파스테르나크의 주인공(일례로 지바고)의 예술이 "계몽하는 도덕적인 영향력과 관계"된다는 점에서 찾을 수 있다 (Альфонсов 1988: 57–58 참조).

로 《청동기마상》의 주인공 예브게니와 유사한 인물을 구현한 것이다. 그러나 다른 한편으로 작가는 예브게니와는 또 다른 자신만의 독특한 주인공을 창조하였는바, 바로 시적인 시각을 지닌 인물이 그것이다. 그는 오히려 《질투》의 카발레로프와 상통하는 형상으로서 비록 플롯 면에서는 주인공답지 못하고 수동적인 인물이나 예술의 본질이 그의 시각을 통해 규명된다는 점에서는 분명 작가의 대변자이자 시인, 주인공인 것이다. 파스테르나크는 이러한 주인공의 창조를 통해 예술의 본질 규명뿐 아니라 세계를 지배하는 힘에 대한 긍정과 삶에 대한 신뢰라는 자신의 입장을 드러내고 있는바, 결국 그는 역사에서 예술의 역할과 개인의 삶의 가치를 제시하는 것이다.

이렇듯 《스펙토르스키》에서 파스테르나크가 역사와 주인공을 묘사하는 데 사용한 "객관성"과 "평범성"의 요소는, (《청동기마상》을 비롯해) 역사에 대한 안목이 구현된 작품에 나타난 푸시킨의 역사주의에 그 바탕을 두고 있음을 알 수 있다. 그러나 파스테르나크는 푸시킨의 예브게니를 넘어 다른 주인공 카발레로프와 유사한 자신의 주인공을 창조함으로써 푸시킨의 테마에 대한 발전을 보여주었다. 특히 스펙토르스키의 사적인 삶을 통해 제시한 삶의 신뢰와, 삶을 지배하는 힘의 긍정 등에는 파스테르나크의 미학관뿐 아니라 세계관적 입장을 볼 수 있었는데, 이는 푸시킨의 것과 상통한 것이기도 하다.

요컨대 파스테르나크는 단지 미학적 측면뿐만 아니라 폭넓은 세계관 측면에서도 푸시킨의 전통을 수용하고자 한 것이다. 따라서 "온전하고 진정한" 자신의 《청동기마상》을 완성했다는 그의 말 속에는, 푸시킨 전통에 대한 그의 발전적 수용을 넘어 푸시킨의 "폭넓은" 미학에 대한 그의 이해를 "조형물처럼 뚜렷하게" 보여주는 작품을 완성했다는 의미가 담겨있다고 할 수 있다.

제7장 푸시킨, 도스토옙스키 전통의 수용과 변형

중편《이야기》의 여성 해방의 테마

1. 러시아 문학과 인류 구원 문제

문학에 인류와 세계의 구원 문제를 표현하는 것은 러시아 문학에서 하나의 전통을 이룬다고 할 수 있다. 이는 베르댜예프가 지적했다시피 여타 세계 문학과 달리 예언적 성격("가장 예언적인 문학")(베르자예프 1985: 75), 이른바 종말론적 성향을 지닌 러시아 문학의 독특성과 관련된다. 인류의 고통과 인간성의 심연을 드러내며 전인적 구원 문제를 탐구하고 있는 러시아 문학의 근본 주제는 종교적이었는바, 위대한 러시아 작가들은 국민적-집단적, 혹은 전체적인 예술을 구하고 있었던 것이다. 현존 사회의 부정을 폭로하고 진실과 회한을 추구하며 러시아 문학이 대부분 수행해 온 것은 종교적-사회적 사명에 다름 아니다. 창작 활동의 자유, 독립성을 강하게 부르짖었던 푸시킨도 예외는 아니어서 그의 시는 새로운 세계가 도래할 필연성을 제시하며 다가올 혁명의 예감에 차 있었던 것이다(베르자예프 1985: 75-7).

문학에 인류의 구원론을 표현하는 것은 도스토옙스키의 경우 사회, 역사적 차원에서의 도덕적 의무에 대한 자각과 관련된다. 곧 미적인 것에 도덕성이 수반해야 한다는 미학적 신념에서 비롯되었다고 할 수 있다('도스토옙스키에게 있어 미학적 요소는 늘 윤리와 종교적 요소들과 결합한다.'[89]). 그가 푸시킨에 대한 연설(1880)에서 문학의 과제를 "민중들의 형제애라는 전세계적 행복의 이상들을 주장"(조혜경 2001: 88)하는 것이라 한 데에서 드러나듯 그것은 미학에 합일 된 '고차원의 (종교적) 도덕성' 문제와도 관련된다. 또한 파스테르나크가 언급했듯 역사에서 예술의 역할과 책임이란 푸시킨 미학의 '도덕적 요소'(Баевский 1993: 175-6; 임혜영 2005: 333-4)와도 관련된다. 문학에 인류 구원에 대한 작가의 사상이 표현되는 것은 '현실 사회에서 예술가의 도덕적 의무'에 대한 러시아 작가들의 의식이 실천된 결과라 하겠다.

푸시킨 미학의 영향을 고백한 파스테르나크도 예술가의 도덕적 의무를 실천한 작가이다. 그는 창작들을 통해 끊임없이 이상적인 인류 구원 방법을 모색하는 것으로 드러난다. 그의 구원론은 기존 연구에서 드러나듯이 19세기 문학 전통의 수용과 변형을 거친 독특성을 지닌 바, 그 특징을 크게 두 가지로 지적할 수 있다. 첫째, 파스테르나크 창작의 예언적 성격은 《닥터 지바고》에 와서야 온전히 구현된다는 것이다(Bethea 1989: 230-68). 그 이전에는 그러한 성격의 단초를 엿볼 수 있다. 둘째, 파스테르나크는 어떤 주제이든지 여성 형상이나 여성 이미지를 중심으로 구현한다는 것이다(Barnes 1993: 25). 인류의 해방과 구원 문제 역시 예외는 아니어서 그것은 여성의 해방과 구원 테마를 통해 전개된다. 이렇듯 여성상이 중심이 되는 것은, 그의 창작적 세계관의 바탕에 신화와 동화의 세계, 곧 (만물의 근원인 여성성의 통합적 속성을 바탕으로 할 때 분열된 세계의 통합도 회복된다는) 여성 신화적 세계관이 자리 잡혀 있기 때문이다[90]. 사실 창작 후기에는 여성 형상에 요한 계시록의 그리스도 형상이 가미되지만, 그 또한 여신의 속성을 담지하므로 여성 신화의 큰 테두리는 지속되는 것이다(임혜영 2012: 245-6).

이렇게 푸시킨에서부터 상징주의 시인에 이르는 위대한 러시아 작가들의 문학 전통에 드러난 예언적 종말론적 경향과 인류 구원 문제는

89_조혜경 2001: 87-90 참조.

90_임혜영 2012&2011 참조.

파스테르나크의 경우에 지속된다. 비록 그의 구원론에 대한 전체 조망은 후기작 《닥터 지바고》에 와서 가능하지만 구원론에 대한 작가의 고민과 그 본질적 양상은 1930년대 이전 전기 창작에서 이미 제시된다.

본 장에서는 파스테르나크의 창작에 나타난 여성 해방과 구원의 문제를 푸시킨과 도스토옙스키 전통에 비추어 고찰하려 한다. 무엇보다 기존 연구에서 후기작 분석에 치우쳐 다뤄지지 않은 전기 창작에 나타난 구원론의 본질적 요소를 규명하는 데 초점을 맞출 것이다. 그럼으로써 향후, 작가 전 창작 기간에 걸쳐 형성된 구원론의 온전한 모습을 이해하는 데 바탕이 되고자 한다. 이미 언급했듯이 파스테르나크는 여성의 해방과 구원 문제를 통해, 곧 우주 생명의 근원으로서의 여성 형상을 통해 인류 구원 문제를 모색하고 구원론을 전개하기 시작한다. 그럴 때 여타 초기 산문을 이해하는 데 교량[91] 역할을 하고 전기 창작을 종합하는 그의 1920년대 말의 산문 《이야기Повесть》(1929)는 주목할 가치가 있다. 사회적으로 억압받는 여성의 해방과 구원 문제를 본격적으로 다루기 시작하면서, 이후 《닥터 지바고》에서 작가가 궁극적으로 제시한 구원론의 실마리를 드러내기 때문이다. 《이야기》에서 피력된 사상—인간 사회에서 모두 합일하는 데 예술가가 계도하는 역할을 한다는 점, 예술가-지식인이 인류 구원의 일에 참여하는 데 여성 형상이 원동력이 된다는 점 등—은 작가의 인류 구원론에 근간이 된다고 할 수 있다. 이때 푸시킨과 도스토옙스키의 《이집트의 밤》(1835)과 《죄와 벌》(1866) 각각의 모티프 원용은 결정적인 역할을 한다.

따라서 《이야기》를 분석 대상으로 할 것인바, 먼저 도스토옙스키 전통과 비교할 것이다. 필요시 가르신 작품집에 포함된 발리의 논의(Г. Бялый 1963)를 기반으로 해 가르신의 《사건》(1878), 《화가들》(1879), 《나데지다 니콜라예브나》(1885) 등과도 비교할 것이다. 이들 작품에는

91_《사랑 없이》(1918), 《이야기의 세 장》(1922)은 《이야기》의 일부이고 《스펙토르스키》(1924–30)는 《이야기》와 "하나의 작품" 이다(Пастернак Б. *Собр соч.: в 5 т.* Т.4. М., 1991. С.99. 이후 이 판본의 인용은 권수와 쪽수를 괄호 안에 표기). 30년대에도 구상된 "긴 산문"은 장편 《닥터 지바고》의 첫 부분(4, 810)이자 《이야기》와 연관된다.

《이야기》의 경우처럼 고난 받는 여성-창녀에 대한 순수한 사랑, 예술가의 사회적 역할, 여성 해방 및 사회악과의 투쟁, 내적 영혼의 고통과 고백[92] 등의 모티프가 구현되는바 두 작가 모두 "두드러진 감정적 요소와 철학적 내용, 드라마틱한 긴장감"과 같은 도스토옙스키 식 경향이 드러나기 때문이다[93]. 이렇게 도스토옙스키 전통과 비교 후에는 그 결과를 푸시킨 전통과의 상관성 속에서 종합적으로 고찰하기로 한다.

2. 《이야기》

(1) 《죄와 벌》의 '부의 재분배' 모티프의 수용과 변형

《이야기》에는 작가의 이전 여주인공들과 전혀 다른 여주인공 형상이 등장한다. 하녀와 창녀라는 사회적으로 가장 비천한 직업에 종사하는 두 여성 안나 아릴드와 사시카가 그러하다. 이들은 온갖 학대와 모욕을 받는 것으로 그려지는바, 중심 사건도 주인공 세료자가 사회적 약자인 두 여주인공을 만남으로써 전개된다. 《이야기》는 두 여성 형상 구현이 중심이 된 작품이라 할 수 있는바, 이는 《나데지다 니콜라예브나》처럼 여성을 중심에 둔 가르신의 작품과 상통한다.

한 저택에서 가정교사로 일하는 세료자는 먼저 그곳의 하녀로 일하는 덴마크 여성 아릴드를 만난다. 그는 그녀가 저택에서 힘든 상황에 처해 있음을 알고 "이상"하게 느끼나 처음에는 특별한 관심을 보이지 않는다. 도리어 그녀가 먼저 "동료로서의 공감어린 미소"를 지어 보이며(4, 112) 관심을 표했을 정도다. 하지만 우연히 대화의 기회가 찾아들어 그녀의 고백을 듣고 그는 그녀에게 관심을 갖게 된다:

> "저는 체호프와 도스토옙스키를 알고 있어요 [...]. 여성이 존재한다는 걸 확신시켜 주기 위해 당신네 러시아인은 여성에게 온갖 추악한 비

92_Фриче и др. 1929—33 참조.

93_"Гаршин В. М." *БСЭ*; 강명수 2006: 281–304; Barnes 1993: 25–38 참조.

밀을 부여해야만 하죠. 합법적인 세계에서는 여성이 끓인 물처럼 드러나지 않는 무색의 그 무엇인듯 말이죠. 여성이 자기 방어를 위해 내면 깊이 깨어나 스캔들의 대명사로서 세계에 맞서 뛰어오른다면 그때 문제는 달라지죠. 그러나 이미 당신네 러시아인들은 이 측면에 대해서는 논쟁하지 않죠. 당신들에게는 가치 없는 측면이니까요[…]. 나는 입센을 읽었지만 […]" […] 세료자는 […] 육욕에 대한 모든 그녀의 생각은 마치 톨스토이가 살아난 듯하다는 것, 곧 톨스토이적이라 부를 수 있는 모든 것 가운데 가장 러시아스럽다는 것을 덧붙여 말할 수 있었다. (4, 113)

위 대화는 작품의 주요 사상을 예고하는 대목이라 할 수 있다. 여성이 부차적으로 구현되는 도스토옙스키적 세계[94]에 대한 비판, (내면에 자리 잡은 남성우월주의를 의식하고 여성 해방에 관한 희곡을 쓴 것으로 알려진) 입센의 언급, 그리고 입센처럼 북구 출신이면서 여성 인권에 대한 의식이 깨어 있는 아릴드의 모습 등은 사회적으로 권리와 가치를 인정받지 못하는 여성 문제가 이 작품의 주제임을 드러낸다. 주인공이 입센을 읽은 것, 여주인공이 노르웨이와 '형제의식'이 강한 덴마크 여인으로 상정된 것은 의도적 장치라 하겠다. 또 그녀의 모든 지식은 "정확"하고 "놀라운" 것으로 강조되는데(4, 140, 145), 이어 저택에서의 노동 학대와 인격적 모욕(식당 문 뒤 구석에서의 식사)에 관한 그녀의 고백을 들은 세료자는 "마음 깊이" 고통스러워하고 깊은 연민으로 요동치기 시작한다(4, 114-5). 그는 즉시 여주인인 프레스텔린 부인에게 조소적인 태도를 보이고 "농담" 하는 등 난데없이 "증오"를 표현하기도 한

94_밀러 2005: 95-6. 여성의 잠재력에 대해 두려움을 지닌 도스토옙스키는 여성문제에서 남성우월주의적인 모습을 보이며 여주인공은 '스캔들'을 일으키는 형상으로 묘사된다(밀러 2005: 96, 97). 수슬로바와의 연애는 여성 인식 발전과 학대받는 여성들에 대한 관심을 불러일으켰지만 여성 형상은 적극적인 투쟁 능력이 없는 것으로 드러난다. 《죄와 벌》에서 그려진 것도 러시아 지식인의 비극으로(조주관 2007: 88-89, 131) 대부분 남주인공 심리 전개에 할애될 뿐이다.

다(4, 115–6).

하지만 세료자가 아릴드의 문제에 대해 근본적으로 고민하게 되는 것은 그녀와 함께 교외를 산책한 다음이다. 그때 그녀에 대한 사랑의 감정이 싹트는데, 그는 그녀뿐 아니라 그녀와 같은 처지에 있는 모든 여성에 대해 생각한다:

> "예기치 않게 일어난 모든 새로운 일을 인간이 미리 마음속으로 지나갔다고 여기고서 그를 그토록 모욕하거나 놀라게 한 자들이 디딘 땅과 전혀 다르게 기반부터가 새로운 땅을 필요로 하는 그런 날이 올 때까지 그는 얼마나 위로될 수 없는 큰 치욕을 받아야 하는지!" 이 시기에 난생처음으로 부(富)에 대한 생각이 그의 마음을 차지하기 시작했다. [...] 그는 아릴드에게 부를 건네주고서 그것을 다른 여성들에게 나눠 주라고 부탁할 것이다. (4, 118)

세료자가 여성들을 사회적 억압에서 해방시킬 방법으로 "부"의 재분배를 생각하는 모습은 박애에 기초한 기독교적 인류애와 교차하는 듯하다. 이 점은 아릴드에 관한 "이야기"에 이어, 그가 만난 다른 학대받는 여성들에 관한 "이야기"가 병치되는 작품 구조를 통해서도 확인할 수 있다. 학대받는 여성들 가운데에는 그가 그즈음 "우연히" 알게 된(4, 118) 사시카를 비롯한 거리의 창녀들이 있다. 세료자는 창녀들의 극빈의 삶 속에서 그들의 존엄성이 박탈돼 있음을 인식한다(4, 119). 따라서 그들 역시 세료자가 "해방"시켜야 할 대상이자 "기독교"적 사랑에 의한 "보호"와 "구원"의 대상임이 "뚜렷이" 강조된다:

> 바로 이곳 이 자리에서 인간이 고무될 수 있는 것은 그러한 빈곤으로 인해 주변이 시야에 들어왔기 때문이다 [...]. 이 극빈 지역에서 가장 뚜렷이 풍기는 구원의 손길은 기독교의 아주 강한 신호였다 [...]. 우리는 우리의 질투 대상인 여성을 해방하기 위한 자유를 얻고자 자유волю за

волею для вызволенья той, кого ревнуем를 갈망하는 것이다. 물론 여기에는 기독교의 구원 신호와 동일한 강렬함이 풍겼다. (4, 120)

이처럼 학대받는 여성 형상을 통한 사회적 불의의 인식 및 구원 문제의 제기는 19세기 도스토옙스키의 창작과 관련 있는 것으로 보인다.(일례로 사시카는 《카라마조프가의 형제들》의 그루센카와, 세료자는 《백치》의 미시킨과 비교되기도 한다.[95]) 그 가운데 특히 《죄와 벌》의 소냐와 라스콜리니코프의 경우처럼 민중 출신인 사시카와의 만남은 세료자로 하여금 더욱 강한 연민에 휩싸이도록 하며 인류 구원 문제를 고민하게 한다. 이런 그의 모습을 작가는 "라스콜리니코프의 딜레마"에 빠졌다고 표현하기도 한다(4, 124). 세료자는 사시카가 기거하는 유곽을 방문한 직후 학대받는 여성에게 분배할 부를 "조달"할 방법을 절박하게 찾는다:

하루속히 많은 돈을 조달해야 했다. […] 일을 해서 돈을 버는 것은 승리가 아니다. 승리 없이는 해방도 있을 수 없고. 조달 과정에서 공공연히 크게 떠벌린다거나 전설적인 것을 풍기는 행동은 가능한 해서는 안 된다. 갈릴레이의 경우도 정말로 작은 일에서 시작되지 않았는가. 일이 집 안에서 시작되어 외부로 확장됐고 세계적인 규모로 끝났다. […] 이러한 돈 분배의 회오리가 트베르스카야-얌스카야 거리들 중 한 곳이라도 휩쓸어 여성들의 손을 통해 확산된다면, 그것은 전 세계를 혁신할 것이다. 기반부터가 새로운 땅을 필요로 하는 이유도 바로 여기에 있지. (4, 123)

결국 세료자는 스스로를 라스콜리니코프와 동일시하는데, 이때 그는 라스콜리니코프가 증오한 예의 "전당포 노파"를 사시카와 동일시한다('미래의 전당포 노파'. 4, 124). 사시카는 주인공의 연민 대상의 하

95_Dyck 1974: 618; Swift 2007: 114 참조.

나이지만 아릴드와 극히 대립적인 성향을 지닌 형상이다. 이렇듯 대극을 이루는 두 여주인공을 병치하는 것은 여성의 '이중성'을 구현하는 작가의 경향(즉 "육체적" vs "정신적" "미"(혹은 사랑)를 대표하는 두 여주인공을 그리는[96])이기도 하다. 하지만 이는 도스토옙스키 전통과 논쟁하기 위한 장치라고도 할 수 있다. 세료자가 라스콜리니코프와 유비된다고 할 때 단순한 민중 형상인 창녀 사시카는 얼핏 소냐를 상기시킨다. 하지만 열악한 상황에 적응하여 자신의 일에 노련한 그녀는 대담할 정도로 뻔뻔하며 도덕적 윤리와는 거리가 멀다. 겸손과 신실, 민중의 지혜 등을 지닌, 수동적이고 순종적인 소냐와는 다른 것이다. 그녀의 조악하고 속물적인 모습은 소냐를 패러디하는 듯한 인상마저 준다:

> 그녀는 […] 그들을 방으로 들인 노파가 가져온 양철 대야에 어떤 수치심이나 뻔뻔함도 없이 오줌을 누는 것이었다. […] 아무 쓸모없이 뜨겁게 이는 거침없는 태도 […] 이렇게 두루두루 민첩한 모습은 운명에 대한 그녀의 응답이기도 했다. 인간이 형틀에 있을 때 그러하듯이 울부짖고 상소리 하는 등, 인간의 모든 자연스러운 반응이 […];
> "난 혼자 갈 거야, 호색한들이 더 유쾌해지도록 말이야.";
> 창녀인 그녀는 인도로 다녀서는 안 된다. […] 충동이 이는 대로 행동하지 않는가. (4, 119–20, 122, 123)

사시카는 문명화된 어두운 사회의 폐단적 현상("운명", "응답")이다. 이는 세료자가 식민지 개척과 유럽 문명화가 진행된 거리를 떠올리며 사시카에게 얼마나 위협적인 곳인지 강조한 데서도(4, 123) 알 수 있다. 그런데 세료자는 라스콜리니코프와 달리 사시카와 같은 부정적인 여성상을 경멸하지도 사회의 잠재적인 해로운 '이(蝨)'로 보지도 않는다. 그렇기는커녕 그녀를 세상에서 가장 사랑하기까지 한다(4, 121).

96_Dyck 1974: 624; Clowes 1990; Быков 2007: 136–7, 325; 임혜영 2011: 99; Нумано 2011: 93.

사시카에 대한 세료자의 태도에서 도스토옙스키와 파스테르나크의 문학적 논쟁은 정점에 이른다고 할 수 있다. 도스토옙스키가 《죄와 벌》에서 러시아 지식인을 비극으로부터 구원하는 열쇠로 '대지주의 почвенничество', 즉 민중 정신과의 접촉을 들었을 때, 그것은 대지 숭배에서 비롯된 전인류성과 신성성, 겸손, 동정심, 그리고 지혜 등과 같은 민중 정신의 속성과 관계된 것이며(조혜경 2001: 90–95) 긍정적인 여성상 소냐의 속성과도 관계된 것이다. 하지만 그러한 민중 정신에 자기 잇속을 차리는 전당포 노파와 같은 부정적인 여성상은 분명 포함되지 않는다.

페테르부르크 작가 도스토옙스키의 슬라브주의적 입장이 드러난 《죄와 벌》 속의 대지주의는, 모스크바 작가 파스테르나크의 "신성한 장소로서의 지구에 대한 믿음"–'지구중심주의геоцентризм'(Вильмонт 1987: 131–2; 임혜영 2001b: 536)에 내재된 여성성 중심의 여성 신화와 비교할 때, 이상화된 러시아 민중 공동체 중심의 민중 신화적 특성을 띠는 것으로 드러난다. 도스토옙스키의 주인공의 경우 실질적으로는 소냐와만 융합을 체험했다면 세료자는 생명의 여신이나 죽음의 여신–힘, 각각을 상징하는 긍정적, 부정적인 여성 형상 모두와 하나 됨('닮음')을 체험했다고 할 수 있다. 사실 라스콜리니코프와 소냐 사이에는 신분이나 심리상의 큰 간극이 존재하는바 남주인공이 죄를 고백한 후에도 소냐에게 '경멸'하는 듯한 거친 태도와 '오만'한 모습을 보여 그 간극은 좁혀지지 않는다. 단지 에필로그에서 소냐에 대한 그의 사랑과 그녀의 희생 정신이 양자를 구원에 이르게 한다는 모호한 암시로써 그의 "갱생"이 상징적으로 표현될 뿐으로[97], 이는 부활한 남주인공이 그가 반역했던 '위대한 여신'들과도 궁극적으로 '화해'한 것임(이형구 2007: 389)을 상징하기도 한다. 하지만 부정적인 여성상들과 어떻게 융합할 수 있는지, 그의 소명은 무엇인지는 제시되거나 전개되지 않았던

97_모출스끼, "5막 비극으로서의 《죄와 벌》." 1995, 도스또예프스끼 2002: 869–71에서 재인용; 조주관 2007: 128–9.

것이다.

그에 반해 세료자는 도스토옙스키적인 민중 정신의 자질을 전혀 찾아볼 수 없는 사시카를 가장 사랑할 뿐 아니라 무엇보다 창녀들에게서 동질감을 느꼈던 것이다. 흥미롭게도 동질감은 먼저 창녀들 쪽에서 느끼는데, 이 때문에 그녀들의 "고백"이 시작되기도 한다:

> 이 여자들이 왜 세료자에게 고백했는지는 미지수다. 그는 그들이 있는 데에 가서 꼬치꼬치 캐묻지는 않았다 [⋯]. 그 가운데 한 여자는 그가 어딘가 자신들과 닮은 것 같다고 말했는데, 이는 이 여자들로 하여금 그에게 끌리도록 한 무의식적인 신뢰를 설명해주는 듯 했다.
> (4, 118–9)

창녀들과 세료자 간의 동질감은 본질적으로 모든 인류가 공통적인 근원을 두고 있다는 느낌, 곧 존재론적으로 같은 기원을 지님으로써 느끼는 무의식적인 가까운, 친밀함이라고 할 수 있다. 이러한 친밀감은 이른바 여성 신화를 통해 고래로부터 인간의 무의식에 전해지는 것으로, 만물의 근원–위대한 어머니와 그 자녀의 하나 됨에 대한 감각이다. 거리의 여성들은 세료자와 같은 근원적 뿌리를 가진 혈육으로서 상징적으로 어머니며 '누이'이고 연인인 셈이다. 일례로 소냐와 라스콜리니코프의 대화를 상기시키는 듯 밤에 세료자는 사시카의 거처에서 친밀한 "대화"를 하는데, 그것은 이성적 판단이나 종교적 숭배심이 아니라 역시 존재론적으로 '닮음'과 "무의식적인 신뢰"에 바탕을 둔 것이다 ("자기는 우리 같은 여자들에 대해 많은 것을 이해하고 있어!" 4, 122). 대화는 사시카를 극히 만족스런 상태로 이르게 한다(4, 121). 그녀에게 대화야말로 유일하게 인간적 대접을 받게 하여 "자존감"을 회복시켜주는 정신적 구원의 수단인 셈이다. 대화를 통한 교류는 세료자에게도 더욱 인간 본연의 모습("진정한 인간")으로 되돌아가게 해준다. 라스콜리니코프와 소냐의 경우와 달리 세료자와 사시카의 교류에는 모든 신분적 심리적 간극과 경계가 제거됨으로써 서로 동등하게 하나 된 모습이 엿보인다(Cf.: "도스토예프스키의 사고 속에서 […] 모든 관계는 […] 등가적이기 보다는 위계적이다. 그의 사고의 기저에는 러시아 정교에도 고유한 가부장적 성격이 드리워져 있다. […] '소보르노스티'는 […] 도스토예프스키에게 […] 현실이기 보다는 오히려 이상에 가깝다. […] 그의 이상은 동등하지 않은 사람들 사이의 상호간의 사랑과 존중의 이상이다. 그의 조화는 위계적 […] 질서에 의한 조화이다." 오원교 2012: 83).[98]

파스테르나크의 남녀 주인공의 관계가 존재론적 하나 됨에 바탕을 뒀다는 것은, 세료자가 사시카를 가장 사랑하는 이유가 그녀의 신앙심이나 지혜가 아닌 역동적 생명력 때문이라는 점에서도 확인된다(4, 119, 122). 그녀의 생명력은 모든 만물을 포용하고 그것들을 하나로 만드는 위대한 어머니 여신의 잠재력에 다름 아니다("하루가 끝나기도 전에 온 세상 사람들을 허물없이 "자기"라고 불렀다. […] 자신의 손길이 닿은 모든 것에 […] 아름다운 목소리를 죄다 쏟아내어 고르게 만들기도 하는 그런 여자였다." 4, 119). 그런데 사시카에게 잠재된 여성성은 본격적으로 전개되지는 않는다. 그러한 여성성은 아릴드를 통해 제시되는바, 두 여성은 대극을 이룸과 동시에 서로를 보완한다. 사시카는 강한 역동성과 생명력을 가졌지만 끊임없이 죽음의 위협을 받는다(4, 120, 122). 죽음의 문턱에 있는 그녀의 생명력과 그것에 대한 애절함이 바로 주인공이 그녀를 가장 사랑하는 한 이유라고 할 수 있다[99].

아릴드는 여성에 대한 불공정한 대우에 항의하는 지적이고 도도한 여성이다. 그러므로 '순종의 화신' 소냐와 논쟁적 위치에 있다고 발리가 지적하는 가르신의 지적인 창녀 나데지다와는 흡사하나 소냐와는 대립되는 듯하다. 하지만 본질적 성향에 있어서는 소냐의 대부분의 자질을 가진 것으로 드러난다. 신실함과 지혜에 가까운 "놀라운 지식"을

98_누마노는 창녀들과 세료자의 '닮음'에 대해 그의 개인성에 깃든 "여성적" 원리 때문이라고 지적하지만 그들 간에 사회적 격차가 존재한다고 본다(Нумано 2011: 92).

99_Нумано 2011: 93–4 참조.

가진 아릴드에 대한 세료자의 사랑은, 소냐에 대한 라스콜리니코프의 사랑에 근접해 보이기 때문이다. 그것은 미시킨 식의 형제애적인 '동정'(조혜경 2001: 94–5)과도 상통하는데, 실제로 세료자는 미시킨이 나스타시아에게 하듯 아릴드에게 청혼까지 한다. 이때 그는 도스토옙스키 식의 윤리적, 기독교적 판단("유쾌한 얼굴이나 정말 지극히 고통을 당했군. 이건 도도함의 얼굴이야 […] 그녀가 […] 만일 선하다면 모든 것이 구원될 텐데!" 조혜경 2001: 88–9)을 하지는 않는다. 그가 청혼하는 이유는 아릴드가 아름다워서도 동정심 때문만도 아니다[100]. 모든 여성에게 느끼듯 그녀에게서 동일한 존재론적인 근원을 느끼기도 했지만 그는 그녀와 꾸준한 대화와 교제를 통해 그녀의 내면을 이해했기 때문이다.

무엇보다 민중인 사시카와 세료자의 사랑에서 육체적 사랑이 우세하다면, 아릴드와의 사랑에서는 정신적 사랑이 우세하다고 할 수 있다. 전자의 사랑 형태는 "바보"스러운 성정까지 서로 같은, 수평적 대등 관계에 기초한다면 후자의 경우는 여성에 대한 경모심이 수반되는, 수직적 대등 관계에 기초한다고 할 수 있다. 특히 작품 말미에 드러난, 스코틀랜드 왕족 매리 스튜어트로 거슬러 올라가는 아릴드의 유전적 요소(4, 146)는 세료자가 그녀에게서 영의 인도자, 이른바 소피아의 여성성을 느꼈음을 좀 더 뚜렷이 해주는 역할을 한다.

이와 같이 우리는 러시아 민중 출신의 여성과 함께 외국 여성이 병치되는 구조를 통해, 파스테르나크의 주인공이 여성들에게서 동질감을 느끼고 하나 됨을 체험하는 이유가 그 여성들이 도스토옙스키 식의 인류를 구원할 러시아 민중 정신의 이상적인 힘을 지녔거나 도덕적 선이 부재한 악마적 미망을 가져서도 아니며, 고난 받는 러시아 민족이어서도 아님을 알 수 있다. 그 이유는 바로 그들이 동일한 존재론적 근원이 되는 위대한 어머니의 여성성을 지닌 형상이기 때문이다.

파스테르나크는 여성 형상을 통해 그의 여성 해방과 구원론이, 대지

100_빈약한 머리숱에서 드러나듯(Быков 2007: 325) 그녀는 창녀들의 풍만한 "매력적인" 여성상(4, 118)과는 거리가 멀다.

주의를 바탕으로 한 도스토옙스키의 기독교적 도덕적 전일성을 넘어섬을 보여 준다("도스토예프스키는 러시아 민중과 러시아 정교 이념을 그 토대로 삼았는데 […] 러시아의 보편성은 민족적인 배타성으로 확연하게 변질된다. […] 범인류적 반향 […] 의 능력은 러시아인만의 '범인류성의 본능'으로 치환되고 […] 전 인류의 구원과 통합이라는 러시아 민족의 세계사적 사명이 배태된다." 오원교 2012: 82). 그의 구원론은 존재론적 근원에 뿌리 둔 여성 신화적인 구원론이다. 나아가 파스테르나크의 이중적 여성상은 삶의 양 측면을 구현하기 위한 것으로[101], 영혼의 어두운 측면을 지녀 스캔들을 일으키는 도스토옙스키의 모순적이고 부조화된 여성(그렇기에 피해자이면서 동시에 가해자가 된 여성)을 구현하기 위한 것이 아님도 자명해진다. 파스테르나크와 그의 주인공에게 모든 여성은 "적대감"이나 "직접적인 악의"를 불러일으키지 않을 뿐 아니라 어떻게든 늘 동정을 일으키는 존재로 본질적으로는 삶의 희생자이며 피해자이다("그는 세상의 누구에게도 적대감을 가지지 않듯 지금 부인에게도 직접적인 악의는 없었다. […] 무척 힘들지만 값진 삶의 모든 측면은 회피한 채 예외적으로 성나게 할 만큼 삶에 대한 손쉬운 승리를 한 부인의 모습만 증오할 뿐이었다."4, 116). 그렇기에 세료자는 사시카뿐만 아니라 아릴드를 학대하는 프레스텔른 부인 등 모든 부정적 형상과도 "화해"와 융합을 이룬다.[102]

(2) 《이집트의 밤》의 '공연과 거래' 모티프의 수용과 변형

여성 해방을 위해 세료자는 부의 재분배를 생각했지만, 부를 조달하는 방법으로 그가 결국 선택하는 것은 이념에 의한 살인도 혁명가의 폭력적 저항도 아니라 예술 창작으로 드러난다. 이는 푸시킨 전통의 수용을 가져왔다고 할 수 있다. 《이집트의 밤》에 나타난 공연과 거래의 모티프가 그러하다. 푸시킨의 공연과 거래의 모티프는 《이야기》의 클라이막

101_Нумано 2011: 100 참조.

102_파스테르나크의 여성 인식이 주관적이라는 지적(Быков 2007: 325)은 주목할 만하다.

스인 4장에서 등장한다. 사시카와 헤어진 후 돈을 조달할 방법을 고민하는 세료자는 두 단계의 돈이 필요할 것으로 본다. 처음에 돈을 분배할 여성들을 그들의 열악한 환경에서 해방하는데 필요한 돈('150 혹은 200루블')과 모든 여성에게 나눠 줄 큰 액수("수백만 루블")의 돈이 그러하다(4, 123). 그때 그의 머릿속에 편집자 코발렌코가 떠오른다. 그는 코발렌코에게 편지를 쓰는바, 이 지점에서 《이야기》 플롯에 전환이 발생한다. 편지를 중심으로 세료자의 창작 세계가 소개되는 바, 《이야기》의 이중 구조—세료자의 현실 vs 그의 작품세계; 원(原)텍스트 vs 삽입 텍스트 등—가 시작되기 때문이다:

> 어디서 그만한 돈을 구한단 말인가? […] 프레스텔른 댁에서는 선불로 이미 두 달 과외비를 받았고 팔 수 있는 것이라고는 아무것도 없으니 […]. 갑자기 그는 봄에 있었던 코발렌코와의 만남을 상기했다 […]. 이야기가 이제는 완성되어 준비됐다고 자부할 수 있을만큼 구체적으로 그의 머릿속에 떠올랐다. […] 정직한 수많은 출처에서 올 그 돈을 어디서 얻을 수 있는지 깨닫게 되었다. (4, 124–5);
> "저 결혼합니다 […] 돈이 꼭 필요합니다. 당신에게 말씀드렸던 이야기를 드라마로 개작하고 있습니다. 운문 드라마가 될 겁니다." 그는 이야기의 내용을 서술하기 시작했다 […] '이그레그(Y) 3세' […] 이 이름을 가진 자는 칼리오스트로도 이집트의(심지어) 밤들의 주인공도 아니다. […] 어떤 의도를 가지고 신중하게 창조된 한 사람이라는 것이 곧바로 보인다. (4, 134)

세료자는 아릴드에게 청혼을 하기도 하지만, 첫 단계의 돈을 얻기 위한 일종의 담보로서의 작품 구상을 편지에 적는 일에 전념한다. 그의 구상에서 주목되는 것은 그의 주인공 이그레그 3세가 그와 동일 문제에 마주한 예술가이며, 공연과 거래("경매")를 통해 문제를 해결하려 한다는 점이다. 세료자는 자신의 주인공이 《이집트의 밤》의 "주인공"

과 다르다고 강조하는데, 이로써 푸시킨의 텍스트는 《이야기》에서 그리 큰 비중을 차지 않은 것처럼 보이기도 한다. 하지만 《이야기》 구조 전체를 면밀히 살펴보면 《이집트의 밤》과 함께 그것을 중심으로 수용된 푸시킨의 전통—1824년 시 〈서적상과 시인의 대화〉, 1830년 산문 《단편》, 1833년의 편지와 미완성 시 〈에제르스키〉, 1824년 시 〈클레오파트라〉 등—은 전체 메시지를 이해하는데 커다란 역할을 하는 것으로 드러난다.

푸시킨의 성숙기 산문 《이집트의 밤》에는 대중에 대한 시인의 영향력 문제가 담겨있어(이형숙 2001: 33–34) 예술과 현실의 연관 문제가 다루어진다. 그런데 그곳에서 예술과 현실의 문제는 시인의 영향력 측면에서만 다루어진다고 할 수 없다. 비록 숨겨진 듯 전면화 되지는 않았지만 해당 문제는 가난한 예술가 형상을 통해서도 다루어지고 있기 때문이다. 《이집트의 밤》은 1830년에 창작된 자전적 《단편》과도 연관된다(긴즈부르크 2010: 313–6), 《단편》의 주인공은 출판사의 고료에 의존하는 가난한 작가로 푸시킨의 자전적 디테일들을 보존하고 있다. 가난한 귀족 가문의 후손이란 자전적 특징들이 《이집트의 밤》에서는 제거되고 반대로 부유한 귀족 차르스키가 창조되지만 여전히 《단편》과 유사한 몇몇 디테일, 심리적 상황 등이 보존된다. 바로 궁핍한 이탈리아 즉흥시인의 형상을 통해서이다. 즉흥시인은 차르스키의 분신이자 진정한 시인으로, 그를 통해 '세태의 공허와 무가치함'이 묘사된다. 뿐만 아니라 궁핍으로 인해 "모멸"에 처한 예술가의 "사회적 비극" 또한 다루어진다.

현실 사회에 의존해야하는 예술가의 문제는 《이집트의 밤》의 테마를 이해하는데 결정적 역할을 한다. '모순된 것들'—영감 vs 이해타산, 예술 vs 상업, 열정적 사랑 vs 죽음의 홍정, 비렁뱅이 즉흥시인 vs 귀족시인 등—의 '병치' 테마(김진영 2008: 145–6)가 바로 그러하다. 예술가(그리고 그의 즉흥시 속의 클레오파트라)의 현실적 제약—금전적(클레오파트라의 경우 정치적) 제약 등—문제야말로 현실 속 모순들의 발원지가 되는바, 그러한 모순들을 해결하기 위해서는 현실의 제약을 제거해야하기 때문이다. 명성에 대한 과도한 거부 반응을 보이는 차르스키의 심리를 단적인 예로 들 수 있다. 그의 심리에 대한 원인은《이집트의 밤》과 연관된 작품을 컨텍스트로 할 때 찾을 수 있다. 그것은 대중의 개입을 피할 수 없는 시인의 "자유" 문제와 관련된다(김진영 2008: 142-7). 현실과 예술의 문제는 1824년 이후의 작품-"현실의 시поэзии действительности"를 더 주장하고 자신을 알려는 당시 시인의 지향이 담겨 있는 〈서적상과 시인의 대화〉와 러시아 및 여타 민중의 국민적 이미지와 본질을 표현한 〈클레오파트라〉등-에서 제기되었다(Благой 1959 참조).

파스테르나크는《이집트의 밤》과 관련된 푸시킨의 창작 세계를 염두에 둔 듯, 대중에 대한 시인의 영향력 문제만 다루지 않는다. 사회와 의존적 관계를 가진 예술가 문제를 부각시켜 폭넓게 예술과 현실의 문제를 제시한다. 차르스키처럼 세료자는 출판사에 의존하는 전업 작가도 궁핍한 상황에 있는 것도 아니다. 그가 부유한 상인의 저택에서 대우 받는 가정교사로 설정된 것은 학대받는 여성들을 도울 수 있게 한 장치인 듯하다. 하지만 이미 봄에 출판업자를 만날 당시 창작 준비 상황을 보고해야할 압박을 느낀 점(4, 110), 결혼과 함께 여성 해방을 위해 많은 금전적 필요가 있을 때 출판업자에게 도움을 청하는 점 등을 보면 출판업자와 의존관계에 있음이 분명하다.

그런데 출판업자와의 의존관계는 푸시킨의 주인공-차르스키 혹은 〈서적상과 시인의 대화〉 속의 시인 등-의 경우와 다른 것으로 드러난다. 잡지의 편집자 코롤렌코는 푸시킨의 서적상의 '몰이해'나 '충고자'의 모습(뿌쉬낀 2001: 158-160)보다는 그것을 넘어 작가 편에서의 이해와 "지지"를 주는 자로, 세료자의 최후의 의존처다(4, 110-1). 물론 차르스키와 세료자 간에는 세부적인 차이-이미 명성을 얻은 시인과 이제 막 데뷔를 준비하는 시인, 부유한 귀족과 가정교사로 일하는 지식인 등-가 존재한다. 하지만 영감으로 창작하는 진정한 시인이란 점에서는 동일하다[103]. 시인의 칭호를 꺼리면서도 시인의 본분을 벗어나지 못하는 차르스키는 세료자와 공통적으로 현실과 소통해야하는 예술가적 운명을 지녔다고 하겠다. 차르스키가 대중과의 접촉을 필요로 하고 창조 "순간"에만 "진정한 행복"을 느낀다는 것에서(뿌쉬킨 1999: 321-3) 그러하다.

출판업자와의 대립 문제의 해결처럼 《이야기》에서 대중과 예술가의 대립도 원만히 해결되는 것으로 보인다. 다만 '대중에게 영향력을 주는 시인' 형상이 현실이 아닌 세료자의 작품 속에서 구현된다. 하지만 이는 푸시킨과 차이를 이루는 결정적 요소는 아니다. 허구라는 설정만 다를 뿐, 세료자와 그의 주인공 이그레그가 처한 배경—현(現)수도의 부유한 상인계층—이 극히 동일하게 설정됨으로써(4, 134) 이그레그가 세료자의 고민을 대신 해결하고 있음이 강조되기 때문이다. 대중과의 접촉-공연을 세료자의 분신인 이그레그가 행하는 것은 즉흥시인이 차르스키를 대신하는 구조와 같다. 세료자의 동시대인들을 반영한 듯 이그레그의 공연을 보러 오는 갑부들은 허영과 속물성으로 차 있다. 그러한 모습은 정도의 차는 있으나 푸시킨에 있어 권태와 사치, 향락적 세태가 만연한 페테르부르크 귀족 사회의 모습과 상통한다("어떤 사람들은 호기심에서, 또 어떤 사람들은 어떻게든 저녁 시간을 보내기 위해서 [···] 이탈리아어를 이해한다는 걸 보여주기 위해 올 겁니다." 뿌쉬킨 1999: 327. Cf.: "경매 망치 소리가 울리는 곳으로 [···] 가는 일이 젊은 상인 계층 사이에서 일어난다. 그들은 무대 장식가 스케치에 맞춰 집 안 가구를 배치하는가 하면 담화에 인도 영성 연구 체계의 전문 용어를 곁들이는 취향을 가졌다. [···] 웃음거리가 되는 건 아닌지 [···] 호기심은 경계심보다 더 강한 법. 게다가 날씨마저 끝내준다." 4, 134).

즉흥시인의 시 〈클레오파트라〉의 "내밀한" 의미가, 원 텍스트 《이집트의 밤》에 투영된 푸시킨의 "사회적 이념"과 "사상"을 드러낸다고 할 수 있듯이(Слуцкая 2013)[104], 세료자의 "운문 드라마"인 이그레그 3세의

103_뿌쉬킨 1999: 323; 4, 125, 111, 123 참조.

연주와 낭독 내용은《이야기》의 주요 사상을 드러낸다 할 것이다. 이그레그 3세는 공연 형식을 띤 경매에서 먼저 즉흥적인 연주를 하는데, 이는 즉흥시인의 경우처럼 청중에게 감동의 전율을 일으킨다:

> 이그레그는 자신의 연주 테마로 밤하늘을 선택한다. 곧 [⋯] 깃털 구름에 싸인 채, 바람으로 얽히고설킨 숲 속의 푸른 황산 빛깔과 유향나무 향을 내며 피어오르는 증기에 덮인 채 욕조에서 나오는 그런 밤하늘을. 또한 [⋯] 별들이 힘차게 터져 나온 그런 밤하늘을. 이렇게 아무리 벗어나려 애써도 공간과 결코 헤어질 수 없는 증기 방울이 내는 광채는 이그레그의 연주에 의해 이미 피아노의 수풀 여기저기에 매달려 있다. [⋯] 선택한 테마를 그만 연주하기도 다시 연주하기도 한다. 그럼으로써 테마를 잊게 하는가 하면 다시 기억하게도 한다 [⋯]. 연주자는 음악 언어의 진실성을 의심하려 하는 자가 있을라치면 놀랍게도 예기치 않은 소리의 기적을 다시 굳건히 일으켜 믿음이 적은 그자에게 퍼부어 준다. 이 소리는 연주자 자신의 기적적인 목소리, 곧 그들이 미래에 감각하고 기억할 수단이다. 이렇게 소리가 일으키는 기적의 힘은 [⋯] 상인 계층과 값비싼 빈산(産) 의자의 뼈들을 꺾어 굴복시키고. (4, 137)

영감에 찬 예술가의 "기적적인" 소리는 청중으로 하여금 잠시나마 허영과 세속적인 관심, 욕망에서 벗어나게 한다. 연주가 "기적의 힘"을 발휘할 수 있었던 것은 "영감의 실재"를 보여줌과 동시에 이그레그가 선택한 연주 주제가 공연 당일 비오는 날 밤에 일치하기 때문이다. 온통 하나가 된 주변 모습이 음악에 고스란히 담겨 들려짐으로써("음악 언어의 진실성") 청중은 하나 된 세계의 모습을 느낄 수 있었던 것이다. 공연자-예술가가 그의 의도가 반영된 주제를 선택한 것은 푸시킨의 경

104_생애 말까지 작가의 관심을 받은 〈클레오파트라〉의 "클레오파트라 테마"에 대해선 Лебедева 2012 참조.

우와 유사하다고 할 수 있다. 푸시킨의 경우 청중에게 주제를 택하게 했지만 정작 뽑힌 제비—"클레오파트라와 그의 연인들"—를 적은 것은 즉흥시인의 분신인 차르스키였기 때문이다. 두 작가의 주인공들이 선택한 주제는 현실을 반영하는 예술의 모습을 띤다는 공통점을 보인다. 다만 즉흥시인의 시 텍스트와 직접 상응되는 것은 이그레그의 낭독 텍스트라 할 수 있다. 낭독 텍스트의 경우 예술가와 청중의 대화 형식("운문 드라마")을 통해 현실과 예술 문제가 직접 제시되기 때문이다:

> 그는 낭독도 음악처럼 정확하게 한다. 그는 자신의 의중(意中)을 다음처럼 털어놓는다:
> 여러분께 […] 압운시를 읽어 드리겠습니다. […] 이 과장된 말 속에는 […] 묘사하며 직유법을 사용하는 일이 등장하죠. 이러한 묘사와 직유는 이미지들, 곧 말로 표현한 기적이며 화살처럼 지상에 절대 복종하는 예들입니다. 말하자면 그것은 시들이 미래에 지닐 도덕성, 시들이 지향하는 진리가 나아갈 방향이지요 […]. 그는 존재가 비존재와 가장 뚜렷이 구별되는 모습은 살아 있는 아름다운 모습이라고 보았다. […] 예술은 지상에 아주 많이 널려 있는, 끝없이 처절한 빈곤에서 탄생하는 법이다 […] 프랑스어 구절이 사각거리는 소리가 그의 귓가에 들린다 […]. 그들은 그에게 모든 생각은 잊고 계속 연주만 해 달라고, 연주를 멈추지 말라고 귓속말로 부탁하는 것이었다. 그가 예술에 관해 말한 이 모든 것은 자신들이 듣고 싶은 바가 아니라면서. (4, 138)

설명 형태를 띤 낭독은 이그레그(나아가 파스테르나크)의 예술관의 피력에 다름 아니다. 시가 즉흥적인 것이 아니라 "준비"된 이그레그의 작품이라는 점은 (차르스키가 준비한 클레오파트라 테마처럼) 그곳에 특별한 견해가 반영되었음("의중")을 암시한다.[105] 이그레그에 의하면 진정한 예술은 지상 현실을 반영할 뿐만 아니라("지상에 절대 복종") 사회적으로 "도덕"적인 역할을 한다. 그의 예술은, "인간 속의 인간다움

человека в человеке"을 기르는 데 돕는 푸시킨 창작 전체의 '휴머니즘적 성격'에서 벨린스키가 본 "도덕적" 힘нравственную силу[106]을 지녔다. 그가 경매를 연 목적도 지상의 빈곤으로 상실된 인간의 존엄성, 이른바 휴머니즘의 회복과 그것을 위한 빈곤 문제의 해결이다. 이그레그에게 공연은 빈곤한 이웃에 무관심하지 말고 모두 하나가 되어 빈곤 문제 해결에 동참할 것을 요청하는 장(場)인 셈이다.

그런데 청중은 공감은 커녕, 낭독을 제지하려고까지 한다. 진정한 예술에 관한 것에는 무관심하고 감각적인 연주만을 들으려하는 대중의 태도는 진정한 예술-"진리"에 대한 몰이해를 단적으로 보여준다. 이는 《이집트의 밤》에서 감각적 "만족"과 "이익" 충족을 위해 시인과 예술을 대하는 대중의 모습과 상통한다. 낭독이 대화 형식을 통해 청중에게 진정한 예술의 모습을 제시해 줌에도 불구하고 이처럼 몰이해에 직면한 것은 예술가와 청중 간 간극이 첨예화됐음을 뜻한다.

첨예화된 예술과 현실, 시인과 대중의 간극 문제는, 진정한 열정("사랑")과 속물적 욕망 간 문제[107]로 변형되었을 뿐 즉흥시인의 시 〈클레오파트라〉의 대립 테마와도 상통한다고 볼 수 있다. 그러한 대립 테마는 청중에게 거래를 제안하는 클레오파트라가 즉흥시 낭독을 시작하는 즉흥시인의 모습과 상응하는 데서 단적으로 드러난다: "눈을 반짝이면서 머리를 오만하게 들어올렸다. [...] 순간적인 감정의 표현이 그의 입술을 통해 [...] 날아올랐다(뿌쉬낀 1999: 329); 신의 강림을 느끼고 있었다. [...] 눈은 신비한 불길로 반짝였다. [...] 머리칼을 쓸어 올리고 [...] 즉흥시가 시작되었다. [...] 눈길은 [...] 빛을 더했네. [...] 이마를 들고 빛나는 모습으로 말을 하네."(뿌쉬낀 1999: 337-8). 결국 사랑의 거래 모티프—"누가 이 정열의 거래에 참여할 것인가? / 자, 내 사랑을 파노라"(뿌쉬낀 1999: 338)—는 인간의 속물성으로 인해 진정한 사랑이 왜곡된 현

105_실제로 이그레그의 예술관은 파스테르나크의 여타 창작(예를 들면 4, 180)에서도 반복돼 발견된다.

106_Благой 1959 참조.

107_Лебедева 2012: 93-100 참조.

실을 드러내는바 두 작가가 공히 이중적으로 재현한 "거래" 모티프는, 거래 될 수 없는 정신적 가치—예술, 사랑—가 세속적으로 대해지는 세태를 반영한 것이다.

흥미로운 점은 두 삽입 텍스트에 왜곡된 예술과 사랑의 가치가 교정되는 순간, 가장 극적인 순간이 도래한다는 것이다. 대립 요소들의 극단적 상치(相馳)와 경계를 제거하려는 이그레그는 대중에 대해 희망의 끈을 놓지 않으며 낙찰 직전 극도의 긴장을 보인다("그는 20분가량 원인 모를 심한 오한이 난다." 4, 138). 그때 마침내 그의 생각과 의도를 진심으로 이해한 "위대한" 자선가가 나타난다(4, 139). 구매 동기에 개인적인 만족이나 이익이 전혀 개입되지 않은 이 자선가는 세료자의 고상한 기획에 지지를 보내면서 세료자의 모든 의도를 이해하지 못한다고 겸손히 고백한다. 그리고 아무런 보상적 요구 없이 그를 자유롭게 놓아주기까지 한다. 비록 청중 한 명과의 교감이지만 이로써 영감과 이해타산, 나아가 예술과 현실의 극단적 모순은 어느 정도 무마된다. 푸시킨의 테마에 대한 파스테르나크의 변주가 결정적으로 드러나는 순간이다.

암시 차원이지만 클레오파트라의 거래에서도 이러한 모순 제거 현상은 엿보인다. 이그레그의 경우와 달리 극적 순간이 고조되는 것은 여왕 자신이 아니라 희생자가 될 청중의 반응을 통해서이다("모두가 공포에 휩싸이고", 뿌쉬킨 1999: 339) 이어 진정한 사랑의 가치를 아는 청년이 등장한다. 여성의 "멸시"를 못 참는 자존심과 명예욕, "쾌락" 등이 동기가 된 두 도전자와 달리 청년은 "순수"한 사랑의 "힘"에서 목숨을 바치려고 각오한다. 속된 청중에 멸시를 보이던 오만한 여왕도 그에게는 태도를 바꿔 "감동"의 시선을 보낸다. 죽음과 사랑의 모순이 순간적으로나마 소멸되는 것이다.

두 삽입 텍스트에서 현실의 모순 해결은 물론 현실에서 이루어진 것이 아니다. 그렇다면 왜 허구의 형식을 빈 것일까. 이에 대해 두 가지로 생각해볼 수 있다. 우선 한 개인의 필요가 아닌 모든 여성의 해방과 구원이란 필요를 위한 수단을 충족해 줄 공연이란 현실에서 실현 불가능하기 때문이다. (파스테르나크가 줄곧 쓰는 말처럼) '동화 속에나 나올 법한' 일이다. 더욱이 부(클레오파트라의 경우 사랑)를 얻기 위해 목숨을 거는 거래는 세료자의 글 서두에서 제시되듯이 "불법"(4, 134)이고 도덕적으로도 부당한 일이다. 둘째, 그럼에도 파스테르나크와 그의 주인공이 공연과 거래를 떠올린 것은 현실의 모순 해결법이 궁극적으로 예술과 현실의 접촉, 곧 예술을 통한 대중의 영적 계몽에 있음을 확신하기 때문이라 할 수 있다. 허구 속에서나마 대화의 극적 형식을 띤 거래는 마치 거울처럼 대중을 각성시킬 미래 예술의 모습("미래의 도덕")을 비춰준 것에 다름 아니다. 그리고 즉흥 예술가적 형상을 도입한 것은 예술가 그리고 그 변이형-클레오파트라(로마의 힘이 커진 후 타인과의 관계를 통해 정치적 생명과 이집트 왕조를 지켜야 했던 여왕의 현실을 상기하라)의 영감과 청중의 "외적 의지" 사이의 밀접한 관계(뿌쉬킨 1999: 331)를 좀 더 생생하게 제시하기 위한 것이라 하겠다.[108] 두 삽입 텍스트는 이상향을 예술을 통해서라도 표현하려는 모든 인간의 보편적 특성이 발현된 결과인 셈이다.[109] 진정한 예술과 사랑, 각각을 위해 목숨을 건 개인의 등장은 정도 차이는 있으나 하나의 '이상적' 세계의 모습을 보여줌으로써 인간으로 하여금 속물성을 깨닫게 한다(참조: Слуцкая 2013; Быков 2007: 326).

파스테르나크에게 중요한 것은, 예술가가 체험하고 깨달은 진정한 예술이자 인류 구원을 위한 신비한 진리("지상은 빛나고 있다는 것을 그에게 들려 준 것은 온 인류의 목소리가 아닐까?"(4, 138))를 밝히는 것인바, 그는 그러한 진리를 푸시킨 전통의 변형을 거쳐 상징과 알레고리로써[110] 표현하는 것이다. 작가의 길로 들어서려하는 세료자의 경우 그

108_Cf.: 공연이 없으면 즉흥시는 없고 청중의 역할이 없다면 즉흥시인은 존재할 수가 없다(김진영 2008: 146).

109_가드너 2006: 29-30 참조. 일례로 《이야기》는 또 다른 예술이 포함되는 《햄릿》구조를 따르고(Barnes 1993: 28) 《이집트의 밤》 구조의 원형은 시와 산문이 공존하는 로마의 작가 페트로니우스의 소설이다(Слуцкая 2013).

110_알레고리의 기능에 대해서는 임혜영 2012: 237-8 참조.

러한 예술을 구체적으로 제시하는 일은 그의 앞으로의 과제이다. 부의 재분배 모티브는 대중의 각성의 가능성 제시를 위한 예로 원용됐을 뿐이다.[111]

세료자의 미래 예술의 모습과 관련하여 아릴드는 의미심장한 형상임은 언급되어야 한다. 진정한 예술이 살아있는 존재의 아름다움을 표현하는 것이라 할 때, 거기에는 빈곤에 처한 현실의 모습, 온 세상이 하나가 된 모습 등이 포함되는데, 아릴드가 바로 그러한 모습을 담지한 형상이다. 사시카보다 발전된 형상으로서 삶과 자연 자체를 상징하는 그녀는 세료자에게 창작적 영감을 줄 뿐만 아니라 영적 인도자의 역할도 한다. 사시카에 대한 이야기가 3장에서 끝나는데 반해 아릴드의 이야기가 마지막 5장까지 이어지는 것도 이 때문이다.

세료자가 아릴드의 본질을 결정적으로 이해하는 5장에서 그의 창작관도 확고해지는 바, 그녀의 "진정한" 모습은 하나가 된 "장려한" 자연 그 자체로 드러난다("골목 전체는 사방이 온통 안나였다. 이곳에서 세료자는 혼자가 아니었다. […] 이런 체험을 한 사람은 없었다! […] 그녀는 […] 광채를 내고 있었고 그의 도움을 청하지 않았다. 그는 진정한 아릴드의 모습 […] 이 모든 장려한 모습을 죽도록 그리워한 채 […] 포플러로 둘러싸인 그녀가 구름을 빨아들이고 […] 나오는 것을 보았다." 4, 142; "더 가까워지는 일은 결코 없을 것이다. 세상의 모든 것이 이해되어 더 이상 이해할 게 없을 정도다. 사는 일만 남았다." 4, 145). "광채"를 발하며 온 세상과 합일된 그녀는 만유를 포용하고 있는 위대한 어머니 여신 이미지의 구현에 다름 아니며[112]("초조하게 안나를 기다렸다. 그는 안나에게 몸을 던지고 […] 비속한 강박 관념에서 벗어나려는 것이었다." 4, 133) 그녀의 존재감으로 세료자는 만물과 하나 됨을 분명히 체험하게 된다. 이는 아릴드의 영적 '인

111_물질에 의한 도움과 구원(청중이 이그레그에게 제안했을 방법인)(4, 138)은, 세료자의 구상이 "소요"로 끝났듯(4, 139) 인간 본성의 모순(Окутюрье 1998: 80 참조)으로 한계가 자명하기 때문이다.

112_세료자의 연인이 어머니 같은 태도를 취함은 Нумано, Быков도 지적한다. 영의 인도자 소피아 형상에 대해선 임혜영 2011 참조.

도'를 통해 "이전에"는 "없었"던 새로운 예술, "혁명"적 예술을 그가 확립하는 순간이다(《이야기》의 최초의 제목이 "혁명"이었음을 상기하라. 1, 810). 라스콜리니코프와 가르신의 주인공 등의 폭력적인 혁명과 달리 예술에 의한 예술가의 '혁명'이 제시되는 것이다. 요컨대 파스테르나크는 '현실의 예술'을 지향한 푸시킨 전통의 변형을 통해, 출판을 포함한 예술과 대중의 교류 문제, 곧 여성과 모든 인류를 해방할 '자유'[113]를 얻는 문제를 구현한 것이다.

3. 인류를 구원할 미래의 예술

《이야기》 속의 여성 해방 테마를 푸시킨과 도스토옙스키 전통의 수용과 변형을 중심으로 살펴볼 수 있었다. 《이야기》는 파스테르나크에 있어 학대받는 여성이란 새로운 여성상이 등장하는 작품이다. 학대받는 여성과의 만남은 세료자로 하여금 사회 불의와 모순 문제를 고민하게 만들고 라스콜리니코프식 딜레마에 빠지게 했다. 전당포 노파를 증오하고 소냐에 대해서는 지식인의 우월한 입장에서 사랑이란 한계성을 보인 라스콜리니코프와 달리 세료자는 긍정적이든 부정적이든 모든 여성에 대해 동등한 입장에서 사랑하고 포용하는 태도를 보인다. 그가 미래의 전당포 노파의 모습을 가진 사시카에게서 처음부터 친밀감을 느끼고 그녀를 강하게 사랑한 것, 또한 그녀가 그로 인해 자존감을 회복한 것은 그의 사랑이 윤리적 잣대나 가치를 초월한 것임을 알 수 있게 해준다. 소냐의 많은 모습을 담지한 외국 여성 아릴드의 형상 역시 결국 파스테르나크와 그의 주인공의 사랑이, 인류 구원의 가능성과 힘을 러시아 민중에게서 본 도스토옙스키의 대지주의적 구원론을 넘음

113_예언적 문학을 전개하는데 푸시킨만이 창작 활동의 자유, 독립성 문제를 운위했으며(베르자예프 1985: 77) 그러한 자유는 파스테르나크 창작(예로 푸시킨의 시 〈에제르스키〉의 자유 모티프는 《닥터 지바고》에서 다시 원용된다. 임혜영 1996: 60-2)에 관통한다.

을 보여준다. 파스테르나크식의 사랑은 우주 발생론적인 전일성에 바탕을 둔 무의식적 "본능"적인 사랑이다. 그러한 사랑은 인류 본래의 하나 됨으로 회귀하려는 지향을 담고 있는바, 위계적이고 가부장적인 면모를 보이는 도스토옙스키 식의 기독교적 사랑의 한계를 넘는다.

세료자가 창작에 착수하며 여성 해방과 구원의 실마리를 예술에서 찾는 에피소드는 대중에 대한 시인의 영향이란 푸시킨의 주제와 관련된다. 여성 해방을 위한 '자유'-부를 얻기 위해 세료자가 택한 방법은 푸시킨 주인공의 경우처럼 대중과 교류할 수 있는 공연과 거래이다. 파스테르나크의 경우 공연은 세료자의 작품 속 주인공이 행하지만 세료자의 작품은 현실의 모습을 그대로 재현한 허구이다. 그의 주인공이 행하는 공연과 거래는 인류를 구원할 미래의 '혁명'적인 예술을 알레고리적으로 제시한다고 할 수 있다. 세상의 하나 된 모습을 담은 예술을 직접적인 교류나 출판 등을 통해 대중에게 전달함으로써 인류를 통합시키고 구원하려는 세료자와 그의 주인공의 모습은 파스테르나크가 생각하는 예술가적 구원론의 본질적인 모습인 셈이다.

인류를 구원할 미래 예술의 모습을 제시하며 끝나는 《이야기》의 결말은 열린 결말이다. 이러한 결말은, 인류를 구원할 예술의 힘을 확신한 세료자가 앞으로 삶이 담긴 예술을 창조해나갈 것이며 그 과정에서 삶과 자연 자체인 여성을 만나 그녀를 해방함과 동시에 그녀의 인도를 받은 채 인류 통합의 이상에 근접한 예술을 구현할 것임을 암시한다.[114] 성인에 관한 고대 문학의 장르 '포베스티'(Повесть)가 제목인 것[115]에서도 드러나듯이 세료자는 구원자-성자로서의 예술가 형상이기 때문이다. 또한 그의 형상은, 우주의 통합자인 그리스도 형상에 근접해지는 불멸의 예술가인 《닥터 지바고》의 주인공으로 발전되기 때문이다.

114_작품이 아릴드와의 "행복"한 해명으로 끝남으로써 그녀와 세료자의 관계는 앞으로 전개될 전망을 보인다(Быков 2007).

115_Горелик Л. "Проза Пастернака 1910-20 гг. в лит. и мифологич. контексте." *АДД*. М(2000): 21. Ляляев 2009에서 재인용.

제8장 자전적 에세이

《안전 통행증》의 리얼리즘 시학

우리 모두 누군가를 사랑하고 사랑하는 기회를 가진 만큼
점차 인간이 되어 왔다; 모든 사랑은 새로운 믿음으로의 전환이다
–파스테르나크

1. 파스테르나크와 리얼리즘

이제까지 파스테르나크의 시학에 대해 적지 않게 지적되어 왔다. 그것은 주로 미래주의, 상징주의, 진정한 낭만주의, 인상주의, 네오리얼리즘, 또는 환유적 특성, 현상주의 등의 개념을 통해 언급되었다. 이러한 개념들은 예술운동 및 다른 예술가들 세계와의 관계가 중심이 되어 추적돼온 결과라 할 수 있다. 그런데 주목해야 할 것은 파스테르나크는 리얼리즘의 실현을 자신의 목표로 했다는 점이다. 반즈의 말처럼("쇼팽에 관한 후기 에세이는 단순한 환상의 산물들에 기초한 낭만적 예술 유형을 단호히 거부했다. 자전적으로 기초된 '리얼리즘' 형태를 공리로 간주했던 것이다"), 파스테르나크는 자신의 찬미대상—쇼팽, 베를렌, 1905년 이후 리얼리즘기의 블로크—에 대한 에세이들에서 구체적인 지상의 삶을 담는 리얼리즘에 온전히 도달하는 걸 궁극적 목적으로 한다고 밝힌다(Barnes 1993: 33; Gifford 1990: 308). 하지만 이러한 그의 지향에도 불구하고 "자전적으로 기초된 '리얼리즘'", 이른바 개인이 체험한 구체적

인 삶을 재현하는 것으로서의 리얼리즘은 그의 여타 시학적 측면에 비해 본격적으로 논의되지 않았다고 할 수 있다.

본 장에서는 파스테르나크의 시학의 한 핵심을 이루는 리얼리즘 시학을 구체적으로 규명해보고자 한다.

일반적으로 파스테르나크가 다른 예술가들(블로크, 쇼팽, 베를렌, 셰익스피어 등)에 대해 이야기할 때 사용하는 개념과 그 견해는 그의 고유한 것임은 연구가들이 공통적으로 인정해온 바다. 이는 그가 간직한 "기민한 순수"와 "그 자신의" "철학" 등에서 연유한다(Gifford 1990: 305). 리얼리즘 역시 그러한바, 그것은 하나의 세계관적 태도로 이해한 낭만주의에 대립된 개념이다. 본 장에서 리얼리즘 시학의 고찰은, 작가가 쇼팽에 관한 에세이에서 좀 더 본격적으로 규정한 "예술적 리얼리즘" 개념에 의거할 것인바, 바로 예술가 개인이 자신을 삶의 인식도구로 이해하고 그가 체험한 "실제 전기"의 삶을 예술에 재현하려는 태도, 삶의 장면을 시적으로 재현하려는 태도를 준거점으로 할 것이다.

사실 "예술적 리얼리즘"이란 개념은 야콥슨도 논한 바 있다. 그러나 그가 이 개념을 회화를 통해 논했다면(야콥슨 1989: 11–23), 파스테르나크는 음악을 통해 논한다. 파스테르나크가 논한 주요 골자는 리얼리즘은 개별 유파가 아닌 높은 수준의 정확도에 이른 창작자의 예술의 특수 단계라는 것이다. 또한 리얼리즘은 일반 미학적 규범은 필요 없이 창작 속에 디테일한 요소들을 구현함이며, 창작자가 자기중심주의와 무관하게 자신의 전기적 사실을 깊이 인각하고 자연과의 닮음을 지향하며 창작하는 것, 예술가를 삶을 인식하는 도구로 이해하는 것(쇼팽은 그 한 사람이며 그의 멜로디는 현실의 대변자이자 실제의 형상이나 사건을 재현한 것임) 등과 관련된다[116]. 즉 그것은 1910년대에서 그 이후 작품들–《툴라에서 온 편지》, 〈몇몇 원칙〉, 《안전 통행증》(이하 '통행증'으로 약칭)– 에서 그가 제기한, 낭만주의적 세계관 및 시학의 부정이고(4, 851), 야

116_Пастернак Б. *Собр. соч.: в 5 т. Т.4.* М., 1991: 403–4. 이하 이 판본의 인용은 권수와 면수를 괄호 안에 표기한다.

콥슨과 롯지를 비롯한 이론가들이 리얼리즘과 반모더니즘의 특징으로 지적한 환유적 특성과 상응하기도 한다[117]. 요컨대 그것은 작가의 전 창작 기간을 관통해 진화한 개념인 바, 본 장에서는 작가가 1920년대 이후에 서사적 장르에 천착하면서 관심을 둔, 전기적 디테일의 재현이 중심이 된 리얼리즘 측면에 주목하기로 한다.

이와 같이 파스테르나크의 리얼리즘을, 예술가가 실제 전기에서 체험한 삶을 예술에 재현한 것으로 볼 때, 삶에 대한 이야기, 또 주변인들에 대한 이야기를 통해 예술의 본질을 밝힌 "일상 및 문학적 전기"로서의 자전적 작품 《통행증》(1부는 1929년에, 2, 3부는 1931년에 발행)은 해당 주제에 가장 의미 있는 작품이라 할 수 있다. 작가가 밝혔듯이(4, 811-2) 그의 예술의 탄생과 그 특성을 밝히려는 의도로 쓰여 진 이 작품은 전기적 삶을 재료로 삶과 예술의 상관성을 본격적으로 보여주기 때문이다. 이 작품에 대한 기존 연구들은 예술론, 문학적 선언이란 측면에 논의의 초점을 맞춰왔다. 본 장에서는 거꾸로 작가의 전기의 어떤 측면들이 예술로 이어졌는지에 논의의 초점을 맞추며 삶의 에피소드들과 작가의 창작적 심리를 면밀히 고찰하도록 한다.

《통행증》은 1920년대 후반부터 1930년대 초까지 이어진 작가의 정신적 피로와 종말의 예감 속에서 창조되었다. 작가는 문우(文友)들에 대한 라프의 비방, 시대가 요구하는 헛된 과제에 재능을 낭비하는 벗들 등으로 인해 힘든 시기를 보냈으며, 비평이 1926년에 발간된 책 《1905년》과 관련해 그에게는 과장된 인정('위대한 시인 중 하나')을 보이는 통에, 《즈베즈다》 편집자에게 쓴 편지(1930.2.27.)에서 밝혔듯 이중적 상황에 처하게 되어 더더욱 고통을 겪었다: "편집부에서 나를 《즈베즈다》지의 가장 가깝고 필요한 동업자의 하나로 여긴다는 당신의 말은 [...] 점점 더 고통스럽게 하는 내 허위적 상황을 다시 떠오르게 하는군요. [...] 내 책들에 있는 모든 건 투명하게 드러나오. 그런데 대체 당신들은 그 안에서 무슨 시대에 당면한 유용한 것을 찾았단 말이오? 정말

117_임혜영 2004: 244-5, 또는 본서 3장 참조.

나는 인격체도 아니란 거요? […] 브리태니커 백과사전마저 […] 나에 대해 과분한 찬사를 하는데 사람들이 어떻게 나의 진정한 모습을 알 수 있겠소. 내게 가족이 없고 내가 도덕면에서 중도적인 사람이 아니라면 […] 내게 보인 호의적 비평에 반대하는 이의서를 반드시 냈을 것이오."(Пастернак Е 1989: 454).

하지만 작가는 가장으로서의 책임감으로 인해 인내심을 발휘하며 창작 작업을 이어갔다. 그러나 긍지를 갖고 창작한 서사시 《스펙토르스키》를 1929년에 책으로 발행하려 계획할 때 국영 출판사 렌기스Ленгиз가 작품에 대한 비난과 함께 이데올로기를 강요하며 삭제를 요구하자, 그의 인내심은 한계에 다다른다. 따라서 마침내 위선적인 상황에서 벗어날 결심을 한다. P. 메드베제프에게 쓴 편지(1929.12.30.)에 드러나듯, 자신의 예술 세계에 대한 "해명"이자, 자신에게 쏟아진 "비난에 대한 답"인 《통행증》을 쓰고 문학을 그만두기로 한 것이다: "이 모든 게 얼마나 힘든지요! 주변에 얼마나 거짓된 명성, 거짓된 평판, 거짓된 요구들이 있는지요! […] 나는 정말 참을 수 없게 되어 […] 이런 것에서 벗어나려 《통행증》을 쓰기 시작했소. […] 이 작품에서 다른 것엔 전혀 관심이 없소. 오래전부터 이중적이고 거북한 내 처지를 느껴온 터라 비난에 대한 답으로 쓰고 있는 것 같소. 이 해명의 작업 전체가 곧 끝났으면 하는 바람이오. 그땐 나도 오랫동안 자유로워지겠죠. 글 쓰는 일을 그만 둘 생각이요"(Быков 2007: 357).

《통행증》이 창조되는 데는 인생에서 세 차례의 큰 심적 체험—두 시인의 죽음, 지나이다와 만남—이 토대가 되었다고 할 수 있다. 작가에 따르면 최초의 구상은 1927년에 시작되었고 종말의 예감이 나타난 것도 그때였다. 1926년에 사망한 릴케를 기리고자 소논문 〈시인에 관하여〉(1928년에 일부 발표)를 쓰고 있던 그는 얼마 후 계획을 변경해, 릴케가 쓴 진혼곡-시 〈여자 벗에게〉를 번역하고 동시에 그에게 바치는 자전적 산문 《통행증》을 착수한다: "내 가장 가까운 과제는 이 놀라운 시인에 대해 […] 그의 작품을 형성하는 특수 세계에 대해 이야기하는 것이다. [⋯] 구상된 논문은 내게서 예술에 관한 내 관념이 어떻게 형성되었으며 그 관념은 무엇에 뿌리를 두었는가에 대한 자전적인 절편들로 변화했다"[118]. 시대의 억압으로, 릴케를 추도하는 글에 작가 자신을 해명하는 글이 결합되게 된 것이다. 두 종류의 글이 하나로 결합될 수 있었던 까닭은, 부친과 릴케의 우정(1899년에 시작) 덕택에 작가가 김나시움 시절(1907년)부터 알았던 릴케의 시와 릴케는 작가에게 예술 및 정신세계의 "골격"을 제공했으므로(4, 812) 작가의 예술의 본질을 밝히며 종말을 고하는 "자기비문автоэпитафия"적, "정신적 유서"의 글은 릴케에게 헌정한 비문일 수 있기 때문이다.

당시에 작가가 최후의 작업으로 행한 것에는 《통행증》(1930년 겨울에 탈고)이외에도, 구상해 왔던 작품들의 급한 마무리(1929년에는 《이야기》, 1930년 여름에는 《스펙토르스키》가 각각 탈고됨)와 재발행을 위한 초기 시의 개작(1929년)이 있었다. 이 같은 많은 작업으로 창작 결산과 총체적인 평가를 하는 기회를 갖기도 했지만 동시에 극도의 육체적 피로와 발병에 이르기도 한다. 게다가 1930년 4월의 마야콥스키의 자실사건은 '시인의 죽음'에 대한 강한 공감과 더불어(즉시 시 〈시인의 죽음〉 발표) 절망과 무력감의 절정에 이르게 했고(Пастернак Е 1989: 460–3, 465; Быков 2007: 359–61), 릴케에 이어 마야콥스키에게 바치는 장(그를 극적 표현으로 하는 세대의 운명에 관한)(Пастернак Е 1989: 461)을 창조하게 했다.

파스테르나크는 당시 1930년에 정신적으로 마야콥스키와 동일하게 "죽음"을 맞은 것으로 드러난다. 그는 츠베타예바에게 쓴 편지에는(1929.12.1.) 극심한 고독을, 동생 리디야(1930.2.26.)나 사촌 프레이덴베르크에게 쓴 편지에는(1930.6.11.) 가까워진 종말을 언급하며 글쓰기의 행복과 "전망"이 다 사라져 탈출구 없는 상태임을 밝힌다. 레프의 벗들과도 단절 상태였던 그는, 당시 유일한 벗이었던 실로프마저 트로츠키주의자들 숙청캠페인의 희생자가 되어 총살되자(1930.2.30.)

118_《작가와 독자》 1928년 4–5호에 게재. Пастернак Е 1989: 433–4에서 재인용.

극한 고독 상태와 절망에 빠진다(Быков 2007: 360–5, Пастернак Е. 1989: 455, 463–4). 그런데 바로 그해 여름, 그에게 제2의 탄생이 일어날 결정적인 계기가 찾아온다. 스탈린의 집단화 정책 실시로 사유 재산의 몰수와 식량난 등 불안해진 모스크바를 떠나 키예프 근처 이르펜Ирпень에서 지나이다를 포함한 "새로운 벗들"과 보낸 시간은 프레이덴베르크에게 쓴 편지(10월 20일)에 드러나듯 그에게 소생을 가져다 준다("여름은 좋았어. 놀라운 친구들과 놀라운 주변 환경. […] 봄에 썼던 편지에서 내가 작별을 고했던 글쓰기 작업이 웬일인지 갑자기 태양 위로 물러났어 […] 나는 […] 글쓰기 작업을 하고 있지 않았고. 이런 나의 세계는 물론 함순이 체험한 기아의 고독 같은 완전한 고립과 절연의 세계이지만 건전하고 균일한 세계야." Пастернак Е. 1989: 469). 극적인 소생을 맞본 그가 몇 달 후 퇴고한 《통행증》은 이제 릴케와 마야콥스키와 그 자신에 대한 문학적 비문(碑文)인 동시에, 제2의 삶을 살기 위해 이전의 삶과 창작을 마무리하는 글의 성격을 띠게 된다.

이렇게 작가의 특별한 심적 체험으로 탄생한 《통행증》의 독특한 장르적 특성(예술 산문, "간극 문학"(Туниманов 2004), "문학적 선언"(Быков 2007) 등)과 그 독특한 내용(주변인들의 이야기가 주가 된)은 여러 가지 질문을 제기한다. 그의 리얼리즘 시학은 이에 해답의 실마리가 될 것이다. 작품의 고찰은 작품 내용에 따라 세 측면–문학적 전기, 베니스 회화의 관찰, 마야콥스키 삶과 예술의 비평–으로 접근하기로 한다.

2. 《통행증》

(1) '평민' 작가의 리얼리즘: 단절의 음악과 철학에서 교류의 문학으로

작가는 《통행증》이 여느 자전적 작품과 다름을 처음부터 반복적으로 강조한다. 해당 작품이 전기에 대한 연대기적 기술이 아닌, 삶을 체험하고 도달한 세계관과 예술관에 대한 선언임을, 또한 자신 중심이 아닌 주변 인물들 중심의 이야기가 펼쳐질 것임을 시사한다: “나는 일반 글쓰기 예법에 따라 글을 쓰는 일을 […] 완전히 그만두었다. 그보다 더 강력한 연속—바로 얼굴들의 연속—의 파도가 내게 밀려와 그 예법을 씻어냈기 때문이다 […]. 독자는 […] 지나간 삶에 대한 이야기란 중단되지 않고 이어지는 이야기라고 생각한다. […] 나의 경우는 독자가 이야기의 결론을 내려 하는 그 마지막 부분에서만 비로소 이야기의 삶이 펼쳐지곤 했다. 지나간 나의 삶의 한 조각이 피할 수 없는 죽음의 이미지로 내게 다가왔었음은 물론이거니와, 내가 삶에서 완전히 생기를 되찾을 수 있었던 때는, 삶 […] 을 다 맛보고 얽매임을 힘껏 박차고 나와 자유로워졌을 때뿐이었기 때문이다”(4, 150–1).

세계관과 예술관에 대한 선언이자 주변 인물들의 “연속”의 글이란 이러한 고백에 맞게, 그 다음 바로 스크랴빈과의 만남 및 음악과의 결별 에피소드가 서술된다. 작가 인생의 첫 창조 영역이었던 음악에 몰두하게 된 것은 유아기부터 습관이 된 음악에 대한 로망 및 동경(4, 157)이 주원인으로 작용했는바, 내밀한 개인적 체험에서 연유된 게 아님이 드러난다. “선천적인” 재능인 절대 음감의 부재가 6년간 공부해온 음악과 결별하는 이유로 제시되는데(4, 154), 작가에게 그것은 우주와의 교감의 부재를 뜻하는 것이었다. 이 점은 스크랴빈의 “초인적” “낭만주의” 세계를 사유하는 장면에서 확증된다: “숙명성이란 […] 한꺼번에 놓여야 했던 것이다. […] 고대가 천재적이고도 […] 동화처럼 마음을 사로잡는 예술을 지녔음에도 불구하고 낭만주의를 몰랐던 이유가 있다 […] 개인적인 격정으로서의 초인적인 면에 대해선 정말로 몰랐던 것이다”(4, 157). 예술이란 인간의 의지를 넘어 주변의 바람에 의해 운명적으로 주어져야 할 것으로 본 작가에게, 스크랴빈의 세계는 거대해진 자아 중심성에 기초한 것, 주변과의 교감이 부재된 세계인 것이다(“음악은 하나의 숭배 대상, 즉 내 안의 가장 미신적이고도 희생적인 요소 전부가 집중되어 있는 극한점이었다”; “내가 억지로 귀찮게 따라다니는 게 아니라, 음악 자체가 내게 운명으로 주어진 게 되니까.” 4, 154, 156)[119].

결국 "무신론적богоборческий 낭만주의"(Зотова 1998: 5)인 스크랴빈의 세계, 음악의 길과 결별을 하지만, 철학과로의 전과를 권한 그의 충고를 작가가 즉시 이행한 것에서 알 수 있듯이 그에 대한 숭배는 영원한 것으로 남는다(4, 165). 그에 따르면 이미 음악은 창작적 충동의 근저를 이루고 있었고(4, 160), 두릴린이 자전적 메모《자신의 방구석에서В своем углу》에서 지적했듯, 그 자신도 의식치 못하는 사이 음악은 "음악적"이 아닌 "시적" 측면에서 "서정적 효소"를 불러일으켰던 것이다(Быков 2007: 40). 파스테르나크는 스크랴빈의 심포니를 들으며 자연의 심포니와 융합시킨바 그에게 스크랴빈의 음악은 주변 자연 및 삶과 긴밀히 연계되었고 그것들을 떠올리는 힘으로 작용했다(Туниманов 2004). 비록 문학의 길에 대한 확신은 없었지만 1909년에 음악과의 결별로 가장 힘든 시간에 다시 릴케의 시집–《나의 축제를 위하여》–을 쥐고 있었던(4, 158) 작가의 마음속엔 이미 문학적 싹("새로운 재능의 조짐들")이 자라난다(4, 165–6). 이 대목에서 작가가 그의 시가 탄생한 것은 현실 중 어디서였는지를 밝히기 시작하듯이, 그의 문학의 재료와 원천은 (릴케의 세계를 바탕으로) 이 시기에 형성되었음을 추정할 수 있다. 그 중 하나가 조악한 도시 공간과 도시민들의 삶, 이른바 발자크와 도스토옙스키식 부르주아 뒷골목의 삶, 본질적으로 19세기 후반 사회소설의 전통에서 묘사된 삶으로 드러난다:

> 심적인 압박으로 인해 도시에 대한 나의 시야는 위에서 묘사한 전망의 깊은 곳으로 늘 냅다 던져졌던 것이다. […] 그곳에는 무위도식한 생활의 덧없고 초라한 모습이 […] 사람들이 음독자살하고 분노의 불길을 태웠으며, 연적녀의 얼굴에 염산을 뿌렸다 […] 균열이 생기고 있는 라이프스타일의 겉치레식 엷은 웃음들이 슬그머니 눈짓을 교환했으

119_"모든 것은 기적이자 하늘로부터 운명 지어진 것이어야 하며 […] 계획되거나 의도적이어선 안 되고 제멋대로인 게 있어선 안 된다. […] 자아중심주의는 오직 그의 경우에만 적절했고"(4, 306).

며, 낙제생인 나의 학생들이 […] 수업을 기다리고 있었다. […] 매일 나는 […] 이곳 도시로 도착하는 듯 했고 […] 심장박동은 어김없이 빨라졌다. […] 만연된 숙명론의 안테나가 이곳 사람들을 결합시켜 […] 바로 이 상상의 장대 저부에서 나의 열병이 일어났다. […] 이 기둥은 멀리 떨어진 천재의 기둥과 교신하면서, 천재 기둥의 구역들에 있는 어떤 새로운 발자크를 자신의 부락으로 호출했다. (4, 162)

대학시절 생활 전선이었던 소시민의 생활 터전이 창작 원천 중 하나임을 밝히는 이 대목은, 그의 예술이 주변 삶과의 교류("교신")에서 탄생됨을 강조해준다. 동시에 그것은 주변과의 교류가 부재한 스크랴빈의 낭만적 예술 세계와는 대비됨을 시사한다. 이는 자신을 "새로운" 제2의 "발자크"로 칭하고, 그 다음 대목에서 자신의 삶이 19세기 비(非)귀족 출신 작가недворянин-автор처럼 ("받을 유산"이 없어) 노동으로 자립한 삶이었음을 강조하는 것에서도 확인된다[120]: "과외를 했다. […] 내가 번 돈으로 생활하곤 했다"; "어머니는 […] 일을 해서 틈틈이 모은 돈과 살림을 절약해 모은 돈 […] 으로 해외여행을 다녀오는 게 어떻겠느냐고 하시는 것이었다"; "나는 값싼 가구가 비치된 여관 객실에 있을 때에도 건강한 채로 있을 수 있었다. 그곳에서 […] 수업을 담당했다. […] 선생들이나 […] 학생들이나 유산 받을 데라곤 기대할 수 없는 상황에서, 삶이 자신들을 몰아가려는 교착 상태를 벗어나고자 서로 힘을 합해 애썼다. […] 이들이 일하는 환경에 있을 때는 내게 열병이 나지 않았으므로 […]"(4, 160, 163, 167).

비귀족 출신 지식인으로서의 자신의 출신 성분을 밝히는 이 대목들은, 귀족 톨스토이 vs '평민' 도스토옙스키를 비롯, 사회계층 관점에서 작가를 고찰한 하우저가 지적했듯이 작가의 사회 신분에서 연유한 문학적 특성(하우저 1974: 157-9)을 밝히는 부분이 된다. 비귀족 출신인

120_오데사에서 노동자였던 조부에서부터 작가의 집안의 사회적 지위에 대해서는 Schön 2014; Пастернак Е. 2012 참조.

'평민' 작가 파스테르나크의 정신계와 문학 성향 한켠에도 소외된 자들과 그들 삶의 현실이란 사회 문제가 자리 잡은 것이다. 이후 제시되겠지만 파스테르나크는 톨스토이, 블로크, 나아가 동무 사마린 등을 자신과 다른 (몰락할 계급인) 귀족이나 문벌가 출신으로 규정함으로써 하우저의 귀족 vs 평민 지식인의 대비를 드러낸다.

따라서 본 절에서 '평민' 작가로서의 파스테르나크라 함은, 통상적인 저명한 예술가 집안 출신이란 측면보다는 그가 자신의 변별성을 드러내고자 스스로를 규정한 비귀족 출신이란 측면에 초점을 맞추어 필자가 하우저의 개념을 원용한 것이다. 사실 "계층적 차이"를 통한 작가들의 비교 조망은 하우저 이외에도 솔로비요프와 로자노프를 비교한다든지(김민아 2003: 15), 블로크와 파스테르나크를 비교한(Быков 2007: 327–41) 논의들에서도 그 사례를 찾아볼 수 있다. 또한 파스테르나크와 도스토옙스키의 연관성이 《닥터 지바고》를 중심으로 논의돼 오기도 했는데(예를 들면 Туниманов 2004: 272–379; 김영란 2013: 97–130) 도스토옙스키 전통은, 《악령》, 《죄와 벌》의 모티프를 원용한 《스펙토르스키》, 《이야기》의 경우처럼 파스테르나크에게 이미 20년대 중반 이후 구현되기 시작한 혁명과 사회 테마에 자리 잡는다(Быков 2007: 341–6; 임혜영 2013). 말하자면 파스테르나크의 20년대 중반 이후 작품에서의 '평민' 주인공과 귀족 또는 문벌가 인물 간의 대조는 '평민' 주인공을 내세우는 도스토옙스키의 성향과 무관하지 않다고 하겠다. "시인들"의 "우수"를 그린 블로크의 리얼리즘기 시—"알코노스트 출판사 2권"—를 사랑한 파스테르나크에게 화려하고 안락한 삶을 영위한 귀족층의 몰락을 묘사한다는 것은, 그것이 스스로의 몰락을 그리는 것이었던 블로크의 입장과 다르게, 자신과 자신의 주인공에게 "삶의 규범"이었던 대변동을 표현하는 것일 뿐이었다(Быков 2007: 316).

그러나 개인적 삶도, 귀족, 문벌가의 특권층 삶도 아닌 하층민의 삶에 이끌림은 "심적인 압박"과 부담("만성적 초조감", "열병")에 의한 것일 뿐, 파스테르나크에게 친근감을 주는 건 도스토옙스키처럼 삶에 대한 개척 의지와 진솔한 태도를 갖는 지적 노동자들임(하우저 1974: 147)을 알 수 있다("건강한 채로 있을 수 있었다"). 그것은 겉치레에 찬 전자의 비속한 삶과 달리 이들의 삶에서 주변 세계와의 조화된 모습을 볼 수 있기 때문이다: "열병이 순간적으로 가라앉는 때가 오면 이 숙명적인 장대에서 좀 더 멀리 물러설 필요가 있었다. […] 사빈 교수의 강의를 듣고 있을 땐 내게 열병이 나지 않았다. […] 진정한 재능을 가지고 강의했고 […] 시간이 그에게 성내는 법은 없었다. […] 교수의 주장을 벗어나 밖으로 나가려 악쓰지 않았다"(4, 162). 그런데도 전자의 세계가 작가의 묘사 대상 속으로 들어온 것은, 사실주의 작가 플로베르가 부르주아 세계를 제시하게 된 이유처럼 "현실을 충실하고 올바르게 묘사하"려는(진인혜 2006: 308–9) 창작적 특성 때문이라 하겠다.

작가는 도시 속에서 자신이 특히 매혹된 대상은 식물계임을 밝힌다(4, 150, 163–4). 이는 페테르부르크의 작가 도스토옙스키와 달리 그가 중세 도시 모스크바 출신이란 점과 관련된다고 볼 수 있다[121]. 즉 모순되고 분열된 인간 세계(이른바 도스토옙스키의 도시 삶의 모습)에 대한 사회적 주제에 앞서, (아흐마토바에 의해 간파되었듯 어린애의 동화 속 세계와 같이) 모든 게 융합된 세계, 조화와 신비의 자연계를 구현할 내적 필요가 있었다 하겠다. 이는 이후 작가가 자신의 창작의 내적 변화를 술회한 한 편지(1930.9.29.)에서도 엿볼 수 있다: "표현의 전반적인 톤은 이젠 서정 시인의 **지각성**(강조는 원저자의 것—인용자 주)이나, 그것은 어떤 것이든 우세하는 일종의 실제 인상에서부터가 아닌 거의 도덕적 질문에 따른 그 자체에 의해 결정되고 있소"(1, 716). 그가 초기에 도스토옙스키보다 톨스토이에 몰두한 것 역시 이렇게 그의 창작에 지각성이 우세한 점과 연관된다 할 수 있으며(Туниманов 2004 참조), 더 근본적으로는 릴케의 영향이라 할 수 있다.

하지만 음악과의 결렬 후 싹튼 문학적 취향이 발전되는 데는 그가 몰

121_파스테르나크가 묘사한 도시가 서구 모더니즘 도시작가들의 것과 다른 건 모스크바가 중세의 모습을 간직했기 때문이다(Barnes 1993: 307–8).

두하기 시작한 철학과의 결별 체험이 필요하였다. 철학에의 몰입 역시 음악의 경우처럼 그 자체에 대한 내밀한 체험 없이 이성적 판단에 의한 것이었다("철학의 주변 어딘가에 앞으로 나의 일에 사용될 것의 맹아가 놓여있을 것이라 예상했기 때문이다." 4, 165). 철학과의 결렬도 예정돼 있었던 셈인데, 그 근원적 동기로 작용한 건 신칸트학파 태두 코헨의 세계에 대한 체험이었다:

> 5곱하기 5는 무엇인가라는 질문의 경우처럼, 그의 질문에는 관념의 구구표에 따라 대답해야 했다 [···]. "대단한 노학자(칸트–인용자 주)야!" [···] 나는 말을 훈련시키듯 밖으로 데리고 나가 훈련하는 지성과 달리, 어딘가에 도달하기 위해 사용하는 지성의 경우 [···] 인과적 지성이라고 부를 것이다. 이런 [···] 지성이 코헨에게 있었다. [···] 수리물리학 그 자체가 [···] 오랜 옛날 갈릴레오, 뉴턴, 라이프니츠, 파스칼과 같은 사람들의 머릿속에 [···] 있던 [···] 정수(精髓)가 [···] 이 교수의 머릿속에 [···] 있었던 것이다. (4, 190–93)

수학적 추론을 바탕으로 한 코헨의 철학과 세계 인식 방법은 실제 삶과 접촉이 배제된 것("말을 훈련시키듯 밖으로 데리고 나가 훈련하는 지성과 달리")이다. 수학적인 법칙에 따른 일정한 답만을 요구하는 그의 세계는, 슈타이너의 영향을 받은 벨리가 《페테르부르크》에서 니콜라이를 통해 그 "죽음을 얘기하고 싶어 했던" 칸트의 세계처럼 오성으로 인식되는 영역 이외의 신비 영역은 인정하지 않는 세계, 카오스에 찬 비합리적이고 환상적인 세계의 측면을 받아들이지 않는 세계라 할 수 있다[122]. 사실 칸트 숭배자 니콜라이의 인식능력을 현상계에 제한되고 초감각적 세계엔 미치지 않는 것으로 그리는 벨리는(박영은 2005: 278–9)

122_"칸트주의는 독단적으로 우리가 주위 세계를 직관하면 우리들 내부에선 단지 이 세계의 현상밖에는 생기지 않는다고 주장한다 [···]. 칸트주의는 [···] 모든 인식 행위를 부식해 오면서 무서운 황폐를 만들어 놓은 것이다". 루돌프 슈타이너. 《교육의 기초로서의 일반인간학》. 김성숙 역(물병자리, 2002), 116–7. 박영은 2005: 278에서 재인용.

1909–11년에 서구주의("학술적") vs 신슬라브주의("종교철학적")로 대립된 모스크바 철학 흐름에서 신칸트주의에 몰두하다가 후자로 기울었는데, 이는 파스테르나크에게 "본보기"로 작용하였다(Флейшман 2006: 428–9). 파스테르나크가 철학의 구체적인 방향을 코헨의 논리학으로 결정한 것도 본래 페테르부르크에 사는 프레이덴베르크와 그 부친이 보이는 "명료성"과 달리 그의 세계 인식이 "낭만적"임을 알고 "체계"성을 키우기 위함이었다(Флейшман 2006: 438–9). 그러나 때론 환상보다 환상적이고 신비와 기적에 차있음을 감지해온 그로서는 논리에 제한된 철학은 한계였던 것이다.

이렇게 주변 세계와 상호 교섭이 없는 철학과 결렬할 운명임은 마르부르크 행을 권한 교우 사마린이 서구 철학의 "지성"에 매료돼 온 (곧 몰락할) 옛 귀족가의 후예라는 점(4, 324), 또한 교외생으로서 특권적 삶을 누리는 그가 톨스토이의 네흘류도프와 동일시되는 점(4, 166)과 무관하지 않다고 할 수 있다. 하우저식으로 말해, 비합리적인 카오스의 세계에 마음이 쏠린 '평민' 작가 파스테르나크가, 톨스토이의 귀족 주인공처럼 합리적 이성적 세계관을 지닌 사마린의 신칸트 철학에서 벗어나는 건 자연스럽기 때문이다. 일례로 삶에 이성적 질서를 부여하려는 코헨("나의 태도에서 그는 [⋯] 무분별을 정확히 감지했고, 그것들 때문에 마음이 상했다. 불가해하게 삶이 짧다고 보는 그에게, 일부러 삶을 단축시키는 불가해한 행동들은 견딜 수 없었기 때문이다." 4, 193)과 달리 파스테르나크는 카오스 세계에 기반한 자연스러운 사유("식물적 사유")를 한다: "능숙한 관찰자라면 [⋯] 내가 결코 학자가 될 수 없다고 진단했으리라. 나는 [⋯] 강렬하게 연구 과정 자체를 체험했던 것이다. 일종의 식물적 사유가 내 안에 자리 잡고 있었다. [⋯] 부차적 관념이 끝없이 펼쳐지면서 자양분과 관심을 주길 내게 요구하기 시작했다"(4, 184).

이성적 논리에 제한된 철학 언어가 삶 자체를 담으려는 작가를 충족시킬 수 없는 운명임은, 현실 감각을 일깨워 준 실연이 철학과 결렬의 직접적인 기제로 작용한 것에서도 확인된다: "우리는 현실을 알려고

하지 않는다. […] 비소츠카야와 […] 해명의 시간들은 행복 비슷한 예기치 않은 일들을 동반했다 […]. 이것은 […] 내가 그토록 성내며 그녀를 질투했었던 바로 그 어른들의 세계였다. […] 현실감이라 부를 그러한 것"(4, 186–7). 실연으로 일깨워진 "현실감"은 작가가 사랑한 리얼리즘기 블로크처럼, 그로 하여금 현실에 매여 있는("족쇄에 매이고 포로일 때") 여성의 모습에 눈 뜨게 함과 동시에, 이제 그에게 사랑은 낭만적 세계가 아닌 현실에 단단히 뿌리를 내리는 것이다. 그 밖에도 현실의 모든 것이 그의 내면에 전면적으로 들어와 주변과의 "유대감"이 확립되는바, 바로 이 유대감에서 그의 문학 세계가 탄생한다: "철학에 몰두했을 때의 예전의 먼지는 내가 주변에서 이탈한 결과로 쌓인 것이었다. […] 이번 경우(문학에 몰두—인용자 주)는 기센 도로의 쇄석과 내가 한마음이 되면서 주변과 유대감에 빠진 결과였다"(4, 189). 《페테르부르크》에서 코헨의 《논리학》과 칸트 철학에의 몰두로 인해 "일상"과 "분리"되며 "논리"의 틀에 갇힌 "파리" 같았던 니콜라이가(벨리 2001: 69–70) 칸트를 버린 후 동방 및 러시아 자연과 접촉했듯 말이다.

(2) 베니스 회화의 리얼리즘: 화가, 그림, 시대의 하나 됨, 그리고 시대 넘기

독일을 떠날 때의 작가의 관심이 그곳에 도착했을 때와 달랐듯이("자연이 […] 잎사귀들을 창가에 펼치고 있을 때, 프랑스어로 쓰인 라이프니츠와 데카르트의 책들을 넘겨보는 건 참으로 시의적절한 일이었다." 4, 173), 2부의 베니스 편에서 그의 관심과 상상력은 온통 예술 현상에 향한다. 베니스에서의 체험은 그의 예술론의 결정적인 형성에 기여한다. 그것은 베니스에서 예술과 현실의 연계 문제를 집중적으로 체험하기 때문인데, 2부와 3부가 함께 발행된 사실에서도 추정할 수 있듯이 베니스 예술에 대한 단상들은 3부의 소비에트 예술에 대한 단상들과 연관된다(Парамонов 2000; Быков 2007: 87–88).

베니스 편에서 예술에 대한 단상은 작가의 시선에 포착된 도시의 동화적 측면과 현실적 측면과 관련해 전개된다. 동화적 측면은 친밀한 유대감을 불러일으키는 도시 공간에 대한 그의 두 체험을 통해 드러난다. 먼저 베니스의 야간 물가는 과거 동방무역의 중심지로서의 동양성, 나아가 동화처럼 신비한 동양 전설—성탄절 이야기—과의 연계성을 감지케 한다: “밤의 석호에 드리운 색대리석 카펫이란 개념 […]. 특별히 성탄절 트리의 동양, 라파엘 전파의 동양이 존재한다. 동방박사의 경배에 관한 전설로써 별이 총총한 밤이란 관념이. […] 성탄절 부조물 […]: 파란 파라핀을 표면에 끼얹고 금박을 입힌 호두나무. 다음과 같은 말이 존재한다: 할바와 칼데아, 마법사와 마그네슘, 인도와 인디고. 이런 것들에 야간 베니스 및 그 물 반사의 빛깔도 포함시켜야 한다”(4, 199–200). 동양 문화와 베니스의 연계성은 곧 러시아와의 연계 문제로 이어진다: “커터에서는 러시아인의 귀에 호두라는 단어의 전(全) 음역을 좀 더 확고히 박히게 하기라도 하는 양, 승객에게 다음처럼 외쳐 알린다: “터키 상인 구역이오!Fondaco dei Turchi! 독일 상인 구역이오!Fondaco dei Tedeschi!” 그러나 물론 구역이란 명칭은 발음이 유사한 러시아어 단어, 개암나무 열매фундуками완 아무런 관련이 없고 […] 대상 숙소에 대한 회상을 불러일으킬 뿐이다”(4, 200). 색과 소리의 인접과, 그에 따른 연상은 작가에게 동서양 문화가 융합됨을, 나아가 러시아 문화 심층에 존재하는 동양성을 상기시킨 셈이다[123].

베니스가 동화 속 세계로 감지된 다른 계기는, 유달리 “친숙하게 느껴”지는 “차분한” 베니스 사람들(4, 202) 속에서 “유독 끌린” 한 사람이 본 듯이 여겨졌기 때문이다. 길 안내자가 되어 준 이 사람은 작가의 마르부르크의 벗과 연계되며 동일시되기에(“두 사람 간의 공통성”) 이른다. 마침내 작가는 그에게 끌린 것은, 작가의 조력자가 되길 원했던 마르부르크 벗의 소망이 동화 속 세계처럼 베니스인에게 옮겨졌기 때문이며 그를 통해 성취됐다고 결론 내린다(4, 203–4). 결국 작가에게 베니스는 인류의 일상 삶이 “통일성”을 지니며 “상호 교차”하는 최면을

123_베니스와 러시아의 연관성이란 생각은 완성되지 못했다가(4, 207) 시 〈성탄별〉(《닥터 지바고》 중)에 반영된다.

지니는 공간, 곧 동화적인 신비가 관통하는 삶(즉 코헨이 인정하지 않은 신비의 세계)이란 그의 창작적 세계관이 구현된 공간인 것이다: "이 발견은 나를 놀라게 하지 않았다. […] 만일 시간이 통일성 있는 삶의 사건들 없이, 즉 상호 교차 효력 있는 일상의 최면 없이 흘러간다면"(4, 204). 베니스의 동화적 측면은 오페라 주인공 같은 숙박소의 주인과 숙박소의 "동화 속" 인물 같은 노파의 예에서도 드러난다.

이어 현실적 측면이 동화적 측면의 이면으로서 제시된다: "선대(船隊)는 […] 동화 같은 모습인 베니스의 산문적 이면이기도 했다. […] 선대가 고통을 주며 억압하고 있었던 것이다. 그러나 소통하고 있는 한 쌍의 배의 경우처럼 […] 그에 상응한 보상을 해주는 뭔가가 해안에서 솟아나고 있었다. 이점을 이해한다는 건 예술이 자신의 의뢰인을 어떻게 기만하는지를 이해한다는 것을 뜻한다"(4, 205). 예비 문학도는 선대와 사자의 이미지로 상징된, 공포와 억압 속의 과거 베니스 현실 속에서 어떻게 예술이 탄생되었는지를 통찰하는바, 그 답을 베니스 일상에서의 미적 취향과 화가의 창작 사례에서 얻는다. 전자의 사례로 판탈롱 바지, 브로치 등이 있다. 그것은 베니스의 정복의 역사적 현실이 미적 창조물로 고스란히 반영된 경우였다: ""판탈롱"이란 단어의 기원 […]. 후에 바지의 의미를 갖기 전 […] 최초 의미에서 "pianta leone"는 승리를 거둔 베니스란 이념을 표현했으며 다음을 뜻했다: (베니스 국기의) 사자를 게양하는 자, 즉, 달리 말해 정복자-베니스를. […] 사람들이 공포에 익숙해질 때면 공포는 세련된 취향 형성에 토대가 된다. 기요틴(단두대—인용자 주)이 어떻게 한동안 부인들 브로치 모형일 수 있었는지 […]. 사자의 상징 […] 검열관의 비밀 밀고를 위한 올리고 내리는 식 구멍도 사자의 입 모양으로 조각되었던 것이다. […] 예술이 압제자들을 위한 궁전을 세우곤 할 때 사람들은 예술을 믿었다"(4, 205-6).

작가가 결정적으로 현실과 예술의 유기적 상관성의 예를 발견하는 것은 베니스의 "창조"적 "심연"을 이룬 회화(4, 206), 그 중에서 특히 세화가의 예술이다. 그 안에서 베니스 회화가 현실을 충실히 재현한 "결

정체"임을 깨닫는다:

> 나는 어떠한 관찰이 처음으로 화가의 본능에 깊은 충격을 주는지 보게 되었다. [···] 대상에게 이것은 무엇과 같은지가 어떻게 갑자기 이해되는지도. [···] 화가는 [···] 자연을 가만히 캔버스 위에 들여다 놓는다. 묘사란 무엇인지 이해하려면 카르파치오와 벨리니의 작품을 봐야 한다. [···] 화가와 회화의 자연력과 동일성에 이르는 바람에 셋—그리는 자, 작품, 그리고 작품 대상—중 [···] 누구를 위한 것인지 말할 수 없게 되는 그때 [···] 예술이란 무엇인지 이해하려면 베로네세와 티치아노의 작품을 봐야 한다. [···] 실상 덧없이 사라질 사자의 [···] 모습을 감히 비웃지 못하는 이유는 오직 하나 [···] 불멸하는 모든 것이 사자의 손에 달려있는 바 사자가 팽팽히 쥐고 있는 고삐에 붙들려있기 때문이다. [···] 작품, 묘사하는 자, 그리고 묘사 대상의 일치가, 혹은 [···] 있는 그대로의 삶의 진실에는 무관심해지는 것이 바로 천재를 격분하게 만드는 그것이라는 점 [···] 천재 [···] 가 어떤 존재인지 이해하려면 베니스의 미켈란젤로인 틴토레토의 작품을 봐야 한다." (4, 206–7).

세 화가의 예술은 베니스 위정자들이 "오해"했던 것처럼, 개성이나 혁신의 의지 없이 국가의 주문이나 요구에 충실히 따른 것으로 보인다: "바로 이렇게 셋이 뒤얽히는 바람에 오해가 생길 수도 있다. 시대의 위엄이란 일시적인 것에 불과한데도, 작품의 대상인 시대는 자신의 위엄 덕택에 화가가 드높아지는 것이라고 잘못 생각해 화가에게 으스댈 수 있는 것이다"(4, 207).

하지만 천재의 예술이 국가의 주문에 충실한 것으로 보이는 것은 "있는 그대로의 진실", 곧 당대 삶을 충실히 반영한 것일 뿐, 정치 "체계"에 순종해서가 아닌 것으로 드러난다. 즉 천재는 당대 역사, 문화의 논리가 아니라 삶의 진실 반영이란 예술의 진리—"서정적 진리"—를 듣는 내면의 본성("실제 전기에 대한 경험")에 귀를 기울여 불멸의 예술을 창조한 것이기 때문이다: "나는 […] 역사의 상징체계가 천재의 운명과 그의 본성을 망라하지는 않음을 몰랐다. 천재는 실제 전기에 대한 경험에서 유래하는 것이지 […] 상징체계에서 유래하는 게 아님을 […] 천재의 뿌리는 거칠고 즉각적인 도덕 감각에 있음을 […] 천재에게 자신의 반란은 문화의 울타리 너머, 밖에서 일어나고 있는 것[…]. 나는 가장 오래 남는 이미지들은 인습 타파주의자가 […] 재능을 가지고 태어나는 그 드문 경우에 남긴다는 것을 알지 못했다. 교황 율리우스 2세가 […] 빈약한 색채에 대해 불만을 표하자, 미켈란젤로는 […] "그 당시 사람들은 금으로 치장한 옷을 입지 않았습니다. […] 묘사된 인물들은 부유치 않은 자들이었지요."" (4, 208–9).

이렇듯 예술의 진리 구현을 시대가 방해하려 할 때 천재는 반란하고 그의 "도덕 감각"도 깨어나는 것이다. 그리고 그가 구현한 삶의 이미지는 "문화의 경계"를 넘어 "영원히 발전"하면서(4, 179) 인류의 세대들에게 전해진다.

베니스 화가들 세계에 대한 이 같은 단상들은, 철학과의 결별 에피소드 후 기술된 작가의 예술관과 상통한다: "예술의 이미지는 삶을 아우르는 것이지 애써 관객을 구하지는 않는다. 예술의 진리들은 […] 영원히 발전할 수 있는 것들이다. […] 새 정신적 발전을 위한 장벽을 취했다면 세대는 예술의 서정적 진리를 간직하지 배격하지는 않는다. 그러므로 인류가 바로 서정적 진리의 형태로 세대들로부터 점차 형성되고 있는 것 […] 도덕성을 가르치는 건 미적 기호이지만, 미적 기호를 가르치는 건 힘이다"(4, 179–80). 나아가 이 단상들은 소비에트의 역사 체계에서 이중적 상황에 처했던 작가 자신의 입장에 대한 해명적 진술이라 할 수 있다. 그는 시대에 동조하거나 명령에 따르는 것이 아니라 예술의 "서정적 진리"를 따를 뿐이며, 그의 예술은 그런 진리를 따라 당대 사회를 반영하며 역사와 교류 속에서 탄생된 것이라는 점이 그것이다. 이러한 해명은 세계 문화의 단일성에 의해, 미켈란젤로처럼 재능을 가진 모든 반란가-예술가들(그 가운데 마야콥스키)에게도 적용된다: "모든 사람이 이탈리아 예술과의 만남에서 얻어 가는 중요한 건 […] 문화의 단일성 감지다. […] 역사의 상징체계의 살아있는 본질을 […] 세계를 구축하는 데 도움을 주는 본능을 난 사랑했던 것이다. 세계의 붕괴를 막는 건, 세계의 온 입자에 관통하는 이미지에 내재한 응집력이라는 점을 난 이해했던 것이다"(4, 208).

(3) 20세기 초 새로운 예술의 리얼리즘: 낭만주의 vs 반(反)낭만주의

마야콥스키의 "개인성과 운명"에 바쳐진 3부는 그의 삶과 예술이 작가의 예술적 관점에서 조망된다는 점에서 비평적 성격을 띤다. 총 17장은 작가와 마야콥스키의 관계의 변천 과정에 따라 세 부분—1917년 2월 혁명까지의 맹목적인 숭배기(1–10), 내전 기의 논쟁(11–13), 마야콥스키의 사망 직전, 후(14–17)—으로 나뉜다. 작가 자신에 관한 서술이 은닉되어 있는 3부는 독립적인 한 파트로 보인다. 하지만 주변인들과의 관계를 통해 작가 자신을 드러내는 글쓰기는 변함없이 이루어진다. 따라서 마야콥스키에 대한 기술에 녹아 있는 작가에 관한 부분을 면밀히 읽는 독법이 요구된다.

마야콥스키와 그 세대에 대한 작가의 파악이 제시되는(4, 227) 첫 10장에서, 그들은 제정 종말기에 태어난 "새로운 세대"의 젊은이들, 작가와 동세대("나와 같은 또래"), 그리고 격동기에 역동적인 활동을 한 이들로 묘사된다. 그들의 중심에는 "혁신가 그룹" 미래주의자들이 존재한다. 평소 한 양식에 대해 세계관적으로 폭넓게 이해하는 작가의 경향에 따라, 미래주의와 그 주변 젊은이들의 역동적인 움직임 역시 우주 질서의 차원에서 이해된다[124]. 그들의 "질주"는 현대 삶의 외적이고 표면적인 다이나미즘일 뿐 아니라 "영원히 재생되는" 삶의 내적 리듬의 반영으로서 묘사된다: ""공동의 길에 있는 공동의 시간(제정시대의 시간—인용자 주)과 나란히, 영원히 재생되는 노변(路邊)계에 무궁의 시간이 면면히 존재해오므로 삶엔 살 곳이 있고 열정엔 껑충 뛰어나갈 데가 있

124_미래주의에 대한 작가의 이해는 임혜영 2004: 236–7 참조.

다. 새로운 세대라면 모두 이러한 노변계에서 자라난 이들이다. […] 공동적인 무언가가 […] 그들을 더욱 재촉하고 있었다. 그 공동적인 것이란 그들 자신이 단일한 하나의 역사를 이룬다는 의식, 즉 공동의 길에서 벗어남으로써 종말을 수 없이 피해온 인류가 이 청년들의 세대로 막 돌입할 때 간직한 열정에 그들도 따르는 것이었다."(4, 211).

이들 젊은이들이 추구하는 혁신적 예술은 종말을 피해 "재생"되는 우주적 질서에 따른 것으로, 새롭게 탄생되고 있는 삶에 예술적 열정으로 응답한 것이다. 또한 그것은 특별히 격동기 삶과의 긴밀한 관계에서 탄생한 것이기에("지독히도 삶을 닮은 예술"), 그들로 하여금 당시 삶을 유지하도록 해주는 정신적 출구("힘") 역할도 한 것이다: "필연을 헤쳐가는 이러한 질주의 모순적인 양면을 청년들이 보지 못하도록 가리기 위해 […] 미치지 않으며 시작한 일을 포기하지도, 모두 목을 매어 자살하지도 않도록 하기 위해 […] 어떤 힘이 […] 감시하고 있었다. […] 지독히도 삶을 닮은 예술이 서 있었으며 그것은 삶을 닮은 덕택에 삶에 받아들여지고 있었다."(4, 211).

격동의 현대를 반영하는, 삶을 닮은 새로운 예술은, 작가가 20세기 초 자신과 새로운 세대의 예술의 특질로 언급한 "모든 진정한 현대 예술의 요건"에 다름 아니다. 또한 그것은 환유적 세계관의 구현이며 상징주의에 반해 아방가르드 예술이 제시한 혁신(일례로 예술 속에 현실 사물의 활성화 등[125])인 것이다. 이는 "선구적"인 상징주의("스크랴빈, 블로크, 코미사르제프스카야, 벨리의 예술")를 예술의 출발점으로 삼은 작가 자신과 마야콥스키의 공통점을 묘사하는 대목(4, 211)에서도 확인된다. 하지만 본래 동일한 목표를 추구했음에도 불구하고, 이 모범적인 예술의 "재현"을 통해 새로운 예술을 이룩하려 한 작가 자신과 달리 후자는 그것을 단번에 이룩하고자 그 모범을 제거하는 데 열정을 쏟은 탓에, 즉 문화의 주역이 되고자 "쓸데없는 증오"로써 투쟁을 일삼는 것을 목표로 한 탓에(4, 214) 양자의 길은 갈리게 된다.

125_임혜영 2004: 244–6 참조.

그런데 베니스의 천재를 통해 암시되었듯이 작가는 재능의 유무에 따라 마야콥스키와 그의 주변인들을 전혀 다른 별개로 본다. 후자를 헛된 "명성"만을 갖춘 "특별할 데 없는 평범한 패거리"로, 마야콥스키의 재능에 의지해 "허황"된 요구를 하는 무리(4, 224)로 묘사한 데 비해, 마야콥스키는 삶에서의 고독을 체험한 결과, 삶의 진실의 "광경들을 껴안"고 깊이 삶을 고민한 후 결연히 반란한, 진정한 "천재" 반란자로 묘사한다:

> 그는 한꺼번에 모든 역할을 하려 했으며 […] 목숨을 바쳐 행하였다. […] 강렬하고도 단호한 모습이 많았다. 대부분의 사람들에게 이런 모습은 아주 간혹, 특별히 정신적인 충격을 받았을 때 […] 예상이 이루어지지도 않은 어렴풋한 상태에서 나타나기 때문이었다. 그는 그의 앞날에 놓인 모든 삶까지 포함한 어마어마한 영적인 삶을 커다란 스케일로 체험하고서 그다음 날을 살고 있는 듯했으며 […] 결정이 이루어지면 그 결과는 철회 불가능해 시는 […]. 이러한 결연함에 그의 천재성이 있었다"(4, 216-7); "그는 자신 밑에서, 《청동기마상》, 《죄와 벌》, 《페테르부르크》의 심연에서 점차 그에게로 떠오른 도시를 보았다. […] 미래에 대한 영원한 예측을 상징하는 안개 속의 도시, 무방비 상태에 있는 19세기 및 20세기의 러시아 도시 […]. 그는 이런 광경들을 껴안았고 그에 대해 아주 거대한 명상을 한 동시에 […] 진실에 대한 거의 동물적 갈망을 지닌 자 […]. 이런 행동은 […] 숙명적인 고독의 결과 […] (4, 224).

마야콥스키와 대조되는 속성—하나의 역할만 함; 정신적인 충격을 받아 의도가 분명하지도 예상이 이뤄지지도 않은 상태에서 단호함을 보임 등—은 은닉된 작가 자신의 모습에 다름 아니다. 이런 은닉된 비교의 배음에는, 마야콥스키의 눈부신 천재성이 발현된 1910년대가 작가 자신에게는 문학적 "도제"기였던 사실, 전자의 이른 데뷔(미성년기)

와 단호함이 "확고함의 부재"로 "정신적 미성숙"을 의식했던 작가의 "부러움"의 대상이었던 사실이(Быков 2007: 275-6) 존재한다. 작가는 "복권"처럼 일시적 가치를 지닌 미래주의가 존재한 이유도, 자신이 당시 혁신가 그룹에서 벗어나지 못한 이유도 모두 천재 마야콥스키가 있었기에 그 정당성을 획득한다고 해명한다(4, 215).

작가는 스크랴빈과 코헨의 경우와 달리 마야콥스키를 진정하게 숭배한 원인을 그와의 둘째 만남의 에피소드를 통해 밝힌다. 그것은 예술가에 의해 체험된 실제 삶이 진솔히 재현돼 있는 모습을 마야콥스키의 세계에서 발견했기 때문이다: "그가 읽은 작품은 […] 비극 《블라디미르 마야콥스키》이었다. […] 거기에는 모든 것이 다 있었다. 가로수 길, 개들, 포플러나무, 나비들이. 이발사들, 빵 굽는 사람들, 재봉사들, 증기 기관차들이. […] 지상에 있는 그 절대 먼 곳이 있었다. […] 끝없는 영감이 […] 생의 지점 어디서든 펼쳐지는 무한성이 있었다"(4, 219). 또한 1차 세계대전과 봉기가 벌어지고 있던 모스크바의 삶과 시대의 정신을 비통하게 표현한 마야콥스키는 "예술가와 삶, 시인과 시대"의 긴밀한 "유대", "닮음"의 표상이었기 때문이다(4, 223, 225). 그에 반해, "역사 속에서, 실제 삶과의 연계 속에서 일궈지"지 않은 흘레브니코프 시 그 일부는 그에게 몰이해를 일으켰다(4, 223).

이때 작가는 마야콥스키의 "미래 기행"의 징후의 씨앗인 "가장된 포즈"와 그로 인한 극심한 수줍음을 타는 본모습과의 모순들(4, 217, 224), 나아가 천재성-결연함에 깃든 가장됨도 엿보지만, 그리스도의 고난에 비견되는 "초인적 열정"과 시인으로서의 사명감으로 희생을 감수하는 모습에 숭배를 이어 간다: "창작하는 데 필요한 열정은 […] 그리스도의 고난과 본질적으로 닮고 그 새로움에 있어서는 성서의 새 언약과 본질적으로 닮은 그런 열정이라는 사실을, 마야콥스키만큼 아는 자가 없었기 때문이다"(4, 217). 이 지문은 희곡 《블라디미르 마야콥스키》 다음에 열거된 또 다른 1910년대의 "창조적 작품"(《바지 입은 구름》, 《등골의 플루트》, 《전쟁과 세계》, 《인간》) (4, 219)에 대한 비평인 셈이다. 《블라디미르 마야콥스키》 낭독을 들은 날 마야콥스키란 "존재 전부"를 "가득 안고" 귀가했다는 고백(4, 219)처럼 작가는 대중의 "협박"과 사명감의 부담 등에 "고통"을 호소하는 그 2막의 내용에서(마야꼬프스끼 1993: 31), 마야콥스키가 이미 "메시아"적 죽음을 맞을 운명을 예감했음을 감지했다 하겠다.[126]

그리고 숭배의 시기 끝(1917년 2월)에 작가는 마야콥스키에게 미래주의에서 탈퇴할 것을 권한다(4, 227). 1928년의 레프와의 결렬로 끝나는 이후 논쟁 시기에 대해서는, 애석함의 표명과 함께(4, 231)[127] 간략한 서술로 마무리하며 서로가 갈린 이유를 밝힌다. 그것은 자신의 예술을 보호하기 위한 것이었으며, 그런 보호를 위해 양자의 일치점의 근간이었던 마야콥스키의 "낭만주의 방식"을 버렸다는 것이다: "난 낭만주의 방식을 단념한 것이다. [···] 그것은 인생을 시인의 인생으로 보는 것이었다 [···]. 자신을 삶의 척도로 보고 [···] 이런 시인은 도덕적 인식에 몰두하는 살아있는 한 인물이 아니라, 눈에 띄는 윤곽을 만들어줄 배경을 필요로 하는 시각적-전기적 차원의 상징물에 불과하기 때문이다. [···] 이러한 시인의 드라마는 돋보이기 위해 범속성의 해악을 필요로 한다. [···] 동시대 시와 전혀 다른 시의 측면들이 [···] 《삶은 나의 누이》에 표현됐다"(4, 227–8). "범속"적인 "영웅주의"의 길로 나간 이런 마야콥스키의 방식과의 결별을 통해 작가는, 예술가 자신이 아닌 주변 세계와 타인들을 "척도"로 하는 반낭만주의-리얼리즘의 시학에 도달한 것이다. 그럴 때 그의 《삶은 나의 누이》뿐 아니라, 그 자신의 전기(傳記) 중심이 아닌 타인들의 전기 중심인 《통행증》도 그러한 시학이 구현된 예임이 암시된다.

마야콥스키의 "마지막 해"에 바쳐진 마지막 장들은 그의 생, 그리고 그를 통한 파스테르나크 자신의 생에 대한 해명이다. 자살 직전의 마야

126_이런 죽음에 대해 자세히는 백용식 179–180; 김진영 2013 참조.

127_이는 마야콥스키에게 작가가 쓴 1928년 4월의 편지에 단적으로 드러난다(Быков 2007: 284).

콥스키를 묘사하려는 의도에서, 정점에 치달은 시대의 억압과 주변의 몰이해로 종말감에 사로잡힌 시인의 형상이 묘사된다: "갑자기 시인들은 아직 마무리되지 않은 구상을 끝낸다. 이제 그들은 새로이 이 미완의 구상이 다 마무리되었다고 확신을 가질 수 있다 [...]. 그리고 이러한 확신은 후손들에게로 전수된다. 이들은 이제까지의 습관을 바꾸고 급히 새로운 계획들을 세우는가 하면, 기분이 고조되어 이를 자랑스럽게 여긴다. 그리고는 갑자기 – 끝이 온다 [...]. 그러자 시인들은 무언가를 문득 알아차리고 그동안의 자신의 일들을 서로 비교하기 시작한다. 그들은 급히 계획들을 세워왔고《동시대인》지를 발행해왔으며 [...]. 20년간 이룩한 창작의 전시회를 개최해왔는가 하면, 여권을 얻으러 바삐 돌아다니기도 했다. [...] 억눌린 채 울며 한탄하는 모습 [...] 고독에 겁을 집어먹더니"(4, 231).

그런데 이 대목 첫머리는, 서두에서 제시된 1930년 직전, 후 파스테르나크의 전기적 상황에 대한 묘사임을 알 수 있다. 그 다음은 생 말기에《동시대인》지 (1836–37)를 창간하여 비평가 활동을 한 푸시킨에 대한 묘사이고 마야콥스키의 전기는 두 시인에 이어 마지막에 묘사됐음을 알 수 있다. 작가 자신과 푸시킨의 전기를 먼저 묘사한 까닭은, 생 말기를 마야콥스키보다 급격한 변화로 보냈던 앞 두 시인의 사례—당대 문제에 관심을 갖고서 "사실주의"(또는 "진정한 낭만주의") 경향의《동시대인》지를 운영한 푸시킨[128], 그리고 그의 사실주의와 역사주의를 변주하기 시작한 파스테르나크 자신(《스펙토르스키》,《이야기》가 그 예다[129])—을 통해, 세 시인의 새로운 삶의 이미지를 효과적으로 제시하려는 것으로 볼 수 있다.

세 시인이 병치될 수 있는 것은, 동일한 종말감을 맛보았고 그 순간 서로가 동일한 정신적 체험을 했다("단일")는 관점 때문이다: "어느 누

128_А.С.Пушкин, П.А.Плетнев, Н.А.Некрасов, И.И.Панаев - Современник 1836–1866; 심성보 2001: 27–54 참조.
129_임혜영 2005&2013 참조.

가, 1836년에 푸시킨이 자신이 어떤 한 해의 푸시킨, 말하자면 1936년의 푸시킨이 될 것임을 별안간 알아챘다는 것을 이해하거나 믿을 수 있겠는가? 또 [⋯] 생생하게 뛰고 생각하고 있는 이 중앙 심장의 박동에, 다른 심장들도 응하여 이미 오래전부터 반향이 일어왔으며 이제 그 반향들이 확장되고 재탄생된 하나의 심장으로 갑자기 모아지는 때가 온다는 것을. [⋯] 돌발적인 기쁨을 띤 채, 그 이전 삶과의 연속성이 떼어지는 시기 [⋯] 죽음과 닮았지만 죽음은 아니라는 [⋯] 것을. [⋯] 거대한 하나의 영역이 죄여들어 하나로 모아지면서 균일화되는가 하면 [⋯] 가장된 포즈의 마지막 흔적들을 자신에게서 떼어낸다. [⋯] 이는 제2의 탄생이 아닐까?"(4, 232–4). 즉 세 시인은 종말의 순간, 진정으로 걸어온 그들의 예술이 영원할 것임을 깨달아 삶에 대한 열정이 되살아나는 체험을 했다는 것이다. 특히 그 순간 마야콥스키(그리고 간접적으로 작가 자신)는 예술에 헌신함에 있어 선대의 푸시킨("중앙 심장")과 동일한 길을 걸어왔음을 깨달은 것이다.

사실 이미 푸시킨 탄생 125주년(1924)에 쓴 "영적으로 대화하"는 모노로그 형식의 시 〈기념 시Юбилейное〉에서 마야콥스키는 자신이 푸시킨과 동급의 시인임을 드러냈는데 자신의 사후의 "기념비"적 운명에 대해서는 거부의 입장을 보였다("아마도 나 혼자만, 지금 당신이 살아있는 자들 가운데 없음을 애석해 하나보오.")[130]. 따라서 마지막 해의 시인의 형상을 묘사한 위 대목과 관련된 시는, "벼랑 끝에 선 예술가가 시대를 향해" "자신의 시가 먼 훗날까지 살아남을 것이라고 예언하는" 마야콥스키의 1930년 미완의 시 〈목청을 다하여〉와 그곳에 반향된 푸시킨의 1836년 시 〈Exegi monumentum〉라(마야꼬프스끼 2009: 302) 할 수 있다. 이렇듯 종말의 순간은 마야콥스키가 그동안 취했던 가장된 포즈를 벗어 던지고 자신의 본래의 모습과 하나가 되는 때로, 주변인들이 생각하는 끝-"죽음"이 아니라 새로운 삶의 시작, "제2의 탄생"이 열리는 때인 것이다.

130_"Анализ стихотворения Маяковского Юбилейное" 참조.

하지만 15장에서는 주변인들이 자살과 생애 전체에서의 고인의 진심에 대해 의혹을 제기하는 것으로 드러난다. 작가는, 고인이 스스로의 "높은 값어치가 명백한 것임을 세계에 제시한" 유서("나로서는 다른 출구가 없었소. […] 정부의 동지들, 릴리 브릭과 […] 폴론스카야가 나의 가족이오. 이들에게 윤택한 생활을 보장한다면 고맙겠소")[131]를 염두에 둔 채, 이들의 태도를 우스꽝스럽게 묘사하며 비판한다: ""사랑할 수 있다고요? 이 사람이? 하-하-하! 그는 자신만 사랑하는 자요" […]. 사람들은 […] 그가 […] 영원하리만큼 […] 지나온 날 모두를 합친 것만큼 사랑할 수 있다는 사실을 모른다."(4, 234). 그리고 갑자기 천재와 미녀의 밀회에 관한 텍스트를 삽입한다. 이는 구조상으론 고인 생전의 폴론스카야와의 만남처럼 암시되지만 파스테르나크가 후에 밝혔듯이 실상은 그와 지나이다에 관한 묘사이다(Пастернак Е. 1989: 482).

이 점은 이 밀회의 텍스트를 작가의 동시기의 작품 《이야기》와 나란히 놓고 비교할 때 더욱 뚜렷해진다: "이제는 어떤 일이 일어나더라도 아무 상관이 없다. 왜냐하면 "나는 그대 자신이라오"라는 어떤 아주 더할 나위 없는 느낌이 들어 그와 그녀를 세상에서 상상할 수 있는 모든 유대들로 묶어주고, 그와 그녀의 얼굴을 메달에 박힌 두 얼굴처럼 당당하고 활기차게, 그리고 혼신의 힘을 다하여 함께 박아주기 때문이다"(4, 235); "이는 그들을 아이가 되게 했다. […] 크게 속삭이는 소리와 때로는 약해진 저 먼 외침에 자신들이 섞이는 것처럼 여겨졌던 것이다. […] 미소를 하나의 생기에 찬 얼굴이라 할 정도로 닮은 각자의 얼굴에 고통스레 터트렸다"(파스테르나크 2013: 162-3).

파스테르나크 삶과 창작에서 천재와 미녀는, 모욕과 고통에 쉽게 노출돼 남다른 고통을 겪는 존재라는 점에서 동일성을 갖는다(Barnes 1993: 33). 일례로 《닥터 지바고》의 그리스도와 막달라 마리아 형상이 그러하다. 단일한 영혼을 갖게 된 푸시킨과 마야콥스키 형상이 자리바꿈 됐듯, 천재와 미녀도 그들의 동일성 덕택에 자리바꿈 된다. 천재의

131_차창룡. "러시아의 혁명 시인 마야콥스키"에서 재인용.

심적 상태가 미녀를 통해 제시되는 것이다. 작가 자신의 변함없는 공식이듯이, 예술가에게 미녀-여성과의 만남은 그의 제2의 자아인 영원히 생성되는 삶-자연과의 만남이자 영적 인도자와의 만남을 의미하는 동시에(임혜영 2013: 188–9), 진정한 자신의 모습과 존재 의미를 발견하는 때다: "함께 있을 때 그녀가 온전히 자신의 모습으로 있을 수 있는 유일한 존재는 이른바 신의 세계이다. […] 세상에는 그녀를 그녀 자신보다 잘 알고 최후에 그녀를 책임져줄 그녀의 아주 평범한 먼 형제가 존재한다. 그녀는 기운찬 자연에 대한 사랑을 역력히 드러내지만, 자신의 사랑에 우주가 화답할 거란 기대를 자신이 결코 버리지 않는다 […]."(4, 234–5). 그러므로 종말의 시간에 예술가가 여성-자연을(또는 여성이 예술가를) 만난다는 것은 새로운 생명을 얻는 것을 뜻하는바, 우리는 작가가 마야콥스키처럼 정신적 위기를 겪던 1930년 여름, 자연 자체인 지나이다를 만나 제2의 탄생을 가진 사실(Пастернак Е. 1989: 476, 482 참조)을 알리고자 밀회 장면을 삽입했음을 알게 된다.

요컨대 이처럼 죽은 마야콥스키에 대한 묘사에 앞서, 두 에피소드—연인에 대한 변함없는 사랑을 피력한 그의 유서를 둘러싼 에피소드, 그것과 헐겁게 연결된 여성-지나이다와 만남의 에피소드—를 배치한 까닭은 두 시인에게 일어난 제2의 탄생을 부각시키기 위함이라 하겠다. 마야콥스키의 경우 그것은 물리적 죽음과 가장된 포즈를 버림이 새로운 삶으로 나가는 데 원동력이었다면, 작가의 경우는 자연-여성과의 물리적 만남이 그 원동력이었음이 제시된 것이다.

자살한 고인을 묘사하는 최종 두 장(16&17장)에는, 작가가 총살당한 실로프의 아내를 자살 현장에 부른 것에서 알 수 있듯(4, 235), 마야콥스키의 죽음에 대한 주변의 반응에 작가가 항의를 표하는 모습이 제시된다. H. 추콥스키에게 쓴 편지에 드러나듯, 파스테르나크는 극히 고독했던 시절 유일하게 교류한 벗인 레프 활동가 실로프가 정권에 의해 살해됐을 때(1930년 2월) 실로프의 지기들이 보인 냉담과 침묵에 울분을 표했다("만일 우리가 가까운 사람들을 상실했을 때 그들이 살아있는 것처럼 가장해야 한다면, 그들을 기억할 수도 그들이 없다는 걸 말할 수도 없다면, 또 제 편지가 당신에게 불쾌함을 일으킬 수 없다면, 부디 절 용서하지 마십시오. [⋯] 바로 이것이 제가 제 전(全) 이름을 걸고 서명한 이유가 될 테니까요." Быков 2007: 363)[132]. 마야콥스키의 자살 현장에서 작가는 처음엔 당시 풍조의 압력 때문에 울분도 자유롭고 진솔한 통곡도 터트리지 못한다(4, 237). 그것이 가능해진 건 고인의 누나가 주변을 의식치 않고 고인에게 "위대한"이에게 향하듯 진심어린 통곡을 했을 때였다(4, 238). 작가는 그녀를 묘사함으로써 (진정한 시인) 마야콥스키에 대한 주변의 몰이해와 "무관심"을 들춰내고 정권의 이데올로기에 굴종해 맹목적인 "모방"자가 된 자들이 자살을 죄악시하는 풍조를 폭로한다.

마야콥스키의 자살 다음 날 〈프라브다〉에 실린 사망기사("만일 일반적으로 자살이 우리 주위 환경에서 정당화 될 수 없다면 우린 분노와 쓴 질책의 말을 마야콥스키에게로 향해야 한다!")에서 단적으로 드러나듯, 자살은 일종의 의무 회피로서 비난하는 게 유행이었으며 아세예프를 비롯해 고인과 가까웠던 자들이 기사를 지지하는 서명을 했던 것이다(Быков 2007: 288). 고인의 죽음에 즉각 바친 시 〈시인의 죽음〉(1931)에서도 표현했듯, 인간의 삶을 하나의 이야깃거리나 "센세이션"한 사건쯤으로 보는 풍조는(레르몬토프의 동명의 시와 연관된 이 시[133]의 첫 발간 시에는 풍조를 비난하는 부분이 삭제됐다[134]) 고인의 죽음에 대한 지인들의 태도를 폭로하는 기제가 된 것이다:

> 총성이 있었단 사실은 가린 채, 군집하는 드라마의 풍조가 우세하고 있는 이곳 사건 현장에서 이렇게 운다는 건 불가능한 일이었다. [⋯] 필연성의 숭배, 즉 도시에 깃든 거짓된 숙명론의 악취가 [⋯] 풍기고 있었다. 흉내쟁이 원숭이처럼 모방을 바탕으로 한 이 숙명론은 삶을 기억

132_실로프와의 일화에 대해서는 Быков 2007: 361–5 참조.

133_1, 720; Зотова 1998: 22–3; Быков 2007; Ившина&Ешмеметьева 2006; 김진영 2013.

134_1, 391; Быков 2007: 290–1; Ившина&Ешмеметьева 2006: 41–6 참조.

에 쉽사리 남는 일련의 센세이션으로 본다. 다른 이들도 [...] 울은 것은 그렇게 전율하며 눈물을 삼키는 일이 동물 영매처럼 거주용 건물들과 비상계단들과 연발 권총 상자의 발작, 또 절망을 앓고 살해가 일어나도록 하는 모든 것의 발작을 재현해주기 때문이었다. (4, 238)

작가의 의분의 정점은 고인의 자살에 대한 입장을 표명하는 데에서 드러난다. 앞서 암시되었듯이, 고인의 자살에 대한 당시 부정적인 의견과 달리 그는 고인의 모습에서, 국가와 주변의 주문과 요구에서 벗어난 본래의 모습, 《바지 입은 구름》이 써진 1915년("22세의 잘생긴 청년이라고 불렀던")의 당시 모습이자 작가 자신이 그토록 원했던 모습으로 돌아갔음을 본다. 즉 고인의 마지막 결단으로서의 죽음이야말로, 정권에 영합하여 "거짓된" 삶과 예술 활동을 했던 "겁쟁이" 주변 예술가들과 다른("모두에게서 고개를 거만하게 돌린") 고인의 위대한 "공적"이라고 그는 "변호"하는 것이다: "모두에게서 고개를 거만하게 돌린 그는 [...] 완강히 어딘가로 갈망하며 [...] 떠난 것이다. 얼굴은 그가 자신을 22세의 잘생긴 청년이라고 불렀던 그 당시로 돌아가 있었다. 왜냐하면 죽음의 손아귀에 거의 잡히지 않았던 그의 작위적 표정이 이제 죽음에 의해 굳어졌기 때문이다. 그의 표정은 삶이 시작되는 표정이었지, 삶을 끝내는 표정이 아니었다."(4, 237) 본래 모습으로 회귀한 마야콥스키의 죽음이란 이런 관점은, 푸시킨의 죽음에 대한 주콥스키나 레르몬토프의 태도와도 유사하다(김진영 2013: 57).

아울러 여기 16장 전체에서 이뤄지는 생동하는 "움직임"이 시작된 봄의 묘사와, 그런 움직임이 고인의 묘사 대상이라고 밝히는 대목은 봄처럼 생명력을 회복한("삶이 시작되는 표정") 고인의 이미지를 구현하는 장치요, 고인의 죽음을 정당화하며 그의 새로운 탄생을 강조하는 장치다: "이런 모스크바의 움직임들은 분명 권총 자살한 고인 작품의 발췌(拔萃)였기에, 즉 자살한 고인 내부의 중요한 무언가를 매우 강하게 상기시켰기에, 나의 온 존재는 전율하기 시작했다"(4, 236). 나아가 뺏

속까지 "새로운" 미래의 삶을 추구했던 "유일한" 진정한 미래주의자인 고인의 모습과 관료주의적 압제의 "기이한" 형태를 띤 "낯선" 국가(4, 239)를 떠난 그의 모습을 언급하여 그의 불멸이란 낙관적 전망을 확고히 한다. 비록 너무 일찍 주어진 "미래"란 관념 탓에 어린 시절부터 망쳐진 그이지만(4, 239), 그가 삶의 재생 법칙에 따라 종말 시대를 대신할 이상적인 사회를 꿈꾸면서 보여준 진정성과 희생적 열정은 불멸성을 의심치 않게 한다는 것이다. 그리고는 고인에게 바친 비문인 동시에 자신의 이전 삶 및 예술과 작별하는 비문 《통행증》을 마친다.

3. 삶의 현상과 예술가의 존재 의미

파스테르나크는 자신이 숭배하는 예술가들을 리얼리스트로 칭하고 그들의 예술을 실제 전기에 기초한 리얼리즘적인 예술이라고 정의했다. 그리고 그러한 예술의 구현을 자신의 목표로 삼았다. 그의 리얼리즘은 낭만주의적 세계관 및 시학의 부정에서 비롯된 바, 최후의 예술론 쓰기 시도로 탄생된 그의 《통행증》 역시 그러한 리얼리즘의 구현을 지향한 것이었다. 실제 전기를 이야기하는 자전적 형태를 빌어 예술론을 피력한 점, 삶을 자신 중심이 아닌 주변인들 및 그들과의 관계를 중심으로 제시한 방식 등에 그러한 지향이 반영됐다.

《통행증》에서 리얼리즘 시학이 구체적으로 구현된 양상은 문학적 전기, 베니스 회화의 관찰, 마야콥스키 삶과 예술의 비평 등, 세 측면에서 고찰될 수 있었다. '평민' 작가 파스테르나크는 일찍이 릴케의 시와 자연계에 대한 관심과 함께, 심적 부담감을 가지고 하층 도시민의 삶에 관심을 보였다. 하지만 그의 이러한 관심과 취향이 문학에서 발휘되는 데는 그가 숭배하는 사람들과의 결별 체험이 요구됐다. 첫 숭배 대상이었던 스크랴빈과 코헨의 음악과 철학 세계와 결별한 이유는, 그들의 세계가 주변 세계와 온전히 교류하지 않아서("자아중심주의") 삶과 융합되지 않거나, 카오스적인 신비스런 삶의 영역을 도외시하는 것("칸트주의")으로 드러났기 때문이었다. 그들은 주변의 현실과 분리된 창조 활동을 한 것이다. 작가가 문학의 길로 들어선 결정적 계기는 첫사랑의 대상과의 실연을 통해서였다. 실연은 그에게 현실감을, 주변 사물들 세계와의 교감을 갖게 했는바, 그것들을 문학에 반영할 필요성과 욕구를 그의 내면에 일으켰다.

문학에 몰두하기 시작한 작가에게, 국가의 압박과 요구의 현실에서 탄생한 베니스의 회화는 구체적인 삶의 현상을 반영한 리얼리즘적 예술의 본보기로 드러났다. 그는 그 회화에서, 현실의 대상과 화가 간의 긴밀한 상호작용, 예술의 힘과 하나 된 화가, 삶의 진실을 재현하는데 시대가 방해할 때 예술의 진리에 따르며 도덕 감각으로 반란하는 천재 화가의 모습 등을 발견했던 것이다. 이런 베니스 예술은 1920년대 소비에트 예술의 이미지와 겹치는 것이었다.

마야콥스키는 20세기 초 격동의 현대를 반영하는, 삶을 닮은 새로운 예술을 추구한 점에서 작가 자신과 공통점을 지닌 것으로 드러났다. 그는 베니스 천재 화가의 경우처럼 실제 전기에 대한 경험에서 유래한 진정성, 그리스도와 같은 희생적 열정 등을 보인 천재-반란가로, 작가의 신적인 숭배 대상이 된다. 하지만 주변의 요구로 처음의 모습에서 벗어나 점차 낭만적 전설에 의지한 범속적 영웅주의로 빠져들게 되자, 작가는 자신의 미학을 지키기 위해 그와 결별한다. 작가는 자신에 내재한 마야콥스키의 낭만주의 방식을 버리는 바, 《삶은 나의 누이》는 그 결과 온전히 도달된 새로운 시학의 첫 작품이었다. 제목이 선언해주듯 '삶'은 《통행증》이 완성될 때인 1930년까지의 전기(前期) 창작에서 작가의 가장 중심적인 주제이자 묘사 대상이었다. 츠베타예바의 지적처럼 마야콥스키와 달리, 작가와 그의 주인공은 삶, 자연을 재현해주는 매개자일 뿐이며, 그의 모습은 삶의 구체적 현상을 통해 드러날 수 있었다 (Цветаева 1980: 399-423 참조). 삶에 대한 이러한 태도야말로 그의 리얼리즘 시학의 핵심이다. 결국, 1920년대 말에 극심한 고독과 종말감에 처한 그가 실제 전기를 재현한 《통행증》을 마지막으로 세상에 내보인 행위는, (주관적 글쓰기를 통해) 자신의 영혼을 알리고 삶의 가치를 깨닫게 하려한 로자노프(김민아 2003: 89–90)와 상통한다. 당시 그에게 《통행증》은 그의 예술과 그의 존재 의미를 정당화해주는 증서грамота였던 것이다.

제9장 1917년 혁명[135]

1910-20년대 시들과 서사시 《고상한 질병》 속의 혁명 이미지

1. 파스테르나크와 혁명

시인 파스테르나크는 러시아의 1905년 혁명과 1917년 혁명에 이르기까지 혁명을 적극 지지하였고 작품을 통해 혁명의 도덕적인 정당성을 강조한 작가이다(임혜영 2005: 340–4). 하지만 일찍이 20년대 초부터 시대의 문제에 무관심하다는 비판을 피할 수 없었던 작가이기도 하다. 혁명에 대한 그의 태도는 정당한 평가를 받지 못한 것인데, 무엇보다 그것은 혁명-역사적 테마를 구현하는 데 시기와 작품 상 한정성을 보인 것으로 인식되었기 때문이다. 1905년 혁명이나 내전을 다룬 20년대 중, 후반의 세 서사시 《1905년》(1925–26)과 《시미트 중위》(1926–27), 그리고 《스펙토르스키》(1924–30)의 경우처럼 20년대 중반 이전까지 서정시와 개인적 테마에 몰두했던 작가는 이후 의식적인 노력을 통해 서정시에서 탈피, 서사시로 옮겨가면서 객관적으로 역사 테마를 다루었는데(임혜영 2001a: 266–7), 이러한 세 서사시와 달리 개인의 서정성이 우세하거나 단편 작품들에 나타난 혁명 테마는 큰 주목을 받지 못

135_이 글은 《예술이 꿈꾼 러시아 혁명》(2017, 한길사)에 약간의 축약과 함께("혁명의 이상과 왜곡") 게재됐음을 밝혀둔다.

했던 것이다.

또한 앞 두 서사시에서도 엿보이듯, 마야콥스키를 비롯한 당시 시인들과 달리 작가는 볼셰비키 혁명보다는 1905년 혁명과 같은 최초의 혁명에 더 의미를 두었고 혁명을 역사의 일시적인 현상으로 보아 혁명 테마를 주로 20년대까지로 한해 작업했기 때문이다. 말하자면 20년대 중반, 마야콥스키에게 혁명은 "지속되는 현실"이었으나 파스테르나크에게는 완전히 지나간 것으로, 23년은 혁명이 종결된 해였다(Быков 2007: 203, 263). 그 후에는 볼셰비키 혁명으로 탄생된 새로운 국가와 사회의 문제에 관심을 돌린다. 즉 30년대에는 사회주의 국가 및 스탈린주의가 중심 테마로 등장하고, 30년대 후반-40년대 초에는 민중의 이미지, "당성이나 혁명성"의 뉘앙스가 가셔진 조국의 이미지 및 테마가 등장한다[136]. 비록 20여년 후에 장편《닥터 지바고》(1945-55)와 자전적 에세이《사람들과 상황》의 보충 장〈나의 누이, 삶〉(1956)에서 혁명 테마를 다시 다루지만, 앞선 작품들의 입장이 토대를 이룬 것이다. 앞선 작품들이 혁명과 시대의 당면 문제를 집중적으로 다뤘다고 할 때 상대적으로, 자전적 주인공의 삶을 통해 20세기 초 45년간의 역사를 회고하는 장편의 혁명 테마는 작가가 40년대에 창작적 전환기를 맞아 다룬 폭넓은 종교-윤리적 역사철학 테마(Зайцева 2013: 496)의 일부를 이루고, 혁명관을 밝혀달라는 편집진 요청에 따라 쓴 56년 글은 앞선 작품들에 대한 주석(註釋)이 된다.

하지만 혁명에 대한 작가의 태도가 적절히 평가되지 못한 좀 더 근본적인 원인은 그의 고유한 혁명관에서 찾아야 한다. 작가는 22년에 해외로 출국하기 전에 트로츠키의 부름을 받고 그를 대면하는데, 이때 혁명에 대한 생각을 처음 발설한 것으로 전해진다. 이 만남에 대해 브류소프에게 쓴 편지에 따르면, 작가는 왜 사회의 문제들을 작품에 다루는 것을 '억제'하느냐는 트로츠키의 물음에 혁명을 "새로운 사회의 유

136_임혜영 2016: 166-9; 박소연 1993: 45-6, 82-6; Кормилов 1998: 173; "Пастернак Б." 2005.

기체 속에서 사회의 새로운 격막이 된 개인주의를 진정으로 옹호"하는 것이라 본다고 밝힌다. 그러나 트로츠키에게 다음은 미처 설명하지 못했다고 편지에 썼다. 자신의 "마음과 시에 가장 친밀한 혁명 단계란 혁명의 '아침'과 그 폭발로, 혁명은 인간을 '본성' 상태로 되돌아가게 함으로써 국가를 '자연'의 눈으로 바라보게 하는 때"라는 것과, 이러한 생각을 시집 《삶은 나의 누이》(이하 '누이'로 약칭)(1917)에 표현했다는 것을 말이다(Barnes 1979: 318–9).

이 같은 시각은 향후 작가가 발설하는 관점들과 일치하는바 그의 혁명관의 요체라 할 수 있다. 자연 현상과 대기의 분위기 묘사를 중심으로 혁명을 구현하는 방식은 작가의 창작적 기본 원리로 자리하고, 위의 시집에 묘사된 17년 봄, 여름의 혁명은 이후 작품들에서 진정한 혁명의 모델로 등장한다. 요컨대 작가의 혁명 테마에 대한 고찰은 '객관성'이나 '인간과 인간 상황'중심의 접근법에서 탈피되어야 한다. 기존에 그러한 접근은 해당 작품을 선별하는 데도 제한을 가져와, 혁명이 구현된 모습을 온전히 평가하는 데 장벽이었던 것으로 보인다.

본 장은 이러한 점들을 염두에 두고 1917년 혁명에 대한 파스테르나크의 관념을, 혁명 테마에 집중적으로 몰두하여 혁명의 본질을 제시한 20년대까지의 창작을 중심으로 고찰하려 한다. 해당 작품들의 17년 혁명 테마는 혁명의 전개 과정과 궤를 같이하여 세 단계로 나눠 고찰할 수 있다. 2월 혁명 직후, 10월 혁명 직후, 소비에트 국가의 형성 초기가 그것이다.

2월 혁명 직후 이루어진 혁명 묘사는 《누이》의 모스크바와 남부 도시 발라쇼프에서 맞은 봄, 여름의 혁명에 대한 인상 이외(역서 《삶은 나의 누이》(2010) 참조), 우랄에서 2월 혁명 전까지 체류한 경험이 원천이 되었다. 우랄에서 작가는 새 창작 단계로의 진입을 경험했고[137] 그곳에서 교분을 맺은 전문 혁명가–사회혁명당원들은 혁명과 혁명 활동가를

137_Пастернак Б. Собр. *соч.: в 5 т.* Т.1. М., 1989: 653. 이하 이 판본의 인용은 권수와 면수를 괄호 안에 아라비아 숫자로 표기한다.

형상화하는 데 영향을 주었던 것[138]이다. 혁명은 변화된 대기의 이미지를 통해 해방된 세계의 모습으로 제시되거나, 미래의 유토피아를 꿈꾸는 주인공의 형상을 통해 제시된다. 《누이》와 17년의 두 대화체 작품인 미완의 산문 〈대화〉와 운문 〈드라마 절편Драматические отрывки〉이 이에 해당된다.

그런데 《누이》는 사랑의 주 테마 속에서 혁명을 부분적으로 다루고(이른바 잘 파악되지 않는 '미학적 혁명'을[139]), 〈대화〉와 〈드라마 절편〉은 혁명을 주 테마로 했지만 미지의 혁명적 변화들에 대한 작가의 불안감이 바탕이 되어 혁명 문제는 오직 프랑스를 배경으로 논의될 뿐이다(Barnes 1979: 323-4; Пастернак Е. 1997). 당시 블로크가 속한 그룹 "스키타인들"을 비롯한 지성계의 경향이었듯 프랑스 혁명사와 러시아혁명의 연관성을 비추려는 취지로 말이다(Barnes 1979: 323). 2월과 10월 혁명 모두가 구현된 것은 볼셰비키 혁명 직후이었다. 10월 혁명 직후 일어난 수병들의 살해 행위에 대해 분노를 표현한 18년의 두 시 〈머리가 아찔해진다……〉와 〈러시아혁명〉은 1989년에야 처음 출간될 만큼 볼셰비키 혁명을 2월 혁명과 대조하며 적나라하게 조명한 유일한 작품들이다(Флейшман 2006: 637-9). 작가에게 18년은 혁명에 대한 "유토피아적 환영"과 "결렬"을 맞은 해였던 것이다(Кормилов 1998: 169)[140].

그러나 두 시는 17년 혁명을 다각도로 조망하지는 못했는바 그러한 조망은 소비에트 국가 성립기인 20년대 초에나 가능했다. 서사시 《고상한 질병》(이하 '질병'으로 약칭)(1923, 1928)이 그 대표작이며 기타 해당하는 것으로 단편 〈하늘 길〉(1924)과 두 시 〈10월 혁명 기념일에 즈음해〉(1925)와 〈역사〉(1927)가 있다(내전을 다루나 사랑이 주테마인 《스

138_Флейшман 2006: 636; Пастернак Б. *Полн. собр. соч. в 11 т.* Т.3. М., 2004: 605 참조. 이하 이 판본의 인용은 권수와 면수를 괄호 안에 로마숫자와 아라비아숫자로 각각 표기한다.

139_Barnes 1979: 319, 323.

140_수병의 만행 이외에도 에피소드적인 시 〈모스크바의 수병〉(1919)처럼 혁명은 우주적 차원에서도 조망됐다(Быков 2007: 160-1).

펙토르스키》는 해당 안 된다). 이 작품들은 앞 작품들의 테마를 발전시키는데, 특히 《질병》은 혁명에 대한 작가의 최종 입장을 제시하고 있어 그의 혁명관을 총괄하게 해준다.

본 장은 2월과 10월 혁명을 다룬 18년의 두 시와, 볼셰비키 혁명을 다각도로 조망한 20년대의 네 작품을 주요 분석 대상으로 하여 작가의 혁명관의 본질을 밝힐 것이다. 이 작품들은 레닌 형상이 직간접적으로 투영돼 있어 단일한 연구를 확보해주고, 기존에 주목받지 않았거나 주목받았더라도 분석이 수반되지 않은 채 인용에 그쳤다는 점에서 당면성도 확보해준다. 필요시 여타 작품들도 논의될 것이며 본 장에서 도출된 혁명관은 여타 작품들의 혁명관의 본질도 가늠케 해줄 것이다.

2. 2월과 10월 혁명: 민중의 유기적 혁명 vs 서구의 폭력적 혁명

시 〈머리가 아찔해진다……〉와 〈러시아혁명〉은 두 사건—제헌의회 해산 후 18년 1월 7일에 카데츠당 두 의원이 수병들에 의해 잔혹하게 살해된 사건과 그 즈음 크론시타트에서 장교들이 수병들에 의해 화로에 던져진 사건—에 각각 바쳐졌다. 첫 시에는 작가의 분노가 직설 화법을 통해 여과 없이 6연 전체(II, 223)에 걸쳐 표출된다. 이러한 직접적인 감정 표출은 혁명을 지지하는 블로크가 18년 1월에 독일과의 평화 협정(이후 3월 3일에 브레스트-리톱스크 조약으로 체결된)이 결렬됐다는 소식에 즉시 시 〈스키타이인들〉(1918.1.30)을 써서 상대국에 분노를 퍼부은 모습과 상응한다.

작가의 분노는 두 연씩 행해진 세 종류의 발화—독백과 절대자를 향한 푸념, 그리고 볼셰비키들에게 항의—형태로 표현된다. 독백은 1연에서 당혹감과 함께("머리가 아찔해진다"), 무방비 상태에 있던 두 의원("잠자리에 들었고, 옷을 벗었다.")이 무자비하게 살해된 것을 묻는 식으로("방아쇠가 내려져 박살냈다고?") 행해진다. 2연에서는 살해자들과 피살자들, 그리고 그들이 거주하는 도시와 밤, 인간 "정신" 등을 열거하며 모두가 창조주의 피조물임을 연거푸 상기시키는 식으로("누구에 의해 창조되었나") 행해진다. 작가는 수병들의 살해 행위를 기독교-정교의 도덕적 차원에서 조망하며, 그 행위가 러시아 정교 공동체의 분열의 징표이고 비윤리적인 혈족 살해임을 드러내는 것이다[141].

기독교적 색채는 3, 4연에서 점점 뚜렷해진다. 질문은 이제 창조주에게로 향해진 채 살해자와 피살자 모두가 가족처럼 함께 창조되지 않았느냐고 묻는다("당신 한 분이 이 둘과 둘의 / 창조에 참여하셨지요?"). 이는 혈연 간 살육이 벌어지는 것을 허용한 신에 대한 항의로 보인다. 그런데 면밀히 보면 작가는 무엇보다 생명에 절대 가치를 부여하고 있음을 알 수 있다. 두 수병(사실 더 많은 수병들이 살해했지만 양 측의 대등함을 강조코자 "둘"로 표현했다)에 의해 살해된 두 의원의 피는 성서에서 형 가인에 의해 살해된 동생 아벨의 피처럼 온 대지를 물들이는 피, 인간의 사악함으로 무고하게 희생된 혈족의 생명이란 뉘앙스를 보이기 때문이다. 이러한 뉘앙스는 갈수록 표면화된다. 신이 피조물들에게 부여한 값진 생명이 "쓸모없는" 다른 피조물-수병들에 의해, 그것도 세계의 융합을 위해서가 아니라 무의미한 폭력 속에서 희생된 점을 따지는 4연의 대목은 그러한 예이다("타박상. / 그러나 그것으로써 "세계가 긴밀해진 게" 아니라면, / 왜 그들(두 의원—인용자 주)을 살도록 하셨습니까?"). 여기에는 세계의 "조화"란 신의 목적을 위해 죄 없는 아이들을 고통받게 한 신에게 항의하는 이반 카라마조프의 목소리가 메아리치는 듯하다.

그러나 시의 질문은 '반역'적인 항의라기보다는 6개월 후 창작된 한 시에서 뚜렷이 나타나듯, 만유를 주재하는 절대자의 섭리하에 이뤄진 2월 혁명 직후에 모두가 하나 된 자유로운 세상이 도래할 것이라 믿은

141_작가에게 "주범주로 남는 건 삶의 내적 단일성과 […] 도덕적 […] 기반 […]"(Спесивцева 2010: 262); 10월 혁명 후, 러시아혁명에 대한 규정이 "심리적 윤리적 범주"에서 이뤄진다"(Флейшман 2006: 637).

작가가 신앙의 흔들림과 고통 속에서 부르짖은 호소라 할 수 있다("영감에 찬 당신의 초원의 노란 새벽빛은 / 붉은 것 뒤에서 잊히기 시작했습니다. / 당신은 어디에 계십니까? […] 누구의 천상으로 옮겨갔습니까? / […] 여기 러시아의 천상 위엔 안 계십니다." Быков 2007: 166). 이는 작가의 직접적인 항의의 대상이 볼셰비키들임이 마지막 5-6연에서 드러나면서 확인된다.

5연에서 작가는 수병들의 살해 행위가 계급 대립을 이념으로 한 마르크스주의의 러시아적 변형, 볼셰비즘에 취한 민중이 맹목적으로 행한 것이라고 폭로하며, 같은 견해를 가진 동료들의 이름으로 유혈의 볼셰비키 혁명을 거부한다고 말한다("마르크스에 대한 조롱이다. 오, 바보 멍청이들! / 자신 만의 옷을 입고 나오시오. / […] 좀 취해봅시다! / 무엇으로라고? 피로? 우리는 마시지 않소."). 6연에서는 조국 땅을 동족의 피로 물들인 그 혁명을, 신성한 혁명 이념을 왜곡한 "거짓"된 혁명이자 "악"으로 규정하면서 온 러시아가 혁명 지도자들에게 바란 것은 피흘림이 아닌 인간다운 "삶"(생명)의 수호라고 토로한다. 작가의 10년대 말의 한 편지나 이후의 글, 그리고 혁명이 노동이 중시되는 삶을 성취할 것으로 묘사된 〈대화〉(Barnes 1979: 323-4)에서 엿보이듯, 혁명이 성취할 가장 핵심 요소로서의 노동과 생명-삶의 보호란 작가의 사상이 피력된 것이다("혁명 성취의 여부를 계급에서, 농민들에서 확인할 필요는 없어요. […] 1916년 가을과, 암울한 혁명 후 곧 도래할 미래, 이 두 기간 사이에 중단된 삶에서 확인할 수 있으니." Быков 2007: 171; "민중 출신자들은 […] 생각할 수 있는 유일한 가치 있는 삶을 어떻게 구축할지 대화했다." 4, 790).

동족 분열과 유혈을 초래한 볼셰비키식 혁명을 거부하는 작가의 입장은 블로크의 "가장 유명한 논문" 〈인텔리겐차와 혁명〉(1918.1.9.)에 나타난 볼셰비키 혁명에 대한 저자의 입장과 비교 시 더욱 뚜렷해진다. 블로크는 혁명에서 파괴와 폭력은 필수임을 재차 강조하는데, 특히 민중의 잔혹한 폭력에 대해 별반 개의치 않은 채 그들의 미래의 가능성에 더 무게중심을 두며 그들을 전적으로 옹호한다. 야만성과 "잔혹성" 때문에 민중을 거부하는 지식층을 도리어 질책하고 속히 민중을 포용할 것을 촉구할 정도다("혁명은 […] 가치 있는 걸 쉽사리 망가뜨린다. 쓸모없는 자들을 종종 육지로 무사히 실어낸다. […] 이건 혁명의 하찮은 것들이다"; "엘리트층은 "우린 민중에게 환멸을 느꼈다"고 말한다. […] 무례와 잔혹성외엔 아무것도 보지 못하는 것이다." Блок 1918). 그는 파스테르나크의 입장과 정면 대립하는 바, 폭력과 살인 행위에 도덕적 잣대를 들이대지 않는("뭐가 더 무시무시한지 난 모르겠다: 한 진영의 붉은 수탉과 린치인지, 딴 진영의 이 압제적인 비음악성인지." Блок 1918) 무신론적 입장을 보이는 것이다(Возлядовская 2012; 이명현 2016: 81–4).

한편, 모든 계층이 한 동족임을 강조한 파스테르나크와 달리 블로크는 '과거 vs 현재, 귀족 vs 상민' 등, 계층적 대립의 요소를 열거하며 전자의 파멸의 당위성을 강조함으로써 세계를 대립된 두 지대의 구성으로 보는 이원론적 관점을 드러낸다("크렘린 궁들 […] 책들의 파괴를 두려워 마시오."; ""상민"과 "귀족", "교양 있는 자"와 "교양 없는 자들", 지식층과 민중 간 오래된 반목이 그리 "피 흘림 없이" […] 무너지리라 생각하는가?" Блок 1918). 여기에는 귀족인 블로크 자신의 아버지 세대의 죄, 자신과 동시대인들의 퇴폐와 타락에 대한 죄의식도 한몫 했는바[142], 과거에 속한 것을 "진정한 악"으로 규정하며 전면적인 파괴를 선언하는 그는 혁명이 "목가적"인 것이 아님을 강조하면서도 그 과정에서 파생될 유혈 사태는 염두에 두지 않을 만큼 추상적 몽상적 차원[143]에서 볼셰비키 혁명을 지지하는 것이다.

그런데 두 작가가 볼셰비키 혁명의 폭력성과 유혈성에 대해 상반된 입장을 보인다 해서 혁명에 대한 태도까지 상반되는 것은 아니다. 이러한 상반된 입장들은, 근본적으로 인류를 구원할 혁명의 실현법에 대한 두 시인의 세계관적 차이(낭만주의적 vs 기독교-정교적)가 발현된 것이다("혁명에 대한 그(블로크—인용자 주)의 찬미는 죽음을 통한 찬미요, 숙명

142_Быков 2007: 316, 327–41; 임혜영 2014: 236–7; 이명현 2011: 18–25 참조.
143_Возлядовская 2012; 이명현 2016: 68 참조.

적인 인물이 하는 안부 인사다. […] 파스테르나크의 자기 감지는 […] 블로크와는 달리 이 순간들을 […] 기독교인의 큰 기쁨으로 맞이한다."[144]). 블로크가 지상 현실의 삶과 생명보다는 파멸과 죽음에 미학적 의미를 부여했다면, 기독교적 관점에서 생명을 신이 주신 선물로 본 파스테르나크는(임혜영 2010: 358-9) 삶과 생명을 신성시하고 그것들의 보장을 혁명의 목적 중 하나로 봤다("블로크에게 혁명 과정에서 살해됨은 […] 필요하고 바람직한 반면, 파스테르나크에게는 어떤 죽음도 비극이자 폭력이며 인간 내부에 간직된 신성성의 모욕이다." Быков 2007: 167). 실제로도 블로크의 18년의 한 시에서 피살자-정치인은 도리어 신성성을 부여받는다(Быков 2007: 167). 블로크와의 공통성과 차이점은 혁명을 한층 미학적으로 다룬 파스테르나크의 이후 작품들에서 점점 뚜렷이 드러나는데, 특히 위의 시를 다시 쓴 것으로 칭해진 시(Пастернак Е. 1997)이며 혁명이 기독교적 구원과 동일하다는 생각을[145] 최초로 공표한 시 〈러시아혁명〉은 그러한 시 중 하나다.

17년 말-18년 초의 사건을 즉각적인 인상으로 묘사한 앞 시에서 나아가 이 시는 17년 혁명의 전개 과정 속에서 볼셰비키 혁명의 기원과 본질을 제시한다. 전체 12연은 1-5연과 6-10연, 두 부분으로 나뉘어 2월 혁명(시에서는 신력 "3월"로 표기)과 볼셰비키 혁명을 차례로 묘사한다. 1-3연에서(II, 224) 2월 혁명은 봄의 해빙 이미지("얼음 깨는 그대의 호흡소리", "따스한 물방울", "따스한 종소리" 등)를 통해, 동결되었던 구세계의 "모든 것"으로부터의 해방으로(2연) 묘사되며, 그것은 특정 "인물"이나 "당"의 지도로 이루어지는(1연) 인위적이고 파벌적인 게 아닌 역사의 흐름 속에서 자연현상처럼 평화롭고 자연스럽게 도달되는 것이다(1-3연).

3연 말미부터 5연까지(II, 224) 2월 혁명은 세 가지로 규정되고 그것

144_Быков 2007: 168-9, 208; Gibian 1983: 207 참조.

145_블로크도 '혁명의 시대를 그리스도의 출현 및 신약시대'와 동일시했는바(이명현 2016: 84), 그의 혁명 모티프는 파스테르나크의 혁명테마와 상응한다(임혜영 2010: 359; Быков 2007: 155, 207-8 참조).

은 작가의 이상적인 혁명상으로 드러난다. 첫째, 그것은 "서구에서 기원한 혁명 이념"이 러시아 민중의 "마음"과 접목되어(3연) 러시아의 평화로운 혁명으로 재탄생된 것(II, 455), 마르크스주의의 영향을 받지 않은 것(5연)이다. 둘째, 그것은, 블로크가 앞 논문에서 강조한 것과 달리 계층적 대립이 없이 각 계층의 존재와 삶을 "소중"히 하고 포용하는 "피 흘리지 않는" 혁명이다("혁명에는 / 크렘린 궁도 소중하고, 이곳 마당에서 사람들이 찻잔에 든 차를 마신다는 것도 소중하다." 4연). 따라서 "모든 위대한 혁명 중" "가장 밝고" 도덕적으로 고귀한("그대의 아름다움") 혁명인 것(4연)이다. 이는 《통행증》의 미출간된 "후기"(1931)에서 작가가 밝혔듯 프랑스 대혁명 초기와도 상통한다("저는 모든 혁명의 영원히 고정되는 첫날에 대해 […] 이야기할 수 없었을 겁니다. 저는 데물랭 같은 자들이 […] 대기를 위해 축배를 들자 하며 행인들 마음에 불을 지피는 때인 그 날들의 목격자였죠." 4, 787). 반면 볼셰비키 혁명이나 〈드라마 절편〉에 묘사된 프랑스 자코뱅파의 혁명(1794)과는 대립된다. 민중의 자연력에 의해 성취된 2월 혁명과 달리 이 두 "당"의 혁명은 이성의 힘에 의존한(Barnes 1979: 325) 인위적인 것이기 때문이다.

마지막으로, 그것 2월 혁명은 "그리스도의 사회주의"(5연)이다. 이는 서로를 포용하고 생명을 중시하는 2월 혁명이, 산문 〈대화〉에 새 사회인 "사회적 유토피아주의социальный утопизм"가 제시됐듯(Быков 2007: 167)[146] 슬라브주의적인 러시아 이념처럼 형제애, 평등, 자유란 정교회 이상이자 그리스도의 진리로써 하나 된 공동체의 모습을 드러내기 때문이다. 그리고 이렇게 "기독교적 사회주의"의 공동체 정신이 깃듦으로써 2월 혁명은, 《누이》의 시 〈봄비〉에서도 표명됐듯 로마의 박해 시절에 카타콤에서 진리를 수호한 초기 기독교 공동체(II, 455)와 같이

146_이는 돈과 상업이 폐지되고 상품이 분배되는 사회, 노동의 삶을 통해 사후에 유익한 결실을 남기는 것을 중시하는 사회로, 푸리에와 프루동, 두 무정부주의자 E. 말라테스타와 F. 크로포트킨, 그리고 도덕적 법칙에 기반한 이상적 사회주의 이론을 전개한 H. 코헨 등의 입장과 상응한다. 작가는 그러한 코헨의 세미나에 참석했으나 레닌은 코헨을 "과학적 사회주의"의 적으로 비판했다(4, 865; I, 604 참조).

"신성한 것"(5연)이 된다("연설하는 수상의 양손은 / 군중의 입과 대동맥을 한 떼로 모았네 […] / 이것은 절망적이던 지난날이 카타콤에서 / […] 나온 것이라네! / […] 유럽의 밤이 붕괴하는 것이라네." 파스테르나크 2010: 79) 따라서 수병들의 살해 행위는 신성한 2월 혁명의 정신, 진정한 혁명 정신을 더럽히고 왜곡한 것이 되는데, 6–10연에서는 레닌이 그러한 왜곡 현상의 발원지로 그려진다.

볼셰비키 혁명에 바쳐진 6–10연의 대부분(6–9연)에는 4월에 귀환하는 레닌의 모습이 그려져 있다. "타국에서" 출발 준비하는 장면과 출발하는 장면(6–7연), 조국에 도착하자마자 선동하는 모습(8–9연) 등이 그러하다. 그를 수식하는 어휘들("급행열차"와 "권총", "고함")은 2월 혁명 후의 평화 및 고요와 격한 대립을 보여주어(II, 224), 그는 러시아를 파멸시키려고 돌진하는 외부의 적대적인 힘의 이미지를 갖는다.

도착 즉시 울려 퍼지는 레닌의 발화("루시를 불태워라", "불 질러 연기를 내라", "눌러버려라" 등)는 블로크의 〈열둘〉 속 적위군들의 발화("신성한 루시 향해 일제히 총을 쏩시다!"; "십자가 없이"; "전 세계적인 불을 지르리 / […] / 하느님, 축복하소서."[147])와 상응함으로써 구세계의 파괴를 선동하는 볼셰비키의 구호의 재현인 듯하다. 하지만 그의 말 전후에 "조국"에 관한 어휘들이 네 차례 반복되어 있어 외부인–망명객으로서의 그의 정체성이 강조된다. 뿐만 아니라 그에게는 블로크의 적위군 행위에 "신성함"을 부여한 "그리스도교 상징들"은 부재한 채 조국에 대한 증오와 조국을 함부로 대하는 태도만이 있을 뿐이다("맘대로 하라! […] / 우린 조국에 들어왔다 […] 그 흔적이 사라질 것이다! / […] 사람들로 레일을 만들어라! // […] 뭉개라! / […] 우리의 국토가 여기에 있다. / […] 모든 게 아주 익숙하다." II, 225). 요컨대 평화와 일상적 온기가 소생된 땅에 '파괴적인 힘'의 서구식 혁명 지침–4월 테제를 몰고 온 주범[148]이란 상징성

147_이명현 2016: 80에서 재인용.

148_4월 테제가 기차 안에서 완성됐고 레닌은 〈하늘 길〉에도 그려진다. 하늘 길은 "리브크네흐트나, 레닌이나", "다른 지성인들의" 서구 "사상들"(파스테르나크 1977: 211)이 전달되는 통로로, 레닌은 국제 노동자 운동가들 – 리브크네흐트, 룩셈부르크 –

이 레닌에게 부여된바, 그는 파스테르나크의 아들의 지적과 페진에게 쓴 작가의 편지(1928.10.6.)에 엿보이듯 조국의 토양과 격리된 서구주의자, 서구식 혁명을 지향하는 자인 것이다("이 시에서 놀라운 건 서구적인 혁명 이념과, 레닌의 증오를 일으킨 순수 슬라브주의적 이미지의 러시아 이념이 노골적으로 대비됐다는 점이다." Пастернак Е. 1997; "모든 것은 서구에서 […] 전해진 것이오 […] 우리 동양은 […] 그렇게 근본까지 뒤엎은 경우는 결코 없었소." I, 548).

마지막 10연에서 러시아혁명은 결국 "봉기"이자 "활활 타는 화로"인 볼셰비키 혁명으로 변질됐다고 규정된다. 이는 레닌이 "노골적으로 호소"한 폭력적인 "서구적 혁명 이념"을 수병들이 실천한 것이기도 하다. 끝 두 행(II, 225)에서 작가는 그러한 서구의 혁명을 이식받은 러시아혁명이 죽음과 무질서의 "지옥"을 일으켰으며 곧 전면적인 파괴("폭발")로 나아갈 것으로 예언한다.

볼셰비키 혁명의 위험성을 예견하는 작가의 입장은 그의 진정한 혁명가상이었던 고리키의 입장과 가깝다. 고리키는 동시기의 글들(1917.4–1918.7)에서 볼셰비키의 폭력성과 잔인성을 비판하고 그 지도자들의 "도덕성의 부재" 및 무자비하게 생명을 다룸에 독설을 퍼부음은 물론, 고대했던 혁명이 문화의 토대를 파괴하고 야만적 본능을 조장하는 것을 우려, "정치적 프로그램보다는 문화의 보존과 발전, 민중의 정신적 부활을" 당면 과제로 보고 앞장섰기(이강은 2016: 21–5) 때문이다. 한 사회혁명당원의 아내에게 편지(1917.12.)에 썼듯("올해, 그곳 우랄 사람들은 더 행복해졌소? 여기 모스크바에선 반대로 모두가 야수처럼 날뛰었소. […] 인간적인 전반의 것을 말하는 거요." Быков 2007: 170) 혁명의 유혈성과 폭력성으로 인해 물질적, 정신적으로 큰 고통을 겪은 파스테르나크가 18–19년, 특히 20년에 창작 활동은 거의 중단하고서 고리키가 주선하는 세계 고전을 번역하거나 문화 보존 위원회에 등록한 점, 이데올로기가 난무한 도시를 떠나 교외에서 밭 갈며 노동한 점도

의 파멸 후 제3인터내셔널을 개최해(1919.3) 유럽 사상의 계보를 잇는다(I, 548–9).

(Быков 2007: 169–70) 고리키와 동일한 입장에서 한 선택이라 하겠다.

작가가 혁명의 암울함을 체험했다고 할 때, 독재와 공포 정치 후 비극을 맞는 두 혁명가 생쥐스트와 로베스피에르를 그린 〈드라마 절편〉은 주목할 필요가 있다. 사실 이 작품은 집필 날짜가 17년 여름으로 표기돼 2월 혁명 영향하에 썼다고 추정되기도 했으나(Barnes 1979; Пастернак Е. 1997) 혁명에 대해 밝은 전망을 제시하지 못한 것으로 볼 때, 실제 집필은 암울한 10월 혁명 직후로 봐도 무방하다(Быков 2007: 171). 무엇보다 그곳에는 '변질된 러시아혁명'을 서구사와의 비교를 통해 혁명의 비극성을 다루는 모습이 드러나 있는바, 자신의 이성의 힘에 의지하며 오로지 혁명에 삶을 바친 "청렴한" 지식인이자 금욕생활자인 로베스피에르의 형상(Barnes 1979: 325)은 레닌의 본질적 모습이기도 하다. 트로츠키나 마르토프의 대척자로서 혁명적 보헤미안에 속하지 않고 질서와 규율을 좋아하는 금욕주의자의 모습, 무정부주의를 경멸하는 모습을 보인 레닌은 민족적 유형의 혁명가들과 달랐으며, 절친 독일 혁명가에게 "자제와 자기규율은 야만적인 것이 아니"라고 강조할 정도로 그의 두드러진 성격적 특징은 의지와 지성이었기 때문이다(Дудаков 2007; 클리프 2010: 108–11).

1917년 6월 1일 케렌스키의 발언에서 예언됐듯, 결국 자코뱅파의 혁명에는 2월 혁명의 대척점인 볼셰비키 혁명의 본질 또한 반향을 일으켰다고 할 수 있다("레닌 동지는 [⋯] 1792년의 프랑스 대혁명의 길을 밟도록 가르치고 있다. 그 혁명은 결국 독재로 끝났다. [⋯] 우리 임정을 파괴한다면, 그대는 진정한 독재자를 위해 문을 열어 주는 격이 될 것이다." 김학준 2000: 191). 그리고 이러한 볼셰비키 혁명의 비극성은 《질병》에서는 볼셰비즘의 최악기인 궁핍과 혼란의 1918–21년의 구현을 통해 전면화된다.

3. 전시 공산주의와 새 정권의 수립: 볼셰비즘의 사기(詐欺)와 시의 파멸

서사시 《질병》은 최초로 큰 규모의 사회적 테마를 다뤘다는 점에서 블로크의 〈얌브〉나 〈징벌〉의 의미와 견주어지는 작품이자 혁명을 정치 차원에서 공식적으로 처음 다룬 작품이다. 하지만 그것은 기존에 완전한 서사시로 가는 과도기적 작품으로서[149], 혹은 레닌 형상이 등장한 독특한 작품으로서 논의되었을 뿐, 여타 차원에서는 거의 연구되지 않았다(Спесивцева 2010: 261). 이는 "새 시대에 관한" 작품을 쓰라는 레프의 "주문"에 따라 시대 요구에 부응한 서사시를 쓰려한 작가의 첫 의도(Спесивцева 2010: 263)와 달리 서정적 주인공의 생각과 감정 표현이 주가 된 극히 서정성을 띤 작품("서정적 서사시")이 되었고 전체가 의미의 모호성으로 찼기("암호화된 서신") 때문이다. 그러한 모호성의 원인은 세 가지로—작가의 서정시 문체가 투입되어서, 역사-사회적 사건에 대한 평가를 감추는 작가의 방식 때문에, 23년 당시 역사를 평가할 단계에 이르지 못해서—추정되기도 한다.[150]

사실 서사시의 모호성은 앞에서도 밝혔듯, 근본적으로 작가의 창작적 세계관과, 그것과 연관된 혁명관에 기인한다고 할 수 있다. 작가의 세계관과 혁명관의 긴밀한 관계는 몇몇 연구가에 의해서도 간파되었지만(작가의 혁명관에, 삶에 대한 그의 일반 관점이 바탕을 이룬다는 것, 혁명의 사건들은 혁명에 대한 그의 관념에 상응 정도에 따라 그 가치가 측정되었다는 것, 그리고 서사시가 "계급적 본질"이 아닌 "형이상학적 본질" 차원에서 혁명에 접근한다는 것이 그러하다.[151]), 작품 분석으로 이어지지는 않았다. 22년에 트로츠키에게 한 고백과 27년에 편집자 S. 아브라도비치

149_Гаспаров М., "Рифма и жанр в стихах Б. Растернака," Его же. *Русс. речь* 1990(1): 21, Фатеева Н., *Поэт и проза*. М. 2003, Спесивцева 2010: 263에서 재인용.

150_Кормилов 1998: 89; Спесивцева 2010: 262–3; Быков 2007: 217; Сергеева-К. 2012.

151_Спесивцева 2010: 263; Штурман 1994; Быков 2007: 209.

와 고리키에게 쓴 편지들에 드러나듯("10월 혁명에서" "대기의 화학적 특수성", "역사적인 날의 자연력과 요소를 본다"는 것과, 10월 혁명이 하나의 자연현상이며 역사를 형성하는 건 평범한 일상 삶이라는 것이 그러하다[152]) 작가의 혁명관은, 블로크처럼 혁명을 자연과 우주 현상으로 본다(이명현 2016: 65-90)는 점, 혁명의 목적을 개개인의 일상 삶과 생명의 수호로 본다는 점으로 이루어진다. 이러한 혁명-역사관에 초점을 맞춰 서사시를 접근할 때, 의미의 모호성과 서정성에 가려진 작가의 혁명 관념은 도출될 수 있을 것이다.

크기가 다른 22개의 연으로 이루어진 서사시는, 경계가 뚜렷이 구분되지 않는 세 장면, 배고픈 혁명의 해들의 장면과 서정시의 매개체-시인의 절망의 장면, 그리고 새로운 계획들을 선포하는 9차 소비에트 대회(21년 12월)의 장면을 제시한다. 앞 두 장면은 셋째 장면과 구조적으로 대비되는 바(I, 517), 첫 장면은 1-10연, 셋째 장면은 13연과 17, 20-21연에서 제시된다. 반면 둘째 장면은 2-3, 11-12, 14-17연에서 제시됨으로써 첫째와 셋째 장면에 걸쳐있다. 그리고 세 장면과 시간적 간격을 지닌 나머지 연들, 18-19연과 22연은 서사시의 23년과 28년 판본 각각의 맺음말을 이룬다. 세 장면과 더불어 연들과 연의 부분들이 해체된 구조를 띠는 서사시는 논리적 연관이나 구조적 구심점이 없는, 플롯이 부재한 작품이지만(Сергеева-К. 2012; Тынянов 1977: 195) 서정적 주인공의 "의식"이 등장하여 플롯 대신 부분들을 연결해준다(Спесивцева 2010: 263). 그것은 작가의 분신인 서정적 주인공이 직접적으로 등장하거나 의식의 형태로 존재하여, "혁명의 사건들의 내용이" 아닌 그 사건들의 의미를 전달하는 "뉘앙스"-"날씨"(Аннинский 2009)를 전함으로써 주로 이루어진다.

첫 장면을 여는 1연은 요새의 "봉쇄"와 "붕괴"로 시작됨으로써 전시 공산주의기와 새 정권 초기의 "암울"한 분위기를 개관한다(I, 252). 2연 역시 파괴와 혼란의 이미지(소돔, 지옥, "파괴의 시절")로 점철돼 있

152_I, 514; 5, 212, 227-8; 임혜영 2001a: 267 참조.

어 앞선 18년 시들의 장면을 되밟는 듯하다. 하지만 4연부터 궁핍과 추위("한기")의 이미지와 더불어 새로운 이미지들, 질병-티푸스("기생충", "기침", "옷엣니") 이미지와 질병으로 의식이 혼미해진 민중("그대", "대지")에게 다가오는 죽음 및 죽음의 "정적" 이미지(I, 253)가 나타나 10연까지 지배적인 이미지를 이룬다. 요컨대 정상적인 삶과 생명 활동이 중단된 "동란"의 혁명기는 먼지와 혹한, 티푸스만이 활개 치는 병적 상태로 진단되는바("하얀 눈이 / [⋯] 죽음과 열의를 경쟁하고 있는 뒤쪽 [⋯] / 그곳에선 역이 오르간처럼 / 얼어붙은 수면에 비쳐 [⋯] 겨우 살고 있었으며 [⋯] 티푸스가 / 우리의 무릎을 감싸고 / [⋯] 먼지처럼 쌓여 있었다." I, 255), 볼셰비즘이 일으킨 이 같은 '질병'은 《통행증》에서도 묘사되듯 인간을 대신한 수많은 자연과 사물들의 '주체'가 겪는 비극성의 환유인 것이다("공간이 [⋯] 괴저를 앓고는 [⋯] 이 괴멸 부위 때문에 구멍이 생기기 시작한 때였다. [⋯] 영혼은 [⋯] 국가적 재앙의 빗줄기로 덮인 때였다." 파스테르나크 2015: 92).

첫 장면에서는 민중에게 유토피아("새 창고")의 건설을 선전하며 삶의 개조란 "사상을 주입하"는 볼셰비키들("엉겅퀴", "천장")의 선동 이미지도 등장한다. 그것은 "악취"와 "회충"처럼 "염증"을 일으키는 기만적 것("속임수")으로 제시된다(I, 254). 그러한 기만성은 첫 장면을 지배하는 또 하나의 이미지인 "귀"의 이미지를 통해 폭로된다. 귀 이미지는 〈인텔리겐차와 혁명〉을 기저 텍스트로 하여 고찰할 수 있는데, 블로크에게 귀는 혁명의 "음악 소리"인 "평화와 형제애"의 "구호"를 전심으로 들어야할 지식층의 귀(Блок 1918), 곧 주의력에 대한 환유였다. 러시아가 양 진영으로 분열되어 그러한 음악을 들을 수 없는 《질병》의 경우, 볼셰비키의 선전은 현실과 동떨어진 계획들을 부르짖는 것이 되어 온 만물의 귀("침묵의 귀", 겨울"밤의 귀", "티푸스"의 귀, "옷엣니"의 귀)에 공허하고 "거짓"된 것으로서 거부당한다(I, 253). 만물은 개조를 위한 파괴("전복")의 선전에 지쳐 차라리 귀를 막고 "침묵"하기를 택하는 것이다(I, 255). 요컨대 귀의 이미지는 레닌의 제3인터내셔널을 통해 전 세계에 퍼진 볼셰비즘의 기만을 우주적으로 풍자한다.

8-9연에서 서사시는 순회공연과 포스터를 통해 민중에게 볼셰비즘을 선전하는 지식인들—마야콥스키와 레프 집단("나는 그가 선동에 열의를 쏟는 모습, 대중의 의식에 억지로 자신과 동료들의 존재를 주입하는 행동 […] 등을 이해할 수 없었다." 파스테르나크 2015: 232)—의 활동도 풍자한다. 블로크가 "특권 없는" 비 귀족 출신 지식인들에게 호소했듯, 민중에게 다가가지만 그들은 헛된 유토피아를 선전하는 "이상주의자"이자 스스로를 "영웅"이라 생각하는 "바보", 그리고 몽매한 민중("어두운 힘")에게 도리어 조롱당하는 자로 제시되기 때문이다(I, 255). 두 낭만주의 작가, 블로크와 마야콥스키와 달리, 작가는 혁명에 동원된 민중을 야수처럼 거친 존재, 맹목적인 볼셰비즘 추종으로 야만성이 부추겨진 존재로 강조하는 것이다. 23년 판본의 7연에 민중의 야만성을 비판적으로 바라본 고리키가 그려져 있었던 점("이후에 그 자작나무들, 동자 꽃들을 / 고리키는 단도직입적으로 바라보았다.")과 작가가 표트르 코간 교수에게 농민에 대해 쓴 편지(1923.11.)에서 드러나듯 이런 민중관은 고리키의 생각과도 상통한다(Сергеева-К.&Лекманов 2010; 이강은 2016: 23 참조).

이러한 프롤레타리아 지식인들과 민중 간의 간극을 제시함으로써 작가는 양자의 계층적 대립을 강조하며 블로크와 논쟁하는 듯하다. 하지만 블로크나, 계급의식 및 계급적 체험을 강조한 서사시들 〈블라디미르 일리치 레닌〉(1924)과 〈좋아!〉(1927)를 쓴 마야콥스키(임혜영 2001a: 269)와 달리, 작가가 궁극적으로 폭로하려는 것은 유산계급에 대항하는 민중이 아니라, 삶의 진실과 동떨어진 이중적, 기만적 이념으로 초래된 '일상의 추함'(Быков 2007: 209)이다. 다시 말해 고리키가 그러했듯, 작가의 비판의 대상은 포악해진 민중이나 이상주의자-지식인들이 아니라 그들을 "정치적 목적에 따라 마구잡이로 동원한"(이강은 2016: 23) 볼셰비키 정권과 그 이념이다. 23년 1판본의 9연에 제시됐었듯이 민중과 지식인들은 그 이중적 이념의 희생물일 뿐이다("드라마 위로 붉은 깃발이 펄럭였다. / 그것은 모든 역할을 했다, / 시골의 친구이자 적, / 시골의 종복(從僕)이자 변절자로." Быков 2007: 206).

민중과 지식인이 담지한 희생물 이미지는, 둘째 장면에서 시인의 절망의 근원인 볼셰비즘이 구체화되면서 본격적으로 드러난다. 사실 시인의 절망은 궁핍의 해들에 관한 첫째 장면에 삽입되어 있는데, 이는 역사적 서사시에 개인적 서정시가 개입된 듯한 인상을 준다. 그러나 강령적인 16년의 논문 〈검은 술잔〉에 드러난, 현실이 동등한 두 대립적 지대인 '역사'와 '서정시'로 이뤄진다는 역사적 관점, 즉 전체 운명과 개인 운명은 상호 연관된다는 관점(임혜영 2005: 336)을 고려 시 이는 '정치와 예술'의 상관성(Barnes 1979: 325)이나 "혁명과 시인에 관한 서사시"(Сергеева-К. 2012)를 구현하기 위한 장치로 드러난다.

'역사'와 '서정시'의 상관성이란 관념 하에 역사적 장면에 삽입된 서정시와 시인의 형상은 주위의 만물처럼 고통을 겪는다. 개인의 삶과 감정을 노래하는 서정시는 앓은 채 "파멸"("고상한 질병")되어 가고, 그것의 "매개체"-시인(I, 516)은 무위에 빠져있다(I, 252). 서정시가 울릴 수 없는 것은 모두("대지")가 서정시("책")에서 벗어나, 마르크스주의에 기반 한 볼셰비즘("곶과 총검")의 선동들("소돔")을 맹목적으로 따르고[153] 듣고 있기 때문이다(I, 252). 요컨대 시인을 절망케 하는 것은, 절대 지대-예술이 이상 국가의 건설을 빌미("좋은 의도")로 혼란과 파괴의 "죄"를 짓는 볼셰비키 정권을 찬미하는 도구가 된 상황(I, 252), 예술가가 기능공-생 건설자로 전락한 상황이다("레프 집단에서 번성하고 있던 건 예술 방침을 시류에 따라 변경하다 망친 […] 기능공의 예술 […] 이었다. […] 무의미의 극치이자 […] 인위적으로 서술된 […] 것들이다." 파스테르나크 2015: 232-3). 삶의 진실은 반영하지 않고 "시류"만 따르는 프롤레타리아트 예술은 "무의미의 극치"로서 "거슬"릴 뿐이다("이 모든 것은 […] 침묵의 귀에 거슬린다 / 파괴의 시절에 사람들은 얼마나 / 이 귀가 긴장되어있는지 알았다." I, 252).

153_Сергеева-К.&Лекманов 2010 참조.

이런 상황에서 서정적 주인공은 같은 견해를 가진 동료들과 침묵하는 길을 택한다. 그러나 둘째 장면의 후반인 11연에서 드러나듯 그런 수동적인 모습("얼음으로 덮인 음악", "객")은 시대에 대한 무관심이 아니라 몇 차례("세 번")의 혁명 전개 속에서 변질된 혁명 및 예술에 동조하지 않기 위한 것(I, 516 참조)이다:

여기에 수치스러워 할 것이란 없다.
나는 세 번 사물을 직시하는
그때마다 다르게 보려고 태어난 건 아니니까.
노래보다도 더욱더 이중적인 것은
"적"이란 둔감한 단어.
나는 객으로 머물고 있다. 고상한 질병이
전 세계에 객으로 머물고 있다.
평생 나는 모든 이들처럼 되길 원했으나 […]. (I, 256)

12연에서 서정적 주인공은 인간적인 일상의 삶을 찾아, "철의 의지"의 이데올로기-"볼셰비즘"이 지배하는 도시를 벗어나 "시골"("어느 누구에게도 아첨치 않는 비밀들의 어둠 속")로 떠난다. 결국 그의 무위는 동결의 볼셰비즘 시기가 끝나고 해빙이 올 것을 기다리며 역사의 흐름을 관망하는 상태("생각의 음악")인 것이다. 이는 13연에서 "현재를 이해하고 받아들이려 시도하며"(Спесивцева 2010: 266), 삶의 재건 계획인 '신경제 정책'이 보고되는 "9차 소비에트 대회에 참관"(I, 256)하는 모습에서 입증된다. 그는 '서정시'의 매개체가 아닌 '역사'의 기록자로 나서는 것이다. 하지만 떠들썩한 대회와 달리 14연에서 황폐하게 남은 주변 삶을 발견하자("주변의 모든 것은 […] 화재의 완전한 희생자처럼 쳐다보았다". I, 258) 대회의 묘사는 중단하고 사유에 빠진다. 새 정권의 방침들이 현실과 무관한 허황된("금빛") "전설", "동화"와 같고 자연현상조차 정권의 요구("가르침")에 따라 인위적으로 운행될 만큼(I, 258) 모든 것이 이념적 강요로써 이뤄지고 있음을 사유하는데, 이는 그가 새 지도자의 모습("천재") 속에서 철의 의지의 로베스피에르를 배출한 프랑스 대혁명("국민공회")(I, 258)을 떠올림으로써 더욱 부각된다.

일상 삶과 생명 복원의 "치유"책을 제시하지 못하는 새 정권의 행태들은, 16연에서 프롤레타리아트들("철도운송의 직업연맹의 선동위원회агитпрофсож")이 일본의 지진(1923년 가을) 피해자들에게 우스꽝스런 전보를 보낸 일화("익살극")를 통해 풍자된다. 전보는 신성한 생명에는 아랑곳 하지 않은 채 계급의식에 의해 희생자들을 두 계급("문어같이 위험한 지배 계급과 노동자 계급")으로 "구별"하여 전자인 부르주아를 재앙의 원흉이라 매도하고 노동자들은 위로하는 식의(Сергеева-К.&Лекманов 2010) "불경스런" 것(I, 257–8)이었다. 17연에서 서정적 주인공은 이러한 사색과 자신의 감정을 벗어나려 애쓰며("시인이여 깨어나라.") 대회 장면의 제시로 되돌아간다. 그러나 노브고로드의 강과 호수들의 "전력화 및 발전소의 건설 계획을 기술"하는(I, 518) 대목에 이르자 또 다시 사유에 빠진다. 레닌의 건설 계획이 또 하나의 "천재"적 개혁자 표트르 대제의 것과 같다(33년에는 서사시의 제사로, 표트르가 이성과 "철"의 의지로써 과학적인 도시 설계를 하는 모습을 그린 시 〈페테르부르크〉(1915)의 일부가 인용됐다[154])고 사유하는 바, 주변 현실을 아랑곳하지 않는 레닌의 건설은 러시아 토양과 민중의 삶을 고려하지 않은 표트르식 "개조", 즉 서구의 것을 이식하는 서구주의자의 건설인 것(I, 258)으로 드러난다.

혁명 정신에 대한 볼셰비키 정권의 왜곡과 기만은, 시대의 기록자로 나선 시인의 절망의 근본 원인으로 드러난다. 이는 2월 혁명 직후 도주한 황제가 체포되고 레닌이 입성하는 장면을 그린, 23년의 1판의 마지막 연 18–19연에서 다시 강조된다. 혁명의 정당성에 대한 역사적 기술인 듯한 정권 교체에 관한 서술은 짤막한 반면("한 태양은 토스노로부터 떠오르고 있었고, / 다른 태양은 드노(황제는 드노로 돌아가 하야에 서명했고

154_임혜영 2011: 100–2; I, 516–7 참조.

레닌은 토스노에서 페트로그라드로 접근함—인용자 주)에서 지고 있었다." I, 259), 무사한 도주를 기원하는 작가의 목소리의 울림과 함께 볼셰비키의 폭력에 희생되는 한 혈족-황제가 길게 묘사되고 시 〈러시아혁명〉의 이상적인 혁명의 상황("혁명에는 / 크렘린 궁도 소중하고")과 상반되게 상황이 제시됨("미래는 암울했다") (I, 259)은 동족 분열과 생명 경시를 조징하는 볼셰비즘의 속성을 다시 부각시키고 있기 때문이다.

이상과 같이 19년까지 궁핍의 해들과 시인의 절망이 주로 묘사될 뿐, 9차 소비에트 대회 장면의 묘사는 본격적으로 이루어지지 않는바, 그 묘사는 세 개의 연, 20-22연이 28년의 2판에 추가되면서 이뤄졌다. 레닌의 연설 장면에 바쳐진 이 세 연은 레닌을 은유적으로 형상하고 있어, 레닌에 대한 비판과 무서운 예언이 행해졌음에도 불구하고 아이러니하게도 레닌에 대한 뛰어난 묘사 부분으로서 찬미된다(1934년 작가대회에서 티호노프, 부하린 등에 의해). 사실 이 부분은, 24년에 1판의 탈고 직후 레닌의 사망을 맞은 작가가 레닌을 충분히 사유하는 계기들—장례식 참가와, 그에 관한 외국 문헌 수집 참여[155]—을 거친 후 탄생된 것이다. 그 결과, 스탈린과 달리 "절대적인 소비에트 성물"로 남은 레닌의 초상화가 역사적 사실에 의거한 절제된 모습으로 창조되고(고리키, 마야콥스키, 예세닌, 솔제니친의 경우에는 "살아있는" 레닌의 초상화가 부재했다)[156] 이는 〈10월 혁명 기념일에 즈음해〉와 〈역사〉에서 56년의 글 〈나의 누이, 삶〉에 이르기까지 이후 모든 작품에 불변한 것으로 남는다.

작가의 고백으로 시작되는("나는 내 시 조각을 어떻게 마무리해야하나?") 20연의 첫 행은, 세 연이 볼셰비키 혁명에 대한 그의 입장을 밝히기 위해 첨가된 것임을 시사해주는데, 그것은 바로 은유적으로 "레닌의 초상화"를 그림으로써이다. 그러한 첫 은유는 동시대인들의 찬미를 받은(I, 516) "구전(球電)"의 은유다. 레닌은 구전의 눈부심과 신속함

155_Пастернак Е. 1997; Быков 2007: 216; 파스테르나크 2013: 7-8.

156_Быков 2007; 214-5; Дудаков 2007 참조.

의 이미지를 부여받음으로써 신비한 존재(5-12행)로 제시된다. 하지만 20연의 후반부를 면밀히 고찰하면("우리는 전몰자들의 / 기념비를 기억하고 추도한다. / 그러나 나는 일시적인 현상에 관해 말하고 있는 것이다. 그 현상의 / 무엇이 […] 그 한사람과 연계되었던 걸까?" I, 259-60), 구전을 통해 정작 구현하려는 것은 (글 〈나의 누이, 삶〉과 시 〈역사〉에서도 묘사되듯) 레닌 형상의 급진성 및 일시적 속성인 것으로 드러나는바 그의 혁명은 "기억하고 추도"할만한 기념비적인 게 아니라 "극단적인" "파괴"를 몰고 온 "비상적인" "일시적 현상"인 것이다("국경선에서 그의 갑작스런 등장 […] 성급하고 비타협적인 그의 모습 […] 혁명들은 […] 하나의 공통점이 있다. […] 극단적인 파괴적 힘들을 요구한 […] 역사적 예외, 또는 비상적인 현상이라는 점이다." 4, 789; "한 세기에 한두 번 / […] 남벌자(전제 군주—인용자 주)들이 호송된다." II, 245).

이어 21연에서는 레닌의 외모와 행적에 대한 사실적인 묘사가 은유적인 묘사에 부가된다. 첫 행의 "펜싱 검"의 은유는 신체 묘사(손과 발 동작, 등, 대머리, 말투)(I, 260)[157]와 어우러져서 물러서지 않는 그의 "완강"함과 공격적인 특징을 제시한다. 연의 후반에는 20연의 질문, 왜 레닌이 역사의 "일시적 현상"에 불과한가에 대한 답이 제시된다. 그것은, 글 〈나의 누이, 삶〉에도 묘사되듯("레닌은 […] 폭풍우의 […] 목소리였다. […] 민중에게 […] 호소하는 걸, 민중이 […] 간직해온 염원을 일깨우는 일을 두려워하지 않았다." 4, 789) 역사가 사실들을 폭로하고자 할 때("고함") 레닌이 그 "메가폰"(Аннинский 2009)으로 사용됐기 때문이라는 것이다("그는 실화의 음성적 발현이었다. / 그는 […] 역사가 그의 음성의 추출물로써 / 사실들의 입안을 헹구고는 […] / 고함치고 있다는 걸 알았다." I, 260). 말하자면 그는 역사의 "흐름을 지배"한 게 아니라 《전쟁과 평화》의 나폴레옹처럼 역사의 호기를 "이용"할 "준비가 된" 자로, 민중이 원하는 것을 포착해(클리프 2010: 339-53) "조종"한 자일뿐이다.

21년 끝과 22연은, 그리스도를 대신해 "메시아"로 군림한 레닌의 영

157_레닌의 말투에 대해선 이재화 1986: 128-30 참조.

혼에는 평화와 사랑이 아닌 조국 역사에 대한 강한 증오("시샘")만이 자리했고 그것은 새로운 "압제"를 불러왔다고 진단한다(I, 260).

레닌이 압제자라는 진단은, 황제 정권의 전복과 임시정부의 주전운동, 그리고 볼셰비키 혁명을 다룬 〈10월 혁명 기념일에 즈음해〉와 "테러에 대한 경고"이자 "파스테르나크식 암울하고 은밀한 시" 〈역사〉에서도 엿볼 수 있다. 볼셰비키 지도자가 내 건 "특혜"—자유와 형제애의 약속—을 믿고서 그에게 "전권"을 내준(I, 244) 민중은 "무서운" 통제와 새로운 "모욕적" 현실과 마주해야 했던 것으로 그려지기 때문이다("오보론자들(제국주의 지속을 찬성한 멘셰비키—인용자 주)의 논쟁을 대신해 등장한 / […] 인민위원 // […] 모욕적인 교부의 비참한 순환 // […] 붉은 기병대들을 위한 삶 […]." I, 247; "국가에 봉사하는 무서운 몸인 / 산림관[…]이 / 모습을 드러내기 시작한다 […] // 고함을 질러 대야 한다면 우린 즐겁지 않다 […] / 불구자는 / […] 장식 등불처럼 […] 불빛을 비친다." II, 246). 주목해야 할 점은, 이 시들에서부터는 '러시아혁명'이 볼셰비키 혁명으로 변질된 것을 레닌 탓으로만 돌리지 않는다는 것이다. 〈10월 혁명 기념일에 즈음해〉와 56년의 글 〈나의 누이, 삶〉에서 자신의 세대를 반성하며 작가는 17년에 지식층 대부분이 러시아의 메시아주의에 기반한 "유토피아" 사상에 빠져 있었던 탓에 2월 혁명과 10월 혁명을 구분하지 못했다고 토로한다:

> 페트로그라드는 제왕의 홀(笏)의 과실들과 / 가증한 고정관념의 / 과오를 여전히 만회하지 않았다. / […] 유토피아들(2월 혁명 정신—인용자 주)을 가라앉히게끔 / […] 해안으로 보냈다, / […] 6개월간(임시정부기—인용자 주) 연달아 마비된 / 먼지 낀 난국 속으로 나르도록 말이다 […] // 한때 우리는 유토피아의 영역에 / 객으로 머물렀었다. 이제 […] / 지구의 사분의 일의 지역(소비에트 연방—인용자 주)으로 옮겨졌다.
> (I, 245-6);

> 지식층 […] 명상가는 민중이 이해한 혁명에 공감했더라도 혁명을 […] 새로운 슬라브주의식 애국 철학의 프리즘으로 고찰했다. […] 2월 혁명과 10월 혁명을 두 대립물로 대비하지 않았다. 양 격변은 그들의 관념에 […] 많은 고난과 영적으로 성스러웠던 러시아 과거 전체에서 자연스럽게 흘러나온 러시아 대혁명의 불가분한 한 전체였던 것이다. (4, 790)

두 혁명의 비교를 통해 작가는 인류를 구원할 혁명이란 개개인의 영적 깨달음이 전제된 2월 혁명처럼 모두가 하나의 공동체로 나아가는 것이지 10월 혁명처럼 이성의 힘에 의존하고 '철의 의지'를 가진 '천재'가 지도하는 인위적, 파벌적인 것이 아님을 성찰하는 것이다("고대의 배체에서처럼 […] 여름 광장에서 밤낮 토론한 군중들의 목소리 […] 일깨워진 대다수의 영혼은 […] 한 무리의 물결을 이루었고 […] "한" 목소리를 내며 생각했다. […] 지상으로 내려와 모든 장소에 두드러진 영원성에 대한 이런 감각 […]". 4, 790). 요컨대 그의 진정한 혁명상은 성서 속의 인류 최초의 낙원의 모습으로("계시 때처럼 자연스럽고 선사시대의 모습을 한 지상의 여름을 보았던 것입니다." 4, 787), 즉 그리스도의 재림을 통해 이루어질 교회공동체의 모습으로 회귀함에 있는 것이다. 작가가 "그리스도의 사회주의"라고 칭하기도 한 이런 이상적인 공동체상은, 기독교적 모티프를 본격적으로 원용해 혁명과 역사철학을 종합적으로 제시한 《닥터 지바고》에서 상징들을 통해 구현된다.

4. 통제에서 개개인의 정신적인 깨달음으로

파스테르나크는 1917년 혁명에 대한 생각을 10월 혁명 직후부터 본격적으로 밝혔다. 그는 볼셰비키 수병들의 1918년 만행에 대해 즉각적으로 두 시 〈머리가 아찔해진다……〉와 〈러시아혁명〉을 써서 혁명에 대한 그의 기독교-정교적인 관점 및 도덕적 가치를 제시한다. 그에 따르면 혁명의 목적은 계급 대립에 의한 동족의 분열과 생명 파괴에 있지 않고 신성한 생명과 일상 삶을 보호함에 있으며, 진정한 혁명은 온 기반을 파괴하는 서구식 혁명이 아니라 2월 혁명처럼 상대 계층을 포용하는, 이른바 형제애와 자유에 기초한 "그리스도의 사회주의"이다. 〈러시아혁명〉은 지행된 잔혹한 행위들의 원천이 폭력적인 서구 혁명 이념-볼셰비즘을 몰고 온 레닌에게 있음을 제시한다.

작가에게 레닌 형상은 볼셰비키 혁명의 환유로 자리하는바, 〈드라마 절편〉과 〈하늘 길〉에서 레닌은 독재자 로베스피에르, 혹은 제3인터내셔널을 조직해 공산주의 사상을 세계에 전파하는 서구주의자의 형상을 통해 암시되거나 잠시 제시된다. 레닌 형상과 17년 혁명이 온전히 규명되는 것은 첫 서사시《질병》에서이다. 서사시는 18년 시들에서 예언되었던 '전면적인 파괴', 궁핍과 혼란, 질병으로 휩싸인 황폐한 세상을 묘사하며 역사 테마를 다룬 20년대 작품들을 종합하고 혁명에 대한 입장을 결정적으로 제시한다. 이런 묘사는 혁명에서 작가의 관심이 보람된 노동이 보장되는 인간적인 삶의 보호에 있음을, 나아가 그러한 삶의 파괴를 가져온 볼셰비키 혁명은 진정한 혁명이 왜곡된 것임을 드러내는 역할을 한다.

레닌 형상에 대한 최종적인 진단은 서사시의 28년 판에서 이루어졌다. 그는 그리스도를 대신한 메시아가 아니라 러시아의 역사에 증오를 품어온 새로운 압제자라는 것이다. 그러나 작가는 이 20년대 후반부터 향후 50년 후반까지 동일하게, 러시아혁명이 변질된 원인을 레닌에게만 돌리지 않는다. 자신의 세대가 2월 혁명이후에 낙관론에 빠져 10월 혁명을 분별하는 데 소홀했기 때문이기도 하다는 것이다. 즉 진정한 혁명이란 이성적 힘에 의존한 한 천재의 통제가 아니라 2월 혁명처럼 개개인의 정신적 깨달음에 있었음을 강조하는 것이다.

III. 스탈린기의 시와 《닥터 지바고》의 세계

1930-50년대

보리스 파스테르나크(1958)

시와 장편 소설. 단순성과 신비주의적 기독교.

20년대 말 절필을 결심했던 작가는 30년 여름에 극적으로 소생하는 계기를 맞는다. 그해 4월, 마야콥스키 자살 직후 찾아든 지나이다와의 사랑이 그것이다. 새로이 찾아온 사랑으로 30년대 초, 작가는 다시 서정시로 회귀(시집 〈제 2의 탄생〉(1930-31))하게 되고 후반기 창작기가 시작된다. 특히 30년대 전반은 창작의 짧은 '르네상스'기를 이루었는데, 지나이다와 함께 이듬해 31년 여름과 가을에 걸쳐 다녀온 그루지야 여행은 그에 결정적 역할을 한다.

옛 문화 전통을 생생히 보존한 채 자연과 하나가 돼 사는 그루지야 민중과 지식층의 삶의 모습과, 그루지야와 러시아 문화의 연관성 체험은 스탈린 체제로 맛본 문화적 단절감과 그 고통을 상쇄시켜준 것이다. 더욱이 작가와 동일한 정신적 미학적 세계관을 지닌 그루지야 시인과의 교류와 우정, 그리고 그들 시의 번역은 가장 큰 힘이 되어, 새로운 사회주의 국가의 조국을 받아들이고 민중 속으로 들어가려는 결심을 하게 한다. 이른바 삶과 예술(푸시킨, 페트, 튜체프 같은 19세기 고전처럼 단순한 문체를 통한), 모든 것에서의 '단순성'(즉 모든 것과의 융합)의 추구가 시작된다. 하지만 30년대 중반에 언론이 작가를 향해 비판을 퍼붓기 시작하자 36년에 공식적인 문학 활동을 접고 페레델키노로 옮겨 번역을 하며 보낸다.

결국 30년대 초 선포한 모든 것과의 융합이란 단순성에의 도달은 이후 2차 세계 대전과 많은 이들의 죽음을 겪는 40년대에 성취된다. 〈닥터 지바고〉가 바로 그 대표작이다. 그간 45여 년(1903-48(53?))의 러시아 역사의 묘사와 함께 민중의 운명을 본격적으로 다루고 단순한 문체로 대중에 다가가게 됐기 때문이다. 소설에서 역사 테마는 20년대 세 서사시처럼 개인과 전체의 운명이 병치되는 구조를 통해 구현된다. 이는 개인의 역사는 집단의 역사와 동등한 가치를 지닌다는 창작관이 반영된 것이다. 뿐만 아니라 소설은 기독교적 '역사철학'과, 불멸에 관한 '삶과 죽음의 공존 구성 체계'를 통해 신과 인간, 지상과 천상, 삶과 죽음 등의 동등성과 연관성까지 제시한다. 이에 복음서에서 인류사를 개시하고 부활한 그리스도는 근거로 작용한다.

역사 테마와 더불어 소설의 또 다른 주 테마가 바로 사랑의 테마다. 그것은 어린 시절에 톨스토이와 솔로비요프의 성과 사랑 관념에 얽매였던 주인공이 여주인공과의 사랑으로 기존의 사랑 관념을 극복하는 양상으로 전개된다. 이들의 사랑은 성의 자연적 통제 수단인 근원적 정열의 인정과, 육체적 사랑과 정신적 사랑 간 위계질서의 제거를 핵심으로 한다. 그것은 성을 죄악시하는 톨스토이의 '도덕성' 중심의 사랑관, 그리고 솔로비요프의 '이중적 사랑' 관념의 극복을 의미하는 것이다.

다른 한편, 소설은 작가의 규정처럼("나의 기독교") 전체가 그의 기독교적 정신이 관통한다. 작가의 작품들을 관통해온 기독교적 사상과 파토스가 소설에서 결실을 맺는 것이다. 작가의 기독교는 신비주의적 종교가 결합된 형태를 띤다. 이는 러시아 정교의 동방종교성 및 위대한 기독교 작가 도스토옙스키의 기독교와도 상응하는 측면이다. 신비주의적 종교성은, 신비체험과 함께 본래의 '자기'에 이르는 '신비주의의 길'을 걷는 주인공의 삶을 통해 제시된다. 그의 체험과 삶의 모습은 파스테르나크의 이상적인 기독교 실천가였던 신비가 프란체스코의 것과도 차이점과 함께 공통점을 갖는다.

하지만 작가의 기독교의 본질은 러시아 정교와의 연관성에서 온전히 찾아질 수 있다. 소설에서 혁명과 사회주의, 나아가 인류 역사 전체가 러시아 정교의 종말론적 비전 속에서 조망됐다는 점이 바로 그것이다. 이 점에서 묵시록 텍스트를 반영하고 '기독교적 사회주의'를 피력한 도스토옙스키 및 솔로비요프의 전통이 반영된다. 여기에는 30년대 말 40년대 초에 19세기 두 작가처럼 부모님과 벗들의 죽음으로 종말감 체험과, 그리스도를 새로이 만난 정신적 전환이 결정적으로 작용했다. 반면 작가는 19세기 전통과 달리, 그리스도를 대신해 역사의 심판자로 나서 세상을 개조하려는 혁명가-적그리스도 형상만을 구현하지 않는다. 그 밖에도 신의 의지에 순종한 채 삶을 찬미하며 부단히 생명을 이어가고 마침내 삶의 경이를 노래한 예술품을 남김으로써 불멸하는, 그리스도적 형상-주인공도 창조한다. 그의 형상에는, 그리스도의 생명이 우주와 인간 사회의 현실에 내재해 생은 불멸이고 지상 삶은 사후의 신의 왕국을 맛보는 천국이란 작가의 기독교적 세계관이 투영된 것이다.

작가에게 '누이'였던 삶은 최후의 대작에서 그리스도의 삶과 '생명'으로 발전된 것이다.

제10장 그루지야[1]

작가의 삶과 연작시 〈여름 메모 중에서〉 속의 그루지야 테마

1. 러시아 문학과 캅카스

러시아 문학에서 캅카스 지역 묘사는 오랜 여정을 거쳐 하나의 전통으로 자리 잡아왔다. 그것은 해당 지역을 여행한 작가들이 그곳의 풍광과 민중에게 매혹된 결과 형성된 것이기도, 푸시킨, 레르몬토프, 톨스토이에 이르는 19세기 대표 작가들이 러시아 제국의 수도 페테르부르크의 삶에 대한 환멸과 그곳으로부터의 '도주' 결과 탄생된 것이기도 하다. 하지만 이들의 동명의 작 〈캅카스의 포로〉에서 시사되듯, 러시아인 포로 형상을 중심으로 한 캅카스 지역 묘사는 장대하고 아름다운 자연이나 용맹스런 자연인 캅카스인들에 대한 경탄으로만 그치지 않았다. 대개 러시아인이 그 지역에 매혹됨에도 불구하고 그곳에 동화될 수 없어 캅카스인들과 극복 불가한 비극적 갈등을 겪는 것으로 작품이 마무리됐는바(김근식 2004: 26-34), 이는 근본적으로 해당 지역이 러시아 제국의 정복지였던 당대 현실을 반영한 것이라 볼 수 있다.

1_이 글은 한양대 HK 러시아·유라시아 연구시리즈(17/32) 《카프카스와 중앙아시아 문화연구》(민속원, 2017)에 영어식 표기로 바꾸어("파스테르나크와 조지아") 게재된 바 있다.

러시아의 피지배국으로서의 캅카스 지역이란 현실은 20세기 현대 문학에서도 지속, 반영되어 나타난다. 뿐만 아니라 푸시킨의 경우처럼 허구의 작품이외에 여행의 인상을 기록한 글에서도 전쟁과 민족들의 대립이란 그늘진 역사는 여지없이 반영되어 왔다. 그럴 때 1930년대 초에 그루지야를 여행한 파스테르나크의 캅카스 지역 묘사는 흥미를 끈다. 그는 19세기 전통이나 그의 이후의 문학의 경우(자볼로츠키, 아흐마둘리나, B. 마카닌 등)와 공통점을 지니면서도 그것들과 달리, 해당 지역을 두 민족 간 문명적 간극이나 정치적 갈등을 통해 묘사하기는커녕, 온통 러시아와 문화적인 단일성을 지닌 곳으로 그리는데 초점을 두기 때문이다. 그가 독창적인 묘사를 할 수 있었던 것은 그가 여행할 당시의 그루지야 문화 예술적 상황과 연관된다. 10월 혁명 직후 잠시 독립을 이뤘다가 21년 초, 볼셰비키 침공으로 소비에트 러시아에 재복속된 그루지야는, 그루지야 공산당 서기 Л. 베리야(1899–53)가 30년대 중반에 스탈린의 앞잡이가 돼 숙청을 단행하기 전까지 러시아와 유럽 문화의 영향을 받으며 최고의 문화 수준에 도달해 있었던 것이다. 본 장에서는 파스테르나크의 삶과 창작에 나타난 그루지야 테마를 고찰하려 한다.

파스테르나크의 창작에서 그루지야 테마는 이제까지 주로 《제2의 탄생》(1932년 출간)의 일부 시와 1936년에 완성된 두 연작시 〈예술가〉, 〈여름 메모 중에서〉에 국한된 국소적인 테마로 다뤄져 왔다. 그런데 그의 삶과 창작을 좀 더 세밀히 살펴보면 그렇지 않는 것으로 드러난다. 처음 이 테마에 바쳐진 연작시 〈파도〉가 연대순을 무시하고, 30년 여름에 지나이다 가족 등과 우크라이나에서 보낸 나날을 묘사하고 있던 《제2의 탄생》(1930–31)의 맨 첫머리에 놓인 것에서 알 수 있듯, 해당 테마는 창작적 심리 면에서 작가에게 내밀하고도 깊은 의미를 지닌 것이었다(Горелик 2013: 48). 또한 그 테마의 구현은 시 창작을 통해서뿐 아니라, 그루지야 문화 예술에 대한 작가의 생애 말까지의 음미와 연구, 그루지야 시인들과의 교류 등이 병행되어 수행된(Rayfield 1982: 39) 그루지야 시의 번역을 통해서도 이루어졌다. 그루지야 시에 대한 그의 평론에는 그의 시학이 반영되기까지 한다.

아울러 그루지야와의 인연은 40년대 시집 《새벽 열차를 타고》(1943년 출간)를 완성하는 데에도(특히 민중과 조국의 이미지 형성에) 결정적 역할을 하는바(Rayfield 1982: 40; Кормилов 1998: 172–3), 그루지야 테마는 작가의 삶과 창작에 "평생" 중요한 의미를 지닌 것이었다("이 도시(티플리스—인용자 주)는, 내가 그곳에서 본 모든 사람들, 내가 그곳에서 나와서 보러 갔고 또 그곳으로 싣고도 갔던 그 모든 것과 더불어, 쇼팽과 스크랴빈과 마르부르크와 베니스와 릴케가 내게 의미했던 바로 그것—평생 내 마음속에 간직되고 있는 《안전 통행증》의 한 장—이 될 것이오…")[2].

그루지야 테마가 형성되는 데 첫 그루지야 여행은 가장 큰 의미를 갖는다. 두 번째 아내가 된 지나이다와 1931년 여름에 떠나 3개월간(7–10월) 이어진 첫 여행은 작가에게 그루지야와의 인연을 가져다주었을 뿐 아니라 이후의 삶과 창작에도 전환을 가져다준 사건이었다. 사실 1933, 1945, 1959년에도 방문이 이뤄진다. 33년에는 그루지야 문학 연구를 위해 파견된 작업팀(파블렌코의 지휘아래 티호노프, 포르시, 골체프, 티냐노프 등 참가)과 함께 방문했고(XI, 325), 45년에는 H. 바라타시빌리 서거 백 주년 행사 참석차 방문하기도 했다.[3] 하지만 가장 길게 행한 첫 여행은 특별히 평생 잊지 못할 순간으로 남았던 것이다.

작가는 이 첫 여행의 영향으로 즉시 그루지야 시의 번역에 착수했으며(1932–33), 그 결과 30년대 중반에 번역가로서의 그의 첫 성공을 알리는 그 역서가 출간된다: 티플리스에서 출간된, 바자 프사벨라 Важа Пшавела(1861–15)의 서사시 〈뱀을 먹는 이Змееед(Поедающий змей)〉(1934)&《그루지야 시인들》(공역 1935)과, 모스크바에서 출간된 《그루지야 서정시인들》(1935)이 그것이다. 이어 36년에는 역시 첫 여행의

2_Пастернак Б. Собр. соч.: в 5 т. Т.4. М., 1991: 326. 이하 이 판본의 인용은 권수와 면수를 괄호 안에 아라비아 숫자로 표기한다.

3_각 방문의 의미에 대해서는 Амурский 2008 참조.

인상에 관한 연작시 〈여름 메모 중에서〉가 세상에 나오고, 40년대에는 아카키 체레텔리 시와, 바라타시빌리 시 전체가 추가 번역되어 50년대 말까지 그루지야 시 번역물이 발행되기에 이른다. 그리고 노벨상 스캔들로 인해 모스크바에 있을 수 없었던 1959년 2월 초, 열흘간 피난처로 삼은 곳도 바로 첫 여행 때와 같이 그루지야였다.

이렇게 파스테르나크의 그루지야 테마는 첫 여행을 계기로 30여 년간 지속된 것으로, 교우 관계, 번역 작업, 그리고 그 경험들이 토대가 된 시 창작이 어우러져 형성된 것이었다. 따라서 그 고찰 역시 이들 요소의 긴밀성 속에서 이뤄져야 한다. 해당 테마는 최근 주목을 받으며 활발히 논의되고 있다. 하지만 그것은 작품과의 긴밀한 연관성 속에서가 아닌 전기적 차원의 한 에피소드로서 주로 다뤄져왔다. 또한 작품과의 연관성 속에서 논의되었다 해도 문제 제기에 그쳤다고 할 수 있다 (Авлишвили 2010; Амурский 2008; Быков 2007; Журавлев 2002; Мелащенко 2012: 57–69; Сергеева-К. 2005; Miresashvili 2015: 240–49; 박소연 1993). 본 장에서는 해당 테마를 작가의 삶과 창작의 긴밀한 관계에서 다루되, 창작적 심리의 문제에 천착해 그의 고독 및 문화적 단절감을 극복하는 열쇠로서의 그루지야 측면에 초점을 두려한다. 이를 위해 시 작품 이외에도 자전적 작품, 연설문과 편지, 평론, 동시대인들의 회상기 등, 그루지야에 관한 전기적 자료도 주 분석 대상으로 할 것이다. 이러한 고찰은 향후 그루지야 테마 전체에 대한 고찰에 시발점적인 성격을 갖는다. 따라서 해당 테마의 가장 근간이 되는 문제를 살피되, 바로 그루지야 시 번역 작업의 고찰과, 그것과 긴밀히 연관된 시 분석 등을 통해서 할 것이다.

2. 그루지야 테마의 탄생

파스테르나크에게 그루지야의 의미는 첫 여행 전, 후의 심리를 비교할 때 극명히 드러난다. 그러한 심리를 파악하는 데 그의 두 자전적 작품

《안전 통행증》(1928–30)과 《사람들과 상황》(1957)(이하 '통행증'과 '상황'으로 약칭)은 가장 핵심적인 자료라 할 수 있다. 1930년대 초, 그에게 찾아 온 '제2의 탄생'과 소생은 그의 죽음과 종말 의식을 전제로 했다. P. 메드베제프에게 쓴 편지(1929.12.30.)에서 고백하였듯, 20년대 말에 스탈린 정권의 본격화된 이데올로기 압박 하에 종말 의식을 체험하던 작가는 자신의 예술 세계를 해명하는 《통행증》 쓰기를 끝으로 "글 쓰는 일을 그만둘 생각"을 한다(임혜영 2014: 231–2). 정신적 교류를 할 문우들의 부재로 고독해진 상황은 그러한 종말 의식에 직접적인 원인이 되었다. 20년대 중반 릴케와 여타 지인들의 죽음으로 시작되어 마야콥스키의 자살(30년 4월)로 마감된 20년대 말–30년대 초는 작가의 고독이 가장 극대화된 시기였던 것이다(Быков 2007: 361–5; Пастернак Е. 1989: 455, 463–4; 임혜영 2014: 231–3).

그런데 작가의 종말 의식과 고독감은 보다 근본적으로 정체성 문제에서도 나타난 것으로 보인다. 잠잠하곤 했던 그의 유대인 핏줄에 대한 의식은 당시 의식의 표면 위로 떠올리 고독과 소외감을 부추긴 것으로 보이기 때문이다. 그것은 당시의 저작과 글에서 직, 간접적으로 언급되는데(산문 《통행증》과 《이야기》가 대표적인 예다)[4], 가장 노골적으로 언급된 경우는 독자가 이해하기 쉽도록 좀 더 단순하게 쓰라고 충고한 고리키에게 보낸 편지(1928.1.7.)에서다("제가 보여준 모습이 아무리 기만적으로 보여도 그러한(똑똑한 체하는—인용자 주) 죄가 제게 있다고 보진 않습니다. […] 대신 제 운명 자체가 증오스러우리만큼 복잡하답니다. 제 부친을 아시니, 자세히 말할 필요는 없겠지요. […] 출생지, 어린 시절의 환경, 성향 및 모든 충동을 감안하면, 저는 유대인으로 태어나선 안 되었습니다. 남들과 다른 이런 조건이 제게 있다 해도 사실 달라지는 건 아무것도 없을 겁니다. […] 저는 모든 일에 있어 제 자신을 제한합니다. […] 스스로에게 족쇄를

4_작가와 직간접적으로 연관된 유대인 "콤플렉스"에 대해서는 "Из дневников Лидии Гинзбург" 1993; "Пастернак Б." 2005; 李炳郁 2005: 93–110; Парамонов 2007; 임혜영 2012: 236–7 참조.

채우고 있다는 게 애석할 따름입니다. […] 저의 자기 제한에, 유대인이란 점에 지혜로운 체한다고 할 요소가 많은 듯합니다." 5, 238-9).

극대화된 시인의 종말 의식에 새로이 찾아 든 지나이다와의 사랑은 분명 소생의 기운을 일으켰다. 하지만 《상황》에 기록되었듯이 그 사랑의 지속을 도운 건 첫 그루지야 여행이었다("나중에 나의 두 번째 부인이 되었던 나의 동반자와 나에게는 한동안 거처할 데가 없었다. 야시빌리가 티플리스의 자신의 집에 우리가 지낼 곳을 마련해 주었다." 4, 342). 1930년대 초, 시인의 눈에 비친 그루지야의 모습은 여타 작가의 작품에 구현된 인상에 비하면(김근식 2004; 강명수 2012; 심지은 2008) 긍정적이고 밝은 색채가 지배적이다:

> 그 당시 내게 캅카스, 그루지야, 그루지야의 개인들 및 그곳 민중의 삶은 아주 뜻밖의 발견이었다. 모든 것이 새로웠고 모든 것이 놀라웠다. […] 마당에서 길거리로 내몰린 극빈층 삶은 북부의 삶보다 대담하면서도 숨김이 없었고 밝고 솔직했다. 민속 전설의 상징체계는 신비주의와 메시아주의로 가득 차고 그 상상력의 힘으로 민중이 삶에 공감하도록 만들었으며 […] 개개인을 시인이 되게 했다. 사회 진보층의 수준 높은 문화, 그리고 그 수준에 준하는 지적인 삶은 당시로서는 드문 일이 돼버렸다. 잘 정비된 티플리스 모퉁이는 페테르부르크를 생각나게 했는데 […] 발코니의 격자 창틀은 바구니와 하프 모양의 곡선이었고 인적 드문 골목길은 아름다웠다. 레즈긴카(캅카스의 민속무용—인용자 주)의 리듬을 빠르게 치는 탬버린 소리가 어딜 가든 계속 뒤쫓아왔다. […] 그 밖의 어떤 악기들 소리가 들려왔다. (4, 342-3)

이 같은 밝은 인상은 그루지야가 더 이상 러시아의 교전국이 아니라는 사실과도 관련되지만, 무엇보다 작가가 《삶은 나의 누이》(이하 '누이'로 약칭)를 창작할 당시 레르몬토프 작품을 통해 '계시'받았던, 민속 풍습과 전설을 바탕으로 한 신비스런 그루지야의 삶이 부각되었기 때문이다. 1차 경제 개혁 실시로 혼란에 빠진 북부 도시를 떠나온 시인에게, 가난하나 오랜 역사 속에서 신비한 전설과 깊은 신앙심, 민속 음악 등을 간직한 채 대자연과 어우러진 삶을 사는 그루지야 민중은 "대담"하고 자유로우며 생명력 있는 남부 자연인의 모습 자체였다. 그곳 지식층이 유지한 높은 문화적 지적 수준은 작가에게 이데올로기적 압박과 문화적 획일화가 있기 전의 러시아 문화를 떠올리게 했다("당시로서는 드문 일"). 여타 작가들이 캅카스의 아름다운 자연 속에서 자유의 공기를 마셨으나 피할 수 없는 간극으로 그곳 민중과 갈등하는 유럽 러시아인-주인공을 그리는데 초점을 두었다면, 높은 문화 예술적 전통을 간직한 그루지야 지식층 속에서 친밀감을 느낀 1930년대 초 시인은 "동화 속 같은 독특성"과 "태고의 의미"를 지닌 그루지야(Хазан 1990: 84–90), 러시아와 문화적 단일성을 지닌 그루지야를 그리는 데 초점을 두는 것이다.

그루지야 지식층에서 느낀 단일감은 그루지야의 상징주의 그룹 푸른 뿔(1915–24)의 두 리더였고 작가의 가장 친한 벗이 된 야시빌리(1895–37)와 타비드제(1895–37)의 형상을 통해 제시된다. 사실 푸른 뿔 일원들은 대학 시절에 상징주의 시인들(발몬트, 벨리 등)을 숭배했고 그들과 교류했지만 점차 예세닌이나 파스테르나크의 시에 관심을 가졌다. 타비드제는 레르몬토프의 캅카스 테마를 계승한 《누이》의 시 〈데몬〉을 특히 좋아했고, 프랑스 상징주의에 매료된 야시빌리는 푸시킨과 마야콥스키, 프랑스의 시를 번역했다[5]. 20년 가을, 21년 여름과 가을, 그리고 30년 봄에 그루지야를 방문한 만델슈탐은 내전 때부터 이들 푸른 뿔 시인들과 교제를 했지만 프랑스 시에 경도된 그들을 비난하여 우정이 깨졌다("Пастернак и Мандельштам" 참조).

파스테르나크가 푸른 뿔의 두 리더와 공감을 갖는데 큰 역할을 한 건

5_Rayfield 1982: 40; Пастернак Б. Полн. собр. соч. в 11 т. Т.6. М., 2005: 638, 644 참조. 이하 이 판본의 인용은 권수와 면수를 괄호 안에 로마숫자와 아라비아 숫자로 각각 표기한다.

문학적인 공유감이다. 세 시인은 공히 상징주의의 영향 아래에서 혁신적인 예술을 창조한 동시대인-"포스트상징주의"자였다:

> 파올로 야시빌리는 포스트상징주의 시기의 뛰어난 시인이다. 그의 시는 정확한 감각적 데이터와 증거를 기반으로 구축되어 있다. 그것은 벨리, 함순, 프루스트 등의 최신 유럽식 산문과 닮았는데, 그들의 산문처럼 갑작스럽고도 적절한 관찰이 있어서 신선하다. […] 그것은 빽빽하게 쑤셔 넣은 가장(假裝)으로 가득 쌓이지도 않았다. 그 시에는 너른 공간과 공기가 많다. 그것은 움직이고 숨을 쉰다. (4, 343)

소비에트 산문의 선구자 벨리를 비롯해 함순, 프루스트, 베르하렌에 매료된 작가(4, 313-314, 319)가 삶의 "관찰"을 토대로 한 야시빌리의 세계에 매력을 느낀 건 당연한 일이었다. 그에게 끌린 더욱 근본적인 이유는 그의 인간적인 매력, "남부인"의 "열정"적 기질이었다("소르본 대학 학생이었던 야시빌리는 […] 주위를 멍하니 바라보다가 기차가 떠나는 것도 알지 못했다. […] 젊은 노르웨이인 부부는 정열적인 남부인의 부주의한 모습도, 그의 부주의한 모습 때문에 발생한 일도 목격하게 되었다. […] 그는 모험 이야기에 있어 타고난 이야기꾼이었다. […] 천부적인 재능이 비쳐났다. 그의 눈에 영혼의 불꽃이 빛났고 입술은 열정의 불꽃으로 활활 타올랐다. […] 많은 인생 체험을 한 자 […]" 4, 343).

야시빌리의 겉모습과 기질—"재기 넘치는 사교가", 미남, 대화하기에 즐거운 교양 있는 "유럽인", 모험 이야기꾼, 천부적 재능, 많은 인생 체험을 한 자(4, 342-3) 등—속에서 작가는, 자연보다는 전기를 좋아하고 현대 도시 모스크바와 거리의 이미지를 지닌 마야콥스키의 열정적이고 천재 시인의 모습(마야꼬프스키 1993: 19; 4, 336)을 포착했음을 알 수 있다(야시빌리와 마야콥스키 모습의 상응은 기존 연구에서도 지적돼 왔다[6]). 이는 야시빌리와 티치안 타비드제가 대조되는 대목에서 뚜렷이

6_Rayfield 1990b: 376; Barnes 1998: 53.

드러난다:

> 야시빌리가 생각하는 바를 기탄없이 말하는 외향적인 사람이었다면, 타비드제는 내향적인 사람이었고 자신의 각 시행과 시의 각 단계적 흐름으로써 우리를 통찰과 예감으로 가득 찬 풍부한 그의 영혼 깊숙한 곳으로 불러들였다. 그의 시에서 가장 중요한 것은 다 드러나지 않은 서정적 잠재력에 대한 감각이다. [...] 야시빌리를 생각하면 내 마음속에 도시 상황이 떠오른다. 방들, 논쟁들, 대중 앞에서의 발언들 [...] 야간 연회에서의 그의 눈부신 연설이. 반면 타비드제를 생각하면 [...] 자연 현상으로 향하게 되면서 [...] 시골 지역들, 꽃이 만발한 광활한 평원, 바다의 파도 등이 떠오른다. 구름이 [...] 산이 멀리 펼쳐진다. (4, 344-5)

묘사된 타비드제의 모습은 파스테르나크 자신의 모습에 다름 아니다. 타비드제 시의 중심에 자연이 있을 뿐 아니라 구름, 산과 "합치되면서 하나가" 되는 "시인의 형상"(4, 346)은 모든 걸 빨아들이는 '스펀지'의 예술을 추구한 후자와 본질적으로 동일하기 때문이다. 몸 한쪽이 기울어진 채 걷는 전자의 모습(4, 345)은 다리 하나가 짧은 후자의 모습을 연상시켜 양자의 동일성은 더욱 강조된다. 사실 파스테르나크는 타비드제 시 번역에서 타비드제의 형상을 레르몬토프와 블로크를 상기시키는 위대한 서정적 목소리를 지닌 자, 시대 앞에 의무와 책임감을 느끼는 진중한 자로 제시했는데, 그것은 그 자신의 모습의 암시이기도 했다. 그는 타비드제의 미망인에게 쓴 편지(1957.8.30.)에서도 타비드제의 주요 힘이 삶, 조국의 역사, 자연 등에 충실함에 있다고 썼으며 이 역시 그 자신의 모습의 암시였다(V, 639).

요컨대 타비드제는 파스테르나크가 초기 서정시에서 강령적으로 피력한 자연과 사물과 시인의 일체감 및 자리바꿈의 시학을 새로이 떠오르게 한 셈이다. 타비드제가 낭독해준 시(1927) "〈내가 시를 쓰는 게 아니다……〉"에 대한 파스테르나크의 반향이나("이미 이 영역(그 첫 여행의 회상—인용자 주)이 나를 쓰고 있는 거요, 티치안이 말하는 것처럼 말이오." 5, 326), 특히 블로크 시학을 언급한 《상황》의 부분에서 단적으로 드러나듯(Дубшан 2000) 파스테르나크는 다른 시인의 시학적 특징을 제시하며 자신의 시학을 밝히곤 했던 것이다.

이 같이 마야콥스키와 작가 자신의 대조적인 모습을 통해 두 그루지야 시인이 묘사된 것은, 야시빌리에게 보낸 편지(1932.7.30)에서도 드러나듯("내 삶의 일부에 관한 이야기가 마야콥스키에 집중되어 있듯, 모든 게 당신의 놀라운 조국 주위로 무리 지어질 거요." 5, 327), 부재한 문우-마야콥스키의 빈자리를 츠베타예바와 더불어 이 두 시인이 채워주었음을 드러내기 위해서였다고 하겠다(실제로 《상황》의 최후 장이 이 두 그루지야 시인과 츠베타예바에게 바쳐지기도 했다). 하지만 작가 스스로 강조했듯("두 사람 다 나의 고유한 세계를 구성하는 부분이 되었다. […] 두 사람은 분리될 수 없이 서로를 보완해주는 사이였다." 4, 344), 그는 기질 상 자신과 다른 야시빌리와는 소원하고 타비드제를 선호한 건 아니었다. 전자와 같이 강한 "남성성"을 지닌 츠베타예바(4, 341)와 정신적인 교류를 하며 영원히 관계를 지속했듯 말이다.

두 그루지야 시인이 동시에 작가의 마음을 끌고 그들의 시가 그의 예술 세계의 한 부분을 차지하게 된 것은, 그들이 주변인들 및 자연과 어우러진 삶을 살았고 그 '체험'이 그들의 창작에 반영되었기 때문이라 하겠다(cf. "야시빌리와 타비드제 시에 대한 파스테르나크의 말에는 그들의 감정의 잠재력과, 주변 세계와의 그들의 관련성에 대한 이해가 깊이 충만해 있다." Rudova 1997: 117). 파스테르나크는 야시빌리 묘사에서 자연에 대한 예리하고 섬세하며 고요한 반향을 전하기도 하는바(V, 645), 결국 두 그루지야 시인의 삶의 모습은 여행객에 대한 따뜻한 환대(4, 345)와 더불어 작가가 그루지야에서 온전한 안식을 얻는 데 원동력이 되었다(코드조리 산책 중에 실제로 파스테르나크와 지나이다는 그루지야에서 "육체적으로도 정신적으로도 안식을 얻는다고" 말했다. XI, 323):

코드조리의 길모퉁이에 집 한 채가 있었다. 길은 집 정면을 지나면서 오르막이 되다가 그 다음 집 주위를 돌며 집 뒤쪽 벽을 지나면서 다시 내리막이 되었다. […] 길을 걸어가는 자들, 탈 것을 타고 가는 자들 **모두 집에서 두 차례 보이게 되었다** […]. 우리는 모두 모여 […] 저녁을 먹고, 무엇이든 서로에게 읽어주었다 […]. 짐마차들과 자동차들이 길을 지나고 있어 **집에서 그 모습들이 각각 두 차례 보였다** […]. 숲 속 풀밭의 야간 연회 […]. 아니면 우리는 코불레티의 바닷가에 있었는데 빗줄기와 폭풍우가 일었으며 […] 걸으면서 미소 짓는 시인(시몬 치코바니-인용자 주)의 머리가 온 산과 수평선의 실루엣에 걸쳐있었다. (345-6)

당시 그루지야 가옥이 울타리가 없어 외부와 연결돼 있었음을 감안할 때 위의 강조된 반복된 두 문장은 주변 세계와 열린 관계를 유지하는 그루지야인들의 삶의 모습을 부각한 것으로 볼 수 있다. 주변과 어우러진 그러한 삶의 묘사는, 19세기 전통에서 묘사된 자연인-산악인들이 자연 및 인간과 더불어 사는 모습과 상통하는 것으로, 그 발달된 형태라 하겠다.

결국 작가가 첫 그루지야 여행에서 관찰한 풍광과 민중의 삶, 그곳 예술 등은, 전통이 고스란히 보존되고 과거 러시아의 문화의 자취가 간직된 곳("러시아 문화의 향수")으로서의 그루지야를 발견토록 해주었다: "난 […] 그루지야에 당신이 있어서 […] 아주 강한 기쁨을 느꼈소. […] 그곳의 아름다움 때문만은 아니오 […]. (그루지야의 동화 속 같은 독특성은 내 마음을 끄오) […] 삶에서 단절을 체험한 적이 없는 나라, 지금도 지상에 남아, 완전한 추상화 영역으로 멀리 가버리지 않은 나라 […] 뒤지지 않는 자신의 색깔과 일상적 현실을 지닌 나라이기 때문이오. […] 전설로 체험한 것에 놀란 거요. […] 유기체인 그곳으로 우선 갈 필요가 있었던 거요. […] 러시아 문화의 향수에 젖어 감사의 마음으로 티플리스를 회상하기 위해."[7]

7_야시빌리에게 쓴 편지(1932.7.30.). 5, 325-6에서 재인용.

사실 작가는 그루지야 이외에 작업팀과 함께 개척되는 소비에트 지역들(31년에는 우랄과 첼랴빈스크, 32년에는 스베르들롭스크)을 여행했다. 우랄, 첼랴빈스크, 스베르들롭스키 같은 "반아시아적" 도시들은 그루지야와 달리 새 건축용 구덩이들로 파헤쳐져 황무지 상태였는바, 전통과 단절되고 유기성이 파괴된 부조리하고 무의미한 삶들을 목격했다. 그에 반해 문화적 "단절"이 없는 그루지야는 결국 작가에게 "창작적인 해방감"을 주고 다시금 글을 쓸 수 있게 했다고 할 수 있다. 이는, 미래의 인생길을 모색코자 1829년에 캅카스를 방문한 푸시킨이 건강한 자연력에 감화를 받아 "장조"의 여행길로, 평화와 기쁨으로 충만된 여행으로 마무리한 점(심지은 2008: 195–9)과도 상응한다. 파스테르나크에게 그루지야와 그 문화에 가까워짐은 시몬 치코바니에게 쓴 편지(1943.8.3.)에 고백됐듯(Сергеева-К. 2005) "커다란 창작적 해방"과 "같은 것"이었고 여행은 "자기 자신 내부로의 여행"이 되었던 것이다. 특히 그곳 시인들이 낭독해주어 알게 된 그루지야 시는 새로운 시 창작으로 나아가게 했는바, 그루지야 시의 번역은 그에 결정적 역할을 한 것으로 보인다.

3. 제 2의 창조로서의 그루지야 시 번역

파스테르나크의 그루지야 시 번역에서 가장 돋보이는 점은, 그의 창작에 가까운 동시대인들의 시를 중심으로 번역했다는 점이다(XI, 728). 이는 그의 번역이 단순히 그루지야 시와 문화를 전파한다거나 흔히 알려져 있듯 생계를 주목적으로 한 게 아니었음을 시사한다. 사실 이미 20년대 중반에 만델슈탐과 발몬트의 그루지야 시 번역이 존재해 홍미를 끌었다. 하지만 후자는 13세기 서사시 〈표범 가죽을 입은 기사〉를, 전자는 최초로 바자 프샤벨라의 시 한 편을 번역했을 뿐, 동시대 시를 본격적으로 소개한 건 파스테르나크가 최초다("Пастернак и Мандельштам"; Rayfield 1982: 39).

여행에서 돌아온 이듬해 1932년부터 파스테르나크는 여러 '그루지야 시의 밤'을 통해 그루지야 시를 알리는 적극적인 모습을 보인다. 그루지야어를 몰랐던 그는 여행 중에 그곳 시인들에게서 각 행 아래에 번역을 단 '행간 번역'을 얻어 돌아온 터였다(XI, 321, 324). 그리고 두 번째 여행에서 행간 번역을 보충한다. 파스테르나크 창작의 짧은 "르네상스"기, 활발한 공식적인 창작 활동기라 칭해지는 30년대 전반기는 이렇게 그루지야 시 번역의 심취로 시작되었다. 이런 활동에 이즈베스티야 신문의 편집장 부하린의 도움이 큰 힘이 됐는데, 파스테르나크는 당시 부하린의 이상(도덕적, 정신적으로)에 가까운 인물이었다(Флейшман 1984: 163).

파스테르나크의 그루지야 시 번역은 티치안에 의해 번역의 새 역사를 연 것으로 평가되며 그는 번역의 거장으로 칭해졌다. 파스테르나크는 그루지야 시 번역에서의 입장을 제1차 소연방 번역가 회의(1936. 1)에서 뚜렷이 밝힌다. 그의 번역의 근본 원칙은 원전의 주요 "정신"을 전하되, 그것을 번역자 자국의 언어 및 "시의 음악"(이미지와 메타포, 운율과 작시법 등)으로 생생하게 전달하는 것이었다(V, 442, 444). 이 원칙은 후에 P. 셸리를 번역하며 쓴 글(1944)에서 공식화되고(2, 646) 릴케의 시 번역에서도 언급되는 것인데("그들은 […] 의미를 재현하는 데 익숙해 있었는데, 모든 문제는 어조의 재현에 있었다." 4, 314), 이 번역가 회의에서 작가는 프사벨라의 압운이 "러시아어의 음역에서는 그루지야어의 음역과 다르게" 울렸을 것이라 하면서 원본에서 벗어난 번역을 한 이유를 밝힌다(V, 443).

무엇보다 원본의 형태에 따라 번역하는 것은 원본의 실책까지 그대로 전하는 "메트로놈 식 전달"로 아주 우스운 것(V, 441)이라는 것이다. 역자의 자국어의 표현 수단을 통해 번역해야 하는 이유는 원본에 반영된 일상의 내적 소리, 곧 삶의 현상을 생생히 전하기 위해서이며, 보다 근본적인 이유는 삶이 정체되어 있지 않고 끊임없이 움직이기 때문이라고 말한다: "이는 체험을 교환하는 어떤 일일 뿐이오. 우리 공화국들의 삶의 숨결인 게지요 […]. 만일 제가 일상의 어떤 내적 페달을 전할 수만 있다면. […] 언어를 모르면 결코 파악할 수 없는 그런 페달을 말이오. 만일 제가 언어의 어떤 낙하 현상들, 그 반(半)음영, 땅거미들, 언어 위를 달리는 어떤 격한 광채 등을 전할 수만 있다면"(V, 438–40)[8]; "저는 […] 여러분께 제의할 텐데요. 삶은 흘러가고 감각되며 더욱 살기 좋아지니 한 곳에 머무르지 말라고. […] 4년 전에는 충분했던 번역이 이제 그렇지 못하오. […] 오로지 번역이 문학적 과제가 되어야 할 때가 됐는지도. […] 눈앞에 흘러가고 있는 기간 […] 에 대해 말하는 거요"(V, 441).

이런 생각은 예술의 표현 수단이 '사람의 말'이 아닌 '이미지'라는 작가의 예술관과도 상통한다: "정직한 사람이 […] 진실을 말하는 동안 […] 삶은 앞으로 나아간다. 그가 말한 진실은 이미 뒤떨어진 사실이 되고 […] 예술에서 인간은 침묵하고 이미지가 말하기 시작한다. 이미지만이 자연이 성취한 성과를 따라갈 수 있는 것 […]"(4, 179). 그에게 번역은 예술처럼 삶의 움직임을 반영해야 하는 것이자 창작의 연장(延長)인 것이다[9]. 그는 그루지야 시에 러시아어 음성 법칙의 "옷"을 입혀 러시아 대중에게 생생히 전하려했는 바, 그의 번역은 원본의 반향인 동시에 원본의 이해를 자신의 언어로 "재창조"한 제2의 창작품이었다. 이후 1944년에 피력된 작가의 번역관에서 확인할 수 있듯("원작과 번역의 관계는 기반과 생산물, 줄기와 휘묻이의 관계여야 한다. 번역은 […] 원본의 영향을 체험한 역자로부터 시작돼야 하며, 원전의 결실이자 그 역사적 결과물이어야 한다." 2, 646), 번역이 성공할 수 있었던 건 번역 예술에 예술관이 적용된 덕택이었으며 번역은 창조적 에너지의 배출구가 됐던 것이다(Rudova 1997: 117–21). 당시의 번역 경험으로 그의 40년대 번역 시학이 확립됐음은 물론이다.[10]

8_비교: "번역은 원본의 글자 하나하나가 아니라 삶의 인상을 생산해야한다"(〈셰익스피어 작품 번역의 주해〉(1946–56). 4, 413).

9_4, 341; V, 727; Rayfield 1982: 39–41 참조.

10_2, 645–46; Сергеева-К. 2005; Rudova 1997: 117; "Комментарии. Из грузинских

한편, 그루지야 시의 번역은 획일화된 당국의 문화 개혁 정책으로 인해 문화적 단절감을 겪고 있던 작가에게 해방의 통로도 돼 주었다. 독자적인 오랜 "민속" 전통이 녹아있는 그루지야 시에서 러시아 문학의 자취를 찾을 수 있었던 그는, 원전의 정신을 그의 언어로 옮기는 번역 과정에서 두 나라의 문화 예술의 교차와 연관을 체험했고 문화적 단절감을 해소했기 때문이다: "우리(파스테르나크와 티호노프—인용자 주)는 놀라운 엄청난 시를 대중에게 소개한 것이오. 동지들, 여기에는 어떤 획일주의도 있을 수 없소. 그루지야, 아르메니아 […] 등은 페르시아의 영향을 받아 예외적인 관례 속에 있소. 몇몇 공화국에 아주 숭고한 민속 문학이 있다고 해서 기분 나빠할 필요가 없다는 뜻이오. […] 개별 현상 차원에서 그런 숭고한 창작은 러시아의 원숙한 수준의 문화 예술가들에게서 볼 수 없는 것이오."(V, 440).

이러한 두 나라 문화의 연관성 체험의 결과로서의 번역물은 세계의 하나 됨이란 그의 시학의 구현체인 셈이었다. 사실 그의 번역은 원작을 "러시아 시의 세계로 도입하는 일"이었는데(V, 728) 그가 그루지야어를 읽는 법만 배우고 구어체를 약간 이해하는 정도에서 번역에 착수한 것(V, 729)도 그루지야 시와 러시아 시를 융합하려는 의도였다. 이는, 모든 공화국의 문화 예술을 단일화하려 한 당국 정책과 정치 이데올로기 때문이 아니라 이상 추구의 차원에서 맞아떨어진 것이기도 하다("이 번역 작업이 […] 공동 작업이자 공동 삶이라는 걸 기억할 것이오. 즉 그것은 한 방향으로 치우쳐서는 안 되오. […] 이 작업은 […] 소연방의 언어이자 마지막 종착의 언어, 곧 시대의 언어로 남아있기 때문이오. 만일 타타르 시인들, 야쿠트 시인들이 […] 러시아 작시법으로도 시를 써서 그들의 시를 전해준다면 […] 좋을 터인데 말이오." V, 440).

요컨대 세계의 단일화 차원에서 이뤄진 번역 작업은 현실과 예술의 조화와 타협 및 단일화를 추구하는 창작으로 이어짐은 물론, 세계의 단

поэтов" 참조.

일화, 조화로운 세계란 작가의 창작적 세계관은 사회주의 현실을 수용하는데 "미학적 정당화"도 돼주었다(Быков 2007: 388–9). 그는 사회주의의 단일화 정책을, 이데올로기를 넘어서 단일성의 세계란 미학적 차원에서 풀이했던 것이다.

무엇보다 프사벨라의 〈뱀을 먹는 자〉의 번역 과정에서 푸시킨의 세계를 발견했다는 그의 발언은, 그루지야와 러시아, 두 나라 시의 하나됨을 보여주는 그의 번역물의 가치를 확인해준다:

> 그루지야 친구들은 [...] 이 작품이 〈하이어워사〉나 〈칼레발라〉(하이어워사는 롱펠로우 시의 인디언 영웅을, 칼레발라는 핀란드 민족 서사시를 지칭 –인용자 주) 같은 것으로 상상된다고 내게 썼소. [...] 내게는 [...] 푸시킨을 상기시켰소. 거장의 솜씨와 그의 열정, 그리고 이야기 속으로 곧장 힘차게 다가가는 능력에서 말이오 [...]. 푸시킨의 민첩함이 내게 이 작품의 정신을 상기시킨 것이오. 그러자 어떤 음역에서 전달 수단을 찾아야 할지 분명해졌소. 이 작품은 다소 푸시킨의 〈캅카스의 포로〉조차 상기시켰소. [...] 푸시킨의 형태와 같은 것이 적절했던 것이오. [...] 나는 그 형태를 그 속에 깃든 낭만주의를 제거한 후 취해야 한다고 마음먹었소. [...] 남의 문화에 침투한다는 건 위대한 일임을 이해했던 거요. (V, 445)

아울러 프사벨라 시의 한 낭독회(1934)에서 작가가 밝힌 그루지야 문학과 레르몬토프 창작의 영향사(史)는, 프사벨라와 푸시킨의 상응이란 그의 생각에 근거가 된다:

> 그루지야 문학에서 무척 흥미로운 점은 얽히고 얽힌 영향 관계가 존재한다는 것이오. 유럽인들은 레르몬토프의 악마가 플라톤에게서 유래했다고 보지요. 사실 그것은 그에 영향을 준 그루지야 문학을 넘어 괴조에 대한 페르시아의 전설로 거슬러 올라간다오. 하지만 개화된

이후 그루지야 문학은 러시아 문학이 됐소. 그루지야 문학의 독자성은 매우 높소. 그러나 프사벨라가 창조한 헵수르인(그루지야의 한 산악 민족-인용자 주)의 형상에조차 레르몬토프의 〈견습 수도사〉의 영향이 존재합니다. (V, 730)

위의 두 발언은 역자 자신의 창작과 시학에 대한 은밀한 소개이기도 하다. 프사벨라 시의 "정신"이 푸시킨 창작에서의 "낭만주의" 형태를 "제거"한 것이란 점은, 번역을 위해 선택한 시가 역자 자신의 창작과 같이 반(反)낭만주의 시학을 지녔음을 밝히는 것이기 때문이다. 사실 '진정한 낭만주의'의 추구자인 역자는 낭만주의자들로부터 자연스럽고 합일된 원초적 자연력을 계승했으며, '세계는 하나'라는 그의 시학관은 낭만주의의 유기주의적 세계관과 상통한다. 그의 반낭만주의는 바로 주변 현실과 대립으로서의 낭만주의 미학의 거부인 것이다[11]. 한편, 프사벨라의 시와, 역자의 《누이》에 영향을 준 레르몬토프 창작(〈악마〉, 〈견습 수도사〉 등) 각각에 그루지야 문학의 뿌리인 "페르시아 전설"이 녹아있다는 위의 발언도, 번역한 그루지야 시가 역자의 창작처럼 고대 신화와 전설을 원천으로 했음을 밝히는 것이다.

이와 같이 그루지야 시 번역 과정은 작가에게 동일한 뿌리를 둔 그루지야와 러시아의 문화 예술의 하나 됨과 상호 연관의 체험뿐 아니라, 그의 창작 세계를 밝힐 기회를 주었는데, 이는 그루지야 시인들에 대한 그의 세 평론-〈위대한 리얼리스트〉(1945), 〈니콜라이 바라타시빌리〉(1946), 〈그루지야 현대시에 관한 몇 마디〉(1946. 12)-에서 더욱 구체적으로 확인된다. 평론은 19세기 초 그루지야의 가장 위대한 시인 니콜라이 바라타시빌리(1817-45)의 시 전체를 번역하면서 작성되었지만, 그 내용은 셋째 평론 말미에 회상된 첫 그루지야 여행과 그루지야 시 번역의 첫해들에 대한 대목(4, 412)에서 알 수 있듯 역자의 30년대

11_임혜영 2010: 363. 레르몬토프 전통의 수용과 극복에 대해서는 임혜영 2010: 358-9, 365-6 참조.

사색이 기록된 것이다.

세 글은 내용상 두 가지 공통점을 지닌다. 그루지야와 러시아 시인들의 연관과 유사성이 강조된다는 것, 그리고 그루지야 시인들이 역자 자신처럼 "리얼리스트"로 규정된다는 것이다. 역자에게 리얼리즘이란 하나의 세계관적 태도로 이해한 낭만주의에 대립된 개념이며 예술가가 자신을 삶의 인식도구로 이해하고 그가 체험한 "실제 전기"의 삶, 일상의 장면 등을 시적으로 재현하는 것을 핵심요소로 하는바(4, 404; 임혜영 2014: 230–1) 〈위대한 리얼리스트〉에서는 N. 바라타시빌리와 러시아의 E. 바라틴스키의 유사성이 언급된다. 두 시인은 푸시킨이 바라틴스키를 평했듯 '언제나 사상을 지닌 독창적인 시인'이라는 것이다. 하지만 역자가 비중을 둔 유사성은 "자연 풍경과 각 삶의 모습"을 창작에 담았다는 것, 바로 리얼리스트적인 면모(4, 407)다. 바라타시빌리의 주요한 독창성이 "추상적인 요소에서 벗어나 그의 전기적 특징과 일상적인 색채, 그리고 생기 있는 일상성으로" 나간 데에 있다고 보기 때문이다(4, 407).

〈니콜라이 바라타시빌리〉에서는 그루지야인과 러시아 작가의 교류사가 양국의 역사를 통해 논의된다. 그루지야 귀족층과 러시아 시인의 인연("친척관계")에 물꼬를 튼 것은, 제 동방 국가의 공격을 받는 그루지야를 "러시아 보호의 손길에 두길" 바라며 러시아와 조약을 체결한(1783) 마지막 황제, 바로 바라타시빌리 서사시 〈그루지야의 운명〉의 주인공인 이라클리 2세[12]라는 것이다. 바라타시빌리는 조약 이후, 특히 서구의 영향이 강화돼 그루지야의 귀족 사회가 러시아 "국가사업" 및 유럽 문화의 "흐름에 유입"되었을 때 성장했다는 것이다(4, 407–8).

바라타시빌리의 전기에서 가장 주목되는 지점은 러시아의 A. 그리보예도프와 만나는 두 부분이다. 그리보예도프의 장인이자 벗인 알렉산드르 차프차바제가 바라타시빌리의 부친의 동무였다는 점과 바라타시빌리가 그리보예도프의 아내-니나의 자매인 예카테리나 차프차

12_러시아의 캅카스 진출과 점령에 대해서는 정세진 2013: 269–304 참조.

바제를 사랑했다는 점이 바로 그러하다. 작가는 타비드제의 아내가 모계 쪽으로 차프차바제 가문인 것에 큰 의미를 부여했으며 그리보예도프의 자취를 찾아 알렉산드르 차프차바제 영지를 둘러본 터였다(XI, 326, 322). 그리보예도프는 푸시킨과 레르몬토프가 캅카스 지역에서 그루지야 귀족 사회와 "교류"할 수 있게 다리를 놓은 인물이자 그루지야와 러시아 문학의 연관사의 선구자로, 그 덕분에 19세기 두 시인의 의식 한편에 티플리스는 정신적 제2의 고향, 유럽 도시에서는 잊고 지냈던 본연의 모습으로 돌아가게 한 자연스런 공간이었다: "푸시킨과 레르몬토프는 [⋯] 티플리스의 동방적인 현란하고 낯선 모습 이외에 [⋯] 강력한 어떤 충동적인 효소와 어딘가에서 마주쳤다. 그 효소는 이 두 시인의 내면에 생명을 일으켰고 그들의 가장 타고난 것, 가장 졸고 있는 것, 가장 은밀한 것이 표면으로 나오게 만들었다."(4, 408).

다른 한편, 〈니콜라이 바라타시빌리〉에서는 공녀 예카테리나와의 실연으로 고독과 슬픔이 관통하는 바라타시빌리 시의 힘 있는 묘사가 암울한 기질의 사회적 이탈자인 레르몬토프의 명료한 디테일 묘사와 유사하다고 언급되기도 한다. 하지만 동시에, 자연 묘사의 경우처럼 "삶과 일상의 특징이 섞"인 묘사를 하는(4, 409–10) 전자의 리얼리스트의 면모가 환기되면서 후자와의 차별성이 더 강조된다. 삶과 긴밀한 유대를 지닌 바라타시빌리의 면모를 보여주는 다른 예로서 그의 고귀하고 빛나는, 감춰진 여성성이 지적되는데, 파스테르나크에게 여성은 늘 삶 자체를 상징했기 때문이다(4, 211). 이는 파스테르나크가 야시빌리를 좋아한 한 이유도 Елена Дариани를 필명으로 사용한(VI, 646) 여성적인 면모 때문이었다는 점(Rayfield 1990b: 377)과 상응하는 것으로, 결국 바라타시빌리가 일상 삶에 천착한 묘사를 한 이유는 "자신의 불멸"을 믿으며 인간사의 움직임 자체를 "목적"이자 "의미 있는 것"으로 믿기 때문(4, 410)이라는 것이다. 이는 파스테르나크 자신의 불멸에 대한 믿음과 역사관의 피력이기도 하다.

이 같은 그루지야 귀족층과 러시아 작가의 연관사 제시는 다른 한편으론 역자 자신과 그루지야 시의 연관을 간접적으로 밝히는 것이기도 하다. 그러한 연관은 19세기 전통에 의해 예정된 것이 된다. 왜냐하면 19세기 두 시인의 그루지야 여행을 상기한 것 자체가 역자 역시 정신적 창작적 고향인 캅카스-그루지야를 만남으로써 내면에 '졸고 있던' 본연의 모습이 깨어났음을, 그리고 푸시킨처럼(그는 캅카스 여행 후 새로운 예술 형식을 펼쳤다[13]) 새로운 시의 창작으로 들어서게 됐음을 간접적으로 드러내기 때문이다. 또한 두 평론에서 강조된 리얼리즘적 요소들은 실상 역자 자신의 시학이기도 하므로, 리얼리즘[14]의 제시는 그루지야 시와 역자 시의 연관을 제시하는 격이기 때문이다. 그루지야 시인의 세계를 통해 역자의 시학을 밝히는 일은 〈그루지야 현대 시에 관한 몇 마디〉에서 더욱 다양하게 이루어진다.

셋째 평론에서도 그루지야 현대 시의 공통된 특성이 리얼리즘임이, 그리고 그 특성 덕분에 그루지야의 현대 시와 19세기 시 간의 유기성도 보존되는 것임(4, 412)이 강조된다. 즉 그 현대 시가 "그루지야 예술에서" "제1위를 차지"할 수 있었던 건 민중과 그 삶에 깃든 생기와 열정적 기질, 그리고 민속적 풍습 등이 고스란히 반영되었기("열정의 불꽃과 선명함") 때문이라고 한다. 근본적으로 그러한 반영이 가능했던 건 아름답고 섬세한 그루지야어 표현에 이교적 요소와 미신 등, 아주 옛것의 흔적이 간직돼 있기 때문이라는 것인데(4, 410), 이는 바라타시빌리가 "사회와"의 "비극적인 불화"를 겪었음에도 레르몬토프와 다르게 "도시 공동체"와 분리되지 않고 일상 삶이 섞인 시를 창작했던 이유이기도 하다. 오랜 전통이 보존된 그루지야어 및 문화는 "생기, 환상적 성향, 웅변적 소질, 열정적 재간 등"의 민족적 기질을 형성했는데, 그 기질을 이은 시인에게 사회와의 불화란 "아주 분명하고 단순"한 일(4, 411)이었다.

13_김원한 2009: 110.

14_여기서 실제 전기에 기초한 예술 창조자로 인식된 미켈란젤로(임혜영 2014: 242)와 바라타시빌리의 동질성이 발견된다. 쇼팽, 스크랴빈, 베니스, 마르부르크와 티플리스가 동일선상에 놓일 수 있는 것도 리얼리즘이 공통분모였기 때문이다.

그루지야의 민족적 기질은 바라타시빌리와 "정반대의 인물", 프사벨라를 통해서도 제시된다. "사회의 이탈자", 산속의 은둔자였던 그는 바라타시빌리보다도 더 주변 세계와 분리된 창작 세계를 보여줄 수 있었다. 하지만 "일상의 힘겨움을 겪는 평범한 민중"-화자가 돼 "고산지대 삶"을 구현함으로써 도리어 "서구의 가장 위대한 개인주의자들의 창작과 논쟁"(4, 411)을 한다. 한편 두 리얼리스트인 바라타시빌리와 바자 프사벨라의 세계를 "결합"한(4, 41) 미래주의자 시몬 치코바니(1902/1903-66)의 리얼리즘의 면모는 《통행증》에서 묘사된 바 있는 마야콥스키 세계의 반영을 통해 제시된다.

20년대 그루지야 미래주의의 그룹 "레비즈나"의 한 리더였던 치코바니는 최종적이고 숙명적인 어조와 드라마티즘의 시 세계를 통해 마야콥스키와 같은 화가적인 면모와 "자아감각"을 대담하게 노래한 W. 휘트먼이나 E. 베르하렌적 요소를 드러낸다.[15] 그와 마야콥스키를 비교해보자:

> 가장 절정적 모습을 보여주는 건 시몬 치코바니의 신선하고 다양한 창작 […] 최종적인 성격의 어조 […] 불완전한 요소들의 숙명에 관한 어조 […] 화가이고 […] 휘트먼과 베르하른 식인 그의 예술가 모습과 체계 […]. 시의 이미지가 […] 혼합된 삶의 모습과 어느 정도 닮아있다. 그 닮음에는 우리의 모든 감정적 증거와 우리 의식의 모든 측면이 들어있다. […] 회화적 요소는 […] 극단적이고 최종적인 모습에 도달한 모든 것의 […] 구체성을 말해준다. (4, 411-2);
> 그의 […] 어조는 그만큼 남달랐다. […] 한없이 숙명적인 […] 파멸 직전 상태의 시였다; 시적 운명의 정점은 마야콥스키였고 […] 세대가 […] 스스로를 드라마티하게 표현할 때마다 […] 마야콥스키의 비통한 음조가 메아리쳐 울렸다. (4, 334, 223)

15_마야콥스키와 휘트먼의 연관은 지적됐고(Альфонсов 1996: 13), 방대한 작품과 그 안의 열정으로 베르하렌은 휘트먼과 비교된다("베르하렌" 참조).

치코바니는 "삶"을 "닮"은 예술, 삶의 "모든 것"을 구체적으로 구현함으로써 마야콥스키처럼(4, 219, 225) 리얼리스트의 모습을 보인다. "태어난 땅, 구사하는 언어 등을 떼어놓고 말하기 어려운" 게오르기 레오니드제(1899–66), "신선하고도 강한 적극적인 면"을 가진 니콜라이 나디라드제(1895–90) 등 그 밖의 시인들(4, 412)도 혁신성 뿐 아니라 현실 삶과 분리되지 않은 리얼리즘 예술을 창조했기에 "두각을 나타"낼 수 있었다는 것이다.

위와 같이 그루지야 시에 관한 40년대의 평론은 결국 첫 그루지야 여행, 그리고 그루지야 시와의 만남인 번역 과정에서 역자가 발견한 그루지야와 자신의 연관을 구체적으로 피력한 글이 된다. 위 글들에 피력된 첫 그루지야 여행과 그 직후, 그루지야 시 번역의 첫 해들에 대한 기억은 36년의 연작시 〈여름 메모 중에서〉의 창작을 통해서도 재현된다. 반면 두 번째 여행에 바쳐진 36년의 시 〈예술가〉는 첫 여행과 관련된 앞글들과 유기성이 떨어진다.

4. 〈여름 메모 중에서〉

부제 "티플리스의 친구들에게"(즉 야시빌리와 타비드제에게)에서도 암시되듯 〈여름 메모 중에서〉는 그루지야 시인들과 이루어진 번역 작업과 서신 교환, 우정 등이 바탕이 돼(Пастернак Е. 1989: 528) 탄생된 작품이다. 또한 첫 그루지야 여행에 대한 자전적 산문과 연설문, 그리고 평론에 담긴 사색들이 시어로 옮겨진 것이기도 하다. 12개의 시로 구성된 이 연작시에서, 저자는 예술가와 민중 간의 정신적, 도덕적인 연관성을 드러냄과 동시에 두 그루지야 시인을 본으로 민중 시인에 대한 그의 이해를 제시한다. 아울러 《제2의 탄생》의 테마를 보충하기도 하다(Пастернак Е. 1989: 529, 491).

《제2의 탄생》과 달리, 연작시에는 캅카스 묘사에 민중의 일상에 대한 묘사가 추가돼 있고, 중심 형상으로 민중과 두 시인이 등장한다. 바로 이 세 형상은, 코블레티 해안가와 캅카스 산, 각각이 묘사된 〈파도〉와 몇몇 시를 통해 그루지야 테마를 다룬 《제2의 탄생》을 보충해주는 열쇠다.

연작시는 내용상 세 부분으로 나뉜다. 첫 부분—1–3째 시—에서는 궁핍하나 "가공되지 않은 매력"을 지닌 소비에트 그루지야의 주민("화부(火夫)", "수병들", "원예사", "민중")의 일상이, 간결해진 문체와, 《누이》의 경우처럼 "가장 신선한 풍경"을 통해(Быков 2007: 559) 제시된다. 둘째 부분—4–7째 시—에서는 화자가 티플리스에서 산책하고 관찰한 주변 자연(군용 도로—"베슬란 길", "아라그바강", "쿠라강", "캅카스의 산등성이")이 묘사된다. 자연 경치의 묘사는, 태곳적 "자유로움"을 상징하는 봉우리, "투쟁과 자유 사랑"을 상징하는 강이 있는 "신적 세계" 같은 캅카스를 그린 레르몬토프(Миллер 1989: 221, 225–6; 임혜영 2010: 363)의 전통과 거의 일치한다. 마지막 부분—8–12째 시—에서는 화자가 다녀온 휴양지와 그곳에서의 연회("미풍", 짐마차—"아르바", "목자의 노래", 바다의 "철썩거림", "정원 식탁", "절벽")가 묘사되는데, 그 장소가 고산지대 코드조리, 보르조미, 아바스투만, 게오르기 레오니드제의 집이 있는 바쿠리아니, 흑해 연안 코불레티 등을 묘사한 《상황》의 경우와 일치한다.[16] 특히 맨 마지막 시는 다시 일상의 삶을 제시하고 있어 연작시의 첫 부분과 상응한다.

이렇게 일상 삶에서 주변 광경, 그리고 휴양지 모습들로 확장되는 세 구조 속에서 서로 다른 부분에 배치된 3, 5, 11째시는 작가의 30년대의 갈등을 해결해준 열쇠인 '민중과 두 시인'이란 형상의 본질을 규명하고 있다는 점에서, 작가의 고독과 창작적 심리에 초점을 맞춘 본 장에 가장 의미 있는 시가 된다. 따라서 이들 시를 중심으로 해당 주제를 살펴보자.

셋째 시는 민중과 시인의 관계를 본격적으로 규정하고 있다. 또한 연

16_첫 여행 경로에 대해 자세히는 (XI, 321–4)을 참조.

작시에서 가장 긴 시로, 그 첫 부분을 대표하는 동시에 민중 및 공동체와 하나 되기라는 연작시 전체의 주제를 압축적으로 제시하고 있다. 그루지야 민중의 이상적인 모습이 주로 제시되는바, 이는 작가가 첫 그루지야 여행에서 접했던 민중을 기억하고 사유한 끝에 도달한 그의 민중관(觀)의 투영이라 할 수 있다. 그들은 비록 가난하지만 오랜 전통문화를 지키며, 단일한 자연력에 상응하는 "영혼의 본에 따라"(Колесникова 2007) 서로 "사랑"하고 주변과 열린 관계의 삶을 산다. 악습을 받아들이지 않고 이념의 "우상"도 거부한 그들의 "자주적"인 문화와 역사는, 30년대 초 소비에트 러시아에서 '도주'해온 유태인 시인에게 이상적인 것이 된다.

이방인인 시인은 그루지야 시인들이 그래왔듯 이런 민중과 그들의 "조국"에 합류할 수 있었음을, 또 앞으로도 그러할 것임을 회상의 형식을 빌려 밝힌다: "다음과 같은 이는 행복하여라 / 이민족의 핏줄의 그림자가 전혀 없고, / […] 가난한 자와 지냈고, / 온 열정이 민중 속에 있는 이는. // 난 […] 남의 조국에 비집고 들어갔네. // […] 하늘이 나설 일은 없네 / 서로 주고받는 사랑이 있으니. // 영혼의 본에 따라 / 그만큼 더 밝고 순결하게 / 시대들에 거주지를 세워주기 위해 / 민중은 우상들을 불태워버린 것."(2, 15–16). 사실 첫 여행 당시 시인을 괴롭힌 하나의 문제는 유태인이란 정체성 문제가 극복되지 못해 비롯된 것으로, 모국어의 담지자인 대중과 사회적, 민족적 차원에서 분리됐다는 느낌이었다. 이 문제의 해결을 염원의 형태로 다룬 〈파도〉의 구절은 이를 시사해준다("모국어 속으로 난 혈족으로서 들어가리." Пастернак Б. 2005). 결국 그루지야의 민중은 작가의 혈통 문제 해결에 적지 않은 역할을 한 셈이다.

시인의 '민중과 조국'에의 합류의 모티프는 셋째 부분의 8, 12째 시에서 주변 세계와의 합일의 이미지를 통해 다시 등장한다: "맹인들과 귀머거리들, / 이들 곁에서 공상가는 / 다섯째 자연력이 되었네."(2, 18); "얼마나 장천(長天)이 […] 기이하고 / 테레크강은 거칠고 혼탁한지, 난 […] / 꽃봉오리로 / 수벌처럼 기어들어갔네."(2, 21). 그렇게 시인이 합일하는 데 민중과 그루지야의 신성한 면모가 영향을 줬다고 할 수 있다. 둘째 부분의 일곱째 시 전체는 그러한 신성한 측면을 다뤘다는 점에서 주목할 가치가 있다. 산에 신성한 "제단"이 있는 "영원"의 세계, 성지(聖地)로서의 캅카스와 그루지야의 제시가 그러한데(2, 17), 이때 신성한 조국의 땅을 숭배하며 서로 "단결"돼 있는 민중 역시 그 일부로서 신성한 존재가 된다(Быков 2007: 391). 신성한 두 존재, 그루지야와 민중은 시인의 본이 된 것이다. 정교를 토대로 신앙의 삶을 사는 러시아 민중을 구원의 힘과 열쇠로 본 도스토옙스키식 민중관이 새롭게 탄생된 것이라 하겠다(Пастернак Б. 2005 참조). 그럴 때 그루지야 문화의 뿌리에 관심을 가진 작가가 생애 말에 그루지야의 초기 기독교 테마를 전개하고자 관련 자료를 선별한 사실은 더욱 의미심장해진다.

이 시처럼 작가의 30년대 시 가운데 민중이나 사회주의 현실에 긍정적 태도를 보인 시들은 스탈린주의의 수용으로 읽히거나(Жолковский 2015), 반대로 적대적인 비평가(작가동맹 서기 V. 스타프스키)로부터 민중이나 정책을 왜곡하고 "비방"했다는 비난을 받기도 했다. 하지만 비방(1936.12)에 맞서 즉시 작가가 밝혔듯(이듬해 1월 5일자 〈문학 신문〉에), 그러한 시들은 작가의 기존의 시학적 입장을 당대 현실에 맞춰 발전시킨 것이었다("3연에선 개인은 민중 없이는 실체가 없는 존재이고 개인이 발현되는데 생생한 원형(原型)의 근원, 공로는 […] 민중이라고 말했소. 민중은 장인(목수 혹은 선반공)이며 예술가인 그대는 그의 재료라고." 2, 623)[17]. 《누이》에서처럼 시를 쓰는 존재가 시인-화자가 아니라 주위 세계이었듯, 민중이 시인을 대신해 창작을 하기 때문이다. 민중은 시인의 "꿈과 목표"가 되는데, 이에 그루지야 민중의 모습은 결정적 역할을 했다: "민중은 양 끝이 없는 집 같은 존재, / […] 처마는 / […] 한없이 길다 […] // 민중은 깊은 숲 같은 존재, / 그곳에선 […] 누군가가 / 사건들과 창조물들에 / 이름을 지어주었네. // 시인이여 그대는 민중 없이는 아무것

17_ "민중과 역사의 무기가 되려한 파스테르나크의 생각은 그의 기질 자체에서 나온다."(Быков 2007: 394)

도 아니라네. / 민중은 그대의 꿈과 목적을 / 자신이 만든 제품인 양 / 끌 밑에 둔다네."(2, 15)

시인이 시대와 국가의 흐름에 합류하는 데 민중 속으로의 "용해"가 열쇠가 된 사실은, 31년의 시 〈파도〉와 비교 시 뚜렷이 드러난다. 위의 36년 시가 밝고 긍정적인 어조로 민중과 새 사회를 받아들이는 내용을 다룬 것과 달리, 〈파도〉는 암울한 색채가 지배적이며 캅카스의 군용 도로를 걷는 징병된 자들의 형상("행군")과 피정복지의 고통스런 현실을 그린다(Быков 2007: 388).

무엇보다 36년 시와 달리 31년 시는 유럽러시아인의 캅카스에서의 '포로'(징병자 또는 유형자) 형상과 피정복지-캅카스의 이미지를 그려 19세기 전통의 '캅카스 포로'란 주제를 반영한다(Горелик 2013: 58; Амурский 2008). 〈파도〉에서 징병자들이 군용 도로를 통해 가는 캅카스 지역은 종속, 포로, 유형, 강압 등의 의미론을 갖는 악과 고통의 공간으로, 그 남부 그루지야는 자유, 조화의 세계로 각각 그려진다(Журавлев 2002; 박소연 1993: 86-7). 스탈린의 경제개발 계획이 수행되는 새 사회("나날", "총 계획")에 대해서는 화자의 "이중"적인 태도가 제시된다(박소연 1993: 82-6; Журавлев 2002). 물론 신성한 숭배 대상으로서의 장엄한 캅카스 자연("낭떠러지")이 제시되고 화자는 그것을 소비에트를 휘감고 있는 스탈린주의와 비교하면서(박소연 1993: 45-6; Мелащенко 2012: 59), 자연의 위엄을 대하듯 스탈린주의를 따르려 노력한다: "난 […] / 확연히 눈에 들어오는 그 방벽들에 / 어떤 질투를 느꼈나! // 오 […] 러시아에도 그 같은 경우가 있다면, / 그리고 우리의 나날, 우리의 총 계획이 […] / 바로 그런 험한 낭떠러지의 모습으로 우리를 바라본다면! […] // 누군가에게 욕을 할 필요도 없을 텐데 […] / 운문시인의 삶 대신 / 서사시 자체의 삶을 살 텐데."(1, 380)

하지만 미래 시제나 가정법이 사용된 것에서 알 수 있듯, 사회에 동화되려는 바람은 커다란 노력을 요하는 미래의 일인 것으로 드러난다. 그 실현은 첫 그루지야 여행 후, 그곳 시인들과의 교류와 그들의 시의 번역 및 음미 과정이 필요했던 것이다. 작가가 번역한 티치안의 다음 시(1927.4)는 그러한 과정의 의의를 엿볼 수 있는 대표적 시다(Rayfield 1982: 40): "내가 시를 쓰는 게 아니네. 시가 […] 나를 / 쓰는 것. 삶의 흐름이 시를 동행하네. / 시란 무엇인가? 그것은 눈사태 […] // 나는 4월에 꽃잎이 억수로 떨어질 때 태어났네 […] // 내가 죽을 거라는 징표가 꽃잎 속에 있네."(2, 242) 사실 티치안은 자신의 전성기인 20년대 말에 파스테르나크의 창작과 그루지야 전통을 바탕으로 삼은 반면, 파스테르나크는 30년대에 티치안의 시를 번역하며 단순성 시학을 형성하는데 도움을 받아 40년 초에 그 완성을 본다(Rayfield 1982: 40–44)[18].

이렇게 원초적인 캅카스-그루지야의 자연과 민중 뿐 아니라 파올로와 티치안의 정신도 화자에게 신성한 본이 되었다. 5연으로 된 다섯째 시는 파올로의 형상을 그리고 있다. 파올로의 시를 들으며 그와 함께 한 티플리스의 산책(XI, 321–2)에서 화자는 그의 본질을 깨닫는 것으로 드러난다. 당시 유럽러시아에 만연했던 것과 달리 "전횡적"이지도 이념의 "도식화"에 물들지 않았으며 그루지야 문화처럼 동화 속 같고 자연을 닮은 그의 모습(2, 16–7)이 그러하다. 그의 그러한 모습은 그의 시의 "원천"이 되기도 하여, 그와 그의 시는 결국 그루지야의 "정신"을 대표하는 게 된다("모든 곳에 당신의 정신이 맴돌아 […]" 2, 16)

파올로의 모습은 화자가 삶에서 "사랑"하고 체험한 "모든 것"의 모습이었으며("그 날들에 당신은 / 내가 사랑하고 본 모든 것이었소."), 화자의 예술의 바탕이 되기도(Фатеева 2003: 115–7; 임혜영 2011: 110–1; 4, 344) 했다. 따라서 그 모습은 화자가 후기상징주의자인 파올로와 그의 시를 사랑하게 된 근본 이유가 되기도 한다. 마지막 연에서 제시되듯(2, 17), 화자가 그루지야어를 모름에도 불구하고 그곳 시를 번역할 결심을 한 것도 파올로의 시의 "원천을 사랑"하고 "이해했"기 때문이다.

하지만 첫 연을 제외하고 모든 연들에 과거형 표현들("단 한 번도",

18_양자의 연관과 상응에 대해선 Barnes 1998: 58; 4, 343–4; Rayfield 1982: 39–46; 1990b: 370–81; Ram 2007: 63–89 참조.

"그 날들에", "우린 무기와 가죽과 안장들이 / 있는 구역에 가지 않았소")이 지배적인 것은 36년 당시에 변해버린 파올로의 모습을 암시한다고 볼 수 있다. 베리야가 그루지야에서 스탈린의 앞잡이 노릇을 했던 30년대 중반은 파올로가 베리야에 의해 정치 단체의 대표로 선발돼 스탈린주의에 열의를 가지고 "과장"적인 정치 활동을 한 때다. 마야콥스키가 그랬듯, 자신의 정신과 기질에 거스른 채 오직 이데올로기에 따라 "속된 것을 쓰"면서 본모습에서 이탈했던 것이다(Быков 2007: 559)[19]. 37년에 새로운 사회주의 사상–"시갈료프주의"에 걸려들어 자살함을(4, 332) 감안 할 때, 위 시에서 파올로의 형상에 드리운 "암울"한 그림자는 그의 최후를 "예언"하는 것이라 하겠다. 파올로 야시빌리는 긴밀한 예술적, 또는 내면적 일치가 아닌, 일반적인 그루지야 정신의 화신으로서 의미 있는 존재였던 것이다. 이는 예술과 영혼 차원에서 작가와 깊은 동질성을 공유한 티치안의 경우(Rayfield 1990b: 370–81)와 대비된다. 티치안의 형상은 7연으로 된 열한 번째 시에서 제시된다. 시는 바쿠리아니의 G. 레오니드제 집에 체류한 당시, 숲에서 보낸 저녁(XI, 323–4)을 재현한다. 앞 시와 달리 시 전체가 현재형으로 써졌으며 이는 파올로와 다르게 티치안의 한결같은 모습을 강조하기 위한 장치라 할 수 있다. 작가의 분신 격이었던 타비드제는 "많은 재능"을 지닌 자이자, 자연과 하나가 돼 공동 창작을 하는 자("연설할 말을 […] 협곡에서 얻으리")로 묘사된다. 또한 모인 장소에서 가장 빛나는 자로 묘사되기도 하는데("불빛은 / 마치 열렬한 찬양의 노래인 양 / 이 모든 것 전부를 한데 가린 채 / 티치안 […] 만을 비추네." 2, 20), 이는 《상황》에서도 암시되었듯이(4, 344) "순결"하고 "희생"적인 그의 내면에 대한 찬미이다. 즉 자연물("생금", "재")과의 유추를 통해 그의 내면이 집중적으로 조명됨으로써(2, 19–20) 그의 영적인 우위성이 부각되고 있는 것이다. 바로 이 점이 그가 파올로와 대등하게 그려진 《상황》과 다른 점이다.

전술된 타비드제의 27년 시와 같이("내가 없더라도 나를 옹호해주는

19_파올로의 정치 활동에 대해서는 Rayfield 1990a&1982 참조.

말을 하리 […] // 그루지야어의 아름다움과 […] 한 낯 때문에 / 시인은 […] 고통당했네. / 이 […] 양자 모두에게 충실한 덕에 / 시인은 행복으로 가는 길을 보상받았네." 2, 242) 시인이란 존재의 영적 자질과 미래를 다룬 그의 시들에는 그의 내면이 고스란히 반영되어 있다[20]. 그럴 때 그의 시는 순결과 희생을 핵심으로 한 기독교적 세계관을 지닌 시가 된다. 위의 36년 시에서 그가 "필멸의 존재"(2, 20)로 규정된 것도 그의 예술이 그런 영적, 도덕적 측면을 지녔기 때문이다. 이는 《통행증》에서 하층민의 삶에 심적인 압박을 느낀 작가가 발자크에 비유됐듯(4, 162) 티치안이 로댕의 발자크상과 비교되는 데(2, 20)에서도 확인된다.

결국 티치안은 작가에게 릴케에 이어 기독교적, 철학적 사상에서 본이 됐던 바, 그의 기독교적인 희생과 박애는 작가의 세계에 깃든 기독교 정신과 일치한다(Быков 2007: 389–90). 이러한 일치야말로 작가가 30년대 후반, 고통스런 숙청의 나날들을 견디는 데 원동력이 돼주었다. "걱정과 외로움", "공허감이 팽배"한 30년대 중반에 고통스런 날이면 릴케와 티치안의 편지를 "부적"처럼 지니고 다녔고 티치안을 비롯한 그루지야 시인들과 우정으로 "힘"을 얻었던 사실(파스테르나크 1995: 74–96)도 이를 확증해준다.

〈여름 메모 중에서〉의 화자-시인에게 본이 된 민중과 두 그루지야 시인의 형상 고찰을 통해 우리는, 《제2 탄생》에서 '선언'에 그친(Любимов 2015; Rudova 1997: 110–13) "현실과의 동화", 즉 사회주의에서 새로운 연인에 이르는 모든 당면 문제와의 융화와 조화를 뜻하는 "유례없는 단순성"에 도달이란 목표("위대한 시인들의 경험에는 / 자연스러움이란 특성들이 있다 […] / 모든 존재하는 것과 혈족이란 점을 믿고 / 일상 속의 미래를 알면서, / […] 유례없는 단순성에 / 이르지 않을 수 없다." 1, 381)는 그루지야에 대한 작가의 연구와 음미, 그리고 30년대 후반의 시

20_"티치안은 […] 모든 장점을 […] 통일한 걸작 시와 같은 존재다. […] 시에 제시되는 건 그의 선 […] 그의 불멸의 카네이션과 입가에 띠운 장미 […]. 그는 천재와 악행이 공동 창작을 한다는 생각을 […] 제거해준다. […] 천재란 대범함, 고귀함, 선함이라고 확신시키는 것이다"(Ахмадулина 2007).

창작 과정을 거친 후 비로소 실현된 것이었음을 본다.

5. 단순성을 향하여

20년대 말-30년대 초, 마야콥스키처럼 극한 고독과 종말감에서 정신적 죽음을 맛본 파스테르나크에게 31년 여름, 그루지야 여행은 삶과 창작에 소생과 전환을 가져온 큰 사건이었다. 그루지야는 풍광과 민중, 그리고 예술이 유기적인 하나가 되어 계시처럼 펼쳐졌는바 그것은 그의 평생 잊지 못할 그루지야 테마의 탄생을 가져왔다. 이데올로기의 압박으로 창작적 단절과 고립감을 겪고 '도주'해 온 소비에트 시인에게, 자주적인 역사와 문화를 간직한 그루지야는 고립감을 씻어준 잃어버린 이상적인 공간이었다. 따라서 시인은 곧장 그곳의 신성한 자연과 공간 속에서 "세계 지각"의 원리로서의 "단순성"을 추구할 것을 선언한다.

하지만 그것은 미래의 바람으로 그쳤을 뿐 실현될 수는 없었다. 그루지야와의 만남, 새로운 사랑의 시작 등은 그러한 단순성과 새로운 길의 가능성을 분명 열어주었지만, 현실과의 동화를 뜻하는 그 길은 "존재하는 모든 것"을 받아들이고 하나 되는 과정이 필요했기(Кормилов 1998: 172) 때문이다. 그 길에의 도달은 첫 여행 후 이어진 그루지야 시인과의 교류, 그루지야 시 번역, 36년의 시 창작 등의 과정을 거쳐 비로소 이루어졌다. 그 과정은 그루지야에 대한 막연한 인상이 아닌 그루지야 예술, 예술가, 그리고 민중과의 구체적이고도 근본적인 연관을 체험하는 과정이자, 그루지야와 그루지야인을 정신적 고향이자 치유의 공간, 가족으로 온전히 깨닫는 과정이었던 것이다. 3, 40년대 중반의 그루지야 번역과 관련된 연설과 글들, 그리고 민중과 조국의 이미지를 토대로 문체와 세계관적 전환이 확립된 30년대 후반(그리고 그것을 이은 40년대 초)의 창작은 이를 입증해 주었다.

흔히 알려진 것과 달리, 우리는 30년대와 40년대 초는 작가의 창작 활동이 중단된 시기가 아닌 그루지야 테마를 통해 지속된 시기였음을 본다. 또한 그 테마는 작가의 성숙기인 40년대와 그 후의 창작에도 바탕이 되었음을 본다. 외향적인 두 시인, 마야콥스키나 야시빌리가 공적 인정을 바랐던 것과 달리, 내향적이었던 그는 티치안처럼 '모함과 비방이' 난무한 시대의 운명을 통찰하고서 "사회주의에 대한 꿈이 가까워지길 희망한 채"(Горелик 2013: 58) 겸허와 희생적 태도로 공적 무대에서 물러나, 자신의 예술 이념을 은밀히 표출하는 번역과 평론 쓰기를 택했던 것이다. 그것은 획일주의적인 문화 정책의 시대에 자유를 갈망한 예술가가 선택한 또 하나의 글쓰기 형태였던 셈이다.

제11장 창작적 세계관

《닥터 지바고》의 예술 체계

1. 창작적 세계관과 예술 체계

"대개 창작적 세계관은 추상적인 개념들 가운데에서만 규정될 수 있음"에도 불구하고, 그것은 사실상 "시적 개인성의 층위에서", 즉 개인의 시, 예술 체계의 영역에서 구체적으로 실현되고 있음이 사실이다. "창작적 세계관 문제는 19세기-20세기 초 종교철학 사상에서 중요한 자리를 차지하는바" "러시아 철학 관념은 세계 조직에 인간이 참여하도록 다양한 노선과 다양한 정도로 전제하고 주장한다."(Альфонсов 1996: 5–6). "러시아 시인들은 극단적인 세계 변형과 재건설에 대한 지향을 공유할 수 있었다. 그러나 그와 반대로 삶, 자연, 문화 등 흔들리지 않는 확고한 기반에 관심을 돌린 시인들도 있었는데"(Альфонсов 1996: 6), 파스테르나크가 그 가운데 한 사람이었다.

본 장에서는 이러한 창작적 세계관과 예술 체계 간의 긴밀한 관계, 즉 '예술 형식의 내용성содержательность художественных форм'이란 전제에서 출발하여, 파스테르나크의 소설 《닥터 지바고》를 그의 창작적 세계관의 원칙에 비추어 살펴보고자 한다. 이를 위해 먼저 그의 근본적인 철학적, 미학적 견해를 규정지어 그의 시학의 한 특수성을 밝히고, 이어 소설 고찰에 들어갈 것이다.

창작적 세계관이라 함은 무엇보다 미학 관념으로서의 작가의 예술 철학, 사상("이데아")이란 개념과 상통한다고 할 수 있다. 따라서 예술 체계 속에 작가의 창작적 세계관 구현이란 위와 같은 '예술 형식의 내용성' 문제와 관련해 우리는 로트만의 지적을 환기해 볼 가치가 있다: "예술에서의 이데아는 현실의 형상을 창조하기 때문에 항상 모델이 된다. 그렇기 때문에, 구조 밖에서 예술적 이데아는 생각조차 할 수 없는 것이다. 형식과 내용의 이원론은 구조 밖에서는 존재하지 않고 상응한 구조 속에서 자신을 실현시키는 이데아의 이해로 바뀌어야 한다."[21] 여기서 형식과 내용의 이원론이란 결국 형식과 내용의 연관성 문제로 귀착되는 바, 예술 형식("구조")과 내용("이데아")의 연관성이란 전제에서 출발하는 본 장은 결국 "두 가지 분석(구조-문학과 미학-철학)을 결합"시키는 방법론을 취하는 것(강명수 1999: 114 참조)이 된다.

그러나 대개는 예술 텍스트의 내재적 특성들-예술 체계의 분석을 통해 작가의 예술철학, 이데아를 밝히는 게 일반 경향임을 볼 때(체호프 산문의 연구(강명수 1999: 111-35)도 그러한 한 예), 본 장의 구성은 독특하다고 하겠다. 앞으로 밝혀지겠지만 이것은 파스테르나크의 창작 세계에 특수한 자전적 요소автобиографизм의 의의 문제와 관련되는데, 주의해야 할 것은 그의 자전적 요소는 그의 심리, 전기적 측면이란 단순한 텍스트 구조 밖의 요소가 아니라 그의 창작 전반에 흐르는 그의 미학, 시학적 측면과 관련된다는 사실이다.

구체적으로 하나의 예술 체계인 소설의 분석은, 텍스트의 내재적 특성을 구성하는 소설의 일반 철학 사상, 구성 및 플롯 체계, 그리고 문체의 특수성 등의 층위에서 이루어질 수 있다. 그 가운데 본 장에서는 소설의 중심 사상 중 하나인 역사철학과, 구성 및 플롯 체계의 특수성(즉, 등장 인물의 전반적 구성 체계, 인간과 자연의 구성 체계, 삶과 죽음의 구성

21_Лотман Ю. М. Лекции по структуральной поэтике Вып. 1. *Труды по знаковым системам*. Т.1. Тарту, 1964. С.64. 강명수 1999: 113에서 재인용.

체계의 한 양상인 삶과 죽음의 구성 체계) 측면에 한정시켜 소설을 고찰하기로 한다. 아울러 파스테르나크의 창작적 세계관 원칙의 바탕이 되는 그의 근본적인 철학적, 미학적 견해의 파악을 위해서는 그의 일련의 자전적 작품들(《안전 통행증》, 《사람들과 상황》)(이하 '통행증', '상황'으로 약칭)과 편지, 그의 동시대인들의 회상록들을 고찰할 것이다. 즉 그곳에 반영된 파스테르나크 자신의 사상들을 들고 그것들을 체계화하는 방법론을 취할 것이다. 이는 파스테르나크 자신이 편지가 그에게 지니는 의의를 말하였기 때문인데, 가령 L. 오제로프의 말에 따르면 파스테르나크는 예술, 철학 및 삶 자체에 관한 그의 사상과 논의를 인쇄물에 피력할 가능성이 주어지지 않아 편지들을 자주, 또 지나칠 정도로 많이 써서 편지는 그의 사상의 표출수단이 되었다(Озеров 1993: 451). 또한 그의 (자전적) 산문과 시, 예술 체계의 긴밀한 연관은 다른 시인 O. 만델슈탐의 경우와도 일치하는 현상이다(Гинзбург 1997: 336, 357). 결국 자전적 요소를 바탕으로 작가의 작품을 연구하는 것은 하나의 구체적인 방법론을 이루는바, 파스테르나크를 비롯한 최근 솔제니친의 연구 경향도 그 한 예라 하겠다(Ли 1999: 154–62; Насер 2000: 130–41).

2. 파스테르나크의 철학적 미학적 견해[22]

오랜 생과 창작 활동을 한 파스테르나크가 예술적 시각이나 역사, 혁명에 대한 견해에서 변화나 진화를 보이는 건 당연한 일일 것이다. 그의 창작 과정에는 "단순성", 푸시킨의 "간결성"을 지향하는 시집 《제 2의 탄생》의 출현이라는 1920년대에서 1930년대로의 전환기가 발생한다. 그리고 그는 생의 말기에 "1940년 이전의 자신의 문체를 좋아하지

22_이 부분은 "랴드 시학"(번역하면 '계열체 시학')의 규정을 주 내용으로 한다. 이 개념은 세 서사시를 분석하는 틀로도 사용되었는바(임혜영 2001a: 255–66. 본서에서는 5장). 서사시 연구에서 논의된 이 개념의 핵심은 다시 언급될 것이다. 다만 여기서는 기존 논의에 소설 장르와 관련된 내용이 약간 첨가되고 보충될 것이다.

않는다고 단언"하며 해당 시기의 작품들을 혹평하여 그의 창작 세계에 상당한 변화가 있었음을 드러내기도 했다.

그러나 이러한 외적인 변화에도 불구하고 그의 창작 세계에는 "커다란 내적인 단일성"이 존재함이 몇몇 연구가들에 의해 지적된 것 또한 사실이다. 리하초프는 파스테르나크 문체에 대한 논의에서 시인의 문체가 연마되기는 했지만 그의 삶과 미학적 신념은 생의 말기까지 단일했다고 언급하여 시인의 창작에 내재한 단일성을 시사했다(Лихачев 1985: 9). 파스테르나크 스스로 《통행증》에서 지적하였듯이, 그는 시집 《삶은 나의 누이》(1917)에서부터 주변의 모더니즘 영향을 극복하고 "온전히 독자적인 한 시인"으로서 창작 활동을 시작하였다고 말할 수 있다[23]. 그는 그 밖에도 운문소설 《스펙토르스키》(1924–30)의 기원과 관련하여 만델슈탐에게 보낸 편지(1925.1.31.)에서 《삶은 나의 누이》를 이 소설이 되돌아간 "옛 시적 레일" 중 하나로 칭한다(5, 167–68). 그러므로 1917–1960년의 그의 창작 기간에 관통하는 내적인 단일성을 강조하며 《삶은 나의 누이》 이후로 시인의 "서정시의 기반은 파괴하지 않으며 변화했다"는 시냡스키의 지적은 통찰력 있는 것으로 드러난다(Синявский 1965: 12, 14, 60–61).

이처럼 《삶은 나의 누이》부터 파스테르나크의 근본적인 창작 경향이 형성 및 전개되어 《제 2의 탄생》의 전환기인 1930년대 초 이전에는 그의 고유한 창작 경향이 확립되었다고 하겠다. 그리고 그 이후에는 그러한 근본 경향이 약간의 변형과 진화를 거친 것이라 할 수 있다. 요컨대 1930년대 초 이전 기간(1910–30) 가운데 《삶은 나의 누이》에서 그의 "자연철학"이, 세 서사시 《1905년》(1925–26), 《시미트 중위》(1926–27), 《스펙토르스키》에서는 그의 "역사철학"이 각각 결정적으로 형성되었다고 할 수 있다.

따라서 파스테르나크의 근본적인 미학적, 역사적 견해와 창작 원칙

23_Пастернак Б. Собр. соч.: В 5т. Т. 4. М., 1991. С.228. 이후 이 판본의 인용은 권수와 쪽수를 괄호 안에 표기한다.

의 규명 작업도 1920년대에서 1930년대로의 전환기에 그의 일반적인 철학, 미학적 견해가 결정적으로 형성되었다는 입장에서 출발한다. 그럴 때 그 전환 시기에 출판된 그의 일종의 '예술론'인 《통행증》은 그러한 철학적, 미학적 견해를 규정하는데 핵심 작품이 된다. 이는 작가 스스로가 이 작품을 일련의 문제에 관한 자신 고유의 사상을 피력한 "가장 중요한 작품"이며 따라서 그의 생애의 "유일한 책"이라고 규정한 사실(4, 811–812)에서 단적으로 드러나는바, 이 작품 이전인 1910–20년대의 그의 산문들과 "강령적인 논문들"에 담긴 예술에 관한 사유는 《통행증》에서 지속, 발전된 셈이다(Хан 1988: 39–127 참조).

《통행증》에서 파스테르나크는 자신의 시가 "삶의 랴드의рядов 반복되는 중단에서, 즉 앞으로 달려가고 있는 현상 및 감정과 그 뒤 남겨진 그것들 간의 상호작용에서" 탄생되는 모습을 아주 상세히 제시한다(Альфонсов 1990: 14)(이하 4, 160–61 참조). 다양한 "삶의 랴드"를 그것들이 공간에서 차지하는 위치와 그 운동 속도를 통해 제시하며 그는 시의 탄생에 대해 이야기하는데, 이때 우리는 그의 세계 인식과 그의 시 세계가 공간적 차원을 지님(Пьяных 1979: 19)을 확인케 된다.

사실 '대열, 계열, 질서' 등으로 번역되고 일정한 순차성을 그 특징으로 하는 랴드ряды란 개념은 작가 고유의 비유적 표현이다. 그것은 '(삶의 사건 및 현상, 감정 등) 삶을 이루는 서로 유사한 요소들의 세트이자 구조적 요소들'이다. 나아가 그것은 '(모티프의 카테고리로 설명이 가능한 개념으로) 예술 공간을 이루는 요소'라는 의미를 지닌다. 좀 더 쉽게 말해 랴드는 예술 세계를 이루는 다양한 요소들—테마, 플롯, 의미론 등의 요소—낱낱이기도, 시인의 감정에 따라 형성되는 다른 유기적인 구조적 요소들(랴드들)의 집합체이기도 하다. 왜냐하면, 예를 들어 시, 예술에서 태양은 한편으론 하나의 랴드를 형성하지만 다른 한편으론 시인의 의식 및 심리에 따라 빛, 온기 등의 (환유적) 랴드나 사랑, 정열, 힘 등의 (메타포적) 랴드 등을 자신 속에 내포할 수도 있기 때문이다. 또한 테마적 랴드, 플롯적 랴드 등도 내포할 수 있는 것이다. 요컨대 랴드는 내적으로 연관되는 요소들의 구조체로서 근본적으로 집합체 및 유기체의 속성을 지닌다 하겠다.

"삶은 고르게, 즉 모든 측면이 한꺼번에 통째로 움직이지는 않는다. 구체적인 각 순간, 인간에게 삶의 중심은 뭔가에 의해 특별히 고무된 것이나 주관적으로 중요한 것에 있게 마련이다." 그리고 그러한 특정한 것(예를 들면, "고차원적인 것высокое", "정신적인 것духовное"등)이 대부분의 경우 시인들의 시 대상이 된다(Альфонсов 1990: 14). 그러나 파스테르나크의 경우는 그와 다르다. 파스테르나크는, 모든 세계를 이원론적 대립으로 보는 낭만주의적 신념을 가진 시인들과 달리 각 랴드의 상호작용에 의한 시의 탄생을 말함으로써 그의 창작 세계에는 서로 다른 랴드들의 연관과 결합이 이루어짐을 시사한다.

아울러 그는 자신의 창작의 목표를 모든 랴드의 전치, 전위(즉 랴드 간의 경계제거)에 둔다고 밝힌다. 무엇보다 그의 창작의 공간은 삶의 공간과 별개로 존재하는 제2의 세계가 아니다. 그것은 삶의 공간과 하나가 된 평면적 세계다. 결국 그의 창작적 전위는 인접과 교체의 성격을 띠는바(4, 161) 그가 추구하는 시는 상이한 랴드들이 함께 인접하고 공존함에서 탄생하게 된다.

《통행증》에 나타난 이 같은 예술에 관한 사유를 바탕으로 "랴드"의 인접과 공존에 관한 사상을 "랴드 시학поэтика ряда"이라 명명할 수 있다. 따라서 "랴드 시학"은 (예술 공간의) 구조적 요소들의 '인접성의 시학'이란 의미를 내포하게 된다.

한편, "랴드 시학"과 불가분의 관계에 있는 것으로 "힘сила"이란 개념이 제시된다. 파스테르나크에게 시는 삶의 랴드의 인접과 공존 속에서 탄생하는데, 이때 시-예술은 고차원의 진리, 신의 의지인 "힘"에 의해 조종되기 때문이다(4, 187). "힘"은 예술가를 포함해 삶의 움직임을 지배하는바 바로 《전쟁과 평화》에서 톨스토이가 말하는, 역사에서 개인(쿠투조프)의 의지가 순종하는 신의 의지воля провидения와 상통한다고 할 수 있다. 그것은 또한 A. 스카프티모프의 흥미로운 발견을 빌면, (역사철학 측면에서) 헤겔의 "세계정신", (경제이론에서) 아담 스미스의 "보이지 않는 손" 등의 개념(Скафтымов 1972)과 상응하는 것으로 보인다. 요컨대 파스테르나크의 "힘"의 개념은 예술, 역사, 경제의 한계를 넘어 전 우주를 지배하는 하나의 존재론적 근원이라 할 수 있다.

그런데 예술가가 자신의 의지가 아니라 "힘"의 목소리를 듣고 그 의지에 따라 창작할 때 작품에는 우연성이 지배적인 법칙으로 등장한다("우연적이면 우연적일수록 그만큼 더 진정한 / 시가 발작적으로 큰소리를 내며 지어지는 법." 1, 47). 다시 말해 파스테르나크의 시에서 랴드 간의 연관은 우연적 성격을 띠는바 그러한 우연성은 "힘"의 현존을 반영한다. 예술에서 우연성이 커다란 역할을 한다는 점에 작가는 변치 않는 태도를 보였는데,《햄릿》공연과 관련해 연출가 코진체프에게 쓴 1953년 편지도 이 점을 뒷받침해준다("제 말을 오해하지 마시오. [···] 예술이란 커다란 의미에서 예상할 수 없고 되돌릴 수 없는 우연성에 반드시 바쳐지고 그 유희의 장이어야만 하오. 그렇지 않을 경우, 모든 위대한 것과 불가분한 숙명성의 요소는 떨어져 나간다오"(Пастернак и Козинцев 1975: 216)).

파스테르나크는 "힘"의 개념을 말하면서, 삶의 물체와 현상 (즉 모든 랴드)은 서로 동등한 가치를 지닌 소중하고 독자적인 존재들이며 그러한 "힘"의 지배를 받고 있다고 이야기한다. 각 랴드는 세계의 본질을 지닌 존재들로서 서로를 대체할 수 있다는 것이다(4, 187–88). 따라서 창작적 특수성으로서의 "랴드 시학"은 "일상과 존재быт и бытие"의 동등성이란 일반 철학적 관념과 연관되기에 이른다. 이는 랴드의 연관과 결합, 교체라는 예술 체계가, "현실의 부분들은 서로 평등하다"(4, 188)는 작가의 일반 철학적 관념 가운데서 실현되고 있음을 뜻한다. 또한 그것은 역으로 예술 체계 가운데서, "일상과 존재"가 동등하다는 일반 철학적 관념이 드러나고 있음을 뜻하기도 한다. 요컨대 "랴드 시학"의 개념은 작가의 미학적 견해뿐 아니라 그의 철학적 견해의 기반이 된다.

"랴드 시학"은 야콥슨의 개념인 "환유적 특성", 즉 인접에 의한 연관성이란 개념(Якобсон 1987: 329)과 상응한다. 무엇보다 "랴드 시학"의 본질은 이미 티냐노프에 의해 간파되었고(Тынянов 1977: 185) 그의 뒤를 이어 야콥슨, 시냡스키, 파페르니, 긴즈부르크가 파스테르나크 시학의 본질적 측면을 언급하였던 것이다(Альфонсов 1990: 357–58). 형식주의자들이 후기 형식주의, 구조주의로 가면서 '문학과 삶'의 관련 문제, '문학적 예술의 독특성과 관여성' 문제를 해결하는 방향으로 나아갈 때, 야콥슨은 파스테르나크의 산문에 관한 1935년 논문에서 "작가의 예술적 방법의 철학적이거나 심리학적인 함축된 관련"을 밝히려 하였다(어얼리치 1983: 264–71). 야콥슨은 "파스테르나크의 주제론을 그의 시학의 구조적 특성("인접성의 비유를 좋아하는 파스테르나크의 경향"인 "환유와 제유"—인용자 주)으로부터 밝혀보려고 노력한다"(어얼리치 1983: 265). 그러면서 표현 수단(즉 하나의 수사법)으로서의 환유의 기능뿐 아니라 시의 테마를 규정하는 환유의 내용적 기능까지 지적한다. 하지만 주로 전자의 차원에서 환유 체계를 보여줄 뿐, 후자의 차원에서 드러날 수 있는 작가의 사상과 세계관 측면은 본격적으로 다루지 않는다.

알폰소프 역시, 메타포가 인식주체의 세계관을 반영하는 깊은 철학적 의미를 지닌다고 하면서 야콥슨의 책에서 파스테르나크의 환유 문제가 간접적으로 다뤄졌다고 한다(Альфонсов 1996: 8–9). 반면 어얼리치는, 야콥슨이 주로 문학의 문체적 측면(즉 기법으로서의 수사법)을 다룬 것에 대해 문체—문학의 내적 구조—와 "내용"—외적 현실—적 요소들 사이에 어떠한 우선권이 존재하지 않고 양자 간에 변증법적 긴장이 존재한다는 것을 보여주는 예라고 한다(어얼리치 1983: 266–67). 그러나 야콥슨의 이 같은 제한적 접근은, 작가의 개인성과 현실에 대해 문학의 내적 구조가 지닌 독자성 등을 강조하려는 데서 기인한다고 봐야 할 것이다. 문학 형식의 특수성의 연구에 좀 더 중점을 둔 것('지시체'보다 '기호'에 관심을 둔 것)에서 기인한다고 말이다. 이 점은, 야콥슨이 파스테르나크의 시적 체계를 밝히는 데 적용한 '유사성에 의한 메타포'와 '인접성에 의한 환유' 간 대립이 야콥슨 자신의 언어 및 여타 기호

체계의 양극, 대립 구조 이론에서 나온 것임을 주목할 때 더욱 분명해진다. 후기 모더니스트들이 메타포와 환유를 대립이 아닌 혼효로 원용하는 경향 또한 야콥슨의 그러한 이분법을 문학 연구에 적용하는데 갖는 한계를 보여주는 예다(McLean 1999: 725–32 참조).

위와 같은 야콥슨의 접근방법은 파스테르나크에 관한 연구에도 반영된 것으로 드러난다. 다음은 주로 표현 수단이란 기능 측면에서 (수사법으로서의) 환유 체계를 다룬 것들이다: 이덕형 1986: 55–96; 노지연 1999. 전자의 경우, 그것은 파스테르나크 시에 나타난 이미지의 분석을 중심으로 랴드의 상호작용 및 상호대체성을 밝히는 대목에서 드러난다. 파스테르나크 시학의 연구라는 일환에서 써진 후자의 경우는 미래주의와의 비교 차원에서 파스테르나크의 시 구조 속의 "환유"의 변별성을 밝히는 대목에서 드러난다. 후자에서는 특히 파스테르나크가 미래주의자들과 달리 환유를 "철학적 공리로까지 고양시키고" "우주의 기본패턴으로 바라봄"이 지적되기도 하지만(노지연 1999: 68) 세계관 측면에서의 환유는 역시 중심 대상이지 않다.

본 장은 '형식과 내용', '문학과 삶' 중 어느 하나에 "우선권" 주지 않고 양자의 (동등한) 관련성에서 파스테르나크의 작품을 분석하려한다. 따라서 작품 분석의 틀이며, 모든 예술적 요소의 인접과 상호 연관에 관한 사상인 "랴드 시학"은 이어지는 절에서 세계의 단일성이란 작가의 세계관(이른바 상징주의자들과 다른 "파스테르나크의 유기적인 특성"[24])을 반영하는 의미이자 폭넓은 차원의 환유란 개념 속에서 논의될 것이다.

3. 《닥터 지바고》에 나타난 역사철학

역사에 대한 파스테르나크의 인식은 이미 초기 창작에서 감지된다. 1917년 여름의 혁명을 "계시 때와 같이" "자연적이고" "선사시대적 현

24_Гинзбург 1997: 329.

상으로" 감지한다. 미간행 된《통행증》"후기"에는 당시 쓴《삶은 나의 누이》를 혁명시대의 구현체라고 규정하기도 한다(4, 789). 시집에서 혁명은 자연의 모습을 통해 제시됐다(Цветаева 1988: 338). 1920년대 중반에는 혁명에 관한 서사시를 지향하는 당시의 풍조에 따라 본격적으로 서사시 창작에 착수한다(Паперный 1968: 367, 364). 시대의 범주 자체는 일정한 역사적 시내와 신빙성을 띠고서 그의 창작 안으로 들어오는바, 20년대 중반에 1905년 혁명에 관한 두 서사시《1905년》과《시미트 중위》를 창작하고 1930년에는 운문소설《스펙토르스키》를 완성한다.

파스테르나크의 1927년 편지들(시인 C. 아브라도비치와 M. 고리키에게 쓴)을 보면 역사에 대한 그의 태도가 체계적으로 드러나 있다. 그에게 10월 혁명은 역사의 예외적 "인물이나 대상"이 아니라 하나의 자연현상이다(5, 212). 그리고 역사를 형성하는 것은 일상적인 것, "평범한" 삶이다(5, 227–28). 요컨대 역사와 혁명은 자연의 한 요소이며 삶의 "평범한" 현상이다. 그것들은 갑자기 터져 나오지 않고 삶의 흐름처럼 영원한 것으로, 반복되어 흘러간다. 이렇게 삶과 자연을 통해 제시되는 역사 관념에는 삶과 역사의 연관과 단일성이란 작가의 사상이 깔려 있다.

《닥터 지바고》는 2차 세계대전 직후의 첫 10년간(1945–55)에 걸쳐 창작됐다. 작가에게 "비극적이고 힘든 전쟁 시기는 '활기찬'" 기간이었고 "모든 사람과의 공유감이 회복된 흥분되고 기분 좋은 때였다"(Ивинская 1992: 101).《닥터 지바고》는 이러한 새 시대의 시작과 "활기 있는 삶의 한때"의 도래에 대한 작가의 감지 속에서, 즉 "세계에 대한 새로운 인식" 속에서 창작되기 시작했다.

작가의 창작적 세계관을 반영하는 "랴드 시학"은 소설에서 역사철학의 프리즘을 통해 발현된다. 소설에 나타난 역사철학은 1920년대 서사시의 경우처럼 자연과 삶 자체 철학의 모습을 띤다.[25] 소설에서 이러한 역사철학의 구체적 근거는 성서(복음서), 좀 더 정확히 말해 그리스도의 형상에서 찾아진다.

《닥터 지바고》는 작가가 두릴린С. Н. Дурылин에게 쓴 편지(1946.1.27.)에서 규정했듯 작가 자신의 유일한 장편이자 시대의 산문이며 또 하나의 "《통행증》의 세계"다("난 열의를 가지고 무사게트Мусагет시기부터 최근 전쟁까지의 내 삶을 포함하는 또다시 《통행증》의 세계를, 하지만 이론화 없이 소설 형태로 더 폭넓고 비밀스러우며 본질상 블로크와 마리나를 지향한 내 시의 방향에 더 가까운, 삶의 사건들 및 드라마가 있는 긴 서술체의 산문을 쓰고 있소." 3, 651). 작가는 일찍이 사촌에게 《닥터 지바고》에 대한 자신의 구상을 밝혔다:

> 내 최초의 진정한 작품이야. 최근 45년 동안 러시아 역사의 이미지를 이곳에 그리고 싶어. 이와 동시에 디킨스나 도스토옙스키에서 그 이상(理想)을 찾을 수 있는 무겁고 슬프며 상세히 다듬어진 플롯의 전 측면에서 이는 예술, 복음서, 역사에서 인간의 삶, 그리고 다른 많은 것에 관한 내 견해를 피력한 것이 될 거야. [···] 작품의 분위기는 나의 기독교의 모습을 띠고 있어. 그것은 그 넓이에 있어 퀘이커 교도 및 톨스토이의 것과는 좀 다르며 도덕적인 것들에 대한 첨가, 보충으로서 복음서의 다른 측면과 관계있어. (5, 453-54)

"나의 기독교"란 말에서 작가가 의미한 것은 그의 세계관, 세계인식이다. 그에게 복음서는 교회적 현상이 아니라 존재론적 현상으로, 소설에서 그의 관심은 좁은 복음서의 테마, 곧 교회의 테마에 있지 않고 존재론적 테마에 놓여있다(이 점은 1953년 3월 초에 그가 V. 샬라모프에게 한 설명에서도 엿볼 수 있다: "그 때부터 모든 게 변화되었소. 심지어 그 당시 사용한 언어조차 존재하지 않소. 내가 위험성과 극단성, 그리고 당시의 예술을 구별 짓는 특수성 등 많은 것을 거부하고서 가장 값진 것일지도 모르는 것을 현대적 번역으로, 더 일상적이고 평범하고 침착한 오늘날의 언어로 서술

25_서사시에서의 "랴드 시학"에 대해서는 임혜영 2001a: 255-86 참조.

하려고 애쓴다는 사실이 대체 뭐 그리 놀랄 게 있단 말이오(허나 이 값진 부분이라는 걸 복음서의 테마라고 생각진 마시오. […] 그건 오랜 수 세기 동안 복음서의 테마를 통해 언급된 따스하고 다채로운 유기적 삶에 대한 인식이오.)")[26] 요컨대 "소설은 신학적 바탕에 대한 설교가 아니라, 인간의 정신적 삶의 지속과 도덕적 의식 발전에 필수인 생생한 역사적 현상으로서의 기독교에 대한 설교"인 것이다(Пастернак Е. 1989b: 706).

이렇듯 기독교를 역사적 측면에서 이해하는 모습은 《통행증》에서도 드러난다(성서를 바로 문화의 한 성분, 인류의 역사로 이해한다: "성서는 딱딱한 텍스트를 지닌 책이라기보다 인류에 대한 기록집이라 할 수 있다. […] 영원불변한 것이 삶과 유사하게 되는 경우는 영원불변한 것이 필연적일 때가 아니라, 지나간 세기, 세월들이 그 영원불변하는 것에서 비춰지는 모든 유사성을 인식할 수 있을 때다. 난 문화사란 미지수를 지수와 나란히 연결해 주는 일련의 이미지 방정식임을 이해했다. […] 불변하는 지수는 전통의 바탕인 전설이며, 미지수는 매번 새로이 당면하는 순간의 현(現)문화이다."(4, 208)). 성서에 대한 작가의 이해는 삶에 대한 그의 이해와 상응하는바, 그는 성서를 현실 삶과의 연관 속에서 조망한다(Шаламов 1993: 614–15, 623–24; Пастернак Е. 1989b: 710). 성서는 또 하나의 현실, 삶을 형성하는 것이다.

사실 파스테르나크는 《닥터 지바고》 주인공들의 성서에 대한 이해에 "현대성"이 반영돼 있음을 밝힌다: "이 모든 소년 소녀들은 도스토옙스키, 솔로비요프, 사회주의, 톨스토이주의, 니체 사상과 최신 시 등을 매우 찬양했다. 이런 현대 현상 […] 모두 거의 동일한 하나를 이루며 우리의 현대성을 형성한다. 현대성의 주요 특성은 새롭고 유례없이 신선한 기독교의 한 단계라는 것이다. 우리 시대는 […] 복음서의 측면 (그 측면은 니콜라이 니콜라예비치에게 늘 주요한 것으로 여겨졌다)을 새로이 이해했다. 이 측면은 사도들에게 강하였다가 이후에 […] 사라지게 되었다. 그 측면에 대해 열렬히, 생생하게 환기시킨 이가 아씨시의 프란

26_Пастернак Е. 1989b: 706.

치스코이며 […] 19세기에 매우 강하게 배어 있다. 그것은, 그리스도가 일상성의 빛으로 진리를 설명하고 일상적 소재의 우화로 말하는 바로 복음서 정신이다. 그것은 필사(必死)의 존재들의 교제는 불멸이고, 삶은 의미심장하기에 상징적이란 사상이다."(Пастернак Е. 1989b: 708)

삶의 랴드가 그러하듯 동등한 '부분'들이면서 하나의 '전체'("현대성")를 형성하는 현대 현상들의 위와 같은 "주요 특성"—복음서에 대한 새롭고 자유로운 해석—은 파스테르나크 자신의 성서관이기도 하다. 그는 성서, 곧 "복음서의 정신"은 있는 그대로의 삶의 모습에 가깝다고 보는 것이다[27].

이렇게 작가의 성서관에는 성서와 삶의 유사, 곧 양자의 단일성이란 "랴드 시학"이 엿보인다. 소설에서 "부분"과 "전체", "고차원적인 것"과 "저차원적인 것"("천상계"와 "지상계") 등의 동등성은 바로 성서, 특히 복음서에 그 근거를 두는데, 이는 역사에 관한 베데냐핀과 시마 튠초바의 논의들에서 구체적으로 드러난다. 베데냐핀의 사상은 지바고와 파스테르나크 사상의 틀이라 할 수 있다. 지바고가 외숙의 사상을 따름이 산문 전체에서 제시되고 있고 지바고의 인식을 통해 강조되어 있기도 한다. 베데냐핀의 사상은 튠초바나 고르돈의 사상과도 동일선상에 있는바 베데냐핀과 시마는 대화 방식과 구사하는 어휘, 예들이 상이할 뿐 양자의 사상은 근본적으로 "일치한다."

소설 속의 역사철학이 지바고가 아닌 베데냐핀과 시마를 통해 전달되는 것은 일차적으론 다른 "랴드들"—민중과 인텔리계층—의 동등성과 "연관", 단일성을 드러내준다. 또한 주인공이 역사와 삶에 대한 이론화나 철학적 "추상화에 사로잡히지" 않도록 하는바, 지바고에게 "모든 현실", 삶의 사실은 철학, "미학을 위한 재료"가 아닌 "그 자체로 소중한 것이다"(Пастернак Е. 1989b: 715). 지바고는 생생한 모습 그대로의 삶의 세계를 직관적으로 인식하는 재능을 지니며 근원으로서의 "삶에

27_cf. 파스테르나크에게 역사는 "온통 현재 속에 있다 […] 온 세월동안 예술은 성서 테마에 대한 자신의 새로운 이해를 매번 이 노트에 기록한다." Лихачев 1982: 9–12.

대한 믿음"을 보존하는데, 베데냐핀은 그러한 재능을 압살시켰고 "삶에 대한 믿음"을 보존치 못한다(지바고는 이를 1917년 혁명기에 그를 만났을 때—제 6부—알아차린다).

베데냐핀은 "죽음의 극복", 불멸의 역사에 관한 자신의 사상을, 개인성의 역사라는 관념을 통해 피력한다:

> 무엇이든 신뢰할 만한 가치 있는 것이 이 세상에 있겠소? [···] 삶을 다른 말로 표현한, 좀 더 강한 말인 불멸은 신뢰해야 한다고 나는 생각하오. 불멸에 대한 신뢰를 지켜야 하오. 그리스도를 신뢰해야 한단 말이오! [···] 무신론자일 수 있고 신이 존재하는지, 무엇을 위해 존재하는지 모를 수도 있으나 한편으론 인간은 자연 그대로의 상태에서가 아니라 역사 속에서 살고 있다는 것, 오늘날 이해되고 있는 바에 따르면 역사는 그리스도에 의하여 확립되었다는 것, 복음서가 그 기반이라는 것은 알 수 있다는 걸 당신은 이해하지 못하고 있소. 그러면 역사란 무엇인가? 그것은 죽음의 수수께끼에 대한 일관성 있는 해명과 미래에 그것의 극복에 관한 수 세기에 걸친 작업의 확립이오. [···] 이 방향에서 전진은 어떤 영적 고양 없이는 불가능하오. (3, 13–14)

베데냐핀은 자신이 부여한 복음서의 중요한 역할과 의의를 주장하는바(Bodin 1976: 7), 그리스도는 개인성의 본보기이며 세계에 대한 개인적 관계의 본보기라는 것이다. 개인성의 역사가 그리스도에 의해 시작됐고 그리스도는 개인성 역사의 "확립자", 창안자인 것이다. 즉 그의 강림 후, 각 인간의 개인성은 의미를 획득했고, 따라서 인간은 "후대에" 타인들에 의해 개인성이 기억되어 불멸을 획득한다는 것이다. 또한 불멸의 "개시"와 그 열쇠도 불멸의 구현체인 그리스도의 개인성에서 발견된다. "이웃에 대한 사랑", "자유로운 개인성", "희생으로서의 삶"이 그것으로, 인간은 이러한 그리스도의 개인성을 "영적"으로 깨닫고 실천할 때 타인들의 기억에 남아 불멸하게 되는 것이다(3, 14).

베데냐핀은 불멸의 역사를 강조하기 위해 개인성의 역사를 집단의 역사와 비교한다. 고대에는 "역사", 즉 불멸의 역사가 존재하지 않았는데, 그것은 그때에는 개인성의 역사가 아닌 "지도자와 민중"의 역사만이 존재했기 때문이라는 것이다. 각 인간은 가치를 지니지 못하고 잊혔고 따라서 불멸을 획득치 못했다(3, 14).

그러나 베데냐핀의 역사철학의 중심에 놓인 것은 개인성의 역사가 아니라, 그것이 집단의 역사와 갖는 동등성 측면이다. 그에게 복음서에서 "가장 중요한 것"은 지상 삶 자체가 "의미 있다"는 사상으로, 삶의 모든 현상과 세세한 것들은 독자적인 가치를 가진다는 것이다. 바로 삶을 이루는 "일부"와 "전체"(일례로 '개인성'과 '집단'), 고차원적인 것과 저차원적인 것 등은 동등하게 삶과 역사를 이루며 삶 자체가 역사 중심에 놓이는 것이다: "지금까지 복음서에서 가장 중요한 건 십계명에 포함된 도덕적 격언과 원리라고 생각돼 왔소. 하지만 나에게 가장 중요한 건 그리스도가 일상생활에서 이끌어낸 비유담, 즉 일상의 빛으로 진리를 밝힌다는 점이오. 그 바탕에는 인간들의 영적 교류는 불멸하며, 삶은 의미심장하기에 상징적이란 사상이 깔려 있소."(3, 44–45)

이 같이 소설에 제시된 '역사적' 기독교에서 중심이 되는 이미지와 개념은 커다란 의미에서의 삶으로, 삶이 고차원적인 의식을 위한 "재료"(한 계단)일 뿐인 상징주의와 달리 그것은 그 자체가 깊은 의미를 지니며 "상징"의 의미를 획득한다. 상징주의 위기 후 지상과 세세한 것들에 몰두한 아크메이스트와 파스테르나크가 유사한 것도 바로 이런 연유에서인데("상징주의 시학에서 지상 현실에 관한 모든 말은 더 고차원의 현실을 암시하는 역할, 즉 […] 사실적인 것реальное에서 더 사실적인 것реальнейшее으로 이끄는 역할을 해야 한다. […] 오직 이렇게 도달할 수 없는 다른 세계들을 배경으로 할 때 이 지상계에 몰두하는 아크메이스트의 특별한 의미가 얻어졌다"), 파스테르나크의 일반 철학적 관념에서 삶은 고차원의 힘에 의해 인간에게 제공된 것이다. 여기서 삶의 모든 세세한 것, 그리고 삶 자체에 대한 신성시가 발현되는바 이와 같이 삶의 모든 성분이 가치를 지닌다는 자신의 사상의 근거를 베데냐핀은 일상적이고 지극히 인간적인 모습을 한 그리스도에서 발견한 것이다(3, 46).

위와 같은 역사철학과 작가 자신의 "기독교"에 대한 이해의 심화를 위해 작가의 친구인 N. 빌몬트의 말을 주목할 필요가 있다. 그는 지바고의 시의 종교적 모티프가 체호프의 작품에서 "기원(基源)"했다고 보는바, 1920년대 말에 그에게 파스테르나크는 "신에 대한 이야기", 그리스도에 관한 이야기를 쓰고 싶다는 말을 했다는 것이다. 그는 그런 이야기가 체호프의 작품에 있다고 말하면서 파스테르나크에게 〈대학생〉을 비롯해 〈주교〉, 〈신성한 밤〉을 읽을 것을 추천했다. 그 후 파스테르나크가 아들 레오니트에게 지바고 시에 체호프적 요소가 있다고 말한 사실을 근거로 들며(사실 그 밖에도 파스테르나크는 자신의 모든 신학이 체호프의 작품을 읽고 알게 된 것이라고 말한 것으로 전해진다.[28]), 빌몬트는 파스테르나크가 직접 읽어준 다음과 같은 체호프 작품의 일부를 그러한 요소의 한 예로서 든다: "예배도 곧 끝났다. 주교가 마차에 올라탔을 때… 달빛을 받은 정원 곳곳을 따라 귀하고 육중한 종의 유쾌하고 아름다운 소리가 울려 퍼졌다. 이젠 흰 벽, 무덤 위의 흰 십자가, 흰 자작나무와 검은 그림자, 때마침 수도원 위 먼 하늘에 떠 있는 달 등은, 이해되지는 않으나 인간에게 가까운 자신의 독특한 삶을 사는 것처럼 여겨졌다"(Вильмонт 1987: 127–31 참조).

이러한 체호프 작품 속 자연의 모습과 관련해 빌몬트는 지바고의 시를 비롯한 파스테르나크의 후기 시 속의 자연에 특별히 주목하면서 다음처럼 언급한다: "체호프와 달리 파스테르나크의 후기 시의 자연은 "이해되지는 않으나 인간에게 가까운 자신의 독특한 삶을" 사는 게 아니라, 그 반대로 "부활하려고 애씀으로써" 인간과 동등하게 죽음의 극복에 참여하는 존재다"(시 〈고난 주간에〉 참조). 결국 "그리스도 중심주의христоцентризм", 즉 파스테르나크의 후기 시에서 자연과 더불어 주요 형상으로 등장한 그리스도를 강조하며 빌몬트는 시인의 세계관으로

28_Пастернак Е. 1989а: 588.

서의 "지구중심주의геоцентризм"란 개념을 제시한다:

> 그리스도 중심주의와 지구중심주의(과학시대 이전의 물질적이고 나이브한 지구중심주의가 아니라 우주의 모든 행성과 공간 가운데 지구에 대한 "선호"와, 그리스도의 강림이란 전세계적 신비가 이뤄진 신성한 장소인 지구에 대한 믿음과 관련 있는 "종교적, 도덕적인" 것으로서의), 이는—난 그리스도, 지구중심주의를 염두에 두는 것인데—다른 사람들이 생각하는 것보다 더 긴밀하게 서로 결합돼 있다. 바로 이 순전히 정신적인 신(新) 지구중심주의는(체호프가 알든 모르든 간에) 그(파스테르나크–인용자 주)의 "인간 삶과 지상의 삶 전체"에 진동한다. (Вильмонт 1987: 131–32)

우리는 빌몬트의 표현인 "그리스도 중심주의"를, (베데냐핀의 역사철학에 반영된) 역사적 "기독교" 견지에서 파스테르나크가 지상과 지상 삶에 대해 지닌 믿음, 신뢰란 의미로 빌려 쓸 수 있다. "역사적" 기독교의 세계관에 기초한 베데냐핀의 (그리고 지바고와 파스테르나크의 것이기도 한) 역사철학, 바로 "그리스도 중심주의"는 시마의 말 속에서 반복되고 강조된다.

민중의 교양을 지닌 그녀는 (13부에서) 자신의 논의를 진행하기 위해, 민중에게 알려진 예배 텍스트를 그 예로 든다. "부분"과 "전체"의 동등성에 대해 말하면서 그녀는 "대부분의 송가стихиры"에 "신, 구약 관념"이 "나란히" 배치되고 "대비돼 있는" 점을 그러한 동등성의 근거로 든다:

> 대부분의 송가는 나란히 놓인 신, 구약 관념이 결합된 모습을 하고 있어요. 옛 세계의 상황, 즉 타지 않는 가시나무 떨기와 이스라엘 민족의 출애굽, 타오르는 아궁이 속 소년들과 고래 뱃속 요나가 새로운 세계, 예를 들면 성모마리아의 잉태 및 그리스도의 부활과 대비되고 있지요.

> 아주 먼 옛 세계와 새로운 세계의 이런 거의 항시적인 공존들 속에서 두 세계의 차이점도 특히 분명하게 드러나고 있지요. (3, 405–406)

서로 다른 시대의 두 사건—'마리야의 수태'와 '유대인들의 홍해 통과'—은 종종 "병치"되는 "공존" 구조 때문에 서로 간에 "연관"과 유사함, "평등"이 발생한다. 즉 "인접에 따른 연관" 때문에 "전 민족"이란 거대 규모의 "고대" 사건과 한 "개별" 인간이란 소규모의 "새 시대" 사건은 동일한 기적이자 "동등한 가치를 지닌 것으로" 인정된다:

> 시행 전체에서 동정녀 마리아의 수태가 유대인들이 홍해를 건넌 것과 비교되고 있어요. […] 유대인들이 바다를 건넌 후 바다는 지나갈 수 없게 다시 막혀버렸고, 처녀는 신을 낳은 후 순결한 모습으로 남았던 거예요. 여기에 어떤 것들이 병치되어 있죠? 두 사건은 초자연적인 것으로, 동일하게 기적으로 받아들여지고 있어요. […] 한 경우는 […]. 고대 성신이 깃든 광경이자 […] 대량의 군집이며 민중과 지도자 […] 그러한 것이죠. 다른 경우는 처녀가—고대 세계라면 관심가지지 않았을 한 평범한 존재로서— […] 젖먹이에게 생명을 주고 […] "모든 이의 생명 Живота всех"이자 삶의 기적을 세상을 위해 낳고 있죠. […] 필연성이 아닌 영감에 따라 기적적으로 낳는 것이에요. 이것이 일상성에 예외성을, 평일에 축일을 대립시키는 복음서가 모든 강제에 반(反)해 삶을 구축하려는데 기초가 되는 바로 그 영감이죠. 얼마나 거대한 의미를 지닌 변화인가요! 얼마나 하늘에게 (왜냐하면 이 모든 것은 하늘의 시각에서 평가되어야 하며, 신성한 단일성의 틀 속에서 행해져야 하므로) […] 고대의 관점에서 볼 땐 보잘것없는 개별 인간의 상황이 민족 전체의 이동과 동등한 가치를 지니게 되었나요? (3, 406–407)

여기서 또다시 "부분"("개별 인간의 상황") 과 "전체"("민족 전체의 이동")의 동등성이란 "랴드 시학"이 드러난다. 그리고 삶의 "기적"이란 측면에서, 서로 다른 두 시대, "과거"와 "현재"의 동등성도 드러난다. 마치 (신약 시대에 진정한 역사가 시작되었다는) 베데냐핀의 말과 반대인 듯, 시마는 신, 구약 두 시대의 동등성으로써 시마는 그리스도의 강림 후 "개별 인간의 삶"이 가치를 발하는 (자유롭고 "비강제적인") 개인성 역사를 강조한다. 다른 한편, 개인성 역사의 도래에 관한 베데냐핀의 사상을 발전시키며 그녀는 진행 중인 혁명사를 집단의 역사인 구약 시대의 역사와 직접 비교하고, 그럼으로써 개인성 역사는 철회될 수 없다는 자신의 생각을 보다 적극적으로 드러낸다(3, 407).

개인성 역사의 의의로 결국 시마가 말하고자 하는 것도 베데냐핀이 그랬듯 개인성 역사 자체가 아니라 삶 자체, 자연의 역사다. 그녀에게도 (비록 기도서 텍스트 속의 것이지만) 복음서에서 중요한 건 삶, 바로 "물질적"인 일상적 모습에 투여된 삶 자체의 의미다. 그녀가 복음서, 정확히 말해 고난 주간 기도서에서 주목하는 부분은 그리스도가 평범한 여인, 막달라 마리아와 함께 있다 (따라서 그들 간에 연관과 유사성이 존재케 된다)는 점이다. 즉 그녀는 막달라 마리아가 참회하고 구원될 때 그리스도에게 드러내는 "물질적 모습вещественность"이나 일상 삶의 세세한 모습에 주목하면서 천상의 신과 지상 인간의 "동등성"을 부각시킨다. 그녀에게도 삶은 그 모든 구성 성분이 단일성을 이룬 가운데 "의미 있기" 때문이다:

> 제 마음을 늘 사로잡은 건 왜 그리스도의 죽음과 부활 사이, 부활절 전날에 막달라 마리아에 관한 이야기가 있느냐는 거예요. […] 삶과 작별하는 순간이자 다시 그것으로 되돌아가는 문턱에서, 삶이 무엇인지 환기시키는 건 참 시기적절하다고 생각해요. […] "제가 머리칼을 풀어 헤치듯이 저의 죄를 용서하소서". 용서, 회한의 갈망이 얼마나 물질적으로 잘 표현되었는지! 손으로 만져볼 수 있을 정도예요. […] 얼마나 매일 밤 그녀의 예전의 해묵은 성벽인 정욕을 불태우는지에 대해 아주 닿을 듯 생생하게 한탄하고 있어요. […] "나의 수많은 죄, 당신의 한

> 량없는 운명을 누가 헤아릴 수 있을까요?" 라는 외침이 튀어나왔던 거예요. 신과 삶, 신과 개인성, 신과 여인은 얼마나 가깝고 얼마나 놀라운 평등을 이루고 있나요! (3, 408)

베데냐핀에 이어 역사철학 논의에서 시마는 그리스도 강림 후의 개인성 역사, 그리고 평범하고 일상적인 모습의 그리스도를 통해 다시 모든 랴드들, 곧 '개인성과 집단', '천상과 지상' 등의 평등에 대해 말한다. 이 랴드들은 삶과 역사의 동등한 구성성분으로, 역사를 조종하는 건 삶 자체의 자연력이자 고차원의 의지인 "힘"이다.

역사를 움직이는 삶의 자연력은 순전한 철학적 논의나 역사적 사건에 대한 논리적 음미 속에서가 아닌, 지바고의 직관적 세계 인식과 사유의 충일감 속에서 이야기된다(이러한 직관적 인식에 대한 지바고의 말을 상기하라: "난 병을 진단하는데 거의 실수를 하지 않소. […] 단번에 모든 것을 포괄하는 완전한 인식인 직관이기도 하오." 3, 401-2). 지바고에게 삶 자체, 역사는 철학이나 이론을 넘는, 존재의 근원인 바, 그는 역사를 자연의 삶과의 연관 속에서 인식한다:

> 그는 역사에 대해, 이른바 역사의 흐름이라 불리는 것에 대해 자신이 상투적 방식이 아니라 식물계와의 유추로 생각했던 걸 다시 떠올렸다. 눈 덮인 겨울 […] 나뭇가지들은 […] 가냘프고 초라하다. 그러나 봄엔 불과 며칠 사이에 숲의 모습이 뒤바뀌어 […] 우린 숨거나 길을 잃을 수도 있다. […] 숲은 언제 보더라도 움직이지 않는 것처럼 보인다. 영원히 성장하고 끊임없이 변화하는 역사, 간단없는 변화 속에서 눈에 보이지 않게 움직이는 사회의 삶이 우리 눈에 움직이지 않는 것처럼 보이는 것도 그런 까닭에서다. 톨스토이는 나폴레옹, 황제, 사령관이 역사를 움직이는 게 아니라고 했을 때 자신의 사상을 끝까지 펼쳐 보이지 못했다. 그는 바로 이와 같은 걸 생각했으나 완전히 명료하게 이야기하지 못했던 것이다. 역사는 누구도 만들어낼 수 없다. 풀이 자라

는 것을 볼 수 없듯 역사의 진행도 볼 수 없다. (3, 448)

1920년대에 파스테르나크가 그랬듯 지바고는 역사와 혁명을 하나의 자연적 요소, 삶의 "평범한" 현상으로 간주한다. 따라서 '영원히' 변화하는 숲-식물계에서 체험한 영원성을 역사에서도 감각한다. 톨스토이처럼 그는 인간의 "개인성", 의지와 관계없이 고차원의 의지-자연력에 의해 움직이는 역사관에 동의하는 반면, 톨스토이와 달리 역사를 "자연현상"과 동일시하여 총체적 근원인 삶 자체의 의미와 중요성을 강조한다. 요컨대 파스테르나크는 톨스토이와 다르게 자연-삶의 역사를 강조함으로써 민중의 역사뿐 아니라 개인성 역사의 가치도 부각시킨다.[29]

베데냐핀의 말에서 시사됐듯(3, 14), 삶 자체, 역사의 이러한 고차원적 힘에 순응하며 타인을 위한 "희생의 삶"을 살 때 인간은 "자유로운 개인성"을 지니게 되고 마침내 불멸을 획득한다. 그리스도의 삶과 주인공 시미트 중위(《시미트 중위》)의 삶이 그러했고 세르게이 스펙토르스키(《스펙토르스키》&《이야기》)도 그러한 삶을 향해 갔다. 아울러 역사에 대한 태도에서 파스테르나크 자신도 그런 삶을 살았으며 그리스도 "모방자"로 구현된 지바고도 그러하다[30].

29_파스테르나크는 역사를 "자연현상"으로 이해했으며, 그가 개인성 역사를 강조한다는 건 톨스토이의 역사철학에서의 민중의 역사를 부정하는 것임을 "잘 알고 있었다."(Лихачев 1989: 11–14)

30_그리스도 모방자로서의 주인공은 파스테르나크의 창작에 일찍부터 투영되기 시작해 《닥터 지바고》에서 절정을 이룬다(Бёртнесс 1994: 373; Жолковский 1994: 283). 소비에트기 시인의 비극 문제와 관련해 그리스도 형상은 작가들에 의해 (작가 자신이나) 작품 속 예술가의 모습 속에 투영됐는데, 장편 창작 당시 파스테르나크도 (진리, 신의 의지를 따르고자 십자가 길을 걷는) 그리스도와 자신을 종종 비교했다(3, 668, 679).

4. 《닥터 지바고》에 나타난 삶과 죽음의 구성 체계

세계의 단일성이란 작가의 세계관은 소설 구성의 특수성에도 반영된다. 소설의 구성 및 플롯 체계에는 특히 우연성의 법칙이 지배하는데, 그것은 전반적인 인물의 구성 체계, 특히 지바고와 라라의 주요 스토리 라인을 중심으로 극히 빈번하게 나타난다. 하지만 《닥터 지바고》 속에 빈번히 드러나는 "우연성" 남발은 비평에서 종종 플롯 조직의 "결점"으로서 언급돼 왔다.

이러한 논쟁의 근본 관점 및 상황들은 A. 라브로프의 논문에 기술돼 있다(Лавров 1993: 241). 그는 이 문제에 관심을 기울이면서 소설의 플롯 조직 원칙의 기원을 디킨스의 소설беллетристика에 두고는 "내용과 사상적 관념의 유사성의 측면"을 포함해 플롯과 구성의 측면에서 두 작품을 비교한다. 그는 파스테르나크가 디킨스의 "구성과 스토리 기법들"을 재음미하고 있다고 적절히 지적하면서 전자의 우연성 원칙이 여타 다른 기능을 지니고 있다고 말한다: "운명의 일치와 교차들은 소설에서 외적이고 근본적인 플롯 상의 의미뿐 아니라 일종의 메타 플롯의 의미도 지닌다. 그것들이 구현된 모든 모습에 소설 인물들의 인식은 다다를 수 없다. 다만 저자-창조자와 그를 뒤쫓는 독자만이 그 모습에 다다를 수 있다." 라브로프에 따르면 "디킨스라면 자신의 소설에 "불필요한 것", 곧 플롯 전개나 첨예화, 구축된 충돌의 마무리 등에서 일정한 역할을 하지 않을 "불필요한" 주인공들, 우연의 일치, 특히 강조된 디테일들을 결코 허용하지 않을 것"이라는 것이다. 그와 달리 슈젯 고리를 엮는데 불가피하지 않은 "불필요한" 우연한 만남들이 나타나는 파스테르나크 소설의 몇몇 예들을 지적한다(Лавров 1993: 251-52).

결국 라브로프는 소설에 나타난 운명의 일치와 교차의 "가장 중요한" 기능은 "세계관적 의미"에 있다고 밝힌다. 우연성의 원칙은 "내적 상호 연관 [...] 을 가진 단일한 삶이란 사상이 시각적으로 구현"될 수 있게 하고 "카오스로 보이는 현상의 흐름을 창조적으로 조화롭게 해주는 일을 한다."는 것이다(Лавров 1993: 253).

이렇게 라브로프는 《닥터 지바고》에 나타난 우연성 법칙을 세계관 측면에서 언급했으나 이를 구체적이고 본격적으로 고찰하지는 않았다. 이제껏 파스테르나크 시학의 철학적, 미학적 바탕에서 소설의 우연성 법칙에 대한 연구는 이루어지지 않았다고 할 수 있다. 라브로프와 비슷한 관점을 전개하는 Iu. 쉐글로프의 논문이나(Щеглов 1991: 190–216) 소설의 플롯과 구성의 특수성을 상세히 다룬 학위 논문이 있으나, 파스테르나크의 철학적 미학적 바탕, 시학이 주 분석 대상이 되지 않기 때문이다(Ким 1997 참조). 강조컨대 소설의 구성 및 플롯 체계를 지배하는 우연성 법칙은 삶을 조종하는 고차원의 힘의 실재 때문에 나타나는 현상으로, 세계의 단일성이란 소설의 주요 사상을 드러내는 역할을 한다. 그러면 우연성 법칙의 지배를 받는 삶과 죽음의 구성 체계를 통해 "랴드 시학"이 구현된 모습을 살펴보자.

소설은 어린 시절에서 죽기까지의 지바고의 삶에 관한 이야기로, 소설의 "테마 내지 주요 분위기"는 작가가 프레이덴베르크에게 쓴 편지에서 직접 언급했듯 불멸이다. 그런데 소설은 사실상 주인공의 어머니의 장례식으로 시작해 그의 죽음과 장례식으로 끝난다. 뿐만 아니라 3부에서는 안나 그로메코의 죽음과 장례식도 언급된다.

어린 시절 지바고는 자연과의 합일, 단일성을 느끼지 못한다. 1부, 어머니 장례식 후 창 밖의 눈보라는 두려운 존재, "통과할 수 없고" "도달할 수 없는 것"으로 여겨졌다. 자연은 가로막고 서서 그에게서 어머니를 떼어놓는 것으로 여겨졌던 것이다. 3부의 안나 그로메코 장례식 때 밝혀지듯 "당시 중요한 것은 그의 내부에 있지 않고 [...] 주변", 즉 외부 세계에 있었기 때문이다(3, 88). 그는 자신을 고독한 존재, 자연과 외부 세계에서 분리된 존재로 느꼈다: "숲과 같이 감히 통과할 수 없고 절대적인 외부 세계가 사방에서 유라를 둘러싸고 있었으며 바로 그 때문에 유라는 어머니의 죽음에 그리도 몸서리를 쳤다. 그는 이 숲에서 어머니와 떨어져 길을 잃고 갑자기 어머니 없이 혼자가 되었다 [...]. 이것은 도달할 수 없는 높은 하늘이 유모가 뭔가 신에 관한 이야기를 들려주곤 할 때면 유모의 옷자락 속에 있는 그의 작은 머리까지 아주 낮게 기울어져 손에 닿을 듯이 가까워졌던 것이다 […]. 그러나 중요한 것은 숲처럼 그의 주위를 둘러싼 현실의 어른 세계와 도시였다. 그 당시 유라는 반은 맹목적인 믿음으로써, 산림관을 이 숲의 신인 듯이 믿고 있었다."(3, 88–89).

어머니 장례식 후 10년이 지난 안나 그로메코 장례식 때 우연의 일치가 일어난다. 그녀의 묘지가 지바고 어머니의 묘지와 같은 것이다(3, 91). 이는 지바고에게 죽음을 사색하고 죽음에 대한 그의 어린 시절 태도를 지금의 것과 비교하는 계기를 준다. 이제 지바고에게 죽음은 삶과 나란히 존재하며 자연계와 합일을 이룬다. 즉 죽음 또한 세계의 단일성 하에 있으며 따라서 인간을 타인들에게서 분리시키지 않는다. 왜냐하면 지바고는 한 인간으로서 자연, "하늘과 땅의 고차원의 힘"과 연관되어 있음을 느끼고 이런 세계와의 하나 됨 때문에 자신과 죽음이 연관돼 있고 가까움도 느끼기 때문이다: "그는 자신이 우주와 동일한 높이, 같은 위치에 서있음을 느꼈으며 안나 이바노브나의 추도식을 […] 어머니 때와는 전혀 다르게 맞이했다. […] 하늘과 땅의 고차원의 힘을 계승한다는 그의 감정에는 교회의 경건성 같은 건 전혀 없었다."(3, 89)

지바고와 저자 파스테르나크 자신의 죽음의 극복 사상은 베데냐핀의 사상과 상통하는바, 그것은 지바고가 안나에게 들려주는 불멸과 "기억"에 대한 이야기에서 구체적으로 드러난다. 지바고는 부활에 대한 자신의 생각이 종교철학자 니콜라이 표도로프(1828–1903)가 말하는 죽은 이들의 육체적, 물리적 부활과는 다르다는 점을 강조한다: "약자를 위로하기 위해 말해지는 그런 아주 조잡한 형태의 부활은 전 모릅니다. […] 수 세기 동안 선별되어 한 무리가 된 이들을 당신이라면 어디에 수용시키겠습니까? […] 그러나 늘 동일한 하나의 생명이 우주를 채우면서 수많은 결합과 변형 가운데 시시각각 새로워지고 있습니다. […] 당신은 태어날 때 이미 부활했습니다. 당신은 이점을 알아채지 못

했을 뿐입니다."(3, 69)

지바고에 따르면 "존재한다는 것"은 의식이 실재함을 뜻하며 이 의식은 타인들을 통해, 타인들과의 관계를 통해 증명되고 확인된다. 따라서 사후에도 인간은 자신에 대한 타인들의 "기억"과 의식을 통해 계속해서 존재한다는 것이다:

> 당신은 자신을 무엇을 통해 기억하고 계십니까 […] 늘 겉으로 드러나는 활동가운데 당신의 양손, 가족, 타인들과의 일에 관계된 자신을 발견하셨던 겁니다. […] 타인들 속에 있는 인간, 그것이 또한 인간의 영혼인 것입니다. 바로 이것이 당신이란 존재이고 당신의 의식이 한평생 호흡하고 양육되고 향유했던 것 그것입니다. 당신의 영혼, 당신의 불멸, 당신의 삶은 타인들 속에 있습니다. […] 당신은 […] 앞으로도 타인들 속에 남게 될 것입니다. 이후 이것이 기억이라고 불린다 해도 당신에게 무슨 상관입니까. […] 죽음은 없습니다. (3, 69–70)

이러한 "기억"의 모티프, "기억"을 통한 불멸이란 사상에 소설의 구성 원칙이 적용되고 있다. 소설이 독특한 구성을 갖게 된 것은 타인의 "기억"을 통한 불멸이란 사상을 강조하고 주장하려는 데서 비롯된 것이다. 소설은 주인공 어머니의 장례식에서의 "영원한 기억"이란 장송곡으로 시작해(1부), 주인공의 장례식에 대한 그의 친구들의 이야기(15부) 뿐 아니라 그의 딸 타냐와 그의 시집에 대한 이야기(16부)로 끝난다("타냐에겐 유라처럼 만면에 미소를 짓는 모습이 있어. […] 들창코와 드러난 광대뼈만 뺀다면 그녀의 얼굴은 매력적이고 사랑스러울 걸세." 3, 501; "그들은 […] 유리의 글 모음집을 다시 넘기고 있었다. 이들은 책에 대해 의견을 주고받으면서 사색에 잠겼다. […] 그들 양손에 쥐어진 책 역시 이 모든 것을 알기라도 한 듯 그들의 감정을 지지해주고 확증해주었다." 3, 510). 그리고 마지막 17부 전체는 지바고의 시에 바쳐진다. 그럼으로써 그에 대한 독자의 "기억"이 부활하게 된다. 즉 그는 타인들의 "기억"을 통해 불멸을 획득하는바, 죽음은 삶의 한 "변형"으로서 삶과 단절되지 않으며 삶과 결합되는 것이다.

이와 같은 죽음의 극복, 불멸 사상은 구체적으로 삶과 죽음의 우연한 공존을 통해서도 구현된다. 15부에서 전차 안의 지바고는 인도에 있는 가정교사 플레리와 우연히 나란히 있게 된다. 이는 지바고의 사후에는 그의 죽음과 그녀의 삶의 공존을 의미하게 된다:

> 그녀가 가고 있는 길은 전차의 노선과 평행하게 놓여 있었다. [···] 전차는 그 자리에서 움직이기 시작했고 그녀를 앞질렀다. [···] 고장으로 전차는 멈췄고 부인은 전차를 앞질렀다. [···] 그는 어느 하나가 다른 하나의 주변에서 다른 속도로 움직이면서 옆에서 나란히 발전하고 있는 그런 삶에 대해, 누군가의 운명은 살면서 타인의 운명을 앞지르고 어느 한 사람은 다른 사람보다 더 오래 산다는 점에 대해 생각해보았다. 삶의 경마장에 적용되는 상대성 원리 같은 게 그의 머릿속에 떠올랐다. [···] 그녀는 열 차례나 전차를 앞지르고 [···] 지바고를 앞질렀으며 더 오래 살았다. (3, 483-485)

불멸 사상은 영원한 삶의 상징인 식물과 지바고의 죽음이 공존함을 통해서도 드러난다. 15부에서 지바고의 관과 꽃의 공존이 언급된다:

> 꽃들은 [···] 향기의 힘을 모든 사람에게 불어넣으면서 뭔가를 수행하는 듯했다. 식물계를 죽음의 왕국의 가장 가까운 이웃이라고 상상하는 일은 무척 쉽다. 여기 땅의 푸른 풀 속에, 공동묘지의 나무들 사이에, 둔덕에서 튀어나온 꽃의 싹들 가운데 우리가 풀고자 하는 삶의 변형의 신비와 수수께끼가 집중돼 있는지도 모른다. 막달라 마리아는 무덤에서 나온 예수를 처음엔 못 알아보고서 묘지를 걸어가는 동산지기인 줄 알았다. (3, 485-486)

식물을 지바고 죽음의 가장 가까운 이웃이라고 말하면서 저자는 지바고의 죽음이 "삶의 변형", 삶의 다른 형태일 뿐, 삶에서의 분리가 아님을 암시하고 있다. 그럼으로써 그의 죽음 다음에 부활이 따를 것임을 암시하는 것이다. 저자는 그리스도 경우와의 병치를 통해 이 점을 확증한다. 즉 그리스도가 '동산'의 식물들과 나란히 있다가 부활했듯이 지바고 역시 식물과 함께 있은 후에 부활한다는 것이다.

실제로 지바고는 티푸스에 걸려(제6부) 혼수상태에 빠졌을 때 그러한 부활을 체험한다. 삶과 죽음의 갈림길에서 그는 삶과 죽음의 공존에 관한 서사시를 쓰는 "꿈을 꾼다": "그는 부활에 관한 것도 매장(埋葬)에 관한 것도 아닌 그 둘 사이에서 흘러간 날들에 관한 서사시를 쓰고 있었다. 그는 《혼란Смятение》이란 서사시를 [⋯]. 그는, 이 삼 일간에 검은 벌레 같은 검은 땅의 폭풍우가 불멸의 사랑의 화신에게 돌덩이와 흙덩이들을 던지면서 그 주변을 둘러싸고 달려드는 모습을 늘 한번 쓰고 싶었다"(3, 206). 지바고는 서사시에서 죽음은 삶과 접해있는 삶의 한 변형이며 따라서 죽음 후에 부활이 일어난다는 자신의 사상을 시적으로 구현한다. 그리고 그러한 사상 덕분에 스스로 "부활하려고 애씀으로써" 혼수상태에서 "깨어나" 회복되기 시작한다:

> 압운이 맞는 다음과 같은 두 시행이 자꾸 그의 뒤를 따라 다녔다:
>
> 닿아서 기쁘다Рады коснуться
>
> 와
>
> 깨어나야 한다Надо проснуться.
>
> 닿아서 기쁜 건 지옥, 붕괴, 와해, 죽음이었으나 그것들과 함께 닿아있어 기쁜 건 봄, 막달라 마리아, 삶이기도 했다. 그리고 깨어나야 한다. 깨어나 일어나야 한다. 부활해야 한다. (3, 206)

이렇듯 지바고와 파스테르나크 자신의 죽음에 바쳐진 예술은 삶에 대해 말하며, 또한 삶에 바쳐진 양자의 예술은 자연스럽게도 죽음에 대해 이야기한다. 죽음에 관한 예술 속에는 죽음의 이웃인 부활이 표현되는 것이다. 따라서 안나 그로메코의 장례식 때 지바고는 삶과 죽음의 단일성에 대한 자신의 사상의 근거 및 확증 역시, 최후의 심판과 죽음이 이야기되는 동시에 부활, 영생이 이야기되고 있는 "요한계시록"에서 발견하게 된다: "예술이란 늘 부단히 두 개의 대상에 종사하고 있음이 어느 때보다도 지금 그에게 아주 분명해졌다. 예술은 끊임없이 죽음에 대해 사유하고 그럼으로써 끊임없이 삶을 창조한다. 위대하고 진정한 예술이란 요한계시록이라 불리는 것이며 그것을 완성해 가고 그것에 보태 쓰는 것이다."(3, 91–2). 결국 《닥터 지바고》 역시 삶과 죽음의 공존 구성을 지닌 채 부단히 이 두 랴드의 연관과 단일성이란 사상을 전하는 또 하나의 위대하고 진정한 예술품인 것이다.

5. 만물의 동등성과 세계의 단일성

하나의 예술 체계인 《닥터 지바고》에 작가의 창작적 세계관의 원칙, 이른바 그 핵심인 "랴드 시학"이 구현된 모습은 소설의 일반 철학 사상, 구성 및 플롯 체계, 문체의 특수성의 층위에서 살펴볼 수 있다. 본 장에서는 소설의 중심 사상 중 하나인 역사철학과, 구성 및 플롯 체계의 한 양상인 삶과 죽음의 구성 체계에 한해 살펴보았다. 역사철학 측면에서 랴드 시학은, 성서(복음서), 정확히 말해 그리스도 형상을 그 근거로 한 '집단과 개인성'의 동등성, 인간과 신의 동등성 및 단일성으로 구현되었다. 여기에는 그리스도가 강림한 지상 및 지상 삶의 중요성에 대한 믿음이 반영되어 있는바 본 장에서는 파스테르나크의 역사철학을 규정하는 그러한 믿음을 (빌몬트의 표현을 빌려) "그리스도 중심주의"라고 명명하였다.

세계의 단일성이란 작가의 세계관을 반영하는 "랴드 시학"은 우연성 법칙이 지배적인 소설 구성의 특수성에도 반영됐다. 소설은 표면상으론 죽음으로 시작해 죽음으로 끝나는 구성을 취하고 있지만, 좀 더 면밀히 살펴보면 각 죽음과 나란히 삶이 인접하는 구조(지바고 어머니의 죽음과 그녀에 대한 "영원한 기억"; 지바고의 죽음과 플레리의 삶, 꽃 등의 이웃함; 딸 타냐와 지바고 시의 독자를 통해 그가 기억됨), 이른바 삶과 죽음이 공존하는 구성 체계를 이룬다. 이러한 삶과 죽음의 공존 구성은 삶과 죽음의 단일성, 바로 죽음의 극복, 불멸이란 테마의 구현을 위해 구축되었다.

이렇게 두 랴드, 삶과 죽음이 연관되고 단일성을 이룸은 역사와 삶의 움직임을 조종하는 고차원의 힘이 실재함을 보여준다. 바로 여기에 소설에 절대적 진리-고차원의 힘의 지배를 증거하는 우연성의 법칙이 만연한 이유가 있다. 그러한 "힘"의 지배하에 여타 랴드, 개인과 집단, 일상과 존재, 신과 인간도 소설에서 동등한 부분으로 존재하면서 단일한 하나의 전체, 삶과 역사를 형성한다.

제12장 톨스토이 및 솔로비요프와의 문학적 논쟁

《닥터 지바고》 속의 사랑의 관념

1. 파스테르나크의 사랑의 테마

일반적으로 19세기 작가들—푸시킨, 고골, 도스토옙스키, 톨스토이 및 체호프—과 20세기 전후 시인들—솔로비요프, 상징주의 및 후기 상징주의 시인들—에 비해 파스테르나크의 여성 형상 및 사랑의 테마는 본격적으로 연구되지 않은 게 사실이다. 사랑의 테마는 그의 창작에서 빠지지 않고 등장하는 필수적 테마 중 하나라고 할 수 있다. 하지만 그것은 개별 작품의 분석에서 여타 테마와 함께 부분적으로 다뤄져왔을 뿐, 전 작품들을 관통하는 시학과 세계관 차원에서 본격적이고 체계적으로 논의되지는 않았다[31]. 단지 파스테르나크에 있어 사랑, 에로스는 예술 창작의 원동력이란 점과 관련해 《닥터 지바고》의 사랑을, 플라톤 및 프로이트의 '결핍'으로서의 에로스 측면에서 다룬 최근 국내의 연구가 있을 뿐이다(오종우 2008: 141-61). 파스테르나크가 기존 작가들의 사랑관 극복으로서의 자신의 사랑 관념을 형성하며 어떠한 논의를 했는

31_《삶은 나의 누이》 분석이 대부분이다: O'connor 1989: 212–23; Nilsson 1995: 199–212; Ciepiela 1999: 104–22; Olson 1999: 88–103; Platt 1999: 123–49; Иванов 1992: 43–54; Парамонов 1991: 18–25; Fleishman 1990: 155–66. 김규진 1989: 23–33.

지, 그리고 각 창작에서 그러한 관념을 어떻게 구현하였는지는 고찰되지 않았던 것이다.

본 장은 파스테르나크가 톨스토이 및 솔로비요프와의 문학적 논쟁을 통해 어떻게 기존의 '사랑의 관념들을 허물'고 자신의 새로운 사랑의 관념을 제시하는가를 고찰하려 한다. 본 장에서 사랑의 관념은 고대 그리스 철학에서부터 19세기-20세기 초 러시아 종교철학 등이 그러했듯 인류 유아기인 태초의 그 발생론 차원에서 철학적으로 접근될 것이다. 이는 "본래 사랑이란 특정한 사람과의 관계가 아니"라, "세계 전체와의 관계를 결정하는 '태도', 곧 '성격의 방향'이다"란 실존적 차원을 포함한다(프롬 2006: 69). 무엇보다도 파스테르나크 시학의 바탕을 이루는 건 세계 단일성의 사상, 우주를 지배하는 존재론적 근원(신의 의지) 및 "생동하는 우주에 대한" "믿음"과 "감각" 등이라는 점을 염두에 둘 때(임혜영 2001b: 526-29; Альфонсов 1990: 18) 이러한 접근은 적절해진다. 따라서 사랑의 테마는 작품 속 연인들의 관계나 스토리라인의 규명에 그치지 않고 창작 세계 및 세계관 전체를 논의하는 데까지 나갈 것이다. 다시 말해 사랑에 대한 주인공 및 저자의 태도에 나타난 세계와의 관계를 통해 작품 자체는 물론이거니와 파스테르나크의 예술 철학으로서의 "창작적 세계관"을 깊이 있게 이해하게 될 것이다.

파스테르나크의 사랑 관념을 시학과 세계관 차원에서 고찰하려는 이 같은 취지에서 분석 대상은 그의 예술관 기록인 《안전 통행증》(1930)(이하 '통행증'으로 약칭)을 바탕으로 하여, 스토리라인이 있는 《류베르스의 어린 시절》(1918), 《스펙토르스키》(1924-30), 《닥터 지바고》(1945-55) 등이 될 것이다. 이 같은 작품 설정은 이들 작품의 (서정적) 주인공들이 연관성을 가지며 진화했기 때문이다(이는 《닥터 지바고》와 1910-30년대 그 습작들과의 관계에서 확인된다:〈세 이름〉(그 일부가 《류베르스의 어린 시절》임), 《이야기》(〈이야기의 세 장〉,〈사랑 없이〉의 발전이자 《스펙토르스키》의 보완임), '세대 운명에 관한 소설', 〈파트릭의 수기〉(다른 명칭은 〈1936년 산문의 시작〉, 〈파트릭에 관한 소설의 시작〉, 〈소년들이 성장했을 때〉, 〈지불트의 수기〉등임, 〈렐리크비미니의 죽음〉과도 관련됨). 그리고 근본적으로는 시냡스키 및 슬로님이 지적하고[32] 기정사실이 됐듯이 파스테르나크 창작 세계의 단일성 때문이다.

2. 파스테르나크의 사랑의 관념

(1) '근원적 정열' vs 톨스토이의 도덕성

파스테르나크의 새로운 사랑의 관념은 우선 사랑 vs 도덕으로 대립되는 톨스토이의 사랑관(오원 2008: 7-28; 정해영 1998)과 논쟁하는 것으로 드러난다. 그는 일찍이 《통행증》에서 톨스토이의 '성(性)에 관한 문학' 〈크로이처 소나타〉를 비판한다. 성을 추잡하고 죄악시하는 톨스토이에 대해서는 물론, 그에 맞서 성을 무조건 찬미하며 성의 자유로운 향유를 주장하는 베네킨드류의 성 예찬론자에 대해서도 반대 입장을 취한다. 한마디로 성에 대한 그의 입장은 인간의 본능적이고 근원적 힘, "본성природа"의 작용에 의해 자연적으로 통제되는 것으로 보는 것이다:

> 세상엔 여성을 소위 고차원적으로 대하는 태도가 있다 […]. 청소년기에 죽고 싶게 만드는 무한한 현상들의 영역이 있다. 잘못된 유치한 상상력들, 어린아이식 혐오감들, 청년의 갈망, 톨스토이류의 '크로이처 소나타들'과 그에 반대해 써진 '소나타들' 등. […] 그런 영역은 […] 결코 벗어날 수는 없다. […] 온전한 도덕적 자유에의 유일한 관문이 될 이런 소나타들을 쓰는 건 톨스토이 같은 사람들, 전통 도덕을 반대하는 베네킨드 같은 사람들이 아니라 바로 그들의 손을 빈 본성이니 말이다. 그들이 서로 모순되는 곳에서만 본성의 의도가 온전히 나타난다. 본성은 대상들을 대립시키는바, 사랑이라는 방벽плотина을 통해 덧

32_Синявский 1965: 12, 14, 60-1; 슬로님 1989: 228.

> 없는 것과 실제 사이를 가로 막고서 그 방벽이 견고한지 염려한다. 그것은 세계의 전일성целость을 염려하듯 과장된다. […] 본성이 비약한다면 그건 정말 잘못이다! […] 본성이 우리의 감정을 당혹게 한 건 […] 절대적 힘을 소유한다는 생각에서였던 것이다. […] 즉 우리의 […] 보잘것없는 저속성의 감각을 일깨워서였다. […] 성에 관한 문학이라면 […] 참을 수 없는 저속성을 풍기는데 […]. 바로 이 혐오스러운 것에서야말로 그런 문학들은 본성에 쓸모 있다. 저속성에 대한 혐오감에 사로잡힐 때야 비로소 우린 내부의 본성과 접촉하기 때문이며 […]. 예술만이 […] 감정을 당혹케 하는 수단들의 보충인 본능инстинкт의 지배를 안 받는다.[33]

인간 본래의 근원적 본성은 "본능" 및 감정을 컨트롤하는 규제이자 "방벽"이 된다는 것이다. 이러한 근원적 본성은 그리스 철학의 모든 "쾌락과 욕망"을 "지배"하는 "보편적 에로스" 개념과 상응하는 것으로, 바로 인류 "고유한 상태"인 원초적 본성으로 인간을 이끄는 가장 " 큰 힘"이자 행복에의 "안내자"(플라톤 2005: 79, 90-1, 99-100)이기도 하지만 솔로비요프에 의해서도 소개된다: 본성은 많은 일정 유형들과 개별 성격들의 실현이란 일반 목표를 위해 "인류의 삶을 지배하는" 하나의 "방지 및 교정 체계", 세계적 의지, 삶에서의 의지, 초의식적 세계 정신임; 인간 본성의 승화와 완성이란 인류의 세계적 역사적 과정의 큰 흐름차원에서 "인류의 삶을 지배하는" 체계일 때 본성은 (고차원의) 힘이 되며, 숙명적 열정, "성적 본능의 개별화와 고양"을 불러일으킴(Соловьёв 1991: 127-8, 132, 140). 이렇게 철학적 차원에서 파스테르나크는, 본성은 우리의 감정, 성 등이 인간의 합리적 세속적 도덕이나 규범에도, 무절제한 극단적 욕구에도 내맡겨지지 않게 한다는 점을 강조한다. 본성의 지배를 받는 것으로서의 감정은 오히려 이러한 것들 모두

33_Пастернак Б. Л. *Собр. соч.: В 5 т.* Т.4, М., 1990. 178-80. 이하 이 판본에서의 인용은 권수와 면수를 괄호 안에 표기한다.

를 포괄, 흡수하게 되는 바, 이는 감정을 우선시하는 낭만주의적 태도와도 상응한다.

파스테르나크는 본성의 인간 사회적 차원을 넘어 세계의 본질 및 진리—"전일성"—를 유지하는 '힘'으로서의 본성 측면도 제시하고 있다. 그것은 본성이 너무 "비약"되게 작용하지 않고 신의 초월적인 영역과 상응할 때, 세계 통제까지 가능한 "절대적 힘", '고차원적인 진리'에 다름 아닌 본성의 측면이다. 그에 의하면 인간의 진실이 아닌 서정적 진실–미학을 추구하는 문학("예술")도 이러한 힘의 작용에 따르는데, 도덕은 그 같은 힘을 따르는 예술의 미학("기호")에 종속된다(4, 180).

이와 같이 육체적 사랑, 성에 대한 톨스토이의 도덕적 금욕주의적 입장과 논쟁하는, 사랑의 근원적 힘, 본성에 대한 파스테르나크의 생각은 이후 장편소설 《닥터 지바고》에서 고스란히 반복된다:

> 니콜라이 니콜라이비치는 무엇이 자신을 상징주의자들 중 몇몇 작가들과 가깝게 하는지 설명하기 시작했다 […]. "톨스토이는 인간이 미에 많이 몰두하면 할수록 더 선에서 멀어진다고 말하고 있소.— 그럼 당신은 반대라 생각하시오? 로자노프와 도스토옙스키처럼 세계를 구원하는 것은 미, 신비, 그런 것들이라는 것이오?— […] 인간 내면에 잠재워진 동물적 속성이 […] 협박으로 멈춰질 수 있다면 인류의 고상한 트레이드마크는 채찍 든 서커스 조련사지 자신을 희생하는 설교자가 아니라 생각하오. […] 수백 년간 인간을 동물보다 우월한 존재로서 높이 고양한 것은 몽둥이가 아니라 거부할 수 없는 있는 그대로의 진실, 마음을 끄는 전형인 음악이었소. 이제까지 복음서에서 가장 중요한 건 계명들에 포함된 도덕적 격언과 규범들이라고 간주해왔소 […]."
> (3, 44–5)

베데냐핀의 톨스토이주의자 비볼로치노프와의 논쟁은 〈크로이처 소나타〉에서 강렬하게 제시된, 외적인 "미"와 육체적 사랑 등의 죄악시에 대한 비판이자, "인간 내면"의 "동물적 속성", 즉 근원적 본능 및 감정을 외부에서 억압함에 대한 반발이다: "가장 악하며 가장 끈질긴 게 성욕이고 육체적 사랑입니다. […] 성욕이 없어진다면 […] 인류는 하나가 될 것이고 인류의 목표도 이루어질 것입니다 […]. 인류가 추구해야 할 이상은 바로 절제와 순결을 통해 달성되는 선입니다."; "누구든지 여자를 보고 음란한 생각을 품는 사람은 벌써 마음으로 그 여자를 범한 것이다."(톨스토이 1995: 63, 11('제사')). 베데냐핀의 입을 빌어 감정은 인간의 합리성에 의해 규정된 "도덕적 규범"(톨스토이가 십계명에서 진리 그 자체로 받아들인[34])의 지배가 아니라, 인간 내부의 원초적인 본능("있는 그대로의 진실") 및 모든 경계를 초월하는 자연력으로서의 조화의 힘인 "음악" 등의 지배를 받아야 한다고 역설된다. 음악적 자연력의 작용 시 사랑에 있어 영적 요소와 함께 육체적 요소는 부각되는 바, 톨스토이와 대조적으로 육체적 요소, 성(다음 단계인 "임신")은 찬미되고 나아가 ("가장 순수한" 것으로서) 종교적 경지로까지 승화된다("임신에 이르는 움직임은 만유가 알고 있는 가장 순수한 것이다." 4, 179). 음악의 힘으로 성은 정신과 조화롭게 결합하는 것이다.

육체적 요소의 의의를 인정하고 부각하는 이 같은 사랑은 현세의 긍정이자 현실 속에서 절대적인 사랑의 이상을 찾는 것이다. 이는 '신비주의적 결합'이기도 하다. 따라서 위 논쟁은 톨스토이 사랑관의 극복인 동시에 상징주의적 신비주의 사랑관을 제시하기에 이른다.

다른 한편으로 솔로비요프의 철학적인 사랑 개념(〈사랑의 의미〉)에 대한 다음 비판에서 암시되듯, 베데냐핀의 신비주의적 사랑관은 상징주의적 사랑관과도 논쟁함을 알 수 있다. 사실 상징주의 시인들에 대한 베데냐핀의 친밀감은, 그 시인들에게 영향을 준 솔로비요프의 ('이중적 사랑'에 관한) 시들(박종소 1999: 91)이 아니라, 도스토예프스키와 연관을 갖는 "인류의 구원의 수단"으로서의 그의 사랑의 이상과 관련된다

34_톨스토이에게 십계명은 아주 자명한 진리로, 특히 하지 말아야 할 것을 제시하는 계명들은 더 분명한 진리로 느껴졌다(정해영 1998: 62).

고 할 수 있다.

주지하다시피 솔로비요프 식의 사랑관은 합일의 이상—“진테제”—에도 불구하고 지상 현실에 대한 환멸의 과정을 거친다(박종소 1999: 99–100)[35]. 솔로비요프는 “성적 사랑”을 두 존재의 결합 가능성을 위한 “기초”로서 그 가치를 인정하고(Соловьёв 1991: 141) 사랑의 이상적 실현으로서 육체적 정신적 사랑의 결합의 필요성을 강조하는바(박종소 1999: 87), 이는 톨스토이 개념으로부터의 발전이다. 허나 육체적 결합, “물리적” 현실 차원을 사랑의 “이념идея”실현을 위한 전제 조건만으로 보는 한계를 지닌다: “삶의 일상적이고 특히 생리적인 외적 결합은 […] 불가피한 사랑의 조건 및 독자적 목적으로서 사랑에 필요한 게 아니라 사랑의 결정적 실현으로서만 필요하다. […] 모든 외적 행위나 사실은 그 자체로는 아무 것도 아니다. 사랑은 자신의 의미로 인해서, 혹은 인간 개인성의 단일성이나 전일성의 재생인 […] 이념으로 인해서만 의미 있다”(Соловьёв 1991: 151).

이러한 사랑관과 달리 베데냐핀의 사랑관은 “일상” “삶”에 대한 믿음 및 의미 부여 위에 굳건히 세워진다: “내게 가장 중요한 것은 그리스도가 일상적인 것의 측면에서 진리를 설명하며 일상의 비유로 말한다는 점이오. 그 바탕에는 필사자들의 교제는 불멸하며 삶은 의미심장하기에 상징적이라는 사상이 있소”(3, 45). 베데냐핀의 사랑관은 상세히 기술되지는 않는다. 그는 작품의 전체 사상 및 주인공 지바고의 사상적 측면을 철학적 입장에서 기술하는 역할을 할 뿐이다(Борисов 1989: 715; 임혜영 2001b: 532–33)(이는 지바고의 말에도 암시된다: “전 온통 철학만 다룬 저작들을 좋아하지 않아요. 철학은 예술과 삶에 미비한 양의 양념이 돼야한다고 생각해요. 철학 하나에만 종사하는 건 […] 이상한 일이죠” 3, 401–2). 파스테르나크의 사랑관은 주인공 삶의 추적을 통해 구현되는 것이다: “유라 […] 고르돈 […] 토냐 그로메코 […] “사랑의 의미”와 “크로이처 소나타”를 탐독했고 순결무구성의 설교에 열광했다. […] 도가

35_솔로비요프의 사랑관에 대해서는 박종소의 두 논문(1999, 1996) 참조.

지나쳐 발광에 이르렀다. [⋯] 흥분케 하는 감각적 영역을 왠지 "저속성"이라 부르고 이 표현을 어울리지 않게 사용하기도 하는 것이다. [⋯] "저속성"은 그들에게 본능의 목소리, 포르노 문학이기도, 여성의 착취, 거의 모든 육체의 세계이기도 한 것이다. [⋯] 수치심도 필요하지만 한계가 있어야지⋯"(3, 42–3).

사랑에 있어서 "감각적 영역", '성'의 죄악시는 톨스토이즘에 빠져 있는 청소년기 지바고의 도덕 상태다("그건 톨스토이주의입니다 [⋯] 제 청소년기도 그런 것으로 채워졌죠." 3, 344). 아울러 그는, 사랑에 있어 정신적 측면의 "우위"를 주장하는 다음과 같은 솔로비요프의 사랑관을 숭배하는 것으로도 드러나는데, 이 역시 현실을 긍정하지 않는 "한계"를 지닌 것이다: "의식적인 인간적 정신 행위 없이는 신의 불꽃은 꺼지고 기만적 본성이 새 희망을 위한 새로운 인간의 아들들 세대를 창조한다"; "인류 고유의 삶에 고차원의 단계로서의 사랑의 실현은 그것(이성적 의식—인용자 주)속에서뿐 아니라 그것을 통해 발생해야 한다"(Соловьёв 1991: 146, 152).

요컨대 파스테르나크의 사랑관은 톨스토이의 금욕주의적 사랑관과 솔로비요프의 이원론적 사랑관에 대한 극복임을 추론할 수 있다. 주인공의 성장 과정 속에서 제시되듯 그것은 기존 사랑관의 전통들—톨스토이즘, 상징주의적 신비주의 등—을 거쳐 형성된 하나의 혁신이다. 이는 《닥터 지바고》가 작가 자신의 "기독교"이자 복음서에 대한 그의 관점의 반영이며, 도스토옙스키를 "이상"으로, 즉 "솔로비요프를 매개로" 현대적 현상들에 존재하는, 세계를 구원하는 "조화롭고 "온전한" 원래의 상태로 회귀"인 "미"를(박종소 1996: 27–30) 이상으로 하고 "넓이"에 있어서는 "톨스토이의 것과" 다르다는 점에서도 확인된다(5, 453–4; 임혜영 2001b: 530–1).

이 같은 점을 염두에 두고 톨스토이의 사랑관의 극복부터 살펴보자. 톨스토이의 사랑관의 극복으로서 파스테르나크의 사랑 테마에서 새롭게 구현되는 것은 당연 성애적 측면이다. 파스테르나크는 성애 측면을 원초적 본성의 힘이 작용한 결과로 구현하고자 한다. 그에 있어 성애는 세속적 인습적 사랑의 유희 및 단순한 감정의 문제를 넘는다. 그는 그러한 구현의 모범으로 로미오와 줄리엣, 트리스탄과 이졸데의 이야기를 기저 텍스트로 취한다:

> 예술은 힘의 빛이 삶을 통과할 때의 삶의 모습에 관심 가짐을 보여줄 것이다. […] 난 자의식의 테두리에서 힘이 감각чувство이라 불린다는 것을 설명할 것이다. 만일 트리스탄, 로미오와 줄리엣, 기타 기념비적 작품들에서 강한 열정이 묘사되는 것으로 본다면 우린 그 내용의 가치를 온전히 음미하지 못한 것이다. 그들의 테마는 그보다 더 넓다. 바로 힘에 관한 것이다. 예술도 이것에서 탄생한다. 예술은 […] 감각에 의해 전이되는 현실을 자신의 대상으로 한다. (4, 187)

파스테르나크는 사랑에 관한 걸작들과의 유추를 통해 자신의 예술 및 사랑관의 본질—"힘"의 문제—을 뚜렷이 인식시키고 자신의 혁신성을 제기한다. 이후 《닥터 지바고》에서는 위 기념비들의 절대적 숙명의 힘의 지배를 받는 사랑(일례로 트리스탄과 이졸데의 경우)의 가장 근원적 모델로서 아담과 이브의 경우를 취한다. 이는 신화의 세계로 돌아가 사랑의 근원적 본질을 새로이 인식시키기 위한 것이라 할 수 있다: "당신과 나는 태초에 몸을 가릴 것이 없었던 최초의 두 인간 아담과 이브처럼 세계의 종말인 지금 옷을 걸치지 않고 집 없이 있는 거예요. […] 수천 년 세월 동안 세상에서 많이 행해진 그 모든 셀 수 없는 위대한 것에 대한 최후 회상이에요. 그리고 이 사라진 기적들을 기념하여 우리는 호흡하며 사랑하기도 울기도 하며 서로 붙잡고 달라붙고도 있는 거예요."(3, 397); "두 사람의 팔은 서로의 몸을 경직될 정도로 꼭 껴안았다. 새벽이 오기까지 끈으로 꿰매진 것처럼 그들은 포옹한 상태에서 떨어질 줄 몰랐다."(베디에 2001: 157).

자신들이 서로 만나기도 전에 이미 코마롭스키가 매개가 돼 인연지

워졌음을 알게 된 라라는 지바고와의 사랑을, 인간의 의지 작용이 부재했던 태초의 "무의식 세계", 육체 vs 영혼의 분리 이전의 것으로 규정한다. 그것은 지혜의 과실을 먹은 후 세계가 선 vs 악으로 이원화되기 전, (몸을 가릴 필요도) 도덕적 규범도 사랑도 "배울" 필요가 없이 신에 의해 결합돼 있는 상태이다. 이는 (지바고가 환기시키듯이) "인연의 책 같은 줄에 있는" 로미오와 줄리엣의 경우와도 상통한다(3, 395).

그러나 라라와 지바고의 사랑과 상당한 공통점을 지녀 더욱 의미심장한 역할을 하는 것은 켈트족의 전설을 모티프로 한 트리스탄과 이졸데의 예라 할 수 있다. 불륜의 모티브와, 세속과 떨어진 두 연인만의 공간("바리키노" vs "오두막")의 알레고리가 그러하다.

파스테르나크의 경우 '우연성'이 운명성을 부여하듯 트리스탄과 이졸데의 경우 "원초적(마적) 힘"의 상징으로 '사랑의 묘약'이 등장한다. 양 경우 불륜에도 불구하고 "성애의 경험"은 "극도로 정신화"돼 종교적 "신비적 결합"에 이른다고 할 수 있는데(김광요 1997: 294), 이때 주인공의 "고귀한 심성의 소유"는 커다란 역할을 한다. 도덕률이나 종교도 사랑 못지않게 부각돼 존중되는 후자 텍스트는 이를 이해하는 데 특히 도움을 준다. 도덕률을 철저히 지키는 트리스탄의 형상은 강조되고 미덕들은 양극적으로 대립화되는 구도를 취하지 않기 때문이다. 그는 묘약을 마시자 의지를 버리고 사랑을 위해 죽음도 각오하지만 그 직전까지는 왕에 대한 '의리'를 지키기 위해 "계속되는 사랑을 억제"한다. 주인공의 평소의 '도덕적인 성실 및 철저'는, 사랑의 운명에 거부할 수 없이 빠져드는 상황이 초자연적 힘의 작용에 의한 것이며 "신으로부터 부여받은 힘"에 따른 것임을 분명히 하는 것이다("이제 신이여 그대 맘대로 하소서…죽음을 구하리라." 김광요 1997: 291). 따라서 "도덕적 충정"은 원초적 본능-합일의 경우에도 철저히 발휘될 수 있음이 입증되는 것이다. 초자연적 힘을 통해 연인이 "기계처럼 움직이"거나 저속한 층위에서 육체적 관계를 즐기는 애정 행각을 벌이지 않는다는 것도(김광요 1997: 291) 이를 입증하는 한 예다.

트리스탄이 불륜적 사랑 앞에 도덕적 괴로움을 겪듯, 철저한 도덕성('톨스토이적')을 지닌 지바고는 아내에 대한 정절의 의무로 죄책감을 느끼고 라라에 대한 감정을 자제한다. 그러나 우연성에 내재한 절대적 힘의 작용에 의해 성애적 사랑에 이르게 될 때, '절대가치'에 생명을 바치는 심성을 지닌 그는 사랑의 운명에 따른 고통과 죽음의 위협을 기꺼이 감수한다. 그럴 때 그들의 사랑은 원죄 이전 아담과 이브의 경우처럼 "종교적 숭고성의 경지"에 이르게 되는 것이다. 요컨대 신의 의지에 순종하고 온 생명을 바치는 '고귀한 사람들'의 절대적 사랑은 인간 사회의 도덕규범과 신앙에 앞선 것으로, 세속적 인습적 사랑을 초월하게 된다: "대화들은 플라톤의 대화들처럼 의미로 충만했다. 영혼의 공통성보다 훨씬 더 그들을 결합시킨 건 여타 세계와 그들을 분리하고 있는 큰 격차였다. [···] 그들의 사랑은 컸다. [···] 영원성이 스며들듯 그들의 멸망할 운명의 인간적 삶 속으로 정열이 스며들기 시작하는 순간이 그들 자신과 삶이 줄곧 새롭게 열리고 인식케 되는 때였던 것이다"(3, 390). 인습적 사랑의 초월과 세계 '실체'의 인식은 톨스토이즘을 벗어난 체호프의 《개를 데리고 다니는 부인》에서도 다뤄지는바, 신앙("교조적 종교(공동체)")을 비롯한 기존의 모든 가치 체계를 사랑에 "예속"시킬 수 있는 이 같은 사랑은 최고의 "존재 의미"가 된다(김광요 1997: 296).

도덕이나 신앙의 가치에 앞서 현세의 아름다움과 애정의 중요성을 부각시키는 연인의 심성 문제는, 세속적 관심을 버리고 자신들만의 외딴 공간에서 지낼 때 절정에 달한다고 할 수 있다. 트리스탄의 경우("동굴" 혹은 "오두막") 좀 더 뚜렷이 제시되듯 오로지 사랑의 여신에 바쳐진 깊은 숲속에서의 고통의 삶 자체는, 사랑을 위해 모든 걸 희생하는 연인의 모습을 상징한다.

지바고와 라라의 사랑의 절정을 이룬 곳이자 사랑의 파국을 맞이하는 공간 바리키노도 이와 관련된다. 이곳에서의 현세적인 고통의 생활은 지바고에 의해 '성스러운 감동으로 칭송'되기도 하는 바, ("영혼과 육체"를 바치며) 사랑만을 위해 자연을 벗 삼는 이 공간은 "낙원"에 대한 향수를 담고 있다고 할 수 있다: "사랑의 선물은 […] 반드시 축복과 함께 나타난다는 거죠. 그런데 마치 하늘에서 우리에게 키스하는 것을 가르친 다음 이 능력을 서로에게 시험할 수 있게 동시대에 살도록 아이들처럼 우릴 보낸 것 같아요. 공동 영광 같은 것으로, 서로 다른 편이나 수준 차, 높은 것도 낮은 것도 없는 모든 존재의 동등성이며 모든 것이 기쁨이고 영혼이 되죠."(3, 428). 사실 지바고는 라라를 처음 봤을 때 그녀의 "여성적인 것"에 강하게 "끌렸"던 사실을 고백하고는(3, 420) 바리키노에서의 생활을 결정하여 불륜이 본격화된 것이다("금단의 내 천사 запретныймойангел"). 사랑의 형태는 (원죄 이전의 신의 의지만이 아닌) 인간의 '의식적' 선택이 개입되며 본래의 결합 상태로 돌아가고자 "서로 사랑하는 걸 배우"는(프롬 2006: 25) 양상을 띠는 것이다.

한편, 트리스탄과 이졸데의 사랑과 중첩 문제는 지바고의 시를 통해 제시되기도 한다. 시집 정중앙에 위치한 시 〈옛날이야기〉가 그 대표적 예다. 기저 텍스트와 공통되는 것은 고통과 죽음을 초월하는 영원한 사랑의 관념으로, 이는 자연의 이미지를 통해 구현된다:

감긴 양 눈꺼풀.
산 정상. 구름.
물결, 여울들, 강들.
수년과 수 세기. […]

때론 넘치는 행복으로
눈물이 한없이 흐르는 가하면,
때론 영혼이
잠과 망각 속에 빠져있다. […]

감긴 양 눈꺼풀.

산 정상. 구름.
물결, 여울들, 강들.
수년과 수 세기. (3, 524)

무한한 생을 상징하는 자연의 이미지가 후렴구처럼 '반복'됨으로써 ("강들. 수년과 수 세기"), 죽음에 직면한 연인의 사랑의 영원성이 효과적으로 구현되고 있다. 산문 텍스트의 상황과 달리, 죽음의 순간에 '나란히' 있을 때 느낄 수 있을 것으로 묘사되는 기쁨과 행복의 파토스는 트리스탄과 이졸데의 유명한 죽음 장면을 하나의 원천으로 한다고 할 수 있다. 특히 영원한 "생명력"을 지닌 자연의 모습은 트리스탄과 이졸데의 무덤 사이를 반복적으로 이어준 식물 이미지를(베디에 2001: 232-3) 환기시킨다. 사실 두 시 〈영국인의 교훈〉(1, 133), 〈창작의 정의〉에서 보이듯 자연 속에서의 연인들—트리스탄&이졸데, 오필리야, 데스데모나—의 이별, 죽음 장면은 작가에게 강한 인상을 주었는바("그것은 (창작—인용자 주) […] / 꿈과 양심, 밤도, 사랑도 쥐는 것이다 // […] 정원에선 / 몸이 차가워진 트리스탄이 이졸데 곁 / 버드나무 가지 위의 꾀꼬리 소리를 흉내 내며 목이 멨다. // 정원들도, 연못들도, 채소밭들도, / 하얀 통곡 소리로 끓어오르는 / 세계도, 인간의 마음이 / 축적된 열정의 방전일 뿐이다." 1, 137), 그는, 라라와 이별한 현실에 대한 지바고의 강한 안타까움과 사랑의 영원성에 대한 믿음을 선명히 드러내는 시 〈옛날이야기〉에서 트리스탄과 이졸데도 그랬듯 영적 일치에 기초한 융합은 영원하여 물리적인 이별과 죽음도 막을 수 없음을 강조한 것이다("나는 트리스탄을 사랑했었고 […] 영원히 사랑할 거예요. […] 우리는 이제 몸으로는 헤어지게 될 거예요." 베디에 2001: 131).

이상과 같이 파스테르나크는 고대 신화에서부터 중세 최고의 연애 서사시의 걸작들에 이르는 기저 텍스트들을 통해 톨스토이의 사랑 관념과 논쟁을 시도했다고 할 수 있다. 육체적 사랑, '정염'을 위해 기꺼이 죽음을 택하는 (신화 및 전설적) 연인들의 형상은 육체적 사랑을 위해 아내를 살해하는 톨스토이의 주인공과는 분명 대립된다. 사실 톨스토이는 "남녀의 과도하고 이기적이며 위선적인 육체적 사랑은 죄악"이란 "자신의 도덕적 진리"에 "관심을 유발"시키고자 극단적 주인공을 설정하는바 주인공은 "육체적 욕망의 정신적 사랑에 대한 우위로", "억제됐던 성욕의 분출"을 계기로 아내를 살해한다(정해영 1998: 38, 48, 56). "몸과 마음, 육욕과 아가페의 관계", 양자가 "조화롭게 공존"하는 방법이 있는지가 "미해결문제"였던 톨스토이는 창작 말기에 그 가능성을 믿지 않게 되고, "개인 욕구가 사회 욕구에 종속돼야" 할 경우 "성욕이 절제돼야" 한다고 생각하며 "성과 결혼 자체에 등을 돌"린 것이다(오원 2008: 7–9).

극단적 주인공을 내세워 육체적 사랑과 성을 "부당하게" 죄악시하는 장치로써 육체적 순결을 주장("남녀 간 관계의 순수성과 순결 무구성의 옹호" 4, 818)하는 〈크로이처 소나타〉에는 육체적 정신적 사랑의 융합 가능성에 대한 부정과, 신이 (결혼의) 육체적 결합에 정신적 결합의 축복도 준 것에 무관심함(두 번째 제사에는 결혼을 축복한 성경 구절이[36] 생략돼있다)이 내포돼있음이 분명해진다. 결국 톨스토이의 도덕적 이상화의 신봉은, 그 스스로가 경멸했던 당시 종교적 인습적 사랑이 그의 사랑관에 또 하나의 제약으로 작용하도록 한 셈이 된다("감각적인 것의 억제와 금욕에 바쳐진 [···] 봉독들을 전 좋아하지 않아요 [···]. 이런 억제 행위들은 육체의 여러 가지 피로와, 육체가 음식섭취를 했는지 아님 녹초가 됐는지 여부에 불필요한 의미를 부여하고 있어요 [···] 더럽고 본질적이지 않은 부차적인 게 가치도 없는 데도 고상한 것인 양 받들어져 있죠." 3, 407–8).

톨스토이즘을 숭배했던 파스테르나크에게는 결국 새로운 사랑 테마의 형식을 위한 인식 전환이 필요했던바 고대와 중세의 신화 및 전설 세계로 회귀를 통해 사랑의 '원형', "근원적 정열"로써 사랑의 본질에 새롭게 다가갔던 것이다. 그가 모범으로 취한 사랑 이야기들이 각 시대의 도덕률을 넘는 혁신적 사랑관을 제시했듯, 지바고와 라라의 사랑은

36_마태복음 19: 5–8 참조.

20세기 초 러시아 사회의 톨스토이즘을 넘는 새로운 사랑관을 제시한 것이다.

다음에서는 20세기 초의 또 하나의 사랑관인 솔로비요프의 사랑관의 극복 문제를 살펴보자. 환기할 점은 솔로비요프의 "진정한 사랑"의 개념은 논문 〈사랑의 의미〉에서 보다는 시에서 "더 일목요연하"고 "미학적으로" 표현됐으므로(박종소 1999: 87-8) 그와의 논쟁은 그의 시들과의 논쟁이기도 하다는 점이다.

(2) 모성애 vs 솔로비요프의 이중적 사랑

파스테르나크의 새로운 사랑의 관념은 육체 vs 정신의 대립 극복을 보여줌으로써 지상 vs 천상계, 육체 vs 정신적 사랑 등의 동등성으로까지 나아가, 결국 솔로비요프의 이원적 사랑관도 극복한다고 할 수 있다. 그것은 구체적으로 남녀 대립의 극복을 비롯해, 양자의 동등한 가치의 창조 행위를 통해 구현되는 양상을 보인다. 주목을 끄는 것은 남녀 주인공들이 상이한 종류의 창조 활동을 한다는 것으로, 예술품의 창작과 아이의 출산이 바로 그것이다. 육체적 정신적 영역에서의 창조 행위는 동등한 가치를 지니는 것으로 드러나는 바, 이는 모든 인간이 "본성상" "아름다운 것"에 대한 사랑을 통해 "육체적으로나 정신적으로 아름다움을 생산"하는 창조 행위(그리고 불멸)를 한다는 고대 그리스 철학과 공통된다(플라톤 2005: 129-30, 134).

바로 이 점이 "물질적 인류"가 아니라 "정신"적 창작 활동에 의해서만 절대적 진리를 "활용"하고 "양육"할 수 있다는 솔로비요프(Соловьёв 1991: 149-50)와 논쟁하는 부분이다. 솔로비요프에 따르면 개인성, 현실 삶, 필사적 인간의 "절대 의미"는 정신 작용 및 이념에 의해서만 획득된다. 그는 "크로이처 소나타"를 헛된 삶("무의식적인" "공허와 비도덕성"의 세계)의 재생으로 보고 이를 "변화시키"는 데 정신적 지향들("예술, 학문, 정치"활동)의 가치를 강조하며, 인류의 모든 관계를 세 계층(동물적 삶, 도덕-생활, 정신적 삶 등의 연관)으로 나누는 것이다(Соловьёв

1991: 153–4, 160–5).

파스테르나크는 여러 창작 단계에 걸쳐 여성의 창조성에 가치를 부여한다. 그것은 그의 숙원 테마였던 것으로 보인다. 《닥터 지바고》이전의 여주인공 제냐, 일리나의 창조성은 개인의 정신적 측면에 치우치는데, "역사적 상황에 대항해" 자신을 주장하며 "자유의 낭만주의적 절대화"를 상징하는 여류시인 일리나의 경우가 특히 그러하다(Альфонсов 1988: 48; 임혜영 2005: 349).

《류베르스의 어린 시절》에서는 제냐의 형상을 통해 여성이 남성과 동일하게 "머리의 생산성"을, "관조"와 "명상"의 창조 행위를 함이 부각된다. 이는 1차적으로 문명 발달 후 남성의 생산성('머리')보다 낮은 차원으로 전락된, 기존의 여성의 생산성('몸') 관념을 허문다고 할 수 있다. 문명 발달로 남성성을 우월시 함은 "몸의 억압"과 여성의 '몸의 생산성'(플라톤적으로 "아이")을 '낮은' 차원으로 전락시킴을 의미하기 때문인데(남성의 생산성은 "최상"의 차원임)[37], 이런 관념에는 기독교를 그 바탕으로 하는 솔로비요프의 이원론도 포함된다(일례로 남 vs 녀 관계를 신 vs 피조물 관계의 맥락에서 언급한다. Соловьёв 1991: 163–5). 하지만 어린 시절을 막 벗어난 제냐는 명상과 관조의 정신적 창조 행위('명명 행위')만 할 뿐, 육체적 창조 행위(임신 및 출산)는 (창조적 '감수성'이 전무한) 그녀의 어머니가 행하는 것으로 제시된다. 이성과 합리성으로써 인식하는 여타 인물들과 달리, 사회에 물들지 않은 어린 아이의 순수성을 지닌 제냐의 영혼은 인류의 유아기적 모습, 곧 자연 및 우주와의 합일상태(윤종범 1985 참조)에 있다고 할 수 있다.

그런데 모친의 임신에도 본격적이지는 않지만 의미심장한 의미가 부여된다. 임신에 수반되는 여인의 고통과 희생성이 바로 그것이다. 임신한 모친의 형상은 한 개인의 어머니 차원을 넘음이 암시된다. 그녀의 고통은 원죄 직후 여성의 운명인 생명체 탄생의 '현세적' 고통과 희생성을 상징한다고 할 수 있다. 원죄 후 슬픔의 존재가 된 여성("네게 임

37_이경재 2002: 313, 317.

신하는 고통을 크게 더하리니 네가 수고하고 자식을 낳을 것이며 […].” 창세기 3:16)은 성서적 ‘원형’에서 의식됨으로써 측은지심이 부여된다고 할 수 있는바, 파스테르나크의 임신, 출산 묘사는 “불사적”이 되기 위한 아름다움 창조(“생산”)에 따르는 고통(플라톤 2005: 129–30)의 뉘앙스를 지니는 셈이다: “참살된 누군가가 […] 외치기 시작했다 […] 여인이었다 […] 류베르스 부인이 그녀 내부에 고정시킨 찌르는 듯한 시선 […]은 기억에 새겨졌고 […] 그녀는 갑자기 자신이 무섭게도 엄마를 닮았다는 점을 감각하기 시작했다”(4, 76, 80); “성모에 관한 도그마인 각 임신은 순결하다는 것엔, 모성에 대한 일반 생각이 표현돼 있다 […]. 출산하는 모든 여인에겐 성모와 동일한 고독, 방치 […] 그림자가 서려있다. […] 여성은 세상에 자신의 후손을 생산해낸다 […]. “내 마음이 하나님 내 구주를 기뻐하였음은 그 계집종의 비천함을 돌아보셨음이라 […] 나를 복이 있다 일컬으리로다.” […] 하나님이 아이 속에 있기 때문이다.”(3, 278–9)

이처럼 원죄 이전 인간의 원초적 합일 상태에 대한 그 대안으로 발생한 임신은 그리스 철학에서처럼 그 희생성을 통해 정신적인 것으로 승화되는바(“사실 남자와 여자의 결합으로부터 어린이가 나오게 되는데 이러한 생산 작용은 신적인 어떤 것이라 할 수 있지요. […] 그러한 일은 조화를 이루지 않고서는 일어나지 않는 법이지요.” 플라톤 2005: 129), 일례로 임신에 내재한 “조화”는 임신과 출산을 육체적 차원에서 이해하는 리자와, 육체적 정신적 차원에서 “감지”하는 제냐의 대조를 통해 암시된다: “이것은 자신의 외모와 매력을 내부로부터 혹은 내부에서 보는 여인의 감지였던 것이다 […]. 너 아기 낳을 수 있어? […] 사람들은 리자에게 여러 정욕들과 추악한 것들을 속삭이며 […] 들려주었다. […] 그녀는 […] 이 모든 잡동사니를 보존했다. […] 내가 묻는 것은 네가 감각하느냐 안하느냐야.”(4, 80–1)

임신의 고통과 희생성은 (고차원의 힘에 순종하는) 시인이 창작 과정에서 겪는 것과도 상통하게 된다. 이는 제냐가 작품 말미에서 임신 및 출산(“유산”) 등 여성의 운명에 대해 각성함으로써 임신이 정신적 창조 행위의 연속임이 암시되기 때문이며, 또한 추상적 관조만 했을 뿐 임신의 육체적 고통 및 “외부인”에게는 무관심했음을 회개함으로써 관념적 미학적 측면에 그친 창조 행위는 극복돼야 함이(Kopper 1991: 126; 임혜영 2007: 432–3) 제시되기 때문이다: “그 인상은 그녀의 삶에 다른 사람, 제삼자가 처음으로 들어왔다는 데에 의의가 있다. 그는 [...] 아무런 상관도 없는 존재이고 [...] 성서의 계명들이 염두에 두는 그런 존재이다. 살인하지 말라, 도적질하지 말라 등. “너희는 이 낯선 일반인에게 [...] 원치 않는 것을 하지 말라” [...] 울었던 이유는 모든 것이 자기 잘못이라 생각했기 때문이었다. [...] 그에게 [...] 의미도 없이 시선을 던진 이후 어디를 가든지 늘 그를 만나기 시작했던 것이다.”(4, 86). 정신적 창조행위를 하는 소녀 형상, 임신의 정신적인 것으로의 승화 등을 통해 ‘몸’의 세계의 여성의 생산성에 가치 부여는, 결국 남 vs 여, 육체 vs 정신, 지상적인 것 vs 천상적인 것 등 기존 대립 관념의 극복을 의미한다. 특히 지상의 여성의 영혼에 천상적 순수성이 내재함, 임신의 정신적 가치 등은 솔로비요프의 지상 여인과 사랑에서의 현실 vs 천상계 대립 문제에 하나의 해결의 단초를 제시한다고 볼 수 있다. 그러나 《류베르스의 어린 시절》에서 여성의 창조성은 한 여성의 형상 속에서 구현된 것도 아니며, 여성의 정신적 창조 행위에 묘사의 초점이 놓여 그녀의 육체적 창조 행위는 암시에 그치는 것으로 끝난다. 여성의 창조성의 온전한 구현은, 두 창조 행위 모두를 하는 라라의 형상을 통해 몸의 생산성의 가치가 중점적으로 다뤄지는 《닥터 지바고》에서 이뤄지게 된다.

> 라라는 [...] 주변 공기를 들이마셨다. 그것은 부모보다 더 친밀했고 사랑하는 이보다 더 좋았으며 책보다 더 지혜로웠다. 순간 라라에게 존재의 의미가 다시 펼쳐졌다. 그녀는 자신이 여기 있는 것은 땅의 미친 듯한 매력을 분별해 모든 것의 이름을 부르기 위함이라는 걸 깨달았다. 만일 그럴 힘이 없다면 자기 대신 그걸 할 후계자들을 삶에 대한 사

랑으로 낳는 것이라는 걸. (3, 76-7)

육체적 요소와 타인에 대한 사랑("땅의" "매력", "삶에 대한 사랑", "후계자들")을 포함한 라라의 임신의 창조 행위는 제냐가 미래에 행할 행위이자, 그녀의 관조적 미학적 명명 행위가 보완된 모습이다. 라라는 제냐의 미래 모습이며 그녀의 어린 시절은 제냐의 어린 시절이라 할 수 있다. 그녀의 내부에는 제냐의 '원본적' 모습이 존재하는 셈이다. 성숙한 그녀는 제냐의 본질과 교차하는, 자연과의 합일 능력 및 원초적인 영적 "순수"성을 지니고 있는 것이다("그녀는 말할 나위 없이 지혜로웠고 소탈한 성격을 지녔다. […] 대단한 미인였다. […] 세상에서 가장 순수한 존재였다 […]. 공부를 잘하는 듯이 라라는 설거지를 어렵지 않게 했고 […] 그녀의 모든 것들 […] 은 서로 어울렸다. […] 나머지 모두는, 균형 있게 한 실루엣 속에서 미래를 향해 내닫고 있는 그녀의 영혼 혹은 본질인 그녀 자신인 것이다." 3, 27-8)

모든 것이 '조화'된 라라의 "영혼"을 통해 육체적 지상적 속성을 초월하는 본질이 그녀에게 있음이 암시된다. 그녀가 솔로비요프의 천상의 이상이자 본질인 모든 존재와의 합일, '조화'의 "미", "지혜"등을 지녔다는 것은, 바로 그녀 내부에 천상적인 것이 공존함을 뜻하기 때문이다("어떤 사람이 […] 가시적인 것만을 통하여 아름다운 것을 보더라도, 탁월성의 허상이 아니라 […] 진정한 탁월성을—그는 진상을 접촉하고 있기 때문에—생산해낼 수 있을 것이라 생각하지 않으십니까?" 플라톤 2005: 142-3). 솔로비요프 식으로 말해 그녀가 비록 '타락'하고 '낮은' 지상적 '여인'이 되고 그녀의 사랑이 지상적 사랑의 대명사가 되더라도, 영혼의 순수성을 지닌 것으로 강조됨으로써 천상적 세계와 맞닿는 존재로 남게 되는 것이다.

지상적 속성을 초월하는 라라의 본질은 어머니 자연의 원초적 이미지와 그녀의 중첩을 통해 구체화된다고 할 수 있다. 그녀는 대지 모신 및 그 일부인 자연들로 표상된다: "그녀는 꿈꿨다. 땅 속이었는데, 그녀에게 어깨가 달린 왼쪽 옆구리와 오른발 발바닥만이 남아 있었다. 그녀의 왼쪽 젖가슴에서 풀 한줌이 자라고 있었고 땅위에선 "검은 두 눈동자, 그리고 하얀 가슴"과 "마샤에게 강을 건너지 못하게 하네" 등을 노래 부르고 있었다."(3, 51); "가이아의 젖가슴은 [⋯] 생명을 유지하는 생명수의 원천이기에 인간은 젖가슴에 대한 영원한 기억을 간직한다"; "무로부터 만물의 근원 [⋯] 인 가이아가 탄생하였다. [⋯] 대지와 대지의 힘인 지모신이었다. [⋯] 그녀의 몸에는 식물이 자라고 꽃이 피었다."(이경재 2002: 258–9, 307)[38].

파스테르나크는 여주인공의 이미지에서 독자의 '공감'을 얻기 위해 신화적 '원형'을 원용한다고 할 수 있다. 위에서 묘사된 그녀의 꿈은, "식물이나 인간자신이" 주인공이 되며 "죽음이 삶의 전제"인 "농경민의 세계상"을 나타내거나 근저에 "어머니인 대지의 관념이 있는" 신화들과 상응하기 때문이다("그녀의 위는 커다란 사발이 되고 [⋯] 유방은 [⋯] 감자가 되고 [⋯] 감자는 그 이후 인간의 주요한 음식이 되었던 것이다"; "태초에는 [⋯] 삼인의 형제가 굴에서 솟아났다. [⋯] 바닷가에 나무상자가 흘러들어 왔다. [⋯] 열어보니 속에는 3인의 여자와 오곡과 가축이 있었다." 대림태량 1996: 100–1, 128–29; 이경재 2002: 255–8). 라라의 무의식에는 "생명수의 원천"으로서의 "젖가슴에 대한 영원한 기억"이 간직돼있는바, 그녀의 꿈을 통해 지모신의 "젖가슴과 일체가 된 유아", 태초의 인류의 "무의식적 본능" 등이 떠올려지는 것이다. 동시에 그녀의 무의식적 본능에는 인류를 양육하는 대모신의 역할까지 내재돼있음을 알 수 있다. 이는 자신의 본질적 특성—강한 모성애(3, 428–9)와 여성성(3, 420–1)—에 대한 그녀의 자각이 무의식적으로 표출된 것이라 하겠다.

전반부에서 드러난 라라의 지모신 이미지는 구조적 반복을 통해 확고해진다고 할 수 있는데, 후반부의 지바고 인식이 그러한 역할을 한다.

38_우주를 창조하고 모든 것의 "성장을 촉진시키는" 여신 이미지의 러시아에서 발생에 대해서는 김형주 2002: 120–1 참조.

> "오랜 옛날 어느 마법사들이 공개했지. 이 여편네는 내부에 곡식, 아니면 꿀이나 담비 모피를 품고 있다고. [⋯] 어깨를 벗겨 제쳐 어느 견갑골에선가 밀 한말, 다람쥐, 꿀벌집을 칼로 꺼냈지." [⋯] 도대체 무엇 때문에 근거 없이 떠도는 전설들은 그리도 그의 마음을 사로잡은 걸까? [⋯] 이해할 수 없는 헛소리, 무의미한 꾸며낸 이야기를 실제 상황인 것처럼 대했을까? 사람들은 라라의 왼쪽 어깨를 살짝 젖혔다. [⋯] 칼을 돌려 그녀의 견갑골을 드러냈다. 열린 영혼의 깊은 곳에서 그녀의 영혼이 간직한 비밀들이 드러났다. (3, 362).

원초적 세계 인식에 대한 '지식'이 있는 무당-'주술사'(이덕형 2002: 259-60)의 주술("왼쪽 어깨", "곡식", "꿀" 등)이 라라의 꿈 내용과 중첩되는 것은 당연하다. 무당의 거주지와 라라의 고향이 샤머니즘이 존재하는 시베리아지역이라는 사실에서 특히 그러하다. 모스크바에서 자란 지바고의 경우 신화적 원형들은 "교육받"아 알았을 뿐(3, 362) 본래 그의 무의식에 자리 잡았던 것은 아니다. 따라서 첫 대면부터 라라의 본질("여성적인 것")을 포착했으나(3, 420-1) 자연의 이미지로 계속 어렴풋이 느낄 뿐 뚜렷이 지모신으로 "정의"할 수는 없었다. 그런데 시베리아 우랄 지역으로 와서 그곳의 "민속과 역사에 관한 책"을 연구할 기회를 가지다가(3, 280, 287) 주술을 듣는 순간 규정지을 수 있게 되는 것이다. 어머니 이미지로 인식했던 산마가목나무를 주술을 들은 직후 라라와 연관시키는 예는 흥미로운 바("새들과 나무 사이에는 [⋯] 친밀함이 자라났다. [⋯] 새들을 동정하고서 양보해 가슴을 풀어헤치며 가슴을 내미는 것 같았다. 젖먹이 아이에게 어머니가 하듯이"; "그는 라라의 크고 흰 팔을 [⋯] 생각해내고 [⋯] 산마가목나무를 앞으로 쭉 끌어당겼다. [⋯] '난 그대를 보게 될 거야 [⋯] 혈육같이 가까운 [⋯] 산마가목이여!'" 3, 348, 370), 이러한 규정을 한 것은, 지바고 스스로도 "사로잡혀 버렸"듯 우주의 원형을 보존하고 있는 신화적 세계의 "힘"은 시공간을 초월해 "현실적인 상황"의 실체를 드러내 주기 때문이다.

한편 지바고 의식의 중심에 들어온 원초적 세계 인식 및 대지모신 이미지는 그의 정체성도 뚜렷하게 규정지을 수 있게 한다. 이때 정신 영역의 근원으로서의 육체 영역의 가치도 본격적으로 드러난다. 여타 인물들에게 그러하듯 그에게 라라는 삶을 풍요롭게 해주는 존재(지모신)일 뿐 아니라 자신의 어머니 '마리아'를 대신하는 존재이기도 하다(3, 449). 고아가 된 후 자신을 자연과 하나로서 의식, 자연의 품 속에서 어머니를 느끼며 '기억'해온 그는 라라의 대지 모신적 본질을 인식하자마자, 그녀가 자신의 삶과 의식에서 어머니-성모 마리아와 동일한 의미를 지니는 존재임을 깨닫게 된다.

사실 이 같은 남녀 주인공의 어머니와 아이의 관계는 그들의 "생명적, 유기적 관계"를 반증하는 것이다(이경재 2002: 261 참조). 여타 인물들, 특히 모성애의 가치를 알아채지 못한 파샤 안티포프의 경우와 달리("그는 그녀가 […] 부드러움 속에 넣고 있는 어머니적 감정의 가치를 몰랐다. 그리고 그러한 사랑이 여성의 평범한 사랑보다 더 크다는 것을 알아채지 못하는 것이다." 3, 110) 양자 사이에는 성애적 측면을 넘어 모성애가 비중 있게 자리함을 알 수 있다. 라라의 미를 초현실적차원에서 숭배하는 파샤에게("그에게 이건 사랑이 아니라 그녀의 아름다움과 관대함에 망연자실한 찬미 아닐까." 3, 109) 그녀는 "여신"[39]에 가까운, 이른바 초월적 세계의 "영원한 여인"인 셈으로, 그녀의 코마롭스키와의 관계 및 지상성은 '합일'할 수 없는 이상에의 환멸과 실망의 대상인 것이다("그들의 생활에 인위성", "위선" 3, 108-9).

파샤와 달리 삶이 중단되는 전시(戰時)에 지바고는 라라로 인해 살려는 의지가 강해지고 더욱 "생활에 의미와 중요성을 부여"할 수 있었던 바, 바로 "삶에 대한 사랑"을 한 아이에게 "가르쳐 주"는 그녀의 모성애적 측면(프롬 2006: 72)을 통해서였다고 하겠다. 그가 라라의 모성애적 사랑에서 받은 삶의 생명력이야말로 존재의 기쁨 및 의미를 획

39_Rowland. *Pasternak's Dr. Zhivago*. Southern Illinois Univ. Press. 1967, p.74. 김규진 1989: 24에서 재인용.

득하는 데 기반이 된 것이다("이 먼 곳은 러시아 […] 위대한 어머니며 수난녀 […] 삶을 사랑한다는 것은 얼마나 달콤한가! 오 얼마나 늘 삶 […] 에 감사하고 그것들의 면전에 대고 이것을 말하고 싶어지는지! 바로 이게 라라이기도 하다." 3, 385-6). 아울러 모성애와 함께 그녀에게서 발산된 성애(에로스)는 (성애와 모성애 공존은 "어머니가 아내가 되"며 "남성은 어머니에 대해 아들이요 연인"인 "신화적 순환의 원형"[40]에 따른 셈이다) 그가 정신적('관조와 명상'의) 창조물을 탄생시키는 데 원동력이 됐다.

이상과 같이 파스테르나크는 여성의 창조성의 부각을 통해 여성 vs 남성, 몸 vs 머리, 땅 vs 하늘 등 기존의 이원성의 관념 및 솔로비요프의 사랑의 이원성(1892년 시들과 산문에서는 '이중적 사랑'의 "결합불가능성" 원칙이 지배적이다[41])과 논쟁한다고 할 수 있다. 논쟁의 근본적 해결 제시는 대지 모신 이미지를 지닌 여주인공 형상을 통해서였다. 그녀의 형상을 통해 대지모신의 1차적인 창조성(몸의 생산성)인 만물의 탄생 및 임신은 정신적 창조 행위의 근원으로 고양되고 지상계가 정신 vs 육체 결합의 주도권을 갖게 되기 때문이다. 이는 라라와 지바고의 관계에서 표상되듯 육체적 창조를 하는 어머니의 몸이 아이의 정신적 창조 행위를 배태시킴에 다름 아니다. 천상적 본질과 지상의 생명력의 '조화'를 내부에 지닌 라라와의 결합은, '환상적'이 아니라 '실제'적인 것이 된다. 이로써 지상에 바탕을 둔 일원론적 세계가 형성된다. 신비적 사랑 및 조화의 "진테제"가 "신비적이고 유토피아적 환영"에 불과하게 되는 솔로비요프의 경향은(박종소 1999: 88, 90) 극복되는 것이다.

결국 원초적 합일 및 "조화"의 순수성을 간직한 존재이자 대지모신으로 상징되는 여주인공은 지상으로 내려온 "영원한 여성성"-소피아이자 성모("아기 예수를 헤롯으로부터 보호하는 성모 마리아 […] 지혜의 여인 소피아 같은 여신들은 자모(慈母)신에 속한다."[42])의 의미를 획득한다

40_이경재 2002: 267, 312-3.
41_박종소 1999: 88-90.
42_이경재 2002: 260.

고 할 수 있다. 소피아란 "신성의 실현", "신의 왕국의" 지상에서의 출현이란 사상에 그 배아를 지니는바 궁극적으로 구현된 소피아는 "예수 그리스도의 중재를 통해서 자신의 신성의 원칙과 결합하는 인류", "교회", "영적인 몸"의 개념과 동일하다(박종소 1996: 24). 라라 역시 영적인 몸, 신성의 원칙과 결합하는 그러한 인간을 상징한다: "그러나 가끔 삶을 견디기 위해 그녀에게는 어느 내적 음악이 동행돼야할 필요가 있었다. 그러한 음악을 매번 스스로 작곡할 수는 없었다. 그 음악은 삶에 대한 하나님의 말씀였고 라라는 그 말씀 들으며 울기 위해 교회에 가곤 했다. [···] 그녀에 관한 것 [···] 그리스도의 생각였던 것이다"(3, 51-2).

라라는 "이 세상의" "숨겨진 천상의 본질"이자 "지상의 수호천사"인 "미래의 최종적인 신성의 발현"으로서의 성 소피아(박종소 1996: 23) 이미지와 중첩된다. 그럴 때 시인 지바고와 그녀의 융합은 지상 세계에서 천상적 정신적 vs 지상적 육체적 요소의 조화란 진테제의 실현을 의미한다. 이는 연애 서사시 걸작들과 솔로비요프와 달리 파스테르나크가 모성애를 통해 구현한 사랑 테마의 의의인 것이다.

(3) 형제애와 세계 분리의 극복

파스테르나크의 새로운 사랑 관념의 가치는, 솔로비요프 및 톨스토이의 사랑 관념을 넘어 사랑의 이상에 대한 자신의 대안을 구현했다는 점에서 온전히 드러난다. 《류베르스의 어린 시절》 말미에서 암시됐듯이 기독교적 이웃 사랑의 파토스와 상통하는 "일반인", 나아가 세계 전체에 대한 형제애("이것은(형제애-인용자 주) 성서에서 네 이웃을 네 몸처럼 사랑하라고 말하고 있는 것과 같은 종류의 사랑이다."[43])가 그의 이상적 사랑 관념의 실체라 할 수 있다. 그것은 최후 소설 《닥터 지바고》에서 종합돼 결정적으로 구현된다. 기저 텍스트들과 달리 두 연인의 이별로 끝나는 종결 부분이 그와 관련된다.

종결 부분에서 지바고와 라라가 이별을 선택한 이면을 보면, 그것은

43_프롬 2006: 70.

그들 간에 성애의 배타적 소유욕의 부재(3, 394, 399)(늘 지바고가 토냐에게 돌아가야 한다는 입장인 라라는 더욱 그러하다), "어린아이의 성장을 돌봐주"며 자신으로부터 "어린아이가 분리되길 바라"는 "모성애의 참된 본질"(프롬 2006: 75)의 발휘 등의 결과임을 알 수 있다. 아이가 어머니로부터 받은 생명력을 타인에게도 나눠주는, 자유로운 "생명"의 "위임"활동을 하도록 해주는 그러한 "분리"는 ("불평등한 관계"인 모성애를 넘어) "사랑의 본질"[44]이자 "동등한 자 사이의 사랑"인 형제애가 공존하기 때문에 가능하다.

라라가 삶의 "피난처", "존재의 확신"을 발견한 것(3, 421)도 "동등한" 관계와 "공통된 인간적 핵심의 동일성"(프롬 2006: 70–71)을 느꼈기 때문이고("общность чувств", "от тебя перенимаю", "одинаковая с тобою" 3, 396) 그녀를 "핵심으로 파고들"어 "지각"했던 지바고도 "일시적" "무력 상태"의 그녀를 봤을 때 강한 "연민"("порабощения девушки"; "бедная"; "жалость", "жертва", "сострадание", "отзывчивость"; "жалко" 3, 63–4, 87, 362, 421)을 느끼는바, 이런 모습들은 형제애의 시작(프롬 2006: 71)인 것이다. 양자는 '영적' 공감대가 부재한 파샤("неисправимым столичн. жителем" 3, 107)와 달리 형제애적 유대와 함께 성애와 모성애를 느꼈다고 하겠다(이렇게 사랑 형태들의 공존은 각 형태가 온전해지고 참된 본질을 지닐 수 있게 하는 것이다. 프롬 2006: 74, 76–7). 즉 두 연인은 "사랑의 능력을 발달시켜왔다면" "내 형제들을 사랑하지 않을 수 없다"는 형제애로 인해, 사랑이 주변으로 파생될 수 있게 이별하게 된 것이라 하겠다("지각은 날카로워졌다. […] 라라에 관한 이 얘가를 쓰며 그는 […] 자연, 일상적인 것에 대한 […] 밑그림도 완결지우고 있었다. […] 예술은 늘 미에 봉사하고 […] 삶의 행복에 관한 이야기임을 재확인하고 인식했다." 3, 445–9).

시인 지바고가 라라에게서 받은 '생명력'을 주변 타인들에게 나눠주

44_사랑의 본질은 "나의 생명을 다른 한 사람의 생명에 완전히 위임"하며 "존재의 본질로부터 사랑하고" "다른 사람을" "존재의 본질에서 경험하"는 것(프롬 2006: 80).

는 일이란 그 '생명'("삶의 행복")을 시로 표현해 전달하는 것이다. 신화적으로 말해 그는 연인이자 어머니인 "마돈나의 품"을 떠난 청년으로서, 자연과의 분리 및 "자연에 대한 객관적 실험", 나아가 "혼돈의 자궁(대모신의 몸)으로부터 출산"이 아닌 "말씀에 의한 창조" 등의 단계[45]에 있다고 할 수 있다. 이 단계는 인간의 "공동체에 대한 제2의 탄생"을 위해 "어머니에 대한 고착증을 단절"시킴에 다름 아니며, "성숙한 자아실현"을 위한 것이다(이경재 2002: 242, 247).

이런 지바고의 "성숙한 자아실현"은 몇 가지 단계를 거친다. 그는 모스크바로 돌아온 후 형제애의 "동등한 관계"로써 소비에트의 일반 대중에게 다가간다. 문지기 마르켈 가족과의 접촉 및 그의 딸과의 동거, "발화의 재능"이 부재한 두 친구 고르돈, 두도로프와의 대화가 그러하다("난 그들(토냐, 마리나—인용자 주)과 불화가 없네. […] 부자연스러웠고 […] 사리에 안 맞는 이 관계는 오래전 제거됐다네 […]. 평등이 확립됐다네." 3, 477). 하지만 친구들과 마리나는 그리스도의 제자들이 그러했듯, "평등"한 관계로써 자신들을 포용 및 사랑하는 지바고의 마음을 이해하지 못한다('자네들과 […] 집단, 자네들이 좋아하는 이름과 권위들의 광채 및 기교는 얼마나 […] 특성 없는 것인가! 유일하게 자네들에게 활력 있고 뚜렷한 것은 자네들이 나와 동시대에 살았고 날 알았다는 것이라네.'(3, 474)).

사실 지바고의 이웃 사랑 실천의 본질적 방법은 위의 정신적 차원인 시 창작이다. 시집을 남김으로써 그의 궁극적인 "자아실현"도 성취되는 것이다. 그의 시는 평범하고 문체가 "단순"한 것으로 드러난다. 이는 대중으로 다가가려는 노력의 반영으로, 모든 사람은 쉽게 시에 접근할 수 있게 된다. 그의 장례식에 나타난 많은 사람들–독자들(3, 486)은 지바고의 창작품("학술적 사상과 뮤즈")을 통해 그의 사랑의 본질, 형제애를 전수받는 형제들("미지의 벗들")이 되는 셈이다.

주목해야 할 것은 '분리'에 수반된 "성장의 아픔", "소외"등의 과정을 거쳐 타인들의 "새로운 세계를 향"해(이경재 2002: 242, 245, 246) 예

45_이경재 2002: 244–5 참조.

술품을 남긴 지바고의 이웃 사랑은 그리스도의 사랑과 암시적으로 비교된다는 점이다. 이는 그의 사후 그의 사랑에 대한 라라의 각성 속에서 좀 더 본격적으로 드러난다. 바리키노를 떠나는 라라의 궁극적 이유가 자신을 "계승"해 미래에 생명의 위임 활동을 할 보호 대상들—카차와 임신한 지바고의 아이—의 성장과 출산을 안전하게 돌봐주기 위함이었듯, 모성애가 강한 그녀의 형제애 실천은 예의 "참된" 모성애 형태 속에서 부분적으로 발현된다: "이해하시겠어요? […] 당신에겐 구름 너머로 날아갈 날개가 주어져 있지만 여성인 제겐 땅에 달라붙어 날개로 어린 새를 덮어 위험에서 보호하도록 돼있다는 걸요."(3, 429); "여자가 '사랑할' 수만 있다면 […] 남편, 다른 애들, 낯선 사람들, 모든 인간을 사랑할 수만 있다면 […] 참으로 사랑하는 어머니가 될 수 있다."(프롬 2006: 76). 그녀는 지바고의 부재를 경험한 후에야 그의 형제애의 가치를 "객관적"으로 "관찰"하고 철저히 깨닫는다:

> 그들은 서로 사랑했다. […] 거짓되게 표현하듯이 "정열에 불타서"도 아니었다. […] 주위의 모든 것들, 그들 밑 땅, 그들 머리 위 하늘과 구름과 나무들이 그러길 원했기에. […] 그들은 행복한 순간마저도 가장 고귀하고 모든 것을 감싸는 것을 잊은 적이 없었다. 세계의 전반적 표상이란 큰 만족감, 모든 장면에 직접 관계한다는 느낌, 모든 아름다운 광경 및 온 우주의 일부라는 감지. 그들은 이런 공동성совместность만 호흡했다. (3, 494-5)

우리는 연인의 융합의 본질이 "반쪽을 찾아나서는 합일" "에의 동경"이란 플라톤적 "에로스"(이경재 2002: 238), 성애 차원에 그치지 않았음을 뚜렷이 알게 된다. 태초 본래의 전 세계적인 통일성을 "표상"하는 그들의 융합은 우주적 존재론의 차원까지 나아간다. 성애와 모성애 형태에는 한 대상에서 현실 속의 모든 대상으로 확장되는 능력을 지닌 형제애 원리("만일 내가 참으로 한 사람을 사랑한다면 나는 모든 사람을 사랑하고 세계를 사랑하고 삶을 사랑하게 된다." 프롬 2006: 70)가 바탕을 이룸이 확고해진다[46]. 세계의 여타 구성 요소들의 결합 모습을 반영하는 양자의 결합은 서로 간은 물론, 여타 요소들과 "공통적 핵심"을 지닌 채 "동등한 관계"에 있음이 온전히 드러나기 때문이다. 형제애의 "공통성" 및 동등성의 요소야말로 라라로 하여금 "행복과 해방감"을 "체험"하게 해주는 핵심였던 것이다("사상과 공통성과 앎과 신뢰성이 예전 그들이 밤에 대화할 때처럼 [...] 그녀를 관통해 [...] 행복과 해방감을 가져다 줬다." 3, 493).

전 세계에 대한 사랑으로 확장되는 이런 사랑은 《스펙토르스키》의 세료자와 일리나의 사랑에도 드러나듯 작가의 모든 남녀 주인공의 사랑의 불변하는 실체다("이때 두 사람은 현실에서 진짜 키스를 했다 / [...] 연기와 소나기 [...] 등이 / 미소에 미소, 갈기에 갈기, / 진주에 진주알이 서로 붙어 있듯" 1, 359). 나아가 그것은 "둘째 아담인 그리스도"가 "구원자"로서 "가르친" "이원적 세계를 승리하는 규범"(이경재 2002: 248)에 다름 아니다. 또한 인류의 구원 및 태초의 세계 합일로의 회귀 수단인 이 같은 사랑은, (지바고의 시 〈수난 주간에〉, 〈새벽〉등에서 구현되듯) "우주의 기초에 있는 통일성", "일자(一者)", "사랑" 등의 신(프롬 2006: 96) 그리스도를 상징하는 지바고의 모습을 통해 의미심장하게 제시되기도 한다[47]. 지바고야말로 여주인공들 제냐, 일리나, 라라의 미래 과제였던, 주변에 대한 "동등한" 사랑으로 확장되는 창조 행위를 비로소 성취한 남주인공이기도 하다.

46_사랑의 관념을 태초의 발생 차원에서 접근 시 형제애는 세계의 모든 구성 요소('타자')와의 유대 및 사랑을 뜻하며 태초의 자연, 세계와의 합일로의 회귀를 뜻한다. 이는 '모든 것은 하나의 신성 속에 존재'한다고 보는 신화적 세계의 만유신재론 panentheism(이덕형 2002: 50), 솔로비요프식의 진정한 사랑 속에 실현되는 "전일성 이념всеединая идея"(Соловьёв 1991: 175)등과도 상통한다.

47_그리스도 형상은 "자유로운 개인성"의 모범을 넘어, 의인화된 자연 및 기도서에 바탕을 둔 지바고의 시가 구현하듯(임혜영 1996: 32–5, 42) "개인성을 극복하고 공동체 차원에서" 이루는 "타자와"의 "단일성"의 이상, "지상에서 구현된" "소보르노스티 이념", "사랑의 연합에서 비롯되는 형제애"(이규영 2009: 40) 등의 구현체가 된다.

따라서 남녀 주인공들의 사랑이 현시하는 세계 합일 및 지바고의 시는 대지모신의 "무의식의 세계"("본능의 세계")와의 분리 과정인 의식 세계에서 일어난 것으로, "의식의 세계가 다시 무의식과의 화해", 즉 '회귀'를 통해(이경재 2002: 242) 이른 것이다. 이른바 현대의 '진정한 낭만주의'의 이상적 사랑 형태이다.

이렇듯 파스테르나크는 사랑의 이상을 구현하는 데 있어 대지모신 형상을 넘어, 지상으로 도래 및 이웃 사랑을 통해 세계의 "통일원리"(프롬 2006: 95)를 구현한 그리스도의 형상을 필요로 했다. 그럴 때 우리는 소피아, 대지모신의 이미지를 지닌 라라가 자신의 사랑의 한계 및 내면의 혼란, 부"자유"를 인식하게 되는("당신의 떠남은 제 종말였어요") 이유를 이해하게 된다. 우선 라라를 '소유'하려는 코마롭스키는 그녀의 모성애를 간파하고 카차에 대한 어머니의 의무를 환기시킨 셈이며, 그녀는 지바고와 동등한 천상적 영혼 및 지상의 소피아적 모습을 지녔지만 지상과 천상계의 조화 유지를 위해 신성("하나님의 말씀")과의 반복적 "결합"을 필요로 한 것이다. 지바고와의 융합 동안에는 (사랑의 창조물 타냐를 잉태하게 돼) 타인들에 의해 기억되고 불멸하는 가능성을 획득한다. 이는 시 〈막달라 마리아 I〉에서 그리스도의 '제자'가 될 것임이 암시되는 막달라 마리아의 형상으로 표상된다. (3, 537).

하지만 타냐가 지극히 지상적 육체적 속성을 지니게 됐듯(3, 509), 지바고와 이별 후에는 "다시 신성의 원칙과 새로운 결합"(박종소 1996: 23)이 부재한 상황이 연출된다. 지바고의 본질을 지닌 타냐 역시, 그녀 내부의 지상적인 것과 천상적인 것의 결합을 조화롭게 유지하기 위해서는 이 같은 '신성과의 결합'이 필요한 것이다("이미 역사에 몇 번 그런 일이 있었지. 이상적이고 고양되게 구상된 것이 조잡해지고 물질화되는 일이" 3, 509–10).

이상과 같이 파스테르나크가 여러 창작 단계를 거쳐 궁극적으로 구현하고자 한 사랑은 한 시대의 도덕적 규범도, 한 개인의 초월적 이상인 사랑관도 넘는 모든 시대, 모든 인간이 추구해야 할 보편적 사랑의

"덕성"이다. 그것은 원초적 합일의 무의식 세계에서 분리돼 "의식 세계"에 사는 현대 인류를 '구원'할 (도스토옙스키적 "전 세계적인 인류-형제애의 이념"[48]과도 상응한) 사랑인 것이다. 이러한 구원의 측면은《닥터 지바고》의 에필로그에서 암시되는 해방감에서도 엿볼 수 있다: "전후(戰後) 기대했던 광명과 해방감이 승리와 함께 완전히 도래하진 않았지만 자유의 전조는 [···] 대기에 담지돼 있었다. 이 영혼의 자유가 와있고 [···] 거리들에서 감지될 만큼 미래는 이미 놓여있는 것처럼 [···] 여겨졌다. [···] 행복 및 감동을 주는 평온이, 소리 없이 주변 멀리까지 흩어진 행복의 음악처럼 그들을 침투하고 감쌌다. 그들 양손에 있는 시집도 이 모든 것을 아는 듯 그들의 느낌에 지지와 확신을 주는 듯 했다"(3, 510).

지바고의 시를 읽은 두 친구에 의해 감지된 해방감은, 지바고의 사랑에 내재된 "공통성"을 통해 라라가 느꼈던 "행복과 해방감"과 정확히 일치한다. 모든 인류 및 전 세계의 통일적 상태에 의해 불어넣어진 것이라 하겠다. 지바고가 느끼고 표현했던 세계의 통일성이 소비에트 현실에서 감지되는 "영혼의 자유"와 일치한다는 것은, 지바고의 '불멸'이 "죽음에 대한 미래의 극복"에 바쳐진 "작업"인 역사(3, 14) 흐름에 동참임을 뚜렷이 해준다. 또한 그와 라라의 사랑에 죽음의 극복을 위한 모든 "정신적 설비"("이웃에 대한 사랑", "자유로운 개인성", "희생으로서의 삶" 3, 14)가 갖춰졌음에도 말이다.

3. 전 세계적인 형제애를 향하여

톨스토이 및 솔로비요프와의 논쟁 형식을 띤 파스테르나크의 사랑의 테마 속에는 세 측면을 지닌, 그의 사랑 관념이 드러났다. 첫째, 그것은 태초의 조화 상태로 이끄는 원초적 신적인 본성의 힘에 의해 주도된 정

48_박종소 1996: 28.

열적 사랑이다. 따라서 육체적 사랑은 영적인 것으로 신성화돼 이성과 합리화에 의해 추구된 '인간적 조화' 형태인 도덕적 규범 및 신앙 차원을 초월한다. 둘째, 그것은 성애적 측면 이외 모성애가 공존하는 사랑이다. 모성애는 여주인공에게 대지모신의 이미지가 부여됨으로써 구체적으로 구현된다. 만물의 생명력의 원천인 대지모신의 지상 세계는 정신적 영역의 근원으로 승화된다. 따라서 정신과 육체의 결합은 지상계가 주도권을 쥐게 돼 '환상적'이 아닌 '실제'적인 것이 된다. 셋째, 성애와 모성애는, 주변으로 나아가 "다른 사람의 생명을 촉진"하는(프롬 2006: 70, 74) "이웃 사랑"으로 지향되는 바, 형제애는 파스테르나크의 사랑 관념의 핵심이다. 남녀주인공들의 사랑은 전 세계적인 형제애, 이른바 '세계적 통일성'을 현시하는 것으로 드러나는 것이다. 이는 도스토옙스키의 "전 세계적인 인류-형제애" 이상의 확장인 셈이다.

요컨대 파스테르나크는 사랑의 테마를 통해 세계의 구원에 관한 자신의 복음서 해석을 피력할 수 있었다. 그에게 세계 구원의 수단인 사랑은 세계 융합의 미인 '소피아' 형상을 넘어[49], 지상으로 도래 및 이웃 사랑을 통해 세계 통일성을 제시한 신인(神人)-그리스도 형상을 통해 구현되는 것이다.

그런데 강조돼야 할 것은 이 같은 사랑 관념의 구현에 기독교적 토대뿐만 아니라 원초적인 세계 인식 및 신화 해석학이 커다란 역할을 한다는 점이다. 이는 파스테르나크의 기저 텍스트들—고대 그리스 철학, 로미오와 줄리엣, 트리스탄과 이졸데 등—이 신화와 전설을 바탕으로 하고, 동시에 신화, 전설의 요소가 직접 모티프가 된 사실에서 드러났다. 그의 새로운 사랑관은 톨스토이식의 기독교적 금욕주의나 솔로비요프식의 고차원적인 것과 저차원적인 것의 "계층의 철학"등 문명발달 이후가 아니라, 그 이전의 평등의 "몸의 철학", 자연과의 합일 등

49_솔로비요프는 교회를 창조하는 그리스도의 힘도 신의 힘에서 온 점을 환기시키는가 하면, "진정한 사랑"의 목표인 "신의 영원한 여성성"의 구현도 신의 단일성에 비해 "수동적 여성적 단일성"이라 한다(Соловьёв 1991: 164, 167).

의 원초적 세계로의 회귀를 통해 제시된 것이다. 이러한 회귀야말로 그의 "기독교"의 본질을 이루는 것이다. 성서 및 신화 해석학의 융합, 근본적으로 무의식 세계와 의식 세계 간 "화해"에 바탕을 둔 그의 창작적 방법론은 인식의 '무전제성'을 새로운 방법론으로 제기한 20세기 후설 현상학 및 모더니스트들의 태도와도 상응한다는 점에서 그 의의가 더욱 크다고 하겠다.

제13장 신비주의

《닥터 지바고》 속의 신비체험

1. 파스테르나크의 종교성

이제까지 파스테르나크의 종교성은, 세계의 단일성 사상 구현으로서의 '랴드ряд 시학'(야콥슨의 표현으로 '환유적 특성метонимичность'), 사랑의 관념, 그리고 여성 신화의 논의 속에서 부분적으로 해명되었다고 할 수 있다. 이러한 논의들은 파스테르나크 창작의 바탕을 이루는 신화 및 동화의 세계(Сиротенко 1990: 54; Фатеева 2003: 115–7; 임혜영 2011: 110–1)와도 연관되는 것들이다. 기존 연구에서 온전히 규명되지 못한 파스테르나크의 종교적 요소들[50]은 사실 신비주의적 종교성에서 비롯된다고 볼 수 있다. 그의 종교적 구원론과 예술관이, 신비한 합일 체험을 타인과 나누려는 신비주의 전통의 궁극적 목표(오강남&성해영 2011: 42, 73, 92; 이재성 2011: 119)와 상통한다는 점에서 그러하다. 따라서 본 장에서는 파스테르나크의 종교성을 신비주의 측면에서 고찰하고자 한다.

러시아의 정교가 신비주의 흐름의 지속이고(오강남&성해영 2011: 78; 이재성 2011: 38–42) 파스테르나크의 예술 세계 형성에 심대한 영향

50_본서 11장('역사철학'과 '삶, 죽음의 공존 구성 체계')이 이에 해당한다. 본 장은 11장의 심화 연구이다.

을 끼친 블로크의 정신 및 창작적 기반에 신비주의가 있었던 사실(최종술 2008: 121)은 파스테르나크의 신비주의를 고찰하는데 하나의 당위성을 준다. 실제로 교회의 개혁자이자 "영적 혹은 신비적 작가"로도 불리는 성 프란치스코(1181–1226)의 전통이 파스테르나크 창작 전체에 반영됨이 기존 연구에서 지적되기도 했다(Гардзонио 1999: 67). 그런가 하면 초기 서정시는 물론, 결정적으로 《닥터 지바고》의 주인공 형상에 모델이 된 파우스트가 '영지가' 였고 괴테 역시 일찍이 신비 철학에 흥미를 느껴 마법 세계를 수용했다는 사실[51]은 본 장의 접근법의 당위성을 더 공고히 해준다.

파스테르나크 창작에 있어 신비주의의 중대성에 대한 지적에도 불구하고 기존연구(Пастенак Е(1989), Альфонсов(1990), Гардзонио(1999) 등)에서 논의는 문제 제기 단계에 그칠 뿐 본격적으로 이루어지지 않았다고 할 수 있다. 신비주의 사상과 개념이 다뤄지지 않았고 논의 대상도 시집 《삶은 나의 누이(이하 '누이'로 약칭)》에 국한되었기 때문이다.

파스테르나크 종교성의 신비주의적 특성은 삶과 창작 과정에서 최종적으로 형성된 것으로 보인다. 연구자들에 의해서도 지적되었듯이 그의 작품의 주인공들은 서로 연관되며 진화하는데, 희생적인 그리스도 형상을 공통적으로 지니기도 한다. 서술체 장르의 주인공들—시미트 중위와 세르게이, 지바고 등—이 특히 그러하다.[52] 그리스도의 형상은 파스테르나크의 종교성에서 핵심적 요소를 차지한다. 종교적 형상 측면에서 파스테르나크 주인공들 간 연관성은 엄밀히 말해 서술체 장르나 남주인공 형상에만 국한되는 것은 아니다(일례로 "성자"로 불리는 《누이》(1917)의 서정적 주인공, 《류베르스의 어린 시절》(1918)의 여주인공 등도 있다). 이는 근본적으로 작가가 단일한 창작 세계를 보인다는 점, 시와 산문이 교류하고 서로를 보완한다는 점, 나아가 결정적으로 역사,

---

51_Boerner P. *Goethe*. Rowohlt, 1978. S.27. 이영수 1997: 111에서 재인용.

52_Бёртнесс 1994: 373; Жолковский 1994: 283; 임혜영 2001b: 540.

사회적인 하나의 '긴 산문'을 작가가 평생 구상한 점과 관련된다.

따라서 파스테르나크의 신비주의적 종교성에 관한 논의는, 주인공의 그리스도적 형상을 중심으로 창작적 진화 과정을 고찰할 때 비로소 온전히 이루어질 수 있다. 그러나 지면상 본 장에서는《닥터 지바고》를 중심 대상으로 하고 향후 그러한 연구를 위한 발판을 마련하도록 한다. 논의에 필요할 때 이전의 시와 산문, 그리고 자전적 작품이 언급될 것이다. 흥미롭게도 최후의 장편《닥터 지바고》는 작가의 신비주의의 기원을 추적하는데 용이한 것으로 드러난다. 자서전이나 이전의 시와 산문에는 신비주의적 요소가 파편적으로 제시되는 반면, 장편에서는 주인공의 생애를 통해 총체적으로 제시되기 때문이다. 이는 해당 장편이 저자 스스로 밝혔듯 그의 모든 사상을 종합적으로 제시한다는 점과 무관하지 않다.

다음 절에서는 작품 분석에 앞서 신비주의의 개념과 그 특성을 제시하도록 한다. 그것은 신비주의의 핵심 문제인 구원론에 초점을 맞춘, 동서양 신비수의의 근원적 원리가 될 것이다.

2. 신비주의: 신비체험과 신비주의의 길

신비주의란 개인의 깊은 내적 체험에서, 인간의 노력이나 이성적 추론 없이 영적 직관을 통해 궁극적 실재를 깨닫는 것을 뜻한다(이재성 2011: 23-5). 이는 인간의 참된 본성이나 우주의 궁극적 원리를 깨닫고 그것과 합일되는 것이다. 대부분의 신비주의 전통에 따르면 내 안에 그리고 모든 피조물에 신성이 있고, 동일한 근원으로 모든 만물은 동등한 하나가 된다. 신비주의는 제도와 교리 차원의 외재적(exoteric, 公教的)인 표층 종교를 넘는 것이다. 그것은 종교의 가장 심층에 있는 내재적(esoteric, 秘教的)인 심층 종교의 성격을 띤다. 심층 종교는 신비적 합일뿐 아니라 내면적인 종교성이나 깨달음이 삶 속에서 깊어짐을 뜻한다.

따라서 대부분의 신비주의 전통이 내면의 신을 체험하는 과정에서 보다 이타적인 삶의 추구를 강조하므로, 심층 종교와 상통하게 된다.[53]

이러한 연유에서 동서양의 모든 종교에 신비주의적 흐름이 있다고 말한다. 그것은 서양 종교보다는 동양 종교에서 활발했던 것으로 알려져 있다. 전자의 경우 유일신 전통이 강해 주류가 되지 못했기 때문인데, 특히 기독교의 초기 교회사에서 영지주의 전통이 교부들로부터 이단으로 몰려 소멸됨으로써 신비주의 전통은 크게 약화된다. 이후 서로마 기독교에서도 마찬가지다. 반면 동방정교회의 경우 위 디오니소스(Pseudo-Dionysius)의 영향을 크게 받아 신비주의 전통이 활발하게 살아있었다. 이슬람교의 경우도 그 전통은 주류가 되지는 못했으나 수피즘을 통해 명맥이 유지된다. 신비주의 전통이 유지돼 온 유대교의 경우 카발리즘과 그 발전인 하시디즘이 대표적이다. 동양의 경우는 불교와 힌두이즘이 대표적이다(오강남&성해영 2011: 87–8). 동서양의 교류가 본격화된 이후에는 비이원론적인 힌두교 전통을 비롯하여 동양의 다양한 신비주의 전통이 서양의 영성에 큰 영향을 미친다(일례로 켄 윌버나 올더스 헉슬리가 있으며 파스테르나크[54]도 그 한 예인 셈이다).

신비주의는 자체 내에 문제점을 지니기도 했는데, 크게 세 가지로 볼 수 있다. 신비주의라는 용어는 희랍인들의 신비 숭배에서 기원하는데(이재성 2011: 22), 신에 대한 진리는 파악하기 어려우며 고차원의 지식을 소유한 엘리트 그룹에 의해서만 도달 가능하다고 보는 관점이 존재했다. 그러나 현대에는 개인의 내밀한 체험을 통해 누구에게나 가능한 것으로 인식되고 있다.[55] 또 다른 문제는 천상적인 것들만 거론되기도 했다는 점이다. 실재의 깨달음 이후 그것의 실천인 주변 세계와의 교통

53_오강남&성해영 2011: 73–4; 이재성 2011: 119; 오상선 2011: 199–220.

54_작품에서처럼 파스테르나크는 인도 전통에 관심을 보인다: 《누이》—갠지스 강(파스테르나크 2010: 44–5), 《테마와 변주》—인도와 갠지스 강(Пастренак Б. *Собр. соч.*: В 5т. Т.1. М., 1989. с.187. 이후 이 판본의 인용은 권수와 쪽수를 괄호 안에 표기한다; 임혜영 2011: 105 참조), 《이야기》—인도의 영성(4, 134).

55_Chrisci J. *Mysticism*. London, 1986, p.3. 이재성 2011: 22에서 재인용; 오강남&성해영 2011: 61–2.

(交通)을 부정하는 것으로, 현실과 물질세계에 대한 부정적인 이원론적 세계관과 연관된다. 그러나 신비주의는 단번의 체험으로 끝나는 게 아닌 하나의 여정이다. 그 핵심은 자기중심적 자아를 없애가는 일로, 대부분의 신비주의 전통에서 인간은 진리의 깨달음이후 신과의 일치 속에서 주변 세계와의 일치—타인에 대한 사랑과 자비—로 나간다. 이는 '신비주의의 길(mystical path)'로, 세 단계를 거친다. 첫째는 한 번도 심각하게 생각해 본 적 없는 자신을 들여다보며 모자란 부분을 깨달아 가는 자의식 단계다. 둘째는 모자람을 없애는 정화의 길, 이기적인 자기를 없애고 사랑을 시도함으로 빛을 보는 조명의 단계이자 통찰과 직관이 가능해지는 깨침의 단계다. 마지막은 궁극적인 실재와의 합일 단계로, 모든 만물과의 합일이 실현되며 주객이 일치하는 단계다. 내가 절대자 속에, 절대자가 내 속에 계시다는 것이다(오강남&성해영 2011: 39, 75).

마지막 문제는 신비체험의 다양성과 관련해 동서양의 신비주의가 같은가 다른가 하는 것이다. 신비체험에 대한 가장 포괄적인 분류는 다음과 같다: 이원론적으로 구별되지 않는 일성(一性) 안에 만유가 있고 만유 안에 이 일성이 있는 신비적 체험(pan-en-benic); 신 안에 만유가 있고 만유 안에 신이 있다는 신비적 체험(pan-en-theistic); 신성 혹은 '하나님다움'을 피조물 안에 '담겨져 있는' 존재로 느끼거나 "이 세상에 하나님이 아닌 것은 아무 것도 없다"는 신비적 체험(pan-theistic)[56]. 사실 기독교 내에도 유대교 셈족 계통의 신비주의와 알렉산드리아 학파에서 발전된 신비주의가 존재했고 각각은 어둠(apophatic; 否定) 신학과, 명시(cataphatic; 肯定) 신학을 발전시켰다. 이후 어둠 신학이 우세한 채 서로 만났으며 위(僞) 디오니소스를 통해 이어져, 14세기에 서방으로 퍼졌다(이재성 2011: 38-42).

그런데 일반적으로 동양은 궁극적 실재와의 합일을, 서양은 합일보다 특별한 사랑의 관계에 초점을 둔다는 의견이 존재하기도 한다. 하지

56_Happold F. *Mysticism*. London, 1990, p.43. 이재성 2011: 35에서 재인용.

만 기독교 내에 신비주의가 존재했듯 기독교 전통에서도 합일, 즉 신이 되었다는 신화(神化)를 이야기하므로 결국 대부분의 연구자들은 동양은 '동화'를 서양은 '신화'를 강조한다(Гардзонио 1999; 이재성 2011; 오강남&성해영 2011). 이때 관건은 신과 합일되는데 인간의 인격성, 정체성으로서의 개성을 잃느냐 아니냐이다[57]. 범신론 vs 만유내재신론의 구분도 이와 관련된다.[58] 이러한 구분은 근본적으로 신에 대한 전통적인 태도의 차이에서 비롯된다. 서양 전통에서는 신과 인간의 동일성을 바로 주장하는 것, 근원적으로 동일하다고 하는 것이 위험했고 동양의 경우는 무리 없이 수용됐는데, '내가 곧 브라흐만'이라는 힌두교 사상이 대표적 예다(오강남&성해영 2011: 91-2). 하지만 신이 되었다는 것의 의미를, 인간의 참된 본성이나 우주의 궁극적 원리를 아는 것에 초점을 맞추고 자기 자신을 높이려는 '오만'이 아니라 '자기'가 없어진다는 '겸손'의 극치로 볼 때, 그리고 신을 단순히 사랑이나 숭배의 대상으로가 아니라 인간 영혼이 빨려 들어가게 되는 만물의 근원으로 볼 때 동서양 구별의 결정적인 의미는 없어지게 된다(오강남&성해영 2011: 89-90, 93).

본 장에서는 이렇듯 동서양의 구별을 넘어 신비주의 수행의 동기나 의도, 혹은 각 종교적 전통 속에서 얼마나 깊이 들어가느냐에 초점을 맞추려한다(일례로 프란치스코는 불교와 개신교 신자들을 포함한 모든 이들로부터 큰 존경을 받는바 모든 신비주의 전통을 포함한다.[59]). 도일도 적절히 지적했듯 참나와 궁극적 실재에 대한 이해로 이르는 자아의 이해과정은, 융의 용어를 빌면 각 개체의 무의식을 의식화하는 것으로, 온전한 "전체상"이 되는 개체화 과정이라는 점을 주목할 것이다. 그리고 각 개체의 개성은 모든 만물의 신성성과 가치를 존중하는 데 전제가 되며, 하나 됨은 획일화도, 다양성은 오만이나 배타주의를 수반하는 분열도

57_Happold F. *Mysticism*. London, 1990, pp.44–5. 이재성 2011: 37에서 재인용.

58_프란치스코의 종교를 범신론과 대조하기도(Гардзонио 1999: 66–7), 그의 자연은 범신론, 심미적 대상이 아니라 보기도 한다(이재성 2011: 112).

59_이재성 2011: 42–4; 문영식 1997: 83 참조.

아님(도일 1986: 52-4, 295-7)을 주목할 것이다.

또한 신비체험을 '인식'과 '실천'의 두 단계—'도덕적 정화'와 '철학적 혹은 지적인 정화'를 갖는 의식의 정화, 모든 만물과의 합일 실현—로 나눠 고찰할 것이다. 기존에 신비는 막연한 환상이고 신비체험은 언어 한계를 넘는다는 입장에서 신비주의 개념만 논했다(이재성 2011: 14-5). 하지만 최근에는 신비체험이 실재 세계에 기초를 둔다는 점이 부각돼 논의되기 시작하며 신학적 접근 이외 여러 학문적 접근이 이뤄진 게 사실이다[60]. 여기서 신비체험의 인식과 실천이란 삶의 매 순간 이루어지는 '점진적 발전'으로서의 인식 전환과 '일회적인 (궁극) 체험'인 신비적 합일을 말한다(오강남&성해영 2011: 97-100). 양 단계는 반복돼 서로 교대되기도 하므로 그 경계를 단칼로 나눌 수 없다. 따라서 본 장에서는 만물과의 합일을 완전한 단계로 보고, 의식의 정화와 나눈 것이며, 아울러 신비체험이 변화의 과정과 개개인의 독특성을 수반하므로[61] 본 장에서 필요시 개별 신비주의 전통도 논의할 것이다.

3. 《닥터 지바고》와 신비주의

(1) 의식의 정화와 "자유로운 개성"

파스테르나크는 《닥터 지바고》를 자신의 "기독교"이자 복음서에 대한 풀이로 규정하였다(5, 453-4; 임혜영 2001b: 530-1). 풀이는 크게 세 방식—철학적 이론, 삶에서의 실천, 예술로의 구현—으로 제시된다. 철학적 이론은, 20세기 초의 지바고의 어린 시절에 영향을 끼친 외숙 베데냐핀을 통해 소설 처음부터 제시된다. 그것은 불멸과 구원 사상을 핵심

60_김성민 2008&2009; 문영석 1997; 민성기 1998; 성해영 2009; 손은실 2009; 오강남 2009. 오강남·성해영 2011; 오상선 2011; 유승종 2011; 이영수 1997; 이재성 2011; 조초희 1997; 최종술 2008; 휠러 2006.

61_Schmucki O. "The Mysticism of St. Francis in His Writings." *Greyfriars Review* 3(1989): 246. 이재성 2011: 23에서 재인용.

으로 하는 베데냐핀의 역사, 종교철학이다:

> 무엇이든 신뢰할 만한 가치가 있는 것이 이 세상에 있겠소? […] 불멸은 신뢰해야 […] 그리스도를 신뢰해야 한단 말이오! […] 역사란 무엇인가? 그것은 죽음의 수수께끼에 대한 일관성 있는 해명과 그것의 미래의 극복에 관한 수 세기에 걸친 작업의 확립이오. 그것을 위해서 사람들은 수학의 무한대 […] 를 발견하고 […]. 그러한 발견을 위해서는 영적 장비가 요구되오. 그것을 위한 자료는 복음서 내용에 있소 […]. 그것은 첫째 이웃에 대한 사랑 […], 그 다음은 […] 자유로운 개성의 관념과 희생으로서의 삶의 관념이오. (3, 13–4)

불멸을 위한 "영적" 열쇠로서 베데냐핀이 제시하는 '그리스도의 이웃 사랑', 그 바탕이 되는 '자유로운 개성' 및 '희생적인 삶'은 "러시아 이념русская идея"이 인류 구원을 위해 제시한 것과 그대로 일치한다. 러시아 정신의 정체성의 모색 과정에서 19세기 슬라브주의자들에 의해 체계화된 '러시아 이념'은 이미 11세기 교회사상가들에 의해 그 기본적 모티프들이 표현됐다. 역사를 신의 의지의 실현으로, 러시아 민족을 신의 사명을 받은 민족으로 보는 신의설과 메시아주의가 그러하다(최종술 2003: 7–8). 이러한 특징을 근간으로 이후 19세기 슬라브주의 vs 서구주의로 양분된 러시아 사상가–지식인들의 역사 종교철학적 관점으로서의 러시아 이념은 인류와 세계의 구원 문제를 핵심으로 한다고 할 수 있다.[62] 민족주의의 극복을 위한 도스토옙스키와 솔로비요프의 노력을 거쳐 이후 사상가들에 의해 범슬라브주의로 나아간 러시아 이념의 흐름에서, 슬라브주의자들이 인류 구원 모델로 제시하여 러시아 이념의 씨앗이자 중심 개념이 된 러시아 민족의 교회적 삶의 '집단적' 결집인 '소보르노스티sobornost'는 바로 그리스도의 이웃 사랑의 구현체이다. "유기성과 전체의 동의 속의 자유", "다양성 속의 단일성"을 구현

62_'러시아 이념'에 대해 자세히는 최종술 2003: 1–22 참조.

하는 이 결집에서 개인은 사랑의 법칙에 따라 공통의 의식을 따르면서도 자기 자신으로 남으며 타인을 향한 희생정신을 갖기 때문이다(최종술 2003: 11, 16)[63]. 결국 베데냐핀은 어린 시절 지바고가 러시아 이념의 전통을 따라 종교성과 구원론을 형성해 갔음을 암시해주기도 한다.

그런데 베데냐핀의 언술을 면밀히 관찰해보면 러시아 이념 전통의 피력에만 그치지 않음을 알 수 있다. 진리 획득 방법에 있어 그는 신비주의의 심층 종교적 특성을 드러낸다:

> 지금은 여러 동아리와 협회가 유행이오. 사람들이 떼거리로 모이는 것은 모두 재능이 없어서요. 그들이 솔로비요프나 칸트, 혹은 마르크스를 추종하든 않든 말이오. 진리 추구는 고독한 자들만이 하는 것이오 [...]. 난 그리스도를 신뢰해야 한다고 했소 [...] 무신론자일 수 있고, 신이 존재하는지 무엇을 위해 존재하는지 모를 수도 있으나 인간은 자연 그대로의 상태에서가 아니라 역사 속에서 살고 있다는 것, 오늘날 이해되고 있는 바인 역사는 그리스도에 의하여 확립되었다는 것 [...] 은 알 수 있다는 것을 당신은 이해하지 못하고 있소. (3, 13-4)

혁신적 종교관으로 교회의 파문을 자처한 성직자 베데냐핀은 이웃사랑의 진리가 공교적인 표층 종교를 통해서가 아니라 개인의 자유롭고 직접적인 신비체험, 곧 심층 종교를 통해 획득됨을 역설한다.[64] 개인 단위 강조는 구원에서 각 개체가 동등한 가치를 지님을 의미한다. 표면적으로 "무신론자"임을 자처하거나 아직 제도적 교회의 종교인이 아니어도 말이다.

베데냐핀의 종교관이 신비주의적 종교성과 상통함은 지바고의 첫 '회심' 체험을 통해 곧바로 입증된다:

63_베데냐핀은 스크랴빈, A. 벨리, 그리고 베르댜예프, H. 표도로프, 헤겔과 연관되지만(Scherr 1991: 26-7; Ковалев 1991: 125-54; 김영란 2010) 기존 사상가들 및 지바고와 차이도 보인다(Scherr 1991: 27, 30; 임혜영 2001b: 533, 543).

64_Scherr 1991: 31 참조.

> 당시 중요한 것은 […] 외부에 있었다. 숲과 같이 통과할 수 없고 분명히 감지되는 외부 세계가 사방에서 유라를 둘러싸고 있었으며 바로 그 때문에 유라는 어머니의 죽음에 그리도 몸서리를 쳤다. 그는 이 숲에서 […] 갑자기 어머니 없이 혼자 남은 것 같았다 […]. 이것은 도달할 수 없는 높은 하늘이 유모가 뭔가 신에 관한 이야기를 들려주곤 할 때면 유모의 옷자락 속에 있는 그의 작은 머리까지 아주 낮게 기울어져 손에 닿을 듯이 가까워 졌던 것이다 […]. 당시 유라는 반은 맹목적인 믿음으로써, 숲 감독관의 존재를 믿듯 이 숲의 신의 존재를 믿었다. […] 이제 그는 삶도 죽음도 이 세상의 어느 것도 두려워하지 않았다. […] 자기가 우주와 동등한 입장에 있다고 여겼으며 […]. 자신의 위대한 선임자로 숭배한 하늘과 땅의 고차원적인 힘을 계승한다고 느끼는 것엔 교회의 경건성 같은 것은 전혀 없었다. (3, 88-9)

"외부"에서가 아니라 내면 체험을 통해 진리를 깨닫는 모습에서 지바고의 종교성 바탕에 제도적 종교성("교회의 경건성набожность")이 아닌 비교적 면모가 있음이 암시된다. 그가 고아가 된 순간 느낀 세상에서의 고독감은 영지주의의 '소외' 모티프[65]를 강하게 환기시킨다. 육체적 근원인 부모의 부재는 그가 존재론적 근원을 인식하고 그것과의 합일로 회귀하는데 촉매 역할을 했기 때문이다. 즉 그가 고아로 설정된 것은 신비주의 관점에서 볼 때 우연하지 않다. 그것은 그가 자신에 대한 내밀한 체험과 우주와의 통합 체험을 할 수 있게 한 조건으로, 신비체험의 길로 들어서는 영지가들의 심적 조건과 맞닿는다. 그러한 체험을 갖기 전의 지바고에게 절대자는 제도적 종교의 신 혹은 이교의 신들이 되는데, 민중-유모의 말을 통해 형성된 종교성으로 인해 그는 절대자를 자신과 동떨어진 외부의 두려운 존재로 인식한다.

자전적 인물 지바고를 창조한 파스테르나크와 영지주의의 연관성은 심도 있는 연구를 필요로 하지만, 주류 기독교 전통에 깊이 만족하

65_휠러 2006: 60-1; 유승종 2011: 137-58; 이영수 1997: 103-20 참조.

지 못하고 영지주의자들에게서 친근감을 느낀 융처럼 파스테르나크에게도 영지가의 심리와 모종의 연관이 있음은 추정할 수 있다. 융이 '내향화작업' 후 현실에서 '개성화'된 삶을 살려함으로써 영지가들과 다른 길을 갔듯(휠러 2006: 219-22; 김성민 2009: 273) 파스테르나크도 내향화 후 자신의 길을 갔을 것이다. 지바고도 그러하다. 위 같이 영지가들의 심적 조건과 상응에도 불구하고 그가 체험한 것은 천상적인 것만을 중시하는 영지가의 그것과 다르다. 그는 자신 안에 신성이 내재함("하늘과 땅의 고차원적인 힘을 계승")을 깨달음과 동시에 자신이 모든 만유와 동등함("우주와 동등한 입장")을 깨달았기 때문이다. 이러한 동등성 인식은 그가 신성한 본질을 인간에게만 국한시키지 않고 우주의 모든 피조물에게도 내재한다고 본 결과라 할 수 있다. 삶과 죽음을 비롯한 세상의 모든 대극적인 것을 두려워하지 않게 된 것도 우주의 전일적인 본질을 깨달은 결과라 하겠다. 그러므로 지상도 그에게 천상 못지않게 신성성이 내재한 의미 있는 공간이 된다.

사실 영지주의 신관에서 신성성의 주체인 지고의 신은 빛과 신들의 영역 플레로마에 거주하고 있을 뿐, 이 지상 세상과 자연을 창조하고 지배하는 것은 플레로마에서 타락한 데미우르고스다. 세상과 자연은 생명과 빛의 천상과 대립되는 어두움과 물질계다. 따라서 구원이란 인간이 이 세상으로부터 이탈해 플레로마로 복귀함으로써 이루어진다. 지바고는 이러한 신관을 가진 영지가와 달리 "고차원적인 힘"의 본성을 지녔다고 해서 다른 피조물과 분리되지도, 지상 세계를 부정하지도 않는 것이다. 그의 체험은 궁극적인 합일에 도달하기 전 매 순간 이뤄지는 '지적 혹은 철학적 정화'인 것이다. 인식이 아직 실천으로 나가지 않은 '회심'적 전환에 해당하기 때문이다. 하지만 이제 그에게 그리스도의 이웃 사랑이란 모든 만물에 대한 우주적 규모의 사랑을 의미한다고 유추할 수 있다. 인간 간의 사랑을 넘는 이것은 베데냐핀에 의해 암시된 새로운 사랑인 셈이다.

우주적 사랑에 대한 지바고의 인식은, 당시 그의 요한 계시록의 사유에서 읽을 수 있다: "예술은 끊임없이 죽음에 대해 사유하고 그럼으로써 끊임없이 삶을 창조한다. 위대하고 진정한 예술이란 요한계시록이라 불리는 것이며 그것을 완성해 가고 그것에 보태 쓰는 것이다"(3, 91-2). 계시록의 중심에는 모든 피조물의 우주적 구원과, 그 구원의 중심자인 그리스도의 우주적 사랑이 이야기된다. 즉 지바고의 내적 체험과 관심이 여느 신비가들('우주적 그리스도론'으로 단테부터 베르댜예프, 현대 연구가들, 그리고 파스테르나크의 주목을 받아온 프란치스코와 요하킴이 대표적 예[66]다)처럼 인간뿐 아니라 전 피조계를 향한 우주적 사랑과 구원에 있음을 알 수 있다(지바고의 관심이 러시아의 종말론적인 문화적 분위기와 관련됨[67]을 상기하라). 계시록을 반영하는 게 예술임을 깨달은 이 단계는 지적 정화를 넘은 도덕적 정화라 하겠다. 예술에의 적용은 이미 도덕적 실천 단계로 진입한 것이기 때문이다.

내면 탐색을 통해 우주의 본질을 체험한 지바고가 그 체험을 삶에서 실천하기 전에, 각 개체의 고유성인 '개성'의 중요성을 피력하는 것은 당연한 현상이다:

> 그는(종군기자-인용자 주) 인간이 사실 속에 뭔가 자신의 것, 인간의 자유로운 천재성의 일부, 어떤 동화적인 것을 부여하지 않는다면 그 사실은 무의미하다는 것을 어떻게 이해하지 못할까. (3, 123)

지바고의 사상은 베데냐핀의 것과 "일치"한다(3, 123). 진리 획득과 '구원'은 집단의 외적 "형식" 차원이 아닌 개인의 내적 차원, 곧 "자유로운 개성"에 의해 이루어진다는 외숙의 인식이 일상 삶(1차 세계대전 전선)에 적용돼 나타난 것이다("그는 구원은 형식에 충실함에 있는 게 아니라 그것에서 해방됨에 있다고 […] 소리치고 싶었다." 3, 247). 이는 고르돈

66_Бердяев Н. *Философия творчества, культуры и искусства.* Т.1., М., 1994: 239. Гардзонио 1999: 74-5에서 재인용; 문영식 1997: 83-4; 임혜영 2001b: 532 참조.

67_Гардзонио 1999: 66-75 참조.

의 말에서 확인된다:

> 그것(복음서-인용자 주)이 천국엔 헬라인도 유대인도 없다고 했을 때 신 앞에 모두가 동등하다는 것만을 말하려 했을까? [⋯] 천국이라 불리는 새 교제 형태엔 민족이 없고 개성이 있다는 점을 말하려 한 것이지 [⋯]. 기독교 역시, 사실이 인간에게 의미를 갖기 위해선 그 속에 부여해야 하는 바로 그것, 곧 개성의 신비라네. [⋯] 늘 어떤 것이든 민족에 대한 얘기가 오가는 것에 관심 가진 이류의 세계 [⋯]. 이러한 풍조에 독보적인 완전한 희생물이 유대민족이야. [⋯] 민족 옹호자들은 왜 [⋯] 세계적 비극과 비꼬는 방식의 형식을 넘지 못했을까? [⋯] 왜 이렇게 말하지 않았을까, "무리지어 모이지 말고 흩어지시오. 모두와 함께 하시오. 당신들은 세계 최초의 위대한 기독교인이오 [⋯] 라고" (3, 123-4).

고르논에게도 '구원'은 집단성("민족")이 아니라 개인 단위("개성")에 의해 이루어진다. 그러므로 기독교는 제도적 종교가 아니라 "개성의 신비мистерия личности", 비교적인 것이 된다. 하지만 그는 유태인이란 "형식"에 "얽매"여 있다("외숙의 영향은 [⋯] 미샤를 얽매이게 했다. 유라는 미샤의 극단적인 심취에 그의 유태인 혈통이 어떤 역할을 하는지 알고 있었다 [⋯]. 그는 삶에 좀 더 가까운 경험주의자적인 미샤의 모습을 보고 싶었다." 3, 67). 체험적 깨달음으로 삶에 "감화력"을 얻어 일반 삶에 대해 언급한 지바고와 달리 유태인 학대에의 분노와 "철학"적 이론화로 이루어진 그의 발화(3, 123)에서 우리는 그의 인식이 영적 차원으로 발전되지 못하고 표층적인 "지식의 차원"에 멈췄음을 알 수 있다. 영적 차원으로 "승화"됐다면 우주적 통합을 인식하고 "삶에 생명력"을 얻어 유태인이란 "자아의 속박"에서 벗어났을 것이다.[68]

다른 한편으로 "세계 최초의 위대한 기독교인"의 대목에서 우리는,

68_김관영 2000: 278 참조.

문명화로 인해 변질된 서구 기독교와 달리 최초의 본래 모습을 간직한 것으로서의 러시아 정교를 설파한 러시아 이념(최종술 2003: 12)의 반향을 보게 된다. 신비주의적 관점에서 조명 시, 시나이산에서의 내적 "정화"와 하나님과의 만남을 체험한 모세를 "모델"로 하는 유대교 "셈족의 신비주의"(이재성 2011: 37, 41-2)로의 회귀를 여기서 읽을 수 있다.

등장인물들을 통해 반복된 개성 중심의 구원론은 파스테르나크와 그의 제2의 자아-지바고의 신비주의의 핵심이다. 그것은 우주의 본질은 개인이 자신의 본질을 깨달음으로써 획득되므로[69] 각자의 내면 탐색과 개성이 중요하다는 것이다. 그런데 우주의 본질은 인간뿐 아니라 모든 만물이 지니므로 각 개체의 개성도 중요하게 된다. 이 점은 지바고의 '숲의 역사관'을 통해 온전히 피력된다: "그는 자신이 역사 [⋯] 를 일반적인 사고방식과 전혀 다르게 생각한다는 것, 그에게 역사는 식물계의 삶과 유사하게 그려진다는 사실을 다시 생각했다 [⋯]. 우리는 영원히 성장하고 바뀌며 그 변화를 추적할 수 없는 사회의 삶인 역사를, 숲처럼 움직이지 않는 것처럼 보게 되는 것이다. 톨스토이는 나폴레옹, 황제, 사령관이 역사를 움직이는 게 아니라 했을 때 그의 사상을 끝까지 전개시키지 못했다. 바로 이 동일한 것을 생각했으나 온전히 명료하게 이야기하지 못했던 것. 역사는 누구도 만들어낼 수 없다. 풀이 자라는 것을 볼 수 없듯 역사 진행도 볼 수가 없는 것이다"(3, 448).

지바고는 역사의 본질을 논리에 의한 "일반적인 사고방식"이 아니라 식물의 비유를 통해 전한다. 역사의 본질이 이렇게 식물계의 '알레고리'로 표현될 수 있는 것은, 식물계도 궁극적 실재의 신성한 본질을 담지하기 때문이다. 우주를 지배하는 '고차원적인 힘', "전능한 사랑의 신"은 인간을 포함한 모든 "디테일의 신"으로(파스테르나크 2010: 168), 실재에 관한 신비한 진리는 임의의 사물로 "대체"되어 전달될 수 있다(4, 187-8). 역사에 대한 지바고의 신비스런 앎, 곧 융의 용어로 '무의

69_도일 1986: 52, 67 참조.

식 체험의 내용'이 이렇듯 숲의 상징을 통해 표현됨은, 파스테르나크 자신의 언어관에서도 엿볼 수 있듯 신비주의적 표현 문제와 관련된다("힘과 상징의 개념으로 구축할 것이다. […] 이미지들의 언어 […] 이외에 힘 […] 을 표현할 수 있는 건 없다. 느낌을 직접 표현해주는 것은 알레고리이고 이를 대체할 수 있는 것은 없다." 4, 187-8). 신비주의에서 신비스런 진리는 인간의 논리적 언어, 로고스를 통해서가 아니라 상징-이미지를 통해 표현될 수 있기 때문이다("상징은 그 본질을 아직 다 알 수 없어서 오직 추측할 수밖에 없는 무의식의 내용을 나타내주는 가장 좋은 표현 수단"[70]).

삶의 대상과의 유추를 통해 피력된 지바고의 역사관은 만물 가치의 존중과 동등성 인식에 기초한 개성 중심 구원론의 절정적 구현이다. 이는 톨스토이의 역사관과 비교되는 데서도 드러난다. 지바고의 역사관은 역사는 한 개인 영웅에 의해 이루어지지 않는다고 톨스토이가 철학적으로 논한 역사관을 잇는 것에 그치지 않는다. 그것은 온 민중의 뜻이 하나로 모아져 신의 뜻이 될 때 역사가 이루어진다는 톨스토이의 '민중' 중심적 역사관을 보완한다. 역사가 숲의 "나무"와 "풀"로 이루어졌다는 지바고의 직관은 영웅 개인도, 집단 민중도 아닌 절대자를 제외한 상호의존적인 자유로운 개성을 지닌 개체들에 의해 이루어지는 역사를 "온전히" 상징하기 때문이다. 식물 알레고리는 톨스토이의 역사관 뿐 아니라 당시의 인류 중심적 구원론에서 진화된 파스테르나크의 만물의 개성 중심적 역사관을 표현해주는 것이다.

지바고 삶의 매 순간 일어난 의식의 정화는 베데냐핀의 사상을 확장하는 결과(3, 67)를 가져왔다. 베데냐핀은 이론적 사상가로 그칠 뿐, 체험한 깨달음을 삶에 적용하고 실천하지는 않는다. 무엇보다 그는 현실-"제1우주"가 아닌 이론 세계-"제2우주"에서 사상을 상정하는 바(3, 67) 이는 현실을 바탕으로 창조하는 파스테르나크식 예술가의 모습과도 분명 대립된다("제1우주의 현실을 들어 올려놓을 수 있는 제2우주

70_Jung C. *The Archetypes & the Collective Unconscious*. Princeton, Princeton U.P(1969): 6. 김성민 2009: 277-8에서 재인용; 도일 2006: 65-6; 이영수 1997: 109 참조.

가 없다. 따라서 […] 제 1우주의 평면에서만 현실의 모습을 묘사해야 했다.” 4, 161). 그가 그리스도에 대한 절대 믿음에서 이후 볼셰비키 혁명에의 열광을 선언하게 돼(Scherr 1991: 30) 이 점은 더욱 명료해진다. 그의 의식 단계는 지적 혹은 철학적 정화에 멈춘 것으로 보인다. 그에 반해 지바고는 의식의 “탐색” 후, 세상의 혼란과 즐거움으로부터 떨어지지 않은 채 신과 모든 피조물에 대한 “위대한” 사랑을 보여줌으로 나아간다고 할 수 있다. 이는 모든 만물과 온전히 합일되는 궁극적인 합일을 체험하고 “희생으로서의 삶”을 실천함을 뜻한다.

(2) 궁극적인 합일과 “희생으로서의 삶”

지바고가 깨달음을 삶에서 실천한 예 하나는 직업 활동에서 볼 수 있다. 그의 의사이자 시인의 모습에 모델이 된 것은, “우주를 지배하는 근원적 힘”, 영지(靈知)를 알고자 이성, 로고스의 세계가 아닌 파토스의 세계이자 마법의 세계에 몸을 맡긴 파우스트(이영수 1997: 111)라 할 수 있다(“각 인간은 파우스트처럼 모든 것을 포용하고 경험하고 표현하려고 태어난다. 선임자들과 동시대인들의 실수를 보고 파우스트는 학자가 되었다 […]. 또 스승들의 강하게 끄는 모범을 보고 파우스트는 예술가가 되었다 […]. 내가 […] 치료하며 글을 쓰는 데 방해하는 것은 무엇일까?” 3, 282). 《닥터 지바고》 구상에 ‘러시아 버전의 파우스트 박사의 시도’가 있었음은 주지의 사실이다(3, 663–4). 파우스트가 우주의 신비로운 힘을 탐색하는 과정이 잘 드러나는 것은 연금술에 몰두하는 장면이다. 이는 “과학자”이자 “예술가”로서의 그가 고대 신비가-연금술사들처럼 직관적 인식을 통해 우주의 통합적 진리를 획득하려는 모습이다[71]. 하지만 그는 자신의 마술의 미비함을 인식해 악마의 힘을 차용하고(안진태 1999: 62–4; 임혜영 2011: 110) 환상의 세계에 빠져 방종적 삶을 살며 지상 삶과 물질계를 부정하는 영지가의 모습을 드러낸다. 신비한 지식 획득과 구원을 삶에서가 아닌 영의 천상 세계, 나아가 사후 찾으려는 것이다

71_김성민 2009: 278–9; 이영수 1997: 112–3, 103 참조.

(이영수 1997: 114). 그는 현실 삶과의 온전한 합일에도 온 우주와의 교류에도 못 이르는 낭만적 "공상가"단계에 머문다(1, 202; 임혜영 2011: 110–13, 115).

지바고는 진료와 연구에서 "단번에 모든 것을 포괄하는 완전한 인식인 직관"으로 판단을 한다. 그것은 맞아 떨어져 동료 의사들에 의해 "진단의"라 불리며 찬사를 받으나(3, 103, 106) 혁명 후에는 "관념론"적 "신비주의", "괴테의 자연철학"이라고 외면당한다(3, 402). 그는 "공상가" 파우스트 박사와 달리 깨달음을 삶에서 실천하는 '살아있는' 박사(Доктор 'Живаго')인 것이다. 예술, 연구, 진료 모두에 적용되는 신비적 직관으로 그의 과학과 예술 활동은 그 경계가 사라진다. 이는 우주 본질을 추구하는 과학과 철학과 예술이 하나가 된다는 그의 인식에서도 확인된다("자연 도태로 형성되는 길은 의식 발달과 탄생의 길일 것이라는 사상. […] 양자의 동일성 […] 다윈은 셸링과 만나고, 날아간 나비는 현대 회화와 인상파 미술과 만났다." 3, 342). 그는 "내적인" 주체와 "외적인" 객체, 곧 나와 신-우주의 본질적 동일성에 관한 체험과 믿음을 일상 활동에서 실천하며 타인들에게 전하는 것이다.

일상과 노동, 예술 전반에서 지바고의 온전한 교훈이 되는 것은 푸시킨으로 드러난다("천재의 손이 닿은 평범한 것만이 신비스럽다. 이런 면에서 가장 좋은 교훈이 되는 것은 푸시킨이다. 그의 작품은 정직한 노동과 의무와 일상 습관을 얼마나 찬미하는지!" 3, 282). 그러나 그가 우주와의 온전한 합일에 이르는 것은 그리스도와의 합일 체험, 그리스도 고통의 체험 과정을 거친 후라 할 수 있다. 신에 대한 체험을 실제 삶에서 철저히 실천한 프란치스코에게서 단적으로 드러나듯(이재성 2011: 213–4, 124), 그리스도가 상징하는 고통은 완전성 혹은 개체화로 이르는 과정이기 때문이다(도일 1986: 52).

지바고의 그리스도 고통 체험은 '제2의 그리스도'라 불리는 프란치스코와 달리 처음부터 단번에 일어나지 않는다. 늦게 점진적으로 이뤄지는데, 산문의 내러티브보다는 주로 지바고의 시, 특히 '수난 사이

클'(임혜영 1996) 속에서 본격적으로 상징된다. 그러나 가끔 산문에서도 상징적으로 그려지는 바, 그 하나가 죽음 체험이다. 티푸스에 걸린 지바고는 삼일 간 혼수상태에 빠진다: "사슴 털 누빈 털옷을 입은 째진 키르기스인 눈의 소년 […] 이 소년은 그의 죽음의 영 혹은 […] 그의 죽음이었다 […]. 닿아서 기쁜 것은 지옥 […], 죽음이었다. 하지만 그들과 동시에 닿아있어 기쁜 것은 봄, 막달라 마리아, 삶이기도 했다 […]. 부활해야 한다."(3, 206). 기독교 교리 차원에서 볼 때 이 꿈속 체험은 그리스도 죽음과 부활의 모방 체험이자 그 인격과 하나 됨을 의미한다. 그런데 지바고가 죽음을 동생 예브그라프로 체험하는 점은 흥미롭다. 이것의 의미는 프란치스코의 시 〈태양의 노래〉와 비교를 통해 유추할 수 있다.

영감을 준 성경 구절 중 하나가 계시록인 〈태양의 노래〉는 우주적 형제애가 오롯이 드러난 프란치스코의 신비주의의 절정인데, 사랑의 대상 가운데에 죽음이 있다: "주여! […] / 언니 햇님에게서 찬미를 받으사이다 / […] 모든 사람도 벗어나지 못하는 / 육체의 우리 죽음, 그 누나의 찬미 받으소서 […] / 두 번째 죽음이 저들을 해치지 못하리로소이다."(민성기 1998: 54–5). 이 시는 강조컨대 모든 만물이 같은 근원, 한 창조주로부터 나와 "형제자매로" 연결돼 있다는 인식에 기초해 "죽음과의 신비로운 연합"을 표현한 것이다(손은실 2009: 117; 도일 1986: 87, 260). 우주 모든 것과 합일된 프란치스코의 중심점은 내가 아닌 우주가 돼 하느님 찬미에 "모든" 사람 및 피조물을 초대하는바, 이 시 역시 그의 마음에 깃든 (죽음을 포함해) 모든 만물이 한 가족이라는 보편적 형제애이자 우주적 비전에서 비롯되기 때문이다(이재성 2011: 131–2).

지바고의 무의식에도 죽음은 혈연으로 자리 잡는다. 그에게 예브그라프는 동양계 혈통('키르기스인'의 눈)을 지닌 "이복동생"일 뿐 아니라 죽음으로서, 살아있는 자신과 대극적인 쌍이 된다. 꿈속에서 죽음-동생은 그에게 도움과 생명을 가져다준다. 이는 죽음은 생명과 합일된다는 지바고의 신비주의적 관념이 실현된 것으로, 죽음은 "삶", "봄"과의 합일로 회귀하면서("함께 닿아") 생명력으로 '전이'된 결과다. 지바고는 부친 쪽으로 근원이 같은 동생("Граня Живаго")과 분리되지 않고 존재론적 합일과 우주적 '한 가족' 공동체로 회귀하여 부활한 것이다.

파스테르나크에 있어 대극적인 쌍의 합일은 남녀 관계에서도 이루어진다. 이때 그리스도와의 완전한 일치를 위해 온갖 욕망을 버리고 가난을 실천한 프란치스코마저도 남녀 간의 합일 문제를 피하지 않았음에 주목할 필요가 있다. 그는 '가난 부인'을 둠으로써 극단적인 금욕주의를 경계했다. 즉 물질을 악한 것으로 보는 당대 카타르파 금욕주의와 달리(손은실 2009: 121–2), 육체적 본능을 인정하고 곁에 여성상을 두되, 그것에 '가난' 관념을 부여하며 욕망의 억제를 추구한 것이다(김성민 2008: 130–1). 그런데 이 점에서 파스테르나크 신비주의와의 결정적 차이도 드러난다. 파스테르나크의 경우에는 관념적, 보편적인 여성이 아니라 사랑하는 실제 여인이 등장한다. 프란치스코의 경우에는 금욕적 기쁨이 지배적이었다면 파스테르나크의 경우, 그런 기쁨은 사랑에 빠신 남성의 타오르는 감각으로 바뀐 것이다(Гардзонио 1999: 71).

파스테르나크의 남녀 주인공의 관계는, 에로스의 측면을 중심으로 논의돼왔지만[72] 그것으로써 모든 의미가 풀이되는 것은 아니다. 신비주의적 합일 관점에서 그들의 관계는 두 의미—남매의 혈연관계, 고통받는 여성에 대한 신-그리스도의 강한 사랑—로 풀이될 수 있다. 남매의 혈연관계는 라라에 대한 첫 인상을 회상하는 지바고의 말에서 암시된다:

> 내 전부가 쏟아지는 눈물로 찼고 내면이 번득이며 울었던 거요. 소년인 내가 죽도록 가여웠고, 소녀인 당신은 더욱더 가여웠소. 난 전존재로 놀라 물었소. 사랑한다는 것과 자력을 흡수하는 것이 이토록 마음이 아프다면, 여성이 된다는 것, 자력이 된다는 것 [...] 은 더욱더 마음 아플 것이라고. (3, 420–1)

72_Якобсон 1978: 302–79; Захариева 2007: 111–21.

우리는 지바고가 라라에게서 에로스적인 끌림과 함께 강한 연민을 체험했음에 주목할 필요가 있다. 그것은 그녀에 대한 것일 뿐 아니라 자신에 대한 것이기도 하기 때문이다. 이는 그녀를 자신의 존재의 일부로 느낄 때 가능하다('만유일체 [···] 란 거죠. 우린 기를 공유하는 형제이자 자매란 것. 다른 사람들이 아픈데 [···] 나만 안 아플 수 있겠습니까? 고통을 뜻하는 패션에 함께란 접두어를 붙이면 [···] 자비가 됩니다.'[73]; "난 그들 모두와 함께 느낀다 / 내가 그들의 신체에 있었던 것처럼" 3, 533). 지바고와 라라는 동일한 근원을 가진 혈족관계родство임이 암시되는 것이다. 라라와의 첫 만남은 지바고가 자신의 존재론적 근원을 "내면" 깊이 돌아보게 하는 계기이자 여성을 자신의 몸에서 떨어져 나간 일부로 깨닫는 순간이었다. 여성의 운명과 사랑의 본질이 고통과 희생임을 깨닫고 "전 존재"로 몹시 괴로워하는 것은, 프란치스코처럼 만물을 자기 일부로 여기고 느끼는 "도덕적 책임감"(Harris 1974: 398–9, 417)과 연관된다고 할 수 있다. 이런 책임감은 이후 지바고가 희생을 감수하며 여성을 고통에서 구원하고 그녀와의 통합 회복을 추구하는 데 동기였다고 추론할 수 있다.

고통받는 여성에 대한 그리스도의 사랑 측면은 이후 성인이 된 라라의 모습과 관련된다. 이때는 내전 절정기에 지바고가 고난의 삶을 체험하고서 그리스도와 동일시된 자신의 모습을 의식한 다음이다:

> 당신이 [···] 후회하는 일이 없었다면 이토록 강하게 당신을 사랑하지 않았소. 난 [···] 발을 헛디디지 않은 모범적 여성들을 좋아하진 않소. 그 미덕은 죽은 것으로 가치가 적소. 삶의 아름다움이 그들에게는 보이지 않는다오. (3, 393)

지바고가 강하게 사랑하는 대상이 고통 받는 여성이란 점은, 성서의 그리스도 모습과 상통한다. 즉 고통 받는 자가 구원자–그리스도를 더

73_오강남&성해영 2011: 45–6.

욱 갈망하고 그와의 영적 일치를 추구한다는 성서 맥락이 녹아있다. 근본적으로 고통은 인간을 겸손과 '부드러움'에, 타인에 대한 포용과 사랑에 이르게 한다는 것으로, 지바고와 라라의 고통 체험은 서로를 합일에 이르게 한 것이다("나의 수많은 죄, 당신의 한량없는 운명을 누가 헤아릴 수 있을까요?"라는 외침이 튀어나왔던 거예요. […] 신과 개성, 신과 여인은 얼마나 가깝고, 얼마나 놀라운 동등함을 이루고 있나요!" 3, 408).

이러한 관계는 시 〈막달라 마리아 I〉에서 알레고리를 통해 좀 더 구체적으로 표현된다: "어린가지가 나무와 접합해 있듯이, 당신과 함께 / 제가 […] / 저의 끝없는 애수 속에서 결합해 있는 지금. / […] 십자가 네 기둥을 / 껴안은 것을 배우고 있는지 모릅니다."(3, 537). "접합"을 통해 혈족이 된 나무와 나뭇가지의 알레고리는, 남녀 주인공 간에 구원자와 피구원자의 영적 합일 이외 물리적 합일, 곧 혈족적 합일이 이뤄졌음을 암시해준다. 이는 두 가지를 의미한다. 우선 프란치스코가 그리스도가 지상에 산 것에 가치를 부여해 그를 삶의 물리적 측면에서도 체험하길 추구했듯, 영적 합일처럼 물리적 결합('함께 있음')도 중요하다는 것이다(이는 작가의 '그리스도중심주의христоцентризм, 지구중심주의геоцентризм'와 연관된다[74]). 또한 신과의 합일에는 인간뿐 아니라 모든 만물도 참여한다는 것이다("온 우주의 일부라는 감지 […]. 인간을 자연계의 다른 것 위에 올려놓으려는 것 […] 은 그들의 마음을 끌지 못했다." 3, 494). 프란치스코의 시처럼 온 우주는 그리스도를 "맏형"으로 하여 인간, 자연이 서로 연결돼 "우주론적 형제관계"(민성기 1998: 54)를 이루는 것이다("사람들과 이 도시의 기분과 이 세상 생활과 따뜻하게 맺어지는 것이었다."; "라라와 카테니카 […] 방들, 밤, 눈, 별, 달의 순결함이 한 가닥 의미의 물결이 돼 […] 밀어닥쳐왔다." 3, 377, 431).

한편, 그리스도로 상징되는 지바고가 우주 통합의 중심에 서는 데 여성성이 결정적 역할을 하는 것은 프란치스코 신비주의와 차별되는 특성이다. 프란치스코와 달리 파스테르나크의 기독교는 삶을 여성적 근

74_Вильмонт 1987: 131–2; 임혜영 2001b: 536.

원이자 사랑과 정열로 보고, 사랑의 지배를 받는 만유의 교회로 바라보기 때문인데, 이는 프란치스코의 신비주의를 보충해 새롭게 발전된 파스테르나크식 신비주의를 탄생시킨다(Гардзонио 1999: 72). 연인-성모(혹은 대지모신)-소피아 등의 이미지를 가진 라라(임혜영 2009: 65-95)는 지바고의 영적 각성을 촉구하기도 그의 결핍을 채워주기도 하면서 일종의 구원자 역할을 한다(그녀를 그의 존재의 "원형"으로, 그녀를 통해 우주적 합일을 느꼈음을 상기하라). 두 주인공은 서로를 구원하는 역할을 한 셈이다. 이는 소피아를 구원론의 중심 형상으로 하는 영지주의 체계에 비추어 규명해 볼 수 있다. 소피아 형상에서 영지주의와 솔로비요프는 초점상 차이를 보이는바[75] 여기서 솔로비요프의 소피아 형상에 주목하지 않는 건 소피아의 위상이 약화됐기 때문이다(박영은 2004: 71-3).

영지주의의 소피아 구원론에서 아버지 신과 합일됐던 천상적 존재 소피아는 욕망에 의해 독자적으로 자식을 낳는 우를 범하고 그 자식으로 인해 천상과 분리된다. 그녀가 천상의 조화로운 합일 상태로 회귀할 수 있는 것은 천상적 본질을 지닌 지상의 존재-인간 아담과의 결합을 통해서다. 그녀가 상실한 신의 천상적 본질을 유일하게 받은 자가 아담이기 때문인데, 그 본질은 본래 소피아 자신의 것이기도 하다. 그러므로 소피아와 아담의 결합은 소피아의 구원이자 우주 전체의 합일, 조화로의 회복을 의미한다. 소설에서 조직화된 라라의 생의 굴곡은 소피아의 이 같은 구원론적 단계와 상응을 보인다.

라라에게 소피아의 '조화'로운 천상적 속성이 내재됨이 소설 첫 부분에서 제시된다(3, 27-8; 임혜영 2009: 80). 동시에 코마롭스키의 유린에 의해 타락한 여인이 됨으로써 천상적 속성을 되찾아야 할 필요성이 생긴다. 이를 위해 먼저 라라가 찾은 것은 하나님의 말씀, 특히 그리스도의 복음서 설교다. 말씀을 들음으로써 신의 천상적 원리와 결합하고 부분적으로 마음의 조화를 얻기도 한다(3, 51-2; 임혜영 2009: 84). 하지

75_자세히는 김성민 2009: 273; 박경미 2001: 77, 92, 93, 99 참조.

만 이는 지바고를 만나기 전까지의 방법이다. 그녀는 지바고처럼 '교회적 경건성', 공교적 종교성과 거리가 먼 존재다. 온전한 조화로의 회귀는 제2의 아담-그리스도로 상징되는 지바고와의 사랑과 결합을 통해 이뤄진다. 양자가 결합한 순간은 각자가 내면을 인식하는 순간이자 우주적 하모니 및 합일이 성취되는 순간(3, 494)이기 때문이다[76].

"세계의 여성적 요소를 상징하는" 막달라 마리아(Фатеева 2003: 222) 알레고리를 통해 명료히 드러나듯 라라의 고통은 소피아처럼 스스로의 욕망으로 발생한다. 하지만 그리스도-지바고의 입장에서 볼 때 그것은 서로의 결합을 위한 필수조건이다. 우리는 삶의 육화이자 타락(혹은 '추락')의 고통을 겪는 여성에게서 지바고가 느낀 혈연적인 연민의 '원형'을, 아담이 자신의 천상적 본질의 근원인 소피아에게서 느꼈을 동질감(박경미 2001: 92)에서 엿보게 된다. 막달라 마리아 이미지를 통해 드러났듯 여성이 고통으로부터 구원되는 것은 남녀 형상의 영적, 물리적 결합을 통해서다. 심리학적 용어로 남성성-'아니무스'와의 결합으로 여성의 결핍, 불완전성은 채워지고 충만했던 본래의 자족적 모습이 회복된다. 충만한 모습으로 여성의 회귀는 남성성이 구원의 여성성인 '아니마'와 결합할 수 있는 전제이기도 하다.[77] 지바고의 꿈과 시를 통해 제시됐듯 그리스도에게 삶-막달라 마리아와의 접촉은 도래할 그의 부활을, 막달라에게 진리-그리스도와의 접촉은 그녀의 영적 부활을 의미한다.

남녀 주인공이 서로 구원되는 다른 예는 시 〈옛날이야기〉에서 엿볼 수 있다. '예고리Егорь' 혹은 '유리Юрий'와 동명인 '게오르기Георгий' 성자는 지바고를 상징하는 바, 정교 수용 후 성 니콜라이와 함께 이교 신을 대신하여 민중을 수호하고 생명의 "소생"을 불어넣는 역할을 하였다(정성훈 1998; Фатеева 2003: 229). 고대 여신의 여성성이 내재된 게오르기-지바고가 용으로부터 '처녀'-라라를 구하는 것은 영적 구원이

76_박경미 2001: 84 참조.

77_박경미 2001: 87–90 참조.

란 기독교적 의미만 갖지 않는다. 그것은 양자가 존재론적인 합일로 회귀하는 것이자 서로가 구원되는 것이기도 하다("행복으로 / 눈물이 한없이 흐르는가 하면 […] // 감긴 양 눈꺼풀. / […] 강들. / 수년과 수 세기." 3, 524). 이는 심리학적 관점에서 순결한 처녀가 기사-게오르기에게 자기실현에 이르게 하는 "관문"이자 "영혼의 길잡이"인 "아니마"(이부영 2001) 역할을 한다는 점에서도 확인된다. 양자의 영적, 혈족적 결합은 소피아와 아담의 결합처럼 인간과 모든 만물의 전일성과 조화가 회복되는 "행복"의 순간이기도 하다. 동질성과 동등성을 전제로 한 남녀 형상의 합일에는, 온전한 존재-"전체상"이 되고자 영혼이 소녀가 되길 지향한 저자의 내적 체험(임혜영 2011: 99)이 반영돼있다.

남녀 주인공은 바르키노에서의 작별 이후 다시 결핍을 체험한다. 영지주의에서 온전한 궁극적 구원은 미래에 이뤄지듯, 미래의 온전한 구원이 이루어지기 전까지 매번의 결합이 필요하기 때문이다. 문제는 라라가 구원론에서 중심 역할을 함에도 불구하고 궁극적 우주 통합의 중심은 그리스도라는 점이다. 이는 여성성의 이중적 본성에서 기인한다 볼 수 있다. 원초적인 "이중적 본성"을 지닌 영지주의의 소피아에게 조화의 깨짐이 잠재하듯(박경미 2001: 96-9) 라라는 모성애적 염려와 근심으로 영적 조화가 쉽게 깨진다[78]. 그에 반해 궁극적 구원의 중심이 된 그리스도-지바고는 이미 우주와 생명의 근원인 소피아-라라와 합일을 체험해 여성성과 만물을 품은 양성적 우주론적 존재라는 독특성을 갖는다. 이는 계시록의 심판자 그리스도를 자신과 동일시하는 시 〈겟세마네 동산〉에서 상징된다("강을 따라 뗏목을 흘러 보내듯, / […] 심판받으러 내게로 / 세기는 어둠 속에서 흘러오리라. 3, 540)" 동시에 지바고는 그리스도와의 온전한 합일 체험을 시를 통해 타인들에게 전달한다. 그의 시는 우주의 신비를 드러내는 '경이'("기적의 창작")로, 소명에 관한 시 〈8월〉은 이를 단적으로 드러낸다: "변용일 축일 […] / 내 숙명의 시간의 슬픔을 덜어 다오 // 안녕 […] / 타락의 심연과 결연히 맞선 그대들, /

78_여성성의 이중성에 대한 언급은 Быков 2007: 136-7 참조.

도전하는 여인이여! / 나는 그대의 싸움터. // 안녕 […] / 말로 표현된 세계의 형상, / 그리고 창작품이여 기적의 창작이여.""(525-6). 지바고가 "변용일 축일"에 자신의 장례식을 떠올리는 것도, 자신을 고통 받는 여성의 수호자로 의식하는 것("나는 그대의 싸움터")도 그리스도와의 합일 체험의 결과다.

4. 종교의 심층을 향하여

파스테르나크의 신비주의적 종교성은《닥터 지바고》의 주인공의 신비체험을 통해 드러났다. 베데냐핀 사상으로 대표되는 러시아 이념전통에서 자란 지바고는 외숙이 강조한 개성 중심의 구원론과 상응되게도, 자유롭고 직접적인 내적 체험을 통해 자신을 포함한 모든 피조물에는 동일한 근원, 신성이 내재함을, 그리고 우주 만물은 동등한 하나임을 깨닫는다. 하지만 철학적 이론화로 그친 외숙과 달리 그는 깨달음을 삶에 적용하고 타인에게 나눠 주는 실천으로까지 나아간다. 신비주의 여정을 따라 의식의 정화를 거쳐서 절대자 및 모든 피조물과 온전히 통합되는 궁극적인 합일에 이른 것이다.

우주 통합의 힘을 알고자 삶의 파토스의 세계로 전향한 파우스트는 신비주의 여정의 첫 부분에 있는 지바고의 모습과 일치를 보이기도 한다. 하지만 신과 현실을 인정하지 않은, 이후의 오만한 공상가로서의 행보로 그는 지바고의 진정한 모델이 아닌 것으로 드러난다. 지바고가 궁극적인 합일에 도달하는 것은 그리스도의 고통의 삶을 체험한 후로, 지바고의 모습과 가장 일치한 모델은 성 프란치스코가 된다. 프란치스코는 진리를 삶에서 실천한 진정한 신비가로 동서양 종교 전통 모두를 포함한 '제2의 그리스도'의 모습, 온 우주 만물을 향한 우주론적 형제관계를 보여주었다. 그런데 여성성에서 삶의 근원을 보고 그 가치를 중요시한 지바고에게는 실제로 사랑하는 여성이 등장함으로써, 금욕을 위해 관념적 여성상을 둔 프란치스코와 차이가 발생한다. 자연이 서로 결합돼 있듯 막달라 마리아와 결합하는 그리스도의 형상이나, 처녀와 결합하는 게오르기의 형상은 모두 라라와 지바고의 사랑의 영적, 혈족적인 합일의 의미를 명료히 해줬다. 라라와 지바고의 합일은 신, 인간, 자연 등의 온 우주적 합일을 상징하는 동시에, 여성성을 지닌 양성적인 존재이자 만물 통합의 중심인 그리스도를 닮은 지바고의 모습을 상징하는 것이다.

지바고는 기존의 다양한 신비주의적 전통에서 진화한 새로운 신비주의의 모습을 보여준다. 그가 지상에서 우주 통합을 "선취"한 점, 그 통합의 중심인 양성적인 그리스도의 모습을 지닌 점 등은 묵시록적 이상 구현이 그리스도가 아니라 성모였던 블로크(최종술 2008: 132) 전통, 영원한 여성성-'영광의 성모'가 인간과 모든 사물의 근원적 동일성을 보장하는 '원형'이자 구원자였던 괴테(이영수 1997: 110, 115-6) 전통의 발전으로 보인다. 이는 삶과 창작 과정에서 구원관의 진화를 겪은 파스테르나크의 모습의 반영이기도 하다. 그는 초기 시의 영원한 여성성 중심의 구원론과 우주론(임혜영 2011: 99-100)에서 점차 여성성을 포함하는 양성적 그리스도 중심의 우주론으로 나아갔다. 그는 기독교 최초의 본질적인 모습뿐 아니라 종교성 자체의 근원적인 모습에까지 이르고 싶었던 것으로 보이는데, 그러한 바람으로 러시아 정교와 이교, 나아가 동양 종교 전통 모두를 포함하는 종교의 가장 심층적 단계에 이르렀다고 하겠다.

제14장 도스토옙스키 및 솔로비요프의 종말론 수용

《닥터 지바고》 속의 묵시록과 사회주의

1. 러시아 문학과 종말론적 텍스트

러시아 문학에 성서의 '종말론적eschatological 비전'의 '투사', 즉 묵시록Apocalypse of John을 대표로 한 성서의 종말론적 텍스트[79]의 반영은, 정교 도입 시점과 함께 현대까지 오랫동안 시도되어온 문제다(박종소 2001: 62–64). 하지만 그러한 시도들이 본격적인 창작적 결실을 보게 된 것은 도스토옙스키와 솔로비요프의 창작에서부터라 할 수 있다. 전자의 위대한 소설들이 대격동기인 60년대 후반을 기점으로 시작되었고, 당대 사회, 역사적 상황이 성서, 특히 묵시록 정신과 종말론적 사상에서 진단되며 예술적으로 구현됐기 때문이다. 솔로비요프 역시 19세기 말엽 러시아 사회에 팽배했던 아포칼립스적 기운, 세계의 종말과 적그리스도의 출현이란 비관론적 색채를 띤 의식을 관심하며 그런 의식의 중심에 서 있었는데(박종소 2001: 64), 그의 창작에서는 도스토옙스키의 사

79_계시록을 비롯, 이사야, 에스겔, 다니엘, 스가랴, 요엘, 마태·마가·누가복음, 고린도전서, 데살로니가전서, 베드로후서 등의 일부, 그리고 유다서가 있다(허선화 1996: 42 참조).

상이 좀 더 "명료"하게 나타났다(모출스키 2000: 845).

위의 두 작가는 종말론적 주제를 본격적으로 다루기에 앞서 정신적 전환을 거친 것으로 드러난다. 초기에는 서구의 사회주의적 혁명사상에 경도되었고 지상에서의 이상 국가 실현이란 공상적인 꿈을 가졌었다. 그러나 조국의 현실을 체험하면서 이후 그러한 사상에서 멀어졌고, 이는 창작 세계의 변화로 이어졌던 것이다(곽승룡 1997: 220-3, 허선화 2008: 307, 박종소 2001: 64, 68). 그러한 체험 가운데, 그들로 하여금 종말론적 사상에 더욱 밀착토록 한 것은 개인적 종말로서의 죽음에 대한 체험이었다. 도스토옙스키의 "종말 사상에 관한 가장 권위 있는 진술"인 노트 기록(1864.4.16)에서 보이듯, 작가는 첫 번째 부인의 죽음을 체험하며 죽음, 불멸, 그리스도, "역사의 의미" 등에 대한 사유에 이르렀고, 이는 죽음, 무시간성, 끝과 침묵의 메타포인 묵시록이 플롯의 가장 주요한 진행 인자가 된 첫 대표작 《백치》(1868)의 창작으로 이어졌다(Bethea 1989: 64-6). 1890년대 이후의 창작이 초기의 낙천성에서 벗어나 암울한 종말론적 분위기가 지배적인 솔로비요프의 경우도 커다란 심적 변화가 그 원인이었다. 적그리스도의 형상을 통해 인류사의 종말을 그린, 생애 말의 산문 《전쟁, 진보, 세계의 종말 및 적그리스도에 관한 짧은 소설》(1900)이 그의 생의 종국에 대한 예감에서 창작되었고 세계의 종말에 대한 불안과 체험이 가장 직접적으로 반영됐다는 사실(베르댜예프 1989: 288, 솔로비요프 2009: 245)은 이를 단적으로 말해준다.

이처럼 정신적 전환 후 두 작가의 작품에 세계 종말에 관한 묵시록 정신은 핵심 요소로 자리하게 되는바, 묵시록 정신은 작품 속에 '개인적' 차원과 '인류 전반'(혹은 국가적, 정치적) 차원의 종말론 문제로 구조화된다(Bethea 1989: 62-104, 박종소 2003: 35-57). 파국을 맞게 된 인물의 등장이나, 모든 기존 질서와 가치를 무너뜨리는 반역가-혁명가의 등장과 그들의 무신론이 제시됨이 그러한 것들이다. 그리고 그러한 구조화를 위해 묵시록의 구조와 모티프—고통과 죽음에서 인류를 구원할 그리스도의 최후 심판, 하나님 왕국의 도래 전 대재앙과 적그리스도의 등장—가 반영됐다.

두 작가가 묵시록을 반영한 까닭은, 이상적 사회의 건설은 묵시록에 '계시'됐듯 그리스도의 진리와 사랑에 기초한 인류 통합에 의해 이뤄질 수 있음을 피력하기 위함이라 할 수 있다. 즉 묵시록적인 암울한 상황 자체를 제시하려는 것이 아니라, 암울한 상황의 극복 뒤에 도래할, 그리스도를 우주의 통치자로 한 영원불멸의 왕국에 대한 비전을 "반대를 통한 증거"(모출스키 2000: 920)로써 보여주려 한 것이다. 결국 각자 마지막 작의 삽입 텍스트 "대심문관", "적그리스도에 관한 짧은 소설"(이하 "짧은 소설"로 약칭)의 '무신론적 개인'–적그리스도의 사상이 그리스도의 진리를 '증거'함에 다름 아니었듯, 두 작가의 묵시록 원용은 "기독교를 사회 개혁으로 진화시키려는 사상"인 '기독교적 사회주의'를 증거 했다고 하겠다. 사실 프랑스의 이상주의적 사회주의 저작에 흥미 느꼈던 도스토옙스키는 일찍이 기독교적 사회주의의 성향, 즉 그리스도에 대한 사상을 수용하고 사고했던바, 기독교를 사회 개혁으로 진화시키려는 사상을 지녔기 때문이다(곽승룡 1997: 231–2).

이 같은 경향은 파스테르나크에게서도 반복된다. 20세기 러시아사에서의 전쟁과 혁명의 소용돌이, 인류와 개인의 운명 문제 등을 다룬 그는 대표적으로 묵시록을 원용하여 종말론적 비전을 투사했기 때문이다. 본 장에서는 파스테르나크 창작에 나타난 묵시록 모티프를 고찰하려고 한다. 그의 창작에 나타난 묵시록 정신과 종말론적 사상은 앞 두 작가의 전통과의 연관성 속에서 조명될 것이 요구된다. 그가 고백했듯(파스테르나크 2015: 112) 그럴 때 전통을 토대로 하고 당면한 시대 요소를 변수로 하는 방정식인 그의 예술 세계의 독특성도 도출되기 때문이다.

기존 연구에서 파스테르나크의 묵시록 모티프가 다뤄지지 않거나 19세기 전통과 연관성이 논의되지 않은 것은 아니다. 하지만 그것은 그의 종교성 전반이나 철학 테마를 논하는 차원에서 일부 논의되거나, 특정 소재('철도 모티프')를 중심으로 파스테르나크 창작에 국한해 논의된 것이었다[80]. 전통과의 연관성에서 논의되었다 해도 작가 간, 정신적 체험의 상응 속에서 긴밀히 논의된 게 아니라 특정 작품들의 몇몇 상응점만 추출한 것으로, 파스테르나크를 도스토옙스키나 여타 사상가들의 종교철학 차원에서 고찰하려는 시도가 21세기에 등장한 것도 이러한 기존 연구의 한계를 보여 준다[81].

파스테르나크의 묵시록 정신이 이제까지 본격적으로 연구되지 않은 데는 그의 특수 상황들과 관련 있다. 우선 기독교적, 특히 종말론적 사상에로의 천착이 일어난 전환 시점이 뚜렷이 확정되어 있지 않다는 것이다. 정교를 그의 신앙으로 보는 견해와 함께, 유대주의를 그의 신앙의 일부로 보는 견해가 존재한 까닭에 그의 종교성의 본질도 온전히 확립되어 있지 않다. 이는 심경의 변화나 입장을 외적으로 드러내지 않는 그의 성향에서 연유했다. 그가 기독교 신학에 대한 일반적인 관념과 다르게 복음서를 풀이하고 있어 그의 기독교에 대한 연구가 적다는 점(Седакова 2011)은 차치하고서 말이다. 또 다른 특수 상황은, 종말적 상황을 묘사한 그의 텍스트가 앞 두 작가의 경우와 달리 "비극적으로 대재앙적"이거나(Смирнов 1996: 156) 암울한 색채를 띠지 않은 채, 생의 찬미나 기쁨으로 차 있다는 점과 관련 있다. 정치적 사건의 평가에 대해 대개 "침묵"을 고수했던 그는 큰 전환적 사건을 다만 삶의 한 현상으로서 "지나가듯" "무심코" 묘사하기도, "양가적" 의미를 지닌 것으로 제시하기도 했다[82]. 요컨대 종말에 대한 그의 묘사는 삶의 묘사가 지배적이라는 인상을 주어 활발히 논의되지 못했고, 논의되었다 해도 주로 《닥터 지바고》의 경우에 국한됐던 것이다.

그런데 볼셰비키 혁명의 본질을 유일하게 직접적으로 비판한 시 〈러시아혁명〉(1918)(Флейшман 2006: 638)에서 사회주의의 이상이 "그리스도의 사회주의Социализм Христа"로 규정된 것에서 알 수 있듯, 이미 작

80_Зандер 1959, Mallac 1973, Gibian 1983, 임혜영 1996&2012, 이은경 2015; Bethea 1989, Смирнов 1995.

81_Смирнов 1996; Седакова 2002, 김영란 2010, О. Сухих 2011, Камельянова 2011.

82_Быков 2007: 65, Флейшман 2006: 636–67.

가는 혁명 발발 당시부터 사회주의 혁명을 기독교의 도덕적 측면에서 진단했다[83]. 대부분의 러시아 지식인들처럼 초기에 사회주의의 학설을 높이 평가하며 혁명을 "기반부터 새로운 땅"을 일으킬 힘으로 기대한 채 그것에 기독교적 이상을 부여한 것이다[84]. 다만 이 시 이후의 창작에서는 혁명과 사회주의의 성격에 대한 규정이 심리적 윤리적 범주에서 이루어져(Флейшман 2006: 637), 그의 역사-혁명적 관념은 일상 삶이나 우주적 자연현상의 묘사에 가리어진 채 구현된다.

본 장에서는 작가의 정신적 영적 전환이 드러난 그의 내밀한 고백들을 면밀히 고찰하여 논의의 근거로 삼을 것이다. 이는 작가의 진정한 영적 토대로서의 정교를 이해하는데 결정적 역할을 할 것이다. 필자는 그의 영적 전환 시점을 40년대로 추정하는 바, 묵시록의 모티프를 공히 원용한 그 전, 후의 두 소설 《이야기》(1929)(내용상 그 일부인 운문소설 《스펙토르스키》(1924-30)와 함께[85])와 《닥터 지바고》(1945-55)를 고찰할 것이다. 두 소설의 비교는 그의 정신적 전환이 반영된 모습을 드러내 줄 것인데, 주인공 고찰에 초섬이 맞춰져온 기존 연구와 달리, 기타 인물들의 고찰에 천착할 것이다. 그리고 두 소설의 분석에 앞서, 《백치》와 두 삽입 텍스트 "대심문관", "짧은 소설"에 나타난 19세기 전통의 종말론적 요소의 핵심 특징을 간추려 분석의 틀로 삼을 것이다. 솔로비요프의 경우 도스토옙스키 창작의 연속이란(모출스키 2000: 843-6) 측면에서 고찰될 것인데, 그와 파스테르나크의 비교 연구가 거의 이뤄지지 않았다는 점에서 연구의 당면성은 더욱 커진다.

83_Быков 2007: 66, Сухих 2005: 22, Mallac 1973, 임혜영 2017a.

84_Пастернак Б. Собр. соч.: в 5 т. Т.4. М., 1991: 118, 123. 이하 이 판본의 인용은 권수와 면수를 괄호 안에 아라비아 숫자로 표기한다.

85_이 두 이야기는 《스펙토르스키/이야기》와 "해설" 참조.

2. 파스테르나크의 기독교와 영성

정교 사상이 파스테르나크에게 갖는 중요한 역할은 말년에 서구학자에게 쓴 그의 편지(1959.5.2.)에 결정적으로 밝혀져 있다: "유모에 의해 아이일 때 세례 받았으나, 특별히 유대인들과 거리를 둔 가족, 예술가인 부친으로 인해 명성을 얻은 가족이 유대인으로서 공히 겪는 여러 제한 때문에 나의 세례는 다소 복잡한 측면을 지니게 됐소. 그러한 측면은 내게 늘 반(反) 비밀이자 내밀한 것으로 […] 예외적인 감화를 준 대상으로 느껴졌다오. 난 이 측면이 나의 독특성의 근원이라고 보오. 1910–12년에 나는 기독교 사상에 […] 몰두하며 보냈소, 이런 나의 독특성—사물들, 세계, 삶을 보는 방법—의 주 근원들과 기반이 그때 형태를 갖춘 것이오."(Gibian 1983: 207). 러시아 정교는 그의 세례이후, 사유의 중심에 있었으며 마침내 그의 영성과 창작의 독특성의 기반이 되었다. 하지만 유대인이란 이유로 받은 차별 대우, 시온주의에 우호적으로 전향한 부친[86]으로 인해 그는 자신을 정교도 인으로 표명하는 데 한동안 어려움("반 비밀")을 겪었다. 벗에게 쓴 편지(1918.2.)("나는 핏줄 상 유태인이나, 핏줄을 제외한 나머지 모든 면에선 러시아인이지" Быков 2007: 62)나, 독자를 위해 글을 단순하게 쓰라고 충고한 고리키에게 보낸 편지(1928.1.7.)[87]는 이를 직접 드러낸다. 유대인이라는 것과 집안 환경은 그에게 무언의 압박으로 작용했고 창작을 제한하는 요인이 된다. 그의 "충동"과 "성향"은 정교의 정신을 추구했지만 그 정신이 창작에 정착되는 데는 혈통이 제약을 준 셈이다.

파스테르나크의 기독교는 굴곡을 거쳐, 1939–42년에 발생한 것으로 보이는 그의 영적 전환을 계기로 삶과 창작에 뿌리내렸다 할 수 있다. 연구자들이 기정사실로 보듯, 그리스도에 대한 그의 새로운 체험이 시 〈새벽〉에 묘사됐기 때문이다(Mallac 1973: 369): "당신은 제 운명의

86_자세히는 Gibian 1983: 203–19 참조.

87_임혜영. 2016: 37–38 또는 본서 10장 참조.

모든 것이었습니다. / 이후 전쟁과 황폐화가 시작되었고, / 아주 오랫동안 없었죠, / 당신에 대한 어떤 말도, 증표도. // 또 아주 많은 세월이 흐른 후 / 다시 당신의 음성이 저를 불안케 했습니다. / 밤새 저는 당신의 성서를 읽고 / 의식이 돌아왔습니다."(3, 532). 그는 기독교 사상에 전념하지 못할 때도 있었지만, 역사적 큰 전환에 바쳐진 10년대 작품을 보면 도스토엡스키처럼(허선화 2008: 307) 그리스도에 대한 믿음을 내면 깊이 간직했던 것으로 보인다.

파스테르나크의 기독교의 본질은 무엇일까. 노벨상 수상 직후 진행된 그의 종교성에 대한 연구 중에는 서구학자들[88]이 중심이 된 근 40년간의 유대주의의 논의가 있다. 하지만 그의 정교적 영성, 특히 도스토엡스키와 상통한 그의 영성은 이미 오래전부터 러시아 종교철학자 L. 잔더(1959)를 비롯, 세계적인 영적 지도자 토마스 머튼(1960)과 그 뒤를 이어 전문적으로 파스테르나크의 철학, 종교의 측면을 연구한 말락(1973&81) 등에 의해 집중적으로 밝혀진 바 있다. 스미르노프(1995&96), 세다코바(2002), 비코프(2007), O. 수희흐(2011)는 이들의 입장을 계승했다.

작가의 기독교의 본질은, 머튼과 말락의 성과물을 축으로 그의 정교적 영성을 정립함으로써 제시할 수 있다. 그것은 크게 두 가지로 지적될 수 있다. 먼저 근본적으로 도스토엡스키의 기독교와 상통한다는 점이다. 삶을 신비스럽게 보는 신비주의적 특성을 갖는 것에서(Merton 1960: 13, 임혜영 2012) 그의 기독교적 사랑은 우주적 연민과 형제적 원조의 형태를 띠기 때문이다(Mallac 1973: 373, 파스테르나크 2015: 169). 두 작가의 기독교가 각자의 연구자들[89]에 의해 아시시(Assisi)의 프란치스코의 경우와 상응한 것으로 지적되는 것도 이와 관련된다. 다만 도스토엡스키와 다른 점이라면 파스테르나크의 기독교는 형식적, 위계적

88_Erlich 1964, Gibian 1983, Bethea 1989&93, Флейшман 2006(&1995).

89_Булгаков 1917, 베르자예프 1989: 285, Альфонсов 1990, 가드조니오 1999, 임혜영 2012.

엄격함이 없이 극히 원시적이라는 것이다(Merton 1960: 13, 15, 임혜영 2013: 177). 즉 좀 더 우주적이고 잠재적이며 이교도적인 동시에, 의식(儀式)적 일상에 길들여지지 않은 매우 순수한 모습, 영성에 신선함과 새로움을 주는 '기독교 이전의' 모습을 띤다.

다른 한편, 파스테르나크의 기독교는 모든 우주적, 인간적 현실을 "그리스도 안의 생명"으로 강하게 의식한다는 점이다. 사랑은 그의 맹렬한 추구 대상이 되는데, 사랑이야말로 그리스도-생명의 이미지 속에서 스스로를 새롭게 창조함으로써 그리스도에게 실제적으로 영광을 돌리는 역동적이고 창조적인 최고의 힘이기 때문이다(Merton 1960: 12). 따라서 말락은, 사랑의 힘으로 근본적으로 삶이 변할 때 인류의 미래는 파국이 아닌 사랑의 밝은 시대가 된다고 본 파스테르나크의 말을 인용하며("증기기관차의 시대 다음, 사랑의 시대가 도래할겁니다.") 작가의 기독교를 "사랑의 종교"라 칭한다. 그리고 정과 관대함이 풍부한 작가의 주인공은 거룩함을 획득하며 사랑은 세계를 바꾸는 주인공의 혁명적 힘의 원천이라고 한다(Mallac 1973: 373–5). 결국 이렇게 생명 활동을 통한 그리스도에게 영광 돌리기와 우주적 사랑을 핵심으로 한 파스테르나크의 기독교적 세계관[90]은, 시인의 종말론적 비전이 암울하지 않고 삶의 찬미로, 영원히 생성되는 생명의 분위기로 차게 만들었다 할 것이다.

3. 도스토옙스키, 솔로비요프의 적그리스도와 비관적 종말론

도스토옙스키의 위대한 기독교적인 서술 전통을 계승했고 정교적 요소로써 세계 문학에 기여했다는 점에서 파스테르나크 창작은 《카라마조프가의 형제들》과의 상관성 논의를 필수로 한다(Смирнов 1996: 154, 197). 그럴 때 플롯에서 묵시록 텍스트가 중요한 역할을 하고 작가의

90_브류하노바는 이 세계관을 '기독교적 의식과 생철학의 합성'으로 보고 서구 생철학에 천착한다(Брюханова 2010: 206).

죽음 체험이 바탕을 이룬《백치》는 그러한 논의에 시발점이 된다.

죽음과 부활에 대한 작가의 단상은《백치》 구조의 중심에 인물들의 죽음이 놓이고 개인적 종말론이 전개되는 데 큰 역할을 했다. 1부와 3부, 각각의 주요 사건(나스타시야 생일&미시킨의 생일) 중심에 놓인 나스타시야와 입폴리트의 죽음이 그러하며, 이들의 파국을 앞두고 묵시록 텍스트(6:5-6; 8:10-11)가 언급됨[91]은 이를 단적으로 보여준다. 묵시록 정신에 비춰볼 때 이들의 비극적인 파국(나아가 작품의 '비관적 종말론')은 선악의 갈등에서 신앙을 고수하지 못하고 악의 힘인 적그리스도의 사상에 함몰됨에서 비롯된다. 죽기 전의 심리 묘사에 많은 지면이 할애된 입폴리트의 개인적 종말론은 특히 주목할 만하다. 그가 "해명"글의 봉투를 봉인하고 떼는 모습, 성서의 천사의 말을 빌려 지체할 수 없음을 강조하는 모습(595-638)에는 '하나님의 비밀'인 두루마리의 인을 떼는 묵시록 모티프(5: 2-7; 6:1; 10:1-7)가 원용됐다. 사실 이는 "하나님이 악을 정복하시고 의인들에게 궁극적 승리를 가져다주시는 과정"인 계시록의 지체 없이 심판이 실행된다는 내용이다(스윈돌 2012: 184-7). '하나님의 비밀'은 심판 도래와 "아들이 영광스럽게 재림하여 지상에 의와 평화의 나라를 세우신다는 것"이다(스윈돌 2012: 185). 이러한 원용으로 입폴리트는 자신의 종말과 "비밀"을 묵시록의 경우와 유비시켰을 뿐 아니라, 그의 의도와 상관없이 결과적으로 자신을, (진노의 심판을 위한) 인을 뗄 권리를 가진 역사의 심판자-그리스도와 동격에 둔게 된다.

그리스도가 두루마리의 인을 뗀다는 것은 세상의 통치자로서 타락과 저주의 세상을 심판하고 낙원 상태를 회복한다는 의미를 갖는다(스윈돌 2012: 126-7, 129-30). 그런데 입폴리트는 신이 존재하고 선행이 영혼의 상호 교류에 있음을, 믿음이 신을 추구하는 과정에 있음을 이성으로 알지만(620-3, 636-7) 오만과 '자기애', 신의 질서에 대한 '반항'심

91_도스또예프스끼, 김근식 역,《백치》, (열린책들, 2009), 312-3; 572-5. 이하 이 책의 인용은 면수를 괄호 안에 아라비아 숫자로 표기한다.

에서 자신의 '의지'대로 '죽을 수 있는 권리'를 주장하고자 자살 결심을 한다. 그에게 무신론적인 적그리스도의 모습이 투영되는 것이다. 그는 적그리스도적 인물 키릴로프와 이반(그리고 대심문관), 나아가 파스테르나크의 파샤 안티포프의 선구적인 모습을 보이는바, 조시마 및 알료사의 선구인 미시킨과는 대립을 이룬다. 기존에는(Bethea 1989) 로고진이 적그리스도 형상으로서 주목 받아왔다. 하지만 도스토옙스키와 파스테르나크의 기독교가 '영의 자유'와, (삶의 재축조가 아닌) '자연스런 삶의 과정'을 중시한다 할 때(Сухих 2011: 352–3), 입폴리트는 두 작가의 적그리스도적 인물을 예고한다.

《백치》에서 국가 차원의 종말론은 60년대 후반의 젊은 세대의 니힐리즘 현상의 묘사를 통해 전개된다. 니힐리즘은 리자베타, 예브게니, 레베제프에 의해 도덕적 바탕이 사라진 세계의 종말적 현상으로 진단되는바, 이들의 입을 빌어 니힐리스트의 본질—오직 자연과학과 유물론을 숭배함, 허영심에 참, 권리만을 주장함—이 밝혀질 뿐 아니라 그 향후의 모습—뜻과 목적에 방해가 되는 상대는 가차 없이 죽임—도 예언된다(439–41, 453–55). 니힐리스트들의 핵심적 특징은 적그리스도적 정신에 있다. 이는 작가의 사상을 전달하는 "바보 광대"인 레베제프(Bethea 1989)가 인류 구원의 열쇠로 "사람들을 묶는 사상"(584), 즉 그리스도의 진리와 사랑을 강조하는 것에서 확증된다. 그럴 때 니힐리스트들에 대한 진단은 향후의 폭력적인 볼셰비키와 그 사회주의에 대한 예언이 된다.

무신론과 사회주의가 적그리스도 정신과 연관됨은 미시킨의 연설(833–4, 836)에서 강조되고 이는 작가의 종말론적 비전의 핵심인 것으로 드러난다[92]. 무신론과 사회주의는 왜곡된 그리스도를 전하는 카톨릭 교회의 적그리스도 사상을 이은 것이며 카톨릭의 형제, "후예"라는 것이다. '그리스도교에 반항하는 사람도 그리스도를 닮은 인간이다'라는 지적(베르자예프 1989: 280)처럼, 그리스도의 가르침의 대안으로서

92_기존엔 연설을 구조의 결점으로 봤다(허선화 2008: 333–4 참조).

새로운 학설을 주장하는 무신론과 사회주의, 양자의 적그리스도적 본질은《백치》속 개인과 국가의 비극 및 제 문제를 배태한 근본 원인인 것이다.

한편, 두 텍스트, "대심문관"과 "짧은 소설"은《백치》의 적그리스도적 현상과 작가의 종말론적 비전을 온전히 이해하는데 주요 지침서가 된다. "현대의 정치적 종말론"이라 불리는(허선화 1996: 56) "대심문관"은 그리스도의 인류 구원 계획을 수정한 대심문관-추기경의 인류 구제프로그램의 제시를 주 내용으로 한다. 묵시록의 구원 방식에 대한 두 가지 항의—인간에게 행동 선택의 자유를 주어 특정인만을 구원한다는 점, 인간은 본성상 영적 영역에 대한 관심보다 기적과 같은 실질적 · 가시적인 보장을 원한다는 점—로 이루어진 이 프로그램은 추기경의 정체성을 두 측면에서 드러낸다. "인간의 참된 고귀함"인 정신적 자유를 무시하는 존재인 동시에, 사탄의 세 유혹을 받아 들여 "로마와 카이사르의 검을" 받아 쥐었다는 그의 고백[93]이 시사하듯 스스로를 높이려는 세속적 욕망에 사로잡힌 존재인 것이다. 자신이 아닌 그리스도의 이름으로 일을 행하고, 인류에 대한 연민에서 심판의 대가를 받겠다는 기만적 논리에 찬 모습은 적그리스도적인 그의 본질을 여실히 드러낸다(허선화 1996: 44). 그가 제시하는 전 인류의 결합은 사회주의를 등에 업은 허구적인 종교 구조물에 의해 달성되는 것이며, 그는 한 연설(1879.12.30)에서 작가가 경고한 무신론적 휴머니즘을 설파하는 셈이다(허선화 1996: 50, 56).

"짧은 소설" 역시 적그리스도인 한 젊은 "천재"에 관한 이야기다. 묵시록의 몇몇 모티프를 원용한 "대심문관"과 달리, 그 전체가 묵시록의 내용—대 환란, 적그리스도와의 전쟁 및 최후 심판—과 상징물들을 대규모로 원용하고, 갈등을 통해 주인공이 적그리스도가 되는 과정과 그의 왕국이 작동되는 모습이 구현됨으로써 "대심문관"의 사상을 더욱

93_도스토옙스끼,《카라마조프 가의 형제들 2》, 김연경 역(민음사. 2012), 542. 이하 이 책의 인용은 권수와 면수를 괄호 안에 로마숫자와 아라비아 숫자로 각각 표기한다.

명료하게 제시한다. 한 천재적 유심론자는 대심문관처럼 표면상 인류를 사랑하는 사회 개혁가의 모습을 띤다(모출스키 2000: 919). 하지만 그의 영적 상태를 보면, "초인"으로서 "뛰어난 정신력"과 "명료한 이성"으로 선과 하나님을 믿지만 자신 하나만을 사랑해 그리스도의 불멸을 부정한다. 그리고 자신을 "최종적인 그리스도", 최후의 "신의 아들"로 참칭한다(솔로비요프 2009: 200–2, 204).

이 유심론자가 반대자를 물리치며 왕국을 건설하는 과정은, 적그리스도가 일시적으로 승리하는 묵시록 구조의 충실한 재현이 된다. 그것은 그리스도가 없는 '사회주의 유토피아', 적그리스도 왕국의 건설 과정인 것이다. 평화와 복지, 여가, 종교적 통합을 골자로 한, 그 왕국의 세 정책은 대심문관처럼 권력 지향성, 정신적 가치를 경시하는 물질적 세계관을 드러낸다. 말미에 반대 세력–그리스도를 따르는 자들과 최후 전투를 벌이는 장면, 그리고 그리스도의 재림과 하나님 왕국의 도래로 인류의 부활이 성취되는 장면은 그의 세속적, 물질적 측면을 결정적으로 드러낸다.

두 작가가 적그리스도 형상을 통해 드러내려는 것은, 솔로비요프의 사상의 전달자인 Z씨가 (역사의 진정한 의의는 '진보'가 아닌 죽음에 대한 영원한 극복이며 진정한 선행은 양심과 이성 외에 종교적 영감이 있어야 이뤄질 수 있다고 말하면서) "짧은 소설" 낭독에 앞서 환기시킨 진정한 '선'행과 '불멸' 문제라 할 수 있다(솔로비요프 2009: 159–160, 184). "선의"로 시작한 유심론자의 "인류 구원 사업"(솔로비요프 2009: 203)은 Z씨의 표현을 빌면 악('자신의 권리와 우월성을 주장'하는)을 위해서도 봉사할 수 있는 이성 작용에 의한 것이며, "선의 영감", 곧 "종교적 영감"("우리 안에 일어나는 가장 선한 원칙"의 "협력")에 의한 순수 선은 아니다. 이 점은, 유심론자의 세 정책이 Z씨가 제시하는 다음과 같은 세 종류의 악(개인적, 사회적, 물리적)의 구현인 것에서 확인된다: 영혼의 높은 지향이 아닌 짐승의 정욕을 추구함, 악에 예속된 세속 군중으로 소수의 훌륭한 자들의 구원의 노력을 막음, 그리고 물질적 요소들이 모든 것을 유기체의 아름다운 형태로 통합하려는 힘을 막아 보다 높은 삶의 현실적 토대 구축을 무산시킴으로써 파멸을 가져옴이 그것이다(솔로비요프 2009: 180). Z씨에 따르면 종교적 영감의 부재는 부활하여 살아계신 신을 불신함에서 온다(솔로비요프 2009: 185). 따라서 부활을 불신하고, 종교적 영감이 없는 이성적 '규칙'에 기초한 선만을 실천하는 톨스토이주의자 공작 역시 거짓 선을 행하는 적그리스도의 길에 있게 된다(박종소 2011: 45).

요컨대 신과 부활을 불신하는 유심론자와 톨스토이주의자의 휴머니즘은 대심문관의 경우처럼(모출스키 2000: 839-40, 918) 거짓된 "무신론적 인류애"일 뿐이고, 그들의 왕국은 "무신론적 사회주의"로서 인류를 파멸로 몰아넣게 된다. Z씨는 미래의 인류에게 궁극적인 복을 제공해줄 역사란 죽음의 극복, 바로 '개인의 실제적인 부활'에 있다고 밝힌다(솔로비요프 2009: 179-80). 하나님 왕국의 실현을 위해선 지상의 삶 동안 갱생하려는 개개인의 노력이 있어야 하는데, 그것은 그리스도의 부활에 대한 믿음과, 미래에 올 모두의 부활을 열망함으로써 가능하다는 것이다. 왜냐하면 신과의 협력인 종교적 영감이 일어 개인과 인류의 삶이 "선 그 자체의 생활"(세 악에 대한 승리)이 되고, 인류는 유기적이고 완벽한 세계, 바로 현재에 실현된 하나님 왕국의 모습을 띠기 때문이다. 이른바 "부활하는 과거" 및 "실현되는 미래"와의 "살아있는 하나의 통일체"가 현재 속에서 성취된다는 것이다. Z씨는, 악-죽음에 대한 선-생명의 궁극적 승리의 메타포인 하나님 왕국(솔로비요프 2009: 180)과 같은 삶을 지상에서 실천할 것을 요구하는 셈이다. 따라서 생명을 부단히 잇는 삶은 궁극적 죽음을 극복키 위한 한 실천이 된다.

종교적 영감, 즉 그리스도의 사랑에 의한 선(통합)과 믿음의 힘으로써 삶에서 갱생을 체험함은 두 작가가 전하려는 인류 역사-삶의 의의이자 인류 구원의 열쇠라 할 수 있다(솔로비요프 2009: 179-80). 두 작가는 인류 구원법을 '증거'하기 위해 적그리스도와 무신론적 사회주의를 구현하였는바, 그것은 베르댜예프의 통찰처럼[94] 기독교의 메시아주의에 근원한, 혁명적 지식인들의 니힐리즘과 사회주의(그리고 공산주의) 사상의 구현이기도 했다. 따라서 분석의 효율성을 위해, '기독교'와 '사회주의'의 상관성이 근간이 된 두 작가의 전통을, 그들의 사상을 계승한 S. 불가코프의 "기독교적 사회주의Христианский социализм"("Христианство и социализм". 1917) 개념으로 압축해 논의할 수 있다. 기독교와 사회주의의 상관성은, 도스토옙스키의 미시킨을 비롯해 《카라마조프가의 형제들》(I, 132, 140)의 미우소프, 조시마의 입을 통해, 도스토옙스키의 1864-5년의 창작 노트(〈사회주의&기독교〉 단상)와 7, 80년대 일기, 편지에서 빈번히 언급됐음이 지적됐다.[95] 하지만 본격적으로 논의되지는 않았는바 불가코프의 "기독교적 사회주의" 개념은, 도스토옙스키와 솔로비요프의 작품과 글들을 바탕으로 했고 20세기 초의 혁명까지 반영했다는 점에서 원용될 당위성이 있다. 게다가 그가 언어와 묵시록의 이해에서 파스테르나크와도 상통한다(Зандер 1. 1959: 41-2)는 점에서 더욱 흥미를 준다.

불가코프가 제시한 "기독교적 사회주의"의 발생과 그 의의를 요약하면 다음과 같다. 그것은 19세기에 나타난 프로그램으로, 인간의 삶, 특히 경제적 문제 해결에 기독교와 사회주의 간 긍정적 상관성이 존재할 수 있고 또 그래야만 한다는 사상에 바탕을 둔다. 경제 체제를 정당하고도 이상적인 규범의 바탕 위에 구축해야 하는데, 기독교적 정의(즉 도덕)의 수행 통로로서의 사회주의가 그에 적합하다는 것이다. 플라톤의 '사회주의 이상'이나 초기 기독교 시대의 박애의 설교에서 알 수 있듯 고대부터 시작된 이 이념은 19세기에 이르러 영국, 오스트리아, 독일 등지에서 추구됐고 러시아에서는 사상계와 문학계에서 '사회주의의 정당성과 그 종교적 의미'가 정교를 기반으로 하여 논의됐다. 대표적으로 도스토옙스키는 그것을 "러시아 사회주의", "러시아 민중

94_박종소 2001: 62 참조.

95_불가코프 1917: 111-31, Лосский 1953: 394-8; 곽승룡 1997: 231-2, 허선화 1996: 55-6&2008: 334-7, 석영중 2009: 288-9.

의 사회주의"라 칭하며, 그 이상적 모습을 '그리스도 안에서 하나 됨'으로 보았다. 종교적 기반에서 사회 문제들의 근본 해결법을 찾으려는 이런 입장은 솔로비요프에 의해서도 표현됐다. 사회주의 자체는 한계성을 지녔기에, 사회주의의 정의가 성취되려면 만유적인 기독교의 의미가 불가피하다는 것이다.

하지만 이런 이념은, 기독교 정신이 수단으로 전략되고 사회주의 자체가 주요 목적이 되면서 변질된다. 러시아의 경우, 로스키(1953: 398)가 지적했듯 19세기 후반에서 20세기 전반에 무신론적 사회주의에서 시갈료프주의로, 또 시갈료프주의에서 볼셰비키의 사회주의로 나아갔던 것이다. 기독교의 도덕적 기반들을 상실한 사회주의의 현상들은 세 경향을 보였다: 프로그램이 그리스도의 사랑이 아닌 권력을 위해 작동함, 만유적 연합으로서의 모두의 교회가 아닌 특정인들의 조건적 연합인 당을 만듦, 영적 성장이 아닌 물질적 행복을 삶의 목적으로 보며 경제 개혁에만 주력함이 그것이다.

권력의 추구, 특권을 가진 소수 집단의 출현, 세속적인 국가 건설이란 위의 세 경향은 적그리스도 왕국이 기반한 세 악의 실현이기도 한바, 사회주의가 역사의 한낱 일시적 현상이자 단편적 의미를 갖게 하였다. 영적 영역에 무지해 본질적인 삶의 변형을 들여놓을 능력이 없는 사회주의자들은 비극적인 선악 대립이 가장 첨예화된 세계 종말에 극단적, 급진적인 무언가를 이루고자 '박애'란 미봉책만 내놓을 뿐, 그들의 이념은 절충의 영역에 머물기 때문이다. 사회주의는 결국 미개한 사회에 이르게 되는바, 인류는 무사안녕의 속물성에 질식해 지루와 우수에 빠지며 점점 도덕적 고통을 겪기도, 서로 질투와 증오에 사로잡히기도 한다.

이 같은 기독교적 사회주의 개념은, 파스테르나크 창작의 혁명 문제, 종말의 역사에서의 개인 및 인류의 운명 문제를 기독교적 도덕성 차원에서 체계적, 본격적으로 논하는데 기여할 것이다. 이미 그가 "도덕적 혁명"을 제안한 혁명가로 지적되었고, 《닥터 지바고》의 개인적 종말론은 마르크시즘과 기독교 천년주의의 연합의 한 형태인 "종교적 민족주의"로 설명된 바 있다는 점에서 특히 그러하다(Mallac 1973: 373, Bethea 1989: 235–6).

4. 파스테르나크의 그리스도 형상과 낙관적 종말론

파스테르나크의 창작에서 종말적 상황의 전개는 일차적으로 전쟁과 혁명 시대의 재현에서 비롯되지만 심층적으로는 작가의 죽음의 체험이나 예감에 바탕을 둔다. "혁명"이 그 첫 제목이었던 《이야기》는 릴케의 죽음과 그 이후 스탈린의 암흑 시대 초기에 작가가 겪은 정신적 죽음의 체험이, 《닥터 지바고》는 모친과 부친의 죽음(1939&45)과 이후, 연인의 체포, 심근경색, 숙청 때 사살된 이들에 대한 소식 등의 체험이 그러했다(Сухих 2005: 6). 이런 체험들은 죽음을 맞는 인물의 등장, 죽음을 사유하는 장면의 출현 등을 가져왔고 '개인적 종말론'의 구현을 이룬다.

《이야기》의 국가적 종말론의 구현은 1차 세계대전 전후와 내전 동안의 민중과 지식층, 각각의 혁명 활동과 관련돼 있다. 10년대 시에서 50년대 글에 이르기까지 작가는 혁명을 대개 민중의 혁명과 지식인의 혁명, 두 부류를 통해 제시하는바, 전자는 긍정적으로, 후자는 부정적으로 묘사해 혁명에 대한 이중적 시선을 드러낸다(임혜영 2017a 참조). 그런데 《이야기》에서는 전쟁과 혁명적 사건이 간단히 언급되고 보다 직접적으론 《스펙토르스키》에서 묘사되므로, 국가적 종말론의 논의는 이 작품에서부터 시작돼야 한다. 《스펙토르스키》에서 민중의 혁명은, 사회적으로 억압 받는 여성들이 울분을 터트리는 모습으로 제시된다(1, 353, 366). 특히 그들의 봉기가 유기적, 자연력적 현상("하나로 통합돼 이뤄진 세상의 뒤집힘")으로서 묘사되고 자연이 가족으로 봉기에 참여하는 것으로 그려짐으로써 그 도덕적 정당성이 부각되고 강조된다: "노을은 딸의 치욕을 […] / […] 창을 쳐부순 후 / 날아서 폭도의 손으로

[…] 이동한다. // 아들인 폭도의 옷깃이 […]"(1, 366). 민중의 혁명은 인간과 만물 간의 통합이 이뤄진 생명력 있는 현상, 이른바 그리스도의 생명 현상의 구현으로서 제시되는 것이다. 그것은 그리스도의 사랑에 기초하여 모두가 우주적으로 통합된 모습이며, 머튼의 표현을 빌면 민중 혁명의 "현실"을 그리스도의 사랑 안에 있는 우주적인 것으로 보는 기독교적 세계관이 반영된 것이다.

지식인 혁명의 모습은 《스펙토르스키》와 《이야기》에서 공히, 민중을 이해하지 못하고 공명심과 특권 의식에 차 혁명을 대하는, 주인공의 누이인 나타샤와 그녀의 무리를 통해 제시된다(1, 350; 4, 135–6). 대심문관에게 그리스도가 그러했듯, 혁명에 대해 장광설을 퍼붓는 누이의 무리에게 주인공은 '침묵'으로 일관한다(1, 350). 반면, 지식인 혁명가들의 구체적 모습은 《스펙토르스키》에서 발츠의 모임을 통해 제시된다. 혁명 사상의 "메카"인 그의 집 모임은 주인공 세료자의 눈을 통해 "파멸"의 그림자가 드리운 것으로 묘사된다(1, 354, 356). 이는 모임이 적그리스도 형상인 발츠의 "불운"의 힘 아래에 있기 때문인데, 스타브로긴처럼 정신병을 앓는 것으로 암시된 그는 여러 아내를 둔, 도덕적 기만에 찬 귀족–"초인"이자 "제네바"에 거주한 서구주의자로 제시된다(1, 353–4). 요컨대 (작가가 레닌 형상에 부여한) 서구의 무신론적 사회주의의 파괴성(임혜영 2017a: 10–26)이 그에게도 있음이 시사된 것이다. 그 모임의 일원이며 나타샤의 존경을 받는 레모흐 형제의 형 또한, 무서운 "전제자", 파괴적 힘("무서운 기운")을 지닌 자로 드러난다(1, 357; 4, 147). 내전 때 그는 헌법제헌의원이 되어 적위군인 동생과 대립하고 동생은 발츠의 "힘"의 개입으로 결국 파멸한다(1, 371). 이렇게 동족과 형제가 분열과 파멸로 치닫는 지식층의 혁명은, 그리스도의 생명에 안티 현상인 적그리스도의 파괴성을 드러낸다고 할 수 있다. 도덕성을 겸비치 못하고 권력욕과 집단적 특권, 물질적 세계관 등을 추구하는 그들은 왜곡된 사회주의의 한 양상을 보이는 것이다.

개인적 종말론의 경우는 모친의 위독함과 사랑의 "종말"을 비롯해

(1, 342, 363; 4, 100–1) 전쟁과 혁명기에 주인공이 겪는 종말의 체험을 통해 구현된다. 하지만 그의 종말 체험들은 그리 암울한 색채를 띠지 않는다. 오히려 작가의 종말 체험이 투영된《스펙토르스키》의 도입과 1장이 가장 암울하게 비칠 정도다. 주인공의 종말 체험이 비극성을 띠지 않는 근본 원인은, 화자의 말에서 유추되듯("이 시기는 역사의 지엽적 후손들이 / 빗나간 운명 […] 가운데서 활동한 때다." 1, 366) 혁명 시대와 혁명가들의 활동을 임시적 현상으로 인식하기 때문이라 할 수 있다. 혁명가들의 모임은 피한 채 그가, 역사를 이루는 조화로운 생명 현상들을 관망하며 감탄하는 일로 대부분의 시간을 보내고(1, 352–3), 네 차례의 연애 중심으로 생명력을 발휘해 생명 활동에 적극 참여하는 것도 그 때문인 셈이다. 파스테르나크의 영성에 비춰볼 때 이런 삶의 태도엔 생명-그리스도가 일상 삶에 편재한다는 믿음(Mallac 1973: 375)과, 삶은 "하나님의 영광으로 가득 찬" "천국"이란 생각이 깔려 있다고 볼 수 있다.

세료자의 삶의 모습은 무엇보다 조시마와 조시마의 형의 삶에 관한 '가르침'과 상통하기 때문이다: "삶은 천국 […] 나 하나만 […] 이 아름다움과 영광을 […] 거들떠도 안 봤구나."(II, 22–5); ""나는 존재한다, 고로 사랑한다" […] 살아 있는 사랑의 순간 […] 이를 위하여 지상의 삶도 주어졌건만"(II, 95). 사실 그리스도적 형상이자 미시킨과 비교되는 세료자는 지바고의 원형이다(임혜영 2013: 173, 191). 따라서 지바고의 선임자인 조시마 및 알료샤(Смирнов 1996: 154–97)는 세료자의 선임자도 되는바 조시마의 영성은 삶(생명)에 대한 세료자의 태도에 내재한 영성을 규명하는 데 척도가 된다. 삶을 기쁨, 천국으로서 누리라는 위의 조시마의 '가르침'은 삶을 신성시함에서 비롯된다. 이는 그리스어 '조에zoe'에서 온 조시마의 성에서도 드러나는데, 지바고의 성처럼 '살아 있는живой'을 뜻하는 '조에'란 성을 가짐으로써 조시마는 생의 기쁨을 누리는 자("улыбчивый и жизнерадостный")가 된다[96]. 신약에서도 '조에'

96_http://www.astromeridian.ru/imya/zosima.html

는 하나님과 그리스도의 (영적인) '생명' 뿐 아니라, 그리스도를 통해 하나님께 나아온 자들의 생명(삶)을 뜻하는바 결국 그것은 믿음으로 축복된 생명(삶)을 누림이며 '조에'를 받은 신자는 영원에 이른다.[97]

반복건대 조시마와 동일한 삶의 태도를 지닌 세료자에게는 세상에 신성한 생명이 편재하고, 그 자신 안에도 그 생명이 있어 삶이 신성하다(즉 불멸이다)는 의식이 내재한다. 만물과 조화 속에서 사는 그의 모습은, 온갖 생명이 파괴되는 상황에서도 부단히 생명을 이어가 죽음을 극복하는 모습을 상징한다. 또한 그것은 Z씨가 강조한 바 있는, 지상 삶에서 악-죽음에 대한 선-생명의 궁극적 승리의 메타포인 하나님 왕국을 실천하는 것이기도 하다. 파이시 신부와 조시마가 말했던 것처럼 말이다: "천상의 왕국 [···] 에 들어가려면 지상 [···] 교회를 거쳐야 [···]. 전 세계를 다스릴 단일한 지상의 교회로 완전히 변형시킬 것을 기다림에 있어서는 [···] 실현되도록 약속된 것 [···]"(I, 129–30, 137); "지상의 삶이 [···] 무한하고 다가오는 삶과 접촉하고 있음을 느끼고 [···] 기쁨에 넘쳐 울고 있지요."(I, 30–1). 나아가 지상의 삶에서 '천상의 왕국'을 맛본다는 건 본래 다음과 같은 성경의 두 믿음에 기초한다는 점을 염두에 둘 때 더욱 그러하다: 죽음을 이긴 그리스도를 매개로 인간 안에 신성한 생명이 뿌려졌다는 믿음, 삶은 그리스도의 생명을 부단히 맛봄으로써 미래의 천국을 체험하는 과정이란 믿음(리 2000: 203–5).

세료자는 조시마의 사상과 교차되는 이 같은 사상과 의식을 아직 글로 피력하진 않는다. 하지만 작가는 세료자의 삶이 기독교적인 도덕적 "정당성"을 지님을 환기시킴으로써("사물이 용해된 모습으로 힘차게 움직인다 / 나의 주인공도 [···] / 그런 [···] 사물의 성분과 마주쳤던 것. // 저녁노을이 [···] 그의 운명과 성품의 / 정당성을 확인해 줬던 것" 1, 352) 그러한 사상과 믿음이 그와 무관하지 않음을 드러낸다.

세료자가 본격적으로 묵시록 정신에서 인류의 운명을 사유하는 것은 죽음의 환경에 내몰린 창녀의 삶을 목격한 직후다(4, 120, 122; 임혜

97_http://www.koreanbiblestudy.org/kbsmain/word/life.htm; 리 2000: 193–6, 201–3.

영 2013: 177). 그때, 그는 억압이 없는 자유롭고 정의로운 세계, 바로 하나님의 왕국인 "새로운 땅"이 속히 필요함을 절감하고(4, 118) 그것을 지상에 실현할 "전 세계"적인 "혁신"을 기획한다. 무신론적 혁명가들의 경우와 달리 그것은 이성을 넘어 종교적 영감("고무"됨, 박애적인 "기독교의 구원 신호")에 기초한 것으로, 그리스도의("갈릴레이의 경우") 사랑을 실천하는 행위(자신의 몸값에 의한 '형제적 원조')가 된다. 그러나 그의 미완의 작-삽입 텍스트에서 암시되듯 그의 기획은 대중의 "소요"로 끝날 뿐, 그들의 "갱생"을 이끌어 내지는 못한다(4, 168, 170, 179, 219).

불가코프가 강조했듯 이는 삶에 본질적 변형을 가져오는 것은 물질적 수단이 아닌 영적 일깨움이며, 예술가-세료자의 혁명의 힘은 영적 변화를 일으킬 예술 창조에 있음을 드러내 준다. 아직 창작력이 꽃피우지 못한 세료자가 대중에게 결정적인 영향을 주지 못한 건 당연한 귀결이다. 나스타시아가 미시킨에게 했듯, 아릴드가 그리스도적 '신랑'인 세료자를 떠난 것도, 세료자가 적그리스도 형상-레모흐 형제의 형 앞에서 당당치 못한 것(4, 147–8)도 모두 영적인 영향력이 미완 단계에 있었기 때문이다. 하지만 아릴드와의 사랑의 종말이 낙관적으로 종결되고(4, 134) 《스펙토르스키》 말미에서 볼셰비키가 된 올가의 비난에 세료자가 맞선 것(1, 372–3)에서 엿보이듯, 이후 그는 예술로써 대중에게 영적 변화를 줄 것임이 암시된다. 그 실현은 30년대 말–40년대 초, 작가의 정신적 전환 이후 이뤄진다.

1차 대전과 내전을 구체적으로 전개해 《스펙토르스키》를 보충하려한 《이야기》의 본래 구상(파스테르나크 2013: 261–2)이 실현되지 못한 것은 작품에 서술되듯(4, 145), 그럴 경우 묘사가 온통 전쟁("증오")과 죽음에 바쳐질 것이기 때문이었다. 그것이 실현된 것은 《닥터 지바고》에서인 바, 소설은 전쟁, 혁명과 함께 개별 인물들의 삶의 파괴와 죽음의 묘사로 가득 차 있다(12개 부часть&17부 전체). 《백치》의 경우처럼 생의 종말이란 종말론적 요소가 플롯의 주요 진행 인자가 된 것이다. 하지만 제목의 변이형들—"Смерти не будет", "Живые, мёртвые, воскресающие"—에서 시사되듯 소설은 '살아 있는'이란 뜻의 성을 가진 주인공의 "삶의 묘사"이자 "생애전Житие", "삶의 책Книга жизни" (Сухих 2005: 5-6)인 것으로 드러난다. 즉 파멸로 치닫는 상황에서도 생명-그리스도의 길을 따라 늘 생명(삶)을 추구함으로써 사후에 부활하는 이에 관한 이야기인 것이다. Z씨의 표현을 빌면 그리스도의 사랑인 종교적 영감에 의해 "선 그 자체의 생활"을 해, "부활하는 과거" 및 "실현되는 미래"와의 "살아있는 하나의 통일체"가 현재에서 성취되는 세계, 이른바 지상에서 하나님 왕국의 삶을 사는 사람들("Живые, мёртвые, воскресающие")에 관한 이야기가 된다.

소설에서 국가적 종말론은 앞 작품에서처럼 민중과 지식층, 각각의 혁명을 통해 구현된다. 민중 혁명은, 제정의 붕괴를 가져온 2월 혁명 후의 여름 봉기와 집회가 묘사된 5부에서 제시된다. 새 권력 구조인 임시정부와 대립하는 민중의 모습이 그러하다. 사실 작가는 시 〈러시아혁명〉에서도 드러나듯, 2월 혁명 당시 그리스도를 떠올리며(Сухих 2005: 22, 임혜영 2017a: 14-5), 2월 혁명을 "구세계의 모든 것으로부터의 해방"이자 로마 시대에 카타콤에서 진리를 수호한 기독교 공동체와 연관시킨 바 있다. 그에게 민중이 주도한 혁명이란 기독교의 도덕이 바탕이 된 기독교적 사회주의 형태를 띠는 것이다. 소설은 그러한 기독교적 공동체 정신이 변질된 사례들을 보여준다. 즈이부시노 공화국의 경우도 그 한 예다. 무정부주의자인 제분업자 블라제이코는 그곳을 독립시키며 재산을 공유하는 유토피아적 공동체, "새로운 천년 왕국"으로 선포한다(3, 132). 하지만 그가 "파벌 세력"이자 톨스토이주의자로 밝혀짐으로써, 그의 왕국이 믿음이 아닌 이성적 '규칙'에 기초한 (거짓) 선행으로 세워진 일종의 적그리스도 왕국임이 암시된다. 이는, 기적적으로 말문이 트인 것으로 지역민들 입에 오르내린 벙어리이자 "이념적 무정부주의자"인 포고레브시크가 블라제이코의 최고의 조력자이고(Смирнов 1996: 139), 도스토옙스키의 인물들, 특히 표트르 베르호벤스키를 닮아 "니힐리즘" 정신을 지닌 "극단적 사회주의자"라는 것에서

(3, 161–2)[98] 확증된다.

믿음에 기초한 진정한 선, 기독교적 사회주의를 추구하는 민중의 모습은 하녀였던 요리사 '우스티니아'를 통해 제시된다. 이름에서도, 해방 속에서 자유롭게 말하는 민중을 초대 "사도들"의 모습과 비교한 지바고의 말에서도 암시되듯(3, 145)[99] 그녀는 영적으로 고양되어[100] '입 уста'으로써 열렬히 신의 "진리"를 전하는 자의 의미를 획득한다. 무정부주의의 영향을 막고자 임시 정부가 파견한, 귀족 출신 집행위원인 긴츠가 "공명심"에 차 장광설을 늘어놓자 그녀는 그에 맞선다. 조국과 민중을 위한다는 연설에서 긴츠가 무정부주의의 편을 든 민중을 잔혹한 "적"으로 치부할 뿐 아니라 볼셰비키와 멘셰비키 간의 이념 논쟁만을 제시해 민족 분열을 조장하는 위선적 모습을 보이자, 그녀는 진정한 통합은 "인간적인 연민", 곧 그리스도의 '형제애'를 통해 이루어져야한다고 외친다(3, 141–2). 특히 독일 혈통("외국식 성", "발틱 억양")이고 민중에 대한 비하로 그들의 분노를 일으킨 것에서 시사되듯(3, 152–3), 그는 기득권의 이익을 추구한 지식층의 분열적인 서구식 혁명을 상징한다고 하겠다.

한편, 앞의 벙어리가 말하게 된 현상을, 말하는 기적을 보인 성서 속 '발람의 당나귀'와 연관시키며 그를 옹호하는 우스티니아의 행동은, 일차적으론 민중에 대한 적의를 품고 조국에 맞지 않는 서구식 혁명을 하는 긴츠 부류의 지식층을 비꼬기 위한 것이다. 하지만 보다 근본적으론 그것은 지바고가 그랬듯, 자연스럽게 성취된 2월 혁명 사건을 신적인 기적인 그리스도의 부활로 인류에게 통합과 구원의 길이 열린 "사도들" 시대의 사건(사도행전 2: 14–21)과 동격으로 본 민중의 신앙, 곧

98_포고레브시크는 카라마조프 노인, 지주 막시모프, 랴가비와도 비교된다(Бондарчук 2015: 38–41).

99_도스토옙스키와 달리 파스테르나크의 기독교는 사도들이 활동한 때처럼 소박한 형태를 띠는바(Седакова 2002), 지바고는 17년 여름을 사도행전 장면과 연결한다(Gibian 1983: 221 참조).

100_이런 각성에 대해서는 작가의 56년 글(임혜영 2017a: 27) 참조.

그들의 기독교적 혁명관의 발현이라 할 수 있다. 요컨대 우스티니아의 혁명관은 모두가 하나 된 2월 혁명의 모습(임혜영 2017a: 14-5참조)을 표현한 것인바, 모두가 하나의 생명("바다")이 됨이 사회주의라는 지바고의 생각과도 상통한다(3, 145-6).

우스티니아에 이어 작가의 이상적인 사회주의, 바로 "그리스도의 사회주의"를 설파하는 또 다른 인물은 "민중의 교양"과 신앙을 지닌 시마 툰초바(3, 404)다. 그녀의 사상은 지바고에게 "큰 감흥"을 주는바(3, 409), 그것은 미시킨의 입을 통해 도스도옙스키가 피력한(839), 유럽을 비롯해 인류를 구원할 러시아 민중의 그리스도론이라 할 수 있다. 그녀는 인류 해방의 기적을 일으킨 러시아의 "혁명 시대"를, "개성과 자유"의 진리를 가져온 기독교의 미증유의 초자연적인 사건-그리스도의 탄생과 유비시키며 "새로운 로마 시대"로 본다. 즉 혁명 이전의 전제 시대를 "강요", "가축의 무리" 같은 삶, "지도자와 민중"의 이원 체제로 이뤄진, 그리스도 탄생 전의 옛 로마 시대로 보는 것이다(3, 405-7). 따라서 "만인"과 "만물의 생명"-그리스도의 강생으로 인간이 신이 되고, "개개인의 삶"이 우주의 삶, 신의 삶("신의 이야기")이 됐다는 그녀의 말에는(3, 407), 진정한 혁명과 그 사회란 인간의 삶이 신성시되고 그리스도의 진리-사랑에 기초한 공동체, 곧 그리스도가 중심인 왕국이어야 한다는 사상이 내포돼있다. 이는 그녀가 "지도자와 민중"에 대해 설파하는 현대의 왜곡된("우스꽝스러운") 사회주의는 다시 옛 로마의 모습("전시대의 유물")으로 돌아가는 것(즉 로마체계를 계승한 적그리스도 왕국이 되는 것)이라고 비판하는 대목(3, 407)에서도 확인된다.

민중의 1917년 여름 혁명은 이후 볼셰비키의 "조종"으로 "군사혁명"으로 변질돼, 1905년에 학생들이 이끈 "이상적인 혁명"과 전혀 다르게 된다(3, 160). 그러한 모습은 "여러 종류의 사회주의"자들—포고레브시크를 비롯, 스트렐리니코프, 샵데바토프, 리베리 등—과의 주인공의 만남 및 대화를 통해 점차 드러난다. "창조"를 위해 "파괴"가 불가피하다는 극단주의자(3, 163), (협동조합주의자 코스토에드의 지적처럼)

"권력"욕으로 인해 "구체제의 압제"에 이어 또 다른 "압제"를 만들어가는 혁명가들(3, 222-3)의 틈바구니 속에서 지바고가 '믿고' 소중히 하는 건 오로지 삶과 노동, 가정생활임이 재차 강조된다(3, 223, 169). 볼셰비키 샴데바토프와의 대화에서는 마르크스주의를 "사실"과 "진실"에서 유리된 "우화", "자기 폐쇄적"인 사상이라 말하고 마르크스주의를 추종한 볼셰비키의 혁명은 폭력적이라고 규정한다. 그러면서 "진리"에 관심을 가져야 함을, "선"을 통한 "선"으로서의 혁명을 이끌어야 함을 주장한다(3, 257-8, 260).

혁명에서 '삶(생명)'의 소중함과 볼셰비키 혁명의 '폭력성' 및 기만에 관한 이런 지바고의 생각은 10-20년대의 여타 작들에 제시된 작가 자신의 혁명관이기도 하다(임혜영 2017a: 11-27). 특히 당대 사회주의의 기만성은 불가코프와 Z씨가 각각 지적한, 기독교의 도덕적 기반들을 상실한 사회주의의 '세 가지의 악', 혹은 적그리스도 왕국이 토대로 한 세 악이 구현된 것이다. 그럴 때 지바고가 주장하는 '진리'와 '선'을 통한 혁명은 Z씨가 제시한, 이성이 아닌 신과 부활의 믿음에 기초한 선에 의한 혁명, 이른바 생명-그리스도의 연합의 진리를 본받아 삶을 소중히 살아가는 것 자체가 된다(Зандер 1. 1959: 40-3; Mallac 1973: 373 참조). 이것은 그리스도의 사랑과 삶의 의의를 설파한 우스티니아와 툰초바 형상에 의해서도 입증된바, 바로 도스토옙스키 식 '러시아 민중의 사회주의'이기도 하다.

앞 작품에서 그러했듯, 분열과 파멸로 치닫는 사회주의의 모습은 혈육이나 벗이 적이 된 혁명가들의 상황(헌법제정위원 미쿨리친 vs 볼셰비키 리베리, 백군 갈리울린 vs 적군 스트렐리니코프 등)을 통해 구현된다. 국가 차원의 종말론의 경우, 파르티잔 우두머리인 리베리를 중심으로 구체화된다. 민중을 파멸로 몬 사회주의의 파괴적 힘의 실상이 그의 군단의 포로인 지바고의 눈을 통해 폭로되기 때문이다. 그것은 "인망" 높은 무정부주의자인 브도비첸코를, "동지에 대한 정중함과 연민"에도 불구하고 리베리와의 "권위" 다툼 때문에 처형한다든지, "자유로운 생활"을 희귀하지만 고용된 이상 파르티잔을 벗어날 수 없는 "자연력적 무정부주의자"–사냥꾼 스비리드(Смирнов 1996: 139)의 상황을 통해 제시된다.

요컨대 "두호보르 교도" 같은 공동체로 드러난, "코카인 중독자"이자 톨스토이주의자인 리베리의 군단은(3, 334, 336) Z씨가 설파한 "선의 영감"이 아니라 엄격한 규칙("청렴결백의 정신")에 기반한 거짓 선을 행하는 또 하나의 적그리스도의 왕국인 것이다. 그와 달리 생명만이 소중할 뿐, 진영이나 이념은 문제가 되지 않는 지바고는 살육의 광기가 최고조에 달한 즈음, 리베리를 살해하려는 음모가 발생하자 그를 도우려 한다. 그러나 백군과의 전투가 벌어졌을 때 지바고가 자신과 동일한 윤리감을 지닌 멘셰비키에게서 더욱 정신적 친밀감을 느꼈듯(3, 329), 주인공과 작가는 공히 도덕성을 결여한 볼셰비키들에게 언제나 거리감을 느낀다(Флейшман 2006: 636).

개인적 차원의 종말은 주로 스트렐리니코프를 통해 제시된다. 스트렐리니코프는 내전 초기와 끝(7&14부), 두 차례 지바고와 만나서 대화한다. 첫 만남에서 지바고에 의해 그는, 솔로비요프의 유심론자나 도스토옙스키의 이반처럼 지성과 "재능", "의지"가 뛰어난 자임이 간파된다(3, 248). 그는 내전을 최후의 심판 때로, 혁명 세력과 반혁명 세력 간의 싸움을 묵시록(12장)의 "칼을 든 천사"와 악의 세력인 "날개 있는 짐승" 간의 싸움으로 보며 "최후의 심판"자로 나선다(3, 251). 두 번째 만남에서 그는, 자신이 마르크스주의자가 된 이유는 라라와 같은 이들이 당한 "부당한 처사"를 갚아주고 역사를 심판하기 위해서라고 한다. 그러나 그의 인류애는 진정한 것이 아님이 드러난다. 긴츠를 비롯해 《이야기》의 나타샤 무리가 지방 주민들과 분리돼 있었듯, 그는 미개해 보이는 우랄의 민중과 통합은커녕 멸시했을 뿐 아니라 지바고와 달리, 라라의 타락을 그리스도의 사랑과 용서로 감싸지 못했기 때문이다. 이는 이반처럼, "기독교적 사랑"(즉 우스티니아가 말한 "인간적인 연민")이 아닌 "무신론적 이성"을 지녔기(모출스키 2000: 929) 때문이라 볼 수 있다.

지바고가 첫 만남에서 간파했듯("그의 원칙성에는 선을 행하기 위한 감정의 무원칙성이 결여돼 있었다." 3, 248), '선의 영감' 은 부재한 채 "도덕적 결벽성"만을 지닌 그는 거짓 선을 행할 뿐이다. 또한 그가 사회주의 사상과 "마르크스주의"를, 19세기에 통일성을 부여한 것, "인간" "구제"를 위해 등장한 것으로 보며 믿는 모습 역시 지바고가 간파했듯, 그 사상들의 구현체이며 "살아있는 응징"인 레닌을 단지 "모방"한 결과일 뿐으로 드러난다(3, 454–7, 248).

요컨대 스트렐리니코프는 불가코프의 표현대로, 영적 세계에 대한 무관심으로 삶에 근본적 변형을 들여올 재능이 없는 한 세속적인 개혁가, 변질된 사회주의자로, 묵시록의 심판자를 '모방'한 "거짓 심판자"다(Смирнов 1995: 171–2). 따라서 라라가 지적했듯 그는 권력 지향적인 사회주의 이념에 물든 순간 "로마 시대의 시민 정신"의 "광신"자가 되고, 대심문관처럼 "로마와 카이사르의 검"을 휘두르며 이념에 걸림돌이 되는 모든 것을 파괴한다. 하지만 악–죽음의 힘의 화신이 된 그는 적그리스도처럼 잠시 권좌에 있다가 내전 끝에 파멸한다.

내전 말기에 개인적인 종말 상황에 처하는 것은, 생명의 힘–그리스도를 상징하는 지바고도 마찬가지다. 그것은 그에게 두 번에 걸쳐 (라라와 영원히 이별할 때, 그리고 마지막 가족인 마리나를 떠날 때) 온다. 그러나 입폴리트처럼 자살로써 내세에 불신을 보인 스트렐리니코프와 달리 그는 오로지 삶만이 남은 형상이 되고 삶에 관한 시를 창조하는 데 마지막 생명력을 바친다(Смирнов 1996: 193–4). 몇몇 시(〈아낙네의 여름〉, 〈8월〉, 〈가을〉, 〈해후〉, 〈이별〉 등)에서 알 수 있듯, 그의 시는 솔로비요프가 "현실의 예술"에 대해 정의한 바처럼 "대상이나 현상"을 "최종적인 상태에 있다는 관점에서" 인식하여 묘사한다(Смирнов 1996: 192). 시에 묵시록적 종말과 죽음의 파토스가 투사된 것이다(Mallac 1973: 372). 하지만 동시에 시에는 삶(생명)–선물에 대한 찬미도 배어 있는데(Сухих 2005: 45), 마지막 시 〈겟세마네 동산〉은 이를 단적으로 보여준다. 시는 그리스도가 겟세마네 동산에서 죽음의 상황에 처한 복음서 장면을 묘사한다. 하지만 끝 연에 묵시록의 마지막 22장을 의도적으로 삽입하여 결국 부활과 불멸의 희망을 강조한다.

이렇게 종말과 죽음의 묘사에 이어 마침내 인류의 불멸의 운명을 강조하는 구조의 지바고의 시들은 하나의 '묵시록'이 된다. 그리고 이런 묵시록-시를 통해 대중에게 영적 변화를 일으키고 그들의 기억 속에 불멸하는 지바고는 죽음의 승리자, "영원성의 담보자"가 된다(Сухих 2005: 44). 소설 전체에서 불멸은 "삶 전반에 창조적으로 참여"할 때 도달되는 이상인 것이다(Брюханова 2010: 212). 적그리스도 형상을 통해 비극적 종말론을 제시한 19세기 전통에 이어 우리는 그리스도의 생명을 발하며 살다 사후 부활한 그리스도적 형상으로 밝은 종말론을 제시하는 파스테르나크의 창작[101]을 보게 된다.

5. '그리스도의 사회주의'와 인류 통합

파스테르나크의 묵시록 모티프는 도스토옙스키 및 솔로비요프의 종말론과 불가코프의 기독교적 사회주의에 비추어 고찰할 수 있었다. 시인의 《이야기》와 《닥터 지바고》에서 묵시록 정신과 종말론적 사상은 앞 전통처럼 개인적 종말론과 국가적 종말론으로 구조화됐다. 국가적 종말론은 대립된 민중의 혁명과 지식인의 혁명을 통해 구현된다. 민중혁명은 여성 형상들을 중심으로 묘사되는바, 그들의 봉기의 정당성 제시가 중점인 《이야기》와 달리 《닥터 지바고》에서는 그들의 혁명관까지 피력된다. 민중은 혁명 시대를 그리스도의 강생과 부활, 재림과 동격으로 보고 볼셰비키 국가를 적그리스도적 왕국-'옛' 로마와 동일시한다. 민중의 혁명은 도스토옙스키 식의 기독교적 사회주의, 곧 그리스도의 진리와 사랑에 기초한 인류 통합의 모습을 띠는 것이다.

101_따라서 《닥터 지바고》에서 지상 낙원이 제시되고 역사 내에서의 부활이 강조되는 점을 유대주의와 연관시키는 견해는(Bethea 1989: 268) 성급한 것이다.

지식인의 혁명은 동족과 가족이 서로 분열되고 파멸되는 모습으로 그려졌다. 이 점은 모임의 리더가 서구의 사상을 지닌 서구주의자, 전제적 성향을 지닌 자로 제시됨으로써 강조된다. 불운의 힘으로 상징된 발츠에서부터, 이성적 규칙에 기초한 공동체를 추구한 톨스토이주의자인 무정부주의자들과 볼셰비키 리베리, 그리고 비당원 파샤 안티포프에 이르는 여러 사회주의자들이 그러하다. 이들의 혁명과 국가는 변질된 사회주의자의 세 경향(세 악)—권력욕, 집단적 특권, 물질적 세계관—을 보이는바, 결국 《백치》에서 예언됐고 "대심문관"과 "짧은 소설"에서 구현된, 적그리스도와 그의 사회주의의 모습을 띤다고 할 수 있다.

개인적 종말론은 그리스도의 진리를 따르는 주인공과 그의 적대자의 대립된 모습을 통해 구현됐다. 양자의 종말론은 《이야기》에서는 상징적으로 제시될 뿐, 본격적 구현은 《닥터 지바고》에서 이루어졌다. 적대자의 종말론은 그리스도의 인류애가 아닌 이념과 이성에 기초한 혁명을 수행한, 역사의 가짜 심판자 파샤를 통해 제시된다. 주인공의 종말론의 경우, 주로 사랑의 종말을 겪는 모습을 통해 제시되는바, 미시킨과 달리 그는 여성의 이중성을 인정해 두 여성 중 하나를 선택하지 않고 모두 포용하는 모습을 보인다. 뿐만 아니라 파멸의 순간에는 자살하지 않고 삶을 찬미하는 예술을 창작하는 데 마지막 힘을 바침으로써 부활한다. 19세기 전통과 다른 밝은 종말론이 탄생된 것이다.

원문 출처

1장 "러시아 문학과 여성신화: 파스테르나크의 〈페테르부르그〉, 〈변주 있는 한 테마〉, '파우스트 연작시'를 중심으로." 《슬라브학보》. 26 / 3. 2011.

2장 "파스테르나크의 《삶은 나의 누이》에 나타난 레르몬토프 전통: 구성과 테마를 중심으로." 《노어노문학》. 22 / 4. 2010.

3장 "파스테르나크와 큐비즘: 아방가르드적 현상에 비추어 본 시집 〈나의 누이인 삶〉." 《러시아어문학연구논집》. 17집. 2004.

4장 "러시아 모더니즘 산문과 문학적 인상주의(I): 파스테르나크의 《류베르스의 어린 시절》을 중심으로." 《노어노문학》. 19 / 2. 2007.

5장 "빠스쩨르나끄의 근본적인 철학적, 미학적 견해로 비춰본 "계열체 시학"(작가의 서사시(1924–1930)를 중심으로)." 《러시아어문학연구논집》. 9집. 2001a.

6장 "푸쉬낀의 전통에 비추어 본 파스테르나크의 《스펙토르스끼》: 개인과 국가의 대립 테마를 중심으로." 《노어노문학》 17 / 3. 2005.

7장 "파스테르나크와 여성 해방의 테마: 《이야기》에 나타난 푸쉬킨과 도스토예프스키 전통의 수용과 변형을 중심으로." 《슬라브학보》. 28 / 2. 2013.

8장 "파스테르나크의 〈안전 통행증〉에 구현된 리얼리즘 시학." 《노어노문학》. 26 / 4. 2014.

9장 "파스테르나크와 1917년 혁명: 진정한 혁명과 변질된 혁명." 《러시아어문학연구논집》. 56집. 2017a.

10장 "파스테르나크와 그루지야: 작가의 삶과 창작에 나타난 그루지야 테마 연구." 《러시아어문학연구논집》. 54집. 2016.

11장 "파스테르나크의 창작적 세계관으로 비춰본 닥터지바고의 예술체계." 《노어노문학》. 13 / 2. 2001b.

12장 "파스테르나크의 톨스토이 및 솔로비요프와의 문학적 논쟁: 사랑의 관념을 중심으로." 《러시아어문학연구논집》. 32집. 2009.

13장 "파스테르나크와 신비주의: "닥터 지바고"에 나타난 신비체험을 중심으로." 《슬라브학보》. 2012. 27 / 3.

14장 "파스테르나크의 묵시록 모티프 연구: 도스토엡스키, 솔로비요프와의 비교를 중심으로." 《노어노문학》. 29 / 2. 2017b.

참고문헌

제1장 괴테, 푸시킨

김수용. 《괴테 파우스트 휴머니즘》. 책세상. 2004.

나루미, 다카히라. 《여신》. 이만옥 옮김. 들녘. 2002.

노이만, 에리히. 《위대한 어머니 여신》. 박선화 역. 파주: 살림, 2009.

박미령. "〈이반 꾸빨라 전야〉에 내려앉은 신화." 박임전 외. 《동화의 환상성과 구조: '환상성을 찾아, 신화에서 동화까지'》. 한국학술정보, 2009.

박혜경. "상징주의 단편에서의 여성의 상징성 연구." 《러시아어문학연구논집》 27권(2008).

송정화. "여성신화 연구사 개관 및 동아시아 여성신화의 전망." 《기호학연구》 15. 2004.

안진태. 《파우스트의 여성적 본질》. 열린책들, 1999.

윤우섭. "러시아 문화 속의 여성 신화." 《슬라브연구》 14권. 1998.

윤세훈. "《파우스트》의 배경과 그 이데올로기적 성격." 《파우스트연구》. 문학과지성사, 1986.

윤종범. 《'유년기의 테마' 연구: A.베겡과 G.바슐라르를 중심으로》. 서울대 석사논문. 1985.

이경재. 《신화해석학》. 다산글방. 2002.

이기주. "고골 작품 속 여성상 고찰." 《슬라브학보》 20권 1호. 2005.

이덕형. 《빛의 도시 상트페테르부르크》. 책세상. 2002.

이명현. "Вл. 솔로비요프의 소피아론과 러시아적 정체성." 《러시아의 제도적 풍경: 진단과 반성》. 고려대 러시아CIS연구소, 한국슬라브학회 2011 춘계 정기학술회의 발표집.

이부영. 《아니마와 아니무스》. 한길사. 2001.
이철. "정교회와 토착신앙." 《슬라브연구》 10권 1호. 1994.
_____. "신화와 전설에 나타난 러시아인의 세계관." 《슬라브연구》 13권 1호. 1997.
이형구. "《죄와 벌》 그리고 '위대한 여신'의 반향들." 《노어노문학》. 19권 2호. 2007.
임혜영. "푸쉬낀의 전통에 비추어 본 《스펙토르스끼》." 《노어노문학》. 17권 3호. 2005.
_____. "파스테르나크의 《삶은 나의 누이》에 나타난 레르몬토프 전통." 《노어노문학》 22권 4호. 2010.
장영란. "원시 신화에 나타난 여성의 상징 미학과 자연관." 《인문학 연구》 Vol.3. 1998.
_____. 《위대한 어머니 여신: 사라진 여신들의 역사》. 살림. 2003.
파스테르나크, 보리스. 《삶은 나의 누이》. 임혜영 역. 지만지. 2010.
포, 에드거 앨런. 《포 시선》. 윤명옥 역. 지만지. 2010.
프란츠. 마리-루이제 폰. 《융 심리학과 고양이》. 심상영 역. 한국심층심리연구소. 2007.
치글러, 구드룬. 《푸슈킨》. 윤소영 역. 한길사, 1999.

Абашев В. "Люверс родилась и выросла в Перми…" *Геопанорама рус. культуры: Провинция и её локальн. тексты.* М., 2004.
Баевский В. "Миф в поэтическ. сознании и лирике Пастернака." *Изв-я АН СССР. Серия лит. и яз* №39(2). 1980.
Бельская Л. Цикл Б. Пастернака "Петербург" и "петербургскийтекст" в русскойпоэзии начала XX века. *Пастернаковские чтения*. Пермь. 1990.
Быков Д. *Борис Пастернак*. М.: Молодая гвардия, 2007.
Надольская Н(Отв. ред.). *Врубель М.* М.: Белый город, 2001.
Красовский В. и др. *Большая литературная энциклопедия*. М., 2003.
Кузина Н. "Пушкин в поэзии Б. Пастернака: от «Близнеца в тучах» к «Темам и варьяциям»." *Пока в россии Пушкин длится… Труды семинара творчества А. Пушкина*. Смоленск. 1998.
Жирмунский В. М. *Гете в русской литературе*. Л. 1982.
Искржицкая И. "Борис Пастернак: Этика культуры." *STUDIA ROSSICA POSNANIENSIA* vol.XXIV. 1993.
Kopelev L. "Фаустовскиймир Бориса Пастернака." *B. Pasternak 1890-1960. colloque de cerisy-la-salle*. Paris. 1979.
Парамонов Б. "Пастернак против романтизма." *B. Pasternak 1890-1990. Norwich Symposia*. Vol.I. Northfield, 1991.
Пастренак Б. Л. *Собр. соч.: В 5т.* М., 1989-92.
Радионова А. "О контрастности мотивов в прозе Пастернака." *Алфавит: Строение повествовательн. текста*. Смоленск, 2004.

Сиротенко Л. "Миф и фольклор в романе Б. Л. Пастернака «Доктор Живаго»." *Пастернаковские чтения*. Пермь. 1990.

Токарев, С(гл. ред.). *Мифы народов мира: энциклопедия*. В 2т. Т.2. М., 1980.

Топоров В. "О "поэтическом" комплексе моря и его психофизиологических основах." *История культуры и поэтика*. М., 1993,

Тронкина Н. "Образ Пастернака в поэзии А. Ахматовой." *Пастернаковские чтения*. Пермь. 1990.

Фарыно Е. *Бел. медведица, олыха, Мотовилиха и хромой из господ: Археопоэтика "Д. Л." Б. Пастернака*. Stockholm, 1993.

Фатеева Н. *Поэт и проза: Книга о Пастернаке*. М., 2003.

Хазан В. "Космогония Кавказа в лирическом цикле Б. Пастернака "Из летних записок." *Пастернаковские чтения*. Пермь. 1990.

Livingstone A. "Fausta Chto-li, Gamleta li": The Meaning of Faust in Pasternak's Poetry." Ed. Barta, P. I. *The European foundations of Russian modernism*. Lewiston: E. Mellen Press. 1991.

Harris, J. "Pasternak's Vision of Life: The History of a Feminine Image." *Russian Literature Triquarterly* 9, 1974.

Hubbs, J. *Mother Russia: the feminine myth in Russ. culture*. Bloomington: Indiana U.P, 1993.

O'connor K. "Elena, Helen of Troy, and the Eternal Feminine: Epigraphs & Intertextuality in Sestra moya zhizn'." *B. Pasternak & His Times. Selected papers*. N.25, Berkely, 1989.

http://www.litera.ru/stixiya/authors/grigorev/net-net-nash.html

http://www.stihi-xix-xx-vekov.ru/pushkin271.html

제2장 레르몬토프 전통

고일.《레르몬토프》. 서울: 건국대출판부, 1996

문석우. "레르몬또프의 작품에 나타난 악마의 이미지." 문석우.《러시아인 러시아문학》. 2000, 조선대학교 출판부.

미하일 레르몬또프.《우리 시대의 영웅》. 문석우 역. 조선대학교 출판부. 2001.

임혜영. "파스테르나크와 큐비즘."《러시아어문학연구논집》 제17집. 2004.

______. "파스테르나크의 톨스토이 및 솔로비요프와의 문학적 논쟁."《러시아어문학연구논집》 제32집. 2009.

포우 E.《애너벨리》. 김기태 역. 태학당. 1993.

홍대화. "오네긴과 뻬초린의 악마성 비교 연구",《러시아어문학연구논집》 제15집.

2004.

Красовский В. и др. *Большая литературная энциклопедия*. М., 2003.

Кацис Л. "Вся степь, как до грехопаденья Лермонтов Достоевский Розанов в Сестра моей жизни Пастернака." *Poetry & Revolution. B. Pasternak's 'My Sister Life'.* Stanford, 1999.

Лермонтов М. *Сочинения. В 2т. Т.1*, М., Правда. 1988.

Максимов Д. "Проблематика и символика поэмы Лермонтова «Мцыри»." *М. Лермонтов: pro et contra*. СПб., 2002.

Павловец М., "Павловец Т. «Про эти стихи»." *Русская литература. XX в ек.* М., 2000. http://www.a4format.ru/pdf_files_bio2/499c0344.pdf.

Парамонов Б. "Пастернак против романтизма." *B. Pasternak. 1890-1990. Norwich Symposia.* Vol.I. Northfield, 1991.

Пастренак Б. *Собр. соч.: В 5т.* М., 1989-92.

______. *Стихотворения и поэмы*. М., Л., 1965.

Пастернак Е. *Материалы для биографии*. М., 1989.

По лермонтовским местам/Сост. О. Миллер. М.,1989. http://feb-web.ru/feb/lermont/critics/plm/plm-001-.htm?cmd=2&part=4.

Пушкин А. *Пол. собр. соч., в 10 т. Т.4*, М., 1963.

Роднянская И. "Демон ускользающий." *М. Лермонтов: pro et contra*. СПб., 2002.

Суматохина Л. *Своеобразие поэтической структуры лирического сборника Б. Пастернака.* АКД. М., 1998.

Фатеева Н. *Поэт и проза: Книга о Пастернаке*. М., 2003.

Фоменко И. "Циклизация как типологическая черта лирики Б. Пастернака." *Пастернаковские чтения. Материалы межвузовской конференции*. Пермь, 1990.

Фохт У. "Демон Лермонтова как явление стиля." *М. Лермонтов: pro et contra*. СПб., 2002.

Фроловская Т. "Лермонтов и Пастернак. Проблема лирической личности." «*Быть знаменитым - некрасиво...*»: *Пастернаковские чтения. Вып.1.* М., 1992.

Эткинд Е. "Пастернак и Лермонтов. К проблеме поэтической личности." *Там, в нутри. О русской поэзии XX века*. СПб., 1995.

Livingstone A. "Пастернак и Рильке." *B. Pasternak 1890-1960. Colloque de cerisy - La - Salle*. Paris, 1979.

Nilsson N. "Стихотворение Пастернака «Сложа весла» и литературная традиция." *B. Pasternak 1890-1960. Colloque de cerisy - La - Salle*. Paris, 1979.

O'connor K. *B. Pasternak's My Sister - Life: the Illusion of Narrative*. Ann Arbor: Ardis, 1988.

______. "Elena, Helen of Troy, and the Eternal Feminine: Epigraphs & Intertextuality in Sestra moya zhizn'." *B. Pasternak & His Times. Selected papers*. N.25, Berkely, 1989.

______. "B. Pasternak's My Sister - Life: The Book Behind the Verse." *Slavic Review* Vol.37, N.3, 1978.

Platt K. "Revolution & the Shape of Time in My Sister Life." *Poetry & Revolution*. Stanford, 1999.

제3장 큐비즘

골딩, 존.《큐비즘》, 황지우 역. 열화당, 1993.

그레이 캐밀러.《위대한 실험: 러시아 미술 1863-1922》. 벨레이-모틀리 머라이언 개정 편집. 전혜숙 역. 시공사, 2001.

김욱동.《은유와 환유》. 민음사, 2000.

김준오.《현대시의 환유성과 메타성》. 살림, 1997.

모루아, 앙드레.《프루스트에서 까뮈까지》. 송재영 역. 문학과 지성사, 1996.

배미자.《김우창의 비평원리: 타자를 포용하는 글쓰기의 방식》. 고려대학교 석사학위 논문. 2001.

벤투리 리오넬로.《미술비평사》. 김기주 역. 문예출판사, 1991.

밀러 I. 아서.《아인슈타인. 피카소》. 정영목 역. 작가정신, 2002.

석영중. "큐비즘, 미래주의, 그리고 마야꼽스끼."《노어노문학》제3권. 1990.

아뽈리네르.《미학적 명상: 입체주의 화가들》. 오병욱 역. 일지사, 1991.

어얼리치, 빅토르.《러시아 형식주의》. 박거용 역. 문학과 지성사, 1983.

우스펜스키, 보리스.《소설구성의 시학》. 김경수 역. 현대소설사, 1992.

이덕형. "K. 말레비치; 부재 혹은 절대의 심미(러시아 모더니즘의 재해석 II)".《노어노문학》제7권. 1995.

______.《러시아 문화 예술 천년의 울림》. 성균관대 출판부, 2002.

이덕형. "환유적 이타성의 서술체계(19세기 러시아 사실주의 문학의 근대적 전개)."《슬라브학보》제12권 2호. 1997.

이주헌.《서양화 자신 있게 보기》1. 학고재, 2003.

______.《서양화 자신 있게 보기》2. 학고재, 2003.

임영방.《미술이 걸어온 길》. 학고재, 2003.

임혜영. "빠스쩨르나끄의 근본적인 철학적, 미학적 견해로 비춰본 "계열체 시학.""《러시아어문학연구논집》9집. 2001a.

장원.《이우환에 있어서 타자와 신체의 문제.-〈조응〉에서 '점'의 의미를 중심으로-》. 홍익대학교 대학원. 석사학위논문, 2000.

조주관. "문학과 미술의 대화 – 러시아 큐보미래주의를 중심으로."《러시아어문학연구논집》제10집. 2001.

코스텔라네츠. 《아방가르드》. 양은희 옮김. 시각과 언어, 1997.
코팅턴, 데이비드. 《큐비즘》. 전경희 역. 열화당, 2003
콕스, 닐. 《입체주의》. 천수원 역. 한길 아트, 2003.
프라이 F. 에드워드. 《큐비즘》. 김인환 역. 미진사, 1992
프랑카르텔 P. 《미술과 사회》. 안-바롱 옥성 옮김. 민음사, 1998
하우저, 아르놀트. 《문학과 예술의 사회사 4》. 백낙청, 염무웅 옮김. 창작과 비평사, 1999.

Альфонсов В. *Поэзия Бориса Пастернака*. М., 1990.
______. *Слово и краски*. М., Л. 1966.
Aroutunova Bayara. "Земля и небо. Наблюдения над категориями пространства и времени в ранней лирике Пастернака." *B. Pasternak 1890-1960. Colloque de cerisy - La - Salle*. Paris, 1979.
Бердяев Н. "Астральный роман. Размышление по поводу романа А. Белого Петербург." *Философия творчества, культуры и искусства*. Т.2. М., 1994.
Бурдина С.В. ""Я" и мир в лирике Б. Пастернака конца 10-х - начала 20-х годов." *Пастернаковские чтения*. Материалы межвузовской конференции. Пермь, 1990.
Гаспаров М. Л. "<Люди в пейзаже> Б. Лившица. Поэтика анаколуфа." Гаспаров М. Л. *Избранные труды*. Том II. О стихах. М., 1997.
Гаспаров М. Л. "Идиостиль Маяковского. Поэтика измерения." Гаспаров М. Л. *Избранные труды*. Том II. О стихах. М., 1997.
Zsolt Maroti. "Зеркало как метафора познания (Анализ стихотворения Б. Пастернака "Зеркало")." *Пушкин и Пастернак. Материалы Второго Пушкинского коллоквиума*. №1. Будапешт, 1991.
Им Хе Ен. *Роман Б. Пастернака «Доктор Живаго». Стихи и проза в свете общефилософских представлений писателя*. Канд. дисс. СПб., 2000.
Ким Ен Сук. "Художественное пространство в лирике Б. Пастернака." *АКД*. М., 2001.
Левина Т. "Страдательное богатство." Пастернак и русская живопись 1910-х -- начала 1940-х гг." *Литературное обозрение*. 1990, №2.
Пастренак Б. *Собр. соч.: В 5т*. Т.4. М., 1991.
Пастернак Б. Л. *Стихотворения и поэмы*. М., Л., 1965.
Пастернак Б. Л. *Собр. соч.: В 5 т*. Т.1. М., 1989.
Пьяных М. Ф. *Русская поэзия революционной эпохи 1917-1921 годов*. Л., 1979.
Симпличио Д. Ди. "Б. Пастернак и живопись." *Boris Pasternak and His Times. Selected Papers from the Second International Symposium on Pasternak*. Ed. by L. Fleishman. Berkeley, 1989.

Суматохина Л.В. "Своеобразие поэтической структуры лирического сборника Б. Пастернака." *АКД*. М., 1998.

Флейшман Л. "К характеристике раннего Пастернака." Флейшман Л. *Статьи о Пастернаке*. Bremen, 1977.

Фоменко И.В. "Циклизация как типологическая черта лирики Б.Л.Пастернака." *Пастернаковские чтения. Материалы межвузовской конференции*. Пермь, 1990, С.78-84

Хан А. "Основные предпосылки Философии творчества Б. Пастернака в свете его раннего эстетического самоопределения." *Dissertations Slavicae-Slavistische Mitteilungen-Материалы и сообщения по славяноведению*. Т.19. Suppl. Sect. hist. lit. Szeged, 1988.

Харджиев Н. *К история русского авангарда*. Stokholm, 1976.

Якобсон Р. "Заметки о прозе поэта Пастернака." Якобсон Р. *Работы по поэтике*. М., 1987.

Futurist Manifestos. Ed. and with an introduction by Umbro Apollonio. Trans. by Rober Brain, R.W.Flint, J.C.Higgitt, Caroline Tisdall. With a new afterword by Richard Humphreys (Boston: MFA, 2001).

Harrison, C. Frascina, F. and Perry G. *Primitivism, Cubism, Abstraction: The Early Twentieth Century*. New Haven & London: Yale Univ. Press, 1993.

Malmstad E. John. "Boris Pasternak - The Painter' Eye." *The Russian Review*, Vol.51, July 1992, pp.301-318.

O'connor Tiernan Katherine. "Boris Pasternak's My Sister - Life: The Book Behind the Verse." *Slavic Review*, Vol.37, N.3, 1978, pp.399-411.

Pomorska K. *Theme and Variations in Pasternak's Poetics*. Lisse: The Peter de Ridder Press, 1975.

Stapanian J. *Mayakovsky's Cubo-Futurist Vision*. Houston: Rice Univ. Press, 1986.

제4장 문학적 인상주의

골롭꼬프 M. 《러시아 현대문학과 잃어버린 대안》. 서상범 역. 부산: 부산외국어대 출판부, 2003.

김영민. 《현상학과 시간》. 서울: 까치, 1994.

김영필. 《현상학의 이해》. 울산: 울산대학교 출판부, 1998.

민수정. 《Henry James 소설의 인상주의 연구》. 부산대학교 석사학위논문. 1992.

박신자. "문학적 인상주의의 가능성과 그 실례." 〈독일문학〉 제63집, 38권 2호. 한국독

어독문학회. 1997.
박신자. “문학과 미술: 인상주의에 나타난 인간의 모습.” 《외국문학연구》 제11호. 한국외국어대학교 외국문학연구소. 2008.
반영미. “Joseph Conrad의 작품에 나타난 인상주의: Lord Jim과 Heart of Darkness를 중심으로.” 연세대학교영어영문학회, 《영어영문학연구》 18. 1996.
유정훈. 《조셉 콘라드의 《어둠의 속》의 인상주의적 서사기법》. 경북대학교 석사학위논문. 2002.
이남인. 《현상학과 해석학》. 서울: 서울대학교출판부, 2004.
이명현. 《보리스 삘냐의 소설 《벌거벗은 해》의 구성 연구》. 고려대학교 석사학위논문. 1995.
이시내. 《프루스트의 인상주의 미학과 글쓰기: A l'ombre des jeunes filles en fleurs를 중심으로》. 서울: 연세대 대학원 석사학위논문. 2001.
이은희. 《The Ambassadors에 나타난 인상주의적 기법》. 대구: 경북대대학원 석사학위논문. 1997.
이정열. 《Henry James의 인상주의와 The Golden Bowl》. 대구: 경북대대학원 석사학위논문. 1992.
이태동. “콘라드의 인상주의 재고: 《암흑의 핵심》을 중심으로. 열음사. 〈외국문학〉 47. 1996.
이형식. 《프루스트의 예술론》. 서울: 서울대학교 출판부, 1979.
임혜영. “파스테르나크와 큐비즘: 아방가르드적 현상에 비추어본 시집 《나의 누이인 삶》.” 《러시아어문학연구논집》. 한국러시아문학회. 제17집. 2004.
_____. “푸쉬낀의 전통에 비추어 본 파스테르나크의 《스펙토르스끼》: 개인과 국가의 대립 테마를 중심으로.”《노어노문학》. 한국노어노문학회. 제17권 3호. 2005.
_____. “러시아 모더니즘 산문과 문학적 인상주의(2): 올례샤의 《질투》를 중심으로.” 《러시아어문학연구논집》. 제27집. 2008a.
최행규. “빠스쩨르나끄와 러시아 미래주의: 러시아 미래파와 빠스쩨르나끄의 인상주의 예술관을 중심으로.” 오산전문대학, 〈논문집〉 14. 1994.
치제프스끼, 드미트리. 《슬라브 문학사》. 최선 역. 서울: 민음사. 1984.
카르덴, 패트리샤. “장식주의와 모더니즘.” 조지 기비안, 찰스마 편, 《러시아 모더니즘》, 문석우 역. 서울: 열린책들, 1988.
하우저, 아르놀트. 《문학과 예술의 사회사 4》. 백낙청, 염무웅 옮김. 서울: 창작과 비평사, 1999.

Воронский А. “Искусство видеть мир (О новом реализме).” *Искусство видеть мир*. М., 1987. С.538-561.
Голубков М. *Утраченные альтернативы*. М.: Наследие, 1992.

Горелик Л.Л. *Ранняя проза Пастернака: Миф о творении*. Смоленск, 2000.

Лучанова М.Ф. "Эстетика впечатления и ощущения у А.Белого и Б.Пастернака." *Пастернаковские чтения. Материалы межвузовский конференции 23-25 окт. 1990г.* Пермь, 1990, с.41-47.

Маслова А.Г. "Семантика хронотопа в прозе Б. Пастернака (Детства Люверса)." *Вестник Вятск. гос. пед. университета*. N.5. Киров, 2001. С108-112.

Мусатов В.В. *История русской литературы. Первой половины XX века* (*советский период*). М. Высшая школа, 2001.

Пастренак Б. *Собр. соч.: В 5т*. М., 1989-1992.

Пастернак Е. В. "Значение нравственной проповеди Л.Толстого в формировании Пастернака." «*Быть знаменитым - некрасиво...*»: *Пастернаковские чтения*. Вып.1. М., 1992. С.154-163

Русская литература XX века. Очерки. Портреты. Эссе. В 2 ч. Ч.1. Под ред. Ф. Ф. Кузнецова. 2-е изд. М., Просвещение, 1994.

Секе К. ""Называние" и "наименование" в "Детстве Люверс" Б. Пастернака." *Dissertations Slavicae-Slavistische Mitteilungen-Материалы и сообщения по славяноведению*. Т.19. Suppl. Sect. hist. lit. Szeged, 1988. С.29-37.

Соколов А. Г. *История русской литературы конца XIX - начала XX века*. 4-езд. М Высшая школа; Изд. центр Академия, 1999. С.372-407.

Филиппов Б. "О proze Pasternake." Филиппов Б. *Статьи о летературе*. London, LTD, 1981, С.154-161.

Флейшман Л. *Статьи о Пастернаке*. Bremen, 1977.

Хан А. "Основные предпосылки Философии творчества Б. Пастернака в свете его раннего эстетического самоопределения." *Dissertations Slavicae-Slavistische Mitteilungen-Материалы и сообщения по славяноведению*. Т.19. Suppl. Sect. hist. lit. Szeged, 1988.

Якобсон Р. "Заметки о прозе поэта Пастернака." Якобсон Р. *Работы по поэтике*. М., 1987.

Armstrong, Paul. *The Callenge of Bewilderment: Understanding and Representation in James, Conrad and Ford*. Ithaca and Londern: Cornell Univ. Press, 1987.

Björling Fiona. "Child Perspective: Tradition and Experiment. An Analysis of "Detstvo Ljuvers" by Boris Pasternak." *Studies in 20th Century Russian Prose*. Stockholm, Almqvist & Wiksell International, 1982.

Dyck J. W. *Boris Pasternak*. Boston: Twayne Publishers. 1972.

Hauser, Arnold. *The Social History of Art* Vol.4. New York: Vintage Books, 1958.

Hughes, Olga R. *The Poetic World of Boris Pasternak*. Princeton and London, Princeton Univ. press, 1974

Kopper, John M. "Belyi's "Kotik Letaev" and Pasternak's "Detstvo Liuvers." A Binocular Vision of the Russian Avant-garde." *Norwich Symposia on Russian Literature and Culture. Boris Pasternak 1890-1990*. Vol.I. Northfield, 1991, pp.123-146.

Kronegger, M. Elizabeth, *Literary Impressionism*. New Haven: College and University Press, 1973.

Livingstone Angela. *Pasternak on art and creativity*. Cambridge, London, Cambridge Univ. press, 1985, pp.21-27.

Stowell, H. Peter. *Literary Impressionism, James and Chekhov* (Athens: Univ. of Georgia Press, 1980.

제5장 '계열체 시학'

Пастернак Б. Л. *Собр. соч.: В 5 т*. М., 1989-1992.

Альфонсов В. *Поэзия Бориса Пастернака*. М., 1990.

______. "Русская поэзия первой половины XX века: творческое миропонимание и поэтические системы (Маяковский и Пастернак; Блок, Хлебников, Заболоцкий." *АДД*. СПб., 1996.

Гинзбург Л. Я. "Вещный мир." Гинзбург Л. Я. *О лирике*. М., 1997.

Лихачёв Д. С. "Звёздный дождь. Проза Б. Пастернака разных лет." *Воздушные пути*. М., 1982.

______. "Борис Леонидович Пастернак." *Избранное в двух томах*. Т. 1, М., 1985.

Михайлов А. А. *Мир Маяковского: (Взгляд из восьмидесятых)*. М., 1990.

Наумов Е. *С. Есенин. Личность. Творчество. Эпоха*. Л., 1969.

Паперный. З. С. "Б. Л. Пастернак." *История русской советской литертуры: В 4т*. (1917-1965). Т.3 (1941-1953). М., 1968.

Пьяных М. Ф. *Русская поэзия революционной эпохи 1917-1921 годов*. Л., 1979.

Синявский А. Д. "Поэзия Пастернака." *Пастернак Б. Л. Стихотворения и поэмы*. М., Л., 1965.

Тынянов Ю. Н. Промежуток. Тынянов Ю. Н. *Поэтика. История литературы. Кино*. М., 1977.

Хан А. "Основные предпосылки Философии творчества Б Пастернака в свете его раннего эстетического самоопределения." *Dissertations Slavicae-Slavistische Mitteilungen-Материалы и сообщения по славяноведению*. Т.19. Suppl. Sect. hist. lit. Szeged, 1988.

Якобсон Р. "Заметки о прозе поэта Пастернака." Якобсон *Р. Работы по поэтике*. М.,

1987.

McLean H. “Jakobson's Metaphor/metonymy Polarity: A Retrospective Glance.” *Роман Якобсон: Тексты, документы, исследования*. М., Рос. гос. гуманит. ун-т, 1999.

제6장 푸시킨의 역사주의

김철균. “〈청동기사〉에 나타난 권력과 민중.” 《뿌슈낀의 서사시: 인간, 삶, 사랑이야기》. 최선 외 엮음. 서울: 천지. 1995. 227-228.

석영중. “올레샤의 〈질투〉에 나타난 서술자와 시점의 문제.” 《러시아 연구》. 제1권 1호. 1992. 51-78.

_____. “우상과 시인.” 《알렉산드르 뿌쉬낀: 문학작품집》. 석영중 역. 서울: 열린책들. 1999. 1711-1716.

임혜영. “빠스쩨르나끄의 근본적인 철학적, 미학적 견해로 비춰본 “계열체 시학.”” 《러시아어문학연구논집》 9집. 2001a.

최선. 《파스테르나크》. 서울: 건국대학교 출판부. 1997.

최정운. 《뿌쉬낀의 서정시에 나타난 자연》. 고려대 박사논문. 서울. 고려대학교. 2002.

최행규. “뿌쉬낀의 〈청동 기사〉 연구사 고찰.” 《슬라브연구》 제17권 2호. 2001.

치제프스끼 드리뜨리. 《슬라브 문학사》. 최선 역. 서울: 민음사. 1984

Альфонсов В.Н. “Запись со многих концов разом” (принципы поэтического повествования в «Спекторском» Б.Пастернака)." *Рус. лит*. 1988. №3.

______. *Поэзия Бориса Пастернака*. М. 1990.

Баевский В. *Б. Пастернак - Лирик: основы поэтической системы*. Смоленск. 1993.

______. “Пушкин и Пастернак. К постановке проблемы.” *Пастернаковские чтения*. Вып.2. М., 1998.

Горелик Л.Л. *Ранняя проза Пастернака: Миф о творении*. Смоленск. 2000a.

______. “Семиотические проблемы Жени Люверс: К характеристике образа Пастернака.” *Пушкинско-Пастернаковская культурная парадигма: Итоги исследования в XX века*. Смоленск. 2000b.

Иванов Вяч.В. “О теме женщины у Пастернака.” «Быть знаменитым - некрасиво…»: Пастернаковские чтения. Вып.1. М., 1992.

Кузина Н.В. “Пушкин в поэзии Б. Пастернака: от «Близнеца в тучах» к «Темам и варьяциям».” *Пока в россии Пушкин длится, метелям не задуть свечу. Труды семинара творчества А.С.Пушкина в историко-культурном контексте*. Смоленск. 1998.

Лотман Ю.М. *Пушкин: биографии писателя. Статьи и заметки. 1960-1990, "Евгений Онегин." Комментарий*. С-Пб, 1995.

Мусатов В.В. "К проблеме генезиса лирики Бориса Пастернака." *Изд. АН СССР. Сер. лит. и яз.* Т.49. №5. 1990.

______. *Пушкинская традиция в русской поэзии первой половины XX века*. М. 1998.

Некрасова Е.А. *А. Фет, И. Аненнский. Типологический аспект описания*. М. 1991.

Павловец М.Г. "Становление художественной системы Б.Л.Пастернака и творчество Р.М.Рильке." *АКД*. М., 1997.

Паперный З.С. "Б. Л. Пастернак." *История русской советской литературы: В 4 т.* (1917-1965). Т.3 (1941-1953). М., 1968.

Парамонов Борис. "Пастернак против романтизма ." *Norwich Symposia on Russian Literature and Culture. Boris Pasternak 1890-1990*. Vol.I. Northfield, 1991.

Пастернак Б. *Собр соч.: в 5 т.* М., 1989-1992.

Чудакова М.О. *Мастерство Юрия Олеши*. М., 1972.

Чумаков Ю.Н. "К историко-типологической характеристике романа в стихах(«Евгений Онегин» и «Спекторский»)." *Болдинские чтения*. Горький, 1977.

Fleishman L. "Against Pomanticism." Fleishman L. *Boris Pasternak. The Poet and His Politics*. Cambridge, 1990.

Platt K. "Revolution and the Shape of Time in *My Sister Life*." *Poetry and Revolution. B. Pasternak's 'My Sister Life'*. Stanford, 1999.

제7장　푸시킨, 도스토옙스키 전통의 수용과 변형

가드너, 바바라. 《융과 세익스피어》. 이영순 역. 동인. 2006.

강명수. "가르쉰의 소설세계에 반영된 똘스또이즘: 그 수용과 변용에 대한 일고." 《세계비교문학연구》 17. 2006.

긴즈부르크, 리디야. 《서정시에 관하여》. 최중술, 이지연 역. 나남. 2010.

김진영. 《푸슈킨. 러시아 낭만주의를 읽는 열가지 방법》. 서울대 출판부. 2008.

도스또예프스끼, 표도르 미하일로비치. 《죄와 벌》. 홍대화 역. 열린책들. 2002.

토엡, 로즈. 《30분에 읽는 도스토옙스키》. 권경희 역. 랜덤하우스중앙. 2005

베르자예프, 니콜라이. "19세기 러시아 문학과 그 예언." 《러시아 지성사》. 이경식 옮김. 종로서적. 1985.

뿌쉬낀, 알렉산드르. "이집트의 밤들." 《대위의 딸》. 이항재&이영의 옮김. 솔. 1999.

뿌쉬낀, 알렉산드르.《잠 안 오는 밤에 쓴 시: 알렉산드르 뿌쉬낀 시선집》. 석영중 역. 열린책들. 2001.

오원교. "도스토예프스키와 아시아: 《작가 일기》를 중심으로." 러시아 제국의 팽창과 근대적 유라시아 문화공간의 형성. 《APRC Proceedings Series》 №2. 2012.

이형구. "《죄와 벌》 그리고 '위대한 여신'의 반향들." 《노어노문학》 19/2. 2007.

이형숙. "A. 뿌쉬낀의 [이집트의 밤]: '대비의 시학'을 통해서 본 아이러니." 《러시아어문학연구논집》 10/1. 2001.

임혜영. 《파스테르나크의 《의사 지바고》에 나타난 그리스도 형상 연구》. 고려대 석사논문. 1996.

______. "푸쉬낀의 전통에 비추어 본 《스펙토르스끼》." 《노어노문학》 17/3. 2005.

______. "러시아 문학과 여성신화." 《슬라브학보》 26/3. 2011.

______. "파스테르나크와 신비주의." 《슬라브학보》 27/3. 2012.

조주관. 《죄와 벌의 현대적 해석》. 연세대 출판부. 2007.

조혜경. "도스또예프스끼의 철학적 사고체계에서의 대지주의의 위치와 역할." 《러시아어문학연구논집》 9/1. 2001.

에디트 플라마리옹. 《클레오파트라: 파라오의 사랑과 야망》. 지현 역. 시공사. 1997.

Александровна, В. "Раняя проза Пастернака." *Сб. статей, посвящ. творчеству Б. Пастернака*. Мюнхен, 1962.

Баевский, В. Б. *Пастернак - Лирик: основы поэтической системы*. Смоленск, 1993.

Благой, Д. "Стихотворения Пушкина." *Пушкин А. С. Собр. соч. в 10 т*. Т.1. М.: Государственное издательство художественной литературы, 1959. http://www.repetitor.org/materials/pushkin17.html.

"Гаршин В. М." *Большая Советская Энциклопедия(БСЭ)* (цитаты). http://oval.ru/enc/16872.html

Быков, Д. *Борис Пастернак*. М., 2007.

Вильмонт, Н. *Борис Пастернак: Воспоминания и мысли*. М., 1987.

Гаршин, В. М. *Соч*. (вступ. ст. Г. Бялого). М. — Л., 1963.

Лебедева, О. "Образ Неаполя в творческ. сознании А.С. Пушкина. Статья IV." *Вестник томск. государственного университета* 2/18(2012). http://www.lib.tsu.ru/mminfo/000063105/fil/18/image/18-082.pdf.

Фриче В, Луначарского А(Под ред.). *Литературная энциклопедия. В 11 т*. М. 1929—1939. http://dic.academic.ru/dic.nsf/enc_literature/1228/%D0%93%D0%B0%D1%80%D1%88%D0%B8%D0%BD.

Ляляев, С. "Сюжет, жанр и революционная тема в «Повесть» Б. Пастернака." *Новый филологич. вестник* №4(2009). http://cyberleninka.ru/article/n/syuzhet-zhanr-i-revolyutsionnaya-tema-v-povesti-b-l-pasternaka.

Нумано, М. "Женщины как четыре квадранта мировоззрения: Метонимическое средство в «Спекторском» и «Повести» Пастернака." *SLAVISTKA* XXVII(2011).

Окутюрье, М. "Пол и «Пошлость». Тема пола у Пастернака." *Пастернаков. чтения.* Вып.2. М., 1998.

Пастренак, Б. Л. *Собр. соч.: В 5т.* М., 1989-92.

Слуцкая С. Предисловие. *Пушкин: Исследования и интерпретации.* М., 2013. http://urss.ru/cgi-bin/db.pl?lang=Ru&blang=ru&page=Book&id=167073.

Флейшман, Л. "От «Записок Патрика» к «Доктору Живаго»." *Известия АН СССР. Серия литературы и языка.* Т.50. №2(1991).

Katkov, George. "«Безлюбье» - Ранний набросок Доктора Живаго." *B. Pasternak. 1890-1960. Colloque de cerisy - La - Salle.* Paris, 1979.

Barnes, Christopher. "B. Pasternak and Mary Queen of Scots: An Aspect of the Female Image." *Scotland and the Slavs.* Nottingham. England: Astra Press, 1993.

Bethea, D. M. *The Shape of apocalypse in modern Russian fiction.* Princeton, N.J.: Princeton U.P, 1989.

Clowes, E.W. "Characterization in 'Doktor Zhivago', Lara and Tonya." *SEEJ.* 1990.

Dyck, J.W. "Boris Pasternak: The Caprice of Beauty." *Canadian Slavonic Papers* 16/4, 1974.

Greber, Erika. "Boris Pasternak's Prose Fragment "Tri Glavy iz Povesti." The arrangement of a philosophical-musical subtext." *Studia Filologiczne Zeszyt* 31/12. Filologia Rosyjska. Bydgoszcz. 1990.

Swift, M. "A Self-Conscious Tale: Pasternak's Povest'." *Canadian Slavonic Papers* 42/4, 2000.

______. "The Tale and The Novel: Pasternak and the Politics of Genre." *Canadian Slavonic Papers* 49/1-2, 2007.

______. "Writing the Manuscript: Pasternak's 'Povest''(1929)." *ASEES* 21/1-2, 2007.

http://ko.wikipedia.org/wiki/%EC%9D%B8%ED%98%95%EC%9D%98_%EC%A7%91

http://ko.wikipedia.org/wiki/%EB%8D%B4%EB%A7%88%ED%81%AC

제8장 자전적 에세이

김민아. B.《로자노프의《낙엽》: 작가와 글쓰기의 문제》. 서울대 대학원 석사 논문. 2003.

김영란. "예술텍스트의 상호텍스트성 연구."《외국문학연구》제51집. 2013.

김진영. "시인의 죽음."《러시아어문학연구논집》제42집. 2013.

진인혜. "플로베르와 부르주아."《한국프랑스학논집》제53집. 2006.

마야꼬프스끼, B.《마야꼬프스끼 선집》. 석영중 역. 열린책들. 파주: 2009.

______. 《미스쩨리야 부프》. 김규종 역. 열린책들. 1993.

벨르이, 안드레이. 《페테르부르크》. 이현숙 역. 문학과 지성사. 2006.

박영은. "안드레이 벨르이의 《뻬쩨르부르그》와 루돌프 슈타이너의 신지학적 색채 원근법." 《노어노문학》 17/1. 2005.

백용식. "극장의 부활." 《러시아어문학연구논집》 제10집. 2001.

심성보. "비평가 뿌쉬낀과 《동시대인》지." 《러시아어문학연구논집》 9/1. 2001.

야콥슨, 로만. 《문학 속의 언어학》. 문학과 지성사. 1989.

임혜영. "파스테르나크와 큐비즘." 《러시아어문학연구논집》 제17집. 2004.

______. "푸쉬낀의 전통에 비추어 본 파스테르나크의 《스펙토르스끼》." 《노어노문학》 17/3. 2005.

______. "파스테르나크와 여성 해방의 테마." 《슬라브학보》. 28/2. 2013.

파스테르나크, 보리스. 《스펙토르스키/이야기》. 임혜영 역. 지식을만드는지식. 2013.

차창룡. "러시아의 혁명 시인 마야콥스키." http://navercast.naver.com/contents.nhn?rid=75&contents_id=312.

하우저, 아놀드. 《문학과 예술의 사회사-현대편》. 백낙청, 염무웅 역. 창작과 비평사. 1974.

"А.С.Пушкин, П.А.Плетнев, Н.А.Некрасов, И.И.Панаев - Современник 1836-1866." http://druzhinin.lit-info.ru/review/druzhinin/006/549.htm

Быков, Д. *Борис Пастернак*. М., 2007.

Зотова Екатерина. *Как читать «Доктора Живаго»?*. Всерос. о-во инвалидов, Газ. "Рус. инвалид." 1998. http://raskopki.ucoz.ru›exclusive/Pasternak.DOC.

Ившина Т. "Ешмеметьева О. "Прецедентные основы стихотворения пастернака «Смерть поэта»." *Вестник удмуртского университета* 2006/2. http://vestnik.udsu.ru/2006/2006-05/vuu_06_05_07.pdf.

Парамонов Б. "Застой как культурная форма." *Звезда». №4*. 2000. http://magazines.russ.ru/zvezda/2000/4/param.html.

Пастернак, Б. *Собр. соч. в 5 т*. М., 1989-92.

Пастернак Е. *Борис Пастернак. Материалы для биографии*. М., 1989.

Schön Татьяна. "Леонид Пастернак. Его российско-немецкая история." 2014. http://www.schoen-eventagentur.com/leonid-pasternak-ego-rossijsko-nemeckaya-istoriya/.

Пастернак Е. "Письма о любви, дружбе, творчестве. К 150-летию Леонида Осиповича Пастернака." *ТРЕТЬЯКОВСКАЯ ГАЛЕРЕЯ*. 36/3. 2012. http://www.tg-m.ru/articles/3-2012-36/pisma-o-lyubvi-druzhbe-tvorchestve-k-150-letiyu-leonida- pasternaka.

Туниманов В. А. "Достоевский, Б. Л. Пастернак и В. Т. Шаламов." *Ф. М. Достоевский и русские писатели XX века*. В. А. Туниманов. СПб., 2004. http://www.booksite.ru/

varlam/creature_10.htm.
Флейшман Л. *От Пушкина к Пастернаку*. М., 2006.
Цветаева М. "Эпос и лирика современной России." *Соч. в 2 т. Т.2*. М., 1980.
"Анализ стихотворения Маяковского «Юбилейное»." http://pishi-stihi.ru/yubilejnoe-mayakovskij.html.

Barnes Christopher. "B. Pasternak & Mary Queen of Scots." *Scotland and the Slavs*. Nottingham, England : Astra Press 1993.
Gifford, Henry. "Pasternak & European Modernism." *Forum for modern language studies* 26/4. 1990.

제9장　1917년 혁명

김학준. 《러시아사》. 미래엔. 2000.
박소연. 《Борис Пастернак의 《Второе Рождение》의 해석시도》. 서울대 석사논문. 1993.
이강은. "막심 고리키와 혁명." 《러시아어문학연구논집》, Vol.52. 2016.
이명현. A. "블로크의 서사시 〈열둘〉에 구현된 서정성과 서사성의 융합에 관하여." 《러시아학》. No.12. 2016.
_____. "러시아 모더니즘의 문화신화와 서정적 주인공." 《외국학연구》 No.16. 2011.
이재화. 《레닌》. 서울: 백산서당. 1986
임혜영. "빠스쩨르나끄의 근본적인 철학적, 미학적 견해로 비춰본 "계열체 시학."" 《러시아어문학연구논집》 Vol.9. 2001a.
_____. "푸쉬낀의 전통에 비추어 본 파스테르나크의 《스펙토르스끼》." 《외국학연구》 17(3). 2005.
_____. "파스테르나크의 《삶은 나의 누이》에 나타난 레르몬토프 전통." 《외국학연구》 22/4. 2010.
_____. "러시아 문학과 여성신화." 《슬라브학보》 26(3). 2011.
_____. "파스테르나크의 《안전 통행증》에 구현된 리얼리즘 시학." 《외국학연구》 26(4). 2014.
_____. "파스테르나크와 그루지야." 《러시아어문학연구논집》 54. 2016.
클리프, 토니. 《레닌 평전 1》. 최일붕 옮김. 책갈피. 2010
파스테르나크. 《어느 시인의 죽음》. 안정효 역. 까치. 1977.
_____. 《삶은 나의 누이》. 임혜영 역. 지만지. 2010.
_____. 《스펙토르스키/이야기》. 임혜영 역. 지만지. 2013.
_____. 《안전 통행증, 사람들과 상황》. 임혜영 역. 을유문화사. 2015.

"Анализ стихотворения Тютчева «Цицерон»." http://pishi-stihi.ru/ciceron-tyutchev.

Аннинский Л. "Б. ПАСТЕРНАК." Аннинский Л. *Красный век. В 2 кн.*, 1 кн. М., 2007. http://coollib.com/b/212252/read#t10.

Блок А. "Интеллигенция и Революция."(Впер. опубл.: "Знамя труда", 1918. 1. 19). http://az.lib.ru/b/blok_a_a/text_1918_intelligentzia_i_revolutzia.shtml.

Быков Д. *Борис Пастернак*. М., 2007.

Возлядовская А. "Крушение А. Блока." 2012. http://dugward.ru/publ/s78.html.

Дудаков С. *Ленин как мессия*. Иерусалим: Иерусалим-Москва. 2007. http://www.belousenko.com/books/dudakov/dudakov_lenin.htm

Зайцева А. "Религиозно-этический историзм Б. Пастернака." *Российск. гуманитарный журнал*. Т.2. №5. 2013. http://libartrus.com/arch/files/2013/5/08_Zaitseva.pdf.

Кормилов С. (ред.). "Б.Л. Пастернак." *История русской литературы XX века (20-90-е годы)*. М., МГУ. 1998: 167-77. http://anastasija-schulgina2011.narod.ru/ID_1805260244_71701400_71703500_71705600.htm.

Левин Ю. "Б. Пастернак. Разбор трех стихотворений." Его же. *Избранн. труды*. М.: Языки русск. кул-ры, 1998.

"Пастернак Б.." *Электронная еврейская энциклопедия(КЕЭ)*, т.6. 2005, 343–50. http://www.eleven.co.il/article/13159.

Пастернак Б. *Собр. соч. В 5 т*. М., 1989-92.

Пастернак Б. *Полн. собр. соч. В 11 т*. М., 2003-2005.

Пастернак Е. *Б. Пастернак*. М., 1997. http://pasternak.niv.ru/pasternak/bio/pasternak-e-b/biografiya-4-3.htm

Сергеева-К. А., Лекманов "О. «Агитпрофсожеский лубок»." *Нов. Мир*. 2010, N. 6. http://www.nm1925.ru/Archive/Journal6_2010_6/Content/Publication6_37/Default.aspx.

Сергеева-К. А. "«Свой среди чужих, чужой среди своих»." *Вопросы лит-ры*. N. 5. 2012. http://magazines.russ.ru/voplit/2012/5/k32.html.

Спесивцева Л. "Образ автора в лирической поэме Б. Пастернака "Высокая болезнь"." *Гуманитарн. исследования*. 2010. N. 4(36): 261-67. http://asu.edu.ru/images/File/Izdatelstvo/GI4/261-267.pdf.

Тынянов Ю. "Промежуток." Его же. *Поэтика. История литературы. Кино*. М.: Наука, 1977.

Флейшман Л. "Пастернак и Ленин." Его же. *От Пушкина к Пастернаку*, Научная библиотека. Вып. LVIII. М., 2006.

Штурман Д. *Дети утопии*. Нов. Мир. 1994, N. 10. http://www.nm1925.ru/Archive/Journal6_1994_10/Content/Publication6_5989/Default.aspx.

Barnes Christopher. “Б. Пастернак и Революция 1917 года.” *B. Pasternak. 1890-1960.* Colloque de cerisy - La - Salle. Paris, 1979.
Gibian, George. “Doctor Zhivago, Russia, and Leonid Pasternak's Rembrandt.” *The Russian Novel From Pushkin to Pasternak*. John Garrard (Ed.). New Haven: Yale UP, 1983.

http://terms.naver.com/entry.nhn?docId=1066882&cid=40942&categoryId=31653
http://terms.naver.com/print.nhn?docId=879830&cid=43671&categoryId=43671
http://terms.naver.com/entry.nhn?docId=1088287&cid=40942&categoryId=3346.
http://navercast.naver.com/contents.nhn?rid=224&contents_id=461
http://terms.naver.com/entry.nhn?docId=1137922&cid=40942&categoryId=31650.

제10장 그루지야

강명수. “톨스토이의 예술세계에 나타난 러시아 제국의 이미지: 중편 소설 《하지 무라트》를 중심으로.” 《외국학연구》 제21집. 2012.
김근식. “마까닌의 《카프카스 포로》의 미학.” 《외국학연구》 No.8. 2004.
김원한. “뿌쉬낀과 1829년의 까프까즈.” 《외국학연구》 21/1. 2009.
마야꼬프스끼, B. 《나는 사랑한다》. 석영중 역. 열린책들. 1993.
박소연. 《Борис Пастернак의 《Второе Рождение》의 해석시도》. 서울대 석사논문. 1993.
“베르하렌.” http://100.daum.net/encyclopedia/view/b09b1989a.
심지은. “〈아르즈룸 여행〉과 〈여행시편〉에 드러난 푸슈킨의 장르 감각.” 《슬라브학보》 23/4. 2008.
李炳郁. “유태인 작가들의 정체성 위기.” 《精神分析》 16/1. 2005.
임혜영. “러시아 문학과 여성신화.” 《슬라브학보》 26/3. 2011.
_____. “파스테르나크의 《삶은 나의 누이》에 나타난 레르몬토프 전통.” 《외국학연구》 22/4. 2010.
_____. “파스테르나크와 신비주의.” 《슬라브학보》 27/3. 2012.
_____. “파스테르나크의 《안전 통행증》에 구현된 리얼리즘 시학.” 《외국학연구》 26/4. 2014.
정세진. “러시아제국의 확장과 북카프카스.” 《동유럽발칸연구》 제36권. 2013.
파스테르나크, 보리스. 《추억과의 이별》. 안철홍 옮김. 무한기획. 1995.
_____. 《스펙토르스키/이야기》. 임혜영 역. 지식을만드는지식. 2013.
서비스, 로버트. 《스탈린 강철 권력》. 윤길순 역. 교양인. 2007.

Авлишвили, Л. М. “Пастернак, Заболоцкий и их грузинские друзья”. http://www.

neizvestniy-geniy.ru/cat/literature/ocherki/120065.html

Альфонсов В. "Русская поэзия первой половины XX века." *АДД*. СПб., 1996.

Амурский В. "Пастернак и Грузия. Неуничтоженная любовь (1)." *Литературный перекрёсток*. 29/11/2008. http://www1.rfi.fr/acturu/articles/107/article_1907.asp.

Ахмадулина Белла. "ЖИЗНЬ ТИЦИАНА ДЛИТСЯ.... Выступление на вечере памяти Т. Табидзе." *Поэзия народов Кавказа в переводах Б. Ахмадулиной*. М.: Дедалус, 2007. http://www.litmir.co/br/?b=225871&p=54.

"Пастернак Борис." *Электронная еврейская энциклопедия(КЕЭ)*, том 6, 2005, кол. 343–350. http://www.eleven.co.il/article/13159.

Быков Д. *Борис Пастернак*. М., 2007.

Горелик Л. "«Волны» Бориса Пастернака: тема жизни." *«Объятье в тысячу охватов»*(Сост.: А. Ю. Сергеева-Клятис, О. А. Лекманов). СПб.: РХГА, 2013, 48-58.

Дубшан Л. "Близнец Демона." *Звезда*. №9. 2000. http://magazines.russ.ru/zvezda/2000/9/dubshan.html

Жолковский А. К. "Он Пастернака перепастерначит...: О мандельштамовских «Стансах» к Е. Е. Поповой." *Звезда*. №2. 2015: 253-60. http://magazines.russ.ru/zvezda/2015/2/18zhol.html.

Журавлев А. Н. "«К морю» А. С. Пушкина и «Волны» Б. Л. Пастернака в свете жанровой типологии." *Болгарская русистика*. №1. 2002. http://www.aftersimple.com/p/blog-page_55.html

"Из дневников Л. Гинзбург." *Лит. газета*. 13.x.1993 №41 (5469). http://www.imwerden.info/belousenko/books/litera/ginzburg_dnevniki.htm.

Колесникова В. В. "Художественный концепт «душа» и его особенности (на материале произведений Б. Пастернака)." *Теория и практика общественн. развития*. № 1(2007). http://cyberleninka.ru/article/n/hudozhestvennyy-kontsept-dusha-i-ego-osobennosti-na-materiale-proizvedeniy-b-pasternaka.

Кормилов С.И. (ред.). "Б.Л. Пастернак." *История русской литературы XX века (20-90-е годы)*. М., МГУ. 1998: 167-77. http://anastasija-schulgina2011.narod.ru/ID_1805260244_71701400_71703500_71705600.htm.

Любимов Н. "Борис Пастернак." *Неувядаемый цвет. Книга воспоминаний*. Том 3. 2015. http://www.kniga.com/books/preview_txt.asp?sku=ebooks180707#TOC_IDAOXFWE.

Мелащенко М. "Специфика художественного синтеза в сб. Второе рождение Б. Пастернак." *Филологические науки*. №.11. 2012: 57-69. http://dspace.pnpu.edu.ua/bitstream/123456789/1677/1/Melashc.pdf.

Парамонов Борис. "«Доктор Живаго»: провал как триумф." *Русская жизнь*. 23 ноября 2007 г.." http://rulife.ru/mode/article/395/.

Пастернак Б. “Комментарии. Из грузинских поэтов.” *Не я пишу стихи... Переводы из поэзии народов СССР.* М.: Советский писатель, 1991. http://ct4.ucoz.ru/index/khrk359_02_1/0-1312.

Пастернак Б.Л. *Собр. соч. В 5 т.* М., 1989-1992.

Пастернак Б.Л. *Полн. собр. соч. В 11 т.* М., 2003-2005.

Пастернак Е. *Борис Пастернак. Биография*. М., 1989.

Пастернак З. Н. *Воспоминания*. М.: ГРИТ, 1993.

“Пастернак и Мандельштам.” http://cyclowiki.org/wiki/%D0%9F%D0%B0%D1%81%D1%82%D0%B5%D1%80%D0%BD%D0%B0%D0%BA_%D0%B8_%D0%9C%D0%B0%D0%BD%D0%B4%D0%B5%D0%BB%D1%8C%D1%88%D1%82%D0%B0%D0%BC.

Сергеева-Клятис, А. “Искусство перевода: Борис Пастернак.” *Литература*. №13. 2005. http://lit.1september.ru/article.php?ID=200501314.

Флейшман Л. *Б. Пастернак в тридцатые годы*. Jerusalem: The Magnes Press. 1984.

“Фрагменты Б. Пастернака.” http://www.studbirga.info/fragmenty-borisa-pasternaka/. http://www.antho.net/library/yacobson/texts/bacch-04.html.

“Чавчавадзе, А. Г.” http://dic.academic.ru/dic.nsf/ruwiki/49252.

“Чавчавадзе, Н.А.” https://ru.wikipedia.org/wiki/%D7%E0%E2%F7%E0%E2%E0%E4%E7%E5,_%CD%E8%ED%E0_%C0%EB%E5%EA%F1%E0%ED%E4%F0%EE%E2%ED%E0.

Хазан В. “Космогония Кавказа в лирическом цикле Б. Пастернака. «Из летних записок».” *Пастернаков. чтения*. Пермь, 1990.

Barnes, Christopher J. “New live and second birth.” *Boris Pasternak: A Literary Biography* 2. Cambridge: Cambridge UP. 1998.

Miresashvili, M. “The Georgian Pages of B. Pasternak’s Life.” *Acta Litteraria Comparativa*. 2015.

Ram, Harsha. “Towards a Cross-cultural Poetics of the Contact Zone.” *Comparative Literature* Winter 59(1). 2007.

Rayfield, D. “Pasternak and the Georgians.” *Irish Slavonic Studies* 3 (1982).

______. “The death of Paolo Iashvili.” *SEER*, V.68LXVIII, N.4(3). October 1990a.

______. “Unicorns and Gazelles.” *Forum for Modern Language Studies*. XXVI(4). 1990b.

______. *The Literature of Georgia: A History*. 2013. https://books.google.co.kr/books?id=RmBcAgAAQBAJ&printsec=frontcover&dq=isbn:1136825290&hl=ko&sa=X&ei=t5JZVaqxFKGtmAXFjoCYCA&ved=0CBwQ6AEwAA#v=onepage&q&f=false.

Rudova, L. “Second birth and Translations.” *Understanding B. Pasternak*. Columbia, S.C.: Univ. of South Carolina Press. 1997.

Tarkhan-Mouravi, *George. 70 years of Soviet Georgia*. 1997. http://rolfgross.dreamhosters.com/Texts/KandA-Web/Giahistory.htm.

http://en.wikipedia.org/wiki/The_Literature_of_Georgia:_A_History.

http://en.wikipedia.org/wiki/Blue_Horns.

http://en.wikipedia.org/wiki/Titsian_Tabidze.

http://www.statemaster.com/encyclopedia/Paolo-Iashvili.

http://fbiography.com/paolo-iashvili/.

http://en.wikipedia.org/wiki/Paolo_Iashvili.

https://dianerocamora.appspot.com/www.people.su/Тынянов5.

http://en.wikipedia.org/wiki/Lavrentiy_Beria.

제11장　창작적 세계관

강명수. "체호프의 사상적인 중편소설에 나타난 화자의 견해와 작가의 이데아", 《외국학연구》 제 11권 제 1호. 1999.

노지연. 《보리스 파스테르나끄 초기 시학 연구》. 석사 학위 논문. 대구: 경북대학교, 1999.

야꼽슨, 로만. 〈예술에 있어서 사실주의에 관하여〉. 《문학 속의 언어학》, 신문수 편역, 서울: 문학과 지성사, 1989.

어얼리치, 빅토르. 《러시아 형식주의》. 박거용 역. 서울: 문학과 지성사, 1983.

이덕형. "Борис Пастернак의 시에 나타난 주제와 그 내면의식 연구." 《슬라브 학보》 제 1권 제 1호. 1986.

임혜영. "빠스쩨르나끄의 근본적인 철학적, 미학적 견해로 비춰본 "계열체 시학."" 《러시아어문학연구논집》 Vol.9. 2001a.

Альфонсов В. *Поэзия Бориса Пастернака*. М., 1990.

______. "Русская поэзия первой половины XX века: творческое миропонимание и поэтические системы." *АДД*. СПб., 1996.

Бёртнесс Ю. "Христианская тема в романе Пастернака «Доктор Живаго»." *Евангельский текст в русской литературе XVIII - XX веков*/Под ред. В. Н. Захарова. Петрозаводск, 1994.

Вильмонт Н. *Борис Пастернак: Воспоминания и мысли*. М., 1987.

Гаспаров М. Л. "Поэт и культура. Три поэтики Осипа Мандельштама." *Мандельштам О. Польное собрание стихотворений*. (Вступительная статья) СПб., 1995.

Гинзбург Л. Я. “Вещный мир.” Гинзбург Л. Я. *О лирике*. М., 1997.

______. “Поэтика ассоциаций.” Гинзбург Л. Я. *О лирике*. М., 1997.

Жолковский А. “Экстатические мотивы Пастернака в свете его личной мифологии (Комплекс Иакова/Актеона/Геракла).” Жолковский А. *Блуждающие сны и другие работы*. М., 1994.

Ивинская О. В. *Годы с Борисом Пастернаком. В плену времени*. М., 1992.

Ким Юн-Ран. “Своеобразие сюжета и композиции в романе Б. Пастернака《Доктор Живаго》.” *АКД*. М., 1997.

Лавров А. В. ““Судьбы скрещенья.” Теснота коммуникативного ряда в《Докторе Живаго》.” *Литературное новое обозрение*. 1993. №2.

Ли Хан Чжу. “Проблема автобиографизма в прозе Пастернака 1920-х годов.” От Василия Жуковского *до Николая Гумилева. Статьи о русской литературе*. СПб., 1999.

Лихачёв Д. С. “Звёздный дождь. Проза Б. Пастернака разных лет.” *Воздушные пути*. М., 1982.

______. “Борис Леонидович Пастернак.” *Избранное в двух томах*. Т. 1, М., 1985.

______. “Размышления над романом Б. Л. Пастернака《Доктор Живаго》.” *Пастернак Б. Л. Доктор Живаго. Повести. Фрагменты прозы*. М., 1989.

Насер Эльдин Мухаммед. “Жанр автобиографии в истории мировой литературы.” *От Константина Батюшкова до Михаила Бахтина. Статьи о русской литературе*. СПб., 2000.

Озеров Л. “Сестра моя - жизнь.” *Воспоминания о Борисе Пастернака*. М., 1993.

Паперный. З. “Б. Л. Пастернак.” *История русской советской литертуры: В 4т.(1917-1965)*. Т.3(1941-1953). М., 1968.

Пастернак Б. Л. *Собр. соч.*: В 5 т. М., 1989-1992.

Пастернак Б. и Козинцев Г. “Письма о〈Гамлете〉.” *Вопросы литературы*. №1. 1975.

Пастернак Е. *Материалы для биографии*. М., 1989a.

Пастернак Е. Б. “Послесловие.” *Пастернак Б. Л. Доктор Живаго. Повести. Фрагменты прозы*. М., 1989b.

Пьяных М. Ф. *Русская поэзия революционной эпохи 1917-1921 годов*. Л., 1979.

Синявский А. Д. “Поэзия Пастернака.” *Пастернак Б. Л. Стихотворения и поэмы*. М., Л., 1965.

Скафтымов А. П. “Образ Кутузова и философия истории в романе Л. Толстого Война и мир.” *Нравственные искания русских писателей*. М., 1972.

Тынянов Ю. Н. “Промежуток.” Тынянов Ю. Н. *Поэтика. История литературы. Кино*. М., 1977.

Хан А. “Основные предпосылки Философии творчества Б Пастернака в свете его раннего эстетического самоопределения.” *Dissertations Slavicae-Slavistische Mitteilungen-Материалы и сообщения по славяноведению*. T.19. Suppl. Sect. hist. lit. Szeged, 1988.

Цветаева М. “Световой ливень: Поэзия вечной мужественности.” *Соч.: В.2 т*. Т.2. М., 1988.

Шаламов В. “Пастернак.” *Воспоминания о Борисе Пастернака*. М., 1993.

Шеглов Ю. “О некоторых спорных чертах поэтики позднего Пастернака. Авантюрно-мелодраматическая техника в «Докторе Живаго».” *Борис Пастернак. 1890-1960*. Под ред. Льва Лосева. Нортфилд, Вермонт, 1991.

Якобсон Р. “Заметки о прозе поэта Пастернака.” Якобсон Р. *Работы по поэтике*. М., 1987.

Bodin P. A. *Nine poems from Doktor Zhivago: A study of christian motifs in Boris Pasternak's poetry*. Stockholm, 1976.

Jakobson R. “Two Aspects of Language and Two Types of Aphasic Disturbances.” *Language in Literature*. Cambridge: Harvard Univ. Press, 1987.

McLean H. “Jakobson's Metaphor/metonymy Polarity: A Retrospective Glance.” *Роман Якобсон: Тексты, документы, исследования*. М., Рос. гос. гуманит. ун-т, 1999.

제12장 톨스토이 및 솔로비요프와의 문학적 논쟁

김규진. “〈의사 지바고〉에서의 라라의 알레고리.” 《슬라브학보》 4/1. 1989.

김광요. “중세최고의 연애서사시 “트리스탄과 이졸데” 분석.” 《서유럽연구》 3. 1997.

김형주. 《문화로 본 러시아》. 두리, 1998.

대림태량. 《신화학입문》. 권태효 역. 새문사, 1996.

박종소. “블라지미르 솔로비요프의 소피아론.” 《러시아연구》 6. 1996.

______. “블라지미르 솔로비요프 서정시의 관능성.” 《러시아연구》 9/2. 1999.

베디에, 조제프. 《트리스탄과 이졸데》. 최복현 역. 사군자, 2001,

슬로님, 마르크. 《소련 현대문학사》. 임정석, 백용식 역. 열린책들. 1989.

오윈 도나 터싱. “서문.” 톨스토이. 《크로이체르 소나타》. 이기주 역. 펭귄클래식 코리아, 2008.

오종우. “《닥터 지바고》의 에로스와 예술.” 《러시아어문학연구논집》 29. 2008.

윤종범. 《‘유년기의 테마’ 연구》. 서울대 석사논문. 1985.

이경재. 《신화해석학》. 다산글방, 2002.

이규영. “러시아 종교문화의 신비주의 양상과 통합적 구상 - 종교의례를 중심으로.” 《한국외국학연구회 2009년도 추계정기논문 발표회 발표문》.

이덕형. 《다쥐보그의 손자들》. 성균관대학교 출판부. 2002.

임혜영. 《파스테르나크의《의사지바고》에 나타난 그리스도 형상 연구》. 고려대 석사 논문. 1996.

_____. "파스테르나크의 창작적 세계관으로 비춰본 《닥터 지바고》의 예술세계." 《외국학연구》 13/2(2001b).

_____. "푸쉬낀의 전통에 비추어 본 "스펙토르스끼."" 《외국학연구》 17/3. 2005.

_____. "러시아 모더니즘 산문과 문학적 인상주의(I)." 《외국학연구》 19/2. 2007.

정해영. 《Л. Толстой *Кройцерова соната* 분석》. 서울대 석사논문. 1998.

《제자 성경》. 대한성서공회. 2005.

톨스토이. 《결혼》. 고일 역. 작가정신. 1995.

프롬, 에리히. 《사랑의 기술》. 황문수 역. 문예출판사, 2006.

플라톤. 《향연》: 사랑에 관하여. 박희영 역. 문학과 지성사. 2005.

Альфонсов В. ""Запись со многих концов разом"." *Рус. лит.* №3. 1988.

__________. *Поэзия Б. Пастернака*. М., 1990.

Борисов В. "Послесловие." *Б. Л. Пастернак. Доктор Живаго. Повести. Фрагменты прозы*. М., 1989.

Вяч.В. Иванов. "О теме женщины у Пастернака." «*Быть знаменитым - некрасиво*...». Вы.1. М., 1992.

Парамонов Б. "Пастернак против романтизма." *B. Pasternak 1890-1990. Norwich Symposia*. Vol.I. Northfield, 1991.

Пастренак Б. Л. *Собр. соч.: В 5т*. М., 1989-92.

СинявскийА. Д. "Поэзия Бориса Пастернака." *Б. Л. Пастернак. Стихотворения и поэмы*. М., Л., 1965.

Соловьёв В.С. Смысл любви: Избр. произведения. М., 1991.

Ciepiela C. "Pasternak's Romantic Plot." *Poetry & Revolution. B. Pasternak's 'My Sister Life'*. Stanford, 1999.

Fleishman L. "Against Pomanticism." *B. Pasternak. The Poet & His Politics*. Cambridge, 1990.

Kevin M.F. "Revolution & the Shape of Time in My Sister Life." *Poetry & Revolution*. Stanford, 1999.

Kopper, John M. "Belyi's "Kotik Letaev" & Pasternak's "Detstvo Liuvers"." *B. Pasternak 1890-1990*. Vol. I. Northfield, 1991.

Nilsson Nils Ake, "Pasternak's My Sister - Life: The Faustian Connection." *Freedom & Responsibility in Russ. Literature. Essays in honor of Robert Louis Jackson*. Evanston, 1995.

O'connor K. “Elena, Helen of Troy, and the Eternal Feminine: Epigraphs & Intertextuality in Sestra moya zhizn'.” *B. Pasternak & His Times. Selected papers*. N.25, Berkely, 1989.

Olson Laura J. ““Mine eye hath play'd the painter.” Pasternak's “Ne trogat'” & the Conventions of the Renaissance Love Lyric.” *Poetry & Revolution*. Stanford, 1999.

제13장 신비주의

김관영. “이슬람 신비주의 사상에 관한 연구.” 《동서철학연구》 20/1. 2000.

김성민. “아씨시의 성 프란치스코의 회심체험에 관한 분석심리학적 고찰.” 《목회와 상담》 11. 2008.

_____. “영지주의와 C.G. 융과 분석심리학.” 《心性硏究》 24/2. 2009.

김수용. 《괴테 파우스트 휴머니즘》. 책세상. 2004.

김영란. “보리스 파스테르나크의 종교,철학적 이념 분석.” 《인문연구》 59. 2010.

도일, 에릭. 《태양의 노래》. 정현숙 역. 칠곡군: 분도출판사, 1994.

문영석. “생태계와 화해에 관한 프란치스꼬 영성(霊性)의 재조명.” 《宗教硏究》 14. 1997.

민성기. “프란치스코와 自然 그리고 普遍的 兄弟愛.” 《신학전망》 123. 1998.12.

박경미. “영지주의 이원론과 관련해서 본 여성 형상의 의의.” 《宗教硏究》 25. 2001.

박영은. “블라지미르 솔로비요프의 싱승의 신화론.” 《슬라브학보》 19/2. 2004.

성해영. “프로이트 정신분석학과 탄트라의 종교 사상 비교.” 《종교연구》 54. 2009.

손은실. “아씨시의 Poverello, 프란치스코의 자연관.” 《중세철학》 15. 2009.

안진태. 《파우스트의 여성적 본질》. 열린책들, 1999.

오강남. 《또 다른 예수》. 예담, 2009.

오강남·성해영. 《종교, 이제는 깨달음이다》. 북성재, 2011.

오상선. “아씨시 성 프란치스코의 신비 체험.” 《神学展望》 172. 2011.

유승종. “영지주의의 인간관 연구.” 《철학·사상·문화》 12. 2011.

이부영. 《아니마와 아니무스》. 한길사. 2001.

이영수. “영지주의(Gnostik)를 통해 본 파우스트.” 《独逸学硏究》 13. 1997.

이재성 보나벤투라. 《신비가 프란치스코》. 고계영 바오로 역. 서울: 프란치스코, 2011.

임혜영. 《파스테르나크의 《의사 지바고》에 나타난 그리스도 형상 연구》. 고려대 석사논문. 1996.

_____. “파스테르나크의 창작적 세계관으로 비춰본 《닥터 지바고》의 예술체계.” 《외국학연구》 13/2. 2001.

_____. “파스테르나크의 톨스토이 및 솔로비요프와의 문학적 논쟁. 《러시아어문학연구논집》 32. 2009.

_____. “러시아 문학과 여성신화.” 《슬라브학보》 26/3. 2011.

정성훈. 《러시아 정교회와 성인숭배 전통》. 한국외대 석사논문. 1998.
조초희. "현대 문학의 零知主義的 성향." 《比較文学》 22. 1997.
최종술. "러시아 정신의 정체성과 '러시아 이념'." 《語文学研究》 14. 2003.
_____. "봄의 토포스와 묵시록." 《러시아연구》 18/2. 2008.
파스테르나크, 보리스. 《삶은 나의 누이》. 임혜영 역. 지만지. 2010.
휠러, 스티븐. 《이것이 영지주의다》. 이재길 역. 샨티, 2006.

Альфонсов Н. *Поэзия Б. Пастернака*. М., Л. 1990.
Бёртнесс Ю. "Христианская тема в романе Пастернака «ДЖ»." *Евангельский текст в рус. лит-ре веков*. В. Захаров(ред.). Петрозаводск, 1994.
Быков Д. *Борис Пастернак*. М.: Молодая гвардия, 2007.
Вильмонт Н. *Борис Пастернак: Воспоминия и мысли*. М., 1987.
Гардзонио С. "Сестра моя - жизнь Б. Пастернака и наследие св. Франциска Ассизского." *Poetry and Revolution. Stanford Slavic studies*. v. 21. 1999.
Жолковский А. "Экстатические мотивы Пастернака в свете его личной мифологии." Его же. *Блуждающие сны и другие работы*. М., 1994.
Ковалев К. ""Русская идея" Николая Бердяева." *ВРХД*. №162-163, М., 1991.
Пастренак Б. Л. *Собр. соч.: В 5 т*. М., 1989-92.
Пастернак Е. Б. *Материалы для биографии*. М., 1989.
Сиротенко Л. "Миф и фольклор в романе Б. Пастернака «ДЖ»". *Пастернаков. чтения*. Пермь. 1990.
Фатеева Н. *Поэт и проза: Книга о Пастернаке*. М., 2003.
Якобсон А. ""ВАКХАНАЛИЯ" в контексте позднего Пастернака." *SLAVICA HIEROSOLYMITANA*, Vol.3, 1978. http://www.antho.net/library/yacobson/texts/bacchanalia.html.
Захариева И. "Эротический сюжет в ранней лирике Пастернака." Захариева И. *Русские поэты XX века*. София, 2007. http://pasternak.niv.ru/pasternak/kritika/zaharieva-eroticheskij-syuzhet.htm.

Harris, J. "Pasternak's Vision of Life." *Russian Literature Triquarterly* 9. 1974.
Scherr Barry. "Pasternak, Hegel, and Christianity: Religion in "Doctor Zhivago"." *Boris Pasternak 1890-1990*. Vol.I. Northfield, 1991.

제14장 도스토옙스키 및 솔로비요프의 종말론 수용

곽승룡. "후기 도스토예프스키와 동방 슬라브 그리스도교 영성." 《복음과 문화》 8.

1997.
김영란. "파스테르나크의 종교,철학적 이념 분석." 《人文硏究》 59. 2010.
도스또예프스끼. 《백치》. 김근식 역, 열린책들. 2009.
도스토예프스키. 《카라마조프 가의 형제들》. 김연경 옮김. 민음사. 2012.
모출스키 K. 《도스토옙스키》 2. 김현택 옮김. 책세상, 2000.
박종소. "블라지미르 솔로비요프의 창작에 나타난 종말론적 요소." 《러시아연구》 11/2. 2001.
_____. "도스토옙스키와 솔로비요프의 '적그리스도' 비교." 《러시아연구》 13/2. 2003.
_____. "은닉된 논쟁: 레프 톨스토이와 블라디미르 솔로비요프의 경우." 《러시아연구》 21/2. 2011.
베르쟈예프. 《러시아思想史》. 이철 역. 성창출판사, 1989.
《스마트 해설성경》. 개역개정판. 대한 성서 공회. 2010.
석영중. "도스또예프스끼의 《백치》와 강생." 《슬라브학보》 21/1. 2006.
솔로비요프. 《악에 관한 세 편의 대화》. 박종소 역. 문학과지성사, 2009.
스윈돌, 찰스. 《요한계시록》. 윤종석 역. 디모데, 2012.
윗트니스 리. 《그리스도, 그 영, 생명, 교회》. 한국복음서원, 2000.
이은경. "소비에트의 유대인 작가들." 《슬라브연구》 31/1. 2015.
임혜영. 《파스테르나크의 《의사 지바고》에 나타난 그리스도 형상 연구》. 고려대 석사논문. 1996.
_____. "푸쉬낀의 전통에 비추어 본 파스테르나크의 《스펙토르스끼》." 《노어노문학》 17/3. 2005.
_____. "파스테르나크와 신비주의." 《슬라브학보》 27/3. 2012.
_____. "파스테르나크와 여성 해방의 테마." 《슬라브학보》 28/2. 2013.
_____. "파스테르나크와 그루지야." 《러시아어문학연구논집》 54. 2016.
_____. "파스테르나크와 1917년 혁명." 《러시아어문학연구논집》 56. 2017.
파스테르나크. 《스펙토르스키/이야기》. 임혜영 역. 지만지. 2013.
_____. 《안전 통행증/사람들과 상황》. 임혜영 역. 을유문화사. 2015.
허선화. 《《까라마조프의 형제들》과 성서의 상호 텍스트성 연구》. 고려대 석사논문. 1996.
_____. "도스또예프스끼 후기 소설 속의 그리스도." 《외국학연구》 20/3. 2008.
Бетеа Д. "Мандельштам, Пастернак, Бродский". *Рус. лит-ра XX века. Исследования американск. ученых*. СПб: Петро-РИФ, 1993.
Бондарчук Е. "Феномен деструктивного слова в романах Ф. М. Достоевского и Б. Л. Пастернака." *Филологические науки. Вопросы теории и практики* №10. 52. 2015.
Брюханова Ю. М. *Творчество Б. Пастернака как художественная версия философии жизни*. Иркутск: Изд-во Иркут. гос. ун-та, 2010.

Булгаков С. “Христианство и социализм.” Его же. *Московская просветительная комиссия.* М.: Тип. Т-ва Рябушинских, 1917. http://ecsocman.hse.ru/data/823/792/1219/002_Bulgakov_111-131.pdf.

Быков Д. *Борис Пастернак.* М., 2007.

Зандер Л. А. “Философские темы в романе Пастернака «Доктор Живаго».” *ВРСХД* № 1. 52. 1959; № 2. 53. 1959.

Золотцев, С. “Люди без ангела.” *Сибирские огни* № 4. 2001. http://www.sibogni.ru/content/lyudi-bez-angela.

Камельянова, Ф. *Романы Ф.М. Достоевского “Идиот” и Б.Л. Пастернака “Доктор Живаго.”* АКД., Бирск, 2011.

Лосский Н.О. “Глава IX. Социализм”. Его же. *Достоевский и его христианское миропонимание.* Нью-Йорк: Изд-во имени Чехова, 1953.http://odinblago.ru/dostoevskiy/9.

Седакова О. ““Неудавшаяся епифания”: два христианских романа, “Идиот” и “Доктор Живаго.”” http://magazines.russ.ru/continent/2002/112/sedak.html.

______. “И жизни новизна. О христианстве Б. Пастернака.” ЖМП №10(окт.2011). http://e-vestnik.ru/analytics/hristianstvo_borisa_pasternaka_ 3767/

Христианский социализм. Словарь философских терминов. Науч. редакция проф. В.Г. Кузнецова. М., ИНФРА-М, 2007. http://ponjatija.ru/node/899.

Смирнов И. *Порождение интертекста.* СПб.: Языковый центр СПбГУ 1995.

______. *Роман тайн “Доктор Живаго.”* М.: Новое лит-ное обозрение, 1996.

Сухих И. “Живаго жизнь: стихи и стихии.” Пастернак Б.Л. *Доктор Живаго.* СПб: Азбука-классика, 2005.

Сухих О. “«Великий инквизитор» в Романе Б.Л. Пастернака «Доктор живаго».” *Вестник Нижегородского университета* № 1. 2011.

Флейшман Л. “Борис Пастернак и христианство.” Его же. *От Пушкина к Пастернаку, Научная библиотека.* М., 2006.

______. “Пастернак и Ленин.” Его же. *От Пушкина к Пастернаку, Научная библиотека.* М., 2006.

Erlich, Victor. *The double image: concepts of the poet in Slavic literatures.* Baltimore: Johns Hopkins Press, 1964.

Bethea, D. M. *The Shape of apocalypse in modern Russian fiction.* Princeton, N.J.: Princeton UP, 1989.

Gibian, George. “Doctor Zhivago, Russia, and Leonid Pasternak’s Rembrandt.” in *The Russian Novel From Pushkin to Pasternak.* John Garrard (Ed.). New Haven: Yale UP, 1983.

Mallac, G. "Pasternak and Religion." *The Russian Review* 32/4. Oct. 1973.
Merton, T. *Disputed questions*. N.Y.: Farrar, Straus and Cudahy. 1960.
Hayward, Max. "Pasternak's "Dr. Zhivago."" *Encounter* 10. May 1958.
Gifford, Henry. *Pasternak: A Critical Study*. Cambridge UP, 1977.

파스테르나크의 작품 세계와
닥터 지바고

초판 발행 1쇄 2018년 6월 30일

지은이 임혜영
펴낸곳 고려대학교출판문화원
www.kupress.com
kupress@korea.ac.kr
02841 서울특별시 성북구 안암로 145
02-3290-4230, 4232
Fax 923-6311

찍은곳 (주)동화인쇄

ISBN 978-89-7641-962-0 93890

값 27,000원
* 잘못 만들어진 책은 바꿔드립니다.